T0417784

EL VIOLENTO *FAR-WEST* Y SUS ARMAS

Historia negra, leyenda rosa

CLÍO

CRÓNICAS DE LA HISTORIA

Miguel Ángel Navarro Crego

EL VIOLENTO *FAR-WEST* Y SUS ARMAS

Historia negra, leyenda rosa

www.edaf.net

MADRID - MÉXICO - BUENOS AIRES - SANTIAGO
2023

Dedico esta obra a la memoria del filósofo académico
Gustavo Bueno Martínez (1924-2016) y a la infatigable labor
investigadora de Elvira Roca Barea, Marcello Gullo, Iván Vélez y Pedro
Insua, en su encomiable afán por desmontar la
Leyenda Negra que tanto daño hace a España, nuestra nación.

El violento *Far West* y sus armas
© 2023. Miguel Ángel Navarro Crego
© 2023. De esta edición, Editorial EDAF, S. L. U.
© Diseño de la cubierta: MDRV

EDITORIAL EDAF, S. L. U.
Jorge Juan, 68. 28009 Madrid, España
Tel. (34) 91 435 82 60
Fax (34) 91 431 52 81
http://www.edaf.net
edaf@edaf.net

ALGABA EDICIONES, S.A. de C.V.
Calle 21, Poniente 3323,
Colonia Belisario Domínguez
(entre la 33 Sur y la 35 Sur)
Puebla, 72180, México
Telf.: 52 22 22 11 13 87
jaime.breton@edaf.com.mx

EDAF DEL PLATA, S. A.
Chile, 2222
1227 Buenos Aires, Argentina
Tel/Fax (54) 11 43 08 52 22
edaf4@speedy.com.ar

EDAF CHILE, S. A.
Huérfanos 1178 - Oficina 501
Santiago, Chile
Tel.: +56 9 4468 05 39/+56 9 4468 0597
comercialedafchile@edafchile.cl

Primera edición: septiembre 2023

ISBN: 978-84-414-4260-3
Depósito legal: M-23275-2023

Imágen de cubierta:

De izquierda a derecha, Elisha Green, Wild Bill Hickok, Buffalo Bill Cody, Texas Jack Omohundro y Eugene Overton fotografiados por Robert Furman antes del inicio de la obra *Scouts of the Plains*, que interpretaron en el Lyceum Hall de Richmond el 8 de octubre de 1873.

IMPRESO EN ESPAÑA — PRINTED IN SPAIN

Gráficas Cofás, Pol. Ind. Prado Regordoño, Móstoles (Madrid)

ÍNDICE

PRÓLOGO

PRESENTO ESTE LIBRO QUE ESPERO RESULTE DE INTERÉS para los lectores que se acerquen a él. Intento con él cerrar una trilogía que he dedicado al wéstern y a cierta parte de la historia de los Estados Unidos de Norteamérica. Me refiero a mi tesis doctoral, publicada bajo el título de *Ford y El sargento negro como mito* (Editorial Eikasía, Oviedo, 2011) y a *El Wéstern y la Poética* (Editorial Pentalfa, Oviedo, 2016).

Con este nuevo trabajo quiero abordar, y a través también del estudio de sus armas de fuego, lo que se conoce como «la conquista del Oeste». Expresión que no solo hace referencia a la historia e intrahistoria de la formación de los Estados Unidos de Norteamérica, sino que además tiene un claro matiz mitológico, pues el *Far West* es por sí mismo todo un conjunto de reliquias y de relatos que constituyen los cimientos de la Historia fenoménica, pero que han pasado y se han constituido además a través de la novelística, el cómic, el cine y la televisión, teniendo en la cinematografía su más sólida expresión a lo largo del siglo XX. Mas en el presente siglo, aún se siguen rodando wésterns y se buscan y rebuscan nuevas fuentes de inspiración y nuevas claves interpretativas —por ejemplo, wésterns feministas—. La mitología dura ya más en el tiempo, en los trabajos y los días, que la propia intrahistoria que la nutre. Al lector he de aclararle que el periodo que abordaré se ciñe principalmente a una centuria, la que va de 1790 a 1890, aunque en los primeros capítulos pase revista a los antecedentes de la colonización de Norteamérica y a la génesis de los Estados Unidos como nación.

Lo cierto es que la noción de *Far West* es una idea-fuerza que resume muchas de las características identitarias, aspiraciones y contradicciones, de la nación estadounidense en su formación y evolución. Pues bien, vamos a preguntarnos cómo fue conquistado el Oeste. Para ello he de centrarme en los siguientes elementos: las armas utilizadas y su desarrollo, algunos personajes históricos notables que hicieron uso de estas, los hechos en los que se incardinan dichas armas y personajes, y, por último, los mitos que la cinematografía ha elaborado a partir de esas realidades previas citadas. Adelanto que la distancia entre realidad histórica y ficción es inmensa, pero casi siempre la realidad supera a la ficción en coraje, espíritu aventurero, sacrificio y heroicidad. Pero también, por supuesto, en maldad, crueldad, violencia y destrucción. Pues todas estas cualidades forman parte de la infecta naturaleza humana. También de su condición de personas, de sujetos con moral y con historia.

He dividido la obra en catorce capítulos y advierto ya que no pretendo ser exhaustivo. Sé que muchas cosas quedarán en el tintero, pues quiero que sea un trabajo denso pero ameno. Espero que le resulte interesante no solo a los estudiosos de la Historia, sino también a ese reducido pero entusiasta y laureado grupo de amantes de las armas históricas que practican el deporte del tiro con las mismas. Por eso me he detenido en algunas exposiciones detalladas. No puedo ocultar mi admiración y entusiasmo por los rifles Hawken, desde que de niño viera con diez años *Las aventuras de Jeremiah Johnson* (Sydney Pollack, 1972), protagonizada por Robert Redford; película que ya estudié con anterioridad en *El Wéstern y la Poética*. Asimismo, insistiré en el análisis de ciertos filmes, como hice en otros libros dedicados al Wéstern. El orden que pretendo seguir en cada uno de los capítulos es el siguiente: primero abordaré los hechos históricos e intrahistóricos más relevantes de la vida en la Frontera y de la Conquista del Oeste, luego expondré la conexión que estos hechos tienen, muchos de ellos violentos, con las armas que se emplearon en manos de sus protagonistas. Por último, citaré aquellas películas que considero más relevantes (principalmente wésterns o históricas), en las que hechos, personajes y armas son elevados al altar de la mitología. Y no hemos de olvidar que, como ya demostré en anteriores obras, la mitología es el río por el que fluye la ideología. En este caso y durante bastantes décadas, la leyenda rosa sobre la vida en la Frontera parecía eclipsar o al menos endulzar, la negra intrahistoria de la formación de los actuales Estados Unidos.

Daré también una amplia información bibliográfica que he logrado reunir y estudiar a lo largo de los últimos treinta años y que, de alguna manera, presento al lector español con este trabajo.

Para finalizar, quiero recordar a todos esos buenos amigos en los que pienso sin nombrarlos y con los que he dialogado durante muchos años en torno a estos temas. Sus enseñanzas y su amabilidad conmigo no tienen precio. Me refiero a los colegas —filósofos e historiadores— vinculados a la Fundación Gustavo Bueno, pero también a mis compañeros tiradores con armas de avancarga del Club de Tiro Principado, en Oviedo. Mas como siempre, cualquier empresa de lectura, estudio, investigación y redacción, no sería posible sin el esencial soporte vital de la familia. Mi mujer, Begoña, y mis hijas, Virginia y Graciela, siempre han aguantado con santa paciencia mi pasión, a veces desbordada, por los temas de los que trato en esta obra.

Nota aclaratoria

Como no es solo un trabajo descriptivo, sino que pretende desarrollar las tesis de carácter doctrinal y filosóficas que he anunciado y corroboraré en el epílogo, hay palabras que se repiten bastante y que a veces escribiré con mayúscula y otras con minúscula. La razón es la siguiente: cuando utilice sustantivos como Historia, Frontera, Wéstern, etc., en un sentido específico y en cuanto que ideas o conceptos, lo haré con mayúscula. Cuando se tomen como nombres comunes y genéricos irán con minúscula.

Otra cuestión: como entro en la descripción de armas y calibres en la evolución de la historia de los Estados Unidos, y en las obras originales siguen el sistema de pesos y medidas anglosajonas todavía en vigor y aún más en el siglo XIX, voy a dar unas simples equivalencias para que el lector interesado pueda ver su correspondencia con el sistema métrico decimal de uso en Europa.

- 1 yarda = 0,914 metros.
- 1 pie= 0,305 metros.
- 1 pulgada= 25,4 milímetros.
- 1 libra= 454 gramos.
- 1 onza = 28,349 gramos.
- 1 grain = 0,0648 gramos.

Ejemplo ilustrativo: si digo que un rifle Hawken del periodo de 1840 a 1850, como el de Kit Carson, pesaba no menos de 10 libras, era del calibre 54 (en fracción de pulgada), disparaba una bala esférica de 223 grains, impulsada por una carga de pólvora negra de 100 grains y tenía un alcance de casi 200 yardas, las equivalencias serían: peso del arma, 4540 gramos; calibre, 13,71 milímetros (diámetro interior del ánima entre las mesetas de las estrías); bala esférica de 14,450 gramos; peso de la carga de pólvora 6,48 gramos; alcance máximo en manos de un tirador experto, 182,8 metros.

El calibre —que en inglés se denomina *bore* o *gauge*—, de las armas civiles de ánima lisa y que en España desde hace siglos se llaman escopetas, se mide, al igual que en el mundo anglosajón, por el número de balas esféricas que se pueden fundir con una libra de plomo (equivalente si se trata de una libra inglesa a 454 gramos). Balas cuyo diámetro es igual al del ánima del arma. Así pues, una escopeta, sea de chispa, pistón o de cartucho de fuego central, si decimos que es del calibre 12, es porque el diámetro del cañón del arma es igual al de una esfera de plomo de 37 gramos. Es decir, el calibre 12 tiene un diámetro de entre 18,4 y 18,5 milímetros de cañón. El mismo criterio se aplica si afirmamos que un mosquete indio de chispa era del 20 (20 balas por libra), 16 (16 balas por libra), etc.

INTRODUCCIÓN

CON NUEVE Y DIEZ AÑOS, EN 1972 Y 1973, además de *Las aventuras de Jeremiah Johnson* vi la película *El hombre de una tierra salvaje* (*Man in the Wilderness*, Richard C. Sarafian, 1971) y me quedé fascinado, pues descubrí a la vez el mundo de la cinematografía y el mundo del wéstern. Fue en el cine Felgueroso de Sama de Langreo (Asturias). Después, con el correr de los años, tras mi formación universitaria, logré aunar esta pasión con mi vocación profesional como estudioso de la Filosofía. Analizar las ideas presentes en la intrahistoria, por utilizar la expresión de raigambre unamuniana, y en la historia de las naciones e imperios, es una de las tareas más importantes que puede abordar un saber filosófico que sea digno de tal nombre. Comprender las ideas y creencias que operan en las ideologías que nos envuelven y determinan, también. Y el Wéstern, como género eminentemente estadounidense, es la última gran mitología del siglo XX, construida a través del cine, que da forma, cauce y contenido a la ideología del Imperio Occidental hasta ahora dominante; el constituido por la citada nación norteamericana.

Si yo hubiera visto en mi adolescencia muchas películas sobre las expediciones y aventuras de figuras patrias, como Hernán Cortés, Hernando de Soto, Pedro Menéndez de Avilés (el adelantado de La Florida), Vázquez de Coronado, López de Cárdenas y Juan de Oñate —entre otros exploradores españoles que se podrían citar—, tal vez no estaría ahora escribiendo este libro. Pero España en los años setenta llevaba lustros formando parte ya, tras el triunfo aliado en la Segunda Guerra Mundial, de la órbita de influencia cultural del Imperio estadounidense, vencedor en Occidente. Pocas películas podían hacerse en nuestra nación sobre las citadas figuras, dado lo costoso de la industria del cine; que es, como decimos, transmisora de paradigmas morales, de mitos y creencias. Así pues, la Historia con mayúsculas la hacen los imperios y las plataformas imperiales en las que las grandes naciones se constituyen y subsisten. De hecho, Hollywood, como punta de lanza ideológica estadounidense, proyectó sobre España y algunos de los citados nombres, la sectaria sombra de la Leyenda Negra, y esta vez la pongo con mayúsculas. Pero como bien sabía el filósofo Gustavo Bueno (1924-2016) España, como nación histórica, hace tiempo que ha dejado de ser un imperio, y sin embargo en su esencia, como nación política actual, no es un quimérico mito[1] y pervive el aliento de su pasado. Por ejemplo, en la importancia del idioma español en América y, en concreto, como segundo idioma en los Estados Unidos. Por ello es tan necesario el combate por la dignificación de nuestra historia, de nuestro imperio con sus luces y sombras, en el que se han embarcado profesores e investigadores como Elvira Roca Barea y Marcelo Gullo. Pero para mí, y no solo por amistad personal, me es obligado citar también a autores como Iván Vélez y Pedro Insua[2], que con sus recientes obras contribuyen a esclarecer lo que las naciones enemigas y competidoras han oscurecido, tergiversado o ninguneado sobre España.

En nuestro infecto presente en marcha, las grandes películas de Hollywood se estrenan a la vez en Europa en esos nuevos templos del capitalismo global que son los centros comerciales de los extrarradios de las

---

[1]   Véase, Bueno G. *España no es un mito. Claves para una defensa razonada.* Temas de Hoy, Madrid, 2005.

[2]   Roca Barea, María Elvira. *Imperiofobia y leyenda negra. Roma, Rusia, Estados Unidos y el Imperio español.* Ed. Siruela, Madrid, 7ª edc., 2017. (Prólogo de Arcadi Espada). Roca Barea, M. E. *Fracasología. España y sus élites: de los afrancesados a nuestros días.* Ed. Planeta, Madrid, 2019. Vélez, Iván. *Sobre la leyenda negra.* (Prólogo de Pedro Insua). Ediciones Encuentro, Madrid, 2014. Vélez, I. *El mito de Cortés. De héroe universal a icono de la leyenda negra.* Ediciones Encuentro, Madrid, 2016. Vélez, I. *La conquista de México. Una nueva España.* Ed. La Esfera de los Libros, Madrid, 2019. Vélez, I. *Nuebas mentirosas. Cortés, el Nuevo Mundo y otros episodios de nuestra historia.* Ediciones Encuentro, Madrid, 2020. Insua, Pedro. *Hermes católico. Ante los bicentenarios de las naciones hispanoamericanas.* Ed. Pentalfa, Oviedo, 2013. Insua, P. *1492. España contra sus fantasmas* (Prólogo de M. E. Roca Barea). Ed. Ariel (Grupo Planeta), Barcelona, 2018. Insua, P. *El orbe a sus pies. Magallanes y Elcano: cuando la cosmografía española midió el mundo.* (Prólogo de Atilana Guerrero). Editorial Ariel (Grupo Planeta), Barcelona, 2019. Gullo Omodeo, Marcelo. *Madre Patria. Desmontando la leyenda negra desde Bartolomé de las Casas hasta el separatismo catalán.* Prólogo de Alfonso Guerra. Editorial Planeta, 2021. Gullo Omodeo, Marcelo. *Nada por lo que pedir perdón. La importancia del legado español frente a las atrocidades cometidas por los enemigos de España.* Prólogo de Carmen Iglesias. Editorial Planeta, 2022. Sobre la leyenda negra vertida por Hollywood contra España véase, Vicente Boisseau, Esteban. *Hollywood contra España. Cien años perpetuando la leyenda negra.* Editorial Planeta, Barcelona, 2022. Sobre los españoles más importantes en la historia de Norteamérica, muchos de ellos poco conocidos, véase, Crespo-Francés, José Antonio. *Españoles olvidados de Norteamérica.* Editorial ACTAS, Madrid, 2016. Para una reciente defensa de España hecha por un historiador estadounidense, Payne, G. Stanley. *En defensa de España. Desmontando mitos y leyendas negras.* Editorial Espasa, Barcelona, 2017.

capitales y ciudades de provincias. Y, además, como todavía hoy se pasan por las televisiones españolas, tanto de ámbito nacional como autonómico, infinidad de wésterns y no solo de los cien más acreditados, sino incluso viejas obras de serie B de los años cincuenta, la influencia de Estados Unidos en la vida cotidiana de nuestros conciudadanos está bien presente. Y ello por no hablar del impacto que suponen los canales televisivos y de YouTube, dedicados a la mitología y a la historia de los grandes nombres que dieron vida a la colonización de esta nación norteamericana.

Por otra parte, nos guste o no, que la violencia y en concreto la guerra, es partera de la historia, es una tesis que ya conocía el viejo Heráclito en los albores de la Civilización Occidental, la que tiene su cuna en la Grecia Clásica. Por ello evaluar, aunque sea de forma general, la Conquista del Oeste —el llamado con aliento mítico *Far West*— supone repasar con cierto detenimiento las armas que se emplearon en su «civilización». Pues hombres y armas, como actos heroicos y de extrema crueldad, se entremezclan de forma constante en la historia que pretendo recrear y presentar al lector español. No hay que olvidar que en los Estados Unidos de Norteamérica el debate sobre la Segunda Enmienda y lo que esta simboliza y representa, lleva años abierto y se recrudece de forma polémica cada vez que un telediario abre con la noticia de un sangriento y letal tiroteo en un instituto, perpetrado por adolescentes. Y el constante enfrentamiento entre delincuentes y policías, en las calles de cualquier ciudad estadounidense, forma parte de esta compleja nación y del imaginario del que se nutren los guionistas para ser luego llevado al cine.

La Segunda Enmienda fue parte de la Declaración de Derechos que se agregó a la Constitución de los Estados Unidos el 15 de diciembre de 1791. En ella se afirma: «Siendo necesaria una milicia bien regulada para la seguridad de un Estado libre, el derecho del pueblo a tener y portar armas no será infringido». Pero hay que recordar que a finales del siglo XVIII las armas a las que ese «pueblo» americano podía acceder, según el desarrollo científico-tecnológico de la época, eran los famosos mosquetes —como los Brown Bess británicos, Charleville franceses, o el modelo español 1752-1757, que habían contendido en su guerra de Independencia—, o el tipo de escopeta para tirar a las aves y otras piezas de caza menor que servían para alimentar a los colonos —conocidas en inglés como *Fowler*— o, como mucho, y como arma rayada, el mitificado *longrifle* o rifle de Pennsylvania —más conocido como rifle de Kentucky—. Este había evolucionado en determinadas comarcas donde se habían asentado los inmigrantes de origen alemán a partir del Jäger, el rifle de los cazadores centroeuropeos de jabalís y osos. Todas ellas eran armas de chispa, por lo general de un solo disparo, lentas de recargar, prácticamente inoperativas bajo la lluvia y, exceptuando el rifle largo, imprecisas más allá de los cincuenta metros. Pero ahora, más de doscientos años después, en bastantes estados del país un ciudadano puede adquirir modernas armas automáticas, pues la Segunda Enmienda sigue en vigor, aunque se discutan sus pros y contras.

Luego entonces, la complejidad actual de los Estados Unidos procede, como en el caso de España, de su pasado, de su legado y de su historia, lo cual quiere decir de su origen como imperio con una frontera móvil. Frontera que se conquistó con las armas y la mayoría de las veces de forma violenta, o, como ya es tópico repetir, con el rifle en una mano y la Biblia en la otra. La Biblia protestante…, por supuesto.

Y así como Roca Barea y los compañeros citados pretenden, y logran de forma acertada, mirar la historia de España sin falsos triunfalismos pero sin complejos, desentrañando las falacias de la leyenda negra antiespañola y, sobre todo, denunciando a los que, amparándose en ella, quieren minar la convivencia entre todos los españoles en la actualidad, desearíamos nosotros contribuir a presentar la «historia negra» de la conquista del Oeste, que a lo largo del siglo XX y hasta la funesta guerra de Vietnam, se recreó en el Western, salvo notorias excepciones, como leyenda rosa. Como sabía el genial John Ford, rapsoda y crítico a la vez de dicha mitología, cuando la leyenda se convierte en un hecho, se imprime la leyenda. A mostrar esto dediqué mi tesis doctoral sobre el filme *Sergeant Rutledge* (*El sargento negro*, 1960). Pues los afroamericanos, y no solo las tribus indias, han sido durante muchos años los grandes perdedores de esa violenta historia y los grandes ausentes de leyenda a veces tan acaramelada. Los irlandeses y en general los católicos europeos emigrados, también han sido ciudadanos de segunda clase frente a la hegemonía WASP —acrónimo en inglés de blanco, anglosajón y protestante—. Lo mismo puede decirse de las mujeres, presentadas hasta hace poco bajo formas estereotipadas y falsamente idealizadas.

Como marco teórico, y frente a los que malévolamente piensan que España tiene una historia fallida y que es una nación cuyo nombre apenas se puede mencionar —o hablan confusamente de ella como una «nación de naciones»—, es necesario presentar otro ejemplo…, otro paradigma. Y ello porque todas las naciones que han sido o son imperios han tenido su historia y su leyenda, sabiendo que casi siempre esta no coincide con aquélla. Es el caso notorio de los Estados Unidos. Por eso vamos a centrarnos principalmente en el siglo XIX, en la intrahistoria de esta nación hasta 1890, es decir hasta su consolidación definitiva por la desaparición de la Frontera. Y, sin embargo, la noción de Frontera como idea-fuerza, como elemento dinamizador de la vida de los estadounidenses, ha seguido muy viva en los diferentes teatros geopolíticos en los que su nación ha intervenido. La «frontera» no solo alentaba en los corazones de los colonos que, atravesando el continente y arrostrando un sinfín de penurias, se aventuraban en las rutas de Oregón, California o Santa Fe, sino también en los *Rough Riders*, los aguerridos y salvajes jinetes que acompañaron a Theodore Roosevelt en las Lomas de San Juan, en la guerra de Cuba frente a España, y que nosotros vivimos como el famoso Desastre del 98. De igual forma está presente en los *Doughboys*, el apodo con el que se conoció a las fuerzas expedicionarias americanas del general John Pershing, que atravesaron el Atlántico para luchar junto a los aliados en la Primera Guerra Mundial. Y también lo está en los que el 6 de junio de 1944, y bajo el mando supremo de Dwight D. Eisenhower en la operación Overlord, desembarcaron el famoso día D en las playas de Normandía para liberar Europa del yugo nazi.

Luego ha llegado el momento de citar las tres grandes ideas que vertebran el despliegue, a lo largo del siglo XIX, de la colonización de los actuales Estados Unidos. Son las siguientes: Frontera móvil, Doctrina Monroe y Destino Manifiesto. Es esta constelación de ideas y de principios doctrinales los que el lector ha de tener en cuenta para comprender que este trabajo, aunque no pueda ser plenamente exhaustivo en su descripción de hechos, hombres, armas y mitos, tiene un sentido unitario: el de presentar los rasgos principales de una «historia negra», violenta, recreada bastantes veces, como mitología e ideología, como una leyenda rosa. Y como ya sabía el Aristóteles de la *Poética* y no digamos el receloso Platón de la *República*, al pueblo llano lo educan los poetas; valga decir, y en el siglo XX-XXI, los novelistas, guionistas, directores de cine, productores de series de televisión, etc. Pues casi todos ellos están imbuidos de las mencionadas ideas, ya degradadas al modo de tópico, opinión generalizada, o conjunto de creencias acríticas de una mentalidad de grupo. Tratamos pues de las señas de identidad de una nación: la estadounidense.

Es ahora necesario hacer un breve resumen y comentario sobre la idea de Frontera. Y lo haré a partir de la obra del famoso historiador, clásico entre los clásicos en este tema, Frederick Jackson Turner (1861-1932). Ello tiene que servirnos también para enmarcar las relaciones entre la intrahistoria de los Estados Unidos y los principales hechos que la componen, con su cultura material extrasomática y las ideologías ligadas a las instituciones de esta nación (Nematologías) y los elementos mitológicos que las nutren. Pongamos un ejemplo ya del siglo XXI: tras el terrible atentado a las Torres Gemelas, la búsqueda, captura y muerte del líder de Al Qaeda, Osama Bin Laden, en la Operación Geronimo —nombre nada inocente y de clara raigambre histórica y simbólica—, supone, para la opinión común de muchos estadounidenses, un acto de justicia y no de venganza. Acto que engarza no solo con los intereses imperiales de los Estados Unidos en la actualidad, sino, y en el imaginario popular, con la forma de entender la «justicia» y el «hacerse respetar» según la tradición que imperó en la Conquista del Oeste; en la violenta Frontera. Pues el aforismo archiconocido en el *Far West*, «Dios creó a los hombres y Samuel Colt los hizo iguales», sigue significando para muchos votantes estadounidenses que la violencia se neutraliza con la violencia. Es decir, como en los «viejos tiempos», en los que un revólver —invento que se atribuye al industrioso Colt— formaba parte de la indumentaria de todo varón en los territorios aún por civilizar por los libros de leyes, las togas y el mazo del juez.

A pesar de las diferencias ideológicas, la tradición de la Frontera está presente en el vídeo en el que se ve a Barack Obama presidiendo el gabinete de la Operación Geronimo, pero también lo está en el discurso de Donald Trump, en el que habla con claridad de volver a hacer entre todos grande a América. Como resulta obvio, para Trump, y para muchísimos estadounidenses, «América» son casi con exclusividad los Estados Unidos de Norteamérica.

Si vamos al mundo de la mitología percibimos que una película reciente, un excelente wéstern contemporáneo, como *Comanchería* (*Hell or High Water*, 2016) dirigida por David Mackenzie, nos habla de forma clara y contundente de toda esta compleja, violenta y problemática tradición.

Así pues, si utilizamos expresiones como «El padre Kino», «Marcos de Niza», «Cabeza de Vaca», «Las siete ciudades de Cíbola y Quivira», «El padre fray Junípero Serra», «Giovanni Verrazzano», «Jacques Cartier», «Samuel de Champlain», «René Robert Cavalier de La Salle», «*sir* Walter Raleigh», «El capitán John Smith», «La india Pocahontas», «William Penn», pero también «Chevalier de la Vérendrye», «Daniel Boone», «El Boston Tea Party», «La confederación de las cinco naciones iroquesas», «La batalla de Saratoga», «La expedición de Lewis y Clark», «La india Sacajawea», «La carrera de John Colter», «Los indios mandan», «Los arikara», «Manuel Lisa», «La expedición de Zebulon Pike»,

«Hugh Glass», «Jedediah Smith», «La guerra de Halcón Negro», «Jim Bridger», «El líder shawnee, Tecumseh», «La democracia de Andrew Jackson», «Davy Crockett», «Jim Bowie», «Osceola, caudillo de los semínolas», «El militar y explorador John C. Frémont», «Kit Carson», etc., etc., hacemos referencia a hechos y personajes a los primeros años de la colonización de Norteamérica o de la Conquista del Oeste en sus años iniciales. Y podríamos citar a muchos más. La lista de acontecimientos y celebridades sería casi interminable si llegamos hasta el 29 de diciembre de 1890, fecha en la que tuvo lugar la matanza de casi trescientos indios lakota por parte del 7.º de caballería. Fue en la reserva india de Pine Ridge, y se conoce como la masacre de Wounded Knee. Ese mismo año se da por cerrada la Frontera, es decir se da por finalizada la colonización. Solo ocho años más tarde, en 1898, Estados Unidos se «pone de largo» como nación adulta con clara vocación imperial, enfrentándose y venciendo a España en la guerra de Cuba.

La historia de Estados Unidos en el siglo XIX está repleta de exploradores, tramperos, cazadores, aventureros, colonos, mineros, militares, caudillos indios, forajidos, prostitutas, ganaderos de renombre, *marshalls*, *sheriffs*, etc., y casi todos ellos ejercieron o padecieron la violencia armada. La inmensa mayoría vivieron ambas cosas.

Y casi todos esos hombres, hechos y armas han pasado a formar parte de la mitología. La película *El renacido* (*The Revenant*, 2015), dirigida por Alejandro F. Iñárritu, es un ejemplo reciente de ello. A estudiarla, entre otros filmes, dedique la obra *El Wéstern y la Poética*. Tendré que volver a referirme a ella cuando aborde el mundo de los tramperos y «montañeses». Por ello es normal que nos preguntemos, ¿cómo es posible que una nación con una historia tan corta tenga una intrahistoria tan rica en detalles: en hombres, hechos, armas y mitos? A esta cuestión solo podemos responder en justicia teniendo en cuenta los orígenes coloniales de los Estados Unidos (desde la llegada en 1620 de los primeros «padres peregrinos» en el *Mayflower*) y su constitución como nación imperial; donde el ideal de la Frontera como tierra de promisión, repleta de oportunidades para «empezar de nuevo», el anti-intervencionismo de la Doctrina Monroe y el providencialismo del Destino Manifiesto, se maridan en constante intimidad y realimentación.

Citaba anteriormente a F. J. Turner porque casi todos los historiadores que con posterioridad han abordado el tema de la constitución de los Estados Unidos, de forma expansiva hacia el Oeste y a través de una frontera móvil que se va colonizando y civilizando, se han posicionado bien a favor de las tesis de Turner, ampliándolas y desarrollándolas, o bien en contra. En el plano político recordemos que en pleno siglo xx, con la emergencia de las luchas por los derechos civiles de los afroamericanos —en los años 50 y 60— y después de las minorías indígenas que malvivían alcoholizadas en las reservas, John F. Kennedy enarbola el discurso de la conquista de una «Nueva Frontera». Pero JFK. fue asesinado y ello, como enigma a descifrar, también forma parte de la contradictoria, convulsa y violenta historia de los Estados Unidos. Y en 1973, en el simbólico Wounded Knee —estado de Dakota del Sur—, ochenta y tres años más tarde de la fatídica masacre, los indios se rebelan manifestándose, liderados esta vez por el activista Russell Means; lakota oglala, que llegaría a ser un actor famoso por su interpretación de Chingachgook en *El último mohicano* (dirigida por Michael Mann en 1992), junto a Daniel Day-Lewis.

Mas para seguir desarrollando esta introducción teórica necesito apelar a la distinción que hace Gustavo Bueno entre imperios depredadores e imperios generadores. No es una distinción ética, ni exclusivamente moral, se trata de una distinción elaborada desde la filosofía de la historia de raigambre espinosista, hegeliana y que presupone la «vuelta del revés» de Marx —y esto asumiendo los elementos centrales del materialismo histórico—. Así pues, un imperio es generador cuando, por estructura, y sin perjuicio de las ineludibles operaciones de explotación colonialista, determina el desenvolvimiento social, económico, cultural y político de las sociedades colonizadas, haciendo posible su transformación en sociedades políticas de pleno derecho. Es el caso del Imperio romano y del Imperio español. Por otra parte, un imperio es depredador cuando por estructura tiende a mantener con las sociedades por él coordenadas unas relaciones de explotación en el aprovechamiento de sus recursos económicos o sociales tales que impidan el desarrollo político de esas sociedades, manteniéndolas en estado de salvajismo y, en el límite, destruyéndolas como tales. Ejemplos históricos: el Imperio persa de Darío, los imperios inglés y holandés de los siglos xvii a xix —teoría del gobierno indirecto[3]—.

Este criterio podríamos coordinarlo de forma matricial con otro, este sí ya en el plano moral. A saber: imperios que, a pesar de ciertos actos de violencia sobre la población indígena, buscan la integración y el mestizaje, e imperios en cuyo programa este ideal no está presente y

---

[3]   Bueno G. *España frente a Europa*. Alba Editorial, Barcelona, 1999, pp. 465-466. Un resumen de estas ideas véase en https://www.filosofia.org/filomat/df723.htm (Consultado en internet el 5 de febrero de 2022).

que evolucionan hacia la desintegración o la eliminación física de la población indígena, es decir su exterminio o su reducción a una minoría no integrada e irrelevante en el plano político.

Entre los siglos XVII y XIX está claro que hay una serie de naciones europeas que se disputan los territorios de Norteamérica. Pongamos desde el norte del actual México hasta lo que hoy es Canadá. Estas tierras estaban pobladas por tribus seminómadas que vivían mayormente de la caza y algunas de la caza y la recolección —por ejemplo del maíz—. En el desarrollo técnico llegaban hasta el arco y la flecha. Unas pocas conocían la alfarería, pero no la rueda. En materia religiosa se encontraban en el totemismo, con componentes animistas, existiendo la figura del chamán. Sé que estos criterios, tan genéricos, pueden ser discutidos, pues la Antropología Cultural ha cambiado mucho desde sus padres fundadores —los etnólogos evolucionistas Tylor y Morgan—, pero para lo que quiero explicar sirven bien para orientarnos. Y las naciones europeas con vocación imperial a las que me refiero son, el Imperio español, el Imperio francés —bajo la variante mercantilista de Colbert—, un pretendido Imperio holandés —por poco tiempo— y, sobre todo, el Imperio inglés. También habría que citar las aspiraciones de los rusos —Alaska—.

El Imperio español es generador y con intención integradora —con independencia de enfrentamientos con los indios, como por ejemplo el acontecido en la expedición de Pedro de Villasur en 1720— y ello desde las Leyes de Indias (Testamento de Isabel la Católica, Junta de Valladolid —polémica Las Casas/Sepúlveda en 1550—). Es importante subrayarlo, porque las ideas son algo tan material y tan determinante como los acontecimientos históricos que desde ellas se planifican. Hay que destacar, y no es un tema menor, que España siempre evitó legalmente —y con cierto paternalismo de inspiración católica— vender armas de fuego a los indios[4], cosa que sí hicieron tanto franceses como ingleses —sobre todo con la intención de que los indios así armados desestabilizasen la débil presencia española en los territorios norteamericanos—. Luego no se

---

[4]   Esto lo reconoce el historiador Carl P. Russell en su obra *Guns On The Early Frontiers. A history of firearms from colonial times through the years of the western trade.* Bonanza Books, Nueva York, 1957, capítulo 1.º, pp. 26-40. En la página 31 se habla claramente de la política española de no dar armas a los indios (en referencia a los territorios de Nuevo México) y ello a pesar de que sí hubo algunas insignificantes filtraciones de armas de fuego para ellos. Los franceses sí comerciaron en abundancia con los indios de las grandes llanuras del suroeste, pues les intercambiaban fusiles de chispa (p. 32).

puede entender la dialéctica de imperios en el siglo XVIII y principios del XIX, en lo que ahora es Estados Unidos, sin comprender lo que suponía el tráfico de armas y, por supuesto, el tráfico de pieles.

Por otra parte, el Imperio francés, aunque tiene componentes depredadores, es ciertamente integrador. Y hablamos de su presencia en Canadá, en lo que es la región de Quebec, pero también en la vertiente norte de los grandes lagos. El comercio de pieles reportaba grandes beneficios a la corona francesa sin necesidad de fuertes inversiones, pero la integración con los indios dio lugar a un cierto mestizaje en el siglo XVIII. Me refiero a la cultura francocanadiense, que siguió viva a pesar de que los franceses, derrotados por los ingleses en la guerra de los Siete Años (1756-1763), tuvieron que dejar en manos británicas sus posesiones del Canadá. Frente a esto, los intereses de la corona inglesa, en lo que serán las trece colonias que acabarán por independizarse, son depredadores (comercio de las pieles) y con constantes conflictos con las tribus indias. No hay voluntad de integración con el indígena por mestizaje. Es esencial en esto el componente puritano y mesiánico de los protestantes *Pilgrim Fathers*, de cuño calvinista, que dejará una impronta también determinante de lo que será el núcleo constitutivo de los posteriores Estados Unidos.

Esta nación surge con vocación imperial en un constante proceso de expansión hacia el Oeste y las tres grandes constelaciones ideológicas que he mencionado —Idea-fuerza de Frontera, Doctrina Monroe y Destino Manifiesto—, se vertebran a través del concepto de pionero. Este concepto admite modulaciones o versiones con componentes psicológicos, sociológicos e históricos. El pionero es el que se arriesga a marchar hacia la Frontera, que en principio es una tierra salvaje, inculta, porque anhela vivir en libertad —por ejemplo, sin tener que pagar impuestos o trabajar de forma servil para un señor—. De ahí su personalidad audaz, con un tesón que apenas conoce el miedo y la pereza, y donde la confianza en las propias habilidades y recursos para sobrevivir se dan la mano con un fuerte individualismo. Pero todo esto supone vivir con unas sólidas creencias y con una inquebrantable capacidad para, llegado el caso, emplear la violencia armada. De ahí la metáfora «del rifle y la Biblia». Pues esa «inculta» tierra de promisión, que a lo largo del siglo XIX cada vez está más al Oeste, está poblada. Lo que los pioneros, por ejemplo los colonos que se apropian de las tierras como granjeros —practicando una agricultura y ganadería de subsistencia— denominan la Wilderness, no es una tierra desierta. En ella habitan los pueblos indios y muchas veces son territorios que, aunque apenas poblados por los blancos, pertenecen sobre el papel a otras naciones —caso del virreinato de Nueva España como parte del Imperio español, luego México—.

Se comprende pues la importancia que juega el manejo de las armas en todo este largo proceso. Cualquier muchacho que viviese en la frontera tenía que aprender desde niño a manejar hábilmente y mantener en buen uso su rifle o escopeta —generalmente de avancarga hasta el último cuarto del siglo XIX—. Cazando todas las semanas contribuía a la subsistencia familiar, poniendo «carne sobre la mesa» —con expresión que todavía hoy usan los cazadores estadounidenses—. Pavos, conejos, ardillas y ciervos eran sus presas. Y ello sin olvidar repeler los ataques o intromisiones en la granja, construida en el calvero de un bosque a fuerza de golpes de hacha, de coyotes, lobos y osos. Esta realidad, esta forma de vida, forja el peculiar carácter del pionero y le da una dimensión sociológica e histórica que aún llega hasta nuestros días. Como es obvio, esta personalidad, que vincula individualismo con solidaridad entre colonos, aparece elaborada en el cine de forma mitológica, arquetípica, en infinidad de wésterns. Por ello el ideal de la Frontera y el del Pionero —que son indisociables— tienen una clara proyección política en la historia de los Estados Unidos, pues las armas, en manos de los pioneros y en la frontera, se emplean para combatir contra los indios o para neutralizar cualquier acto de agresión entre blancos. La violencia se combate así con la violencia. Esa será la ley no escrita de la Frontera, pues en ella no hay ningún poder político establecido, ni civil ni militar, o el que existe en precario está a cientos de millas al este de los puestos avanzados. Individualismo y sentido de la propiedad por apropiación, que los indios lo vivirán como invasión y despojo de sus territorios de caza, también se entremezclan en las sencillas, pero sólidas, creencias protestantes de los pioneros.

Entre los antecedentes de todo este proceso histórico hay que señalar que después de 1674, cuando se pone fin a la colonia de Nuevos Países Bajos y Nueva Ámsterdam pasa a ser Nueva York, el dominio británico se va poco a poco consolidando en la franja atlántica entre el Canadá francés y La Florida Española. El comercio de las pieles, que había sido muy importante para los holandeses, lo será también para los ingleses. Pero la constante llegada de inmigrantes protestantes dará un barniz peculiar a las colonias. Entre esas peculiaridades, corriendo el tiempo, hay que citar al racismo y a la esclavitud de los negros, traídos de la costa africana para trabajar en las plantaciones, pero también los enfrentamientos con los indios y su aniquilación o expulsión a territorios más al oeste. Esta será una constante en el proceso de formación de los actuales Estados Unidos.

Desde el punto de vista de las ideas es F. J. Turner el que subraya, en su colección de ensayos *La Frontera en la Historia Americana*, escritos entre 1890 y 1919, que no se puede entender la historia estadounidense sin tener en cuenta el significado de la Frontera en su génesis y desenvolvimiento. De alguna manera ya lo he explicado, pero conviene ampliar el tema algo más. Turner, desde su metodología, una especie de idealismo histórico funcionalista, reconoce de forma implícita que todo el subcontinente norteamericano se encuentra en disputa, a lo largo del siglo XVIII, dentro de una constante dialéctica de imperios. Él, ciertamente, no utiliza esta terminología, pero es muy consciente de cómo a partir de las trece colonias británicas surgen los primitivos Estados Unidos. También afirma que para comprender la esencia de dicha nación hay que entender lo que supuso la conquista del Oeste, mediante el dominio y civilización de una frontera móvil hostil, llena de dificultades y penurias para los que se aventuraban en ella. Luego el Oeste no es solo una delimitación geográfica, sino un elemento ideológico conformador de la mentalidad del pionero. Por eso la Frontera es trascendental en la historia de esta nación norteamericana.

Asimismo, la visión de Estados Unidos como crisol de culturas (*melting pot*), por la mezcla constante de inmigrantes europeos que llegan en busca de una vida mejor, tiene aquí también su punto de encuentro. Pues la Frontera y la colonización del *Far West* actuarán como elementos de fusión y de neutralización de las tensiones internas. Y esto es entendido así porque la Frontera es expansiva por definición, al igual que es acogedora a pesar de las dificultades. Es esta la idea de la Frontera como «válvula de escape». Sobra decir que los grandes perdedores en todo este proceso, que dura unos cien años (de 1790 a 1890), son los pueblos o tribus indias. Aquí, en esta colonización, no va a haber polémicas escolásticas como la española —de raigambre aristotélico-tomista— sobre la legitimidad o no de lo que se está haciendo y de cómo se está tratando a los indios. Teniendo como trasfondo el pensamiento de Locke, que predica la tolerancia entre iglesias protestantes —no así con los papistas, con los católicos— y amparándose en el derecho natural, según el cual lo que no es de nadie es del primero que se apropia de ello, se irá constituyendo la vida de los colonos y de todo tipo de pioneros en el Oeste. Los indios, que son nómadas y cazadores, no tienen sentido de la propiedad, luego la mentalidad calvinista de la mayoría de los que viven en la frontera los percibe como «salvajes» sin alma. Dentro del protestantismo y en este contexto histórico, ser persona, tener alma, pasa por ser sedentario, apropiarse de un terreno y defenderlo con las armas, cultivarlo —«civilizarlo»—, fundar pueblos y ciudades, y además tener un sagrado sentido de la propiedad privada, del comercio y de lo que se puede adquirir con dinero.

Sobre estas bases entiende Turner que se fundamenta la «democracia de los pioneros». Sin embargo, pronto se consolidarán dos visiones antagónicas de esa democracia, la del Norte y la del Sur, que con el tiempo acabarán enfrentándose de forma muy sangrienta en la Guerra Civil estadounidense o Guerra de Secesión (1861-1865). La primera es la democracia de los pequeños granjeros, la segunda la de los terratenientes sureños con su «institución peculiar»: la esclavitud. Cuando un territorio se iba a convertir en estado surgía la disputa. ¿Será un «estado libre» o un «estado esclavista»? Luego la Frontera también suponía un combate político que implicaba desestabilizar la balanza de la nación. Por ejemplo, las luchas en la sangrienta Kansas son preludios de la guerra que se avecina. En la década de 1850 a 1860, más que un armónico crisol de culturas, la frontera de los Estados Unidos será el caldero de una bruja.

Por otra parte, la definición del «Viejo Oeste» se va reelaborando. En las primeras décadas, tras el surgimiento de la nación, el límite de la Frontera lo marcan los montes Allegheny y, en general, la vertiente oeste de la cordillera de los Apalaches y el valle del Ohio. En el primer tercio del siglo XIX el valle del Misisipi. Y a partir de 1840 comienzan a desarrollarse las grandes rutas repletas de oleadas de pioneros: la de Oregón; la de los mormones, que se asentarán junto al gran lago salado fundando Salt Lake City en lo que será el estado de Utah; la de California, que será atravesada por la gran riada de mineros de la «fiebre del oro» a partir de 1848-1849 (los *Forty-Niners*), etc. Esto fue posible no solo por la compra a Francia de La Luisiana, sino por la desaparición del Imperio español con la independencia de México. Este a su vez pierde Texas —que el presidente Polk anexiona en 1845— y después de la guerra con los Estados Unidos (1846-1848), con la firma del Tratado de Guadalupe Hidalgo, México cede más de la mitad de sus territorios. Mientras tanto las tensiones en el Este continúan creciendo. El Norte ya no es solo agrario y comercial, sino que rápidamente se industrializa. Se necesita mano de obra barata y la esclavitud de los negros en el Sur es vista como algo inmoral; una lacra propia de terratenientes supremacistas cuasi feudales.

En la sangrienta guerra civil se enfrentan de forma cruel dos formas incompatibles de entender la democracia. El Sur saldrá derrotado y económicamente quedará muy débil durante décadas, pues el periodo llamado de la Reconstrucción, con sus politicastros corruptos —los *Carpetbaggers* y *Scalawags*— que se abalanzan sobre el devastado Sur para hacer fortuna, será de gran pobreza y dura represión. De este caldo de cultivo surgirá el Ku Klux Klan y muchos de los forajidos —los «fuera de la ley»— más famosos. Pero por encima de todo esto la guerra será la segunda refundación de la nación estadounidense, pues el Oeste, la Frontera, será ahora más que nunca la válvula de escape y de realización y puesta en práctica de los genuinos valores de esta nación norteamericana. Destaca en ese nuevo *Far West*, que ya ha traspasado las Rocosas, el individualismo y la no admisión de ningún aristocratismo de sangre. Esos viejos valores cobran así renovada vida a través de figuras paradigmáticas también novedosas: el *cowboy* de origen sureño (tejano) que asimila la cultura ganadera mejicana —en origen española—; el bandido o «desperado» que asalta trenes o roba bancos o ganado; el *sheriff* de oscuro pasado que se hace respetar de forma implacable, pues con el revólver es más hábil que los propios malhechores; la prostituta que malvive en los tugurios de las nuevas ciudades ganaderas; el huraño y solitario minero que sueña con hacer fortuna encontrando oro o un filón de plata, etc. Como todo el mundo sabe estos tipos humanos han tenido su lugar al sol dentro de la mitología del *Far West*. Me refiero, como es obvio, al wéstern y a la gran cantidad de películas donde han cobrado vida, casi siempre de forma idealizada, este tipo de personajes.

Pero la historia de la Conquista del Oeste es todo esto y mucho más. Hasta no hace mucho los manuales de Historia apenas subrayaban los componentes depredadores de este proceso centenario y las deudas culturales que Estados Unidos tiene con la civilización católica hispana. Ahora los movimientos indigenistas de izquierda indefinida, hábilmente teledirigidos, promueven la destrucción de las estatuas de Colón o de fray Junípero Serra, pero no, por ejemplo, las de los generales norteamericanos que mandaron la caballería que exterminó a los indios en el siglo XIX. Mas hay que empezar por recordar la ayuda crucial que España prestó, bajo el reinado de Carlos III, a la recién nacida nación en su guerra de independencia contra los británicos. Como hay que recordar también las prácticas depredadoras de los ingleses, en su periodo colonial norteamericano, ya que no dudaron en trocar mantas infectadas con viruela con los indios que se mostraban hostiles a sus intereses imperiales. Muchas de estas prácticas siguieron vigentes en la nación estadounidense. A las tribus se les vendía whisky de pésima calidad, auténtico alcohol matarratas, fomentando así el alcoholismo entre los indios para debilitarlos, o se les entregaba viejos y obsoletos mosquetes de chispa de largo cañón a cambio de un montón de pieles de castor —o de otro animal valioso— tan alto como el propio arma.

Asimismo, la población negra, a pesar de la desaparición de la esclavitud, quedó reducida a condiciones de vida muy pobres. Además de malvivir como campesinos o trabajar de obreros en las grandes fábricas del Norte, algunos varones se integraron en el duro pero fraternal mundo de los *cowboys*, pues no eran infrecuentes los vaqueros negros que hacían las rutas ganaderas o trabajaban como peones en los ranchos. Otros afroamericanos pasaron a integrar los 9.º y 10.º regimientos de caballería y los 24.º y 25.º de infantería, dando lugar a los conocidos como *Buffalo Soldiers* que con tanta entrega combatieron a los indios. Que los marginados combaten a los aún más marginados es también una constante en la formación del Imperio estadounidense. Tampoco hay que olvidar a la población de origen irlandés, considerados también por el poder protestante como ciudadanos de segunda por el hecho de ser católicos. Su integración en el ejército fue decisiva y John Ford los recreó a la perfección en la gran pantalla, dando relevancia a personajes entrañables llenos de vitalidad. Peor suerte corrieron los chinos que construyeron las vías y los túneles de la Central Pacific, en competencia con los irlandeses que colocaban los raíles para la Union Pacific, y que acabaron encontrándose en Promontory Summit, Utah, el 10 de mayo de 1869, en lo que fue la magna obra de construcción de la primera línea transcontinental de ferrocarril. Y todo esto es así porque la historia de la conquista del Oeste es también la de todos los hombres y mujeres anónimos que no aparecen elevados a los altares de la historiografía o la mitología. El que en los últimos años se hayan rodado wésterns con sensibilidad femenina y feminista es también una última frontera. Y estoy pensando, por ejemplo, en obras como *Meek's Cutoff* (2010) o *First Cow* (2019) de la directora Kelly Reichardt. Mas sería imperdonable no citar a Clint Eastwood, el actor y director que en las últimas décadas mejor ha sabido sacar provecho intelectual de la vieja mitología del *Far West*, con obras como *Sin Perdón* (*Unforgiven*, 1992), donde la reflexión sobre la violencia y sus consecuencias está tan presente.

He de poner fin a esta introducción, aunque podría seguir abundando en los claroscuros ideológicos y morales que conformaron la historia del violento *Far West*, pero en los capítulos que siguen espero presentar al lector español algunos de esos aspectos, de esos hechos, hombres, armas y mitos, en los que cobran vida los ideales que de forma sucinta he subrayado, pues, como ya he indicado, en no pocas ocasiones la negra historia de los Estados Unidos de Norteamérica —y su aún más negra y violenta intrahistoria— se ha vendido como leyenda rosa.

1
LA NORTEAMERICA COLONIAL
Del arcabuz de mecha al mosquete de chispa

CUANDO LOS PEREGRINOS PURITANOS llegaron desde Inglaterra en el *Mayflower* el 11 de noviembre de 1620 a la costa de Plymouth, Massachusetts, hacía tiempo que América del Norte tenía presencia española y francesa. En 1513 Juan Ponce de León descubrió La Florida y se levantó un primer presidio, pero fue el almirante Pedro Menéndez de Avilés quien, en 1565, fundó la que es la ciudad más antigua de lo que corriendo el tiempo serán los Estados Unidos. Me refiero a San Agustín. Como precursores en la exploración de La Florida española hay que mencionar, además de a Ponce de León, a Vázquez de Ayllón (en 1526), a Pánfilo de Narváez y Álvar Núñez Cabeza de Vaca (en 1527) y a Hernando de Soto (en 1539).

Con respecto a Francia, en 1535, setenta y dos años antes de que John Smith llegase a las costas de Virginia en 1608 con los primeros colonos ingleses, ya Jacques Cartier había creado un primer asentamiento francés en Canadá. Además, en 1625, solo cinco años más tarde de la llegada de los «padres peregrinos», la Compañía Neerlandesa de las Indias Occidentales fundó Nueva Ámsterdam en la parte sur de la isla de Manhattan. En 1674, ya en manos inglesas por el Tratado de Westminster, la ciudad será renombrada como Nueva York. Luego frente a los que subrayan la preeminencia puritana e inglesa en la génesis de la colonización de Norteamérica, hay que subrayar que la historia es bastante más compleja, y ello teniendo en cuenta la dialéctica de imperios existente ya entre los siglos XVI y XVIII. Por ejemplo, los holandeses fueron los primeros en mostrar un lucrativo interés por el comercio de las pieles.

Así pues, aunque la historia de los Estados Unidos no comienza hasta su independencia, declarada el 4 de julio de 1776, hay que echar la vista atrás para comprender algunas de las claves ideológicas y morales que estarán presentes en la colonización del «Lejano Oeste» de Norteamérica, pues ya en la introducción he abordado la importancia de la idea de Frontera. También el papel que juega la violencia, tanto frente a los pueblos nativos, las tribus indias, como frente a terceras potencias europeas o americanas que se disputan esos amplios territorios —Inglaterra, España y México principalmente, pero sin olvidar los intereses franceses—.

Al tratar del origen colonial de esta parte de Norteamérica es obligado mencionar sus raíces hispanas, pues ya Tomás Jefferson decía que la historia más antigua de los Estados Unidos está escrita en español. Una historia muchas veces omitida en el imaginario del estadounidense medio. Así venía a reconocerlo John F. Kennedy cuando afirmaba:

> Siempre he pensado que una de las grandes necesidades de los americanos de este país en su conocimiento del pasado, ha sido su conocimiento de la influencia española, su exploración y desarrollo a lo largo del siglo XVI en el suroeste de los Estados Unidos, lo cual constituye una historia tremenda. Desafortunadamente también, los americanos piensan que América fue descubierta en 1620 cuando los peregrinos llegaron a mi propio estado y olvidan la tremenda aventura de los siglos XVI hasta mediados del XIX en el sur y suroeste de los Estados Unidos[5].

De igual forma el historiador Charles Lummis, entusiasmado al conocer la verdad, escribió:

> El honor de dar América al mundo le cupo a España; el crédito no solo del descubrimiento, sino de siglos de un trabajo pionero tal que ninguna otra nación en ningún otro país se le puede equiparar… Prácticamente una sola nación tuvo la gloria de descubrir y explorar América, de cambiar las ideas del mundo sobre la geografía y de llevar por sí sola el conocimiento y el comercio durante un siglo y medio. Y esa nación es España»[6]. Tanto las palabras de Kennedy como las de Lummis las cita monseñor David Arias, quien a renglón seguido afirma: «Sin embargo, se espera que haya alguien que haga las verdades de la historia americana tan populares como lo han sido las fábulas[7].

No obstante, en nuestros días un autor como Howard Zinn, desde el relativismo cultural y el reduccionismo eticista propio de la posmo-

---

[5]   Citado por Arias, David (Monseñor). *Las raíces hispanas de los Estados Unidos.* (Prólogo de Julián Marías). Printed 2000. León, 2006, p. 17.
[6]   Citado por Arias, David (Monseñor).*Op. cit.*, p. 17.
[7]   Citado por Arias, David (Monseñor).*Op. cit.*, p. 17.

dernidad que pone en entredicho la idea de progreso, habla de un claro genocidio intencional de la población indígena americana por parte de los europeos. Lo expone ya en el primer capítulo de su obra *La otra historia de los Estados Unidos*, citando a Samuel Eliot Morison y dando beligerancia a las denuncias del padre Las Casas. Zinn mete en el mismo saco negro-legendario a Colón, Hernán Cortés, Pizarro, John Smith y los puritanos[8]. Por supuesto, no cita La controversia de Valladolid (1550-1551), ni las repercusiones que esta tuvo en la forma de cristianizar e integrar por mestizaje y sin racismo a los indígenas de los territorios bajo dominio de la corona española. Tampoco distingue entre mentalidad católica frente a mentalidad protestante, ni mucho menos hace una clasificación entre los diferentes tipos de imperios.

Para refutar las tesis de Howard Zinn, que al mezclarlo todo lo confunde todo, hemos de citar por extenso a monseñor Arias. Este afirma:

> Con frecuencia se oye hablar de la desaparición o extinción del indígena como si España hubiera emprendido una campaña de eliminación. La verdad es que la extinción de muchos nativos se debe principalmente a enfermedades y epidemias como la viruela, el sarampión, la tosferina, el escorbuto y la gripe, que eran difíciles de combatir por el poco avance de la medicina, y también a enfermedades que resultaron de la interacción del mestizaje, pero que afectaban tanto a los nativos como a los españoles; por ejemplo, con De Soto llegaron a La Florida en 1538 mil españoles de los cuales al cabo de cuatro años de exploración murieron las tres cuartas partes, entre ellos el propio De Soto, la mayor parte debido a epidemias. Lo mismo se puede decir de la colonia establecida por Vázquez de Ayllón en Carolina del Sur en 1526. Es cierto que hubo abusos como el caso de las Encomiendas donde, en contra de las disposiciones previstas en la ley, muchos encomenderos abusaban de los nativos a ellos encomendados y los sometían a trabajos excesivos, descuidaban su bienestar material y su instrucción religiosa, como estaba estipulado. Precisamente por esos abusos, a los pocos años, se abolió el sistema de Encomiendas que había sido establecido

---

[8] Zinn, Howard. *La otra historia de los Estados Unidos. Desde 1492 hasta hoy*. Ed. Argitaletxe HIRU, S. L., Hondarribia, 2005. Véase todo el capítulo 1, pp. 11-30. Una visión reciente sobre los conquistadores españoles puede verse en Sallmann, Jean Michel. *Indios y conquistadores españoles en América del Norte. Hacia otro El Dorado*. Alianza Editorial, Madrid, 2018. La leyenda negra antiespañola como propaganda de las potencias protestantes se menciona en la p. 276.

precisamente para su protección. Otro de los prejuicios que persiste en la mente de muchos es que la conquista española estuvo caracterizada por la crueldad. Desgraciadamente, toda conquista en la historia de la humanidad ha estado acompañada por la sangre; lo fue ayer, y lo sigue siendo hoy. Pero la conquista española en América fue mucho más humana que las realizadas por los propios indígenas en su tierra. Sirvan de ejemplo, las guerras de los aztecas en México, o de los comanches en las llanuras centrales de Estados Unidos contra las tribus vecinas; eran precisamente estas las que ayudaban a los españoles en la conquista o pedían su protección. Uno de los efectos positivos que resultó de la conquista española en Norteamérica fue el haber contribuido a ser instrumento de pacificación entre las diversas tribus que se mantenían en un permanente estado de guerra con otras tribus vecinas con la amenaza de destrucción. Esto está ampliamente probado.

El derecho de España a la conquista de América fue un tema de amplia discusión en la Universidad de Salamanca a mediados del siglo XVI. A resultado, precisamente de esas discusiones que dieron origen a la afirmación de los derechos humanos y al nacimiento de la ley internacional, se formuló la política que debía guiar la conquista y colonización española de América. Las palabras del historiador americano, Herbert Bolton, son iluminadoras a este respecto: *Se debe admitir que el éxito de España permanece como una fuerza que hizo posible la preservación de los indios en oposición a su destrucción que fue una característica de la frontera angloamericana.* Cuando una expedición llegaba a un lugar, el principio eran no atacar a los nativos para destruirlos, sino ofrecerles la paz, pedirles obediencia al rey de España y respetar sus propiedades. El término usado entonces de pacificación expresa bien esta filosofía[9].

La cita es larga, pero imprescindible. Pero aún hay más. Después de denunciar la leyenda negra antiespañola, que partiendo de Holanda e Inglaterra a finales del XVI se extiende por el norte de Europa y llega posteriormente a los Estados Unidos, David Arias cita el libro de Philip W. Powell, *The Tree of Hate* (*Árbol de odio*). A través de las tesis de Powell, Arias llega a la siguiente conclusión:

> La verdad es que el pueblo americano desconoce esta ingente labor de civilización y evangelización que España realizó durante

---

[9]   Arias, David (Monseñor). *Op. cit.*, pp. 27-28. Las frases de Herbert Bolton citadas van en cursiva en la obra original de David Arias y se toman del trabajo "The Mission as a Frontier Institution" (*Amer. Hist. Revue* XXIII. 1917).

casi trescientos años en las tres cuartas partes de su actual territorio nacional. El pueblo americano tiene el derecho a que se le enseñe la verdad sobre la historia de su país. Como Charles Weber dice: *Se ha pasado a generaciones de americanos una dosis enteramente exagerada sobre los defectos de España relacionados con los nativos. Ciertamente hubo abusos, pero el estudioso que mira objetivamente la historia, los considera como relativamente insignificantes cuando se los compara con los aspectos mucho más positivos de la política colonial española*[10].

Sirva todo lo anteriormente expuesto en este capítulo para contextualizar bien y tomar distancia crítica, frente a muchas de las cuestiones que abordaré a lo largo de esta obra. Y ello en lo referente al papel que juega la violencia en la civilización de la Frontera móvil, es decir en la conquista del Oeste de los Estados Unidos en el periodo que va de 1790 a 1890.

Mas es ahora necesario hacer un rápido repaso de las expediciones españolas en territorio norteamericano en el siglo XVI. He empezado citando la fundación de San Agustín en La Florida, pero lo cierto es que tras él éxito y la gloria alcanzada por Hernán Cortés en la conquista de México, fueron muchos los exploradores que quisieron emularlo. En 1513 Juan Ponce de León, buscando la fuente de la eterna juventud, llega a tierras de La Florida, llamada así por haber llegado a sus costas por Pascua Florida. En 1519 Pineda explora el golfo de México desde La Florida a Tampico. En 1521 Juan Ponce de León hace una segunda expedición. En uno de los encuentros con los indígenas resulta gravemente herido, su expedición fracasa, y muere en Cuba. Luis Vázquez de Ayllón envía a Francisco Gordillo hacia las costas de Norteamérica. En el trayecto se encuentra con Pedro de Quejos y juntos llegan hasta el cabo Fear, en la actual Carolina del Norte. En 1523 Vázquez de Ayllón efectúa exploraciones por las costas orientales de Norteamérica. En 1524 Esteban Gómez llega hasta las costas de la península del Labrador. En 1526 Ayllón trata de colonizar las costas de Norteamérica, pero muere en 1528 durante el intento de fundar un asentamiento. En 1528 Pánfilo de Narváez y su expedición desembarcan cerca de Tampa, en La Florida. En 1536 Cabeza de Vaca llega a México después de la desastrosa expedición de Pánfilo de Narváez. En 1539 fray Marcos de Niza llega a las afueras de Cíbola —Zuñi, actual

---

[10]   Arias, David (monseñor). *Op. cit.*, p. 29. Las frases citadas en cursiva van así en la obra original de David Arias y se toman del trabajo "Catholicism in Colonial America" (*Homiletic/Past. Revue.* 1965). Este no es de Charles Weber, sino de Francis J. Weber.

Nuevo México—. Además, Hernando de Soto desembarca en la bahía de Tampa y se establece en el territorio de Apalache, iniciando la exploración de toda la península de La Florida. Descube el Misisipi y muere en 1542. Luis Moscoso de Alvarado conduce la expedición hacia la costa mexicana donde llega en 1543. En 1540 parte la expedición de Francisco Vázquez de Coronado en busca de las ciudades de Cíbola —según el viejo mito fantástico de las Siete Ciudades—. Llega a Quivira —en la actual Kansas—. El sargento de Coronado, López de Cárdenas, explora el noroeste y llega hasta el río Colorado, que llaman río Tizón, y por primera vez ojos europeos ven el Gran Cañón. En su exploración el grupo del padre Juan de Padilla y Hernando de Alvarado llegan hasta el noroeste de Texas y avistan por vez primera a los búfalos (el bisonte americano). Enviado por el virrey de México, Hernando de Alarcón remonta el golfo de California, llega a la desembocadura del río Colorado y sube hasta Yuma, en la actual Arizona. En 1541 Coronado atraviesa el noroeste de Texas —el Panhandle o «mango de la sartén»— y en el cañón de Palo Duro, el 29 de mayo, el padre Padilla dice misa y se celebra con una fiesta el primer Día de Acción de Gracias en territorio norteamericano.

En 1542 Vázquez de Coronado regresa a México tras atravesar el Llano Estacado. Así pues, después de todo lo recorrido, es la primera expedición que pasó por tierras que luego serán los estados de Arizona, Nuevo México, Texas, Colorado, Kansas y Oklahoma. Además, ese mismo año Juan Rodríguez Cabrillo, siguiendo la costa exterior de la península de California, llega a la Alta California. En 1565, como ya se ha dicho, Pedro Menéndez de Avilés funda San Agustín en La Florida, la primera ciudad europea en América del Norte. En 1598 Juan de Oñate llega a la zona del río Grande, cerca de El Paso. Esta gran expedición, que lleva misioneros franciscanos, funda el poblado de San Juan y la misión de San Lorenzo de los Picuries. Luego el pueblo se traslada a San Gabriel de los Españoles y se fundarán las misiones de la Asunción en Sía, de la Asunción en Gipuy Viejo y San Lorenzo en Taos.

Asimismo, entre 1600 y 1650, se intensifica la labor colonizadora y misionera de España en Norteamérica, mientras que la piratería holandesa, inglesa o francesa ataca barcos y costas allí donde puede.

Desde el punto de vista de la cristianización de los nativos, no se puede entender la primitiva colonización de lo que será Arizona sin la esforzada labor misionera del jesuita Eusebio Francisco Kino. El padre Kino (1645-1711) exploró la Baja California e hizo no menos de treinta y seis viajes a través de la Pimería Alta, visitando las más de doce misiones por él fundadas. De igual forma, y ya en el siglo XVIII, la historia de California va íntimamente ligada a la labor misionera de fray Junípero Serra (1713-1784). Este franciscano mallorquín, que ya había destacado en las Baleares como teólogo y filósofo, cobra gran relevancia para la historia de Norteamérica cuando es nombrado por José de Gálvez presidente de las misiones de la Baja California. Y ello como plataforma para el avance evangelizador sobre la Alta California. Hay que destacar que fray Junípero, hombre de carácter, siempre se comprometió en la defensa de los indios, oponiéndose a las ambiciones de los poderosos gobernadores que querían enriquecerse sin implicarse en la reforma de los indios por medio de la religión católica. Por ello llegó a denunciar por carta ante el virrey la dejadez cómplice del teniente Pedro de Fages, ante los excesos de los soldados para con los indios. Las misiones de San Diego, San Antonio de Padua, San Carlos de Monterrey, San Gabriel, San Luis Obispo, San Francisco, San Juan de Capistrano, Santa Clara y San Buenaventura fueron fundadas por fray Junípero y forman parte aún hoy en día de la sociedad de California. No menos importante es su labor en la fundación de la ciudad de San Francisco.

Podría profundizar mucho más en lo que son las raíces hispanas de los Estados Unidos y en la huella que España y la cultura hispana ha dejado en la conformación de dicha nación. Pero como no es el objetivo temático de este libro, solo abundaré en alguno de los siguientes capítulos en dos realidades históricas importantes. Una es la referida a la contribución militar de España a la independencia de los Estados Unidos, destacando aquí la labor de la corona española bajo el reinado de Carlos III y el papel crucial que juega Bernardo de Gálvez. La otra es la que se refiere a toda la cultura vaquera, que, siendo de origen español, pasa a través de México al mundo de los *cowboys* estadounidenses, principalmente tejanos[11], en sus largas rutas de conducción de ganado vacuno.

Pero antes de introducirnos en la presencia inglesa en Norteamérica he de mencionar las exploraciones francesas. He citado al principio a Jacques Cartier, aunque ya en 1524 el rey Francisco I, frente al desafío que suponen los descubrimientos y exploraciones españolas, encarga al

---

[11]   Para todo lo referido a la presencia española en Estados Unidos véase la obra ya citada de monseñor David Arias, *Las raíces hispanas de los Estados Unidos*. También Cardelús, Borja. *La huella de España y de la cultura hispana en los Estados Unidos*. Edita Centro de Cultura Iberoamericana, Madrid, 2007. Véase, además, VV. AA. *La historia del Oeste*. Volumen I. Ediciones Picazo, Badalona, 1979.

navegante florentino Giovanni Verrazano que descubra un paso al noroeste. Era una quimera, pero mantendrá en constante pugna a ingleses y franceses en la bahía de Hudson durante décadas. Tras el fracaso de Verrazano será Cartier quien tome el relevo. Reconocerá el curso del río San Lorenzo y sentará las bases de la futura Nueva Francia. El contacto con Canadá no se romperá y pescadores, traficantes de pieles, aventureros y tramperos («corredores de los bosques») aprenderán a conocer el país, teniendo en general unas buenas relaciones con los indios. Surgirá así una cultura mestiza. Adelanto que las relaciones de los futuros colonos americanos de Virginia y Nueva Inglaterra con los nativos serán muy distintas. Pero la verdadera colonización comienza con la fundación de Quebec por Samuel de Champlain en 1608. Este capitán mantuvo la amistad con los indios del litoral: hurones, montagnais y algonquinos, pero tuvo que enfrentarse, arcabuz de mecha en mano, con los belicosos iroqueses.

En ausencia de oro u otros recursos en estos territorios, Francia, al igual que Holanda, toma rápida conciencia de la riqueza que suponen las pieles de castor. Comienza así el trueque con las tribus y el comercio, en el que participan desde el gobernador hasta los jesuitas. Y Colbert, que se niega a desarrollar la industria en la colonia, se da cuenta pronto de que el tráfico de pieles es la única fuente de riqueza que el Canadá aportará a la corona francesa. Hay que recordar que bajo los auspicios de Richelieu se crea una compañía denominada Los Cien Asociados. Luego por pieles se cambian con los indios todo tipo de baratijas y quincalla, pero también armas de fuego. Me refiero a los «fusiles de intercambio» y mosquetes baratos. Esta práctica la llevarán a cabo por primera vez los holandeses y más tarde los ingleses, pero por lo que respecta a Francia, ella sola vendió o cambió más de 200.000 mosquetes y fusiles entre 1670 y el fin de su soberanía sobre Canadá en 1763[12]. En este largo periodo de presencia fran-

---

[12]   Russell, C. P. *Op. cit.*, pp. 16-23. También citado por Venner, D. *Les armes americaines*. Jacques Grancher, editor, París, 1985, p. 20. Como libros generales sobre la evolución de las armas de fuego véanse: Peterson, H. L. *Las armas de fuego*. Ediciones Punto Fijo, S. A. Barcelona, 1966 (original de 1962 en inglés). Peterson, Harold L. y Elman, Robert. *The Great Guns*. Grosset & Dunlap, Inc. y The Ridge Press, Inc. Impreso en Italia por Mondadori Editore, Verona, 1971. Reid, William. *Historia de las armas*. Editorial Raíces, Madrid, 1987. Wilkinson, Frederick. *The World's Great Guns*. Publicado por The Hamlyn Publishing Group Limited, 1977. Reimpreso en Hong Kong, 1978. Wilkinson, Frederick. *Arms and Armour*. Publicado por Hamlyn Publishing Group Limited. Barcelona, 1978.

cesa en esta parte de Norteamérica se destacan algunos nombres, como Étienne Brûlé —uno de los primeros *coureurs des bois*—, Pierre Boucher, que organiza la milicia de Trois-Rivières en 1651, y el explorador René Robert Cavalier de La Salle (1643-1687), que en sus viajes llegó hasta los grandes lagos y el delta del Misisipi. Se trataba así de dar a acceso a Francia al valle del río Misuri y a las grandes llanuras. Ya en el siglo XVIII, en 1739, el explorador Chevalier de La Vérendrye contacta con la tribu mandan y advierte que los indios tienen caballos, cazan el búfalo con ellos y los utilizan como objeto de trueque. En 1742 dos hijos del anterior exploraron el suroeste de esta zona, llegando a las montañas Big Horn, a las Colinas Negras, en la actual Dakota del Sur, y luego regresan por el Misuri.

Más adelante algo expondré sobre la guerra de los Siete Años en Norteamérica (1756-1763), donde franceses y británicos, con sus respectivas tribus indias aliadas, se enfrentarán por la hegemonía en esa parte del continente. Pero voy a adelantar que los enemigos permanentes de Nueva Francia son más los americanos de las colonias de Nueva Inglaterra y Virginia, que los lejanos ingleses de Londres. Será durante la citada guerra cuando Inglaterra se comprometa plenamente en la lucha con sus tropas, lo cual provocará a la larga, por una curiosa ironía del destino, que los colonos británicos, descontentos con las subidas de impuestos para sufragar los gastos de la anterior campaña bélica contra Francia, se subleven. Ello dará lugar a la guerra de Independencia de los Estados Unidos (1775-1781). A su vez, los cuantiosos gastos de la corona francesa para ayudar a los patriotas americanos en su enfrentamiento con los británicos, también serán un desencadenante de la Revolución francesa. En ambos casos las ya empobrecidas clases populares, pagan. Pagan... pero se sublevan.

Voy a exponer ahora los hitos más importantes de la colonización británica, pero hemos de recordar que cuando los ingleses comenzaron a asentarse en Norteamérica la civilización católica española llevaba ya décadas fundando ciudades, conventos, hospitales y universidades. Y todo ello con una clara vocación de cristianización e integración, a través del mestizaje de la población indígena. Por ejemplo, cuando en 1636 se fundó la universidad de Massachusetts ya había quince en la América hispana. La primera universidad española en territorio americano fue la de Santo Domingo, creada el año 1538. En 1792 se funda la Real Universidad de Guadalajara, en México. Entre los siglos XVI y principios del XVIII fueron veintitrés las universidades españolas que se crearon en América, y treinta y dos en total hasta 1812, la última la de San Carlos, en Nicaragua.

Pero en general las historias de la Norteamérica anglosajona comienzan casi siempre tratando de la expedición organizada por *sir* Walter Raleigh, quien obtuvo permiso de la reina Isabel I —la Reina Virgen—, para financiar una exploración de las costas norteamericanas. A estas tierras se las llamó Virginia en su honor. En 1584 Raleigh envió una expedición de cinco naves que llegó a la isla de Roanoke, pero esta colonia no prosperó. Y en 1587, al mando de John White, llega un grupo de colonos a la bahía de Chesapeake, pero es en 1607 cuando la Compañía de Londres funda la colonia de Jamestown. No obstante, en el imaginario popular alimentado por la literatura y el cine, se considera que fue el capitán John Smith quien más contribuyó a la consolidación de tal colonia, pues inició tratos con los indios de la zona. Nos referimos a su relación con el caudillo Powhatan y su joven hija, Pocahontas, que intercedió para que su padre no lo ejecutase, tras haber dado Smith muerte a un indio en una escaramuza. Más tarde, en 1614, Pocahontas, ya cristianizada y con el nombre de Rebeca, se casó con el viudo plantador de tabaco John Rolfe. Esta historia, recreada en la gran pantalla con tintes claramente rousseaunianos y armonistas, no será la que marque la tónica general de la colonización de Norteamérica —me refiero a la película *El Nuevo Mundo*, dirigida por Terrence Malick en 2005—, pues tras la muerte de Powhatan le sucede en el caudillaje su hermano, Opechancano, y este ataca a los colonos en 1622. En 1625 los colonos devuelven el ataque y provocan una gran matanza entre los indios.

Esta dinámica de enfrentamientos armados con las tribus será constante durante todo el periodo colonial, y ello sin contar los conflictos entre las colonias de diferentes potencias europeas, pues los holandeses expulsan a los colonos suecos y a su vez aquéllos serán eliminados del terreno de juego geopolítico por los ingleses. Aunque la guerra más sostenida será entre franceses e ingleses por el dominio del subcontinente y también aquí las alianzas con las tribus indias jugarán un papel crucial.

Mas por lo que se refiere a lo que será Nueva Inglaterra el acontecimiento fundacional más importante es el de la llegada de los Padres Peregrinos en el *Mayflower*. Estamos en el otoño de 1620. Estos puritanos congregacionalistas llegaron primero al cabo Cod y luego fundaron Plymouth el 21 de diciembre del citado año, autogobernándose al principio a partir del Pacto del *Mayflower*. Así pues, para la mentalidad de muchos estadounidenses los *Pilgrim Fathers* constituyen el embrión originario de los futuros Estados Unidos y su democracia. Pero esta creencia es muy parcial, pues los orígenes de esta nación son mucho más complejos y variados. No hay que olvidar que el feliz banquete del Día de Acción de Gracias, *Thanksgiving Day* (que tiene precedentes españoles por ejemplo en San Agustín, en La Florida, en 1565), y al que fueron invitados los miembros de la tribu india que ayudaron a sobrevivir a los peregrinos el primer duro invierno que pasaron en tierras americanas, no es símbolo de una armoniosa continuidad en lo que se refiere a las relaciones entre anglosajones y tribus indias, pues la característica común dominante durante los siguientes dos siglos será la del enfrentamiento armado.

Corriendo el tiempo y con la llegada de grandes contingentes de inmigrantes que reclaman tierras en las sucesivas fronteras del Oeste y con el desarrollo industrial y tecnológico de las armas de fuego, los pueblos indios estarán irremisiblemente condenados a la expulsión de sus originarios territorios de vida y caza, a la deportación hacia el Oeste, y, más tarde, al confinamiento en estériles reservas; y todo ello a través de guerras donde su exterminio es claro y evidente. Pero hay que señalar que al principio, cuando un comerciante bienintencionado trataba con justicia y de forma pacífica a los indios —como es el caso de Roger Williams—, estos no solían mostrarse belicosos. Cuando no era así, los pieles rojas tomaban cruentas represalias. Luego se producía un contrataque por parte de los blancos con la consiguiente matanza. Un ejemplo: el 26 de mayo de 1637 un grupo de colonos armados encerró a seiscientos hombres, mujeres y niños de la tribu pequot en un pequeño baluarte aldeano cerca del río Mystic, al sudeste de Connecticut, les prendieron fuego y los quemaron a todos. A este tipo de enfrentamientos, que abundaron a lo largo de todo el periodo colonial, hay que sumar la gran merma y debilitamiento de las tribus fruto de epidemias como la de viruela.

Además hay que citar de pasada que el fanatismo religioso también estuvo bien presente en las colonias inglesas y tendrá una clara ejemplificación en la caza de brujas producida en Salem, Massachusetts, en 1692, donde, tras recurrir a la tortura, veinte personas fueron ahorcadas bajo la acusación de hechicería. Asimismo, el fuerte individualismo puritano llevará a la fundación de Connecticut y Rhode Island. De esta forma nuevas flotillas y nuevos líderes irán dando lugar a la formación de otras colonias, pero algunas no tendrán origen puritano, sino que se gestarán como propiedad personal de capitalistas ingleses. Es el caso de New Hampshire y Maine.

Por otra parte, hay que señalar que poco duró la presencia sueca en la franja atlántica (Nueva Suecia), sin embargo, de esta cultura el futuro colono de todo el noroeste tomará la técnica de fabricación de las cabañas de troncos, tan típicas de los primeros pioneros: tramperos, cazadores y granjeros. También Nueva Holanda llegará a su fin bajo la presión inglesa. Los holandeses, con una buena flota mercante y que ya comerciaban en pieles con los indios —con los que intercambiaban no solo baratijas sino también armas—, fueron frenados en seco en sus pretensiones coloniales, al aprobar Inglaterra el Acta de Navegación en 1651. Las mercancías inglesas tenían que transportarse en barcos ingleses y Cromwell no estaba dispuesto a consentir que los holandeses se lucrasen haciendo de transportistas intermediarios. Esto era bueno para la corona británica, aunque no así para sus colonias en Norteamérica. En lo religioso, los cuáqueros también tuvieron su ubicación en el contexto colonial. Las concesiones de tierras al cuáquero William Penn por parte de Carlos II de Inglaterra darán lugar a Pensilvania.

Pero lo más importante para nuestra historia es que, con el crecimiento de las colonias más allá de la estricta franja del litoral atlántico, los conflictos con las tribus indias no se hicieron esperar. La vida cotidiana en estas tierras, y ya en los siglos XVII y XVIII, está jalonada por frecuentes guerras con los indígenas norteamericanos. Veamos un ejemplo: si el caudillo Massasoit —de la tribu wampanoag— había acogido pacíficamente a los primeros peregrinos en Plymouth, uno de sus hijos, conocido como Philip —Felipe, Filipo para los burlones y rústicos colonos—, se enfrentó a ese primer expansionismo de los ingleses. Apresado, murió en cautiverio. Esto provocó lo que se conoció como la guerra del rey Filipo, que es una de las más sangrientas de la etapa colonial. Y estamos tratando de Nueva Inglaterra en 1675 y años sucesivos. Así pues, el casi exterminio de bastantes tribus fue constante y paulatino, contando con que algunas se aliaban provisionalmente con los colonos de origen europeo para guerrear. Si la población indígena en Nueva Inglaterra se calcula que era de unos cien mil individuos inmediatamente antes de la llegada de los europeos, para 1675 ya se había reducido a unas quince mil personas. Lo cierto es que la población de colonos iba creciendo y la de las tribus menguando, bien fueran nipmuc, pocumtuck, wampanoag, narragansett, pequot, mohegan, metoac, etc. Los que no morían directamente por las guerras lo hacían por las enfermedades. Otros eran esclavizados por los pueblos aliados vencedores y algunos supervivientes se integraban en otras tribus aún fuertes o algo más numerosas (abenakis, mohicanos e iroqueses). En Virginia y en una fecha tan temprana como 1644, ya se había aplastado el levantamiento del jefe Opechancano.

Durante todo el periodo colonial y respecto a los pueblos nativos, será muy importante la llamada Confederación Iroquesa, también conocida como Liga de las Cinco Naciones y con posterioridad de las Seis Naciones Iroquesas. Evidentemente y desde el punto de vista de la filosofía política, se trata de naciones étnicas, tribales, no de naciones históricas y menos aún políticas en sentido moderno[13]. Sus nombres son: mohawk, oneida, onondaga, cayuga, seneca y tuscarora —esta última se une a partir de 1722—. Cada una de estas tribus se organizaba en clanes gobernados por consejos, donde hombres y mujeres adultos elegían a los *sachem* —jefes en tiempos de paz— y a los caudillos para tiempos de guerra. Se trata de sociedades matriarcales y matrilocales. Los iroqueses fueron estudiados en los albores de la Antropología Cultural por Lewis Henry Morgan, que con su obra *Ancient Society* (*La sociedad primitiva*, 1877) influye en el marxismo de Federico Engels. Este, a su vez, para construir el mito del «comunismo final» en su obra *El origen de la familia, la propiedad privada y el Estado* (1884), se basa en el comunismo primitivo de este tipo de sociedades tribales[14]. En la actualidad y desde posiciones cercanas al relativismo cultural y a la «ilusión etnológica» propia de las Izquierdas Indefinidas[15], autores como Howard Zinn y Charles Mann piensan que los iroqueses son un ejemplo de asambleísmo, de democracia directa y de igualdad entre hombres y mujeres. Pero para este trabajo, que se centra en la historia de la Conquista del Oeste y en el papel que juega la violencia en todo ese proceso, lo importante es la alianza de las tribus iroquesas con los ingleses. Esto sí tiene auténtica relevancia histórica en el contexto geopolítico de frenar la expansión francesa en Norteamérica. Y esta realidad es la que también ha pasado a la literatura y al cine, elaborando mitos y arquetipos que dan cauce a la ideología imperial de Estados Unidos a través de la «factoría Hollywood». Me refiero, como telón de fondo real, a la guerra Franco-India de 1754 a 1763 —que se solapa con la guerra de los Siete Años— y a las alianzas de estas tribus con los rebeldes «patriotas» o con los británicos en la guerra de la Independencia de los Estados Unidos (1775-1781). Pero sobre la visión que el cine proyecta de la frontera norteamericana en la época colonial algo expondré al final de este capítulo.

---

[13] Para las diferentes acepciones de la idea de nación, véase Bueno, G. *España frente a Europa*. Capítulo II, pp. 77-169,

[14] Sobre este tema véase mi obra *F. Engels y el mito del comunismo*. Pentalfa Ediciones, Oviedo, 2019. (Prólogo de Atilana Guerrero).

[15] Sobre el concepto de Izquierda Indefinida en filosofía política véase, Bueno, G. *El mito de la Izquierda. Las izquierdas y la derecha*. Ediciones B. Barcelona, (2.ª edición) 2003, pp. 236-251.

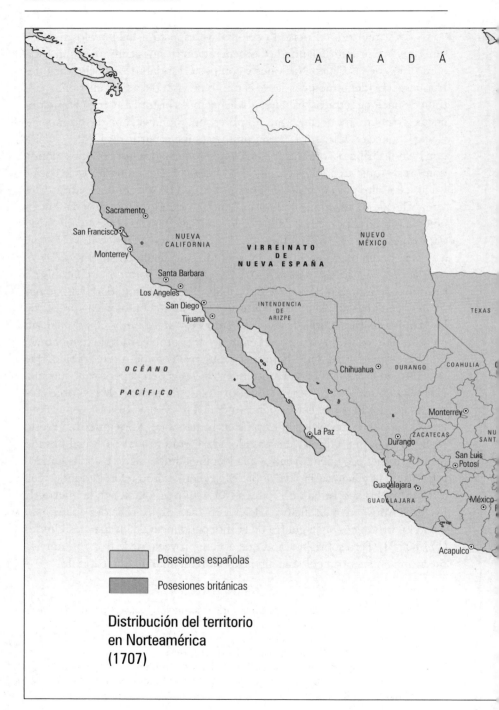

Distribución del territorio en Norteamérica (1707)

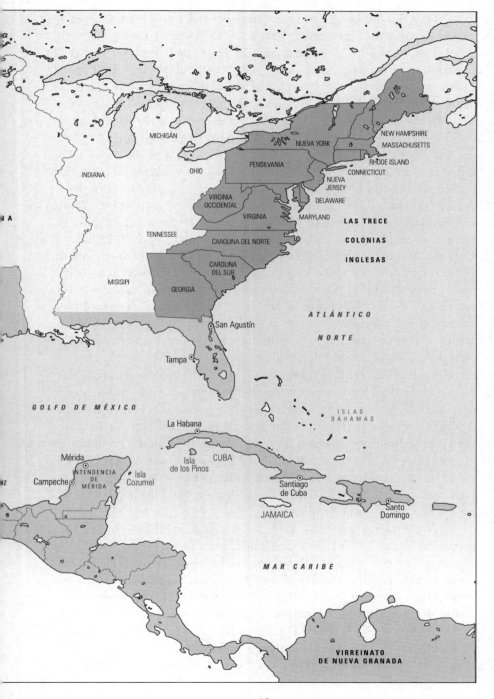

Hay que destacar que a lo largo del siglo XVII los franceses se siguen expandiendo por todo el área de los Grandes Lagos, mientras que los españoles lo hacen más allá de Texas para intentar frenar la penetración gala. Más tarde, en el siglo XVIII, colonizarán California. Luego a los ingleses de la franja atlántica lo que les preocupa es el avance francés. Consciente de todo esto, Inglaterra funda la Compañía de la Bahía de Hudson en 1670 y ello en el contexto de las guerras de religión europeas y del difícil juego de alianzas entre naciones. A partir de 1685, bajo el intolerante reinado de Luis XIV, muchos de los proscritos hugonotes se van a Norteamérica, pero, sin permiso para entrar en Nueva Francia o La Luisiana, se integran en las colonias inglesas. Así las tensiones entre las monarquías europeas se hacen notar allende el Atlántico. Los franceses de Nueva Francia, aunque pocos en número, pronto desarrollan una cultura propia en contacto con los indios del Canadá. Son hábiles cazadores y exploradores y ya los he mencionado como «corredores de los bosques». Su mestizaje y alianza con las tribus indias pone en alerta a las colonias inglesas que están más al sur. Sin dilación, y desde 1689 hasta la expulsión de los franceses del subcontinente tras la derrota de Francia en la guerra de los Siete Años, la Frontera se verá jalonada por constantes enfrentamientos armados. Por otra parte, la guerra de Sucesión española (1701-1713), en lo que implicaba a España, Francia e Inglaterra, también tuvo sus repercusiones en América del Norte. Francia no pierde Quebec —de momento—, pero sí cede Acadia a Inglaterra, que pasa a llamarse Nueva Escocia. Además tuvo que permitir el comercio de pieles por parte de la Compañía de la Bahía de Hudson. Pero la expansión francesa continúa en el XVIII, pues tras la exploración del río Misisipi se funda Nueva Orleans en 1718, que se agrega a los asentamientos creados por los misioneros franceses de Cahokia (en 1699) y Kaskaskia (en 1703) en la Alta Luisiana, en el actual estado de Illinois.

A principios del siglo XVIII, las colonias inglesas, ya más bien británicas desde 1707, siguen creciendo, pues no se ponen trabas a la inmigración. Por ejemplo, Pensilvania será lugar de acogida de muchos alemanes del Palatinado. Entre estos destacarán los artesanos que saben fabricar el rifle Jäger (o Jaeger) y que, corriendo el tiempo y por evolución en las tierras norteamericanas, dará lugar al famoso y mitificado *longrifle* o rifle largo de Pennsylvania —más conocido como rifle de Kentucky—. El caso es que con la penetración europea en el subcontinente, las tribus indias están cada vez más alarmadas y se suceden las guerras. Tras una incursión india la venganza no se hace esperar. En 1712 y 1713 los tuscaroras fueron derrotados en tres batallas y su poder aplastado. En 1717 y en Carolina del Sur, los yamasíes también serán vencidos al unirse los cheroquis con los colonos blancos. Así pues, y a pesar de estas guerras fronterizas, a partir de 1733 y tras la incorporación de Georgia, las trece colonias originarias ya están bien consolidadas. Tras los resultados de la guerra entre Gran Bretaña y España —guerra del rey Jorge o guerra de la Oreja de Jenkins—, es la presencia francesa en Norteamérica la que preocupa al Imperio británico y a los habitantes de las colonias. Franceses y británicos ambicionan por igual el fértil valle del Ohio ya explorado por los primeros. Los franceses fundan Fort Duquesne en 1754 —renombrado más tarde por los ingleses como Fort Pitt, futuro Pittsburgh—, cerca del río Monongahela. Y un joven militar virginiano, George Washington, que llegaría a ser el primer presidente de los futuros Estados Unidos, ataca a un destacamento francés sin previa declaración de guerra. Comienzan las hostilidades, pues los franceses no están dispuestos a abandonar el territorio, y el 3 de julio de 1754 es Washington quien se rinde en Fort Necessity.

Hay que señalar que en la guerra Franco-India, como parte en Norteamérica de la guerra de los Siete Años[16], los franceses contarán con los indios hurones como aliados, mientras que los británicos tendrán el apoyo de la ya mencionada Confederación Iroquesa. Pero los

---

[16] Es necesario matizar brevemente el concepto de guerra. Según el filósofo G. Bueno las guerras pueden clasificarse en cinco géneros. Las guerras intertribales, propias de sociedades preestatales, son guerras de género cero. Las de género uno se dan entre un Estado y una sociedad preestatal de su entorno (por ejemplo por presión imperialista de ese Estado sobre unas tribus). Pueden dar lugar a una Paz generadora o a una Paz depredadora. Las guerras de género dos son las de tribus contra Estados (por ejemplo cuando una tribu o una sociedad preestatal invade un Estado). Las guerras de género tres son las clásicas entre Estados, es decir, las propias de la «civilización». Por último, las guerras de género cuatro son aquellas en las que interviene un único Estado, incluidas aquí las guerras civiles. Según esta clasificación las guerras de los colonos (dependientes de la corona británica) contra los indios habrían sido de género uno, la guerra Franco-India del género tres (aun teniendo en cuenta las alianzas de franceses y británicos con sus tribus amigas), y la guerra de Pontiac de género dos. Bueno admite un sexto género, el de las guerras mixtas, que tienen o combinan más de un género. Pienso que muchas de las guerras entre franceses, ingleses y tribus indias en Norteamérica son de este último tipo. Véase Bueno, G. *La vuelta a la caverna. Terrorismo, guerra y globalización*. Ediciones B., Barcelona, 2004, pp. 107-113.

tramperos franceses habían aprendido a luchar como los indios, con emboscadas adaptadas a las características del terreno. De esta forma se comprende la derrota del general Braddock el 9 de julio 1755, que combatía de forma inadecuada con la táctica de los campos de batalla europeos, es decir, con formaciones lineales de fusileros que disparaban sus mosquetes obedeciendo las rígidas órdenes de sus oficiales. En este enfrentamiento los indios francófilos estaban mandados por el famoso Charles Langlade. De esta sangrienta forma los franceses vengaron la muerte de Jumonville, defensor de Fort Duquesne, a quien Washington había matado junto a sus compañeros el año anterior, en unas condiciones que los franceses definieron como claro asesinato. El prestigio británico se resiente, pero su determinación por mantener la hegemonía en esta parte del mundo, no. Sin embargo, para muchos intelectuales franceses de la época —los que como Rousseau desarrollarán el famoso mito del «buen salvaje»—, la empresa francesa más allá del Atlántico carece de interés, pues La Luisiana solo se considera como un lugar de deportación.

Entre las figuras que dirigen las tropas que Francia manda como refuerzos destaca el marqués de Montcalm. Y los fuertes británicos, como Fort Edward y Fort William Henry, se verán seriamente amenazados. Los sucesos de la rendición de este último en agosto de 1757, serán el trasfondo de la novela histórica de James Fenimore Cooper, *El último mohicano*, publicada en 1826. A su vez los acadios son expulsados de Nueva Escocia y se distribuyen por otras colonias británicas. Los que se asienten en la sureña Luisiana, que todavía era francesa por aquellas fechas, darán lugar a la cultura Cajún. El 8 de julio de 1758 Montcalm derrota también al general Abercrombie en la batalla de Ticonderoga, pero esta victoria será el canto del cisne de los franceses. Entre las fuerzas británicas y con un espíritu aventurero de quien lucha con las tácticas de la frontera, destaca la compañía de aguerridos exploradores mandada por el comandante Robert Rogers —conocidos como los *Roger's Rangers*—. Y a partir de 1759, con la llegada de la flota inglesa y las tropas dirigidas por el general Wolfe, las victorias del bando británico se suceden. En batallas con organización táctica al estilo europeo (con formaciones en línea) la infantería inglesa es imbatible. Se toma Fort Niágara, se recupera Fort Ticonderoga, los franceses abandonan Crown Point y los británicos se proponen tomar Quebec. Tanto Montcalm como Wolfe mueren en la lucha. Y aunque en abril de 1760 los franceses ganan la segunda batalla de Quebec, poco después los británicos rompen el asedio y, en septiembre de ese mismo año, se lanzan sobre Montreal.

El marqués de Vaudreuil-Cavagnial rinde la ciudad. Además, los *Roger's Rangers* barren los fuertes franceses en la zona de los Grandes Lagos y toman Detroit. Así se pondrá fin a Nueva Francia después de siglo y medio de existencia. El Canadá será ya británico. Y el Tratado de París de 1763 dibujará un nuevo mapa geoestratégico en Norteamérica. Francia desaparece del tablero de juego, pues los territorios al este del Misisipi pasan a manos inglesas y los situados al oeste a España. Todo esto consolidará la herencia anglosajona en la génesis de los futuros Estados Unidos.

Tras el citado tratado, a los británicos solo les preocupa la presencia española en el subcontinente, las luchas con los indios, que irán en aumento ya que la llegada constante de inmigrantes propiciará que se asienten en la frontera y surjan sangrientos conflictos, y que los colonos se sometan a la corona pagando cada vez más impuestos. Esto dará lugar a la revolución y a la guerra de la Independencia en las trece colonias. Mas por lo que se refiere al trato con las tribus, el triunfo británico, como imperio depredador no integrador, genera nuevas fricciones. A diferencia de los franceses los ingleses tratan a los indios con pocos miramientos. Para colmo de males en 1763 estalla la guerra de Pontiac, pues tras derrotar a los franceses los británicos se muestran parcos en regalos para con sus antiguos aliados indios, y las tribus, a pesar de su dependencia del comercio con los blancos, no están dispuestas a abandonar su propia cultura[17]. El cabecilla Pontiac supo aglutinar todo este malestar, enviando cinturones de guerra wampum a las diferentes tribus de la frontera noroeste. Según el clásico historiador Francis Parkman se trató de toda una conspiración[18]. De la confederación iroquesa los sénecas eran los más combativos y estos, al igual que el resto de las tribus, son retratados por Parkman, un auténtico pionero de la etnohistoria, como seres demoníacos dada su furia homicida en la guerra, propia de salvajes de la Edad de Piedra[19]. A pesar de que en 1761 el coronel Henry Bouquet había prohibido el asentamiento en la frontera de los Apalaches, los colonos siguen llegando y la belicosa respuesta de las tribus indias hace que sean capturados varios puestos fronterizos. Pontiac asedia Fort Detroit y Fort Pitt. Ante esta difícil situación *sir* Jeffery Amherst pide que se utilicen las

---

[17] Jacobs, Wilbur R. *El expolio del indio norteamericano. Indios y blancos en la frontera colonial.* Alianza Editorial, Madrid, 1973, pp. 107-108.

[18] La obra de Parkman, *The Conspiracy of Pontiac*, es citada y discutida por Wilbur R. Jacobs. Véase, *Op. cit.*, capítulo 8, pp. 115-127.

[19] Jacobs, Wilbur R. *Op. cit.*, p. 147.

mantas que se regalan a los indios para difundir la viruela entre los que sitian Fort Pitt. También propone que se usen perros ingleses para perseguir a los indios[20]. Tras todo esto los ingleses se proponen reorganizar la administración de la concesión de tierras y el 31 de octubre de 1764 Pontiac firma la capitulación.

Pero esto no es más que un parche temporal, como reconocerá el propio George Washington, que sabe que los colonos, a pesar de los riesgos, no van a dejar de echar mano por ocupación a estos buenos y fértiles terrenos. Los blancos que se apropian ilegalmente de las tierras son conocidos como *squatters* y frente al «derecho del tomahawk» de los indios, opondrán el derecho de sus escopetas y rifles de chispa.

En estos nuevos asentamientos, donde ya no llega la ley británica, se impone la Ley de Lynch. Las querellas entre granjeros se dirimen gracias al arbitraje de un vecino, y si son graves, por medio de un duelo. Cuando alguien comete un delito importante que pone en peligro la paz y la seguridad de estas pequeñas comunidades en la frontera, al culpable, sin proceso y sin pérdida de tiempo, se le cuelga. El granjero de origen virginiano Charles Lynch se destacó en la aplicación de esta forma de «justicia» expeditiva. Esta realidad, que se perpetuará a lo largo de toda la conquista del Oeste, la hemos visto recreada en infinidad de wésterns. Pero en este periodo si algún hombre encarna el espíritu del pionero de forma clara y modélica es Daniel Boone. Al igual que en el campo de la política, de la cultura, de la ciencia y de la invención, Benjamin Franklin (1706-1790) es el prototipo del pionero patriota, Daniel Boone (1734-1820) representará lo mismo como cazador y explorador, con una vida llena de arriesgadas aventuras y peripecias. Él fue quien se adentró en el territorio de Kentucky en 1769, con varios compañeros, a través del desfiladero de Cumberland (*Cumberland Gap*). Años más tarde fundará Boonesborough. Su ejemplo y el de su familia sirve para que otros colonos acudan y funden pueblos en esos nuevos valles y bosques repletos de caza. A pesar de sus luchas con los indios, por ejemplo con los shawnees, estos lo adoptan temporalmente. Con su chaqueta de piel de ciervo, su destral al cinto, su cuchillo de caza en la bota y su *longrifle*, Daniel Boone

---

[20]   Jacobs, Wilbur R. *Op. cit.*, p. 226. Jacques Chastenet, en la página 37 de su obra, *La conquista del Oeste. La fundación de los Estados Unidos* (Ediciones Cid, Madrid, 1967) cita así este episodio: «"¿No podríamos provocar una epidemia de viruela en las tribus rebeldes?", escribe el general en jefe inglés al coronel Bouquet, comandante de Fort Pitt. Y el otro responde: "Intentaré que les distribuyan mantas contaminadas. Me gustaría echarles los perros para cazarlos"».

encarna en vida al prototipo del cazador fornido y habilidoso, tirador certero y hombre digno y honrado en el trato con los indios. Todas estas características pasarán a ser estereotipos ya en el siglo XX, pues se repetirán hasta la saciedad en la literatura, en el cine y en la televisión.

Pero para ir dando fin a este capítulo he de tratar de forma sucinta la evolución de las armas en todo el periodo colonial. Lo principal es lo siguiente: del arcabuz y mosquete de mecha de los colonos que llegan en el primer tercio del siglo XVII, se pasa rápidamente a las armas con diferentes mecanismos de llave de chispa o pedernal. En un estudio de este tipo sobre la violencia en la conquista del Oeste esto tiene bastante más importancia de la que pudiera parecer. Varios estudiosos anglosajones tienen trabajos muy precisos sobre el tema. Autores como Carl P. Russell, Harold L. Peterson. Charles E. Hanson, Jr., T. M. Hamilton, Tom Grinsdale, Sidney B. Brinckerhoff, Pierce A. Chamberlain, etc. Los dos últimos hacen una importante investigación sobre las armas españolas en Norteamérica durante esta época.

Hay que destacar que, además de arcabuces y mosquetes de mecha, los primeros pioneros que llegaron a la costa atlántica de Norteamérica llevaban algunas pistolas con llave de rueda, también con llave *snaphance* (o chenapán) y algunos modelos muy primitivos de las iniciales llaves de chispa, como la inglesa o la llave *dog lock*. Pero las pistolas no abundaban y solo las tenían los oficiales o las personas más notables de las primeras comunidades de peregrinos recién llegados. Los iniciales conquistadores españoles y exploradores ingleses también llevaban entre su tropa a ballesteros. La ballesta de la época renacentista era un arma que estaba ya en su última fase de evolución y dada la lentitud de su carga pronto dejó de usarse. En esta época ya se la consideraba obsoleta, aunque todavía hubo quien aconsejó a *sir* Walter Raleigh que mandase hombres armados con el clásico arco largo inglés (*long bow*). En los territorios ocupados por los españoles —en La Florida— se fueron imponiendo a partir de 1596 los arcabuces con llave de patilla, que lentamente sustituyeron a los que llevaban llave de mecha. La llave de patilla —también conocida en el extranjero como *miquelet lock* y que es un subtipo inicial de las llaves de chispa—, fue propia de todos los territorios de colonización española hasta la independencia del virreinato de Nueva España. En las colonias inglesas la transición de las armas largas de mecha a las primitivas de chispa se hizo de forma rápida y paulatina, desde 1630 a 1675 —guerra Pequot, rebelión de Bacon, guerra del rey Filipo—. Se pasó así del embarazoso y lento arcabuz de mecha, a la larga y no menos embarazosa y pesada escopeta de chispa con llave *dog lock*. Este tipo de armas, que podían llegar a tener un metro y medio de largo de cañón, se usaban para cazar, sobre todo aves, y en inglés se las llama *Fowler*. Muy al principio y entre las armas blancas, tanto ofensivas como defensivas, habría que citar espadas, dagas, alabardas y petos y morriones.

Por todo lo anteriormente descrito es comprensible que los primeros pioneros que llegaron al Nuevo Mundo fuesen muy cautelosos con las tribus del litoral atlántico, pues con las citadas armas tenían muy pocas posibilidades de supervivencia en caso de enfrentamiento. La pólvora negra y el plomo eran bienes muy escasos que había que escatimar, pues se dependía de los suministros que llegasen por barco desde Inglaterra. Además, las armas de mecha y las primeras de chispa eran muy lentas de cargar y prácticamente inoperativas bajo la lluvia o una fuerte humedad. Los indios pronto aprendieron que con las mechas apagadas los arcabuces eran inofensivos, así que preparaban sus emboscadas teniendo esto en cuenta. Cualquier guerrero armado con cuchillo de pedernal, maza, tomahawk de piedra y arco y flechas era un duro oponente. En lo que un pionero tardaba en recargar su arcabuz o escopeta y hacer un único disparo, un indio emboscado podía lanzar con cierta precisión media docena de flechas, e incluso más. Pero esta situación fue cambiando rápidamente con la llegada de más colonos y con la mejora técnica de las armas de fuego. Hay que tener en cuenta además que los holandeses pronto iniciaron el comercio de armas con los indios que con ellos eran amistosos. Esta práctica la desarrollarán también después los franceses e ingleses a lo largo de todo el siglo XVIII. Las tribus pronto aprendieron que un mosquete de chispa era «gran medicina» y regalar un arma a un cacique era una forma de atraérselo y de generar dependencia por parte de los indios. Cuando un arma se estropeaba tenían que acudir al herrero del fuerte para que se la arreglase. Era una forma de tener contentos a los indios y una buena excusa para seguir cambiando con ellos otro tipo de baratijas de bajo precio, pues ya he dicho que lo importante era el tráfico de pieles.

Igualmente hay que subrayar que franceses e ingleses, que armaron a las tribus aliadas en sus guerras norteamericanas —hurones e iroqueses respectivamente—, desarrollaron ya desde finales del siglo XVII toda una industria, con sus fábricas en Europa, de producción de armas de fuego baratas, ligeras, sencillas y robustas para el comercio con los indios. Es el caso del famoso *fusil de chasse* francés —que lleva la marca del arsenal de Tulle en la llave y que tiene la culata en forma de pie de vaca, *pied de vache*—, y que también emplearon con profusión los «corredores de los bosques» del Canadá. Los ingleses desarrollarán de forma muy similar el «arma del Noroeste»[21]. Todas eran por lo general del calibre .62 (15,7 mm). España es la única nación que tiene la política de no traficar con armas, lo cual llevará a Bernardo de Gálvez, virrey de Nueva España, a analizar esta situación en 1786 en su *Instrucción para el gobierno de las Provincias Internas de la Nueva España*, concluyendo que «se debe descartar la política de no dar armas a los indios y hacer todo lo posible por armarlos con fusiles para que pierdan su habilidad con el arco, ya que mientras mantengan la ventaja del arco, con su rápido manejo y velocidad de tiro, nunca podrán ser conquistados»[22]. Gálvez propone, en suma, usar la misma estrategia que las naciones enemigas —Francia e Inglaterra—: vender fusiles baratos y de baja calidad a los indios para que estos dependan de España y no de esas otras naciones que, armándolos, los convencen para que hostiguen los débiles puestos fronterizos españoles.

En el siglo XVIII el arma principal de la infantería es el mosquete de chispa, acompañado de su inseparable bayoneta de cubo, que estará presente en todas las guerras indias y en la contienda franco-india entre británicos y franceses. De Francia destaca el modelo Charleville en sus diferentes variantes evolutivas: modelo 1717, modelo 1728, 1746 y 1754, etc. Además de estos, fueron sobre todo los modelos posteriores (1763 y 1766) los que se importaron y emplearon por los rebeldes patriotas contra los británicos en la guerra de Independencia de los Estados Unidos. El calibre de los mosquetes franceses era del .69 (17,5 mm). Por la parte inglesa destaca el famoso Brown Bess, apodo del mosquete que con todas sus variantes estuvo en servicio más de cien años en el imperio británico —prácticamente

---

[21] Véase un estudio en detalle sobre este tipo de armas largas en la obra de Charles E. Hanson, Jr. *The Northwest Gun*. Nebraska State Historical Society, Lincoln, Nebraska, 1955. Este autor subraya el liderazgo inicial de la Compañía de la Bahía de Hudson en el comercio inglés de armas para los indios. (Capítulos 3 y 4, pp. 11-20). Recoge incluso el nombre de los comerciantes en armas desde 1686 hasta 1760 . Comenta además que no hay datos sobre el comercio de armas español, pues este apenas existió (pp. 12-13).

[22] Hamilton, T. M. *Colonial Frontier Guns*. Pioneer Press, Tennessee, 1987 (original de 1980), p. 11. Otro modelo conocido es el muy largo «fusil bucanero», usado por los filibusteros galos que rondaban por el Caribe. (Véase, Venner, D. *Les armes americaines*. Jacques Grancher éditeur, París, 1985, pp. 24-25). Sobre Bernardo de Gálvez y su famosa *Instrucción...* véase la obra de Miguel del Rey y Carlos Canales, *Bernardo de Gálvez. De la guerra en la Apachería a la épica intervención en la independencia de los Estados Unidos*, Editorial Edaf, Madrid, 2015, pp. 245-252.

desde 1722 hasta finales de la década de 1840—. En las citadas guerras en Norteamérica se empleó el modelo *Long Land Pattern* y *Short Land Pattern*. El calibre de los Brown Bess era del .75 (19,05 mm). Por su parte España tuvo en funcionamiento los modelos de 1752, 1755 y 1757. Su calibre era del .71 (18 mm). Todas estas armas, al igual que los fusiles de intercambio con los indios, eran de ánima lisa y disparaban balas esféricas subcalibradas que iban junto con la pólvora envueltas en un cartucho de papel. Su precisión más allá de los 50 metros era muy pobre, de ahí las tácticas lineales de la época que buscaban batir las filas enemigas con un fuego nutrido. La rapidez era mucho más importante que la precisión, y soldados muy entrenados podían hacer tres disparos por minuto. Pero estas tácticas no eran muy útiles en los terrenos boscosos de Norteamérica donde los indios y luego los colonos usaban la emboscada por sorpresa como forma de combate. Además, en la guerra de Independencia algunos patriotas emplearán el *longrifle*. De ello trataré en el siguiente capítulo. En todo caso quiero resaltar que estas guerras coloniales eran ya muy sangrientas, pues además de las armas blancas manejadas por los indios, los mosquetes, con munición de bala y postas, eran muy mortíferos a cortas distancias.

Pero en este libro también quiero ocuparme del cine o, lo que es lo mismo, de la mitología[23]. La época colonial ha sido llevada a la pantalla en algunas ocasiones, con películas históricas basadas en novelas de éxito o bien con lo que algunos autores llaman «prewésterns». Estoy pensando en obras como *La aventura del Plymouth* (Clarence Brown, 1952) o *El crisol* (Nicholas Hitner, 1996). Sobre Daniel Boone hay filmes de 1936 y de 1956, además de la ya clásica serie de televisión de los años sesenta protagonizada por Fess Parker. La novela de Fenimore Cooper, *El último mohicano*, ha sido llevada a la pantalla (grande y pequeña) bastantes veces, aunque la más lograda es la última en lo que a producción y atrezo se refiere. La versión de Michael Mann de 1992, con actores como Daniel Day-Lewis, Madeleine Stowe, Russell Means y West Studi, presenta las características propias de la ideología de la Frontera: fortaleza, individualismo, rebeldía frente a la tiranía, romanticismo, etc. Hawkeye (Ojo de halcón), al que los franceses llaman (en la novela) *la longue carabine*, es el prototipo de cazador de noble corazón y certera puntería con su *longrifle*. Estos mismos valores ya los encarnó Fess Parker en sus

---

[23] Un estudio sobre la relación entre Wéstern y Mitología puede verse en mi obra *El Wéstern y la Poética. A propósito de El Renacido y otros ensayos*. Editorial Pentalfa, Oviedo, 2016.

La aventura del Plymouth *(Clarence Brown, 1952). Sobre la llegada de los primeros padres peregrinos en el* Mayflower, a las costas de Norteamérica en *noviembre de 1620.*

El nuevo mundo. The New World. *Dirigida por Terrence Malick. 2005. Versión idealizada del capitán John Smith y la india Pocahontas.*

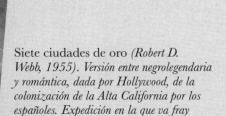

Siete ciudades de oro *(Robert D. Webb, 1955). Versión entre negrolegendaria y romántica, dada por Hollywood, de la colonización de la Alta California por los españoles. Expedición en la que va fray Junípero Serra.*

recreaciones de Daniel Boone y Davy Crockett, cosa que también hizo en el prewéstern *Fulgor en la espesura* (Herschel Daugherty, 1958).

En la ya citada *El Nuevo Mundo* Terrence Malick nos presenta a un capitán John Smith atormentado, que encuentra consuelo en una idealizada y rousseauniana Pocahontas. Desde los cánones posmodernos del indigenismo y del relativismo cultural, los «buenos salvajes» son recreados de forma etológica con sus armónicos y miméticos movimientos. El actor Raoul Trujillo, que también trabaja en *Manto negro* (Bruce Beresford, 1991) y *Apocalypto* (Mel Gibson, 2006), hace un excelente trabajo de asesoramiento y coordinación del lenguaje corporal de los indios. La ideología indigenista y relativista también está presente en *Manto negro*, como la Teología de la Liberación lo está en *La misión* (Roland Joffé, 1986). Estas dos películas tienen como trasfondo histórico la labor misionera de los jesuitas en América. Por último, las clásicas *Corazones indomables* (John Ford, 1939), *Paso al noroeste* (King Vidor, 1940) y *Los inconquistables* (Cecil B. DeMille, 1947) siguen constituyendo el mejor ejemplo de transmisión mitológica de los ideales de la Frontera en la época colonial. De igual forma podemos percibir la estereotipada visión que se proyecta sobre España en filmes como *Siete ciudades de oro* (Robert D. Webb, 1955) y *Los cañones de San Sebastián* (Henri Verneuil, 1968). Y es que también en el cine de Hollywood la sombra de la leyenda negra antiespañola es alargada[24].

---

[24] Véase Vicente Boisseau, Esteban. *Hollywood contra España. Cien años perpetuando la leyenda negra.* Editorial Planeta, Barcelona, 2022.

2
LA GUERRA DE INDEPENDENCIA ESTADOUNIDENSE

El mosquete Brown Bess, el Charleville
y los primeros modelos estadounidenses.
Surge el rifle de Pennsylvania

V OY A EXPONER AHORA Y DENTRO DE LA TEMÁTICA que me he propuesto
investigar, los principales hechos, armas y mitos que giran en torno
a la guerra de Independencia de los Estados Unidos (1775-1781) y que
llegan hasta la guerra angloestadounidense de 1812.

Tras la expulsión de los franceses de Norteamérica y el fin de la
guerra de Pontiac, los colonos siguen llegando, pues las noticias sobre
las fértiles tierras allende los Apalaches también se habían difundido
por la Europa anglosajona. No hay que olvidar que entre el contingente
humano que llega a las colonias británicas se encuentran no solo personas honradas, que anhelan libertad religiosa, sino también expresidia-
rios y convictos de la peor ralea, que buscan en estas nuevas tierras una
oportunidad para sobrevivir sin tener mucha vigilancia legal ni estar
sometidos a una fuerte presión fiscal. Pero Inglaterra pretende que sean
los colonos los que paguen de forma indirecta los gastos de la anterior
contienda en la que Francia había sido derrotada.

En 1760, con la subida de Jorge III al trono de Gran Bretaña, las
relaciones entre el poder político y los colonos se hacen aún más tensas.
La corona no está dispuesta a soportar el contrabando en las colonias y
sus súbditos en Norteamérica no aceptan una presión fiscal que no se vea
correspondida por una verdadera representación política en el Parlamento
de Londres. Este estableció en 1765 un derecho de timbre por el que se
gravaban todos los documentos legales que se emitiesen en las colonias,
incluyendo los periódicos allí editados. El camino hacia la revolución se

va trazando con rapidez, pues la presencia de los soldados británicos, los «casacas rojas», se hace cada vez más odiosa para mucha gente. Esto ya venía sucediendo desde tiempo atrás, pero sobre todo a partir de los sangrientos incidentes del 5 de marzo de 1770 en Boston, que han pasado a la historia con el nombre de la Masacre de Boston, y ello aunque no se tratase de una matanza premeditada, si bien el cuadro de Paul Revere así titulado, donde se ve a los soldados ingleses disparando sobre los ciudadanos de Boston, sirvió de eficaz propaganda para la causa americana. Aunque la Ley del Timbre fue abolida dado el descontento que provocó, los colonos se rebelaron frente al hecho de tener que pagar derechos aduaneros por la importación de mercancías extranjeras, como el té, el vidrio, el plomo y el papel. Por estos y otros hechos, muchos colonos sienten que viven en una tiranía. En Boston los activistas autodenominados Hijos de la Libertad (*Sons of Liberty*), se disfrazan de indios mohawks en una auténtica *performance* y en el puerto se suben a los barcos y tiran al mar el cargamento de té. Se trata del famoso motín del té (*Boston Tea Party*). El 5 de septiembre de 1774 se reúne el primer Congreso Continental en Filadelfia —con la excepción de Georgia que no envía delegado—, votando una Declaración de Derechos. Frente a todos estos acontecimientos Londres responde mandando más tropas, incluyendo a los mercenarios alemanes —los hessianos—. La sociedad en las colonias está cada vez más polarizada y enfurecida, y las personas que permanecen fieles a la Corona son silenciadas. En 1776 el panfleto de Thomas Paine *Sentido común* es una solicitud de independencia para las colonias, y el 4 de julio de ese mismo año el Congreso Continental proclama la Declaración de Independencia de los Estados Unidos a partir del informe previo redactado por John Adams, Benjamin Franklin, Thomas Jefferson, Roger Sherman y Robert R. Livingstone.

En su preámbulo hay un párrafo que tendrá gran trascendencia para la inmediatamente posterior historia de Francia (Revolución francesa) y que es percibido hoy por muchos intelectuales como un antecedente de los Derechos Humanos. Dice así: «Sostenemos como evidentes estas verdades, que todos los hombres son creados iguales, que su Creador los dotó de ciertos derechos inalienables, que entre estos están la Vida, la Libertad y la búsqueda de la Felicidad»[25]. Evidentemente entre esos «todos los hombres» no se encuentran las mujeres, ni los negros esclavizados ni, por supuesto,

---

[25]   Una versión muy parecida de este párrafo puede verse en Chastenet, J. Op. cit, pp. 42-43.

los indios de las diferentes tribus. En todo caso, la guerra de Revolución e Independencia es ya inevitable. Se desarrollará en tres fases.

En el otoño de 1774 se organiza, por un lado, un gobierno colonial que desafía el poder real y, por otro, una especie de milicia de intervención rápida con hombres listos para la acción en cuanto se les llame. A estos se les conoció como los «hombres del minuto», los *minutemen*. Ya en 1775 Patrick Henry pronuncia un famoso discurso donde proclama, «¡Dadme la libertad o la muerte!». Y tras la cabalgada de alerta de Paul Revere los *minutemen* de Lexington y Concord están preparados. Suenan los primeros disparos entre colonos y soldados británicos. La guerra de Independencia ha estallado. La primera batalla importante es la de Bunker Hill, una victoria pírrica para los británicos, pues tuvieron 800 bajas. A lo largo de toda la campaña bélica destacaron, por la parte británica, generales como Gage, Howe, Clinton, Carleton, Burgoyne, Cornwallis, Simon Fraser of Balnaim, etc. Por la parte estadounidense, en el Ejército Continental, George Washington, Artemas Ward, Charles Lee, Philip Schuyler, Israel Putnam, Richard Montgomery, John Thomas, William Heath y Horatio Gates entre otros. Las principales campañas fueron la de Boston (1775-1776), la invasión de Quebec (1775-1776), las de Nueva York y Nueva Jersey (1776-1777), Saratoga (1777), Filadelfia (1777-1778), la de Yorktown (1781), el teatro de operaciones en el norte de 1778 a 1781 —posterior a la batalla de Saratoga—, el teatro de operaciones en el sur (1775-1783) y el teatro de operaciones en el oeste (1777-1782). Todo ello sin contar las batallas navales. A lo largo de toda la guerra habrá desde batallas importantes y decisivas, como la de Saratoga, hasta otras que son casi escaramuzas de emboscada y desgaste de los británicos por parte de ciertas unidades del ejército continental. Dada la brillante fama que tenía la infantería británica en los choques en campo abierto con formación en línea y apoyo de caballería y artillería, la inicial estrategia de Washington, como jefe supremo, fue de guerra defensiva y de desgaste, donde las luchas de guerrillas, las escaramuzas y las emboscadas jugaron un papel esencial.

Desde un punto de vista histórico hay que resaltar que la guerra de Independencia fue a la vez una guerra de liberación nacional y una guerra civil, pues al principio de la contienda había todavía bastante población en las colonias que se mantenía fiel a Gran Bretaña. Se trata de los «leales», que se reclutaban principalmente entre las clases pudientes con propiedades. También había personas que no eran abiertamente «rebeldes», sino que permanecían indiferentes a todo este revuelo político-militar y bastante tenían con dedicarse a sus quehaceres para vivir lo mejor posible.

Pero con el desarrollo de la guerra fue generándose todo un sentimiento patriótico y de identidad a través del folklore. Me refiero por ejemplo a las canciones patrióticas, como *Yankee Doodle*. Lo que los británicos acomodados ridiculizaban del colono *yankee* servía a la vez para reforzar el orgullo del patriota independentista rebelde. Pero además esta guerra tiene una vertiente internacional propia de la dialéctica de imperios de la época. Ya que los norteamericanos de las colonias no podrían haber ganado su independencia, surgiendo así los Estados Unidos de Norteamérica, sin la ayuda de España y Francia. Al principio el Ejército Continental estaba desprovisto de casi todo. Le faltaban armas, municiones y alimentos, y ello sin contar con la ausencia de una instrucción militar que organizase y mantuviese disciplinada a una milicia formada mayormente por granjeros pobres y levantiscos. En las colonias se empezó a emitir papel moneda con la promesa de un futuro pago en oro, pero pocos confiaban en ese tipo de dinero, de ahí que se acuñase el dicho «no vale un continental».

Pero lo cierto es que, desde el punto de vista de la dialéctica de imperios, tanto Francia como España querían debilitar la pujanza de los británicos en el continente americano. Por ello concedieron préstamos a los insurgentes, pues tras la victoria de Saratoga pensar en un triunfo de los rebeldes no era algo ya tan descabellado. Francia para prestar ayuda necesitaba confiar en el triunfo de los norteamericanos, pero también se veía movida por el afán de revancha contra el Imperio británico, tras perder sus posesiones en Norteamérica por la guerra de los Siete Años. España, a su vez, prestó una gran ayuda, pero no a través de un enfrentamiento directo con Gran Bretaña. Se pretendía así también expulsar a los británicos del golfo de México, de las orillas del río Misisipi y de sus asentamientos en América Central.

Por todo ello en junio de 1776 el rey Carlos III de España abrió un crédito secreto de un millón de libras tornesas para socorrer a la causa rebelde, poniendo esta fuerte suma en manos del conde de Aranda para que la hiciese llegar a su destino. La mitad de este dinero se remitió de forma indirecta y la otra mitad se suministró en material de guerra, del que tan necesitados estaban los sublevados. A través de la compañía bilbaína de José Gardoqui e Hijos se enviaron 215 cañones de bronce con sus cureñas o afustes, 27 morteros, 12.868 granadas (balas de cañón), 30.000 mosquetes con sus bayonetas, 512.314 balas de mosquete, 300.000 libras de pólvora, 30.000 uniformes, unas 4.000 tiendas de campaña y también plomo en abundancia para fabricar balas. Todo este material se fue llevando a las colonias rebeldes a través de las Bermudas, por ser esta una ruta libre casi de vigilancia y bloqueo por parte de los ingleses[26]. Además, es necesario recordar que ya desde 1770 Luis de Unzaga y Amézaga, a la sazón gobernador de La Luisiana, tenía conocimiento de los sucesos revolucionarios y desde 1775-1776 ayudó a los colonos norteamericanos con mercancías, atendiendo las peticiones de Patrick Henry y del general Charles Lee. Unzaga, desde Nueva Orleans y con barcazas que remontaban el Misisipi, facilitó armas y pólvora a los sublevados, llegando hasta Fort Pitt. Todo esto contribuyó a que Washington lograse las primeras victorias importantes. Igualmente, Francia, una vez desbloqueados los puertos de Tolón y Brest, pudo enviar tropas y suministros a los rebeldes. La flota que llega en 1781 está mandada por el almirante De Grasse y las tropas francesas son dirigidas por La Fayette y el conde de Rochambeau. Este contingente, junto con las fuerzas de Washington, bloquean Yorktown, en la bahía de Chesapeake, donde se encuentra rodeado Cornwallis con 8.000 hombres. Acabará por capitular y entregar la ciudad. La Fayette ya puede notificar a París que «la función ha terminado»[27].

Pero hay que citar en todo este panorama bélico la importancia del español Bernardo de Gálvez, pues así como para la mentalidad colectiva de muchos estadounidenses de hoy en día la ayuda francesa está muy presente, la decisiva contribución de España y en concreto de Bernardo de Gálvez en la independencia de las trece colonias, es mucho menos conocida. En esta cuestión, como en tantas otras que expondremos en este libro, tiene una crucial importancia la versión mitológica que de todos estos hechos da el cine de Hollywood. Sin embargo fue el propio George Washington quien reconoció que sin la ayuda española el triunfo no hubiese sido posible. Y es que Carlos III y su ministro Floridablanca diseñaron una estrategia discreta pero muy efectiva para ayudar a los revolucionarios. Por un lado, los navíos norteamericanos tenían libertad para hostigar a los barcos británicos que recalaban en los puertos del Misisipi controlados por la corona española. Por otro, y tras declarar España la guerra a Gran Bretaña el 8 de mayo de 1779, esta se veía obligada a debilitar su presencia en América para atender a otros

---

[26] Véase, Del Rey, Miguel y Canales, Carlos. *Op. cit.*, p. 108. También en Pablo Victoria. *España contraataca. De la deuda de Estados Unidos con Bernardo de Gálvez*. Editorial Edaf, Madrid, 2017, p. 57. Véase sobre todo la excelente obra de García, Eva (Edición y Coordinación). *George Washington y España. El legado del Ejército español en los Estados Unidos de América. The Spanish Army Legacy*. Edita el Ministerio de Defensa, 2019.

[27] Chastenet, J. *Op. cit.*, p. 43.

teatros de operaciones. Esto permitió que el joven gobernador de La Lui-siana, el malagueño Bernardo de Gálvez, obtuviera importantes victorias que supusieron la liberación del Misisipi y del golfo de México para la causa independentista norteamericana. Gálvez tomó a los ingleses Fort Bute (en Bayou Manchac), Baton Rouge y Fort Panmure (la actual Nat-chez). Después de estos éxitos regresó a Nueva Orleans y comenzó a preparar la campaña para tomar Mobile y Pensacola. Tras bastantes in-convenientes y retrasos, pues dependía de las órdenes que llegaban de La Habana, e incluso soportar un huracán, logró sus objetivos.

Por todo lo anterior la historia hoy ya reconoce la gran importancia de un personaje como Bernardo de Gálvez en la génesis de los Estados Unidos, pero ningún guionista o cineasta español ni estadounidense le ha dado aún la relevancia que se merece. No ocurre lo mismo con el francés La Fayette. Y sin embargo esta naciente nación norteamericana está llena de personajes míticos que pueblan el imaginario colectivo. Para mostrar algunos de ellos y los hechos con los que se les relaciona, hemos de aden-trarnos en la intrahistoria de la guerra de la Independencia, es decir en la cultura material de los colonos y en su forma de combatir.

Como ya se indicó en el capítulo anterior el arma principal de la infantería en el siglo XVIII era el mosquete de chispa, que se mantuvo en plena vigencia durante las guerras napoleónicas y hasta la década de 1830-1840, cuando fue reemplazado por los fusiles con llave de percusión, de pistón, a la vez que paulatinamente se imponían los cañones estriados para balas de forma ya no esférica, como la bala Minié cilindro ojival de base hueca. El fusil rayado, junto a este último tipo de proyectil, fue en gran me-dida el responsable de las grandes matanzas y heridas, con horribles muti-laciones, en las batallas de la guerra entre los Estados o guerra de Secesión (1861-1865). Pero no adelantemos acontecimientos. En el siglo XVIII los mosquetes eran armas de cañón largo, pesadas y robustas, pensadas para decidir las batallas en las cargas a la bayoneta. Con su lenta llave de chispa y su ánima lisa, para una munición de bala envuelta en cartucho de papel (o una combinación de bala esférica y postas), era un arma mortífera hasta los 50 metros o poco más, pero totalmente imprecisa a 150 metros. De ahí que las batallas tuviesen lugar con formaciones de infantería en línea cerrada, donde lo importante era disparar con rapidez y casi sin apuntar frente a la línea enemiga, en la confianza, terrible, de que si no se acertaba a un soldado se acertaba a otro. Se trataba así de romper las formaciones tras la descarga cerrada y, fruto de las bajas y de la alta tensión nerviosa, precipitar la carga a la bayoneta. Esta táctica, adecuada a la técnica de las armas de la época, nos parece hoy suicida, pero la infantería estaba entrenada precisamente para realizarla, mediante una férrea disciplina. Disciplina que no opera tanto por razones psicológicas (las que menciona M. Foucault bajo el rótulo de «vigilar y castigar»), sino por razones de eficacia técnica en el arte bélico de ganar y decidir la victoria en una batalla. Y en la época a la que me refiero la infantería que tenía fama de casi invencible y más disciplinada, al modo prusiano, era la inglesa[28].

Todo esto lo sabía George Washington y también sus generales. De ahí que en la guerra de Independencia de los Estados Unidos se desarrollaran otras armas y otras estrategias, como la de guerrillas. Por eso tendremos que tratar en breve del fusil largo rayado empleado por algunas unidades de colonos. Sin embargo, los principales combates se libraron con mosquetes de origen y factura europea. Y como queda indicado, el final de las batallas y su victoria o derrota se decidía con la carga a la bayoneta. Pero esto cambió en parte, aunque menos de lo que concede la magnificación mitológica propia de la leyenda, gracias a la irrupción del rifle de Pennsylvania.

Ya he expuesto el material aportado por España. Los mosquetes españoles para los sublevados norteamericanos eran del modelo 1752-1757. Por otra parte, los franceses enviaron material de la Manufactura Real de Charleville. A través del traficante Carcier de Monlieu, quien suministraba a Beaumarchais, se hicieron llegar a los rebeldes 16.080 mosquetes con sus correspondientes bayonetas (del modelo Charleville 1763), 2.700 mosquetes de oficial (modelo 1754/59), 4.943 fusiles para dragones (del modelo 1754), 255.000 piedras para las llaves de chispa y 15.000 sacatrapos para la limpieza de estas armas. En conjunto Francia enviará unos 100.000 mosquetes entre los modelos 1763 y 1768[29]. El gasto francés ascenderá a poco más de 892.116 libras, equivalentes a unos 10 millones de francos franceses de los años 1980-85. También se importaron miles de mosquetes holandeses para uso del ejército continental, en concreto la colonia de Massachusetts los adquirió directamente durante la revolución gracias a la ayuda de Benjamin Franklin. Y sin embargo, a pesar de toda esta complejidad, en el simplificado imaginario colectivo del estadounidense medio, parece que solo se enfrentaron «Brown Bess contra Charleville».

---

[28] Además de los filmes que citaré al final de este capítulo, para hacerse una idea apropiada de las cargas de la infantería inglesa y de la disciplina en las tropas del siglo XVIII, puede verse la excelente película de Stanley Kubrick, *Barry Lyndon* (1975).

[29] Venner, D. *Op. cit.*, pp. 50-51.

Brown Bess era el mote cariñoso que los soldados ingleses daban a su mosquete, pero no se conoce con exactitud el origen de este apodo. Bess, puede hacer alusión a la reina Isabel de Inglaterra, aunque esta hacía más de cien años que había muerto cuando este mosquete entró en servicio. Más verosímil es que Bess sea el nombre familiar que los hombres daban a sus armas. Brown viene del pavonado marrón que el arma adquiría con el tiempo y la oxidación superficial del cañón o también del color de la culata de nogal[30]. Una de las tareas cotidianas de los soldados, bajo la atenta, férrea y sancionadora vigilancia de los oficiales, era la de mantener bien pulido y brillante el cañón de sus mosquetes. El Brown Bess fue utilizado tanto por los británicos como por los sublevados. En la contienda se emplearon dos variantes, el *Long Land Pattern* (con un largo de cañón de 46 pulgadas, 1168,4 mm) y el *Short Land Pattern*, más corto (de 42 pulgadas de largo de cañón, 1066,8 mm). En ambos casos el arma pasaba de los 4 kilos y medio de peso. Los mosquetes Brown Bess eran del calibre 0,75" (19,05 mm) y se cargaban con un cartucho que contenía una bala esférica de plomo del calibre 0,69" (17,52 mm) y 32 gramos de peso. Justo detrás de la bala iba la carga de pólvora, incluida la que se empleaba para cebar la cazoleta tras morder con los dientes y escupir el extremo inferior plegado del cartucho de papel. Esta carga era de 163 grains de pólvora negra (granulación gruesa 1F), es decir 10,56 gramos. El Charleville francés, empleado por el ejército continental, era de calibre 0,69" (17,52 mm) y disparaba una bala del calibre 0,627 (15,92 mm) que pesaba 370 grains (24 gramos). La carga de pólvora del cartucho era de 189 grains (12,24 gramos). Cada soldado llevaba en bandolera una cartuchera de cuero con una dotación de 24 a 29 cartuchos, además de piedras de chispa de repuesto y accesorios de limpieza. En las colonias también se fabricaron copias, más o menos rústicas, del mosquete británico por diferentes talleres o forjas artesanales; y ello a cargo de los Comités de Seguridad (*Committee of Safety*).

Pero es ahora, en este contexto bélico-armamentístico, cuando tenemos que ocuparnos de cómo los hechos se convierten en leyenda y de cómo la leyenda da lugar a nuevos hechos, por decirlo al modo del Ford de *El hombre que mató a Liberty Valance* (1962). Es hora ya de tratar de los hechos y de los mitos que acompañan al origen y uso en esta guerra del rifle de Pennsylvania, el conocido como rifle de Kentucky, *long rifle* o *longrifle*, que

---

[30]   Peterson, H. L. *Las armas de fuego*. Ediciones Punto Fijo, Barcelona, 1966, pp. 96-97.

ya he mencionado. Hagamos pues un breve repaso recordatorio sobre el origen de las armas rayadas (o estriadas).

Todos los tratadistas especializados en la evolución de las armas de fuego y en especial en el rifle de Pennsylvania (como por ejemplo John G. W. Dillin, H. L. Peterson, David F. Butler, Walter M. Cline, Joe Kindig Jr., Henry J. Kauffman, etc.), reconocen que la invención de las estrías o rayas en el ánima de un arma de fuego, para hacer girar una bala esférica de plomo (lo cual imprime a esta más estabilidad, velocidad, alcance y precisión), se remonta a finales del siglo XV o principios del siglo XVI. Se menciona a Centroeuropa y a armeros como Gaspard Kollner, de Viena, o Augustus Kotter, en Nuremberg y en torno a 1520, como los primeros que hicieron arcabuces rayados. Pero estas noticias distan mucho de estar plenamente contrastadas aunque todos los autores las exponen. Igualmente los citados tratadistas y frente al falso mito de que la bala envuelta en un forro de tela engrasada (algodón, lino o a veces piel de gamuza), es una invención genuina de los colonos norteamericanos, mencionan al erudito español de nuestro Siglo de Oro, Alonso Martínez de Espinar, quien en su *Arte de ballestería y montería* y en fecha tan temprana como 1644, ya refiere el uso de tacos engrasados en los arcabuces rayados. Aunque aún no es palabra aceptada por la RAE., a este forro en español se le llama «calepino» por todos los tiradores que practican el deporte del tiro con armas de avancarga (en francés *calepin*, en inglés *patch*)[31].

Así pues a lo largo de los siglos XVII y XVIII el rifle, como arma específica para la caza mayor (para jabalís, ciervos y osos), se desarrolló mucho en Centroeuropa en regiones boscosas y montañosas de lo que ahora es Alemania, Austria, Suiza, etc. Estas armas largas al principio llevaban llave de rueda, que es difícil de fabricar y frágil (expuesta a roturas dado lo com-

---

[31]   Para un estudio de la evolución de las armas en España, véase mi artículo "Las armas en El Quijote y un breve apunte sobre el imperio español". Revista digital *El Catoblepas*, n.º 47, Enero 2006, página 11. Disponible en internet en https://nodulo.org/ec/2006/n047p11.htm.

Véase también la conferencia, expuesta en la Fundación Gustavo Bueno de Oviedo, La tradición armera del imperio español, siglos XVI-XVIII. Disponible en internet https://www.youtube.com/watch?v=-JKs7xIzMBGM&t=1035s

Alonso Martínez de Espinar trata ya de los arcabuces rayados con estrías para disparar balas, y menciona la necesidad de usar tacos embreados con pez griega y sebo. Véase cómo se han de cargar los arcabuces en el capítulo XII, pp 43-44, de su obra *Arte de ballestería y montería* (introducción de Eduardo Trigo de Yarto). Ediciones Velázquez. Madrid, 1976. (Original de 1644).

plejo de su mecanismo), pero a finales del siglo XVII y principios del XVIII se había generalizado ya la llave de chispa, de estilo francés. Esta era más fácil de fabricar y más robusta y segura. A este tipo de arma se la conoce con el nombre de Jäger rifle (o Jaeger en inglés), literalmente rifle para cazador. Y esta fue el arma que, en las primeras décadas del siglo XVIII, llevaron consigo muchos hombres que emigraron del Palatinado germano hacia las colonias británicas en Norteamérica, y en concreto a Pensilvania. Estos individuos sabían usar bien el Jäger, pero también fabricarlo con toscas herramientas manuales y en pequeñas fraguas de la frontera. Por evolución este arma dio lugar al rifle de Pennsylvania, pues fue en esta colonia donde empezó a fabricarse (aunque no de forma exclusiva) y sobre todo al principio en el famoso condado de Lancaster. De 1720 a 1775 se da ese lento proceso de evolución y desde 1770-75 hasta 1830 (con la posterior generalización de la llave de pistón) tiene lugar lo que Joe Kindig Jr., llama «da Edad de Oro del rifle de Pennsylvania»[32]. Solo a partir del siglo XIX y tras la batalla de Nueva Orleans (1812) se le conoció con el nombre de rifle de Kentucky, cuando estas tierras y las de Tennessee eran la nueva frontera donde los cazadores blancos campaban a sus anchas y peleaban con los indios.

El Jäger era un rifle adaptado a las necesidades de los bosques germanos. Tenía un cañón no muy largo (en comparación con el *longrifle* que es como originalmente se denominó en Estados Unidos a su evolución posterior). De unas 24 a 30 pulgadas (609,6 mm a 762 mm) y un calibre bastante grueso que podía oscilar entre el 54 y el 75 (de 13,7 mm a 19 mm). Algunos, los más refinados, llevaban doble disparador al pelo, para ejecutar un tiro mucho más preciso. Una peculiaridad, que también heredaron los Pennsylvania, fue la caja para los calepinos y otros accesorios practicada en la culata, primero con una tapa deslizante de la misma madera sujeta con un resorte, luego esta caja se hizo de metal, principalmente de latón. Y esta sí que es ya una característica de los *longrifles* americanos. Se sabe que algunos Jäger, en su primitiva configuración, fueron

---

[32]   Véase la monumental obra, Kindig, Jr., Joe. *Thoughts on the Kentucky Rifle in its Golden Age. (Longrifle Series)*. Bonanza Books, Nueva York, 1960. También, al igual que la anterior, las siguientes obras especializadas: Dillin, John G. W., *The Kentucky Rifle*. Editado por Kendrick Scofield. George Shumway, Publisher. York, Pensilvania, 15.ª edición, 1967. *Golden Age Arms Company and James R. Johnston. Kentucky rifles & Pistols 1750-1850*. The Kentucky Rifle Association, Ohio, 1976. Kauffman, Henry J., *The Pennsylvania-Kentucky Rifle*. Bonanza Books, Nueva York. (Primera edición de Stackpole Books, 1960).

usados por los colonos para combatir contra los ingleses. Pero la cuestión tuvo un largo desarrollo y una repercusión histórica y mítica muy importante para la futura historia de los Estados Unidos. Aunque los británicos también conocían los fusiles rayados (los rifles) y las unidades de hessianos llevaban sus propios Jäger, no fueron los ingleses los que se cubrieron de gloria. Y ello a pesar de que disponían de unos 1.000 rifles para infantería del modelo 1776, construidos por William Grice. Eran de calibre 62 (15,74 mm) y tenían un cañón de 30,5 pulgadas de largo (774,7 mm). Otro arma famosa de los ingleses fue el rifle Ferguson, citado también por todos los historiadores. Se trataba del primer rifle de retrocarga (toda una novedad técnica para la época), empleado por militares. Al ser un arma de retrocarga, pues el arco del guardamonte accionaba un husillo de rosca de paso largo que abría y cerraba la recámara, se podía cargar tumbado y tenía una cadencia de tiro más rápida que un mosquete normal de avancarga (de 6 a 8 disparos por minuto frente a 2 o 3). Su calibre era del 65, disparaba una bala de 0,615 de pulgada (15,621 mm) y tenía un alcance con aceptable precisión entre 200 y 300 yardas (entre 180 y 270 metros aproximadamente). Pero se trataba de un arma frágil y casi experimental (realizada y mejorada sobre un diseño primitivo del francés Isaac de la Chaumette), al igual que las unidades que lo emplearon. No se usaron más de cien de estos rifles y solo en la batalla de Brandwyne (1777) y tal vez en el asedio de Charleston (1780). Además el propio Mayor Ferguson murió en combate en la batalla de King's Mountain (1780), tras ser herido inicialmente por un tirador rebelde, y todo su proyecto en torno al uso de su preconizado rifle de retrocarga quedó en suspenso.

Mas ahora llega la gran pregunta de este capítulo, ¿por qué se hizo famoso el *longrifle* americano? Hay que destacar que en las colonias el Jäger pronto evolucionó hasta dar lugar al típico rifle de Pennsylvania con todas sus pequeñas variantes (según los condados en los que se fabricase). Variantes más artísticas que técnicas y que hacen las delicias de los etnólogos e historiadores que estudian en detalle la cultura y el folklore de la naciente nación estadounidense. Estas características son las siguientes: los cañones se alargaron bastante y los calibres fueron disminuyendo. La longitud media del cañón de muchos *longrifles* era de 42 a 46 pulgadas (1066,8 a 1168,4 mm, incluso en bastantes armas más, y ello en los fabricados hasta 1830). Cuando en la franja atlántica se acabó con la gran caza mayor, como el subtipo de bisonte que existía al este del Misisipi, los calibres disminuyeron. Primero pasaron a ser del 60 o 58 al 50. Pues con un arma del calibre 50 (12,7 mm), cuya bala pesa 180 grains (11,66 gramos) hay potencia de sobra para cazar ciervos de cola blanca y osos negros y, por supuesto, para abatir a un hombre a gran distancia (por ejemplo a 100 metros), sea un inglés o un indio hostil. Los cañones se alargaron, dando lugar a un arma esbelta y grácil con su bonita caja hecha en madera dura de arce rizado, en la creencia de que, aunque se disminuyese el calibre, al quemarse toda la pólvora negra dentro del cañón (y la de la época era una pólvora lenta y de grano grueso), la potencia no disminuía. Además la mayor distancia entre miras (entre el alza y el punto) permitía una precisión más afinada. Por otra parte, como la pólvora y el plomo escaseaban en los poblados de la frontera, un calibre más pequeño permitía hacer más disparos y el cazador o guerrillero, que hacía incursiones de varias semanas, podía llevar consigo toda la munición que necesitaba para tanto tiempo.

Más tarde, a principios del XIX, los calibres más habituales fueron el 45 y el 44 (e incluso el 40), pues cuanto más al oeste se estuviera de las poblaciones y puestos comerciales más difícil era adquirir pólvora y plomo. Algunas de estas armas, las que han llegado hasta nuestros días y que están en muchos museos de los Estados Unidos, tenían bonitas y labradas cajas de calepinos, maderas con grabados hechos con gubia o con incrustaciones de latón. Las más refinadas también llevan disparador con doble gatillo al pelo para mayor precisión. No obstante las armas de muchos colonos eran bonitas pero muy sencillas, pues lo que destaca de ellas es su funcionalidad: su alcance y precisión. También hubo rifles de Pennsylvania de doble cañón giratorio. Toda el arma era un alarde de artesanía, pues se hacía en pequeños talleres familiares[33]. El cañón se forjaba en fragua a partir de una pletina larga y rectangular de hierro dulce (y se alisaba y estriaba su ánima), la madera de arce la aportaban los bosques próximos y las guarniciones de latón también se fundían de forma artesanal. Las llaves de chispa, que son la parte más decisiva y compleja de este tipo de armas, se importaban de Europa; de Alemania al principio, pero sobre todo de las grandes fábricas de Inglaterra, pues, a pesar de la guerra y de la independencia, Estados Unidos no dejó de comerciar y todos los años llegaban gran cantidad de barcos con suministros para Norteamérica, principalmente con todo tipo de manufacturas de las que carecía una sociedad colonial y luego una nación agrícola, donde la inmensa mayoría de la gente vivía con una

---

[33] En You Tube hay multitud de vídeos donde aficionados actuales recrean en sus casas la construcción de un rifle de Pennsylvania, a partir de kits para ser ensamblados y acabados. Un vídeo clásico de cómo se hacía en tiempos un *longrifle* véase en *Colonial Gunsmith*, https://www.youtube.com/watch?v=-qTy3uQFsirk&t=30s. Consultado en internet el 5 de marzo de 2022.

gran austeridad, aprovechando, arreglando y reutilizando sus pocas pertenencias. Entre estas, las más preciadas, las armas de fuego, pues de ellas dependía su alimento y su supervivencia. Y es ahora cuando respondemos al interrogante que abre este párrafo. El *longrifle* se hizo famoso por su participación en manos de algunas unidades del ejército rebelde en la Guerra de la Independencia y por las hazañas que las leyendas le atribuyen, referidas a su mortífero uso en manos de francotiradores contra ciertos oficiales británicos con sus relucientes uniformes escarlata.

Vamos a exponer ahora cómo surge el mito de los Estados Unidos como nación de «tiradores de élite», o lo que es lo mismo el mito del rifle de Pennsylvania y el «francotirador» que lo maneja con mortal destreza (*avant la lettre*, es decir incluso antes de que existiese el concepto de francotirador o *sniper*). Aunque realmente la figura del tirador de élite no surge hasta la guerra de Secesión (1861-1865). En este contexto no hemos de olvidar que el secreto de su precisión estaba en que los largos cañones de estos rifles, de hierro blando eran octogonales en su forma exterior y tenían por lo general en su interior labradas siete estrías profundas, con un paso de vuelta de un giro completo en 48 pulgadas (una vuelta en 1.219,2 mm). Este lento giro de estrías permitía variar la carga de pólvora negra en función de la distancia a la que se fuese a disparar sin perder por ello precisión y eficacia. En manos de un tirador experto, como lo eran todos los cazadores de la frontera, se trataba de un rifle muy preciso y mortal hasta las 100 yardas (91 metros) y aún muy peligroso pasadas las 200 (182 metros).

Es ahora cuando entra en escena la figura de Daniel Morgan (1735 o 1736-1802). Este pionero, soldado y político estadounidense ya estaba curtido en la dura vida en la frontera y tenía experiencia en combate cuando estalló la guerra de Independencia. Además, los rifles largos ya se habían usado en las luchas contra los franceses y los indios (incluida la guerra de Pontiac), pero sin tener una especial relevancia. Mas, cuando el 14 de julio de 1775 el Congreso Continental autorizó la creación de diez compañías de fusileros para ir conformando el nuevo ejército, la historia empezó a cambiar. La compañía mandada por Daniel Morgan fue la primera en entrar en acción; reclutó a 96 hombres en diez días entre los colonos y cazadores de los bosques hábiles en el manejo del *longrifle*. Los «fusileros de Morgan» pronto se harán famosos por su destreza para abatir a oficiales británicos a gran distancia (y ello a diferencia de otras compañías que usaban el mosquete de ánima lisa para batallas más convencionales). Estos exploradores reclutados por Morgan recorrieron 970 kilómetros (600 millas) en veintiún días, para reunirse con las tropas locales que sitiaban a los ingleses en Boston. Pronto se les unieron otras compañías procedentes de Pensilvania y Maryland[34]. Los combatientes de Morgan representaban la quintaesencia del «hombre de los bosques». Iban vestidos como cazadores (con chaquetas y polainas de cuero) y además del rifle eran expertos en el manejo del cuchillo de escalpar y del tomahawk. Su especialidad eran las emboscadas y los disparos precisos más allá del alcance de los mosquetes. Como a los rifles de Pennsylvania no se les podía acoplar una bayoneta y eran lentos de recargar, evitaban en lo posible los enfrentamientos cuerpo a cuerpo. Para ser admitido en esta compañía había que meter diez balas seguidas en un blanco de diecisiete centímetros de lado, a una distancia de ochenta metros. *La gaceta de Virginia* del 9 de septiembre de 1775 cita lo siguiente: «Un hombre sostenía entre sus rodillas una tabla de cinco pulgadas de ancho por siete de largo, con una diana de papel en el centro del tamaño de un dólar. Un tirador, con su *longrifle*, logró acertar ocho veces seguidas en esa diana disparando de pie (sin apoyo) y a una distancia de 60 yardas (55 metros)[35]». Esta misma fuente informó que el citado tirador en un rápido avance podía acertar en blancos de siete pulgadas a 250 yardas. El mito del tirador de élite con rifle había comenzado (*rifleman*).

En este marco, entre la historia y la leyenda, es muy citada la hazaña de Timothy Murphy, uno de los *rifleman* de Morgan. Este tirador experto, junto con su hermano John, había participado con los demás miembros de su unidad en el asedio de Boston y en la batalla de Long Island (además de en las escaramuzas de Westchester). Murphy ya era conocido por su capacidad para acertar a un objetivo de siete pulgadas a una distancia de 250 yardas, cuando se unió a los fusileros de Morgan (*riflemen*). Este lo seleccionó para su compañía de 500 hombres, que tenían como objetivo ayudar a detener a las fuerzas del general Burgoyne. Tras ser rechazados los británicos en torno a Saratoga, el general de brigada Simon Fraser trataba de reagrupar a las tropas dando órdenes desde su caballo. Desde el frente estadounidense, en un determinado momento, Benedict Arnold cabalgó hasta el general Daniel Morgan y le indicó a Fraser como objetivo. A su vez Morgan llamó a Murphy y le ordenó que cumpliera con la misión de aba-

[34]   Para todo lo que expondré en los siguientes párrafos véase, Peterson, H. L. *Op. cit.*, pp. 140-147.

[35]   Citado por Cline, Walter M. *The Muzzle-Loading Rifle. Then and Now.* National Muzzle Loading Rifle Association, Parthenon Press, Nashville, Tennessee, 1981 (original de 1942), pp. 33-34. También se cita en Peterson, H., L. y Elman, R. *The Great Guns.* Grosset & Dunlap, Inc. y The Ridge Press, Inc. Mondadori Editores, Verona, Italia, p. 105.

tir al general británico. El valiente oficial tenía que morir para descabezar a los casacas rojas. Timothy Murphy se subió a un árbol cercano para tener buena vista y poder hacer puntería sobre su objetivo que estaba a unas 300 yardas (274,2 metros). Según algunos relatos, el rifle de Pennsylvania que usaba era de doble cañón giratorio (un modelo que no abundaba mucho). Disparó tres veces. El primer tiro falló aunque la bala anduvo cerca, el segundo rozó al caballo del general y del tercer disparo Simon Fraser cayó de un certero tiro en el estómago. Murió aquella noche. Con otro disparo preciso y también al tercer intento, Murphy acabó igualmente con la vida del oficial *sir* Francis Clerke, el que fuera el principal ayudante de campo del general Burgoyne. Hechos como estos comenzaron a desmoralizar a los ingleses y el orgullo de los rebeldes norteamericanos subió como la espuma, creándose un espíritu de cuerpo entre los *riflemen* que pronto fue puesto como modelo y mitificado. Así la guerra dio un giro favorable para los sublevados. Los «yanquis» no combatían como «caballeros ingleses», pero ni falta que les hacía.

Pero lo cierto es que frente al vanidoso imperialismo británico, que al principio se creía muy superior, ya poco antes de la guerra el armero Jacob Zimmermann, y en el *London Chronicle*, había advertido: «Esta región ha puesto en pie de guerra a mil tiradores, de entre los cuales el peor de todos puede colocar una bala de su rifle en la cabeza de un hombre a una distancia incluso de 150 a 200 yardas (de 135 a 180 metros). No estaría de más que recomendaseis a los oficiales que vengan a América que previamente dejen todos sus asuntos en orden»[36].

Otra historia, esta vez narrada por un observador imparcial como el mayor británico George Hanger, es la siguiente:

> El coronel Tarleton y yo estábamos parados a unas pocas yardas de un bosque, observando las posiciones de una parte de las tropas enemigas que pensábamos atacar. Un arroyo atravesaba la línea enemiga y sobre el arroyo se levantaba un molino frente al cual nos encontrábamos nosotros, con los caballos vueltos hacia ese lado, observando sus movimientos. Era un campo totalmente llano, y entre nosotros y el molino no había un solo arbusto. Nuestro trompeta estaba detrás de nosotros, a unas tres yardas, pero con el costado de su caballo pegado a la cola de los nuestros. Un fusilero (*rifleman*) atravesó la estacada del

---

[36] Citado por Stammel, H. J. *Les armes à feu des pionniers*. Editions DVA, 1975. (Edición original en alemán en Deutsche Verlags-Anstalt Stuttgart, 1975). La traducción del párrafo en la edición en francés es mía.

molino observando, evidentemente, a los dos oficiales. Se tendió en el suelo, ya que se acuestan en tal posición para hacer un buen tiro a larga distancia. Apuntó deliberada y fríamente a mi amigo, a mí y al corneta. Es de admitir la precisión de su disparo. Estábamos en el mes de agosto y no soplaba la menor brisa. El caballo del coronel Tarleton y el mío estoy seguro de que no estaban ni a dos pies de distancia, ya que hablábamos en privado sobre cómo atacar con nuestras tropas, que se encontraban a 300 yardas en el bosque y no podían ser vistas por el enemigo. Una bala de rifle pasó entre él y yo. Mirando directamente al molino vi con claridad el fogonazo de la pólvora. Y le dije con franqueza a mi amigo: "Creo que haríamos mejor resguardándonos, o en breve dos o tres de esos caballeros se van a divertir a nuestra costa". Apenas acababa de decir estas palabras cuando el corneta colocado detrás de nosotros saltó a tierra, diciendo: "*Sir*, mi caballo ha sido alcanzado". El caballo se tambaleó, cayo y murió… No puede verse nada mejor salido de un rifle… He vuelto frecuentemente a este lugar y cada vez he observado el terreno con la mayor atención: puedo afirmar con toda certeza que no había menos de cuatrocientas yardas entre el tirador y nosotros[37].

Pero por encima de todos estos hechos hay que señalar que el rifle de Pennsylvania no fue tan decisivo (y menos de forma exclusiva) en la derrota de los británicos, en la que intervienen otros muchos factores, como la ayuda española y francesa, pero como ya indicábamos sirvió como elemento mitológico de identidad de la nueva nación estadounidense. Estados Unidos sería una tierra de tiradores de rifle bastante antes de serlo de *sheriffs* y forajidos diestros con el revólver de seis tiros (el *six shooter*). En el estado de Pensilvania destacaron las siguientes escuelas (y según los condados) en

---

[37] Citado por Peterson, H. L. *Op. cit.*, (1966) pp. 140-141. He cotejado esta versión con la original en inglés expuesta por el coronel George Hanger, que también era un buen tirador y experto en rifles, en su obra, *Farmers and Gamekeepers* (Londres, 1814). Véase en https://allthingsliberty.com/2017/03/prowess-american-riflemen-mystery-now-solved/ (Consultado en internet el 8 de marzo de 2022). Estos hechos y los anteriores son narrados de forma novelada, pero también muy precisa, por el gran experto en armas, coleccionista y tirador español con armas de avancarga don José Borja Pérez, ya fallecido; y ello tanto en el segundo tomo de la *Historia del Oeste* de ediciones Picazo como en un artículo de los primeros números de la revista *Armas* (a principios de los ochenta). Sirva esta mención como homenaje y reconocimiento de su magisterio por su labor investigadora de la historia de las armas de fuego antiguas.

el diseño y fabricación de arma tan paradigmática: la escuela de Lancaster, la de Bethlehem, la de Womelsdorf-Reading, la de Lebanon, la de Dauphin, York, Littlestown, Emmitsburg y Chambersburg. Réplicas exactas de rifles de armeros clásicos, como Jacob Dickert, Melchoir Fordney, o la familia Angstadt, siguen fabricándose hoy en día por muchos artesanos, incluso para el cine, como las que se ven en manos de Daniel Day-Lewis en *El último mohicano* (1992), Mel Gibson en *El patriota* (2000) o Leonardo DiCaprio en *El renacido* (2015). Mas para la mentalidad estadounidense es decisiva la historia según la cual Timothy Murphy mató al general Fraser (o Frazier), con su rifle de Pennsylvania, llevando a que Burgoyne se rindiera en Saratoga.

A lo largo de la edad de oro en la que se fabricó este tipo de rifle (que podría hacerse extensiva al periodo que va de 1750 a 1850), conoció variantes, pues también se fabricó en Maryland, Virginia, etc.

Pero volvamos a la historia, aunque la importancia mítica del *longrifle* no acaba con la independencia de los Estados Unidos y tendremos que volver a él bajo el nombre ya de rifle de Kentucky. La nación recién nacida castigará a los que fueron fieles a la corona británica confiscándoles sus bienes y muchos de los antiguos leales emigrarán a Canadá. Además tendrá que hacer frente al problema del estatuto legal de la población situada al oeste de los Apalaches, que sigue creciendo dada la llegada constante de masas de nuevos emigrantes. Esto supone plantearse qué hacer con las tribus indias que, frente a la presión de los colonos que invaden sus territorios de caza, pronto marcharán por el sendero de la guerra. En 1790 Estados Unidos tiene en torno a 3.929.214 habitantes y es un país todavía frágil y principalmente agrícola, de pequeños granjeros, aunque ya haya comenzado la revolución industrial (se cita a Eli Whitney y su invento de la desmotadora de algodón, además de la fabricación de fusiles en serie). En 1792 y 1796 Kentucky y Tennessee, respectivamente, se convierten en estados. Y como el tesoro de la nueva nación está necesitado de fondos el vender los territorios del Oeste a compañías privadas será la solución socorrida. Estas compañías los parcelan y los revenden, especulando, a los nuevos colonos ávidos de tierras. A estos el gobierno de los Estados Unidos les promete que cuando tengan la suficiente población los territorios que ocupan, trabajan y defienden con sus armas, se convertirán en estados de pleno derecho. El valle del Ohio y la rivera este del Misisipi serán el primer objetivo expansionista y el despojo de los indios a lo largo de diferentes guerras, rompiendo compromisos y tratados, el medio para conseguirlo. La conquista del Oeste, como «válvula de escape» frente a la presión demográfica pero también como proyecto político e ideológico de la nueva nación, ha comenzado. Los citados valles pronto se llenarán de *squatters* (colonos usurpadores que ocupan las tierras de los indios sin títulos de propiedad, es decir de forma ilegal). Previamente la nueva nación, y para un mayor fortalecimiento, había transitado de una confederación a una «unión federal». También se distinguió entre «Estados» (con derechos) y «territorios». El 17 de septiembre de 1787 se había firmado la Constitución y el 4 de febrero de 1789 George Washington fue elegido primer presidente. Además Filadelfia, que había sido la capital durante la guerra Revolucionaria, dejará de serlo, pues se construirá una nueva ciudad, Washington, con dicho nombre en honor al presidente, para ocupar tal función. Asimismo y dejando atrás el viejo modelo monetario británico, el Banco de Estados Unidos adoptará el dólar como nueva moneda con el valor del peso español.

En la escena internacional, aunque Gran Bretaña había sido derrotada, su presencia en Canadá era amenazadora para los Estados Unidos. Los británicos armaban y alentaban a los indios para que debilitasen la todavía escasa presencia de los estadounidenses en el noroeste. Estos consideraban que era urgente construir fuertes en una frontera aún muy frágil y difusa. En el contexto de esta dialéctica entre estados tendrán lugar las primeras guerras indias y se forjarán las personalidades de personajes luego mitificados. Es el caso del ya citado Daniel Boone y de Davy Crockett (1786-1836). Ambos expertos en el manejo del *longrifle*. Boone llegó a ser síndico al servicio de la corona española, entre 1798 y 1803, en las tierras de Misuri, antes de que el presidente Jefferson comprase La Luisiana. Como Estados Unidos no reconoció los títulos de propiedad de Daniel Boone concedidos por España, el viejo explorador y cazador siguió internándose en los bosques. El personaje de Ojo de Halcón de las novelas de Fenimore Cooper se inspira en parte en la intrépida personalidad de este pionero. A su vez Davy Crockett es el prototipo de «hombre de Tennessee», famosos estos por su puntería, cuando ya en las tierras de Kentucky y Tennessee se fabricaba el rifle largo americano (por ejemplo, el Tennessee mountain flintlock rifle). En 1813 participó en la guerra Creek, antes de ser congresista y oponerse a la política de traslado forzoso de los indios (*Indian Removal Act*, de 1830) del presidente Andrew Jackson.

En este marco hay que citar que Estados Unidos nace también como una nación con vocación militar (y en principio frente a la amenaza británica con sus tribus indias aliadas, aunque más tarde se enfrentará a los restos del desaparecido imperio español). En 1795 se crea el arsenal de Harpers Ferry (en Virginia Occidental) y desde 1794 el de Springfield comienza a fabricar mosquetes de forma industrial, ya que Eli Whitney desarrolla el sistema de fabricación estandarizada de fusiles, con piezas intercambiables. En 1802 surge la academia militar de West Point. Es reseñable que las primeras armas reglamentarias estadounidenses son copias de modelos franceses de la época. El mosquete modelo 1795 será una copia del Charleville francés 1763. Los modelos 1808, 1812, 1816, 1822, 1835 y 1840, todos ellos con llave de chispa o pedernal, tendrán esa misma inspiración y serán del mismo calibre, el 69 (17,5 mm). Con las primeras pistolas reglamentarias sucede algo parecido, pues son de inspiración gala. Por ejemplo, la North & Cheney Mod. 1799 es una copia de la pistola francesa de caballería de 1777. Además algunos armeros artesanales de Pensilvania, como Peter y David Moll, fabricarán pistolas de Kentucky, muchas menos que rifles, con un diseño parecido al de las armas largas. Suelen tener un pesado cañón octogonal, de hierro o de latón, de ánima lisa (aunque algunas van rayadas) y ser de calibres que varían entre el 44 o 45 al 50. (de 11,17 a 12,7 mm). Por otra parte los varones de la alta sociedad estadounidense mantienen la tradición británica de resolver las afrentas al honor mediante duelos y todo caballero que se precie tiene entre sus pertenencias una pareja de pistolas para tal propósito de factura londinense, de armeros como Wogdon o Manton. Son famosos los duelos entre Alexander Hamilton y Aaron Burr (en New Jersey, 1804) en el que resultó muerto Hamilton, y entre Andrew Jackson (apodado Old Hickory) y Charles Dickinson (en Kentucky, cerca de la frontera con Tennessee, y en 1806) en el que el fallecido fue Dickinson.

Por último, cierro este capítulo haciendo referencia a la presencia de la Guerra de la Independencia de los Estados Unidos en el cine. En los últimos años, ya en la era de internet, existen muchos documentales sobre personajes como George Washington (incluida su resistencia en Valley Forge) disponibles en plataformas y canales televisivos dedicados a la historia. Los estudios rigurosos al igual que las novelas de ficción sobre este periodo también son cuantiosos. Pero los videos sobre las recreaciones de batallas y sobre el rifle de Pennsylvania son de lo que más abunda en YouTube, pues la hegemonía mitológica de los Estados Unidos se mantiene bien presente en el mundo digital. Creo que los hemos visto casi todos, además de disparar con la réplica del rifle de Pennsylvania fabricada en España por la firma Ardesa para el mercado estadounidense (importada allí por Traditions)[38]. En el mundo del cine, además de algunas de las ya citadas en el anterior capítulo, quiero destacar tres películas. Me refiero a *Revolución* (Hugh Hudson, 1985), *Tierra de héroes* (dirigida por Delbert Mann para la televisión en 1988) y, por supuesto, *El patriota* (Roland Emmerich, 2000)[39].

Aunque *Revolución* fue un auténtico fracaso en taquilla no creo que sea tan mala película, pero no se ajusta al tono épico-heroico que encandila a los críticos y al gran público. Y ello a pesar de estar protagonizada por Al Pacino, Nastassja Kinski y Donald Sutherland. Pero el caso es que los críticos la destrozaron y fue nominada a los Premios Razzie por el peor actor (Al Pacino), al peor director, a la peor música y a la peor película. Tal vez contribuyó a tener tan malas críticas el hecho de que gran parte de los exteriores se rodaron en Inglaterra. El uso de la cámara en mano le da un tono documental pero la acción no respira heroicidad. También fue criticada por esto. El hecho de centrarse en cómo le afecta y vive la revolución y la guerra un trampero (el personaje de Tom Dobb interpretado por Al Pacino) y su hijo, junto con la historia de amor de aquél con la joven y deshonrada aristócrata Daisy McConnahay (Nastassja Kinski), da un formato intrahistórico al relato alejado de toda convención épica. Ciertamente Tom Dobb es más un antihéroe descreído que un modélico patriota. A pesar de ello el filme muestra el tópico del rifle de Pennsylvania y su gran alcance, con un disparo largo y certero efectuado por el protagonista. El hecho de que se retrate a la oficialidad británica mediante un sádico petimetre tampoco contribuye a dar veracidad a la película.

---

[38]   La precisión de esta réplica en calibre 50 y con llave de chispa es excelente. Mi amigo Rafael Moreo, del Club de Tiro Principado de Oviedo, es capaz de hacer 95 puntos tirando de pie a 50 metros. Y al final del siguiente video (minuto 2:20 a 2:24) puede verse la diana hecha a 100 metros, con apoyo sobre banco, por el tirador Alberto Castellanos, donde se cuentan 84 puntos. Este arma y otras reproducciones parecidas, se emplean para cazar ciervos de cola blanca en Estados Unidos en las periodos hábiles específicos para armas de avancarga. En el Estado de Pensilvania, en la actualidad hay auténtica pasión por este deporte. Véase https://www.youtube.com/watch?v=Ux9gS4Hwum0.

Un excelente video de un cazador con su *longrifle* en https://www.youtube.com/watch?v=5ZFDomVXS0w&t=2s. Una recreación del disparo de Timothy Murphy en https://www.youtube.com/watch?v=5v8mr_LUP2k&t=208s (Consultados en Internet el 12 de marzo de 2022).

[39]   Cito las películas por su título en España, tal como consta en la web www.imdb.com, y no pongo el original para no hacer farragosa y aún más densa la lectura de estos párrafos dedicados a la cinematografía. Todas los largometrajes mencionados en el libro seguirán esa misma pauta.

El último mohicano. *Versión de 1992, dirigida por Michael Mann. Muy épica y romántica, según la novela homónima de James Fenimore Cooper.*

El patriota *(Roland Emmerich, 2000). Como su título indica versión patriótica de la guerra de la Independencia de la que surgieron los Estados Unidos. Con una violenta épica, está protagonizada por Mel Gibson.*

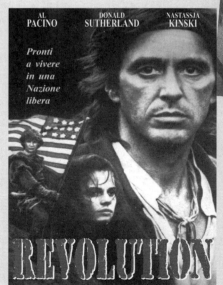

Revolución *(Hugh Hudson, 1985). Un trampero y su hijo son arrastrados al principio de la revolución estadounidense como participantes involuntarios y permanecen involucrados hasta el final. Película protagonizada por Al Pacino y Donald Sutherland.*

Tierra de héroes (también titulada *Una mañana de abril*), protagonizada por Tommy Lee Jones, Chad Lowe y Robert Urich, es una dramatización de los acontecimientos de Lexington y Concord en los que tuvo lugar el primer disparo de la guerra de la Independencia de los Estados Unidos. Un disparo que no se sabe quién lo hizo pero que «resonó en todo el mundo», según cuenta la leyenda. No es una mala película y fue bien acogida, dentro de ser un producto para consumo familiar, pues fue realizada para la televisión. También en este filme aparece la mitificación de un disparo hecho a larga distancia por el personaje de Solomon Chandler, interpretado por el actor Rip Torn.

No obstante la película más celebrada por la crítica y el público es *El patriota*, en la que Mel Gibson interpreta a Benjamin Martin, un viudo acomodado de Carolina del Sur que, pese a ser un veterano en el que pesa mucho su sangrienta experiencia en la contienda de los Siete Años (se cita la masacre de Fort Wilderness), se ve envuelto en la guerra de la Independencia y llega a liderar a un grupo de colonos guerrilleros. El título de la película ya es indicativo de la orientación ideológica del filme, pues la lucha por una futura patria libre se funde con lo más íntimo y sagrado: la defensa a ultranza de la familia. Se reprueba la guerra por boca del protagonista, pero este muestra una extrema crueldad al vengar la muerte de uno de sus hijos. El ataque al destacamento británico que lleva prisionero a su hijo mayor es de una gran brutalidad (lucha con el tomahawk incluida) y es de los cortes más vistos y celebrados en YouTube. Por supuesto, los hijos menores del protagonista son todos excelentes tiradores. Los soldados ingleses son retratados como incapaces y sus oficiales como ineptos o crueles en extremo. Además en esta película, que cuenta con un excelente atrezo y banda sonora, no se presenta la realidad de la esclavitud. Benjamin Martin no tiene esclavos y sin embargo se muestra a un colono negro luchando orgulloso por su libertad entre las filas de los guerrilleros sublevados. Se trata pues de un blanqueamiento ideológico nada inocente, lo que hace de esta obra una cinta «políticamente correcta», apta para públicos de hoy en día que están moldeados por la progresía posmoderna que suele reinar en Hollywood. Como no podía ser menos el protagonista maneja un flamante rifle de Pennsylvania.

3

ABRIENDO HORIZONTES: DE LA EXPEDICIÓN DE LEWIS Y CLARK AL MUNDO DE LOS MONTAÑESES Y TRAMPEROS

El rifle de Pennsylvania o de Kentucky
y el Mountain rifle: el mítico Hawken.
El fusil de intercambio con los indios
y la escopeta o *Fowler* del pionero

A NTES DE QUE LOS EUROPEOS PUSIERAN UN PIE en el Nuevo Mundo, el comercio entre las poblaciones aborígenes de América del Norte ya estaba bien consolidado. Las tribus intercambiaban objetos variopintos. El cobre, la piedra de obsidiana, el jade y las conchas eran de los más valiosos, para estos pueblos que vivían en lo que Morgan y Tylor, los padres de la Antropología Cultural evolucionista, llamaban el Salvajismo Superior. Luego, con la llegada de los blancos europeos y sus conocimientos metalúrgicos, intercambiaron telas, mantas, eslabones para hacer fuego, puntas de flecha de hierro, cuchillos, hachas de guerra o tomahawks con acerada hoja y, por supuesto, mosquetes baratos adaptados para la caza y la guerra. Y todo ello por las valiosas pieles de animales como el castor, la nutria o el zorro plateado. En este proceso de contacto intercultural, Inglaterra y Holanda se comportaron como imperios depredadores, pues montaban fuertes comerciales, las conocidas factorías, pero no había un auténtico mestizaje. Tampoco tenían intención de penetrar en los territorios más allá de unas millas próximas a la costa y a las ciudades que servían de abastecimiento a las guarniciones militares y a los mercaderes de pieles. Estando siempre pendientes en su subsistencia del flujo de suministros que llegaban por barco desde las respectivas metrópolis europeas (por ejemplo Londres y Ámsterdam).

Tras la independencia de las Trece Colonias y el surgimiento de los Estados Unidos como república federal, con una constitución

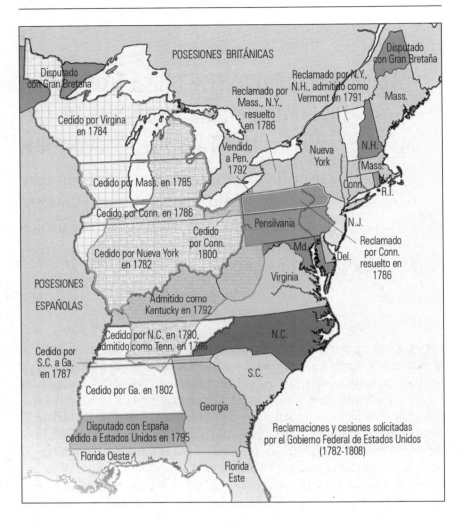

Reclamaciones y cesiones solicitadas por el Gobierno Federal de Estados Unidos (1782-1808)

aprobada en 1789 que sustituía al sistema confederal que había estado en vigor entre 1781 y 1788, solo hicieron falta dos generaciones para barrer la herencia española y francesa en los vastos territorios del Oeste. La noción de Frontera móvil como idea-fuerza comenzaba a cobrar forma imperial en la joven nación estadounidense, que desde su cuna lidió en la geopolítica de la época con una hábil diplomacia; y no solo con los británicos, sino con franceses y españoles. Recordemos que la Paz de Versalles había devuelto a España La Florida, de la que había sido despojada por el tratado de París de 1763. Una Florida que se extendía por el oeste hasta Nueva Orleáns a lo largo del Golfo de México. Pero además los indios expulsados de las colonias recién independizadas se refugian en La Florida, lo cual incomoda a los norteamericanos, que además quieren apoderarse de todo el valle del Misisipi. En el juego a tres bandas de finales del XVIII, el reino de España pasa de ser aliado de Inglaterra a serlo de Francia (tras el tratado de Basilea). Así pues, y dada la hostilidad de Inglaterra, el gabinete de Manuel Godoy firma con Estados Unidos el tratado de San Lorenzo en el otoño de 1795, por el que la frontera de La Florida queda delimitada por el paralelo 31, reconociéndose además como zona franca al puerto de Nueva Orleáns. Esto permitiría comerciar en ese área a la joven nación. Pero aunque el tratado les era muy ventajoso los estadounidenses quieren más y financian incursiones hostiles de indios y aventureros blancos en ese territorio aún español. Mas con la llegada al poder en Francia de Napoleón Bonaparte se trastoca todo este juego de alianzas, con una España cada vez más debilitada.

La España de Carlos IV, por el Tratado de San Ildefonso, acaba cediendo a Francia los territorios de La Luisiana en 1800. Y aunque Francia se comprometía a no transferirlos a una tercera potencia, en 1803 los vendió a los Estados Unidos. En esos años todavía ninguna potencia sabía el valor real de esas amplias tierras, casi inexploradas. Pero las negociaciones entre Robert Livingstone y James Monroe (por la parte americana) y Talleyrand (por la de Francia), hicieron que, mediante el pago de 60 millones de francos en oro y otros 20 en concepto de indemnización a los particulares afectados, toda La Luisiana pasase a ser de los Estados Unidos. Es entonces cuando el presidente Thomas Jefferson (1743-1826), para saber realmente qué es lo que ha comprado y qué valor puede tener en el futuro, encarga a su secretario, Meriwether Lewis, que organice una expedición de exploración. Este recibe instrucciones gubernamentales precisas para que pueda determinar qué riquezas, en fauna, flora y en potencial agrícola, tienen las tierras que se hallan más allá del río Misisipi y de la cuenca del Misuri. Pero no menos importante era poder establecer la ruta más rápida y fácil para, atravesando el continente, llegar a la costa del Pacífico. Desde el punto de vista estratégico no hay que olvidar que California era parte del reino español. Y hay que recordar tanto la presencia británica en el lejano Oregón como que los rusos ya se habían establecido en Alaska.

Fue Lewis quien confiaría en William Clark para que con él comandase lo que los estadounidenses llaman el «viaje de descubrimiento» (*Voyage of Discovery*), que tuvo lugar entre 1804 y 1806. Los norteamericanos van a ir, sin saberlo, sobre las huellas de los hermanos Vérendrye, que setenta y dos años antes ya habían andado por esas tierras. No es de extrañar que algunas tribus con las que se encuentran ya hubieran recibido nombres en francés: por ejemplo los *Nez Percés*, *Pied-Noirs*, *Gros-Ventres* y *Coeur-d'Alène*. Además el guía de la expedición es el francocanadiense Toussaint Charboneau, al que contratan para ascender Misuri arriba, tras sobrepasar las aldeas de los indios mandans e hidatsas, que eran pacíficos y sedentarios, y que ya estaban acostumbrados al trato con los tramperos blancos de origen francés: los denominados *coureurs des bois*. La información que consiguieron de estos y de otros que trabajaban poniendo trampas al servicio de la compañía inglesa de la bahía de Hudson, será crucial para los expedicionarios. Con Charboneau viajan sus *squaws*, es decir sus dos esposas indias de la tribu shoshone. Una de ellas es Sacajawea, mujer vivaz, inteligente y de gran resistencia, que, como quería volver a ver a su familia en el alto Misuri, ofrece sus servicios a Lewis y Clark como intérprete con las tribus indias que se encuentren por el camino.

Son famosos los diarios de Lewis y Clark, llenos de dibujos y descripciones, tanto geográficas como etnológicas, y los informes que hicieron para Jefferson. Todo esto y las noticias orales que se propagan por la frontera a su regreso, serán el elemento que avive la imaginación y la férrea voluntad de los futuros comerciantes en pieles, tramperos y «hombres de las montañas».

Así pues, el periodo histórico en el que desarrollaron su actividad los tramperos, los famosos «montañeses» (*mountain men*), comienza con la expedición de Lewis y Clark a la que ya nos hemos referido. Ya que esta sirvió para descubrir la inmensa riqueza en animales de pieles valiosas, que vivían en el hábitat del noroeste de los actuales Estados Unidos. Una tierra repleta de castores que pululaban por las riberas de todos los ríos y riachuelos. Esto espoleó rápidamente a hombres ambiciosos que no dudaron en promover el negocio del tráfico de pieles. Y me refiero tanto a los industriosos capitalistas que arriesgaron su dinero para equipar a las primeras brigadas de tramperos, como a estos, que emprendían un tipo de vida llena de riesgos y peligros en la que era muy difícil sobrevivir varias temporadas seguidas, con inviernos gélidos, encuentros con manadas de lobos hambrientos y feroces osos grizzly, y, por supuesto, enfrentamientos con indios hostiles. Durante los veintiséis meses que duró la citada primera expedición de exploración y descubrimiento (la de Lewis y Clark), los hombres y sus armas se pusieron a prueba en su largo viaje, ascendiendo por el río Misuri y atravesando las Rocosas hasta llegar al Pacífico, en un periplo de ida y vuelta a San Luis.

Estos expedicionarios llevaban por lo menos quince rifles de chispa fabricados por el arsenal de Harper's Ferry, un rifle de aire comprimido, un pequeño cañón giratorio, dos pares de pistolas y varios trabucos. También algunos mosquetes militares. El capitán Clark portaba un rifle de Kentucky del calibre 36 y los diarios de la expedición dejan constancia de que el capitán Lewis y algunos otros hombres, llevaban sus propias armas personales.

El rifle Harper's Ferry, modelo 1803-1806, hace tiempo que se asocia con Lewis y Clark. Se trata del primer rifle de chispa estadounidense de media caja y de cañón más corto que el promedio de las armas largas de la época. De alguna manera se parece a un rifle deportivo inglés, con una longitud de cañón que llegó a variar entre las 32 y las 36 pulgadas, con una parte octogonal y otra redonda, pesando en total el arma poco más de nueve libras. La carga habitual era de 90 a 100 grains de pólvora negra y una bala esférica, envuelta en su calepino engrasado, del calibre 52 al 54 (32 esferas por libra inglesa, lo cual da un peso por bala de entre 217 a 223 grains). El capitán Lewis, a principios de 1803, hizo un encargo de quince rifles con sus correspondientes moldes para las balas, piezas de repuesto para las llaves y otros accesorios. Se trataba de un buen rifle de caza y con él los expedicionarios mataron búfalos, antílopes, ciervos, alces y osos en gran cantidad, pues se alimentaban con los animales que iban cazando. Solo contra los canosos y grandes osos grizzlies (llamados por los tramperos con el sonoro nombre de *Old Ephraim*) el rifle pareció poco potente. Cerca de las grandes cascadas del río Misuri varios hombres dispararon ocho balas en los órganos vitales de uno de estos osos, hasta que un disparo en la cabeza lo mató. Lewis llegó a consignar en su diario que los osos eran muy difíciles de matar y que tenía que confesar sinceramente, y como caballero, que prefería luchar contra dos indios que con un oso. Y ello fue debido a la siguiente anécdota, que se puede contar entre las muchas peripecias por las que pasaron los miembros de la expedición. Un día Lewis se apartó del grupo para hacer un pequeño reconocimiento llevando su rifle de Kentucky cargado. De pronto, en un recodo del camino, se encontró cara a cara con uno de esos grandes osos, que se abalanzó sobre él. Sin perder su sangre fría Lewis traga saliva, apunta y le dispara en el pecho. Un rugido terrible le responde a través del humo de la pólvora negra. Él, sin preguntarse por la eficacia de su

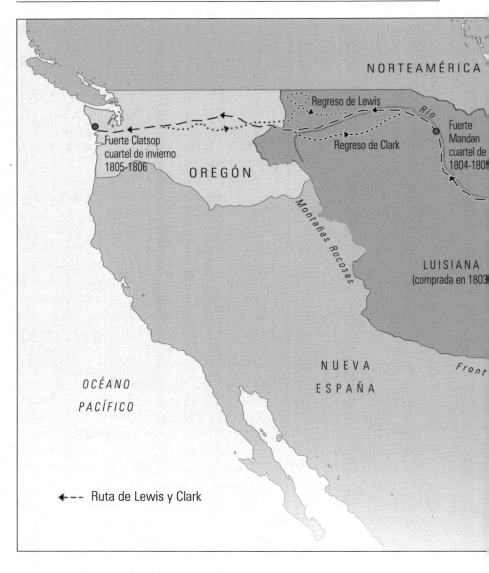

NORTEAMÉRICA

Regreso de Lewis

Río

Fuerte Mandan cuartel de 1804-180

Fuerte Clatsop cuartel de invierno 1805-1806

OREGÓN

Regreso de Clark

Montañas Rocosas

LUISIANA (comprada en 1803

OCÉANO PACÍFICO

NUEVA ESPAÑA

Front

←-- Ruta de Lewis y Clark

primer disparo, echa a correr sin soltar su rifle y tratando de recargarlo. De un segundo disparo el animal cae abatido. Según el informe que hizo el explorador el oso medía 2,70 metros desde la nariz al talón y la primera bala le había atravesado los pulmones[40].

---

[40]   Venner, D. *Op. cit.*, pp. 65.

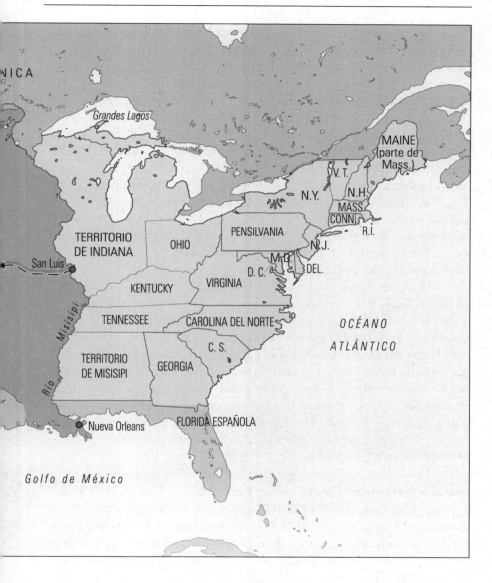

Entre 1806 y 1822 varias brigadas de tramperos intentaron asentarse de forma permanente en aquellas tierras ricas en castores y se levantaron uno o dos fuertes en Yellowstone y en las Three Forks. Pero varias partidas atravesaron las Rocosas sin apenas aprovechar aquellos territorios, pues los indios y las dificultades de una tierra tan salvaje los alejaron de allí.

De los primeros montañeses destaca John Colter, un veterano de los que acompañaron a Lewis y Clark. En el invierno de 1807-1808 exploró en solitario las tierras del Yellowstone, del Absaroka y del Wind River. En 1807 el mulato Edward Rose, conocido por el mote de *Old Cut-nose*, antiguo pirata de río que fue adoptado por los indios *Crow* (cuervo), exploró con Manuel Lisa las fuentes del Bighorn. John Potts y George Drewyer, compañeros también de Lewis y Clark, cayeron muertos bajo las flechas de los *Blackfeet* (pies negros). Robert McClellan, un veterano de la campaña de Wayne en Ohio en 1794, cruzó todo el territorio hacia el río Columbia en 1811. Otros pioneros, como Jacob Reasoner, John Hoback y Edward Robinson, fueron muertos por los indios bannocks en las Rocosas en 1814. Y Daniel Boone, el viejo *rifleman* de Kentucky que era una auténtica leyenda viva, siguió, ya anciano, cazando y poniendo trampas hasta su muerte en 1820, marchando hacia unas montañas a las que nunca llegó.

Durante todos estos años el rifle de chispa de Kentucky viajó hacia el Oeste, tanto en las barcazas que subían los ríos, como a pie o a caballo. Fabricado de forma artesana, principalmente en pequeños talleres de Pensilvania, ganó una buena reputación en la frontera. Su calibre iba del 36 al 50 y tenía una caja larga de madera de arce rizado que llegaba hasta la boca del cañón, estando rematada por guarniciones de latón y adornada en algunos casos con incrustaciones de plata. Pesaba de media en torno a las 9 libras y el cañón tenía unas 42 pulgadas de largo. No se le conoció con el nombre de rifle de Kentucky hasta que Noah Ludlow le diera publicidad con su canción *The Hunters of Kentucky*, en torno a 1822.

Entre los primeros emprendedores en el negocio de las pieles hay que mencionar, además de al citado Manuel Lisa (1772-1820), a William Henry Ashley (1778-1838). Este era natural de Virginia y se asentó en Misuri sobre 1808. A lo largo de su vida fue comerciante de pieles, vicegobernador, congresista, pero sobre todo fue el hombre que estableció a los tramperos norteamericanos en las montañas Rocosas. En el otoño e invierno de 1823-1824 un grupo de hombres de Ashley llegó al Green River a través del South Pass. En este territorio rico en castores se desarrolló el sistema de *Rendezvous* o citas anuales, que tuvieron lugar todos los años entre 1825 y 1840. Estas se celebraban con la llegada del buen tiempo, es decir en verano. El primer encuentro fue simplemente un lugar designado para intercambiar pieles por suministros y reorganizar las brigadas de tramperos, y ello tras los desastrosos intentos de llevar hombres y provisiones río arriba, tras los enfrenta-mientos con los indios arikara. Para su sorpresa Ashley descubrió que los tramperos preferían con mucho este arreglo, a la práctica anterior de regresar a San Luis y a la «civilización» anualmente o cada dos años, para reabastecerse.

El sistema de *Rendezvous* llegaría a su fin en 1840, víctima de la casi extinción del castor en las montañas, pues disminuyeron las cap-turas, menguaron los mercados y cayeron los precios. Coincidió esto además con el cambio de la moda en Londres, pues con la expansión hacia Oriente del imperio británico el comercio de la seda aumentó y se pusieron de moda en las grandes capitales europeas los sombreros hechos de seda y ya no de piel de castor. Aunque traficar en pieles continuaría siendo un negocio importante hasta finales del siglo XIX, después de 1840 el modelo comercial cambiaría para siempre y no proporcionaría mucho más que un sustento para los hombres de las montañas. Atrás quedarían los días de gloria en los que un hombre ambicioso e inteligente podía acumular una gran fortuna en un par de temporadas. Sin embargo los «hombres de las montañas» eran hábiles en las formas de supervivencia y se sabían adaptar. Al final de este pe-riodo se les pedirá que apliquen estas habilidades a las nuevas circuns-tancias expansionistas de los Estados Unidos. Muchos emplearon su vasto conocimiento de la geografía del Oeste para convertirse en guías de los grupos de emigrantes con destino a Oregón o California, mien-tras que otros se convirtieron en exploradores del ejército. Algunos optaron por unirse a los colonos para hacerse empresarios, agriculto-res, ganaderos o líderes en esos nuevos territorios. Y unos pocos, que no podían renunciar a la antigua forma de vida, seguirían viviendo a duras penas de la caza y de la venta de las pieles, aunque los buenos tiempos ya habían pasado.

Entre los más destacados montañeses hay que citar a John David Albert, Manuel Álvarez, William H. Ashley, Marcelino Baca, Jim Bec-kwourth, el pintor Karl Bodmer, Benjamin Bonneville, Jim Bridger, Kit Carson, Jean Baptiste Charbonneau, Francis A. Chardon, John Colter, Mike Fink, John Fitzgerald, Thomas Fitzpatrick, Lucien Fon-tenelle, Hugh Glass, Moses "Black" Harris, James Kipp, Manuel Lisa, Mariano Medina, Joe Meek, el pintor Alfred Jacob Miller, Antonio Montero, Osborne Russell, Jedediah Smith, *sir* William Drummond Stewart, los hermanos Milton y William Sublette, "Old" Bill Williams y Nathaniel Wyeth. Algunos de estos hombres, como Jim Bridger, Kit

Carson, Hugh Glass o Jedediah Smith, forman parte destacada del folclore estadounidense y de la mitología propia de las novelas baratas (*Dime Novels*, novelas de diez centavos), y posteriormente, ya en el siglo xx, de la cinematografía; en concreto del wéstern.

Según Osborne Russell el equipo de un trampero se componía de un caballo de silla y otro de carga (o una mula), sobre cuya albarda lleva un saco con seis trampas para castores, una manta y un par de mocasines de repuesto. También hay que citar su cuerno de pólvora y su morral para las balas, y en él todo lo necesario para cargar su rifle y mantenerlo a punto. En su cinturón lleva el cuchillo de carnicero, un frasco de madera con el cebo para atraer a los castores y un saquito para su pipa, el tabaco y el eslabón y el pedernal para hacer fuego. El hacha va sujeta al pomo de la silla del caballo. Sus ropas se componen de una camisa de algodón o franela (si es que tiene la suerte de tener una) o hecha de piel de antílope, que le cubre ampliamente. También lleva un par de calzones de piel de búfalo ahumada o hechos con la tela de una manta, polainas de cuero, un capote o abrigo de lana o de piel de búfalo y un sombrero o gorro de igual factura. Los mocasines suelen ser de piel de alce o de búfalo (bisonte). El trampero suele tener un aspecto imponente, con su poblada barba y el cabello largo cayéndole suelto por la espalda[41].

Como San Luis era la puerta del Oeste se asentaron en la ciudad bastantes armeros en el primer tercio del siglo xix. Ningunos fueron tan famosos como los hermanos Hawken: Jacob y Samuel. Jacob Hawken abrió su tienda y taller en 1815, y Samuel, con apenas treinta años, llegó a San Luis en 1822. Así que establecieron juntos su armería.

Los hermanos Hawken eran buenos artesanos, pero no mejores que tantos otros fabricantes de rifles de la frontera. Incluso algunos los superaban en habilidad. Pero la localización del taller de los Hawken estaba bien escogida, ya que San Luis fue durante bastantes años el cuartel general de los comerciantes de pieles y de las expediciones o brigadas de tramperos que salían de allí. Cualquier montañés experimentado no era indiferente a los comentarios y sugerencias de otros compañeros a la hora de elegir y comprar un buen rifle para la dura vida en las Rocosas. Le iba en ello su supervivencia. Así, de esta combinación entre la experiencia de los tramperos o montañeses y del tra-

---

[41] Extractado de Russell, Osborne. *Journal of a Trapper*. Publicado por MJF Books, Nueva York. Copyright 1955, Oregon Historical Society.

bajo artesano de los citados armeros, surgió uno de los mejores rifles de la época de la avancarga, es decir la anterior al surgimiento de las armas de retrocarga y cartucho metálico.

Los primeros Hawken aún se parecían bastante a un rifle de Kentucky, aunque eran más robustos y pesados. Llevaban llave de chispa y la caja de madera llegaba, como su antecesor, hasta la boca del cañón. Más tarde y ya con el sistema de percusión o pistón, se hicieron de media caja. Algunos historiadores recogen la siguiente anécdota. Un joven trampero, Olivier Wiggins, después de llegar de una de sus correrías, se dirigió a la armería de Jacob Hawken, soltó su ligero rifle de Kentucky sobre el mostrador con un gesto elocuente y dijo:

> No quiero más este rifle para señoras. Deseo un verdadero rifle para cazar en las llanuras. El cañón debe de tener 38 pulgadas de largo (96,5 cms). No debe ser hecho de acero, sino forjado de hierro dulce, porque el hierro suave soporta mejor las diferentes cargas de pólvora. El cañón debe de ser octogonal para garantizar su robustez. Medirá una pulgada (25,4 mm) de grosor en el exterior y su calibre será del 53 (13,462 mm). El paso de las estrías será alargado. No más de tres cuartos de vuelta hasta la boca, lo cual le dará una buena precisión y una trayectoria tensa sin desgastar el cañón. Esto permitirá emplear grandes dosis de pólvora para tener una trayectoria recta incluso hasta las 250 yardas, con poca dispersión de los disparos y sin mucho retroceso. Una media caja será suficiente y el cañón se sujetará con dos pasadores planos. Para apuntar, un alza profunda y un punto de mira plateado encajado en el cañón sobre una base de cobre. Es importante que lleve una llave Ashmore sencilla y fuerte, y que el guardamonte sea de latón. Quiero tener el mejor rifle de las Llanuras y pagaré por él lo que haga falta. Tiene usted tres semanas por delante para fabricarlo[42].

Se nos cuenta también que Olivier Wiggins obtuvo así su *Plains-rifle*. Una de las primeras armas largas rayadas y pesadas (en torno a 4750 gramos) con llave de chispa de esas tierras. La mantuvo en uso hasta 1860 a causa de su buen rendimiento para un rifle de esa época y siempre sin malgastar una bala.

---

[42] Citado por Stammel, H. J. *Les armes à feu des pionniers*. Editions DVA, 1975, pp. 22-23. (Edición original en alemán en Deutsche Verlags-Anstalt Stuttgart, 1975). La traducción del párrafo en la edición en francés es mía. También en Venner, D. *Op. cit.*, pp. 66-67. Como obra general sobre las armas de este periodo véase, Garavaglia, Louis A. y Worman, G. Charles. *Firearms of the American West 1803-1865*. University Press, Colorado. Estados Unidos, 1998.

Lo cierto es que los hermanos Hawken estaban en el lugar adecuado en el momento adecuado. Además en el diseño ulterior de su famoso rifle influyeron el modelo Harper's Ferry y los rifles deportivos ingleses. Se hizo famoso en manos de tramperos y cazadores de renombre que confiaban en él por su gran alcance y con el que abatían de forma segura mucha caza mayor: alces, osos, bisontes, etc. También era temido por los indios, a los que mantenían a raya. De ahí que, aunque hubo otros modelos y otras marcas, se le conociese en su época por el apelativo de *Mountain Rifle*: el genuino rifle de las montañas Rocosas y de las llanuras.

Pero hay que señalar que este tipo de armas no fueron al principio las más habituales entre los hombres de las montañas que vivían de las pieles y que frecuentaban los *Rendezvous* estivales. Ciertamente las armas eran las compañeras inseparables de los tramperos. Pero muchos tipos diferentes de armas largas fueron al salvaje Noroeste, tanto si nos referimos a los rifles de chispa como con posterioridad a los de pistón. Las armas de ánima lisa también eran comunes, especialmente como artículo comercial para intercambiar con los indios, debido a su costo relativamente bajo y porque también podían usarse como escopetas para caza menor, al poder cargar tanto balas como postas y perdigones. El "fusil de chispa de intercambio" (hoy lo llamaríamos una escopeta monotiro barata), era especialmente popular entre los cazadores, porque se podía recargar a caballo con relativa facilidad por un hombre hábil, mientras se galopaba cerca de una manada de bisontes para abatirlos.

La técnica, conocida con el nombre de *buffalo running* era la siguiente: cuando se perseguía a los bisontes no se usaba calepino para envolver la bala, sino que se llevaban varios proyectiles en la boca. De esta forma, por efecto de la saliva, la esfera de plomo humedecida se pegaba a la pólvora cuando se escupía dentro del cañón. Pues para cazar bisontes a la carrera no se empleaban rifles, porque estos requerían mucho tiempo para ser cargados y usaban balas pequeñas. Así pues, se utilizaban los clásicos y baratos fusiles de chispa de ánima lisa, los mismos que cambiaban con los indios. Eran armas imprecisas, pero más rápidas de recargar y potentes a corta distancia. A todo galope, un cazador diestro podía cargar y disparar varias veces sin disminuir su velocidad, descargando su arma a la carrera sobre el costado del bisonte que estuviera más próximo, es decir a unos pocos metros. Se sostenía el fusil (bastantes de ellos con el cañón recortado para ser más manejables), con el brazo izquierdo y con el derecho se cogía el cuerno de pólvora, sacando el tapón del mismo con los dientes. Se vertía una dosis de pólvora en la mano izquierda a la vez que se volvía a cerrar el cuerno de pólvora. Cogida el arma con la mano derecha y en vertical se echaba la pólvora y se escupía una bala. Luego se daba un fuerte golpe a la culata del fusil sobre la silla del caballo, para que toda la munición se asentase en la recámara sin dejar huecos y para que la pólvora pasase a través del oído agrandado a la cazoleta de la llave de chispa. Por último se ponía el arma en posición horizontal con cuidado y se disparaba sobre las partes vitales del bisonte. Con este sistema se producían bastantes accidentes muy peligrosos para los tramperos, pues al cargar así el arma, si la bala no asentaba bien sobre la pólvora y quedaba atorada en el cañón, la posibilidad de que este reventase era muy alta.

Testigos presenciales, como el pintor George Catlin, que fue el primero que llegó en barco de vapor a la desembocadura del río Yellowstone, dan noticia de esta arriesgada forma de cazar. Catlin, en su obra *Cartas y notas de los indios de Norteamérica*, narra que en 1832, en Fort Union, vio como Kenneth McKenzie mataba cinco bisontes, cargando y disparando al galope a lo largo de una milla. El pintor Audubon, en 1843, fue testigo de una demostración a cargo de Culbertson y varios hombres de su partida. Saliendo el cazador con el arma descargada y al galope de su montura, disparó once veces en el transcurso de una milla. Otros miembros de su grupo lo hicieron diez veces. Uno de ellos, el mestizo Owen McKenzie, hijo de Kenneth y de una india, llegó también a disparar catorce veces en el recorrido de una milla. Así nos lo atestigua Rudolph Kurz. Mas como acabamos de describir esta técnica de caza del búfalo a la carrera, se hacía con los fusiles de chispa ligeros que se cambiaban a los indios por pieles, que al ser de ánima lisa permitían recargar con cierta rapidez. Eran, por lo general, del calibre 62, es decir equivalentes a una escopeta del 20.

Mas volviendo sobre las armas empleadas por los tramperos en este periodo que llega hasta 1840, hay que citar cinco tipos en el siguiente orden, según su predominancia: rifles de Lancaster (este, fabricado en el condado de Pensilvania que le da nombre, era el rifle más económico disponible y de los llamados "rifles de Kentucky" más usados, con su largo cañón de 40 a 44 pulgadas, caja con la madera hasta la boca del mismo y con calibres que iban del 47 al 55). Rifles ingleses (hechos originalmente en Inglaterra para la American Fur Company y otras compañías que operaban en la zona de los Grandes Lagos. También eran de largo cañón y habitualmente del calibre 53). Rifles de Pennsylvania o de Kentucky (de diferentes subtipos pero todos de largo cañón, con caja de madera de arce rizado, esbeltos, elegantes, pero embarazosos de cargar y frágiles, además de ser de calibres pequeños, no superiores al 50, que se consideraban insuficientes para la gran fauna de las Llanuras y las Rocosas). Rifles Hawken (fabricados por los citados Samuel y Jacob Hawken en su taller artesano de San Luis). A este rifle dedicaré en breve unos párrafos más. Por último hay que citar al «Nuevo rifle de estilo inglés», desarrollado por J. Henry en 1834. Era un arma de chispa con buenas y robustas guarniciones, provisto de una caja de calepinos de estilo inglés o estadounidense, con un guardamonte redondeado parecido al de los Hawken. En años posteriores a esta pieza se la denominó *Scroll Guard*. Era de la misma longitud que los modelos anteriores y de calibres que iban del 51 al 53.

Junto con el rifle de Kentucky, el más famoso y copiado en la actualidad es el rifle Hawken. Como nos cuenta el teniente George Frederic Ruxton, en su realista novela de 1849 *Life in The Far West*, en la década de 1830 a 1840 el rifle Hawken es el prototipo de los rifles de las montañas. Se trata de un arma pesada y robusta, con guarniciones de latón, un cañón que dispara unas 32 balas a la libra (lo que equivale a un calibre 54) y con caja larga. Posteriormente, en el período que va de 1840 hasta 1859, se fueron imponiendo los modelos de media caja, con dos pasadores de sujeción, guarniciones de hierro, sin adornos, todos ya con llave de percusión o pistón y con doble gatillo al pelo. Su peso pasaba de las 10 libras, con un cañón de 34 a 36 pulgadas de largo y un calibre promedio en la mayoría de los rifles del 54 (que dispara una bala esférica de 223 a 230 grains de peso). Para la época se trata de un arma (el famoso Hawken Rocky Mountain), perfectamente concebida para la dura y solitaria vida de los tramperos. Un rifle seguro y potente en el que poder confiar frente a la carga de un grizzly o de un indio Crow o Pies Negro. Entre los pioneros famosos que usaron un rifle Hawken hay que citar, entre muchos otros, a William H. Ashley. Jim Bridger, Kit Carson y Mariano Medina (escrito Modena en algunos libros).

Entre otros armeros que fabricaron en San Luis buenos rifles de avancarga y pistón, para la vida y la caza en las montañas, hay que citar a Horace E. Dimick. Jacob Hawken murió de cólera en 1849, en la gran epidemia que asoló el territorio, y su hermano Samuel mantuvo su taller hasta 1859. Después se fue a Denver. En 1862 otro armero de origen alemán, John P. Gemmer, adquirió el negocio de los Hawken y mantuvo su tienda y taller hasta 1915. Gemmer siguió fabricando excelentes rifles de avancarga, estilo Hawken, pero ya en franco declive al ir imponiéndose, a partir de 1865, las armas de cartucho y retrocarga. Algunas de estas armas, por ejemplo las que pertenecieron a esos famosos tramperos citados, se exponen hoy en los museos estadounidenses dedicados al tráfico de pieles y a la vida de los primeros montañeses.

Samuel Hawken, ya anciano, concedió una entrevista periodística en 1881, donde explicaba cómo había fabricado por encargo un rifle especial para Ashley, de gran calibre (del 66 o el 68) y muy pesado. Fue, según recordaba, entre 1822 y 1826, cuando el traficante de pieles, uno de los primeros en el negocio, estuvo activo en las montañas.

Otra de las razones del éxito de los rifles Hawken fue su precio en relación a su excelente calidad. Según contaba el propio armero, los vendía en San Luis entre 22,50 y 25 dólares. Pero para Horace Kephart y Gemmer el precio variaba entre los 30 y los 40 dólares. Evidentemente, conseguir una de estas armas en el mercadillo montado en las montañas durante el Rendezvous, hacía que su coste ascendiese notablemente. Para un rifle del calibre 52 o 54 la carga normal de pólvora negra era de 90 a 100 grains y sobre ella una bala esférica de plomo puro de unos 217 a 223 grains de peso, envuelta en su calepino o parche de lino engrasado. Se trataba de la carga habitual para cazar y defenderse de los indios. No obstante, para derribar a un bisonte o abatir a un gran oso, se llegaba a veces a doblar la carga de pólvora. Horace Kephart (escritor de relatos de viajes, bibliotecario y un clásico guía de acampada al aire libre que vivió entre 1862-1931), fue uno de los primeros estudiosos del rifle Hawken. En 1896 probó uno de estos rifles que estaba sin estrenar en la trastienda de la armería, comprobando que la mejor precisión la conseguía con 82 grains de pólvora negra Deadshot (granulación FFg). Disparando de pie, en posición de tiro y en un día sin viento, consiguió meter todos sus disparos en un círculo de 12 pulgadas de diámetro a 200 yardas. Una agrupación muy buena para un arma de avancarga que dispara proyectil esférico, tirando con las clásicas miras abiertas de caza que montaban estos rifles (conocidas como Buckhorn).

También hay que subrayar que antes de 1830 los hermanos Hawken fabricaron armas de chispa, pues para los montañeses que se internaban en las tierras salvajes cientos de millas, el sistema de chispa o pedernal tenía ciertas ventajas. Un rifle con una buena llave de chispa, bien cuidada y en manos de un hombre experto, es un arma segura excepto los días de lluvia, con una humedad excesiva o de mucho viento. Y, por supuesto, es mucho más fácil hacerse con piedras de sílex para la llave estando alejado de la civilización, que procurarse pistones para un rifle de percusión. Esto sin olvidar que los pistones o fulminantes (que se vendían en cajas de unas 250 unidades), podían perderse, acabarse o quedar inservibles por la humedad, siendo imposible el comprarlos en las montañas. Los diarios de los pioneros que vivieron en las Rocosas entre 1825 y 1850 hacen bastantes referencias a los rifles de chispa. Pero poco a poco y según se iban construyendo fuertes y puestos comerciales más al oeste, lo cual permitía un flujo de suministros más constante desde San Luis, las armas de pistón fueron imponiéndose y para 1840 ya eran habituales en la lejana frontera.

Por otra parte ya he descrito el equipo y atuendo esencial de los tramperos. Su estampa era inconfundible, pues su rifle de las montañas y de las llanuras (*mountain rifle* o *plains rifle*) iba terciado en horizontal sobre la silla del caballo, sujeto al pomo delante del jinete. Los tramperos, que viajaban en equipos o brigadas, resultaban temibles para los indios, que si los atacaban lo hacían en algún paraje propicio para una emboscada o durante la acampada nocturna. Los cazadores tenían una gran habilidad para juzgar las distancias, unos nervios de acero para recargar bajo el fragor del ataque con flechas y balas, y eran capaces de hacer muy buena puntería entre 150 y 200 yardas. Como nos cuenta Francis Parkman, en su famosa obra *The Oregon Trail* de 1847 (y citan todos los estudiosos de los rifles de avancarga de este periodo de la colonización del *Far West*), el guía y cazador Henry Chatillion, que tenía ya la experiencia de haber cazado treinta osos pardos, mató dos bisontes con dos disparos seguidos de sendos plains rifles a una distancia no menor a las 150 yardas. Uno de los rifles era el de Parkman, un Hawken nuevo que este había adquirido para la expedición. El punto vital al que acertar era el corazón o los pulmones del bisonte[43].

---

[43]   Parkman, Francis. *The Oregon Trail*. Impreso en Gran Bretaña por Amazon. Edición francesa, *La piste de l'Oregon. À travers la Prairie et les Rocheuses (1846-1847)*. Éditions Payot & Rivages, París, 1993. También citado por Hanson Jr., Charles E. *The Plains Rifle*. The Gun Room Press. New Jersey, 1960, p. 95. Sobre el rifle Hawken los libros más especializados son Kephart, Horace. *Sporting Firearms*, publicado por Palladium Press, Alabama. EE.UU., 2004. (Edición preparada a partir de una original de 1912), pp. 157-166.

Pero en sus correrías los montañeses, algunos de ellos convertidos más tarde (de 1840 a 1860) en guías de las rutas de Oregón, California y Santa Fe, también llevaban escopetas de avancarga de pistón de dos cañones. Bastantes de origen inglés o acabadas en los talleres de las ciudades fronterizas a partir de piezas de manufactura británica o belga. Hombres como Kit Carson y Jim Bridger las valoraban mucho, como armas de defensa para las guardias nocturnas frente a los ataques de los indios. Una escopeta, al ser de ánima lisa, puede cargarse con postas, que es una munición muy apropiada para la defensa, cuando se dispara rápido sobre un grupo de atacantes y casi sin apuntar. También se empleaban con perdigones para suministrar caza menor (conejos, patos, pavos salvajes, etc.), para los guisos de los colonos en su largo viaje.

Mas tampoco podemos olvidarnos de las armas cortas. Los tramperos llevaban también una o dos pistolas. Uno de los modelos más conocidos es el de la «pistola de Kentucky». Arma de chispa y posteriormente de pistón de calibres que iban del 40 al 50, bien de cañón liso o estriado. Muchos fabricantes de rifles, como los hermanos Hawken, hacían pistolas, aunque en menor cantidad y otros armeros les daban un acabado más rústico que a sus otras armas. Algunas pistolas no llevaban marca del fabricante, pero otras eran de esmerada factura, como las dos que los comanches le quitaron al explorador Jedediah Smith, tras matarlo junto al río Cimarrón. Los tramperos también usaron pistolas de tipo militar, que al ser de calibre igual al del rifle (generalmente el 54) simplificaba las cosas, pues así no tenían que llevar dos moldes distintos para fundir las balas de plomo. Si la pistola

---

Hanson Jr., Charles E. *The Hawken rifle: Its place in History*. The Fur Press, 1979, Nebraska, 3.ª edición, 1994. Baird, John D. *Hawken Rifles. The Mountain Man's Choice*. The Buckskin Press. Reimpresión publicada por The Gun Room Press, 2.ª edición 1971, 9.ª edición 1996. Baird, John D. *Fifteen Years in the Hawken Lode*. The Buckskin Press. Reimpresión publicada por The Gun Room Press, 1.ª edición 1971, 4.ª edición 1994. (Los dos libros de John D. Baird incluyen cronologías sobre la vida y el taller de fabricación de rifles de los hermanos Hawken, en las pp. 16-17 y 7-8 respectivamente). La obra más reciente sobre los riles Hawken es la de Woodfill, Bob. *The Hawken Rifle. Its Evolution from 1822-1870*. NMLRA, Friendship, IN 47021, 2020. Como novela que refleja muy bien la vida de los montañeses hay que citar: Ruxton, George Frederick. *Life in the Far West*, (un western clásico) publicado en Estados Unidos en marzo de 2020 (edición original de 1848). Otra obra importante sobre esa época es la de Hamilton, William Thomas. *My Sixty Years on the Plains. Trapping, Trading, and Indian Fighting*. Forest and Stream Publishing Co, 1905. Reimpreso por Time-Life Books en 1982.

era pesada los tramperos la llevaban sobre la silla, en el arzón, y otra, más pequeña y ligera, para defensa personal a corta distancia, al cinto. Claro que todo esto cambió con la invención del revólver.

Pero además de las armas de fuego y del hacha (con la que los montañeses se hacían sus cabañas), también tenemos que mencionar a los cuchillos, de los que los tramperos llevaban a veces dos. Uno grande y otro pequeño. Este, diseñado para desollar y aderezar las piezas cobradas. Pero el cuchillo grande era la auténtica herramienta multiusos de la época, pues hábilmente manejado servía para un sinfín de tareas, entre otras rematar a la caza herida o pelear cuerpo a cuerpo. Podía estar fabricado en Norteamérica o ser de importación. W. F. Jackson de Sheffield, Inglaterra, hacía el *Prairie Knife*. E. Barnes & Sons manufacturaban el famoso *Green River Knife*. Las hojas tenían de 9 a 10 pulgadas de largo, las guardas eran plateadas y el mango hecho de cuerno de ciervo, hueso, marfil o madera. Eran armas blancas diseñadas para luchar y estaban afiladas como una navaja barbera. El cuchillo *Green River* fue el favorito de los tramperos, hasta el punto de que se lo conocía por este nombre y se buscaba que en la hoja llevaran estampadas las iniciales «G. R.» (que inicialmente significaban *George Rex*, es decir *King George*, rey Jorge). Pero también muchos herreros locales fabricaron por encargo cuchillos de caza a partir de viejas limas o escofinas. Un duelo con cuchillos *Green River* era un espectáculo tan salvaje y cruento como enfrentarse con un oso pardo. Como afirmaba Rezin Bowie (hermano de James Bowie y famosos ambos por sus duelos a cuchillo en la primitiva frontera, sobre todo en Texas), cuando los que se enfrentan «caminan sobre sus propias tripas la pelea ha terminado»[44].

Siguiendo con la forma de vida de los montañeses o tramperos, hay que señalar que el punto de reunión de los *Rendezvous* podía ser en

---

[44]   Véanse los excelente artículos de John Barsotti, "Mountain Men and mountain Rifles" (parte primera) y "Mountain Men and Mountain Rifles" (parte segunda), publicados respectivamente en 1954 y 1955 en la revista *Gun Digest*. Están reproducidos en Wieland, Terry. *Classic Sporting Rifles*. Gun Digest Books, F+W Media, WI, EE.UU., 2012., pp. 47-50 y 51-55. Esta cita en concreto es de la página 50. (La traducción del inglés es mía). Otro artículo esencial sobre la vida de los tramperos y los rifles Hawken es el del gran tirador español José Borja Pérez "El rifle de las montañas y de las praderas". Revista *Historia y Vida* n.º 210, (Editor Historia y Vida, S. A.), Barcelona, Año XVIII, septiembre de 1985, pp. 106-115.

el Green River, el Popo Agie en el Wind River o el Pierre's Hole. Allí se encontraban con los comerciantes que llegaban del Este, de San Luis, y con los indios amistosos que iban a hacer sus trueques. Se vendían las pieles de castor capturadas durante el largo, muy frío y duro invierno, y se adquirían nuevos suministros (pólvora, plomo, pistones, nuevas armas, ropas, whisky, etc.). Pero también, en esos días estivales y tras meses de aislamiento y soledad, estos rústicos hombres daban rienda suelta a todo tipo de expansivos excesos. Bebían hasta emborracharse, peleaban en duelo bajo cualquier excusa, cortejaban a las jóvenes indias con las que llegaban a tener hijos, hacían arriesgados concursos de tiro y carreras de caballos, y se gastaban el poco dinero que les sobraba, después de aprovisionarse para el próximo año, jugando a las cartas.

Este tipo humano, el «montañés», era hijo de las circunstancias en esta época de rápida expansión de la frontera estadounidense (y en competencia con las pretensiones imperiales británicas y antes también españolas en los territorios de Norteamérica). Su duro carácter se forjó en la vida en los bosques. Es el prototipo del sujeto individualista, de una gran fortaleza y resistencia a las calamidades, con una gran confianza en sí mismo y en sus habilidades para sobrevivir en la frontera salvaje como cazador y trampero. Cada año aparecían nuevas caras en los *Rendezvous*, pero otros compañeros habían perecido por el camino. En ese rudo entorno convenía hacerse respetar y crearse una fama de hombre duro y de confianza.

El reverendo Parker nos dejó el testimonio de los duelos con rifle que tenían lugar en los puntos de reunión. Tras una mala borrachera se ajustaban cuentas con los rifles Hawken a treinta pasos. En el de 1835 la pistola de Kit Carson venció al rifle de Bully Shunar en un combate a caballo. Este, como tantos otros, es un ejemplo del violento *Far West*. Los concursos de tiro, a los que tan aficionados eran los hombres de la frontera, no eran a veces menos burlonamente crueles. Como cuando Mike Fink, llegado su turno, mató por error de un tiro en la frente al joven Carpenter, «compitiendo» los dos a disparar a la taza de hojalata colocada sobre la cabeza del otro. Mike juró que fue un accidente, cosa que, dado su agresivo temperamento, muchos tramperos no creyeron. Así que poco tiempo después uno de los miembros del grupo, un tal Talbot, mató a Mike Fink con una de las propias pistolas de Carpenter.

De Fink hay que decir que fue campeón en las carreras fluviales con su barcaza (*keelboat* o barca de quilla plana) y famoso, como ya se ha expuesto, por sus desafíos a tirar a las tazas de hojalata con su adornado rifle de chispa del calibre 45.

Por otra parte en la lejana frontera se usaron otro tipo de rifles, además de los de Pennsylvania o Kentucky (o *longrifles*) y los *plains* o *mountain rifles* (como los Hawken, Dimick o Tryon). También fueron populares, aunque menos, las armas de avancarga de dos cañones (bien yuxtapuestos o superpuestos). Armeros como los hermanos Bird, Daniel Boyer, Benjamin Mills, William Billinghurst, Nelson Lewis, T. Lamson, los Golcher, S. O'Dell y otros fabricaron rifles dobles o armas combinadas (un cañón rayado y otro liso, de escopeta). Y hablamos del periodo que va de 1800 a 1850. Por ejemplo el famoso Jim Bridger, además de su Hawken, usó durante un tiempo un rifle doble superpuesto hecho por John Schuler. Y en sus narraciones, Bill Hamilton y Josiah Gregg, mencionan a las escopetas de dos cañones cargadas con postas. En la Ruta de Santa Fe se las consideraba superiores a los rifles para repeler los ataques nocturnos a las caravanas. Viajeros de la época, como Quincy Adams Shaw, compañero de Parkman en 1846, y el ya mencionado oficial británico George F. Ruxton, hicieron buen uso de este tipo de armas, incluso para la caza del búfalo[45], siempre y cuando a este no se le disparase de frente a la cabeza.

Otro personaje fascinado por el Oeste americano fue el capitán William D. Stewart, un veterano de Waterloo. Deportista adinerado que hizo muchos viajes por las Rocosas a partir de 1832. Asistió a seis o siete *rendezvous*, e iba bien provisto de una excelente pareja de rifles de percusión fabricados por el reputado armero británico Joseph Manton. En la reunión de 1837, en el Wind River, trajo consigo al artista Alfred Jacob Miller, que con sus pinturas dejó testimonio de esa forma de vida en las montañas. Otro rico cazador de la época fue el irlandés *sir* George Gore, que, llevando por guía al trampero Jim Bridger, entró en el territorio del río Powder y en el del Yellowstone a mediados de la década de 1850. Gore fue el responsable de la matanza de gran número de búfalos, alces y osos, lo cual generó la cólera de los indios de la zona, y lo hizo portando armas de los mejores armeros ingleses: Westley Richards, Joseph Manton y James Purdey.

Pero tenemos también que preguntarnos cuáles eran las armas de las tribus indias en este período anterior a 1850, en el que ya tenían un

---

[45]   Lo que los estadounidenses llaman *buffalo* (búfalo) es el bisonte norteamericano. En muchas de las obra que hemos tenido en cuenta y citado aparece la expresión búfalo. A veces la hemos cambiado por la de bisonte pero esta vez no. En todo caso se trata del mismo animal.

contacto constante con los tramperos y comerciantes blancos. Los pawnee, sioux, cheyenne, crow y blackfoot, entre otras, además del arco y la lanza que usaban para cazar y guerrear (junto con el cuchillo, el hacha de guerra o tomahawk y la maza), empleaban el «fusil de comercio», conocido entre otros apelativos como «fusil de la Compañía de la Bahía de Hudson» y del que ya hemos tratado. Pero algunos guerreros destacados también manejaban rifles de avancarga de chispa y algunos años más tarde de percusión, especialmente fabricados de forma sencilla y barata por fábricas del Este de los Estados Unidos. Pensados y diseñados para el comercio con los indios, solían ser objetos de obsequio para los caudillos de las tribus. No obstante el rifle no era tan popular entre los indios como el arma de ánima lisa, pues esta era mucho más ligera, manejable, versátil y fácil de cargar, e igual de letal en distancias cortas (pongamos hasta los cincuenta metros). De entre los fabricantes de rifles para los indios hay que destacar a J. Joseph Henry, Jacob Gumph, Christopher Gumph y sobre todo a H. E. Leman. Todos ellos asentados en Pensilvania. Y, por supuesto, suministraban a las tribus bajo contratos firmados con el gobierno. La norma que tenían que seguir era la de fabricar barato y hacer rifles robustos que imitaran a los de las mejores marcas. Mas aunque estas armas eran de inferior calidad, el explorador Kit Carson reconocía que los utes eran los que mejor disparaban con ellos en comparación con otras tribus, igualando en ello a los blancos[46].

El arco para cazar búfalos a la carrera, que cada indio de una tribu elaboraba con esmero para tal propósito, era un arma letal a corta distancia. En esta época el arco tenía una clara ventaja sobre las armas de avancarga. En lo que un pionero tardaba en cargar su rifle, un indio a caballo, todos ellos muy hábiles jinetes, podía lanzar bastantes flechas con rapidez y precisión. El capitán Bonneville, cuyas aventuras fueron narradas por Washington Irving, fue testigo de cómo una flecha atravesaba totalmente el cuerpo de un búfalo. También Townsend, en 1834, escribió que las flechas de los indios penetraban de tal forma que traspasaban la piel de los búfalos, saliendo parte de ellas por el otro costado.

Durante una escaramuza con los *Blackfeet* (pies negros) en 1832, Jim Bridger recibió dos flechazos en su espalda. El trampero Tom Fitzpatrick pudo sacarle una con su cuchillo de desollar, pero la punta de

---

[46]   Sobre las armas de fuego vendidas a los indios véase, Gale, Ryan; Ness, Larry; Mikelson, Gary. *Rifles of the American Indians*. Track of the Wolf, Inc. Estados Unidos, 2016.

la otra quedó incrustada hasta que el doctor Marcus Whitman pudo sacársela en una difícil operación, en la reunión de 1835. Era de hierro, medía tres pulgadas de largo y estaba enganchada en el hueso.

El fusil de intercambio, también conocido como el fusil del Noroeste o de Mackinaw, fue el favorito de los indios del Oeste y de los francocanadienses desde principios del siglo XVIII. Y ello hasta el final de la época en la que casi se exterminó a los búfalos (bisontes). Hasta una fecha tan tardía como 1876 se estuvieron fabricando con llave de chispa, aunque algunos eran de percusión. Estas armas se hicieron inicialmente en Inglaterra para el comercio con las tribus y se imitaron en Norteamérica, cambiando muy poco en su diseño en el transcurso de casi doscientos años. Pero antes de describir cómo eran este tipo de armas es necesario explicar cuáles eran las principales compañías que se dedicaban al comercio de las pieles.

Estas compañías, en sus orígenes europeos y en pleno auge del mercantilismo, comenzaron siendo concesiones bajo monopolio de los monarcas, pues daban pingües beneficios a las coronas (tanto a la francesa como a la inglesa). En la época que estudiamos ya estaba bien consolidada la británica Compañía de la Bahía de Hudson (creada bajo el reinado de Carlos II en 1670). Y después de que Francia perdiese sus dominios en Canadá en favor de Gran Bretaña, se fundó en 1784 la North West Trading Company. Otras empresas peleteras importantes fueron la American Fur Company (en Fort Laramie), la Pacific Fur Company y la Michilimackinac Company, que más tarde se convirtió en la Southwest Company. Es muy conocida la historia de la Missouri Fur Company, fundada en 1807 por el español Manuel Lisa. En 1812, al borde de la bancarrota, fue absorbida por la inglesa North-West Company y solo unos años más tarde se convirtió en propiedad de la ya citada Hudson's Bay Company, con sede en Fort Vancouver junto al río Columbia. Pero Manuel Lisa permaneció activo en su antigua compañía hasta su muerte en 1820. Después Joshua Pilcher se hizo cargo de la presidencia de la Missouri Fur Company y dirigió las actividades de Fuerte Lisa, que cerró en 1823. Esta compañía continuó en el negocio bajo varios nombres hasta alrededor de 1830, cuando se disolvió después de que la American Fur Company de John Jacob Astor lograse monopolizar el comercio de pieles en los Estados Unidos. Igualmente Andrew Henry y William Ashley, que sucedieron a William Clark (famoso por su expedición con Lewis), se hicieron cargo en la práctica de la Missouri Fur Co., que acabó convirtiéndose en la Rocky Mountains Fur Company.

Las crónicas de la época nos permiten comprender la dureza de aquel tipo de vida y las armas que llevaban estos primeros tramperos. En la primavera de 1823, en una expedición para hacerse con pieles de castores, Ashley dejó San Luis remontando el río Misuri con sesenta hombres en dos barcazas. Alcanzada el área donde habitaban los indios arikara, con quienes se intercambiaban caballos por «fusiles de comercio», surgieron los conflictos. Ashley todavía tenía las barcazas (botes de quilla o *keelboat*) en la orilla del río cuando empezó la lucha. Los indios no estaban de acuerdo con el intercambio propuesto y odiaban que los blancos también se entendieran con sus enemigos los sioux, además tenían deseos de venganza por haber sido maltratados por otras compañías peleteras. Se contabilizaron catorce muertos y once heridos entre los hombres de Ashley. Aunque un arco con sus flechas era mucho más rápido de disparar y por ende más letal que un arma de fuego, se sabe que los arikara hicieron buen uso de sus «fusiles de comercio» o *Indian Trade Musket*.

Este tipo de arma, que todas las compañías peleteras (empezando por la Hudson Bay Company) intercambiaban con las tribus indias, eran toscas, simples y ligeras. Se fabricaban principalmente en los talleres de Birmingham, aunque en el cañón llevaban estampados los sellos de Londres y la silueta de un zorro, todo lo cual era muy apreciado por los indios. La robusta llave de chispa era una pálida imitación de la del mosquete inglés Brown Bess. El cañón de calibre 62 (equivalente a 15,7 mm, es decir como una escopeta moderna del 20), tenía unas 36 pulgadas de largo (en torno a los 91 cms.) o incluso más. Los indios solían a veces recortarlo, para con el tubo sobrante hacer picas o clavijas para tensar sus tiendas o tipis. La cantonera metálica las indias la usaban a modo de raspadores para curtir las pieles de búfalo. Llevaba un guardamonte de gran tamaño, supuestamente para facilitar el poder disparar con guantes gruesos o mitones durante el gélido invierno. El adorno más emblemático de este tipo de escopeta de chispa era su contrapletina o portavís, que siendo de latón tenía la forma de un dragón o serpiente marina. Para los indios, en sus creencias animistas, este apreciado detalle era «gran medicina». Este tipo de mosquete o «arma del Noroeste» para intercambio con los indígenas también se hizo en Francia y en Bélgica, y por su puesto en los propios Estados Unidos por fabricantes como Henry E. Leman o George Tryon entre otros.

Con independencia del rifle de Pennsylvania o de Kentucky (el famoso *longrifle* que prosperó en la frontera, pero sobre todo en ciertas áreas), el arma más abundante y la habitual del colono, del pequeño granjero estadounidense, fue la escopeta de chispa o *Fowler*. Cazando con ella complementaba su exigua economía de subsistencia. A partir de su evolución de modelos europeos, sobre todo ingleses pero también franceses y holandeses, es el primer arma de fabricación artesanal de Estados Unidos. Sin tener en cuenta las primitivas armas de mecha de las primeras décadas coloniales del siglo XVII, el sistema de chispa pronto fue adoptado en las colonias y permaneció casi inalterable en sus escopetas durante todo el siglo XVIII y el primer tercio del siglo XIX.

El arcaico nombre inglés de *Fowler* se empleaba para definir al arma larga de ánima lisa que se usaba para tirar a aves como los patos y los gansos. Era de largo cañón (42 pulgadas e incluso más) y su calibre variaba entre el 62 y el 75 (de un 20 a un calibre 10 de escopeta). Tenía un largo cañón redondo o en su primer tramo octogonal y después redondeado hasta la boca. Con caja larga de madera de arce o de nogal americano y con guarniciones de latón o de hierro. En general su acabado era más esmerado que los baratos fusiles de comercio que se fabricaban para intercambiar con los indios. Las llaves solían ser de importación, sobre todo inglesas. Al ser armas de ánima lisa, es decir escopetas, tenían una gran versatilidad, pues se empleaban tanto para la caza menor como para la mayor a distancias no mayores a los cincuenta metros. Algunas llevaban alza, lo cual facilitaba la puntería cuando se empleaba bala. Y a pesar de lo largo de su cañón, estas escopetas monotiro eran más ligeras y manejables que los mosquetes militares. A partir de 1830 se convirtieron al sistema de percusión (o pistón) al igual que muchos rifles de Pennsylvania (con sus variantes de los estados de Kentucky y Tennessee). Cualquier herrero de la frontera sabía hacer la transformación de chispa a pistón o reparar este sencillo tipo de escopeta.

Fue, como digo, el arma genuina del granjero, y cualquier muchacho aprendía pronto a manejarla para contribuir, cazando, a la economía familiar. Con ella se repelían también los ataques de los indios. A partir de 1840, ya en la era del sistema de percusión, fue sustituida por la escopeta de dos cañones, también de avancarga. Esta se mantuvo en uso en manos de los colonos (por ejemplo los que hacían las rutas de Oregón o California), hasta incluso finales del siglo XIX[47].

---

[47] Sobre el fusil de intercambio con los indios y la escopetas o Fowler del pionero véanse las siguientes obras especializadas : Hanson Jr., Charles E. *The*

Pasemos ahora a revisar cómo ha sido recreado este periodo de la historia de la colonización del *Far West* en el wéstern. Nosotros sentimos un especial cariño por este subgénero, que algunos estudiosos llaman prewésterns porque remiten en su acción dramática a hechos y situaciones de finales del siglo XVIII o de la primera mitad del XIX. No citaremos las películas que ya hemos mencionado en los capítulos anteriores, ni las que tienen como telón de fondo las grandes rutas de Oregón y California, pues nos referiremos a ellas en próximos apartados. Pero si nos centramos en el mundo de los primeros cazadores y tramperos tenemos que citar obras clásicas como *Kit Carson* (George B. Seitz, 1940), *El luchador de Kentucky* (George Waggner, 1949), *El piel roja* (George Sherman, 1951), *Más allá del Misuri* (William Wellman, 1951), *Río de sangre* (Howard Hawks, 1952), *La novia salvaje* (Roy Rowland, 1955), *Horizontes azules* (Rudolph Maté, 1955), *El hombre de Kentucky* (Burt Lancaster, 1955), *El rifle de Kentucky* (Carl K. Hittleman, 1955), *Senderos de violencia* (William Witney, 1955), *Desierto salvaje* (Anthony Mann, 1955), *Davy Crockett: rey de la frontera* (Norman Foster, 1955), *Davy Crockett y los piratas del Mississippi* (Norman Foster, 1956), *La conquista del Oeste* (Henry Hathaway, John Ford y George Marshall, 1962), *La trampa* (Sidney Hayers, 1966), *Un hombre llamado Caballo* (Elliot Silverstein, 1970), *El hombre de una tierra salvaje* (Richard C. Sarafian, 1971), *Las aventuras de Jeremiah Johnson* (Sydney Pollack, 1972), *El halcón de invierno* (Charles B. Pierce, 1975), *La venganza de un hombre llamado Caballo* (Irvin Kershner, 1976), *Águila Gris* (Charles B. Pierce, 1977), *Yo, gran cazador* (Anthony Harvey, 1979), *El valle de la furia* (Richard Lang, 1980), *Caminando en el viento* (Kieth Merrill, 1980), *Tierra sagrada* (Charles B. Pierce, 1983), *El guerrero místico* (Richard T. Heffron, 1984), *La leyenda de Hawken* (Charles B. Pierce, 1988), *El renacido* (Alejandro G. Iñárritu, 2015) y *Buckskin* (Brett Bentman, 2021).

Hemos visto todas estas películas (y series de televisión como *Centennial*, 1978, e *Into the West*, 2005) y seguro que nos queda alguna. De todas ellas unas pocas son grandes obras, pero bastantes no pasan de ser productos de la serie B. Las mejores se basan en buenas obras

---

Northwest Gun. Nebraska State Historical Society. Lincoln, Nebraska, 1955. Hamilton, T. M. *Colonial Frontier Guns*. Pioneer Press, Union City, Tennessee, 1987 (Original publicado por The Fur Press, Chadron, Nebraska, en 1980. Grinslade, Tom. *Flintlock Fowlers. The First Guns Made in America. American Fowling Pieces From 1700-1820*. Editor Linda A. Scurlock. Crazy Crow Trading Post, LLC. Pottsboro, Texas, 2005, 2013.

históricas y literarias que dan lugar a guiones de igual factura. Me refiero por ejemplo a libros como *Across de Wide Missouri* de Bernard DeVoto, y las novelas *The Big Sky*, de A. B. Guthrie Jr., o *Mountain Man de Vardis Fisher*[48]. También al relato de Dorothy M. Johnson que sirve de base, a través de los guiones de Jack DeWitt, a la saga de *Un hombre llamado Caballo*. Muchas de estas obras ya las he estudiado en *El Wéstern y la Poética*[49], que dedico principalmente a analizar la mitología e ideología indigenista y ecologista presente en *El renacido*. Pienso que *Más allá del Misuri* y *Río de sangre* siguen siendo grandes películas clásicas. Pero de entre las más recientes hay que destacar con mucho *Las aventuras de Jeremiah Johnson*. Esta cinta tiene un aliento poético y moral del que carecen otros muchos largometrajes y se ha convertido ya en una obra de culto. Protagonizada en exteriores por Robert Redford, sirvió para apuntalar la incipiente ideología indigenista y conservacionista en un momento en el que la izquierda de Hollywood era muy consciente del fracaso de los Estados Unidos en Vietnam. De hecho esta película contribuyó de forma clara al resurgimiento de la caza con rifles de avancarga (que es mucho más conservacionista y ecológica), como los de finales del XVIII hasta mediados del siglo XIX.

Se cita claramente al rifle Hawken[50], que se puso de nuevo de moda (a través de múltiples reproducciones, algunas hechas en empresas españolas, vascas, como Dikar y Ardesa). *El renacido* es una película lograda desde el punto de vista del atrezo (con rifles artesanales y reproducciones hechas por la firma italiana Davide Pedersoli), pero

---

[48] Estas obras hoy ya están disponibles para el lector español en la editorial Valdemar. DeVoto, Bernard. *Across the Wide Missouri*. Hougthon Mifflin Company, Boston, 1947. Reedición de 1975. Hay edición española reciente. *Más allá del ancho Misuri*. Editorial Valdemar/Frontera, Madrid, 2017. Guthrie Jr., A. B. *Bajo cielos inmensos*. Editorial Valdemar/Frontera, Madrid, 2017. Fisher, Vardis. *El Trampero*. Editorial Valdemar/Frontera, Madrid, 2019. Johnson, Dorothy M. *Un hombre llamado Caballo, El hombre que mató a Liberty Valance y otras historias del Far West*. Editorial Valdemar/Frontera, Madrid, 2011.

[49] Navarro Crego, M. A. *El Western y la Poética*. Editorial Pentalfa, Oviedo, 2016.

[50] Para una experiencia personal cazando con un rifle Hawken al modo de la citada película, véase: "Reconstrucción novelada de una "ceremonia angular" y unas reflexiones críticas sobre la teoría de la "caza deportiva" en Ortega, revista digital *El Catoblepas*, n.º 150, agosto 2014, p. 10. Disponible en https://nodulo.org/ec/2014/n150p10.htm. (Página consultada en internet el 16-3-2022).

Más allá del Missouri *(William A. Wellman, 1951). Basada muy libremente en la obra histórica homónima de Bernard DeVoto, esta película es todo un clásico.*

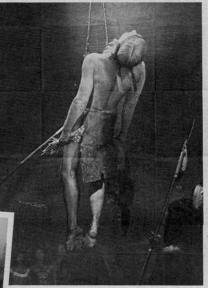

Un hombre llamado caballo *(Elliot Silverstein, 1970). Prewestern bien documentado en lo etnológico y que dio lugar a varias secuelas dado su éxito. Con ideología indigenista y relativismo cultural.*

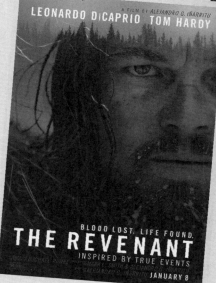

El renacido (The Revenant). *Película estadounidense producida y dirigida por el mexicano Alejandro González Iñárritu, estrenada en 2015. Basada en un hecho real sucedido al trampero Hugh Glass y que tiene como antecedente a* El hombre de una tierra salvaje, *de Richard C. Sarafian, 1971)*

no aporta gran cosa a su predecesora en el tema, *El hombre de una tierra salvaje*, pues ambas se basan en un muy duro episodio vital de supervivencia del trampero Hugh Glass. Se vuelve a subrayar la ideología indigenista con componentes casi místicos, lo cual supone valorar positivamente las religiones primarias[51] de las culturas tribales indias desde la perspectiva del relativismo cultural. Es decir indigenismo y ecologismo se funden en un mismo paquete ideológico, muy propio y querido por las Izquierdas Indefinidas[52] que controlan buena parte del mundo del cine actual en Occidente.

---

[51] Para una clasificación de las diferentes fases evolutivas de la religión, véase Bueno, G. *El animal divino. Ensayo de una filosofía materialista de la religión.* Ed. Pentalfa, Oviedo, 1985 (2.ª edición, 1996).

[52] Para una clasificación de las generaciones de la Izquierda véase, Bueno, Gustavo. *El mito de la Izquierda. Las izquierdas y la derecha.* Ediciones B, Barcelona, (2.ª edición, 2003).

4

PRIMERAS GUERRAS INDIAS. LA INDEPENDENCIA DE TEXAS Y LA GUERRA CON MEXICO

Primeros ensayos de retrocarga: el rifle Hall y
el Sharps de cartucho de papel.
Los primeros revólveres de avancarga
y pistón. Samuel Colt inicia la dinastía:
el Colt Paterson y el Walker Colt

Muy POCO ANTES DE INICIARSE EL SIGLO XIX los Estados Unidos eran una nación frágil, que recibía la constante llegada de emigrados de Europa en busca de nuevas oportunidades. Esta población deseaba tierras libres en las que asentarse como granjeros, aunque algunos recién llegados probasen fortuna malviviendo con oficios propios de las crecientes ciudades del Este. Como el número de colonos al oeste de los Apalaches iba en aumento y cada vez se internaban más hacia el interior, las tribus indias se alarmaron y les hicieron frente. Además Gran Bretaña y sus intereses geopolíticos en Norteamérica seguían siendo una amenaza para el joven país. Inglaterra no dudaba en armar y azuzar a las tribus para extorsionar así a los estadounidenses, en la confianza de que con esta provocación y si se declarase una guerra, Gran Bretaña saldría vencedora, estableciendo una Nación India en el área de Ohio y Wisconsin que hiciera de tapón y freno a las pretensiones expansionistas de los Estados Unidos. Esto permitiría que los intereses comerciales del imperio depredador británico (principalmente el comercio de pieles en el Canadá), quedasen protegidos. Además La Florida seguía en manos españolas y algunas tribus indias expulsadas de los estados más al norte fueron a refugiarse a esas tierras. Por todo esto pronto comenzarán un rosario de guerras indias (mayormente «guerras mixtas» según la clasificación de Gustavo Bueno), además de la guerra de 1812 con los británicos, que para el imaginario estadounidense será como una segunda y definitiva guerra de independencia. De esta forma surgió también entre algunas tribus un sentimiento panindio, pues algunos líderes tribales fueron muy conscientes de que el avance de los colonos estadounidenses era imparable y que había que frenarlos antes de que fuera demasiado tarde. De ahí la alianza con Gran Bretaña, que con el sistema colonial del gobierno indirecto solo pretendía aprovecharse de las riquezas (las pieles), pero no invadir con población los territorios de caza de los pueblos indios. Algunas tribus también recibieron ayuda de La Florida española, pues España, que había ayudado a los revolucionarios independentistas, pronto comprendió que las ansias expansivas de los nacientes Estados Unidos constituirían más pronto que tarde una amenaza para los asentamientos españoles en Norteamérica.

De entre todos los líderes indios destaca el jefe y guerrero shawnee, Tecumseh (1768-1813). Hombre valiente en el combate (principalmente por emboscadas), a la vez que sagaz, prudente y hábil orador, formó una confederación de nativos americanos, promoviendo la unidad intertribal. Murió en la guerra de 1812 y se convirtió en un icono de la historia popular estadounidense como primer modelo de resistencia india. Como joven guerrero participó bajo el caudillaje de Blue Jacket (el jefe shawnee Chaqueta Azul), en la batalla de Fallen Timbers (batalla de los Árboles Caídos en 1794), y fue testigo de la pérdida de gran parte del Ohio por el Tratado de Greenville (1795). Además su hermano Tenskwatawa, conocido como el profeta, creó un movimiento religioso que defendía que los nativos norteamericanos se alejaran de las influencias europeas y volvieran a su estilo tradicional de vida. Tecumseh, ayudando a su hermano, viajó por todo este área intentando difundir sus creencias y unir a las tribus frente al enemigo común. Pero Tenskwatawa fue derrotado en la batalla de Tippecanoe. Tecumseh era consciente de estar atrapado entre la espada y la pared (como en una pinza), pues necesitaba las armas de fuego de los británicos, aliándose con los intereses de estos de forma perentoria y provisional (como mal menor) si quería combatir y expulsar a los estadounidenses de sus tierras[53].

---

[53]   Véase la excelente obra de Peter Cozzens, *Tecumseh y el profeta. Los hermanos shawnees que desafiaron a Estados Unidos*. Desperta Ferro Ediciones SLNE, Madrid, 2021 (edición original en inglés de 2020).

No obstante tampoco los británicos eran muy de fiar. Este líder indio era feroz en la batalla pero se oponía a la tortura de los prisioneros. Mas lo importante es que el movimiento panindio fue lentamente tomando forma con mayor vigor que unas décadas antes con el jefe Pontiac. Los shawnees entraban en contacto con otras tribus como cheroquis, chickamaugas (escindida de los cheroquis), chickasaws, choctaws, creek, delaware (Lenni Lenape), hurones (incluyendo a los wyandot), iroqueses (formados por seis naciones étnicas), kickapoos, menominis, miamis, mingos, nanticokes, ojibwas (chippewas), ottawas, piankeshaws, potowatomi, sauk y foxes, weas y winnebagos. Y Tecumseh y su hermano buscaron generar alianzas frente al imparable crecimiento y expansión de la población estadounidense, que se acercaba ya a los cuatro millones de habitantes. El núcleo del panindianismo al norte del río Ohio lo formaban los shawnee, miami, delaware y mingo. Estos pueblos, en el gran consejo que tuvo lugar en Glaize, en 1792, se aliaron con el fin de no ceder más terreno a los estadounidenses y recuperar todo lo perdido en unos tratados injustos. En esta época el joven Tecumseh aún no era famoso, pues la citada alianza intertribal estaba liderada por caudillos como Blue Jacket, Little Turtle (miami), Buckonahelas (lenape) y Egushawa (ottawa). Estos derrotaron a los generales Josiah Harmar y Arthur St. Clair, pero las tribus fueron a su vez vencidas por la expedición mandada por el general Anthony Wayne, en la ya citada batalla de Fallen Timbers. Como consecuencia de lo anterior y con el Tratado de Greenville, las tribus quedaron totalmente a merced del gobierno de los Estados Unidos.

Es en este contexto en el que va formándose la personalidad de Tecumseh, que ve como con la llegada de los traficantes de whisky (auténtico alcohol matarratas), las culturas tribales están amenazadas de muerte. El alcoholismo y las enfermedades traídas por los blancos (gripe, viruela, etc.) van diezmando a la población indígena. A la vez sus territorios de caza van siendo esquilmados con la penetración constante de nuevos colonos. El presidente Jefferson quería más tierras y sabía cómo conseguirlas. Tratados como el de Fort Wayne (1803) hacían que los estadounidenses se hiciesen con gran cantidad de tierras a precios irrisorios y algunos líderes indios eran conscientes de esta política que estafaba a las tribus. Es en este marco crítico cuando el alcoholizado hermano de Tecumseh, Lalawethika, tiene una serie de visiones según las cuales se pone en contacto con «el Señor de la Vida», da un giro a su existencia y se convierte en un líder espiritual, cambiando su nombre por el de Tenskwatawa. Coincide también esto con el llamado Gran Despertar religioso entre los estadounidenses de Kentucky, y Tecumseh, que tenía sus propios planes, pensaba que la misión de su hermano estaba inspirada por la divinidad.

Todo lo anterior se contextualiza en el aumento de las tensiones entre Estados Unidos y Gran Bretaña, y los norteamericanos creen que los británicos están manipulando a los líderes indios. Para fortalecer los sentimientos panindios Tecumseh, de forma muy hábil por su oratoria y diplomacia, tiene que hacer un doble juego y vincula su causa a la de los ingleses. Él se propone contener las nuevas incursiones blancas en tierra india y resistir frente a la colonización de las vastas tierras hurtadas por William Henry Harrison en el Tratado de Fort Wayne. Para ello busca también la alianza con las tribus que viven al sur del río Ohio, a las que visita en 1811. En esto Harrison ataca y vence en Tippecanoe, destruyendo la Ciudad del Profeta, lo cual lleva a que Tecumseh se eche en manos de los británicos.

Asimismo en la escena internacional los acontecimientos también se precipitan. Con Napoleón en el poder y Francia y Gran Bretaña en guerra, las repercusiones en Norteamérica pronto se hacen notar. Y todavía mucho más tras la compra del vasto territorio de La Luisiana por los estadounidenses. Gran Bretaña necesitaba proteger sus intereses comerciales imperiales a lo largo de toda la frontera entre Canadá y esos nuevos Estados Unidos, que de la noche a la mañana habían visto duplicado su territorio. El que la *Royal Navy* estuviese ocupada en el teatro de operaciones europeo y que los británicos bloqueasen el comercio marítimo de los estadounidenses (con el pretexto de que ayudaban a los franceses), llevó a que Estados Unidos tratara de asediar Canadá por tierra. Es en este escenario geopolítico en el que tiene lugar el movimiento panindio liderado por Tecumseh. Frenar a los británicos pasaba también por derrotar a los indios de forma clara, para que los nuevos territorios adquiridos pudieran ser colonizados. Tras la derrota de Napoleón en Europa los británicos se mostraron aún más belicosos en Norteamérica y llegaron a invadir e incendiar Washington D. C. Pero los estadounidenses los derrotaron en los territorios del noroeste y sureste. También se puso así fin al sueño de la Confederación India promovido por Tecumseh. Además, la batalla del lago Erie, ganada por los estadounidenses, fue decisiva, como lo fue la batalla de Thames. Hay que resaltar que Tecumseh muere en combate y que en todo este proceso el ejército estadounidense se va profesionalizando y la figura de Andrew Jackson se engrandece. Este odiará a España (a pesar de su neutralidad), ya que el gobernador de La Florida, Mateo González Manrique, ayudó a los británicos en esta contienda. Tras la firma del Tratado de Gante, el 24 de diciembre de 1814, se llega a la paz, luego se da la mitificada batalla de Nueva Orleans, donde los estadounidenses derrotan a los británicos, porque aún no habían llegado las noticias de la firma del tratado.

Es ahora donde entramos de nuevo en el terreno de la mitología. Para la posteridad ha quedado que el general Andrew Jackson colocó a sus muchachos de Kentucky y Tennessee, hábiles tramperos y cazadores con sus *longrifles*, de forma tal que, parapetados tras grandes fardos de algodón, destrozaron con sus disparos a larga distancia a las tropas británicas que avanzaban en línea con sus viejos mosquetes Brown Bess. Todo ello puede verse en la película *Los bucaneros* (Anthony Quinn, 1958). La obra está realmente concebida por la clásica grandeza escénica del productor, Cecil B. DeMille, que ya estaba enfermo, siendo interpretado el personaje del general por el famoso actor Charlton Heston. Nadie niega estos hechos históricos, pero el que se eleven a la categoría de mito dice mucho de la idiosincrasia moral de los Estados Unidos y su culto a las armas y a los buenos tiradores. Es en esta época y no antes, cuando al *longrifle* (originalmente de Pensilvania), se le empieza a conocer con el nombre de «rifle de Kentucky». Llegó incluso a crearse una canción, una balada, titulada *The Hunters of Kentucky* (también conocida con los nombres de *The Battle of New Orleans* y *Half Horse and Half Alligator*), que celebraba las excelencias de estos tiradores en tal batalla. Y hasta Andrew Jackson la utilizará como propaganda en su campaña electoral hacia la presidencia. Fue cantada por primera vez por Noah M. Ludlow en Nueva Orleans en 1822. Luego a partir de esta época todo agresivo hombre de la frontera se presentaba a sí mismo como «mitad caballo y mitad caimán». Invencible disparando, cabalgando y luchando con el cuchillo, el tomahawk y el látigo. Este tipo de expresiones pasaron también al cine y pueden verse en boca de personajes de películas ya citadas, como *El hombre de Kentucky* (Burt Lancaster, 1955) y *Las aventuras de Jeremiah Johnson* (Sydney Pollack, 1972). En esta última, en la presentación que hace de sí mismo el personaje del trampero Del Gue, al que da vida el actor Stefan Gierasch.

Mas siguiendo con las guerras indias de este primer tercio del siglo XIX, hay que mencionar a la guerra Creek (1813-1814), a las primeras guerras seminolas y a la guerra de Halcón Negro. No puedo citarlas todas ni ser muy exhaustivo en la exposición, pero es necesario mencionarlas antes de abordar la política de «traslado forzoso» de las tribus del Este a Territorio Indio (a lo que mucho después y finalmente fue el estado de Oklahoma, al oeste del Misisipi). Y esto también antes de repasar la independencia y anexión de Texas y la conquista de todo el Suroeste tras la guerra con México (1846-1848).

La guerra Creek comenzó siendo un conflicto regional dentro de la Confederación Creek, pero pronto tomó tintes internacionales, ya que las facciones de estas tribus que se oponían a la cesión de tierras a los estadounidenses (conocidos como *Red Sticks*, pues sus mazas de guerra iban pintadas de color rojo), fueron ayudados por los españoles de La Florida. Además también los británicos comerciaban en la zona de Nueva Orleans. Tras la masacre perpetrada por los indios en Fort Mins, en el territorio de Misisipi (que ahora es el suroeste de Alabama), y la batalla de Horsehoe Bend,

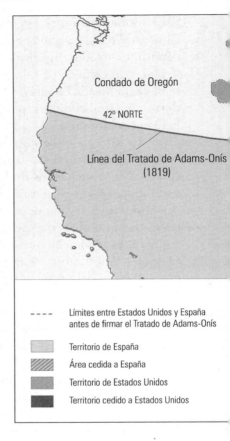

Condado de Oregón

42° NORTE

Línea del Tratado de Adams-Onís (1819)

- - - - Límites entre Estados Unidos y España antes de firmar el Tratado de Adams-Onís

Territorio de España

Área cedida a España

Territorio de Estados Unidos

Territorio cedido a Estados Unidos

en la que los creek son vencidos, cometiéndose también atrocidades por parte del ejército estadounidense, se llega al Tratado de Fort Jackson (9-8-1814) por el cual los indios pierden sus tierras. Invadida también La Florida por iniciativa de Andrew Jackson, España pierde esa posesión tras abrirse el periodo de la primera guerra Seminola (1816-1819). Los seminolas fueron trasladados del norte de La Florida a una reserva en el centro de dicha península y los Estados Unidos construyeron fuertes en esa nueva frontera, ya que según el Tratado Adams-Onís de 1819 ese territorio pasaba de manos españolas a las estadounidenses, aunque la transferencia oficial tuvo lugar en 1821.

El que se promulgase bajo el mandato de Andrew Jackson la Ley de Traslado Forzoso de los Indios (el 28-5-1830), dará lugar a nuevas revueltas y a la segunda guerra Seminola (1835-1842). Hay que indicar que por dicha ley, que se prolongó en su aplicación también bajo la

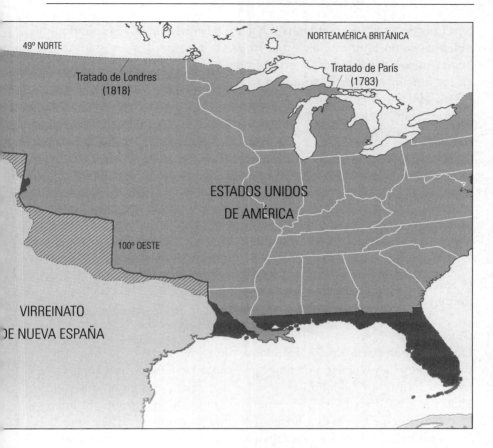

administración del presidente Martin Van Buren, las tribus del Sur, las llamadas «cinco naciones civilizadas» (creek, choctaw, cherokee, chickasaw y seminola), se veían obligadas a abandonar sus tradicionales territorios, teniendo que emigrar al oeste del río Misisipi, a lo que se llamó Territorio Indio. Tras ser despojadas y expulsadas estas tribus tuvieron que viajar a pie hacia el Oeste durante una marcha muy dura y llena de penalidades, donde muchos indios, entre ellos ancianos, mujeres y niños, perecieron de agotamiento e inanición. Es por esto por lo que a esta emigración forzosa se la conoce con el nombre de El Sendero de las Lágrimas (*Trail of Tears*). También por esos años tuvo lugar en el norte la guerra de Halcón Negro, un caudillo de la tribu sauk.

Los sauk y los fox eran aliados que vivían en la década de 1830 en la frontera noroeste (territorio indio de Iowa), pero previamente habían sido expulsados de sus territorios más al este (por el Tratado de

San Luis de 1804). El que Halcón Negro, ya conocido por los estadounidenses como famoso guerrero, cruzase la frontera y se trasladase a la guarnición británica de Fuerte Malden, generó infundados temores en los funcionarios de la zona e hizo que la milicia fronteriza abriese fuego. Halcón Negro, que ya había combatido en la guerra de 1812 al lado de los ingleses, unió a sus antiguos aliados, los kickapoos y los potowatomis. Este caudillo contraatacó en la batalla de Stillman's Run y puso en fuga a los soldados. En 1832 Halcón Negro volvió a cruzar el Misisipi hacia el este desafiando al general Caines. Se produjeron matanzas y muchas granjas y cosechas de los colonos fueron arrasadas, pero las victorias de Halcón Negro duraron poco, pues cogido entre dos fuegos (los norteamericanos de frente y a sus espaldas sus tradicionales enemigos tribales, los sioux), no pudo seguir combatiendo. Tras la batalla de Wisconsin Heights, que fue una victoria para los milicianos, y cortada la retirada de los indios en el río Bad Axe, donde se encontraba el barco de guerra *Warrior*, Halcón Negro se rindió oficialmente en el fuerte Crawford el 27 de agosto de 1832.

Asimismo en la segunda guerra Seminola (1835-1843) brilló el caudillo indio Osceola (1804-1838). Los seminolas, tras la anulación unilateral por parte de los Estados Unidos del tratado de Moultrie Creek y ante la obligación de tener que trasladarse forzosamente a Territorio Indio (hoy Oklahoma), se rebelaron. Para esta campaña y en 1836 fue enviado a Florida el general Thomas Sidney Jesup. El líder Osceola, al igual que había hecho Tecumseh, también trató de unir a las tribus más próximas en su resistencia frente a los estadounidenses. Los seminolas emplearon igualmente la táctica de las emboscadas y la guerra de guerrillas en un terreno tan selvático como el de los pantanos de Florida. Tras ser engañado, cuando iba bajo bandera de tregua a entablar conversaciones de paz en Fuerte Peyton, fue capturado y hecho prisionero. Encarcelado en Fuerte Marion (San Agustín) y por último en Fuerte Moultrie (Charleston, Carolina del Sur), murió de enfermedad.

Hay que señalar que en esta campaña militar el ejército de los Estados Unidos ya empleó contra los indios y con cierto éxito, algunos revólveres y carabinas-revólver (de pistón y avancarga, pero de repetición), recién diseñados por Samuel Colt. Me refiero a los primeros modelos del Colt Paterson, aunque el Gobierno consideró que eran armas demasiado frágiles y expuestas a roturas como para ser empleadas por la tropa. Sobre estas y otras nuevas armas trataré en breve.

Aunque cae fuera de este periodo de la Conquista del Oeste y de la formación de los Estados Unidos en el primer tercio del siglo XIX, quiero destacar que la tercera guerra Seminola (1855-1858) también se produjo fruto de las tensiones en aumento entre los seminolas y la creciente población de colonos en Florida, que se internaban en los humedales tropicales, los famosos Everglades, con la intención de crear plantaciones de caña de azúcar y desarrollar la agricultura. El ejército de los Estados Unidos destruyó en 1855 los cultivos de los seminolas situados al oeste de los Everglades, de los que aún quedaban por haberse resistido al traslado forzoso a Territorio Indio. Así se les provocaba, y si los indios respondían de forma belicosa, ya se tenía la excusa perfecta para expulsarlos definitivamente de Florida. Y así sucedió, pues el líder Holata Micco, conocido entre los blancos como Billy Bowlegs, respondió rodeando Fuerte Myers. Tras una serie de escaramuzas y represalias el ejército estadounidense respondió atacando a los seminolas pacíficos, destruyendo sus suministros. Acuciados por el hambre y cansados de guerrear, estos últimos seminolas resistentes aceptaron ser trasladados a Territorio Indio a cambio de seguridad y de pagos en metálico.

Por otra parte los territorios de los Estados Unidos se verán a medio plazo aún mucho más ampliados fruto de los acontecimientos en Europa y de su repercusión en el gran imperio español. Me refiero, como es evidente, a las consecuencias en ultramar de la ocupación de España por las tropas francesas de Napoleón y a la ulterior guerra de la Independencia Española (1808-1814). El pueblo español se levanta contra el invasor francés y no acepta en el trono a José Bonaparte. En ausencia del rey legítimo, Fernando VII, el ayuntamiento de México, con el apoyo del virrey José de Iturrigaray, reclama la soberanía. Se inicia así todo un proceso que culmina con el Grito de Dolores, proclamado por el cura Miguel Hidalgo la madrugada del 16 de septiembre de 1810. Y así se inicia la guerra de la independencia de México que, a lo largo de diferentes fases y campañas bélicas, da lugar a un México independiente de España tras el Plan de Iguala, proclamado por Agustín de Iturbide el 24 de febrero de 1821. Esta nueva nación se constituirá como república federal en 1823 (establecida formalmente el 4 de octubre de 1824) y como república centralista el 23 de octubre de 1835. En todo este periodo las conspiraciones y enfrentamientos abundan (federalistas contra centralistas) y se suceden varios presidentes. Pero por su repercusión en la historia de los Estados Unidos y en su expansión hacia el Oeste, hay que citar a Antonio López de Santa Anna. Militar, presidente y dictador de México, será uno de los principales protagonistas, por la parte mexicana, de lo que será la Independencia de Texas.

Pero en este contexto político es necesario recordar que en 1823 ya se había desarrollado en Estados Unidos la Doctrina Monroe. Esta es, a grandes rasgos, el nombre que reciben los planes y programas políticos que inspiraron el expansionismo de los Estados Unidos de Norteamérica, tras la incorporación de importantes territorios que habían pertenecido al Imperio español y en su dialéctica con las realidades imperiales entonces actuantes —Gran Bretaña, Rusia, Francia, etc.—, sintetizados por el presidente Monroe en su intervención del 2 de diciembre de 1823 ante el Congreso norteamericano, y que se pueden resumir en tres puntos: no a cualquier futura colonización europea en el Nuevo Mundo, abstención de los Estados Unidos en los asuntos políticos de Europa y no a la intervención de Europa en los gobiernos del hemisferio americano[54]. En el fondo era una forma de decirles a las potencias europeas, dejadnos en paz, no os entrometáis, y os dejaremos en paz y no nos inmiscuiremos en vuestros asuntos. Hay que recordar que en aquel momento la flota británica era la que dominaba los océanos y a pesar de la citada doctrina, las nuevas repúblicas hispanoamericanas cayeron bajo el influjo de la hábil diplomacia inglesa. Tampoco hay que desdeñar en todo esto la importancia de la masonería.

Tras la compra de La Luisiana, hacerse con Florida y la deportación forzosa de las tribus del sureste a Territorio Indio al oeste del Misisipi (después de las guerras ya citadas donde muchos indios fueron exterminados), los Estados Unidos siguen expandiendo su frontera. El militar y explorador Zebulon Pike (1779-1813) había quedado muy impresionado por las riquezas del suelo tejano, cuando viajó por el suroeste (de 1806 a 1807), por tierras aún españolas, con la secreta misión de determinar la ubicación de los asentamientos y de los fuertes y así poder averiguar cuál era su fortaleza real. Llamó su atención la forma de vida de los ranchos tejanos, con sus excelentes caballos, resistentes y aptos para las labores ganaderas, y los grandes rebaños de vacas de origen español (los famosos cornilargos o *longhorns*), bien adaptadas al terreno. Los informes de Pike espolearon la ambición de los norteamericanos

---

[54]   Véase todo el desarrollo de la Doctrina Monroe en https://www.filosofia. org/ave/001/a264.htm#:~:text=Su%20objeto%20es%20introducir%20 y,principios%2C%20no%20separarnos%20de%20ellos. (Consultado en internet el 11-4-2022).

que hicieron incursiones armadas por el este de Texas. Conocidos con el nombre de filibusteros, algunos de estos hombres combinaban tanto el pillaje como las reivindicaciones territoriales. Es necesario citar aquí a Moses Austin, pues había obtenido permiso del gobierno español para llevar trescientas familias de estadounidenses católicos a Texas, pero tras su muerte fue su hijo, Stephen Fuller Austin, quien continuó su proyecto. Además, cuando la nueva nación mexicana luchaba por su independencia, no vio en principio con malos ojos que se asentaran los estadounidenses en territorios tan al norte, tan despoblados y tan expuestos a los saqueos de los comanches. El nuevo gobierno mexicano recién formado fomentó que emprendedores estadounidenses se asentasen y colonizasen Texas, garantizándoles la propiedad de las tierras y la seguridad. A cambio el gobierno mexicano esperaba obtener lealtad.

Hay que recordar que previamente, en 1819, los Estados Unidos habían reconocido formalmente la soberanía de España sobre Texas, pero esto no impidió que incluso en ese mismo año una banda de filibusteros, dirigidos por James Long, se adentraran en esa comarca y decretasen sobre el papel la independencia. En aquel momento la situación fue controlada, pues las guarniciones españolas detuvieron la revuelta y fusilaron a Long, pero la nueva república de México concedió luego a Moses Austin treinta mil hectáreas de buenas tierras y pastos. A este solo se le pedía que los inmigrantes que llegasen fueran católicos y gentes de buenas costumbres. Esta fórmula de integración solo tuvo éxito poco tiempo, el que tardó esta zona de Texas en tener un número considerable de familias de origen estadounidense. Los especuladores, hombres como Sterling Robinson, pintaban Texas como una nueva y fértil tierra de promisión. Acudieron cien familias de Kentucky, a las que se les garantizaba 70 hectáreas de tierras de labranza, 1.800 hectáreas de pastos y la exención de pagar impuestos durante seis años. Así que, en 1827 ya se hallan en Texas diez mil norteamericanos, originarios en su mayoría de Kentucky y Tennessee. Las autoridades mexicanas querían poblar Texas y frenar así a los indios, pero fueron imprudentes, ya que no tuvieron en cuenta cómo los Estados Unidos se habían apropiado fácilmente de Florida. Además, teóricamente los recién llegados debían optar por la nacionalidad mexicana y abrazar la fe católica, pero esto no se cumplió. Al llegar decían que eran católicos, pero el caso es que levantaban iglesias protestantes.

Para 1834 había ya veinte mil inmigrantes estadounidenses en tierras de Texas, frente a solo cinco mil mexicanos. La lealtad política de los llegados no estaba con México, sino con los Estados Unidos, pero además muchos de estos inmigrantes habían llevado consigo a sus esclavos y no estaban dispuestos a renunciar a ellos, a pesar de que México había abolido la esclavitud en 1831 y exigía que no hubiese esclavos en Texas. El gobierno mexicano reacciona ante lo que considera una traición, prohibiendo toda nueva inmigración norteamericana y grabando con fuertes tasas aduaneras a las mercancías procedentes de los Estados Unidos. Pero sucede que México es una joven, revuelta y débil nación, incapaz de imponer estas medidas en la práctica. Luego las tensiones territoriales van en aumento. Tensiones que ya habían empezado en 1826, cuando el empresario Haden Edwards pide la separación de México y crea la nación independiente de Fredonia.

Es en este marco político cuando el audaz Andrew Jackson, que es de nuevo presidente de los Estados Unidos, propone a México la compra de Texas por cinco millones de dólares. La negativa es categórica, pero los inmigrantes estadounidenses siguen llegando a tierras texanas. Asimismo, se atreven a reclamar autonomía política y poder comerciar libremente con los Estados Unidos. Estando así las cosas, James Huston, amigo personal del presidente Jackson, promueve una revuelta y pide al general Santa Anna, jefe del Estado mexicano, que conceda plena libertad a la inmigración norteamericana y que autorice la esclavitud de los negros. En 1835 Santa Anna envía a sus tropas contra los insurrectos. Y es aquí, como en otras ocasiones en la historia de los Estados Unidos y en la violenta conquista del *Far West*, donde la historia, la intrahistoria y la mitología se vuelven a dar la mano, y también para mayor gloria del imperio estadounidense. Me refiero a lo que fue y a lo que transcendió como el asedio y la batalla de El Álamo.

Frente a lo que pueda mostrarnos el cine, que es mitología al servicio de la ideología dominante, las tropas de Santa Anna eran poco numerosas y estaban mal equipadas. En lo militar tenían material obsoleto vendido por Gran Bretaña a precio de saldo: viejos mosquetes de chispa Brown Bess, carabinas Paget para la caballería ligera y rifles Baker. De momento los mexicanos son vencidos y aumenta el entusiasmo entre los grupos dispersos de insurrectos. Pero en 1836 Santa Anna manda una fuerza superior, que como ejército está más disciplinada que los comandos rebeldes secesionistas. Uno de estos grupos se refugia en San Antonio de Béxar (de Béjar, según la grafía española) y en concreto en un edificio que había sido una antigua misión española convertida en improvisada fortaleza: El Álamo. Entre los líderes de los que allí se atrincheran hay que citar al abogado de Alabama William Travis (que tras un matrimonio fallido huía de sus acreedores), al trampero y desengañado expolítico Davy Crockett (que busca un nuevo comienzo tras su pasado como «hombre de los bosques»), y James Bowie (pionero, contrabandista y comerciante de esclavos, famoso por sus duelos a cuchillo y que estaba casado con la mexicana, Úrsula de Veramendi).

Todos estos hombres, tan mitificados, como lo fue también Sam Huston (que había sido abandonado por su esposa), tienen un pasado que superar, son audaces y de espíritu aventurero. Pero entre el 23 de febrero y el 6 de marzo de 1836 los 187 tejanos son asediados y bombardeados por las numerosas tropas de Santa Anna. Y Huston no manda refuerzos. Al principio y como buenos tiradores (los de Tennessee, con Crockett a la cabeza, con sus *longrifles* de Kentucky), repelen los primeros ataques a la bayoneta de los mexicanos. Por fin el día 6 de marzo se toma la plaza y Santa Anna manda ejecutar a los supervivientes, incluso a unos pocos que se han rendido. Todos estos hechos dejaron una profunda huella en la mentalidad de los tejanos y en general de los angloamericanos. A la rabia y a la sed de venganza se unió el odio a todo lo mexicano (que de alguna forma todavía llega hasta nuestros días). A partir de ese momento y para futuras contiendas con México, la frase «¡Acordaos de El Álamo!», se convertirá en un auténtico grito de guerra para los nuevos colonos estadounidenses. Pero además, el 21 de abril de ese año Sam Huston, con 900 hombres, sorprende a Santa Anna en el río San Jacinto. Pagando con la misma moneda se produce una matanza de soldados mexicanos y el general es capturado. Para salvar su vida ha de firmar en el propio campo de batalla un tratado que garantiza la independencia de Texas.

Es así como comienza un nuevo periodo histórico, pues la república de Texas (la de la bandera con la estrella solitaria, la *Lone Star*), es reconocida por los Estados Unidos (no así por México). Si bien se mantiene como estado independiente entre el 2 de marzo de 1836 y el 29 de diciembre de 1845, cuando es incorporado a los Estados Unidos. La existencia de Texas durante esos escasos diez años no fue fácil. Estaba poco poblada, no podía desarrollar su economía, México seguía amenazándola y el combate con los indios (sobre todo con los comanches) y los bandidos mexicanos, forjó su historia y su leyenda; la de sus habitantes como hombres de armas hábiles con el revólver. Y esto desde los primeros modelos de estas armas patentados por Samuel Colt. Desde los tiempos de su fundación extraoficial por Stephen F. Austin en 1823, el cuerpo policial de los *Rangers* de Texas, creado en principio para proteger a las familias de inmigrantes que entraban en la Texas mexicana, fue creciendo en actividad y fama. Esta llega a ser tan grande que se decía «un ranger de Texas cabalga como un mexicano, rastrea como un indio, dispara como un hombre de Tennessee y combate como un verdadero diablo»[55]. Hay que destacar que a partir de 1835 una de las principales misiones de los *rangers* será proteger la frontera con México y ya en 1839 el gobierno tejano negoció con Colt la compra de los primeros modelos de revólveres y rifles de repetición, de los que pronto trataré más en extenso.

En estos primeros tiempos, armados con un Colt Paterson de cinco tiros y un rifle, un ranger era teóricamente seis veces más efectivo que un soldado mexicano con su viejo mosquete de chispa o un indio manejando un arco, pero así y todo los *rangers* nunca subestimaron a sus enemigos. Cabalgando en compañías de diez, quince o más hombres, este cuerpo montado era prácticamente invencible. Además este marco histórico fue una auténtica cuna de héroes para la mitología norteamericana, dados los acontecimientos posteriores, como el mundo de los vaqueros (*cowboys*) que condujeron los grandes rebaños de ganado vacuno hacia Misuri y Kansas recién acabada la guerra civil (1861-1865). También nacerá aquí la reputación de muchos pistoleros y *sheriffs*. Entre los primeros relatos más citados está el siguiente: En 1844 quince *rangers* de Texas, mandados por su líder, el coronel John C. (Jack) Hays, se enfrentaron a ochenta comanches. Cada ranger estaba armado con dos revólveres Colt (del citado modelo Paterson) y los derrotaron totalmente. Los indios, acostumbrados a atacar a los blancos cuando las armas de avancarga de un solo tiro ya estaban descargadas y no daba tiempo para recargar, no se esperaban tanta potencia de fuego. Solo dos *rangers* fueron heridos. Uno de ellos, Samuel Walker, del que hablaré posteriormente, escribió a Colt alabando sus revólveres. Y añadió: «Los texanos que han conocido su eficacia por propia experiencia práctica, tienen una confianza en ellos ilimitada (se refiere a este tipo de pistolas), hasta el punto de que están dispuestos a enrolarse cuatro veces más[56]».

Este cuerpo armado, al que ya en 1841 Sam Huston, como presidente de la república texana, había aumentado sus efectivos, pasando

---

[55] Citado por Rosa, Joseph G. *The Gunfighter. Man or Myth?* University of Oklahoma Press. Norman y Londres, 1969, p. 31. La traducción del inglés es mía.
[56] Citado por Rosa, Joseph G. Op., cit, p. 32.

de 56 a 150 hombres, siguió creciendo en número y reputación. Así pues cuando estalló la guerra con México se pusieron al servicio del gobierno federal, desempeñando un papel importante en varias batallas.

En el plano político, y con unos Estados Unidos en plena expansión en los que en ciertos estados del Noreste ya ha empezado con fuerza la revolución industrial (grandes fábricas de armas movidas por las máquinas de vapor, primeros ferrocarriles, barcos a vapor, etc.), las tensiones entre los partidos políticos y en el seno de los mismos comienzan a manifestarse de forma clara. El tema de la esclavitud y de si los nuevos estados que se incorporen lo harán como esclavistas o como estados libres, será el eje principal de muchas agrias disputas y desencuentros. El caso es que ya en 1837, cuando Andrew Jackson reconoció la independencia de Texas, la opinión popular en los estados esclavistas era totalmente partidaria de la anexión. Existía también el temor de que de no ser así, Texas cayese bajo la nefasta influencia del Imperio británico, lo cual perjudicaría los intereses de unos Estados Unidos en constante crecimiento. A partir de 1843 y tras la renuncia de Daniel Webster como secretario de Estado, el presidente John Tyler hizo que un nuevo secretario, Abel Parker Upshur, iniciase las negociaciones con Sam Huston. Muerto Upshur en un accidente es Calhoun quien firma el tratado. La incorporación de Texas favorecería a los estados esclavistas y los antiesclavistas se encolerizaron. Pero es bajo la presidencia de James K. Polk, en diciembre de 1845, cuando se hace efectiva la anexión. Acto seguido las relaciones diplomáticas entre México y Estados Unidos se rompen. No hay que olvidar tampoco que en marzo de ese mismo año Florida había entrado en la Unión como vigesimoséptimo estado (y como esclavista también). Muy poco después Iowa y Wisconsin, en el lugar 29 y 30 respectivamente, entrarán como estados libres. También hay que recalcar que la declaración de guerra entre Estados Unidos y México y la exposición de la Doctrina del Destino Manifiesto corren paralelas. Antes de entrar en la guerra resumamos esta última.

En el verano de 1845 el periodista de origen irlandés John L. O'Sullivan empleó la expresión «destino manifiesto» para promover la anexión de Texas y las tierras de Oregón a los Estados Unidos. En el contexto de las disputas fronterizas en el noroeste con Gran Bretaña, este defensor de la democracia agraria jacksoniana afirmó «que era justo que los Estados Unidos reclamasen todo Oregón, ya que esta pretensión es el derecho a la realización de nuestro destino manifiesto, para así extendernos y poseer todo el continente que la Providencia nos ha dado, y ello para el desarrollo de la gran experiencia de libertad y autogobierno federado que nos ha sido encomendada»[57]. También William Gilpin, que había acompañado al explorador John C. Frémont a Oregón y combatido contra mexicanos e indios, dijo con claridad que «el destino incumplido del pueblo americano es el de someter todo el continente, extendiéndose a través de sus vastos espacios hasta el océano Pacífico[58]».

Resumiré ahora la guerra con México (1846-1848), pues en consonancia con la citada doctrina el presidente Polk tenía los ojos puestos no solo en Texas, sino también en la próspera California. Así pues diseñó bien su estrategia y para el 12 de mayo de 1846 ambas naciones ya estaban formalmente en guerra. Polk inició el conflicto en tres teatros de operaciones distintos. En primer lugar, en cuanto Texas aceptó incorporarse a la Unión, ordenó que se ocupase el territorio fronterizo disputado con México. Las tropas que penetraron al sur del río Nueces estaban mandadas por el veterano general Zachary Taylor. En segundo lugar el general Winfield Scott desembarcó con sus hombres en Veracruz tras bombardearla con saña por tierra y por mar. El ejército mexicano fue aplastado, aunque los guerrilleros hicieron pagar caro el triunfo y las masacres cometidas por los estadounidenses sobre la población civil. En tercer lugar y pensando en California, el coronel Stephen Watts Kearny entró sin apenas resistencia en Santa Fe en agosto de 1846. Aquí tiene noticia de que Frémont ha alentado la revuelta y que se han sublevado los angloamericanos asentados en California, dominando la situación. Sin pérdida de tiempo Kearny se dirige a marchas forzadas hacia el Oeste, pues los colonos californianos han proclamado la República de la Bandera del Oso.

Por la parte mexicana hay que destacar que Santa Anna había vuelto del exilio para, haciéndose con el poder, dirigir la guerra, pero no pudo derrotar a las fuerzas del general Taylor. A su vez Scott se dispuso a marchar sobre la ciudad de México. Tras tres batallas exitosas para los estadounidenses, entró en la capital. Y es así como se pone fin a la contienda. Tras la derrota mexicana, en la ciudad de Guadalupe Hidalgo se firma el tratado de paz, que fue ratificado por el Senado de los Estados Unidos el 30 de mayo de 1848.

---

[57] Véase una versión de esa célebre frase en Jacquin, Philippe y Royot, Daniel. *Go West! Histoire de l'Ouest américain d'hier à aujourd'hui*. Nueva edición puesta al día en 2004. Flammarion, París, 2002, capítulo IV, (pp. 79-113), p. 79.

[58] *Ibidem.*.

Al igual que con la compra de La Luisiana, ahora también los Estados Unidos veían ampliamente acrecentado su territorio, pues México cedía todo el espacio que va de Texas a California. Es decir todo el suroeste. De esta forma se consolidaba una nación casi tan grande como Europa, mientras que como compensación México solo recibió quince millones de dólares. Hay que subrayar de forma clara que el desarrollo tecnológico del armamento estadounidense no fue ajeno a esta victoria. Y es de este asunto del que ahora nos vamos a ocupar.

Empezaré diciendo que la década que va de 1830 a 1840 es la de la transición de las armas ligeras (cortas y largas) con llaves de chispa o pedernal a las armas de percusión (o pistón). La revolución industrial, con la fabricación en cadena de piezas intercambiables estandarizadas, se irá imponiendo de forma lenta pero segura en la joven nación norteamericana. Es en este marco histórico cuando surgen inventores y empresarios que van a patentar diferentes modelos de armas, algunas de diseño extravagante y llamadas pronto a desaparecer, pero otras exitosas y que se extenderán pronto en su uso por parte de la población civil y acto seguido por los ejércitos. No voy a exponer aquí la invención del pistón o cápsula fulminante (por fulminato de mercurio), pues tendría que abundar en las aportaciones de Howard, del reverendo escocés Forsyth, de Joseph Manton, Joshua Shaw, etc. Lo cierto es que a partir de 1830 se fue imponiendo poco a poco en todo el mundo civilizado el sistema de ignición por pistón en las armas (fueran fusiles militares, escopetas y rifles para la caza o pistolas de todo tipo y tamaño). Y me refiero todavía a armas de avancarga, es decir de carga por la boca del cañón. También se da la circunstancia de que los ejércitos, fuesen de la nación que fuesen, eran los más inicialmente reacios a implementar estos cambios tecnológicos en el armamento, casi siempre con la excusa de que los soldados, reclutados entre las masas de población más depauperadas, no estaban preparados para tales refinamientos en el arte de la guerra.

La llave de percusión favoreció mucho el desarrollo de la retrocarga y el cartucho (cargar por la recámara con cartuchos fabricados de material combustible, como papel tratado con nitrato potásico), y por ende de armas de repetición, es decir, que podían hacer varios disparos seguidos sin tener que recargar. Se puede afirmar que esto fue decisivo en la historia bélica de los Estados Unidos, pues los inventores y emprendedores buscaban siempre tener encargos gubernamentales para abastecer al ejército y poder así mantener en pleno funcionamiento y ganancia sus fábricas. Y hubo armeros que hicieron fortuna.

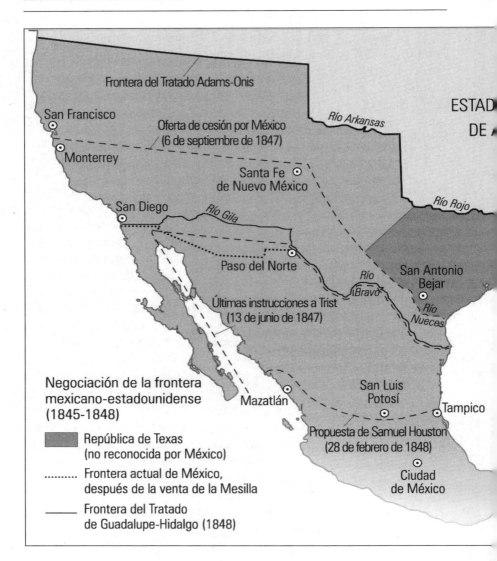

Frontera del Tratado Adams-Onis

San Francisco

Oferta de cesión por México
(6 de septiembre de 1847)

Monterrey

Río Arkansas

ESTAD
DE A

Santa Fe
de Nuevo México

Río Rojo

San Diego

Río Gila

Paso del Norte

Río
Bravo

San Antonio
Bejar

Río
Nueces

Últimas instrucciones a Trist
(13 de junio de 1847)

Negociación de la frontera
mexicano-estadounidense
(1845-1848)

Mazatlán

San Luis
Potosí

Tampico

República de Texas
(no reconocida por México)

Propuesta de Samuel Houston
(28 de febrero de 1848)

Frontera actual de México,
después de la venta de la Mesilla

Ciudad
de México

Frontera del Tratado
de Guadalupe-Hidalgo (1848)

Inicialmente la forma más económica de actualizar los arsenales (y también las armas personales de muchos colonos y cazadores), fue la de transformarlas del sistema de chispa al de percusión. Era una operación técnica sencilla que no solo se hacía en las fábricas a cargo del gobierno, sino que cualquier herrero o armero podía hacer en su pequeño taller de la frontera. Por ejemplo, y entre otros, lo hicieron los hermanos Hawken en San Luis (Misuri) con muchos rifles de Kentucky

de los colonos que se aventuraban en las rutas hacia el Oeste. El mismo procedimiento se aplicaba a pistolas y escopetas de uno o dos cañones. En el lugar del oído se atornillaba un pequeño tambor cilíndrico hueco que con su chimenea comunicaba con la recámara. Además, se cambiaba la llave de pedernal por una de percusión o, de forma aún más simple y barata, se ponía un martillo en el lugar del pie de gato. Una vez cargada el arma solo restaba poner un pistón sobre la chimenea y montar el martillo a la posición de disparo. El arma estaba lista para hacer fuego. El sistema de percusión o pistón permitía así un tiro mucho más seguro que con las llaves de chispa, pues se podía disparar sin fallos de encendido bajo la lluvia y el fuerte viento. Estas transformaciones se hicieron por todo el mundo entre 1830 y 1840. En Estados Unidos muchos de los mosquetes del modelo de 1840 (producidos en Springfield y Harper's Ferry) fueron transformados a percusión.

Igualmente el mosquete modelo 1842, que fue el último de ánima lisa y calibre 69 (17,5 mm), ya se produjo en origen con el nuevo sistema de pistón. Lo mismo sucedió con el más ligero y corto mosquetón de 1847, pensado para la caballería. Este tipo de armas se usaron en la guerra con México. Más tarde el modelo 1842 se hizo con cañones estriados y con alza y mira para apuntar y disparar las nuevas balas cónicas Minié[59]. Además, mientras los colonos seguían usando armas de avancarga, el ejército de los Estados Unidos pronto introdujo no solo fusiles rayados (rifles) de pistón, sino también las primeras armas de retrocarga eficaces en el combate. En primer lugar hay que citar al Mississippi Rifle (modelo de 1841) también apodado rifle Yager, por su pequeño tamaño y similitud con los *Jäger rifles*

---

[59] El oficial de ejército francés Claude-Étienne Minié (1804-1879) fue el inventor de un fusil y del tipo de bala que dispara y que lleva su nombre. Se trata de un arma rayada que emplea una bala cilindro-cónica diseñada por el propio Minié. Este tipo de bala, de base hueca, se expande con la explosión de la pólvora negra, obtura los gases y toma así las estrías. Los mosquetes o fusiles de este tipo tienen mucho más alcance y precisión que los de ánima lisa. De ellos, ya muy perfeccionados, me ocuparé cuando trate de la guerra de Secesión estadounidense (1861-1865).

alemanes. Al igual que los anteriores modelos de chispa (el US Model 1803 Harper's Ferry Rifle, el US Model 1814 Rifle, fabricado por Henry Deringer, y el US Model 1817 Common Rifle fabricado por Starr), era de calibre 54 (13,7 mm). Este rifle de avancarga también se usó en la guerra contra México y más tarde, ya transformado al calibre 58 y para bala Minié, se empleó en la guerra de Secesión o guerra civil. Se fabricó no solo en Harper's Ferry a cargo de Eli Whitney Blake *senior*, que era sobrino de Eli Whitney, el inventor de la desmotadora de algodón y promotor de la fabricación de armas en serie. Luego este rifle fue ya el primero que se hizo con piezas intercambiables estandarizadas, aumentándose así mucho la producción en poco tiempo. De este modelo y bajo contrato se hicieron también por compañías como la Robbins & Lawrence (que fabricó unos 15.000) y por la empresa Remington.

Pero el desarrollo tecnológico de los Estados Unidos solo estaba empezando y contra esto poco podía hacer un México empobrecido y gobernado de forma tiránica. En 1819 el ejército de Estados Unidos adoptó el rifle de retrocarga diseñado por J. H. Hall (patentado en 1811). Primero se fabricó con llave de chispa tanto en versión fusil como carabina. Este diseño, aún primitivo, tenía sus fallos, pues se producían fugas de gases por la junta del bloque de la recámara lo cual producía su rápido desgaste. A partir de 1828 fue hecho por Simeon North y en 1837 se modificó a pistón. La carabina Hall-North con estas mejoras ya tuvo cierto éxito. Su calibre era del .525 (13,3 mm). En total se fabricaron 23.500 rifles, 13.684 carabinas reglamentarias y 14.000 carabinas de la variante Hall-North. En la guerra los mexicanos aprendieron a temer a este tipo de armas, hasta el punto de que el soldado Samuel Chamberlain (un *dragoon*) se atrevió a entrar a beber a una cantina repleta de agresivos guerrilleros mexicanos armados con cuchillos, llevando en su bolsillo la recámara de uno de estos rifles, que independiente del resto del arma podía usarse a modo de pistola. Atemorizados no lo acometieron.

Otro arma de retrocarga fue la Jenks (patentada por William Jenks en 1838), que funcionaba con una peculiar llave de acción lateral conocida como *mule-ear lock* (llave de oreja de mula). La Marina la probó en 1841 y al considerarla aceptable encargaron 1.000 rifles y 5.250 carabinas de este sistema a principios y mediados de la década de 1840. Fueron fabricadas por N. P. Ames y las últimas 1.000 carabinas por la empresa Remington, llevando ya el sistema de cebado o empistonado diseñado por el dentista e inventor Edward Maynard. En principio eran de ánima lisa de calibre 52 y después se hicieron de ánima rayada para balas de calibre 54.

En esta época hubo otros diseños de transición fuera del ámbito militar. Es el caso de los rifles de repetición con varias recámaras rotatorias, en forma de armónica, torre o tambor; y este último no lo inventó Colt, aunque sí lo perfeccionó mucho y de ahí su éxito, pues ya se conocía casi desde finales del periodo de la llave de mecha, a finales del siglo XVII y principios del XVIII. Me refiero a prototipos como los de Nicanor Kendall, Miller-Billinghurst, Cochran, Nichols & Childs, etc[60]. No pasaron de ser rarezas de la invención en una nación, los Estados Unidos, donde el ideal del inventor y emprendedor que se hace rico corría ya como la pólvora por toda la sociedad. Como veremos en breve solo Colt con sus diseños adquirió fama, convirtiéndose en el modelo de empresario, aunque sus principios no estuvieron exentos de dificultades. En general la gran masa de colonos (de 1830 a 1850), confiaban su vida y su sustento (cazando) a los rifles de avancarga y de pistón de sobra conocidos y probados, bien de armeros locales de la frontera o de los talleres del Este (como los ya citados Hawken, Dimick, Tryon, Leman, etc.), o a las escopetas de avancarga y dos cañones que además de hacerse en Estados Unidos se importaban en gran cantidad de las fábricas inglesas o belgas a precios asequibles. No obstante sí habrá otro modelo de rifle de retrocarga que con el tiempo y a través de diferentes transformaciones y mejoras, tendrá un gran éxito. Me refiero al Sharps.

Christian Sharps patentó su primer diseño de bloque deslizante, que se abría accionando la palanca del guardamonte, en 1848. Los primeros de estos rifles salieron al mercado en 1850. El segundo modelo, de 1851, que llevaba el empistonador Maynard (por cintas de papel con pastillas fulminantes como las de las pistolas de juguete de los niños), fue fabricado por la compañía Robbins & Lawrence. Luego Sharps creó su propia empresa y en 1853 surge otro modelo. Todos estos diseños de Sharps tenían al principio el mismo inconveniente: la fuga de gases por el bloque de la recámara. Los modelos posteriores, y de los que me ocuparé en los próximos capítulos, fueron muy usados en la guerra civil y después, en sus potentes versiones de cartucho metálico, se emplearon para exterminar a los bisontes disparándoles a larga distancia.

---

[60] Véase Garavaglia, Louis A. y Worman, G. Charles. *Firearms of the American West 1803-1865*. University Press of Colorado. Estados Unidos, 1998, cap. 4 y 9, pp. 33-67, 125-138.

Entrando ahora en el mundo de las armas cortas hay que decir que aquí los cambios aún fueron más rápidos y se consolidaron pronto entre las masas de población que ocupaban y colonizaban los nuevos territorios. Muchas viejas pistolas de chispa, como las Kentucky, se transformaron a pistón y así siguieron en funcionamiento al menos una década más (de 1830 a 1840-1848). Entre los modelos militares (para oficiales, caballería y marina), hay que citar al US Model 1836 R. Johnson, a la Elgin Cutlass Pistol de 1837 (que era una extraña combinación de pistola y cuchillo en un mismo arma), al M1842 US Pistol y al modelo con llave interior de 1843 (*boxlock*), fabricado por Henry Deringer. Solían ser de calibre 54, de ánima lisa y se usaron en la guerra contra México. Algunos tramperos también las emplearon para luchar a corta distancia contra los indios y para cazar bisontes a la carrera, cabalgando al galope. Pero la gran revolución vino con el revólver, al que Colt, refiriéndose a las armas de su invención, siempre llamó pistolas giratorias.

Antes de entrar en su descripción hay que citar de pasada otro arma corta: el avispero o pimentero (de su nombre en inglés, *pepperbox*, caja de pimienta). Se inventó en la década de 1830 y fue durante un tiempo bastante popular entre la población civil (tanto de Estados Unidos como de parte de Europa). Pero no dejó de ser un arma de transición, y con la innovación que supuso el revólver pronto cayó en desuso. Se trata en suma de una pistola con varios cañones de igual longitud (y con sus respectivas chimeneas para los pistones), que se disparan con un mismo percutor. Los hubo en los que había que girar los cañones manualmente, pero otros ya lo hacían de forma automática al montar el martillo percutor. Podían ser de simple acción o de doble. Era un arma lenta de recargar, engorrosa, sin precisión más allá de una corta distancia y no muy de fiar (se corría el peligro de que se encendieran y dispararan todos los cañones a la vez). Tuvo cierta popularidad entre los primeros buscadores de oro que llegaron a California en 1848-1849. En Estados Unidos los avisperos los hicieron fábricas como la Allen & Turber, Allen & Wheelock, la Ethan Allen & Co., y Blunt & Syms.

Vayamos ahora con el gran protagonista, Samuel Colt (1814-1862). Este inventor y empresario estadounidense nació en Hartford, Connecticut, y desde joven mostró tener ingenio para la inventiva. Con dieciséis años viajó en el vapor *Corvo* hasta Calcuta, y siempre afirmó que, viendo el mecanismo de trinquete que afianzaba el cabrestante que eleva el ancla del barco, se le ocurrió el mecanismo de giro y fijación del tambor rotatorio para las pistolas. Durante el viaje hizo un esbozo en madera. Pero no es menos cierto que Elisha H. Collier, un bostoniano afincado en Inglaterra, ya había patentado allí en 1818 un tipo de revólver de chispa con tambor que se giraba manualmente. Luego es muy posible que en la escala del *Corvo* en Londres, Colt, un joven grumete, viese los modelos de Collier y se inspirase en ellos.

Al regresar de su viaje Samuel Colt buscó financiación para poner en práctica sus diseños y poder fabricarlos. Para ello llegó a hacer exhibiciones con gas hilarante (óxido nitroso) y no dudó en promocionarse, presentándose como un hombre de ciencia bajo el nombre del Doctor Coult. En 1835 patentó su modelo de revólver en el Reino Unido y en 1836 en los Estados Unidos. Acto seguido creó su primera fábrica, la Patent Arms Manufacturing Company, en Paterson, Nueva Jersey. Por eso a los primeros modelos de su revólver y carabinas-revólver se los conoce como Paterson. Aunque tenían fallos de diseño eran ya armas de repetición prácticas y algunas de ellas fueron usadas en la segunda guerra Seminola y por los *Rangers* de Texas en sus luchas con los comanches. Con la guerra contra México le llegarán los primeros encargos gubernamentales.

Entre 1836 y 1847 el revólver Colt Paterson ya se dio a conocer y adquirió cierta fama, aunque no se llegaron a fabricar más de 2.850 (de un total de 4.762 armas, entre largas y cortas, con tambor giratorio). El Colt Paterson tenía demasiadas piezas móviles expuestas a un fácil desgaste o rotura y se hicieron con cañones octogonales de diferente longitud (de 2,5 a 9 pulgadas), de calibres entre el 28 y el 36. De todos estos ensayos el modelo más conocido es el que lleva un cañón de 7,5 pulgadas (19 cms.) y cinco recámaras de calibre 36 (9,144 mm.). Una característica de estos primeros modelos es que no llevaban palanca de carga para atacar las balas esféricas en las recámaras del tambor, luego había que desmontar el revólver parcialmente para recargarlo, y era una operación lenta y engorrosa. Además estas armas no llevaban guardamonte pues el disparador era escamoteable, saliendo hacia abajo solo cuando se montaba el martillo. Pero lo más importante en todo esto es que Colt promocionó la fabricación en cadena con piezas estandarizadas intercambiables, cosa que logró, tras las primeras quiebras empresariales, con su posterior y definitiva empresa. Asimismo fue mejorando y corrigiendo defectos en sus diseños como armero.

Aunque su primera fábrica quebró, Colt siguió con sus proyectos (entre ellos hacer minas submarinas), y conocer al capitán Samuel Walker, de los *Rangers* de Texas, relanzó su carrera como empresario armero. Walker, que ya conocía la eficacia de los modelos Paterson, quería un arma más potente y robusta para armar a la caballería que luchaba en México. Visitó a Colt y le pidió y sugirió ciertas mejoras para fabricar un nuevo revólver. De esta colaboración surgió el Walker Colt modelo 1847. Aunque Samuel Walker murió en combate en la batalla de Huamantla el 9 de octubre de ese mismo año, los revólveres de Colt que llevan su nombre perpetuaron su memoria.

Como Colt no tenía dinero tuvo que subcontratar la fabricación a Eli Whitney *junior* (en Whitneyville, Connecticut). Solo se fabricaron 1.100 de estas armas. 1.000 para armar a los *rangers* (ahora denominados *U. S. Mounted Rifles*, mandados por el coronel Jack Hays y a las órdenes del general Zachary Taylor) y 100 para el mercado civil. Los hombres de Santa Anna poco podían hacer frente a un arma que según el propio Walker, era tan efectiva como un rifle a 100 yardas y superior a un mosquete a 200 yardas[61]. El Colt Walker era un revólver grande, pesado y muy potente. Al igual que las réplicas actuales fabricadas en Italia por Uberti (y antes por Armi San Marco), pesaba 2.100 gramos, era de seis tiros y de calibre 44 (para balas del 0.454 de pulgada, 11,5 mm). Tenía un cañón de 9 pulgadas de largo (230 mm) y podía disparar tanto balas esféricas como ojivales. Cargaba hasta 60 grains de pólvora negra (3,9 gramos) con bala esférica y 50 (3,24 gramos) con bala ojival de 219 grains (14,19 gramos). Este arma era un auténtico *magnum* de la época, solo igualado ya en el siglo XX por el calibre 357 magnum. Los jinetes solían llevar dos y por su peso no se portaban al cinto, sino en fundas de arzón en la silla del caballo.

Al ser un arma novedosa y la tecnología metalúrgica para fabricarlo aún deficiente, algunos Walker reventaron por el cilindro al llevar la máxima carga o al estar mal cargados (por ejemplo con la bala ojival introducida al revés en las recámaras del tambor), por unos soldados que no estaban acostumbrados a arma tan novedosa. Por eso Colt aconsejó bajar la carga de pólvora a 50 grains y los modelos posteriores serán algo más ligeros en peso y carga. Además, como en todos los revólveres de avancarga, se tenía que sellar las recámaras con grasa (por ejemplo con manteca de cerdo), para que el fuego no se comunicase de unas recámaras a otras al disparar.

Todo esto podemos resumirlo en la siguiente consecuencia histórica, muy relevante para la conquista del Oeste y la ampliación de la frontera: los Estados Unidos habían iniciado una carrera tecnológica en el mundo del armamento (aunque no solo en este ámbito), que superaría a las naciones de su entorno y que unos años más tarde sería imitada e igualada por Gran Bretaña, Francia y la naciente Alemania.

---

[61]   Rosa, Joseph G. *Op. cit.*, p. 168

Vayamos ahora y de forma sucinta al mundo del wéstern y a cómo se ha representado en él este periodo que acabo de exponer. Si empezamos por el final, veremos que en lo referente a las armas y en concreto al Colt Walker, aparece mencionado en la excelente película de Clint Eastwood, *Sin perdón* (1992). El personaje del despiadado *sheriff* Little Bill Dagget (interpretado por Gene Hackman), hace referencia a un viejo pistolero que usaba un Walker que le explotó en la mano y al que luego asesinó English Bob (Richard Harris). La referencia tiene también una clara connotación sexual, pues se compara el largo cañón de ese revólver con el pene de Corcoran, al que por esa razón apodan Dos revólveres. En *El fuera de la ley* (1976), también dirigida y protagonizada por Clint Eastwood, este interpreta al guerrillero sudista que no se rinde Josey Wales, que lleva consigo todo un arsenal de revólveres Colt, entre ellos dos potentes Walker. Y en la miniserie televisiva *Paloma solitaria* (1989), el que fuera un *ranger* de Texas, Augustus Gus McCrae (interpretado por Robert Duvall), también hace uso en su ruta ganadera de un Walker transformado ya a cartucho metálico.

En un sentido más general y dado el trasfondo histórico o la presencia de La Florida y sus pantanos, hay que citar filmes como *Tambores lejanos* (Raoul Walsh, 1951), *Traición en Fort King* (Budd Boetticher, 1953) y *El levantamiento de los seminolas* (Earl Bellamy, 1955). Fuera de ese contexto La Florida aparece en *El despertar* (Clarence Brown, 1946) y *Muerte en los pantanos* (Nicholas Ray, 1958). El mundo de los presidios en los pantanos también se refleja en una parte de *Nevada Smith* (Henry Hathaway, 1966). Llama la atención el falseamiento histórico presente en *Tambores lejanos*, pues no eran precisamente los españoles los que comerciaban en armas con los indios, como parece sugerirse en este famoso largometraje (de nuevo la leyenda negra antiespañola).

Sobre la batalla de Nueva Orleans, Andrew Jackson, sus tiradores con el rifle de Kentucky y la ayuda del pirata Jean Lafitte, hay que mencionar de nuevo *Los bucaneros* de Anthony Quinn. Y en torno a la figura de Jim Bowie y del renombrado cuchillo de caza que lleva su nombre, hay que citar *La novia de acero* (Gordon Douglas, 1952), que está protagonizada por Alan Ladd.

La gesta más mitificada es la batalla de El Álamo. Hay que referirnos aquí a *El desertor de El Álamo* (Budd Boetticher, 1953), la parte final de *Davy Crockett: Rey de la frontera* (Norman Foster, 1955) y a *La última orden* (Frank Lloyd, 1955). Actores como Glenn Ford, Fess Parker, Sterling Hayden y Arthur Hunnicutt encarnan a los principales personajes. Pero la máxima mitificación llega de la mano de John Wayne, que fruto de su personal empeño

La novia de acero *(Gordon Douglas, 1952). Versión edulcorada del pionero Jim Bowie y del mítico y gran cuchillo de caza que lleva su nombre.*

El Álamo *en la versión épica dirigida y protagonizada por John Wayne. Esta película es de 1960 y tiene la impronta del maestro y amigo John Ford, al que Wayne dejó rodar algunas escenas.*

Davy Crockett rey de la frontera *(Norman Foster, 1955). Versión ingenua y casi infantil de las aventuras de este pionero, que se mitificó tras su muerte defendiendo el Álamo en Texas en 1836.*

estrena en 1960 *El Álamo*, cinta que dirige y protagoniza, encarnando a Davy Crockett.

Todo en el largometraje está pensado para dar una visión altamente glorificada de aquellos hechos: el reparto de actores fordianos (contando con que John Ford también se entrometió y rodó algunas escenas sin acreditar para su «discípulo» Wayne), la grandiosa puesta en escena de los asaltos a la sitiada misión, la noble heroicidad de los protagonistas, la excelente banda sonora de Dimitri Tiomkin y las baladas *The Green Leaves of Summer* y *Ballad of the Alamo* (esta cantada por Frankie Avalon que también actúa en el filme). Y todo para mayor gloria de la etapa de gobierno de Eisenhower, en plena Guerra Fría, y antes de la era Kennedy. Esta mitificación aún persiste, pero con una calidad muy inferior, en la era del video para consumo doméstico. Me refiero a *El Álamo: Trece días para la gloria*, telefilme dirigido por el artesano Burt Kennedy en 1987. Sin embargo en *El Álamo: La leyenda* (John Lee Hancock, 2004), asistimos, y sin renunciar a la épica, a una desmitificación propia de unos Estados Unidos posteriores al fracaso moral de Vietnam y en plena sociedad posmoderna.

En un momento del anterior largometraje el personaje de Crockett (al que encarna Billy Bob Thornton), que se mofa escéptico y burlón de los que lo imitan en representaciones teatrales, refiere de forma verídica un episodio de la guerra contra los creek, cuando un poblado fue incendiado, sus pobladores abrasados y al día siguiente los famélicos asaltantes se comieron las patatas que se habían asado con la grasa desprendida por los cadáveres de los indios. Vemos aquí como los verdaderos hechos históricos se ponen al servicio de la desmitificación y justo antes, en el relato fílmico, de que los tejanos mueran todos a manos de los hombres de Santa Anna.

Finalizo este capítulo subrayando que, en general y salvo excepciones, a los mexicanos en el wéstern se les retrata o bien como bandidos de la peor calaña o bien como individuos serviles y apocados. Estos dos estereotipos se repiten hasta la saciedad en infinidad de películas. Con las figuras femeninas sucede algo parecido: o son mujeres miedosas, charlatanas y sumisas, o en caso de ser hermosas y tener un papel protagonista en el filme, se las plasma como fogosas e indómitas. Con los personajes de mestizos sucede algo parecido. No citaré más películas porque daría para otro libro.

5
HACIA NUEVAS RUTAS:
SANTA FE, OREGON, CALIFORNIA

Nuevos modelos de revólver Colt.
De los Dragoon al Navy modelo 1851

Trasladadas las tribus del Este a Territorio Indio (sufriendo estos pueblos grandes calamidades y con una muy alta tasa de mortalidad), y después de hacerse los Estados Unidos tras la victoria sobre México con todo el Suroeste, voy a tratar, de forma casi paralela en el tiempo, la expansión comercial pero sobre todo demográfica hacia los nuevos territorios conquistados. Por eso he de empezar recordando lo que fue la conocida como Ruta de Santa Fe, y ello antes de abordar el flujo migratorio hacia Oregón, el éxodo de los Mormones y la ruta hacia una California ya bajo el poder de los Estados Unidos y en la que tendrá lugar la fiebre del oro originada en 1848-49.

El camino de Santa Fe fue la primera gran ruta comercial que se abrió hacia el Oeste con ramificaciones hacia el Pacífico. Antes de que el virreinato se independizase de España, Santa Fe era el centro comercial del norte de México (en el estado actual de Nuevo México). Su fundación data de 1609, cuando se creó el presidio español de Santa Fe, que se bautizó con el nombre de Ciudad Real de la Santa Fe de San Francisco de Asís. Y ya en 1760 se convierte en metrópoli política, administrativa y económica de toda esta zona, contando con 1285 habitantes, entre blancos, indios y mestizos que allí conviven. A principios del xix es visitada por aventureros franceses, pero es en 1807 cuando Zebulon M. Pike y su grupo son sorprendidos en la frontera y, tras ser detenidos, llevados a Santa Fe. Hay que señalar que España deseaba conservar el monopolio del comercio en el seno de su imperio y por eso impedía el tráfico entre los Estados Unidos y las comarcas dependientes del virreinato de Nueva España. Pero el caso es que a su vuelta

Pike da noticia de la prosperidad de dicha ciudad y otros traficantes de San Luis se aventuran a ir, aunque tampoco serán bien recibidos. Tras la independencia, México hizo saber que los comerciantes de Estados Unidos serían bienvenidos en Santa Fe. El primero en hacerlo y obtener grandes beneficios fue William Becknell, que partió de Franklin (Misuri). Tras él siguieron este itinerario hombres como Thomas James, Jacob Fowler y Hugh Gleen, pues esta provincia (denominada bajo dominio mexicano, Río Arriba), era rica en rebaños de ovejas, en animales que se cazaban por el valor de su piel y, al sur, en yacimientos mineros de oro y plata.

Pronto los comerciantes del valle del Misisipi se dieron cuenta de que podían dar salida comercial a sus manufacturas, enriqueciéndose, a cambio de las pieles y de los productos agropecuarios que se vendían en Santa Fe. Por eso se organiza esta ruta comercial, que es la primera en la que se emplean grandes caravanas de carromatos cargados de valiosas mercancías, tanto a la ida como a la vuelta,. No hay que olvidar tampoco que Santa Fe estaba situada estratégicamente en el punto más septentrional del clásico Camino Real de Tierra Adentro. Esto le permitía hacer de nudo de comunicación entre los territorios del Norte, donde se encontraban operando los tramperos de las compañías peleteras (muchas controladas en principio por capital británico), y la ciudad de México. A partir de 1826, familias mexicanas de la vieja aristocracia, como los Chávez, Armijo, Pérez y Otero, entraron en este negocio.

En la primavera, a principios de mayo y cuando ya se podían vadear los ríos, una larga caravana de carretas, las famosas *Conestoga Wagon*, de cuatro ruedas, pesadas y resistentes, cargadas con dos toneladas de mercancías y movidas por un tiro de cinco yuntas de bueyes o mulas, salían de San Luis y emprendían la ruta del Oeste en dirección a Santa Fe. A su vez los mexicanos subían desde ciudad de México y otros puntos de abastecimiento en los no menos pesados y lentos carretones de dos ruedas (la carreta Chihuahua). Los estadounidenses estaban deseosos de caballos, mulas, fardos de lana, pieles de castor y lingotes de plata y oro. Los mexicanos necesitaban tejidos de algodón y lana, pólvora, plomo, cuchillos, trampas, quincallería y otro tipo de manufacturas. Así pues el intercambio estaba asegurado entre productos de la naturaleza (por la parte mexicana) y objetos industriales (aportados por los Estados Unidos).

Hay que precisar que la *Conestoga Wagon* servía tanto para transportar a una familia entera con todos sus principales enseres o también podía llevar otras cargas, como mercancías de todo tipo, al modo de un camión moderno. Los orígenes de este tipo de carreta se remontan a su ancestro centroeuropeo, pues fueron los colonos de origen germánico los que la diseñaron a principios del siglo XVIII en el condado de Lancaster (Pensilvania). Después y según las necesidades, este tipo de vehículo fue evolucionando. Generalmente tenía 7,80 metros de largo, 3,30 de alto, el diámetro de las ruedas delanteras era de 1,05 metros y el de las traseras de 1,40. La caja era amplia y resistente (de 4,80 metros de largo por 1,20 de ancho y 1,20 de alto). Tenían como algo característico una «popa» y una «proa» ligeramente alzadas, y todo en ella estaba pensado para dar estabilidad a la carga, tanto en el ascenso como en el descenso de las colinas. Como toda ella iba cubierta con una fuerte lona blanca sobre arcos de madera curvada, tenía el aspecto de un navío que surcase las grandes llanuras, con sus monótonos mares de hierba, y es por eso por lo que se la comparaba con una embarcación. También se la conoció con el nombre de *Covered Wagon*, aunque esta denominación se refiere más bien a la más pequeña y manejable *Prairie Schooner* o «goleta de la pradera», que fue el carruaje (como digo algo más reducido), que utilizaron masivamente los colonos para viajar por las rutas de Oregón y California y, en general, para extenderse por toda la nación estadounidense.

Otra peculiaridad: contrariamente a lo que se ve en muchos wésterns, era que estos dos tipos de carruajes iban tirados no por caballos sino por yuntas de bueyes o mulas. El emplear uno de estos dos tipos de animales de tiro tenía sus ventajas y desventajas. Los bueyes eran más lentos y resistentes que las mulas, alimentándose de la propia hierba del camino, y, además, en caso de tener que comérselos por necesidad (por acabarse los víveres o no haber caza), su carne era más apreciada por los sufridos colonos que la de las mulas.

En la ruta de Santa Fe el viaje era lento y peligroso, aunque el camino hacia Oregón y las tierras de California estaba igualmente lleno de riesgos y de constantes percances, bastantes de ellos mortales (como mordeduras de serpientes de cascabel, accidentes con un arma de avancarga que se disparaba por descuido, epidemias, etc.) De Misuri a Santa Fe había que recorrer alrededor de 1.600 kilómetros. Haciéndose una media de 20, a como mucho 24, kilómetros diarios. En todo este tipo de rutas había un jefe de caravanas (el *wagon master*, al que todos juraban obedecer), y un conjunto de jinetes armados que precedían y rodeaban a la caravana en su avance para prevenirla de posibles

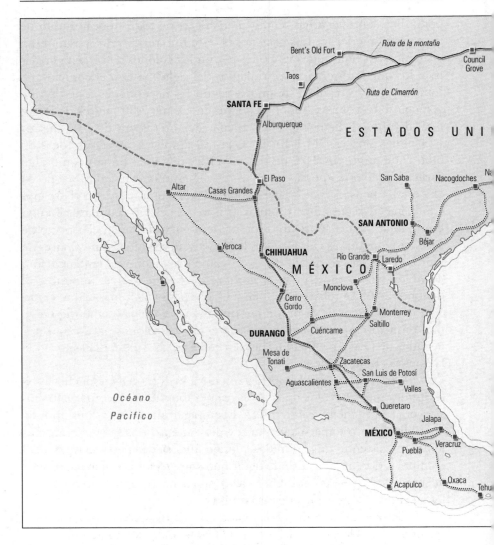

obstáculos o emboscadas de indios o bandidos. También se encargaban de cazar para abastecer de carne fresca a los viajeros. Disparar sobre los bisontes era motivo de celebración. Al atardecer las carretas de la caravana formaban un círculo y metían dentro a los rebaños que llevaban y a los animales de carga y tiro. El citado jefe y sus lugartenientes, hombres curtidos en mil peligros y hábiles con las armas, mantenían el orden y aseguraban la disciplina para que el viaje llegara a buen término con las menos incidencias posibles.

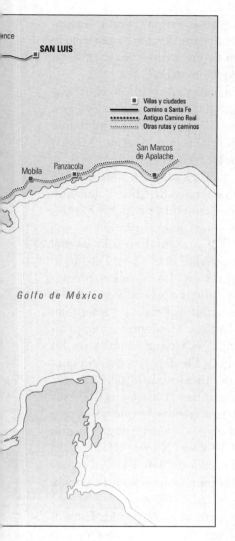

La ruta de Santa Fe supuso durante muchos años un rico negocio para los estadounidenses, estimándose que el metal y los animales que se traían de vuelta, valían por término medio de cinco a seis veces más que las mercancías que llevaban para los mexicanos[62]. Tanto beneficio compensaba el riesgo de posibles enfrentamientos con los comanches o los apaches, si bien los osages eran pacíficos. Los conductores, es decir los muleros (*mule-skinners*) y los boyeros (*bull-skinners*) eran los que tenían el trabajo más rudo y agotador. Las pistas (entre 1821 y 1846), comenzaban en San Luis, pasando por Franklin, Independence (que fue el verdadero punto de salida a partir de 1828), Council Grove, Diamond Springs, Lost Springs, Cottonwood Creek, Turkey Creek, Arkansas River (Big Bend), Pawnee Rock (Painted Rock o Rock Point), Cimarrón Crossing, Canadian River (o Río Colorado) y, por último, Santa Fe. La llegada de los estadounidenses era motivo de una gran fiesta en esta ciudad, por la feria que se iba a celebrar y en la que se hacían todo tipo de trueques y demás negocios. Se dio también un cierto tipo de mestizaje cultural y palabras como «señorita», «baile», «fandango», «caballero», «frijoles», etc., pasaron al acervo lingüístico del Suroeste. Entre los viajeros renombrados que dejaron testimonio de su estancia en Santa Fe, en sus diarios o memorias, hay que citar a Josiah Gregg, que la visitó en 1827. Asimismo la prosperidad de la ciudad hizo que pasase de 3.000 habitantes en 1822 a 5.000 en 1848. Las mayores ganancias las llevaban los empresarios que organizaban la caravana y aportaban

---

[62]   Chastenet, J. *Op. cit.*, p. 85.

los géneros a vender o intercambiar, pero los guías o exploradores, vigilantes y conductores también llevaban su parte. Al cabo de un mes casi todo lo llevado ya se había vendido, aunque algunos comerciantes llegaban hasta Chihuahua, al sur de Río Grande, para vender los excedentes. «En 1828, de 150.000 dólares de mercancía ofrecida en el mercado de Santa Fe, 20.000 fueron reexportados a Chihuahua. En 1843 esta proporción aumentó hasta el punto de que fueron a parar a Chihuahua 300.000 dólares de los 450.000 iniciales. De este modo, el mismo México constituía una salida importante para el *Santa Fe Trade*[63]».

El beneficio para los comerciantes de Estados Unidos era tan grande que la caravana que en 1824 salió en mayo de Misuri, llevando 35.000 dólares en mercancías, regresó en septiembre con 10.000 dólares en pieles y unos 180.000 dólares en oro y plata. Estas ganancias, siempre grandes pues podían llegar al 300 %, variaban a la baja si por un ataque de los indios se producían pérdidas o robos. Pero todo este floreciente comercio empezó a peligrar con las revueltas revolucionarias en Texas que determinaron su independencia. Conseguida esta, los ambiciosos políticos de la joven república texana pretendían hacerse con todo Nuevo México, invadiéndolo, y teniendo como principal objetivo apropiarse de la rica Santa Fe. Cuando estallaron los conflictos fronterizos entre Estados Unidos y México el comercio quedó muy restringido, ya que las autoridades mexicanas lo prohibieron, pues veían como los estadounidenses apoyaban a los tejanos en sus pretensiones. Declarada abiertamente la guerra (de la que ya hemos tratado), el general Kearny ocupó Santa Fe y dos años más tarde, con el Tratado de Guadalupe Hidalgo de 1848, todo Nuevo México pasó a formar parte de los Estados Unidos. La ruta de Santa Fe había terminado, pues ahora quedaba como un comercio interno a la nación estadounidense.

Pero si el Suroeste de Norteamérica era deseado por los Estados Unidos y había sido arrebatado a un México débil, corrupto y atrasado, que veía mermadas las fronteras de su nación, la constante llegada de inmigrantes y los anhelos por trasladarse al Oeste, que se presumía como una fértil tierra de promisión, de la que manaba leche y miel (por decirlo con una expresión bíblica), fue un constante acicate para que

---

[63] Rieupeyrout, Jean-Louis. *Historia del Far-West*. 2 volúmenes. Luis de Caralt editor. Barcelona, 1972. (Título original: *Histoire du Far-West*. Claude Tchou, editor. París, 1967). Volumen I, pp. 153-154.

se desarrollasen las rutas de Oregón y California. Y todo ello inspirado además por la Doctrina Monroe y la creencia en el Destino Manifiesto. Así pues el Noroeste fue el nuevo objetivo de expansión y ello una década antes de que Horace Greeley en 1853, y como editor del *New York Tribune*, lanzase la proclama «*Go west, Young man, and grow up with the country!*» (¡Ve al Oeste, joven, y prospera con el país!).

Las tierras de Oregón, que comprendían los actuales estados de Oregón y Washington, llevaban años siendo disputadas por británicos y estadounidenses, pero formalmente no formaban parte de los Estados Unidos. Por el tratado de 1818 toda esta zona adyacente del Canadá se convirtió en condominio, pero los cazadores canadienses de la Compañía de la Bahía de Hudson predominaban sobre el terreno. Asimismo los intereses expansionistas de los Estados Unidos veían con recelo que Rusia, después de haber ocupado Alaska, quisiese extender sus posesiones a lo largo de la costa del Pacífico. De igual forma, como Inglaterra no quiere una nueva guerra acepta renovar en 1827 las cláusulas del anterior tratado y ello por una validez de diez años. Pero la constante llegada de nuevos pioneros, procedentes de los Estados Unidos, romperá el equilibrio a favor de la nación estadounidense.

Tras la exploración de Lewis y Clark los misioneros protestantes se interesarán vivamente por esos nuevos territorios. Bajo el impulso de un profesor de Nueva Inglaterra, Hall Jackson Kelley, y de un comerciante en hielo de Cambridge, Nathaniel J. Wyeth, Oregón se convierte en un territorio prioritario para los que tienen vocación apostólica. Los metodistas mandan al reverendo Jason Lee a través de la ruta de Oregón. Otros misioneros se instalarán allí en 1836, destacando entre ellos un joven médico de Nueva York y su esposa. Nos referimos a Marcus Whitman (y a su mujer Narcissa), que anhela fusionar en su labor su profesión médica con su fervor religioso. A partir de 1834 se funda un primer asentamiento en el río Willamette y los Whitman se instalan en el valle de Walla Walla. En competencia con los protestantes, los jesuitas franceses, como Pierre Smet, tienen un cierto éxito en sus conversiones de los indios, pues son más flexibles con las costumbres de las tribus (por ejemplo los protestantes rechazaban de lleno la poligamia de los indígenas). Whitman abre una misión entre los Cayuses pero no obtiene grandes logros, pues los indios se quejan de que el doctor y su mujer son muy severos y duros con ellos[64]. No obtienen muchas conversiones

---

[64]   Jacquin, Philippe y Royot, Daniel. Op. cot., p. 83

pues, desde su punto de vista protestante, consideran a los indios como estúpidos y una raza ya condenada. Así que estos y otros misioneros se dedicarán más a atender espiritualmente a los colonos, que tras un durísimo periplo, van llegando a Oregón para asentarse y cultivar sus tierras. Como también llegan las epidemias, frente a las que los indios nada pueden hacer, viéndose diezmados, en 1847 los Cayuses atacan y asesinan a la pareja Whitman y a una decena más de pioneros. Pero estos hechos no desmoralizaban a los que, atravesando el continente, fueron llegando en sucesivas oleadas a partir de 1840.

También hay que destacar que fue John Frémont quien popularizó la ruta de Oregón. Acompañado por el rastreador y famoso cazador Kit Carson, explora en 1842 y 1844 las Montañas Rocosas y los tortuosos caminos que llevan a California y Oregón. Pronto se editarán guías de viaje para que los pioneros sepan cómo tienen que aprovisionarse para la larga ruta y qué peligros han de saber evitar o afrontar. La publicación por el historiador Francis Parkman de la obra *The Oregon Trail* (primero por entregas y ya como libro en 1849), también contribuyó mucho a dar una aureola mítica a dicha ruta de colonización.

Otro factor que impulsó a ciertos grupos humanos a extenderse hacia el Oeste fue el fervor religioso y la proliferación de sectas en Estados Unidos en el primer tercio del siglo XIX. Me refiero en este caso a los mormones, conocidos también como Los Santos del Último Día. Joseph Smith afirmó haber tenido una visión la noche del 23 de septiembre de 1823. Las revelaciones que Dios le hizo, siempre según él, las recogió en el *Libro de Mormón*, que se publicó en 1830. Luego se funda una primera iglesia en el estado de Nueva York y una colonia en Kirtland (Ohio). Para estos fieles, cada vez más numerosos, una de las perdidas tribus de Israel habría llegado a América: los lamanitas. Estos serían los antepasados de los indios, siendo necesario fundar un Nuevo Reino de Dios en América. Los mormones se constituyen así en una teocracia, y como «pueblo elegido» rehúyen las relaciones con sus vecinos. Son antiesclavistas, polígamos y tienen un sentido colectivista de la propiedad, casi comunista. No es de extrañar que por todo esto susciten el odio de los demás estadounidenses y la persecución por parte de las autoridades. Por eso también se van trasladando hacia el Oeste, primero a Independence (Misuri) y luego se repliegan a Illinois donde construyen la ciudad de Nauvoo. Tras diferentes altercados y la muerte de Smith, su sucesor, Brigham Young, busca una nueva tierra prometida alejada del mundo civilizado que no los comprende y acepta. Este nuevo líder religioso tiene noticia de las aisladas tierras de Utah, donde se encuentra un gran lago salado. Young lo tiene claro: Utah será su Tierra Prometida. Así pues en 1846-1847 comienza el éxodo de los mormones. Las numerosas familias mormonas organizarán el viaje en carretas, atravesando parte de la Ruta de Oregón, hasta llegar al Gran Lago Salado (futuro Salt Lake City). Para 1852 más de 10.000 mormones ya residían junto a este lago. Su laboriosidad hizo que regasen esas tierras, en principio estériles, poniéndolas en valor y convirtiéndose en un hito importante de parada y reavituallamiento a lo largo de toda la ruta hacia el Oeste (bien para desviarse luego los pioneros hacia California o a Oregón). A pesar de que los mormones prosperaron, su extraña forma de vida hizo que las autoridades federales no convirtiesen a Utah en estado hasta 1896 y ello bajo la promesa de que abandonasen la poligamia.

En el aspecto migratorio, así como existió una «fiebre de Texas» existirá también una «fiebre de Oregón», una gran riada de emigración hacia esas tierras del Noroeste. Como pioneros en esta ruta hay que mencionar a los trece hombres que, bajo la dirección de Thomas J. Farham (en 1839), salieron de Peoria (Illinois) y llegaron al valle de Willamette. Esta *Peoria Band* sirvió de modelo a John Bidwell que fundó la The Western Emigration Society, teniendo como objetivo conducir a nuevos colonos a las tierras del Lejano Oeste, del *Far West*, es decir a Oregón y California. La cronología de todo este largo proceso de colonización tiene los siguientes momentos clave: en 1832-1836 Hall J. Kelley y Nathaniel J. Wyeth llegan a Oregon. En 1834 el misionero Jason Lee funda la primera misión y en 1836 los Whitman fundan la suya. Además tiene lugar el viaje de William A. Slacum. En 1839 llegan los emigrantes de Peoria. En 1840 el «Gran Refuerzo» de Jason Lee. En 1841 lo hace el grupo de J. Bidwell y en 1842 el de E. White. En 1843 se produce la «Gran Emigración» y el primer *Wolf Meeting*. En 1844 el grupo electoral demócrata reclama Oregón para los Estados Unidos y se votan los «Artículos y Leyes orgánicas» en Oregón. Se produce toda una campaña antibritánica bajo el eslogan: «¡54° 40' o la guerra!» (en referencia al paralelo que se exigía como frontera con el Canadá británico). Para una fecha como 1845 llegan nada menos que 3.000 inmigrantes y por eso hablo de una «Fiebre de Oregón». En 1846 se firma el tratado por el cual el paralelo 49° hace de frontera entre Estados Unidos y Gran Bretaña. En 1847 es cuando se produce la matanza en la misión Whitman por los indios cayusas, que ya he mencionado. En 1848 Oregón recibe el estatuto de Territorio y en 1853 también Washington se constituye como Territorio. Por último, el 14 de febrero de 1859 Oregón entra en la Unión[65].

En todo este largo itinerario la propaganda actuó de forma decisiva sobre los pioneros que se aventuraban en viaje tan largo y peligroso. Hacerse con una buena carreta (*Prairie Shooner* o *Covered Wagon*), es decir una buena «goleta de las praderas», era una tarea prioritaria que no se podía dejar al azar. Como también era muy importante adquirir un buen tiro de bueyes o de mulas sanas y resistentes, y comprar las provisiones más necesarias (alimentos, ropas, calzado y armas). Tocino, harina, alubias, sal, cerdo ahumado y café, eran bienes de lo más necesario que había que racionar durante el trayecto. Adquirir un par de buenas botas, un afilado hacha de dos filos y un rifle potente y preciso, a poder ser un Hawken, era algo imprescindible en lo que los futuros colonos dejaban sus últimos ahorros. San Luis e Independence (en Misuri) eran los puntos de reunión, de abastecimiento y de salida de las caravanas. A partir de allí empezaba la *Wilderness* (la salvaje llanura) y lo desconocido, excepto para los guías que solían ser hombres aventureros, antiguos cazadores y tramperos. Es aquí donde empieza a consolidarse el mito del pionero que avanza, arrostrando todo tipo de peligros, con el rifle en una mano y la Biblia en la otra. Y ciertamente cada familia, en esa improvisada vivienda móvil que era su carreta, llevaba como un tesoro su Biblia protestante familiar que pasaba de generación en generación. A ella y a sus viejos códigos morales confiaban su vida y la de sus compañeros de periplo. Por mi parte quiero adelantar que en esta realidad histórica hay al menos dos hechos que no son ciertos tal y como los recrea la glorificadora mitología del wéstern: las caravanas no iban tiradas por fogosos, esbeltos y veloces caballos, pues estos no habrían resistido las duras jornadas de trabajo tirando de las pesadas carretas, y los colonos no iban armados hasta los dientes con rifles Winchester de cartucho metálico y repetición, ni con revólveres Colt modelo 1873. Estos anacronismos tan propios del cine de Hollywood en su época dorada (1936-1962), en la que la nación estadounidense estaba ávida de héroes del celuloide, al constituirse como imperio salvaguardador de Occidente frente a la amenaza soviética en plena Guerra Fría, los comentaré más adelante y en otros capítulos al comparar la realidad histórica con la versión cinematográfica.

El *Oregon Trail*, partiendo de Misuri, pasaba por lo que ahora son los estados de Kansas, Nebraska, Wyoming, Idaho y Oregón, hasta su frontera con el de Washington. Había que calcular bien la fecha de sali-

---

[65]   Véase Rieupeyrout, Jean-Louis. *Op. cit.*, Volumen I, p. 231.

da en primavera, cuando los ríos con el deshielo ya eran vadeables y los llanos de las praderas estaban repletos de hierba que alimentaría a los animales de tiro y a algunos pequeños rebaños de ganado que acompañaban a la caravana. También era muy necesario calcular bien el tiempo a recorrer en todas las jornadas, para que las primeras nevadas invernales no cogieran a los pioneros en las estribaciones montañosas de las Rocosas o de Sierra Nevada (esta en el caso de la ruta hacia California). Un mal cálculo o un retraso inesperado podía poner en grave peligro a todo el grupo. Fue el caso de la tragedia de la expedición Donner de la que me ocuparé en breve. Se salía no solo de Independence, sino también de Westport (Kansas) y con los años se fueron sumando otros lugares de partida al inicio de la ruta (Weston y St. Joseph en Misuri, Fuerte Leavenworth y Atchison en Kansas y Omaha en Nebraska). El trayecto coincidía en parte con la ruta de los mormones y el camino hacia California, existiendo algunas variantes. Es de reseñar que el espíritu de individualismo, pero también de solidaridad, se fraguó en los pioneros en todas estas rutas de expansión hacia el Oeste. La necesidad obligaba, y era la mejor maestra en la supervivencia. Había que ayudarse para atravesar ríos como el Platte, el North Platte, el Snake y el Columbia. Recoger madera o boñigas secas de bisonte para las hogueras nocturnas, para cocinar y calentarse, buscar fuentes de agua potable y buena hierba para los animales, además de montar al atardecer y desmontar muy de mañana y todos los días, el círculo del campamento de las carretas que componían la alargada caravana, forjó la personalidad de estos colonos. Entre 1840 y 1850 pocas de estas expediciones fueron atacadas o molestadas por las tribus indias que se encontraban en el trayecto. También aquí el cine cae en el estereotipo falsario.

Los parajes geográficos de referencia para orientarse y los fuertes destacados para adquirir algún suministro de última hora, también forman parte importante de la historia de estas rutas. Es el caso de Fort Kearny en Kansas. Pasar en la senda de Nebraska por hitos claves como Courthouse, Jail Rocks, Chimney Rock y Scotts Bluff, era relevante para los fatigados colonos, pues muchos de ellos hacían el viaje a pie buena parte del día para dar descanso a las bestias. Para no tener que tragar tanto polvo y cuando el terreno lo permitía, el grupo, que podía ser de 20 a 50 caravanas, viajaba en columnas en paralelo. Ya en el territorio de Wyoming era transcendental el paso por Fort Laramie, como lo era después atravesar la divisoria continental de América (la que divide la caída de las aguas de los ríos bien hacia el Pacífico o hacia el Atlántico), en el Paso del Sur (*South Pass*). Ni que decir tiene que eran

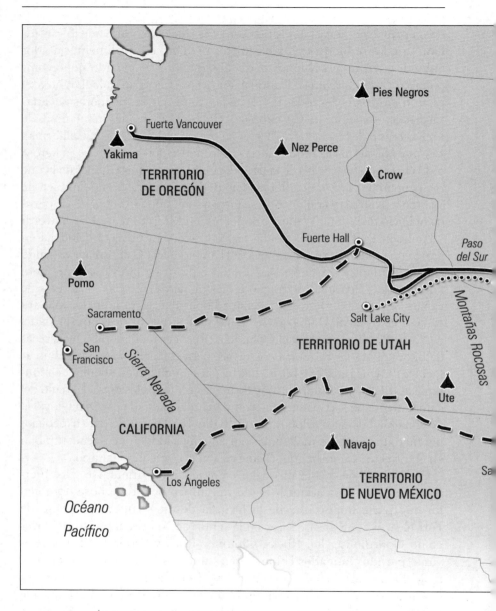

muchos los peligros: las epidemias de cólera que circulaban por los insalubres fuertes, las diarreas y gastroenteritis por beber aguas contaminadas, la posibilidad de caerse por un precipicio o ahogarse al atravesar un río, y ello sin contar con las mordeduras de las serpientes de cascabel, los encuentros con una famélica manada de lobos o coyotes, o con algún oso o puma

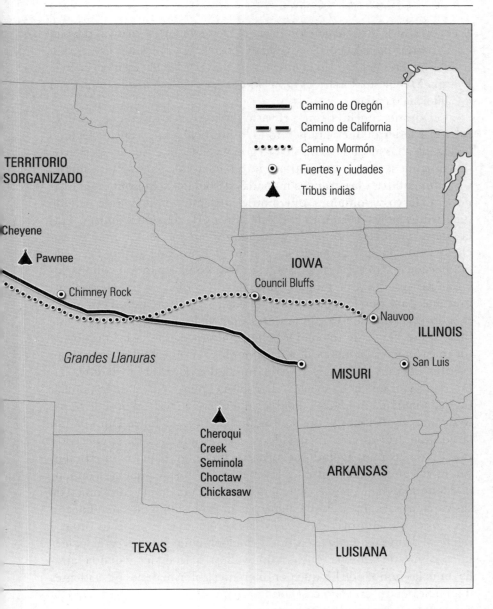

en las montañas. Los pioneros soportaban desde el calor más abrasador hasta el frío invernal en un viaje que podía durar 180 días. Y esto si todo iba más o menos bien. Hay que recordar de nuevo que todas estas oleadas de pioneros, muchos de ellos inmigrantes que no llevaban mucho tiempo en Norteamérica y que después de finalizada la Guerra Civil o guerra de

Secesión (1861-1865) acudieron hacia el Oeste de forma masiva, estaban mediatizados no solo por la necesidad (por ejemplo la ruina de sus destruidos hogares del Este en la posguerra), sino por la citada creencia en el Destino Manifiesto. Las frases motivadoras eran «¡Oregón o la tumba!», o «¡California o nada!».

Durante mucho tiempo el vasto territorio a atravesar se consideraba el «desierto americano» y todo lo justificaba la creencia ciega en la llegada a las fértiles tierras de Oregón y California. En ese «desierto» únicamente se veía hostilidad e improductividad, pues su alta hierba solo alimentaba a las grandes manadas de búfalos (el bisonte americano) y a ciervos y antílopes, que eran el sustento y la forma de vida de unas tribus indias de cultura casi paleolítica y de religión animista. Tras la guerra pronto se vio que la gran llanura era en cambio muy provechosa y que podía y debía de ser el reino del ganado vacuno. Para ello era necesario exterminar al bisonte, acabar con los indios o confinarlos en áridas reservas que ningún blanco iba a codiciar y dar tierras casi gratuitas para que los colonos las cultivasen y pastoreasen. Pero mientras duró la ruta de Oregón la dureza del viaje por aquellos mares de hierba, tan llenos de soledad y peligro, fue recogida en los diarios de muchas mujeres pioneras. Los testimonios escritos de las que sabían escribir son muy valiosos y hoy son estudiados por los historiadores. La esposa era en muchos aspectos esenciales el pilar central de la familia, pues la mantenía unida, la cuidaba e intentaba en todo lo posible transmitir unas tradiciones y una educación básica a sus hijos. Durante tan largo itinerario surgían rivalidades y a veces peleas dada la constante tensión de las muy agotadoras jornadas, pero también enamoramientos, noviazgos y bodas entre los jóvenes miembros de aquellas comunidades en marcha. Además de la autoridad del guía de la caravana y de sus capataces, siempre existía algún pastor protestante que atendía, con sus consejos e improvisadas y sencillas ceremonias, el aspecto ritual y religioso de toda aquella aventura. Principalmente y por desgracia, leer unos salmos de la Biblia, que era una valiosa pertenencia de toda familia, ante las tumbas de los que por diferentes enfermedades o accidentes iban falleciendo, era algo casi cotidiano, pues no hay que olvidar que la ruta estaba jalonada de sepulturas.

Otro aspecto a destacar es el siguiente: la fiebre del oro en California, a partir de 1848, repercutió también en la ruta de Oregón y en la economía misma de las primeras comunidades asentadas en el citado territorio, que se fue haciendo cada vez más floreciente. Aumentó así rápidamente el número de viajeros (sobre todo varones), y las sendas alternativas, buscándose atajos, muchos con peligros e inconvenientes no previstos. También creció la mortandad por la incidencia de las epidemias de cólera. Con el paso del tiempo el uso de esta ruta fue decayendo, cuando se creó el ferrocarril que atravesaba el canal de Panamá, lo cual permitía a los europeos que llegaban coger un barco en la costa del Pacífico hacia las tierras del oeste de los Estados Unidos. Para los que viajaban por tierra atravesando el subcontinente, el ferrocarril transcontinental, completado en 1869, fue un gran salto hacia adelante. El trayecto que décadas antes se hacía en varios meses se podía realizar ya en poco más de una semana. Pero las caravanas de carretas siguieron usándose hasta bien entrada la década de 1890, aunque para tramos más cortos como el que supuso la ocupación del antiguo Territorio Indio (es decir atravesar la franja y colonizar Oklahoma).

Respecto a la ruta de California hay que destacar que su desarrollo a lo largo del siglo XIX va indefectiblemente unido a partir de 1847-1849, a la pérdida de esos territorios por México (tras la guerra con los Estados Unidos), y al descubrimiento a la vez de los muy ricos yacimientos de oro. Todo esto tiene una importancia trascendental, pues forma parte de la Historia Universal y no solo de la particular historia de los Estados Unidos.

Bastantes de los proletarios europeos que componían la famélica legión para la que Marx y Engels escriben el *Manifiesto Comunista*, liaron el petate con sus escasas pertenencias y se embarcaron en la aventura californiana, y muchos también fueron los que perecieron en el intento sin apenas ver una onza de oro. Al igual que sucedió con las tierras de Oregón, los primeros pioneros de origen anglosajón y a principios del XIX fueron los tramperos y cazadores, bien los que trabajaban para la británica compañía de la Bahía de Hudson, bien para las estadounidenses de la competencia, o bien tramperos libres que con espíritu aventurero, con poco temor de Dios y ninguno del diablo, se adentraban en lo desconocido conviviendo con las tribus de todo ese gran área. Área que, no lo olvidemos, pertenecía al Imperio español y luego a México. A partir de los citados años los viejos fuertes comerciales de los traficantes de pieles fueron el punto de partida de esta senda, que además compartía tramos con el *Oregon Trail* y el *Mormon Trail*. Me refiero a Fort Bridger (fundado por el famoso trampero, cazador y explorador Jim Bridger), el paso por Salt Lake City (que estaba recién fundada), la llegada hasta el Fort Hall, etc. No obstante a partir de cierto punto la ruta de California se desviaba y tenía su propio itinerario. Como sobre la conquista de California por los estadounidenses y la fiebre del oro abundaré en el próximo capítulo, expondré ahora algunas peculiaridades de esta ruta de penetración tan llena de peligros.

Ya he descrito los medios de transporte, es decir las carretas (la *Conestoga Wagon* y la *Prairie Schooner*), de estas oleadas de pioneros que avanzaban dificultosamente formando largas caravanas. Pero las 1.600 millas (unos 2.600 km) de la ruta hacia California tenían sus propias peculiaridades. Tras separarse del tramo común con la senda hacia Oregón, la ruta de California cruzaba el río Raft y bordeaba lo que ahora es la frontera entre los estados de Nevada, Idaho y Utah. Atravesar la árida Gran Cuenca, en lo que hoy es Nevada, era toda una prueba de supervivencia pues había que racionar el agua potable, ya que además el agua alcalina de los escasos pozos era insalubre. Dejando atrás el malsano rio Humboldt, era necesario pasar por un desierto de cuarenta millas antes de llegar al río Truckee o río Carson. Pero antes de adentrarse en la zona norte de California quedaba superar la cadena montañosa de Sierra Nevada. Era esta toda una gran prueba de resistencia al límite para los que llegaban rezagados, cuando ya comenzaban las nevadas en los altos. Y es en estos parajes de montaña donde tuvo lugar lo que se conoce como la Tragedia de la caravana Donner. Expondré lo principal.

Poco antes del verano de 1846 el rico granjero George Donner tomó la decisión, junto con su hermano Jacob y un vecino llamado John Reed, de dejar Illinois para marchar hacia California. George acababa de leer la guía escrita por Lansford W. Hastings, *Emigrant's Guide to Oregon and California*. Este autor aconsejaba tomar un atajo a partir de Fort Bridger que, en teoría, ahorraba más de 600 kilómetros de esforzado recorrido. Los Donner, formando una caravana compuesta por 74 varones más mujeres y niños, llegaron al citado fuerte en agosto de 1846 y resolvieron tomar el atajo. Unidos a otros confiados emigrantes, penetran hacia el Gran Lago Salado y las zonas desérticas. Ya extenuados y hambrientos los varones del grupo discuten. Reed mata a uno de ellos y se le condena a abandonar el convoy. A finales de octubre las carretas están al pie de Sierra Nevada, pero las estribaciones están enfangadas y los picos ya nevados. La larga subida se hace cada vez más penosa debido al frío y a que se van quedando sin alimentos, cuando intentan franquear Truckee Pass que es la puerta de entrada hacia el valle de Sacramento. Pero el calvario de estos pioneros va en aumento, porque los pasos están cerrados por la mucha nieve ya caída y las familias cada vez están más débiles. En noviembre 81 personas, de ellas 41 niños, intentan sobrevivir en refugios improvisados. En la otra vertiente del puerto John Reed ansía avanzar bajo la tempestad de nieve para poder socorrer al grupo. A pesar de tan mal tiempo algunos atraviesan la montaña con éxito aun con grandes penalidades, pero la mayoría de los pioneros quedan irremediablemente bloqueados por la nieve y por la inanición debida al frío extremo. Muchos van muriendo poco a poco y son comidos por los supervivientes. Cuando llega el grupo de socorro descubren la verdad de estos trágicos hechos, pero gracias a haber recurrido al canibalismo 47 personas se mantienen vivas hasta que llegan los californianos. En su narración escrita, Virginia Reed dejó anotado: ¡No toméis jamás el atajo![66]

En la mitología de la conquista del *Far West* la tragedia de la expedición Donner ha quedado como un hito de lucha por la supervivencia, y ello en el contexto moral de una fe ciega (destino manifiesto) en una vida mejor; en este caso en una California concebida como un paraíso a la espera de las personas más audaces, fuertes y emprendedoras. En la actualidad y desde hace décadas, cerca de la autopista que recorre el Paso Donner, hay un monumento en honor a estos pioneros y a lo que ellos simbolizan para la expansión y consolidación de los Estados Unidos.

El cine, como muy pronto veremos, ha dedicado obras señeras a las grandes rutas de expansión hacia el Oeste y también hay algún telefilme que relata a su modo lo sucedido a la caravana Donner. Pero en todo este proceso histórico no hay que olvidar que los grandes perdedores serán, por un lado, las tribus indias (tanto las que moraban en las grandes praderas, las Rocosas o la Gan Cuenca como las de las tierras de Oregón y California), y, por otro lado, los mexicanos, pues su cultura, constituida sobre el mestizaje entre los españoles y los indígenas, pronto será despreciada, y los propios mexicanos expropiados, expulsados de California o llanamente asesinados bajo cualquier pretexto, por la supremacista visión del mundo del cristianismo protestante.

En lo referente al uso y desarrollo de las armas de fuego en este periodo hay que resumir lo siguiente:

---

[66]   Jacquin, Philippe y Royot, Daniel. *Op. cit.*, p. 123. Véase Rieupeyrout, Jean-Louis. *Op. cit.*, Volumen I, pp. 261-263. También en VV. AA. *La historia del Oeste*. Ediciones Picazo. 4 tomos. Badalona, 1979. Volumen 3, pp. 209-211. Igualmente *Across the Plains in the Donner Party: A Personal Narrative of the Overland Trip to California*, por Virginia Reed Murphy, 1833-06-23 - 1921. *The Century Magazine*, volumen 42, 1891, pp. 409-426. (Consultado en Internet el 11-5-2022).

Contrariamente a lo que se ve en bastantes wésterns, los pioneros que hacían estas rutas llevaban armas obsoletas, muchas de ellas excedentes de los arsenales militares y esto en concreto a partir de 1865, una vez finalizada la Guerra Civil. En el periodo que va de 1840 a 1870, con el paréntesis que supuso durante cinco años dicha contienda, las oleadas de colonos portaban armas largas para su defensa, pero sobre todo para con la caza poder completar las raciones de carne para su sustento. Lo que se podía llevar en las carretas era siempre lo imprescindible, más algunos enseres queridos por ser heredados y tener valor sentimental para las familias. Un colono no se desprendía jamás de su arado, bien sujeto al costado de su carreta, ni de su barril de agua, de su hacha, pico, pala, azadón y de las herramientas para reparar las ruedas, y tampoco, por supuesto, de su escopeta. Pero cuando los pioneros tenían que atravesar desiertos o ascender los difíciles pasos en las Rocosas o en Sierra Nevada (esta los que iban hacia California), tenían muchas veces que aligerar la carga y desprenderse con dolor de algún viejo y querido mueble, reloj u otro objeto valioso.

Ya he contado como Colt revolucionó el mundo de las armas y no solo por la «invención» del revólver, sino por el posterior empleo de la fabricación en cadena con piezas estandarizadas intercambiables. El hecho de que quince *rangers* de Texas mandados por el coronel J. C. Hays, se enfrentaran a 80 comanches con sus Colt Paterson, matando o hiriendo a la mitad de ellos en el verano de 1844, fue una noticia que se extendió por todo el Oeste. También he expuesto lo referente a la fabricación del Colt Walker 1847 y a su éxito en la guerra con México. No es de extrañar pues que tanto las expediciones militares como los exploradores para las mismas y los guías de las caravanas, que se hacían pagar bien, quisiesen adquirir las más nuevas y mejores armas posibles.

Durante mucho tiempo el colono confió su vida a la tradicional escopeta de avancarga de dos cañones (en el fondo muy parecida ya a las actuales escopetas yuxtapuestas que se han fabricado desde el siglo XIX hasta la actualidad). La escopeta era (y es) un arma versátil, pues cargada con perdigones o postas de diferentes diámetros o también con bala esférica, servía para la caza menor, para la defensa en un ataque imprevisto y para la caza mayor en distancias no mayores a los 50 metros. La figura del colono que a pie o a lomos de un caballo o una mula lleva su escopeta terciada sobre su cabalgadura y el cuerno de pólvora al costado, avanzando lentamente en el horizonte, es una estampa viva de la conquista del Oeste. Estas escopetas, bien de factura inglesa o acabadas en el Este o en San Luis (los hermanos Hawken también las vendieron), eran de calibres que variaban entre el 10 y el 12 y sus cañones solían tener entre 30 y 32 pulgadas de largo. Pero como digo, los guías, que también las llevaban, estaban al tanto de las novedades en esta materia y Colt fue aprendiendo de sus errores, mejorando mucho sus diseños y sacando al mercado nuevos revólveres para defensa personal, que se vendieron por decenas de miles y le hicieron famoso y millonario. Samuel Colt no dudó en reclutar a los mejores ingenieros y diseñadores, como hizo con Elisha Root a partir de 1849, y en desplegar campañas de publicidad para sus nuevos prototipos[67]. Además se hace con buenos obreros, paga buenos salarios (para la media de la época) y en 1852, en Meadows South, Hartford (Connecticut), levanta su propia fábrica.

Antes de explicar brevemente la historia de los modelos Colt Dragoon, que tuvieron tres variantes y se fabricaron entre 1848 y 1860, he de recordar que el ejército, entre 1840 y 1854, siguió empleando mosquetes y mosquetones de ánima lisa de percusión (es decir de pistón y, evidentemente, de avancarga), de calibre 69 (17,5 mm) y para cartucho de papel cargado con pólvora negra y bola esférica de plomo (o bala y postas. *Buck and ball*). Solo a partir de 1855 se usarán ya los primeros prototipos de mosquete rayado para bala minié mejorada, con el sistema de empistonado diseñado por Maynard. Entre las armas rayadas (rifles), destacan el US M1841, conocido como Mississippi rifle, de calibre 54. También el rifle Hall-North de retrocarga ya en su versión de pistón y, además, aunque con escaso éxito, la carabina Jenks. Más tarde, a partir de 1855, la factoría Colt y con E. Root como superintendente, introducirá toda una gama de rifles, carabinas y escopetas con el sistema de cilindro giratorio (revólver), aunque no tuvieron una gran difusión (al menos hasta las primeras unidades de tiradores de élite entre las filas de la Unión y a comienzos de la Guerra Civil).

Además de ser muy caro, el sistema de revólver en un arma larga requería prestar cuidado y atención en la recarga de cada una de las recámaras del cilindro; proceso que era lento y que no estaba exento de peligros para el propio tirador. Pero en las armas cortas, en las pistolas, tuvo un éxito rotundo. El modelo Colt 1848 Pocket Pistol, conocido po-

---

[67] Es famoso el cuadro del pintor George Catlin donde se representa a sí mismo «corriendo búfalos», es decir cazándolos al galope, disparando a un bisonte con un Colt Dragoon. Véase en internet en http://collections.theautry. org/mwebcgi/mweb.exe?request=image;hex=90_183_4_5.jpg;link=62125 (consultado en internet el 13-5-2022).

pularmente como Baby Dragoon, y de calibre 31, se empezó a vender mucho a raíz de la riada del oro en California. De él me ocuparé en el próximo capitulo. Pero el Colt Navy 1851 supuso toda una revolución en las armas cortas.

A partir del diseño inicial del Colt Walker de 1847 se buscó rápidamente subsanar sus defectos y desarrollar un modelo de pistola igualmente potente, pero de uso seguro y más manejable para las unidades de caballería, es decir, los famosos dragones. De ahí también el nombre de estos revólveres: Dragoon. El Walker era demasiado grande y pesado incluso aunque se llevase en las fundas de arzón. Así que aprovechando la maquinaria ya en uso se proyectó un arma más corta (tanto de cañón como de tambor), y por ende más ligera, pero manteniendo el mismo calibre, el 44. Todo ello pensado para dotar al *US Army's Regiment of Mounted Rifles*. Estos modelos estuvieron en fabricación desde 1848 hasta 1860, se emplearon en la Guerra Civil y siguieron usándose después en el Oeste por civiles. Contando al Walker Colt se fabricaron, entre todas las variantes del Dragoon, 19.800, más otros 750 con numeración separada para el mercado inglés, ensamblados en la fábrica que Colt hizo en Inglaterra (en concreto en Pimlico, Londres, y que funcionó entre 1853 y 1857 para abastecer a un imperio británico en plena expansión).

Las variantes del Dragoon del 44 son las siguientes: Whitneyville Hartford Dragoon Revolver (ya como los demás con un cañón de 7,5 pulgadas, 19 cms, un tambor más corto para no más de 40 grains de pólvora, 2,592 gramos, y un peso que oscila entre los 1850 a 1875 gramos, como los modelos que le siguen). Se fabricaron unos 240 entre finales de 1847 y 1848 con numeración correlativa a partir de la del Walker. También se le conoce como «Walker de transición». First Model Dragoon: este primer prototipo, del que se hicieron 7.000, se empezó a fabricar en 1848 y todavía tiene los rebajes que hacen de tope del tambor de forma ovalada y el muelle principal o real en forma de V. Second Model Dragoon: este segundo modelo, del que se fabricaron unos 2.550 entre 1850 y 1851, ya tiene los rebajes del tambor en forma cuadrada y el muelle principal es plano apoyando bajo el martillo en un rodillo antifricción. Tanto este modelo como los anteriores todavía tienen un guardamonte de latón con la parte trasera de forma cuadrada. Third Model Dragoon: este se fabricó entre 1851 y 1860, cuando fue reemplazado por el más moderno y ligero Colt Army 1860. Del tercer modelo el gobierno pidió para dotación militar 8.390 Dragoons y algunos ejemplares llevaban alzas de librillo plegables en el cañón y culatines desmontables que se podían acoplar para convertir el revólver en una especie de carabina. Este tercer modelo llevaba ya el guardamonte de forma redondeada. Todas estas armas eran de seis recámaras (seis tiros) y podían disparar tanto bala esférica del 0,454 de pulgadas (de 140 grains de peso, 9,1 gramos), como bala ojival de 219 grains (14,19 gramos)[68].

Con toda esta nueva gama de potentes revólveres, que tenían un alcance efectivo de más de 50-60 metros, aunque todavía eran de avancarga y aún lentos de cargar, la Caballería ya podía atacar y combatir en la frontera a las diferentes tribus que se oponían a la invasión de los colonos que llegaban y avanzaban de forma inexorable. La elaboración en fábrica de cartuchos para revólver con envoltorio de papel o piel de tripa nitrada y por ello autocombustibles (tarea en la que el propio Colt puso bastante empeño), agilizó mucho el proceso de recarga de estas armas. Durante la Guerra Civil este tipo de cartuchos, tanto para armas de calibre 44 (Army), 36 (Navy) o 31 (Pocket), serán empleados con profusión. A partir de 1850, pero sobre todo de 1865 en adelante, las guerras contra todo tipo de tribus indias entrarán en una creciente espiral de muerte, exterminio y deportación. Es la historia del violento *Far West* la que estoy contando de forma verídica, la de la formación de la nación estadounidense como imperio, por eso es necesario, imprescindible, explicar qué tipo de armas se emplearon (que papel jugaron) y mencionar a los hombres que las diseñaron; y por eso también es crucial tomar conciencia de cómo el cine, es decir el Wéstern como mitología, ha recreado estos hechos para formar la mentalidad del estadounidense medio. Mitología en la que la esencia del mito del héroe, con su núcleo, curso y cuerpo[69], es parte constitutiva de la identidad aún actual y viva de los Estados Unidos.

---

[68] Joseph G. *Op. cit.*, p. 169. Rosa, Joseph G. *Guns of the American West*. Publicado en 1985 por Arms and Armour Press. Londres, 1985, C. 3, pp. 39-53. Venner, Dominique. *Monsieur Colt*. Balland, París, 1972, pp. 123-128. Venner, Dominique. *Les armes americaines*. Jacques Grancher, Éditor. París, 1985, pp. 201- 202. Cadiou, Yves L. *Les Colt. Revolvers a percussion et conversions*. Volumen 1. Editions du Portail, Le Hussard, Francia, 1993, pp. 27- 40. Garavaglia, Louis A. y Worman, G. Charles. *Firearms of the American West 1803-1865*. University Press of Colorado. Estados Unidod, 1998, pp. 146-149.

[69] Para una adaptación de la teoría de la «esencia procesual» desarrollada por el filósofo Gustavo Bueno (1924-2016) (y que él aplicó a la filosofía de la religión y a la filosofía política), pero en el ámbito de la filosofía del cine y en concreto del Wéstern, véase mi obra *Ford y "El sargento negro" como mito. (Tras las huellas de Obama)*. Editorial Eikasia, Oviedo, 2011. (Prólogo de Alberto Hidalgo), pero sobre todo *El Wéstern y la Poética. A propósito de "El Renacido" y otros ensayos*. Editorial Pentalfa, Oviedo, 2016.

En este contexto siempre violento de formación histórica, tuvo una gran repercusión el diseño por Colt del modelo Navy 1851. Fue este el revólver de tamaño mediano más fabricado y durante más años (entre 1850 y 1873). Solo superado por todos los modelos Pocket o de bolsillo (de la era de las armas de avancarga, *cap and ball*, pistón y bala), de los que hubo diferentes variantes y de los que trataremos en el siguiente capítulo a tenor de la riada humana hacia los yacimientos de oro de California. Del Navy 1851 se llegaron a fabricar en total unos 215.348, más otros 41.000 en la factoría londinense. Fue tal el éxito de Colt con su sistema de fabricación de revólveres de acción simple (a cada disparo hay que montar el martillo percutor), rápidos y fáciles de manejar, y hechos en serie con piezas intercambiables que permitían una producción masiva en grandes fábricas, que hasta el escritor inglés de moda, Charles Dickens, no pudo menos que elogiar la inventiva y capacidad empresarial de Samuel Colt. Este arma fue muy copiada en Europa, con licencia de Colt y sin ella, pero también lo fue en los propios Estados Unidos, sobre todo durante el periodo de la Guerra Civil por parte de los confederados, que los hicieron en pequeños talleres del Sur. De ellos hablaré cuando exponga tan sangriento conflicto. Fue tal el impacto de este modelo de revólver que los inventores e ingenieros ingleses, para no perder la batalla comercial y dada la alta demanda de pedidos militares, desarrollaron sus propios prototipos intentando mejorar las creaciones de Colt. Me refiero a los revólveres de doble acción de Adams, Adams & Deane, Beaumont-Adams y Tranter. Pero esa es otra historia.

El Colt Navy no era un modelo exclusivo para la Marina (aunque llevase el nombre de Navy y primero el de Colt Revolving Belt Pistol). Se trata del primer revólver de calibre 36 realmente exitoso (mucho mejor que los modelos Paterson y bastante más ligero y manejable que los Dragoon del 44). Pesaba solo 1.200 gramos, con un cañón de 7,5 pulgadas (19 cms de largo) y un tambor para seis disparos. Luego era ya un arma perfecta para llevar todo el día cómodamente al cinto (*belt pistol*), en una funda de cuero a la cadera. Por eso fue tan apreciado durante dos décadas y bastante después de 1873 en los lejanos, despoblados y desabastecidos pueblos del Oeste. Durante la Guerra Civil fue el favorito de muchos oficiales y también muy usado en las guerras indias hasta la definitiva implantación de los revólveres de cartucho metálico y fuego central. Además fue muy usado por civiles de toda condición: *cowboys*, forajidos y *sheriffs*. El más famoso usuario de una pareja de Colt Navys, con cachas de marfil, y entre los «guardianes del orden» (aunque algunos de estos fuesen de dudosa reputación y a lo largo de sus azarosas vidas estuviesen en ocasiones a ambos lados de la Ley), hay que citar a James Butler Hickok, más conocido como "Wild Bill" Hickok. También hablaremos de él y de sus duelos más adelante. El caso es que ni el mejorado diseño del Colt Navy 1861, que también se fabricó hasta 1873 (es decir durante doce años), desbancó la fama de su predecesor, el Navy 1851, que siguió en producción, aunque ambos eran equivalentes en prestaciones, lo que es tanto como decir en capacidad letal. Cargado con una bala esférica del calibre .380 (de unos 82 grains de peso, 5,33 gramos), impulsada por una carga de 20 a 30 grains de pólvora negra (1,29 a 1,9 gramos), era un arma efectiva hasta los 50 metros (con mejor agrupación con bala esférica que con ojival), y bastante precisa para la época dado su equilibrado peso.

Ya en la era del cartucho metálico, a partir de 1869-1870, muchas de estas armas, al igual que otros modelos y marcas, fueron transformadas para cartuchos de fuego anular o central de calibre 38, siguiendo así en uso durante años hasta casi finales del siglo XIX. Solo una cosa más al respecto: si una de estas nuevas armas en la década de 1850 costaba al por menor 31 dólares en el Este, su precio en California, en plena fiebre del oro y con una población que luchaba a muerte por enriquecerse y no solo por sobrevivir, podía verse multiplicado por diez[70].

Evidentemente los colonos que transitaban en las caravanas de las largas rutas que he explicado, no podían ni de lejos permitirse armas de este tipo. Bastante tenían con su escopeta de pistón para todo. Otra cosa eran los guías y exploradores, o los capataces y cocheros de las incipientes rutas de diligencias y de transporte al por mayor, que para proteger a los colonos o los bienes que custodiaban iban lo mejor armados que podían. Lo mismo sucedió con los guardianes de las líneas del ferrocarril cuando estas comenzaron a extenderse lentamente hacia el Oeste. Pero esto último ocurrió después de la Guerra Civil,

---

[70] En la actualidad excelentes copias del Colt Navy 1851, como de otros revólveres de avancarga y retrocarga usados en la conquista del Oeste, son fabricados en el norte de Italia, en la región de Brescia que es especialmente armera. La fábrica que mejor los hace es Uberti y con un acabado no tan excelente pero igualmente aceptable, F. lli Pietta. Ambas empresas trabajan principalmente para el mercado estadounidense y para los tiradores europeos federados y que participan en las competiciones de la MLAIC (Muzzle Loaders Associations International Committee).

cuando existió un altísimo excedente de revólveres de avancarga (*cap and ball*), procedentes de la guerra o aún sin vender y que pronto quedarían obsoletos, y que se revendían de ocasión a precios más asequibles para esa gran masa humana que se iba a abalanzar sobre el Oeste del Misisipi entre 1865 y 1890.

Toca ahora, para finalizar este apartado, tratar del cine, y aquí sí que me veo obligado a ser escueto, pues el wéstern ha recreado en bastantes ocasiones la aventura de los pioneros cruzando en sus carretas la inmensa pradera, los caudalosos ríos y las altas cumbres. Solo puedo mencionar a las películas más famosas y que más se reponen aún hoy en televisión. También las series y los telefilmes se han ocupado de las largas caravanas y sus peripecias.

En 1923 James Cruze rueda *The Covered Wagon* (*La caravana de Oregón*), que ya contiene todos los tópicos de este tipo de filmes y de la mitología que recogen y magnifican: los peregrinos que arrancan llenos de temor y esperanza, el calor de los desiertos y la gélida nieve en las montañas, el hambre, el ataque de los indios y el enamoramiento apasionado y sincero de dos jóvenes en medio de todo este accidentado itinerario. Aunque no pertenezca por su trasfondo argumental a esta época, a James Cruze le contesta John Ford con *El caballo de hierro* (1924), que opera con una épica similar. Como igual en épica es, y ya con el cine sonoro, *La gran jornada* (Raoul Walsh, 1930), en la que John Wayne protagoniza al guía y explorador que lleva a buen término a la expedición, y se enamora y es correspondido por una joven pionera.

Lo cierto es que son legión los filmes en los que en su argumento se mete la subtrama de la caravana que avanza hacia los nuevos territorios y que han de formar un círculo para defenderse desde su interior de los «malvados indios». Este tópico se repite hasta la saciedad. Recuérdese tal episodio en *Río Rojo* de Howard Hawks (1948). Pero sobre la figura de Brigham Young y el éxodo de los mormones hay que aludir a *El hombre de la frontera* (Henry Hathaway, 1940), con Dean Jagger, Tyrone Power y Linda Darnell en los principales papeles. Para mí es mucho más relevante *Caravana de paz* (John Ford, 1950), que es una personal y pequeña obra maestra, una auténtica joya, de quien firmara la trilogía de la Caballería. Se trata de una épica llena de momentos líricos con reflexión moral incluida: los jóvenes vaqueros, tratantes de caballos, Travis y Sandy (Ben Johnson y Harry Carey Jr., respectivamente), hacen de guías de los pacíficos pioneros que buscan su tierra prometida. Pero han de combatir y acabar con los sádicos forajidos, neutralizando la violencia con la violencia, pues como dice el personaje de Travis, él solo dispara a las serpientes. Hasta los vascofranceses tuvieron su lugar en este tipo de wésterns. Nos referimos a *El desfiladero de la muerte* (Russell Rouse, 1959), donde una caravana de colonos avanza hacia California para plantar allí sus viñas. Jeff Chandler encarna al valiente guía y Susan Hayward a la indómita pionera, estando así servido el apasionado romance. El camino de Santa Fe, pero ya en tiempos de la construcción del ferrocarril y de las luchas prebélicas del fanático abolicionista John Brown, está presente en el filme homónimo de Michael Curtiz (de 1940), con Errol Flynn, Olivia de Havilland y Ronald Reagan como intérpretes. También una caravana procedente de Santa Fe se ve atacada de vuelta a San Luis en *Los escoltas* (Roy Rowland, 1950), película de serie B protagonizada por un especialista en el género como Joel McCrea. También es un producto menor *El camino de Oregón* (Gene Fowler, Jr., 1959), donde Fred MacMurray, actor todoterreno, encarna al héroe. Esta película, mayormente rodada en estudio y que se pasa habitualmente por algunas cadenas de televisión, tiene las siguientes peculiaridades: un pionero, interpretado por John Carradine, también lleva y cuida en su carreta sus arbolitos y pimpollos para trasplantarlos a la llegada, se hace referencia al libro de Francis Parkman que da título al filme y se ve cómo se cargan, aunque no lo hacen bien y de forma creíble, los nuevos revólveres Colt de avancarga.

Mención aparte merece el largometraje del discípulo de Ford, Andrew V. McLaglen, *Camino de Oregón* (1967). En esta cinta se vuelve a los tópicos míticos del «destino manifiesto», incluyendo el fanático y a la postre trágico rigorismo moral y religioso del personaje que representa Kirk Douglas, auxiliado en su interpretación por actores de la talla de Robert Mitchum y Richard Widmark.

Sobre la vida de los pioneros en estas rutas o al llegar al final de las mismas y fundar nuevas y pequeñas comunidades, con sus esperanzas, virtudes y vicios, hay para mí dos obras clásicas importantes, aunque a veces se consideren menores como si fueran del montón. Una es *California*, de John Farrow (1947), con Ray Milland, Barbara Stanwyck y Barry Fitzgerald en los principales papeles. La otra, para mí todo un clásico del género, es *Tierra generosa* (Jacques Tourneur, 1946). Está protagonizada por Dana Andrews, Brian Donlevy y Susan Hayward. De villano hace Ward Bond y el pianista, cantante y compositor Hoagy Carmichael hace un pequeño papel e interpreta una bonita canción, *Ole Buttermilk Sky*, que tuvo cierta fama. Hay muchas más cintas sobre estos temas y este periodo histórico, pero no se pueden citar todas al no ser este libro un trabajo específico sobre la historia del wéstern. Una peculiaridad para los amantes de las armas antiguas: tanto en *Tierra generosa* como en *California* se maneja en manos de los protagonistas el revólver de avancarga Remington New Model 1858. Aunque aún resulta anacrónico para la época de la acción narrada, no se incurre en el topicazo erróneo de usar el Colt Single Action Army 1873, el *Pacemaker* o *Frontier*, que se ve en la inmensa mayoría de los wésterns sin ningún respeto por el rigor histórico.

Ningún rigor histórico hay tampoco en *Los comancheros*, largometraje de 1961 con el que Michael Curtiz pone fin a su carrera como director. La acción, que se sitúa en los años cuarenta del siglo XIX, está repleta de tiroteos con Colts 1873 y Winchesters (este es el rifle de repetición característico de casi todos los wésterns clásicos, en lo que tienen de mitología falsaria, anacrónica y oscurantista). Los comanches son retratados como los malos de turno (¡faltaría más!) y los comancheros, con su comercio con los indios y en cuanto mestizos (de indio y mexicano), son aún peor tratados en la película.

Al revólver Colt Dragoon se le rinde breve homenaje en las dos versiones de *Valor de ley*. En la original de 1969 (dirigida por Henry Hathaway), es en la que John Wayne gana el Óscar por el personaje de Rooster Cogburn, y en la que es la jovencita coprotagonista Kim Darby quien empuña tan tremendo revólver en el personaje de la resuelta Mattie Ross. En el remake de los hermanos Coen (de 2010), el Colt Dragoon es manejado por Hailee Steinfeld (como Mattie Ross) y Jeff Bridges hace del *marshall* Rooster Cogburn.

En el ámbito televisivo una serie como *Caravana* (*Wagon Train*), que se filmó entre 1957 y 1961 como proyecto personal del fordiano Ward Bond y siguiendo la estela de *Caravana de paz* del propio John Ford, reconstruye el mundo de los pioneros y sus problemas en su tránsito constante hacia nuevos horizontes. De niño disfrutamos mucho viéndola en las sesiones dominicales de sobremesa. Las más recientes *Cenntenial* (1978), que está basada en la novela homónima de James A. Michener, *Los Chisholm* (1979) e *Into the West* (2005), prestan en sus episodios bastante atención al mundo de los colonos en sus carretas y a las largas caravanas en camino hacia el *Far West*. Por supuesto también en los primeros episodios de *La casa de la pradera* (protagonizada por Michael Landon y que se rodó de 1974 a 1983). Luego, como vemos, esta mitología sigue vigente.

Meek's Cutoff *(Kelly Reichardt, 2010). Una reciente visión, con sensibilidad femenino-feminista, de la ruta de los pioneros hacia Oregón y sus penurias cotidianas.*

Camino de Oregón *(Andrew V. McLaglen, 1967). A partir del clásico relato de F. Parkman, se construye una película que recoge los peligros de dicha ruta y los anhelos de los pioneros que las atravesaban en caravanas.*

Tierra generosa *(Jacques Tourneur, 1946). Un wéstern clásico de la serie B, pero con una gran calidad artesanal en lo fílmico, sobre la vida de los primeros colonos en Oregón.*

La tragedia de los Donner aparece más o menos recreada en películas como *One More Mountain* (Dick Lowry, 1994), *The Donner Party* (Terrence Martin, 2009) y *Dead of Winter: The Donner Party* (Doug Glover, 2015). También existen documentales teatralizados sobre la misma. Por último he de mencionar a la directora Kelly Reichardt, que en los últimos años y desde un punto de vista claramente feminista, se ha aproximado con una nueva, sensible y limpia mirada al mundo de los primeros pioneros. Me refiero a sus películas *Meek's Cutoff* (2010) y *First Cow* (2019).

6
LA FIEBRE DEL ORO
La pistola Deringer, los avisperos y el Colt Baby Dragoon

VOY A TRATAR EN ESTE APARTADO DE LA FIEBRE DEL ORO en California y en general del convulso mundo de los mineros, que buscando enriquecerse de forma rápida con metales valiosos o estratégicos (la plata y el cobre entre ellos), se abalanzaron sobre el Oeste antes de que este fuese habitado por los granjeros, ganaderos, pequeños comerciantes y funcionarios, politicastros aventureros, tahúres o jugadores de ventaja, prostitutas y forajidos de toda laya, que después (pero también simultáneamente), irán poblando una nación en muy rápido crecimiento. Esta desmedida y descontrolada expansión tendrá una víctima propiciatoria en el altar del «progreso»: la población aborigen, es decir todas las tribus indias. El racismo supremacista lleno de prejuicios también afectará con su violencia a los mexicanos asentados en Estados Unidos (en los territorios que inicialmente pertenecieron a México y antes a la corona española), pero también, por ejemplo, a los chinos que emigraron a California para construir el tramo correspondiente a la Central Pacific Railroad Company, en el monumental proyecto de trazar la primera línea de ferrocarril transcontinental. Para los protestantes de Nueva Inglaterra los famélicos irlandeses católicos, que no dejaban de llegar, también eran ciudadanos de segunda clase.

No puedo hacer en este capítulo una exposición estrictamente diacrónica, lineal por respecto a otros temas de la conquista del Oeste, pues hubo bastantes «fiebres del oro y de la plata» que tuvieron lugar a partir de 1848, y ello en sucesivas décadas y territorios distintos a los de California. De alguna forma la de California (de 1848 a 1855) dio el pistoletazo de salida, pero a dicha fiebre la siguió la de Nevada a partir de 1859 (con la famosa veta de plata Comstock Lode, que generó la fundación de Virginia City y Gold Hill). También hay que mencionar a las de Idaho, Nuevo México, Arizona, Montana, Oregón, Dakota del Sur y Wyoming (la de las Black Hills o Colinas Negras, de 1874-1878, que eran las tierras sagradas de los sioux y que al verse traicionados y violados sus tratados, se enfrentaron a las fuerzas del general Custer, derrotado en Little Bighorn del 25 al 26 de julio de 1876). Además hubo explotaciones mineras auríferas en la Baja California (1889), en Cripple Creek (Colorado, 1891) y en el condado de Whatcom (en el estado de Washington y a partir de 1897). Por supuesto que además hubo otras muchas fiebres del oro a lo largo del siglo XIX en otras partes del mundo, como Australia y Canadá. La del Klondike (centrada en Dawson City, Yukón, Canadá, que tuvo lugar de 1896 a 1899), también ha sido bastante recreada por la literatura y el cine.

Antes de entrar en detalles hay que resaltar que hay muchos rasgos comunes en todas estas fiebres mineras, atendiendo a lo sociológico, a lo intrahistórico e incluso desde el punto de vista de la caracterización psicológica de sus protagonistas. La pobreza en la que se encontraba buena parte de la clase trabajadora estadounidense, pero sobre todo también europea, unida a la perspectiva aunque remota de un rápido enriquecimiento, espoleó la ambición pero igualmente otras bajas pasiones de multitud de varones y también de bastantes mujeres explotadas, sobre todo sexualmente. Todo ello dio lugar a sucesivas y anárquicas avalanchas humanas en ese convulso, contradictorio y violento proceso que fue la colonización del *Far West*. Se aceleró así el desarrollo de otras empresas y proyectos civilizatorios, como las rutas de las diligencias, las caravanas de arrieros con sus carretas cargadas de mercancías para los nuevos pueblos y ciudades que brotaban casi de la noche a la mañana, allí donde se olía la riqueza del mineral y, por supuesto, la gran industria pesada del ferrocarril. Las medianas y grandes fábricas de armas (sobre todo cortas) también hicieron su agosto en las áreas mineras, donde solo existía al principio la ley del más osado en su maldad, es decir la del más rápido en el manejo del revólver. Muchas veces hicieron más dinero los que avituallaban a los mineros (los comerciantes y pequeños tenderos de los puestos avanzados, que vendían ropa, calzado, pistolas y sobre todo herramientas: picos, palas, bateas, etc.), que los propios buscadores de oro y plata.

En capítulos anteriores ya he hablado de la América colonial y de la importancia del Imperio español en todo el suroeste de lo que hoy son los Estados Unidos También expusimos brevemente lo que se refiere a la fundación de misiones en California en el último tercio del siglo XVIII y a la gran labor evangélica de Fray Junípero Serra en el contexto de las expediciones de Gaspar de Portolá y Fernando de Rivera y Moncada. Portolá, catalán de origen, fue nombrado gobernador de la nueva provincia del virreinato y bajo su dirección militares y misioneros fundarán San Diego y Monterrey, en 1769 y 1770. Pero rusos, ingleses y estadounidenses también ambicionaban asentarse en California.

Los traficantes y aventureros rusos se introdujeron en Alaska a través de las Aleutianas y en 1790 ya habían fundado una colonia en la isla de Kodiak, repleta de grandes osos que se cazaban por sus pieles. La compañía peletera Shelekov-Golikov envió allí a Alejandro A. Baranov, que en 1799 tomó posesión de la isla de Sitka rebautizada en 1805 como Nueva Arcángel. Más adelante el zar Alejandro I° mandó a Alaska a Nicolai P. Rezanov, que empezó a descender hacia el Sur del paralelo 55° con el fin de establecer nuevos puestos comerciales, llegando en 1806 a San Francisco, cuyo núcleo de población originario y bajo poder español, el del virreinato de Nueva España, se llamaba Yerba Buena. Las autoridades españolas aunque lo recibieron bien no le dieron permiso para que se estableciese, aunque Rezanov acabó casándose con la hija de Luis Argüello, que comandaba la ciudad. Consciente el ruso de la debilidad militar española y enterados sus superiores, adquirieron terrenos de los indios situados al norte de la bahía de Bodega, construyéndose el Fuerte Ross, destinado al comercio de las pieles. España desconfió de todos estos propósitos rusos, pero cuando tras la revolución en México California pasó a ser una provincia más de la nueva nación mexicana, se fomentó una política favorable a la colonización. De este hecho y a los pocos años se aprovecharán muy bien los estadounidenses. Es por ello por lo que para la historiografía y mitología angloamericana el futuro destino de California va ligado al nombre de John A. Sutter.

Sutter (1803-1880), natural de Suiza, abandona a su numerosa familia acosado por las deudas, se embarca hacia América y acaba en Estados Unidos. Primero llega a Nueva York (1834) y tras formar parte de una caravana de la Compañía Americana de Pieles y pasar por nuevas peripecias, recala finalmente en Monterrey (1839). Prototipo de hombre emprendedor, de espíritu ingenioso y oportunista, desde su llegada a California no para de imaginar proyectos mientras conoce a las autoridades mexicanas de la región. Finalmente acampó junto al río Sacramento y decidió fundar un puesto comercial al que denominó Nueva Helvecia, en homenaje a la tierra de la que era oriundo. También adoptó la nacionalidad mexicana, pero su ambición iba más allá de su fidelidad a México. En Nueva Helvecia llegó a mandar como si fuera un reyezuelo independiente. Logra tener una manada de 12.000 cabezas de ganado, 15.000 ovejas y 2.000 caballos; trabajando para él cerca de 1.000 empleados en un terreno de 25.000 hectáreas a lo largo del citado río. Además manda construir su propia curtiduría, destilería, taller de tejidos y molino. Pero es en este contexto en el que se da todo un proceso histórico, que va desde la llegada de los primeros estadounidenses a California (bien por mar, pues en 1842 el comodoro Jones entra en Monterrey, bien por tierra, cuando en 1844 los hombres de John C. Frémont y Kit Carson penetran tras cruzar Sierra Nevada), hasta la total independencia de California (Tratado de Guadalupe Hidalgo de 1848) y ulterior admisión pero ya como estado de la Unión en 1850.

Como hitos importantes hay que citar que Sutter acabó comprando a los rusos todas las instalaciones de bahía Bodega, incluido el Fuerte Ross. Y a pesar de las protestas de las autoridades mexicanas (de Alvarado y Vallejo), que ya veían a Sutter como un traidor que favorecía los ambiciosos intereses de los Estados Unidos, este supo ganarse la amistad del nuevo gobernador, Manuel Miqueltorena, lo cual no le impidió, llegado el momento, auxiliar a Frémont y Carson tras su arriesgado itinerario. En plena guerra con México, estando ya Polk en la presidencia de los Estados Unidos (que no deja de enarbolar la ideología del Destino Manifiesto), los acontecimientos se precipitan. Destacan aquí las campañas de los generales Zachary Taylor y Stephen Watts Kearny. En lo referente a Sutter hay que decir que este, siempre endeudado, favorecía la llegada de nuevos inmigrantes, a los que necesitaba para sus negocios. Comprendiendo la importancia estratégica de su fuerte se negó a vendérselo a los mexicanos, que derrotados finalmente firmaron el 2 de febrero de 1848 el antedicho tratado. Ni que decir tiene que Sutter había sido el agente más activo de la infiltración estadounidense. La agresiva política expansionista de Polk, las astutas maniobras del cónsul Larkin y la campaña del militar explorador John Frémont, que había soliviantado a los colonos procedentes de Estados Unidos para que se rebelasen, habían hecho el resto en toda esta dialéctica de Estados. Estados Unidos gana y México pierde. Y es aquí donde da un giro inesperado la historia. Unos días antes, el 24 de enero de ese año, el capataz de Sutter, James Wilson Marshall, carpintero de oficio que inspecciona una serrería construida sobre el lecho del Río Americano, en Coloma, percibe un centelleo en el fondo de la zanja. Se agacha, coge entre el agua unas brillantes piedrecitas y exclama: «¡Muchachos, creo que he encontrado oro!». La fiebre del oro en California, ya bajo el poder estadounidense, va a dar comienzo[71].

Ante este hecho los primeros días Sutter intenta mantener en secreto tal hallazgo, pero le resulta imposible. Pronto la noticia corre como un reguero de pólvora por todo Estados Unidos y un poco más tarde llega a Europa y al resto del mundo civilizado. Uno de los primeros en llegar al lugar fue el jefe de los mormones de California, Sam Brannan. Aunque murió en la miseria fue por un tiempo uno de los hombres más ricos y poderosos de ese estado. Pasadas las primeras semanas de incredulidad y sorpresa, los pueblos de California se vacían pues todo hombre en edad de trabajar se lanza a la búsqueda de oro. Los periódicos no dejan de comentar la noticia y así en el *Californian* del 29 de mayo de 1848 puede leerse: «Todo el mundo nos abandona, lectores e impresores. Desde San Francisco a Los Ángeles, desde el paseo marítimo hasta las montañas de Sierra Nevada, por todo el país resuena el grito sórdido: "¡oro!, ¡oro!", mientras el campo queda a medio plantar, la casa a medio construir, y todo se abandona excepto la fabricación de picos y palas. Nos vemos forzados a interrumpir nuestra publicación»[72]. Hay fotos de la época que muestran a un desordenado conjunto de barcos abandonados, pudriéndose en la bahía de San Francisco, pues todos los marineros han desertado, lanzándose sobre los lechos de los ríos y los campos mineros. Como decimos esta fiebre se extiende a Europa y a otras partes del mundo. Los primeros en llegar son llamados «dos del cuarenta y ocho» (los *forty-eighters*), pero la gran riada de alcance ya internacional es la de los del «cuarenta y nueve» (los *forty-niners*).

El oro se encuentra por todas partes. Un minero se hace con 10 dólares de oro en polvo con tan solo lavar sus cortinas, mientras que otro al sacudir su poblada barba consigue el equivalente a 16 dólares. Un tercero toma un baño de vapor y entre el sudor que transpira se encuentra con 50 dólares de oro en polvo. Estas increíbles historias tienen un efecto enloquecedor sobre los soldados recién desmovilizados de la guerra contra México, también sobre los revolucionarios perseguidos en Europa (entre ellos bastantes socialistas utópicos), y sobre los hambrientos irlandeses. Con la riada del oro, una auténtica «fiebre» que va

---

[71]   Para todo lo anterior véase VV. AA. *La historia del Oeste*. Ediciones Picazo. 4 tomos. Badalona, 1979. Volumen 3, pp. 213-233. También Chastenet, J. *Op. cit.* Pp. 104-106.

[72]   Le Bris, Michel. *La fiebre del oro*. Aguilar, S. A. de Ediciones, Madrid, 1989, p. 13.

a convulsionar a buena parte de Occidente, la población de California pasa de 14.000 habitantes en 1848 a 223.856 en 1852. Pero muchos no encuentran la fortuna sino la enfermedad, la miseria y la muerte.

Las grandes rutas para llegar a California son básicamente las siguientes: una vez llegados desde Europa a Nueva York algunos optaban por el viaje más largo, recorriendo por mar (y pasando por el difícil cabo de Hornos), un trayecto de 24.200 km, haciendo escala en Rio de Janeiro y Valparaíso, para llegar por fin a San Francisco. Este viaje por barco, lleno de peligros, podía durar de seis a ocho meses, donde los viajeros se hacinaban en los veleros (en los famosos clípers). Otra ruta era navegar hasta Panamá para atravesar el estrecho, en canoas o en mulas a través de la selva y durante una semana, para ya en la costa del Pacífico volver a embarcarse (Nueva York-Panamá-San Francisco). Este viaje era más corto y podía llevar de dos a tres meses. Otra variante era a través de México pasando por Veracruz. La tercera ruta era la terrestre, atravesando Estados Unidos y los territorios al este del Misisipi y a lo largo de la Ruta de California que partía principalmente de Independence. Desde ahí eran en torno a unos 3.200 km de viaje y de cuatro a cinco meses de duración si no surgían graves inconvenientes.

Todas estas rutas tenían sus peligros, entre los que estaban los naufragios, la falta de alimentos y agua potable, morir por la fiebre amarilla (posible en el viaje por Panamá) u otras enfermedades, y ser atacados por los indios o grupos de bandidos (en la ruta terrestre). Fueron muchos los que perecieron y nunca llegaron a ver California. A aquellos individuos desharrapados que llegaban por miles, con una mochila a la espalda para llevar sus escasas pertenencias y un pico, una pala y una batea a cuestas, pronto se les llamó los argonautas. Nombre mítico para empresa tan enloquecida: la de enriquecerse en poco tiempo encontrando oro fruto de un golpe de la fortuna. Los recién llegados se van agrupando por nacionalidades o según el idioma que hablen. El propio Karl Marx, que ha publicado el *Manifiesto comunista* y tras la revolución en París de 1848, es consciente de lo siguiente: «Los sueños del oro han reemplazado a los anhelos socialistas en el proletariado parisino»[73]. Entre los años 1848 y 1852 San Francisco acoge a 5.000 franceses y las autoridades galas se desembarazan así de bastantes agitadores.

---

[73] Citado por Jacquin Philippe y Royot, Daniel. *Op. cit.*, p. 131. La traducción del original en francés es mía.

Como la ruta terrestre es la más frecuentada, la de Oregón y su derivación hacia California, llegan por ella ya al principio unos 60.000 individuos. Para el otoño de 1849 los ríos de la parte norte de California han sido ya totalmente explotados por la primera oleada de mineros. Pero una mina de unos 200 kilómetros de longitud, a la que se la bautiza con el nombre de Mother Lode, es descubierta entre Yosemite y Georgetown. Hay que señalar que al principio las técnicas mineras de búsqueda del preciado metal son bastante rústicas: los enfebrecidos buscadores de oro trabajaban todo el día hasta la extenuación con la gamella o batea, la artesa basculante, el long tom y los lavaderos de arena fabricados in situ, todo ello con el fin de lavar la tierra de los ríos y separar la arena del oro, que podía aparecer en polvo, en copos o en pepitas. Siempre mojados de cintura para abajo, trabajando de sol a sol en constante tensión, comiendo y durmiendo poco y mal en tiendas de campaña improvisadas al lado de los ríos, y con el constante miedo a ser robados según iban haciéndose con algo de oro. Por eso es de comprender que todo ello llevaba a que la inquietud fuese en aumento y a que las peleas entre los mineros no escaseasen. Como veremos más adelante la venta de armas de bolsillo, como el Colt Pocket, se dispararon entre los mineros en todos esos años.

Durante toda la riada del oro en California y en fiebres similares en otros lugares de estos estados y territorios de los Estados Unidos, las noticias sobre los yacimientos de oro, los súbitos enriquecimientos y los conflictos entre los mineros (muchos de ellos cargados de un gran racismo y xenofobia que generaba espirales de violencia, con asesinatos de lo más vil y venganzas no menos crueles), plagaban las páginas de los diarios. California llegó a convertirse en la Sodoma y Gomorra de aquellos años, pues las diferencias sociales que pudiera haber en origen, entre los que llegaban, se esfumaban totalmente, ya que todos buscaban lo mismo: ser ricos a cualquier precio. En esta competencia por encontrar oro todo valía. En California revivía el viejo mito español de El Dorado, el bíblico de la Tierra Prometida de la que mana leche y miel. Por eso por bastantes naciones se difunden guías y folletos, muchos falsariamente optimistas, sobre la aventura californiana. Esta fiebre, que tiene mucho de quimera, se expande por Irlanda, Escocia, Bélgica, Italia, Suiza, Dinamarca, Suecia y otros países de Europa Central. Hasta hay dibujantes que caricaturizan toda esta locura por irse a California. Toda la economía de estos países, principalmente la actividad de la banca y de los políticos y especuladores sin escrúpulos, se ve profundamente alterada por el oro californiano.

Marx afirma, «el sorteo de la lotería de los "Lingotes de oro" fue tachado de fraudulento. Napoleón y sus acólitos no se contentaron con embolsarse una parte de los beneficios, sino que fabricaron billetes falsos y vendieron diez, quince y hasta veinte billetes con el mismo número»[74]. Mientras buena parte de Europa está política y socialmente agitada, en California se dan cita todos los pecados propios de la lucha por la vida más encarnizada. Cuenta el *Call*, en su tirada del 5 de agosto de 1852: «Todos están allí, ladrones, mendigos, chulos, mujeres impúdicas, asesinos, caídos al último grado de la abyección, en tugurios donde se embrutecen con el alcohol adulterado, farfullando obscenidades. Y el desenfreno, el deshonor, la locura, la miseria y la muerte también están allí. Y el infierno, que abre su boca para engullir esta masa pútrida»[75]. En San Francisco se levanta en rápida sucesión una ciudad de lona y barro, pero pronto será sustituida por otra de casas de madera, que será arrasada por sucesivos incendios, renaciendo cada vez de sus cenizas con mayor pujanza. Durante los años de la fiebre del oro los barcos llegan cargados de mercancías para toda aquella gente que vive apiñada. Todo lo que sea de valor se vende a precios desorbitantes y es objeto de usura. Los abusos son constantes y miseria (en unos, la mayoría), y máxima riqueza (en los pocos afortunados), conviven día a día entre aquella masa humana.

Hay dos problemas que son cruciales y apremiantes: por un lado, la necesidad de generar algún tipo de orden y legalidad, aunque sea en precario y provisional, lo cual implica crear un cuerpo con funciones policiales, de vigilantes o reguladores, que impongan orden y neutralicen la violencia de forma expeditiva frente a constantes robos y asesinatos entre mineros. Otro asunto y no menor, es el de la escasez absoluta de mujeres. Las necesidades sexuales de los mineros que llegan en avalancha y las de los varones de tantos oficios que surgen para suministrarlos, harán que las organizaciones de proxenetas a gran escala y las de los chulos o rufianes a escala menor, de barrio, generen todo un tráfico de trata de blancas que también incide sobre los suburbios paupérrimos de las ciudades del Este e incluso de las de Europa. Bastantes serán las mujeres jóvenes reclutadas o raptadas y engañadas para servir a estos menesteres. Forma de esclavitud y explotación de la mujer que

---

[74] Citado por Le Bris, Michel. *Op. cit.*, p. 27. Marx se refiere a Napoleón III (1808-1873).
[75] Citado por Le Bris, Michel. *Op. cit.*, p. 31.

en el wéstern casi siempre se ha presentado de forma ñoña, hipócrita y falsamente idealizada. En materia de prostitución, sobre todo de la más aparentemente refinada, Nueva Orleans, situada estratégicamente en la desembocadura del Misisipi y foco de penetración en Estados Unidos remontando el río en los vapores, siempre fue un foco caliente.

Cuando apenas un barco ha echado el ancla al llegar a San Francisco, los gerentes de *saloons*, salas de baile y burdeles están al acecho para contratar a las mujeres que llegan dispuestas a venderse. Estos intermediarios pueden ganar de 400 a 600 dólares por mujer y el capitán del barco que las ha traído también lleva su buena parte en tan sucio negocio. Estas féminas, que tal vez en París malvivían entregándose por una moneda o un plato de comida, en California intentan también enriquecerse. Las pocas que sobreviven y lo logran pueden acabar convertidas en madames, regentando ellas sus propios negocios, o se convierten en las amantes de algún famoso tahúr o pistolero a sueldo. Bajo diferentes variantes es esta una constante de las «ciudades calientes» en el proceso vertiginoso de la Conquista del Oeste.

Igualmente y prosiguiendo con el relato de la fiebre del oro, hay que destacar la importancia de la población china. Más aún que otros grupos de extranjeros los chinos pronto desarrollarán su propio barrio y forma de vida en San Francisco. En 1859, 35.000 chinos, entre los cuales solo hay siete mujeres, trabajan ya en California. Tanto en las minas como en otros oficios menores, por ejemplo las lavanderías, los obreros chinos son muy apreciados. Son frugales, sobrios y no protestan ante tanta explotación, aceptando los salarios más bajos y las jornadas de trabajo más largas. Esto hace que sean despreciados por los mineros americanos. Así pues la espiral de violento racismo no se hace esperar. Las tiendas y cabañas en las que se hacinan son quemadas por los otros mineros y muchos chinos son salvajemente asesinados y mutilados. Además no hay ley y cuando esta surge en precario no protege a los chinos de todas estas injusticias. Chinos, mexicanos e indios serán constantemente discriminados y en el peor de los casos asesinados impunemente o con el menor pretexto, por los blancos de origen anglosajón que dominan y controlan todo el gran negocio y desarrollo ligado a la fiebre del oro. Esto sucederá en otras partes de los Estados Unidos en expansión (bien minera, agrícola o ganadera), donde la visión del mundo anglosajona y protestante se impondrá de forma totalmente violenta. El genocidio de las diferentes tribus indias que poblaban California, desde el momento en que esta pasa a ser parte de los Estados Unidos, es algo que hoy reconocen historiadores como Benjamin Madley. Se trató de una total catástrofe demográfica para estos pueblos, que fueron aniquilados[76].

En California, pero en general en todo el Sudoeste, la violencia se ejerce sobre los hispanos sin ningún miramiento. Así pues la xenofobia y el bandidaje se realimentan en este sistema moral de exclusión que se va imponiendo (supremacismo que se asienta en la tradición religiosa protestante, la Doctrina Monroe y la ideología del Destino Manifiesto). Cazados como alimañas, expulsados y con sus minas y tierras expropiadas, los mexicanos responden, frente a tanta injusticia y opresión, lanzándose a una vida de bandidos sin esperanza. Entre 1850 y 1856 Los Ángeles vive una situación de gran violencia, con 44 homicidios entre una población de no más de 2.300 habitantes[77]. Los «vigilantes» no dudan en actuar contra los californianos de origen mexicano. Muchos, culpables o no, son rápidamente colgados ante unas masas que solo alimentan racismo y xenofobia. Al igual que con los chinos estamos ante un conflicto racial de grandes proporciones. Es en este contexto social en el que surge la figura del bandido, del «desperado» (corrupción de la palabra española, desesperado). Después, corriendo los años, la novelística y el cine darán su particular versión mitológica de todos estos hechos funestos, poniéndola al servicio de la ideología dominante: la del Imperio estadounidense y su *American way of life*.

Aunque en otro capítulo me ocuparé del mundo de los forajidos, quiero mencionar ahora la figura de Joaquín Murrieta (1829-1853), pues es el prototipo inicial de desperado de origen mexicano que, llevado por las circunstancias, acaba viviendo y muriendo como un bandolero. Sobre su vida se forjaron leyendas, mezclándose hechos y ficción, que sirvieron para comenzar a alimentar el imaginario popular. Con otros «fuera de la ley» (*outlaws*) a lo largo del siglo xix e incluso principios del xx y mientras duró la colonización del *Far West*, sucederá otro tanto. Parece haber cierto consenso en que fue expulsado por los anglosajones de su mina, que violaron a su esposa, lincharon a un medio hermano suyo y que él mismo fue azotado. Tras todo esto juró vengarse. Después de estos hechos y dependiendo de la versión que se acepte,

---

[76] Véase Madley, Benjamin. *An American Genocide. The United States and the California Indian Catastrophe*. (The Lamar Series in Western History). Yale University Press, New Haven y Londres, 2016.

[77] Jacquin, Philippe y Royot, Daniel. *Op. cit.*, p. 165.

se convirtió en tratante de caballos o en ladrón de los mismos, y por último en un bandido. Su vida fue contada por John Rollin Ridge en la novela de 1854, *The Life and Adventures of Joaquín Murieta. The Celebrated California Bandit*. Para los mexicanos desposeídos pronto se convirtió en un referente moral, considerándolo el Robin Hood de El Dorado (por robar a los ricos y auxiliar a los pobres). Junto con personajes como Kit Carson, "Wild Bill" Hickok o William F. Cody ("Buffalo Bill"), su vida y su trágico final sirvió de forma incipiente para alimentar los fantasiosos argumentos de las novelas de diez centavos (*Dime novels*), que son el eslabón intermedio, tras los relatos orales, de la mitología que después pasa al cine, al wéstern. A Murrieta se le atribuyó el haber capitaneado un grupo de bandidos, conocidos como la banda de los Cinco Joaquines, pues presuntamente, todos tendrían ese nombre. Tras sus asaltos, robos y asesinatos de mineros de origen estadounidense, los *rangers* de California pusieron precio a su captura.

El estado de California pagaba 150 dólares al mes a sus *rangers* y llegó a prometer una recompensa de 1.000 dólares si capturaban a la banda. Tras un enfrentamiento en el arroyo de Cantua, al borde de la sierra del Diablo, tres mexicanos resultaron muertos. Según los *rangers* uno era Joaquín Murrieta, otro Manuel García y el último el conocido como *Three-Fingered Jack* (Jack Tres dedos). Las cabezas de este y de Murrieta fueron cortadas y conservadas en frascos con alcohol para ser exhibidas ante los curiosos y las autoridades, y así cobrar la recompensa. Su leyenda continuó durante lustros, afirmando algunos que no había muerto y que la cabeza expuesta no era la de Murrieta. Un sobrino suyo, conocido como Procopio, fue un bandido notorio en California entre las décadas de 1860 y 1870, afirmándose que pretendía superar la fama de su tío. Hay que señalar que el personaje de ficción El Zorro, es erróneo que esté basado en la vida del verdadero Joaquín Murrieta, pues pertenece a la serie de cinco entregas de la novela popular *The Curse of Capistrano* (*La maldición de Capistrano*), escrita por Johnston McCulley y publicada en 1919, en la que el protagonista es el californiano Diego de la Vega, que enmascarado se convierte en el justiciero Zorro. En las últimas décadas se ha reivindicado la figura de Murrieta por los activistas mexicanos que residen en Estados Unidos, como símbolo de la resistencia frente a la dominación económica y cultural angloamericana, pues antes de la llegada de los anglosajones en California convivían españoles e indios y luego mexicanos mestizos. Para la Asociación de Descendientes de Joaquín Murrieta, este no era un «devorador de gringos», sino un justiciero que quería que México recuperase el territorio que había perdido tras la firma del Tratado de Guadalupe-Hidalgo.

Pero después de este paréntesis tenemos que volver a ocuparnos de la Frontera minera en otros lugares, pues como ya señalé hay elementos comunes en las diferentes fiebres que recorrieron bastantes territorios de los Estados Unidos. Sobre California hay que destacar que, tras los primeros años y agotados los filones más superficiales que se explotaban casi individualmente y con herramientas y técnicas rudimentarias, se impuso una minería más industrializada. Tras el babélico frenesí inicial, lleno de violencia y racismo como ya he dicho, donde todo el mundo soñaba despierto, las cosas fueron cambiando a partir de 1854. En un primer momento llegó a haber 40.000 buscadores de oro en 1849, 60.000 en 1850, 100.000 en 1852 y en California se daban cita místicos, bandoleros, socialistas, francmasones, etc. Todos ellos estaban reunidos con el mismo propósito, el de destripar la Sierra Nevada puesto que el oro se encontraba por todas partes y se arrancaban más de 70 toneladas en un año. No obstante ya en 1854 «los cañones de agua de Malakoff Diggins atacan las laderas de la sierra. Los hombres de negocios del Empire Mine son dueños y señores»[78]. El minero que excava de forma individualista y desconfiada pasa rápido a ser en California una figura del pasado. Pero no así en otras tierras y con otros metales preciosos.

En 1859, en Nevada, se descubre un importante yacimiento de plata: el Comstock Lode. Después de la de California de diez años antes, se produjo aquí una nueva gran riada humana por la fiebre de la plata. Prosperan los campamentos, pues 10.000 mineros se lanzan sobre esta región (que en aquel momento pertenecía a la parte occidental del territorio de Utah), y surgen de forma vertiginosa ciudades como Virginia City y Gold Hill. Además de plata también se encuentra oro y en los campamentos y ciudades vuelven a vivirse parecidas escenas de abusos y violencia. A donde hay riqueza acuden en masa no solo los mineros y los comerciantes más o menos honrados, aunque vendan sus mercancías del Este a precios astronómicos, sino que llegan todo tipo de aventureros buscavidas; entre los más notorios los pistoleros o matones a sueldo, los tahúres que controlan el mundo del juego de los nacientes tugurios y *saloons* y, por supuesto, las chicas de alterne y las prostitutas que ofrecen sus servicios con total descaro.

---

[78] Le Bris, Michel. *Op. cit.*, p. 66.

En la oleada minera hacia Nevada hay que mencionar a cuatro nombres propios que hicieron las primeras reclamaciones o *claims* de sus minas: O'Riley, McLaughlin, Penrod y Comstock, aunque para la posteridad y la opinión popular la más célebre y famosa fue la del último, la Comstock Lode. La gran riada de mineros de 1859 sembró el pánico en Virginia City, donde se agolpaban tiendas de campaña, chozas medio enterradas y barracones en una ciudad minera surgida en el desierto y poblada por todos los tipos humanos que ya hemos citado. Los robos y asesinatos fueron, al igual que en California, respondidos con populares juicios rápidos y sentencias expeditivas. En la ciudad se acumulaba la basura y el caos más absoluto. Con el paso por allí de la línea de comunicación de los jinetes del Pony Express, que llevaron la noticia del incendio de un albergue, situado a cuarenta millas, por parte de una banda de indios piutas, la espiral de violencia no se hizo esperar. Llegados los refuerzos de Fort Churchill (en los límites del desierto), «doscientos siete soldados y ciento cuarenta y nueve voluntarios pasaron al ataque y vengaron a los muertos del primer encuentro matando a un centenar de indios. Poco después llegó la noticia de la furia desencadenada de estos: los dos guardianes de la estación del Pony Express habían violado a dos muchachas indias, y los jóvenes de la tribu del jefe Winnemuca los castigaron de manera que es fácil imaginar. Doscientos cadáveres blancos y rojos yacían ahora a orillas de lago Piramyde...»[79].

Un testigo de excepción de aquella época fue Mark Twain (1835-1910), que evocó en sus relatos a la Virginia City de los años 1862-1864, incluyendo la caracterización de los tipos humanos (con sus formas de trabajar en las minas y sus típicas expresiones), la bonanza económica y, por último, la gran ruina que solía sobrevenir a ciudades mineras como esta. La época dorada de Virginia City fue de 1864 a 1874 y a partir de aquí, y hasta 1880, su declive.

Por otra parte, Colorado también tuvo su fiebre del oro bajo un grito tan radical como *Pike's Peak of Bust!* («¡Ir a Pike's Peak o reventar!»). Los mineros, los llamados *Fifty Niners* («los del 59»), preferían la ruina o arriesgarse a perecer, a no luchar por enriquecerse en la prospección y extracción de oro en Pike's Peak (al oeste del territorio de Kansas y suroeste del de Nebraska). Se cree que 100.000 buscadores de oro, algunos ya veteranos de California, participaron en esta gran fiebre. El núcleo original del yacimiento se encontraba a 85 millas (unos 137 km) al norte

---

[79] Véase Rieupeyrout, Jean-Louis. *Op. cit.*, Volumen I, p. 308.

del citado pico. Además, con dicha fiebre llegó la primera gran riada de habitantes blancos, bien ya norteamericanos o europeos recién llegados, que entró en esa región de las Grandes Llanuras. La topografía de esas tierras, muy abrupta, hizo que hubiera diferentes focos mineros, destacando principalmente tres: el situado al oeste de Denver (Clear Creek y afluentes), el formado por el triángulo Fairplay-Breckenridge-Leadville, y la región de Creeple Creek, cerca de Colorado Springs (sin contar con el grupo Silverton-Ouray-Telluride, en el ángulo sudoeste del estado). Los campamentos mineros como Denver City y Boulder City pronto se convirtieron en ciudades. Otros, más pequeños, quedarían absorbidos o, finalmente, serían abandonados y darían lugar a un rosario de pueblos fantasma, tantas veces recreados y vistos en los wésterns de Hollywood.

Uno de los principales protagonistas de la fiebre del oro en Colorado fue William Greeneberry "Green" Russell, que estaba casado con una india cheroqui y que por los contactos con esta tribu «desplazada» a Territorio Indio, sabía que se había descubierto oro a lo largo del río South Platte en 1849. Hay que resaltar siempre con insistencia que en todas estas riadas del oro (y de la plata), las grandes perdedoras eran las tribus indias, que veían sus tierras invadidas y esquilmadas. Y hay que recordar también que aunque ya en 1830 las reconocidas como Cinco Tribus Civilizadas (chickasaw, choctaw, creek, seminola y cheroqui), se habían ajustado a las reglas del juego de la civilización blanca, no fueron respetadas y sufrieron la deportación (con gran mortandad), que ya he expuesto (el Sendero de las lágrimas). Estas tribus incluso se habían convertido al cristianismo y el gran líder cheroqui, Sequoyah, había desarrollado de forma muy inteligente un sistema de escritura, cuyo silabario se usaba ya completamente en 1823, convirtiéndose en lengua oficial de la nación étnica cheroqui en 1825. Además, en 1828, esta tribu puso en marcha el primer periódico publicado en un idioma nativo americano (el *Cheroqui Phoenix*)[80]. Pero todos sus esfuerzos civilizatorios resultaron inútiles y fueron deportados. Dada la constante avalancha de pioneros, entre ellos bastantes mineros ávidos de oro y plata, las estrategias de los sucesivos presidentes de Estados Unidos fueron casi siempre las mismas: Tratados tramposos que no se cumplían, generar disensiones internas entre los líderes indios tribales para debilitar sus estrategias de resistencia, extorsiones, amenazas, fomento del alcoholismo entre la población de las aldeas in-

---

[80]   Doval, Gregorio. *Breve Historia de los indios norteamericanos*. Ediciones Nowtilus, S. L. 2009 (4.ª Edición, 2015, 2020, 2021), pp. 150-169.

dias, matanzas y deportaciones a territorios baldíos o aún no poblados o reclamados por los blancos llegados de Europa.

Un primer ejemplo de todo esto lo tenemos y en lo referente a las explotaciones mineras, en el hecho de que con el descubrimiento en 1829 de oro cerca de Dahlonega, que produjo la primera fiebre del oro de la historia de los jóvenes Estados Unidos, los especuladores invadieron las tierras de los cheroquis. A pesar de los desacuerdos entre las leyes estatales (las de Georgia) y las federales, el presidente Jackson optó por la política de traslado forzoso, lo cual, vista la historia por sus consecuencias posteriores, era casi ya una condena al exterminio de las tribus reubicadas.

En todo este proceso de rápida y anárquica invasión en avalancha el periodismo jugó un papel activo muy importante, pues Horace Greeley, desde el *New York Tribune*, no dejaba de ser el gran propagandista apasionado de la aventura colonizadora (aventura que implicó la casi total aniquilación de la población indígena).

Así pues las oleadas mineras fueron sucediéndose y sus consecuencias (muy trágicas para las tribus), también. Hagamos un breve resumen: En el Nordeste y en 1860, en la Columbia Británica canadiense, se descubre oro en los montes Cariboo (en el curso superior del río Fraser). En 1862 en Boise River. En 1863 Idaho se convierte en Territorio y la oleada hacia Cariboo entra en su apogeo. También se descubre oro en Kootenai River y en Grashooper Creek (Montana): en Bannack, Alder Gulch (1862-1869). Toda esta riqueza equivale a unos 94 millones de dólares. En 1864 se da una gran oleada hacia Kootenai y el valle del Boise se convierte en centro minero (Boise City, Idaho City y Silver City). El oro se halla igualmente en los montes Punta de Lezna. Con el rápido crecimiento de la población blanca Wyoming se convierte en Territorio en 1868. En 1875 se localiza oro en las Black Hills (Colinas Negras), lo cual dará lugar como consecuencia de la invasión de esas tierras a la «última carga del general Custer», contra las fuerzas combinadas de los sioux lakota, los cheyenne del norte y la tribu arapaho (batalla de Little Bighorn en 1876). Por último y siempre en los territorios del Nordeste, hay que mencionar a la gran riada del oro en el Yukón de 1897-1898 (en Dawson City, Alaska)[81].

Estamos pues ante la última gran fiebre del oro de las postrimerías del siglo XIX, la que podríamos llamar la Cruzada del Klondike.

---

[81] Véase Rieupeyrout, Jean-Louis. *Op. cit.*., Volumen I, pp. 339-340.

«Los hombres del *Dead Horse Trail* se transformaron en bestias y su corazón se tornó de piedra», escribirá Jack London. En el infierno blanco de Klondike tiene lugar el último gran encuentro de los buscadores de oro. Un viaje hasta el fondo del sufrimiento, del horror y de la miseria. Una riada que se termina apenas comenzada. ¿Qué buscaban todos esos locos que forjaron la leyenda del Chilkoot Pass?[82]. Para todos los individuos desposeídos y rechazados por una sociedad industrial que se desarrollaba sin piedad y a toda máquina, el oro del Klondike («la quimera del oro» por decirlo con Charles Chaplin), representará la última oportunidad, el postrer sueño de enriquecerse. Como en anteriores fiebres, pero aquí bajo unas temperaturas gélidas, el sacrificio humano de los primeros mineros, llegará también a cotas épicas y no menos trágicas.

En los poblados del Klondike, «a los clamores nocturnos de los *dancings*, de los *saloons* y de los burdeles se mezclan las llamadas de auxilio, el ruido de los tiroteos y los gritos de la gente asesinada», contará, estupefacto, Samuel B. Steele, de la Policía montada, de paso en Skagway. Soapy Smith, el amo de la ciudad, fue abatido en julio de 1898[83]. Jack London fue un testigo de excepción de toda esta fiebre del oro, pues participó en la misma y dejó constancia del paso por la difícil pendiente *Chilkoot Pass*, en su obra *La hija de las nieves*. Para este notable escritor la aventura del Klondike fue una riada que se acabó apenas comenzada, donde parecía más importante el entusiasmo, en esta epopeya del sufrimiento, que el hecho mismo de encontrar oro y enriquecerse de la noche a la mañana. Entrado el siglo XX la «conquista del Norte», con el descubrimiento de nuevos yacimientos auríferos en tierras de Canadá, se mecanizará y serán los grandes magnates los que sacarán pingües beneficios.

Pero en el sudoeste de Norteamérica también hubo sus riadas y sus fiebres, tanto del oro como de la plata, y se vivirán similares escenas de lucha por la vida y de explotación humana (mineros asesinados, tahúres oportunistas, pistoleros a sueldo, *sheriffs* más o menos corruptos que operaban a ambos lados de la Ley, prostitutas de baja estofa y madames de modales refinados). Ni que decir tiene que las tribus indias de estos territorios fueron totalmente avasalladas o casi exterminadas y que mexicanos y chinos también fueron muy maltratados. En sucinto

---

[82]   Le Bris, Michel. *Op. cit.*, p. 85.
[83]   Le Bris, Michel. *Op. cit.*, p. 103.

resumen hay que referirse a los siguientes hechos: en 1850 se construye Fort Yuma en Arizona. En 1853 el Gadsden Purchase adquiere la región de Tucson (Arizona) y se encuentra oro en el río Gila, surgiendo Gila City. En 1854 ya se explotan minas en Santa Rita y Cerro Colorado, cerca de Tubac (Arizona). Tras la construcción de Fort Buchanan, cerca de Tucson, en 1856, van llegando los colonos y en 1860 se descubre oro en los montes Santa Cruz, convirtiéndose Tucson en un centro minero. Para 1864 las minas de Gila City ya están agotadas y al año siguiente Tucson queda casi abandonada. En 1875 es la plata la protagonista en Globe y en 1877 en Jerome, Bisbee y Tombstone (Arizona de nuevo)[84]. Digamos de paso que fue la fiebre de la plata en esta última ciudad la que atrajo a tipos humanos como los hermanos Earp. Me refiero a Wyatt, Virgil y Morgan Earp, que junto con Doc Holliday, protagonizarán el famoso tiroteo en el O. K. Corral el 26 de octubre de 1881. Pero a este tipo de personajes y a otros parecidos dedicaré un capítulo aparte.

Entremos ahora de forma rápida en el desarrollo armamentístico, pues todas estas riadas humanas y todo el submundo que generaron en su entorno (diríamos su paisaje), estuvieron todo lo armadas que pudieron. Pues las fiebres del oro y de la plata fueron también las fiebres de la violencia con los revólveres como principales protagonistas. No me voy a referir a los modelos ya citados, pero sí deseo seguir una secuencia histórica en la invención y manejo de las armas de fuego. Por eso en próximos capítulos y tras abordar la Guerra Civil, trataré de los diseños correspondientes a las armas de fuego, tanto largas como cortas, de cartucho metálico (bien de fuego anular o de fuego central).

Como en principio me he ceñido a las iniciales riadas del oro y a la vida de los mineros, que en el fondo era una vida miserable y llena de penurias (salvo raras excepciones), he de tratar de las armas cortas de bajo precio que, vendidas por millares, empleaban los mineros para defender su vida, ajustar sus cuentas, o simplemente, llevados por la codicia, asesinar a alguno de sus envidiados compañeros de fatigas ya enriquecido. Por eso voy a tratar de la pistola de bolsillo Deringer, de algunos modelos de avisperos y, sobre todo, del exitoso y muy vendido revólver Colt Baby Dragoon. Reseñar que tahúres, damas de la noche y políticos de dudosa notoriedad también emplearon este tipo de armas, principalmente porque eran pequeñas, ligeras de peso y de fácil oculta-

---

[84]   Véase Rieupeyrout, Jean-Louis. *Op. cit.*, Volumen I, pp. 339-340.

ción en las ropas usadas en esa época. Tampoco hay que olvidar que si nos referimos a la historia de los Estados Unidos anterior a 1865-1869, estamos tratando de diseños de armas que eran de avancarga y percusión (ignición por pistón sobre una chimenea roscada a la recámara), cargándose la pólvora negra y la bala por la boca del cañón de forma separada (o a lo sumo y para los revólveres, con cartuchos de papel preconfeccionados).

En primer lugar hay que mencionar a los avisperos, que ya he descrito como armas cortas de pistón de varios cañones relativamente primitivas y que casi todos los expertos conciben como el antecedente histórico más inmediato anterior al verdadero revólver, el inventado por Colt. Los avisperos se vendieron en gran cantidad entre los mineros de las primeras fiebres del oro, como la de California de 1848-1849, cuando se disponían a atravesar el istmo de Panamá o a viajar a través del cabo de Hornos. Asimismo he citado a fabricantes como Ethan Allen, Allen & Thurber y Nichols & Childs. «En las armerías de la costa Este, un buen avispero costaba 15 dólares y un revólver Colt Pocket calibre 31, en torno a los 25. Pero en California, si el primero doblaba su precio (30 dólares), el segundo multiplicaba el suyo por diez: 250 dólares»[85]. Esta diferencia de precio evidenciaba la clara superioridad del revólver. El avispero, y más en sus modelos de pequeño tamaño y fácil ocultación, era un arma para el ciudadano. Su precisión era nula más allá de unos pocos metros y tenía el inconveniente de que todos los cañones se disparasen a la vez por accidente. El revólver Colt tenía un funcionamiento mucho más seguro (aunque había que saber cargarlo con cuidado), era más robusto, más preciso, con mejor equilibrio, y por todo eso acabó imponiéndose.

Sin embargo si un arma de bolsillo fue famosa en la violenta conquista del *Far West*, fue la pistola Deringer. Hagamos un breve repaso: Henry Deringer (1786-1868) fue un armero de Pensilvania que se mudó a Philadelphia. Su padre también era armero especializado en fabricar rifles de Pennsylvania para su uso por los colonos de la frontera. El joven Henry después de ser aprendiz y ya establecido por su cuenta, fabricó rifles de chispa de estilo militar, como los modelos 1814 y 1817. También bajo contrato gubernamental hizo rifles para el comercio con los indios. Pero en 1825 diseñó, y ya con el sistema de percusión, la pistola de bolsillo de cañón corto y gran calibre que le

---

[85] Venner, D. *Op. cit.*, 1985, p. 115. La traducción del francés es mía.

daría tanta fama y dinero. Las principales características de las pistolas Deringer de avancarga eran las siguientes (las originales llevaban estampado en la pletina de la llave de pistón de acción trasera, el nombre comercial Deringer Philadelphia): empuñadura de madera de nogal cuadrillado, cañón corto de hierro de 1 a 4 pulgadas de largo como mucho, rayado con siete estrías, el calibre podía oscilar entre el 0,33 al 0,51 de pulgada, aunque las más habituales eran de calibre 41 (10,414 mm) o del 44 (11,176 mm). Las más pequeñas (las más fabricadas), por su tamaño no llevaban baqueta de carga y no eran mayores que la palma de la mano. Su peso era muy ligero (en torno a 250 gramos). Se llevaban a veces por parejas, cargadas ya desde casa, bien con bala esférica forzada o subcalibrada envuelta en un calepino. No solo los mineros, sino los ciudadanos respetables, los ladrones, los diputados, tahúres y prostitutas consideraban a esta pistola como una parte elemental y normal de su indumentaria. Fáciles de ocultar en cualquier bolsillo se adecuaron muy bien al espíritu de la época.

Sucedió además que como Deringer no reclamó patente alguna para su pistola, fue muy copiada por todo tipo de fabricantes, tanto del Norte como del Sur. Este arma se hizo famosa porque el 14 de abril de 1865, el fanático sudista John Wilkes Booth la empleó para asesinar al presidente Abraham Lincoln de un disparo a quemarropa en la cabeza. Fue en el teatro Ford de Washington. En ese año esta pistola de bolsillo en su versión de avancarga ya estaba en franco declive, pues había ya diseños mejorados para cartucho metálico. Este modelo en concreto tuvo su máxima popularidad entre 1848 y 1860, siendo muy empleada por los jugadores profesionales de los vapores que surcaban el Misisipi. Y aunque Philip Barton Key ya había sido liquidado por el senador Dan Sickles con una pistola de bolsillo de pistón en 1859, fue el asesinato de Lincoln lo que generó escándalo y publicidad. Se dio el caso de que en la prensa, al dar la noticia, el arma se describió como una «Derringer», aunque ya antes, en California y en 1856, se escribía su nombre por error con dos erres. Es por eso por lo que ya en las décadas posteriores, con la cartuchería metálica, estas armas se hicieron tan famosas y abundaron tanto, y siempre (aunque con diferentes diseños), bajo el nombre de Derringers.

Destacar solo una cuestión más: durante la riada del oro en California, cuando una habitación en San Francisco podía costar de 200 a 1.000 dólares al mes, una Deringer (como la usada para matar a Lincoln años más tarde), por la que en el Este se pagaban entre 3,25 y

5 dólares, costaba en la citada ciudad unos 20 dólares o más[86]. Su efectividad mortífera no superaba los 5 o 6 metros a lo sumo, pero era todo lo que necesitaba un minero o un jugador que disparaba a quemarropa por encima de la mesa de un *saloon*.

No obstante fueron los revólveres Colt de pequeño calibre y tamaño los que entre 1849 y 1860 ganaron la carrera armamentística en el Oeste, aunque pronto le saldrían serios competidores a los que tendré que nombrar en próximos capítulos. Me refiero a Smith & Wesson y a Remington principalmente.

En 1848 sale al mercado el Old Model Pocket Pistol de Colt, también conocido por *Model of 1848 Pocket Pistol* «Baby Dragoon». Era de calibre 31 (7,874 mm). Se fabricó entre 1848 y 1849 con cañones que iban de 3 a 6 pulgadas (76, 101, 127 o 152 milímetros de longitud). Seguidamente se comienza a producir el Pocket Model 1849 que estuvo en fabricación hasta 1873. También se hicieron con diferentes largos de cañón y con tambor de cinco recámaras. Los que no llevaban palanca de carga fueron conocidos como modelos Wells Fargo, aunque no hay constancia de que esta empresa los comprase. A partir de 1861-1862 surgirán los modelos (todavía de avancarga y como armas tipo Pocket), *New Model Pocket Pistol* y el modelo *Police*, pero en calibre 36. De los revólveres Pocket de calibre 31 se llegaron a fabricar, entre todas las variantes y hasta 1873, unas 325.000 unidades. Frente a otros tipos (como el *Army*, del 44, o el *Navy*, del 36), y otras marcas, fue el revólver más vendido de la casa Colt de toda esta época. Era pequeño, ligero, fácil de manejar y letal como arma de defensa o ataque a cortas distancias, a pesar de su pequeño calibre y, como los otros modelos, podía cargarse tanto con bala esférica (del 32), como ojival. Con el tiempo también hubo fábricas que hicieron cartuchos de papel autocombustible para este tipo de revólver de avancarga.

Pero todo esto cambiará con la entrada en escena de la empresa Smith & Wesson y el desarrollo de la patente de Rollin White (1854-1855), que revolucionará por completo la tecnología de las armas de fuego en Estados Unidos. Con esta patente se abrirá el camino hacia los revólveres de cartucho metálico y en siguientes capítulos me ocuparé del tema.

Respecto a las armas largas hay que destacar el progreso en los diseños de retrocarga (para cartucho de papel), destacando Christian Sharps y sus carabinas, de calibre 52, que poco a poco van perfeccio-

---

[86]   Rosa, Joseph G. *Op. cit.*, 1985, p. 74.

nándose (modelo Box Lock de 1851, Slanting Breech de 1852, Slanting Breech de 1853 y Sharps Model 1855 US). También hay que citar a los primeros ensayos de armas de repetición con cartuchos metálicos, como las pistolas Volcanic, de la propia Smith & Wesson, antecedentes del famoso rifle Henry con sistema ya de palanca.

Por último entraré ahora, aunque con brevedad, en el mundo del cine y en las películas (mayormente wésterns), que tratan en sus guiones la vida de los mineros, de los abandonados «pueblos fantasma» (antiguos asentamientos de las citadas «fiebres»), o de la ambición por el oro y la plata, riquezas en torno a las cuales pululan también infinidad de tahúres, pistoleros, *sheriffs* y políticos corruptos, prostitutas y madames.

Mencionaré solo unas pocas, aunque hay infinidad, pero no comentaré las que tienen como protagonistas a forajidos y *sheriffs* reales famosos, ya que quedarán para otro capítulo. Nombraré, pues, obras como *La quimera del oro* (Charles Chaplin, 1925), *La ciudad sin ley* (Howard Hawks, William Wyler, este sin acreditar, 1935), *Oro, amor y sangre* (Michael Curtiz, 1940), *Los usurpadores* (Ray Enright, 1942), *En el viejo California* (William C. McGann, 1942), *Feliz y enamorada* (Frank Ryan, 1944), *California* (John Farrow, 1947), *El tesoro de sierra Madre* (John Huston, 1948), *Cielo amarillo* (William Wellman, 1948), *El desfiladero del cobre* (John Farrow, 1950), *La ruta del caribú* (Edwin L. Marin, 1950), *Carson City* (André De Toth, 1952), *Tierras lejanas* (Anthony Mann, 1954), *Río sin retorno* (Otto Preminger y Jean Negulesco, 1954), *Los corruptores de Alaska* (Jesse Hibbs, 1955), *El jugador* (Allan Dwan, 1955), *Arizona, prisión federal* (Delmer Daves, 1958), *Desafío en la ciudad muerta* (John Sturges, 1958), *El árbol del ahorcado* (Delmer Daves, Karl Malden, Vincent Sherman, 1959), *Alaska, tierra de oro* (Henry Hathaway, 1960), *El oro de Mackenna* (J. Lee Thompson, 1969), *La leyenda de la ciudad sin nombre* (Joshua Logan, 1969) y *El jinete pálido* (Clint Eastwood, 1985). Se que en esta lista faltan bastantes obras y no he citado los wésterns realizados los últimos treinta años y que de alguna forma pudieran tener que ver con estas temáticas, pues entonces este libro se extendería en exceso.

Es evidente también que en muchos wésterns, cuya temática principal es otra, la figura secundaria y estereotipada del viejo minero, desdentado, borrachín, sin afeitar, sucio y harapiento, que tira de un borriquillo donde lleva todas sus exiguas pertenencias, aparece brevemente y es un tópico que se repite bastante. La importancia histórica y mitológica de la fiebre del oro californiana y de alguien como Johann August Sutter, fue tan relevante, que hasta los nazis se quisieron apropiar de ella. Me refiero a la película de 1936, *El emperador de California*, titulada originalmente *Der Kaiser von Kalifornien*, cinta alemana que fue rodada en Baviera.

De todas las que he mencionado quiero destacar largometrajes como *El tesoro de sierra Madre*, *Tierras lejanas*, *El árbol del ahorcado* y *El jinete pálido*. En todas estas cintas late la pasión, desenfrenada y cuasi enloquecida, por hacerse rico a cualquier precio y, por último, el desencanto final autodestructivo, tal y como nos lo presenta por ejemplo John Huston en *El tesoro de sierra Madre*, pero igualmente en la obra de Delmer Daves, donde el doctor se salva de la horca *in extremis* fruto de la propia «fiebre del oro» que tiene poseído a todo el campamento minero. Aunque también alienta el orden moral restituido que acaba imponiéndose por la figura providencial del héroe honrado, valiente y justiciero, aunque tenga un sucio pasado casi fantasmagórico, como es el caso del exforajido Jeff Webster (James Stewart) en *Tierras lejanas*, en parte en el atormentado médico Joseph "Doc" Frail (Gary Cooper) en *El árbol del ahorcado*, destacando el espectral «predicador resucitado» que interpreta Clint Eastwood en *El jinete pálido*.

Esta última cinta, ya tamizada por la estética del spaghetti-wéstern, y tras el aprendizaje de su director, el propio Clint Eastwood, con Sergio Leone y Don Siegel, no deja en parte de ser un *remake* actualizado de la muy clásica *Raíces profundas* (*Shane*, George Stevens, 1953), pero tiene vida propia, es una gran película y anuncia lo que será la obra maestra de este director en el género: *Sin perdón* (1992).

Finalizo comentando que si la figura del minero solitario y huraño, bien sea simplón o mezquino, está estereotipada con rasgos simplistas en muchos wésterns de serie B, lo es aún más la figura de la cantante de *saloon* o «chica de compañía», que nunca aparece abiertamente como una prostituta degradada y explotada. Habrá que esperar a obras como la citada *Sin perdón* o a los últimos wésterns biopics sobre Wyatt Earp, sus hermanos y amigos (incluyendo al tísico Doc Holliday y su chica), sus mujeres y sus tiroteos en las ciudades fronterizas, para ver a la figura de la prostituta de forma más realista, es decir más cruda. Algo diré sobre estas obras en próximos capítulos. Y esto contrasta con el tratamiento que Otto Preminger dio a la cantante Kay Weston, interpretada nada menos que por Marilyn Monroe, en *Río sin retorno*, de 1954, o la visión cómico-musical de las prostitutas, de las necesidades sexuales de los mineros y de la poliandria en *La leyenda de la ciudad sin nombre* (1969), cinta famosa por la canción *Estrella errante* interpretada

California, *dirigida por John Farrow (1947). Aventuras de los colonos, durante la fiebre del oro, por el control de California como tierra de promisión.*

El árbol del ahorcado *(Delmer Daves, 1959). Wéstern clásico con un gran reparto y una trama psicológica y moral turbia, en el contexto de la fiebre del oro en Montana.*

El jinete pálido *(Clint Eastwood, 1985). Un predicador de extraño y turbio pasado se pone de parte de los mineros pobres en California frente al cacique local. Versión moderna de* Raíces profundas.

por el coprotagonista Lee Marvin, que comparte esposa, encarnada por la actriz Jean Seberg, con Clint Eastwood. Igualmente hay que mencionar que una película como *El oro de Mackenna*, del director inglés J. Lee Thompson, es un wéstern mucho más emparentado con el cine fantástico y de catástrofes, que tan de moda se puso en los años setenta del pasado siglo, que con cualquier hecho que recuerde vagamente a las históricas fiebres del oro.

En la serie televisiva *Into the West* (2005) también se dedica un capítulo, el número 3, a reflejar los estragos que hace en algunos personajes la fiebre del oro en California.

7
CONFLICTOS EN LA FRONTERA. LA SANGRIENTA KANSAS. PRELUDIOS DE GUERRA CIVIL

El colono y su escopeta de avancarga de dos cañones. Nuevas marcas y modelos de revólveres. Las «Biblias» de Beecher o de la carabina Sharp 1853

M E PROPONGO AHORA TRATAR ALGUNAS GUERRAS INDIAS y tratados firmados antes de la Guerra Civil (1861-1865), lo referente a las primeras empresas de transporte y comunicación que intentaron conectar los Estados al este del Misisipi con los territorios del Oeste (sobre todo con California en vísperas de la citada guerra), y el clima político y de agitación social prebélico entre Estados y facciones esclavistas y antiesclavistas. Al final como siempre, dedicaré un apretado resumen al desarrollo de las armas de fuego y a cómo Hollywood ha mitificado estos acontecimientos. Adelantar que el proceso de Conquista del Oeste, del salvaje *Far West*, se aceleró muchísimo nada más finalizar la contienda.

Todas la riadas del oro y de la plata resumidas en el capítulo anterior (California, Nevada, Colorado, Montana, etc.), suponían un impacto brutal para las tribus que estaban asentadas y que vivían en esos territorios (y de forma seminómada), mayormente de la caza del bisonte. La frontera minera iba acompañada de todo un conjunto abigarrado de personajes a los que ya me he referido, pero además fueron llegando masivamente los colonos con vocación de granjeros, que solo aspiraban a sobrevivir practicando una agricultura y ganadería (en principio de subsistencia y no con grandes cosechas), y de la caza como complemento cárnico para su exigua dieta. Esta avalancha humana se multiplicó a partir de 1865, donde, además, muchos excombatientes de la Guerra

Civil, totalmente empobrecidos y bien con buenos o malos fines, buscaron en el Oeste, en las grandes praderas, una forma de supervivencia,
una oportunidad para empezar de nuevo.

Así pues, y a partir de 1850, las tierras de Misuri, Minesota, Nebraska y Kansas empezaron a recibir de forma lenta, paulatina pero imparable,
las carretas de los *squatters*, es decir de los granjeros y sus familias que legalmente no tenían ningún título de propiedad, pero que se apropiaban de
las tierras por simple ocupación y se aferraban a ellas con uñas y dientes, o
por decirlo con la metáfora mitológica del wéstern, con el rifle y la Biblia.
También se levantaban cada vez más puestos fronterizos de abastecimiento
y fuertes militares para cubrir y presuntamente defender a los viajeros de
las grandes rutas: las de Oregón y California. Ante todo esto y viendo invadidos sus territorios de caza, no es de extrañar que las tribus se alarmasen
y que diese comienzo un rosario de guerras indias.

Según el censo de 1850 la población de los Estados Unidos era
ya de 23.191.876 habitantes, sin tener en cuenta la población indígena (unos 400.000), que iba disminuyendo, principalmente y hasta ese
momento, por las enfermedades y epidemias llevadas por los europeos
que ellos no podían resistir. Un poco más tarde y ya con las mencionadas guerras, vendrían también las grandes matanzas: el exterminio
y la reducción de los pocos supervivientes a las reservas. Con Oregón,
California, Texas y en general todo el Sudoeste en poder ya de los Estados Unidos como áreas de expansión y colonización, los conflictos se
suceden. Antes del final de la guerra de Secesión destacan las guerras
con los arikara (1823), con los osage (1837), el comienzo de las guerras
contra los comanches en 1836 (incluyendo la expedición de Antelope
Hills de los *Rangers* de Texas contra los comanches y los kiowas en el
territorio de la Comanchería en 1858). Fue también el principio de las
guerras contra los apaches (por ejemplo contra los jicarillas entre 1849
y 1855); contra los navajos a partir de 1849; de la primera y segunda
guerra Yuma (al sur de California y suroeste de Arizona de 1850-1853)
y del rosario de guerras ute a partir de 1849 (incluyendo la batalla de
Fuerte Utah de 1850). De la primera guerra Siux (1854-1855), incluyendo con posterioridad la guerra Dakota de 1862 (también conocida
como guerra de Pequeño Cuervo). De la guerra de Colorado (en la que
el ejército de los Estados Unidos se enfrenta, entre 1864 y 1865, a los
cheyenne del sur, arapaho, brulé y sioux oglala (o lakota). De las guerras
del río Rogue contra los indios de Oregón (entre ellos el pueblo tolowa)
en 1855-1856. De la guerra de Yakima (1855-1858) en el territorio de

Washington. De la guerra Mohave de 1858-1859, como consecuencia de la riada humana llegada a partir de la fiebre del oro en California. De la guerra contra los paiutes del Norte (junto con sus aliados, los shoshone y los bannock) en el territorio de Utah en 1860, etc.

Podría seguir con la lista, pero no cito las guerras ya mentadas al este del Misisipi, como las seminolas, anteriores a este periodo y que finalizaron con la deportación a Territorio Indio de las tribus civilizadas (recuérdese el tantas veces mencionado Sendero de las Lágrimas), ni tampoco refiero aquí las guerras más cruentas, es decir las que tuvieron lugar entre 1865 y 1890, pues a ellas y a la vida de los militares en las guarniciones de la frontera, dedicaré otro capítulo. Desde un punto de vista metodológico es necesario recordar que muchas de las citadas guerras, a pesar de su violencia, no pasaban de ser incursiones de castigo y escaramuzas, capitaneadas no solo por militares de oficio sino también por partidas de colonos voluntarios con un líder a la cabeza de las mismas. Son, según la clasificación de Gustavo Bueno, guerras de género uno, pues un Estado, los Estados Unidos, invade, presiona y esquilma a unas sociedades preestatales (tribales); en este caso debido a la constante y creciente llegada de mineros y colonos a las tierras de California, Texas, Oregón, etc., que no respetan para nada los territorios de caza y la forma de vida de los indios, que, además, no tenían el concepto de «propiedad privada». Como es evidente, la guerra de Secesión es de género cuatro, pues se trata de una guerra civil en toda regla en el seno de una nación política ya constituida[87].

Como veremos, el que el periodo de 1865 a 1890 fuera el más belicoso y sangriento para con las tribus o naciones étnicas indígenas, dando lugar a su exterminio y a la total reclusión de los pocos supervivientes en reservas estériles (casi al modo de grandes campos de concentración), se debió a varios factores que tendremos que estudiar. Ahora y adelantándome al tema, cito los siguientes: la masiva invasión de los territorios indios por masas de inmigrantes depauperados llegados de Europa, víctimas colaterales de la implacable Revolución Industrial. El desplazamiento hacia el Oeste de los sudistas, perdedores de la Guerra Civil, que quedan totalmente empobrecidos por la política revanchista gubernamental durante el Periodo de la Reconstrucción y que buscan empezar de nuevo a partir de

---

[87] Véase la nota 16, donde aclaro todos estos conceptos propios de la Filosofía política y de la historia del Materialismo Filosófico, sistema desarrollado por el filósofo Gustavo Bueno (1924-2016).

cero o sobrevivir a cualquier precio. Y por último, el desarrollo masivo e industrial de las armas de fuego de cartucho metálico y repetición (además de la artillería de campaña y de la ametralladora Gatling), y que fueron de uso corriente no solo por el ejército sino también por los colonos; y ello en virtud de la famosa Segunda Enmienda a la Constitución de los Estados Unidos, según la cual el pueblo tiene derecho a adquirir, portar y usar armas para su autodefensa.

Pero antes de entrar en toda esa problemática tenemos que ocuparnos de una cuestión no menor, la de cómo se conectó el Este civilizado con todos esos nuevos territorios tan alejados, entre los que mediaban anchos y caudalosos ríos, praderas inmensas y desiertos abrasadores y muy escasos de agua potable. Por eso hemos de tratar de los sistemas de transporte y comunicación que se comenzaron a desarrollar por hombres arriesgados y emprendedores, y ello poco antes de que tuviera culminación la gran empresa del ferrocarril transcontinental.

Lo cierto es que a toda la masa de mineros, *squatters*, soldados y oficiales destacados en alejados fuertes fronterizos había que comunicarlos con el Este (por ejemplo, y en el caso del ejército, para recibir órdenes escritas y selladas lo más rápido posible, o para cobrar sus nóminas). También había que proveerlos de todo lo necesario para su subsistencia, aunque esta fuera muy austera: ropas, calzado, menaje, herramientas para la construcción de los fuertes o las cabañas, armas, municiones, alimentos en conserva, whisky, etc. Como los *squatters* (los que ocupan la tierra sin derecho legal), y los *wésterners* (los habitantes que se arriesgaban a vivir en el Oeste), aumentaban de día en día, en plena Guerra Civil y bajo el mandato de Abraham Lincoln, se votó y se aprobó la Ley de Asentamientos, es decir la Homestead Bill de 1862. «La disposición esencial de esta ley estipulaba que todo norteamericano soltero o cabeza de familia podía adquirir ciento sesenta acres de tierra mediante un primer pago de diez dólares. Al cabo de cinco años de residencia y cultivo, le sería confirmada la propiedad mediante el pago de un dólar veinticinco el acre. Con ello se impulsó decisivamente el desarrollo de ciertas regiones del Oeste»[88]. Sobra decir que todo este rápido proceso colonizador se hizo en favor de la población blanca y en perjuicio de las tribus indias.

Pronto el Tratado de Fort Laramie de 1851[89], que se había firmado con la intención de aliviar las tensiones entre los blancos que

---

[88] Rieupeyrout, Jean-Louis. *Op. cit.*., Volumen I, p. 349.
[89] Doval, Gregorio. *Op. cit.*, p. 247.

iban llegando y las tribus indias, saltó hecho añicos por la realidad que se iba imponiendo: la llegada de más y más colonos que se asentaban y el inicio de las comunicaciones por compañías de transporte con sus convoyes de carretas cargados de suministros. También por la implantación de las primeras líneas regulares de diligencias que enlazaban el Este con California, aunque fuera de forma muy lenta y llena de peligros, imprevistos y retrasos. Para mayor abundamiento no hay que olvidar que hasta la década de 1870, cuando empezó la matanza sistemática y programada del mal llamado búfalo, que era la fuente de sustento y vida (incluida su religión de fase primaria) de las tribus de las praderas, esta, la gran pradera repleta de alta hierba, era considerada erróneamente un territorio impropio para la agricultura y la ganadería. Cuando se exterminen los bisontes (más o menos entre 1869-1882) y lleguen los grandes rebaños de ganado vacuno tejano a las praderas, los famosos cornilargos o *longhorns* de origen español, la aniquilación de los indios será casi total.

William Hepburn Russell, Alexander Majors y W. B. Waddell encarnan, como empresarios de los transportes, el ideal de los nuevos Estados Unidos que se están forjando. Las grandes caravanas tiradas por yuntas de bueyes con suministros para los puestos fronterizos avanzados, siempre vigiladas por los recelosos (y con razón) exploradores indios, son un símbolo más de la violenta conquista del Oeste, de la violenta formación de los actuales Estados Unidos. Al este del Misisipi ya había varias líneas de ferrocarril (que dicho sea de paso jugarán un importante papel estratégico en la contienda civil), y las líneas de telégrafo empiezan a conectar a las ciudades más populosas y a toda la red de políticos y funcionarios gubernamentales. Además el transporte fluvial de los vapores por el citado río y por el Misuri también formaban parte esencial de la vida económica de la joven nación (tráfico y venta de las pieles de los tramperos del Norte y del algodón de los ricos plantadores sureños esclavistas). En el Oeste todo había de hacerse a uña de buey o con mulos y caballos de carga.

La Butterfield Overland Mail fue un servicio de diligencias que operó entre 1858 y 1861, transportando pasajeros y correo. Saliendo de Memphis (Tennessee) o de San Luis (Misuri) hacia San Francisco, esta línea pasaba por Fort Smith (Arkansas), Territorio Indio (Oklahoma), Texas, Nuevo México, Arizona, México y California. La construcción del camino por el que rodarían las diligencias fue un trabajo ímprobo, constando básicamente de dos secciones: Una que iba de Los Ángeles a

San Francisco (462 millas, unos 744 km), y la segunda que empalmaba hasta llegar a Tipton, Misuri, de 2.238 millas (unos 3.602 km). En total se recorrían unas 2.795 millas, casi 4.500 kilómetros, repartidas en 597 horas y todo ello si nos surgían retrasos. Según la información de la época el viaje estaba previsto para ser hecho en 100 etapas, disponiendo de abundantes estaciones intermedias para el cambio de postas y el descanso de los viajeros. Pronto surgieron itinerarios intermedios, más cortos, y empresas de diligencias subcontratistas. Contrariamente a lo que se ve en los wésterns los tiros de animales estaban formados mayormente por mulas, algunas a medio domar, pues son más resistentes que los caballos.

Una empresa más de transporte fue la Central Overland California and Pike's Peak Express Company. Operó a principios de la década de 1860 y fue de la que surgió el famoso Pony Express, al que nos referiremos más adelante. Como subsidiaria de la Russell, Majors y Waddell, empezó conectando Westport (Misuri), con Denver (Colorado) y también St. Joseph (Misuri) con Salt Lake City (Utah). A partir del 3 de abril de 1860 el correo urgente entre St. Joseph y San Francisco se hará por rápidos jinetes, con caballos al galope a través del Pony Express.

Pero expondré antes algunas de las características técnicas de las diligencias. De entre este tipo de coches el más famoso y conocido es el Concord. Su nombre se debe a su origen, la ciudad de Concord en New Hampshire. Era un tipo de diligencia, cuya imagen prototípica se asocia al magistral wéstern de John Ford Stagecoach de 1939 (*La diligencia*), diseñada para los pésimos caminos de la época; secos, polvorientos y llenos de piedras en los calurosos y áridos veranos o muy embarrados en la época de las lluvias. Constaba de una suspensión tosca pero eficiente para aquellos tiempos, hecha de gruesos tirantes de cuero que soportaban toda la estructura de la carroza. Era de buena madera de roble y fresno con las guarniciones metálicas de hierro y con la baca, para el equipaje y el correo, cubierta de cuero y lona resistente. Las ruedas eran grandes, de más diámetro las traseras que las delanteras, con cubiertas de hierro. Todo estaba pensado para un itinerario agotador, que podía costar a cada pasajero unos 200 dólares (si iba hacia California) y 150 si el viaje era de regreso[90]. Al cochero, que ejercía el duro trabajo de gobernar y guiar al tiro de mulas o caballos mesteños, acompañaba el escopetero, que era el encargado de proteger el correo o el dinero (principalmente

---

[90]   Chastenet, J. *Op. cit.*, p. 151.

oro o nóminas de empresas mineras, del ferrocarril o de los soldados de los fuertes), que se portaba en el coche.

Otra empresa importante y siempre asociada a la aventura del *Far West*, fue la Wells & Fargo, fue creada en 1852 por Henry Wells y William G. Fargo. Creció rápidamente y todos los negocios que se desarrollaron en el Oeste no habrían sido posibles sin ella. Su misión era ofrecer servicios bancarios y correo express en California, que económicamente crecía de forma muy rápida a raíz de la fiebre del oro. Tras esta fiebre se convirtió en el banco más importante del Oeste, encargándose también del transporte rápido de envíos de oro, correo y otros suministros. También fue prestamista de la ya citada Overland Mail Company, que unía con diligencias California con el Este. A partir de 1866 algunas de estas compañías de transporte se fusionaron (la Holladay, la Overland Mail y la primitiva Wells & Fargo), bajo el nombre común de Wells Fargo, y todavía en la actualidad, con servicios financieros por todo el mundo, es uno de los cuatro grandes bancos de Estados Unidos.

Pero si la competencia entre empresarios era feroz y el proyecto de Russell, Majors y Waddell era titánico en el mundo de los transportes previo al trazado de las líneas de ferrocarril transcontinental (en 1855 operaba con 3.500 carretas de carga, 40.000 bueyes y unos 4.000 hombres, mayormente arrieros y conductores), no es menos cierto que el proyecto empresarial más arriesgado y mitificado fue el Pony Express. Pero este fue de breve duración al acabar imponiéndose la línea de telégrafo de costa a costa, que permitiría enviar con gran rapidez mensajes cortos desde Washington hasta San Francisco o Los Ángeles. Y todo ello en un contexto político muy tenso (prebélico y finalmente ya violento), en los Estados Unidos, es decir en el Este, donde Norte y Sur comienzan a enfrentarse en una sangrienta Guerra Civil. Así pues el Pony Express fue un servicio de correo rápido que empleaba relevos de jóvenes jinetes al galope a lo largo de diferentes puestos estacionados en la ruta. El trayecto iba desde St. Joseph (Misuri) hasta San Francisco a través de la ruta central. Operó entre el 3 de abril de 1860 y el 26 de octubre de 1861. En los dieciocho meses que estuvo en funcionamiento se logró reducir el tiempo de envío de los mensajes de costa este a costa oeste en unos diez días. Esta empresa, a pesar de su aureola aventurera, fue un fracaso financiero, quebró y quedó totalmente obsoleta al triunfar el primer telégrafo transcontinental el 24 de octubre de 1861.

Como aventura el Pony Express ha pasado al imaginario colectivo de la mitología de la conquista del Oeste como una de las más excitantes y renombradas. Daré algunos datos: se contrataron unos 50 jinetes. Chicos no mayores de quince o dieciséis años, prefiriéndolos preferentemente huérfanos para no tener que dar explicaciones a sus deudos en caso de fallecimiento, dado lo arriesgado de sus cabalgadas (pasaban por territorios indios y podían ser atacados). Los muchachos no podían pesar más de 56 kilos. Se compraron más de 400 caballos rápidos, de no mucha alzada y sobre todo muy resistentes. También se construyeron 190 estaciones de relevo, con sus encargados y corrales para los caballos de refresco. Todo ello para hacer una ruta de 3.106 kilómetros. Sobre la silla del caballo iba la «mochila», con sus compartimientos cerrados con llave para las cartas, que tenían que ir escritas en papel fino. El costo inicial del envío de una carta que no pesase más de media onza (unos catorce gramos), era de 5 dólares, que se redujo a 2 dólares en abril de 1861. Aunque el precio era muy caro se cree que el Pony Express transportó unas 35.000 cartas. A cada relevo el jinete recogía la mochila y la pasaba a la silla del caballo de refresco ya preparado para ser montado y lanzarse de nuevo al galope, y ello con gran rapidez y habilidad. Todo estaba pensado para reducir peso y tiempo. A los jóvenes jinetes al principio de la empresa se les dejó llevar una carabina-revólver Colt para su defensa, pero luego, y siempre para reducir peso, no. Lo habitual es que llevaran un Colt Navy 1851 (y a lo sumo un tambor más de repuesto ya cargado), o un Colt Pocket del 31, que todavía era más ligero.

El itinerario seguía el trazado de la ruta de Oregón, pasando por Fort Kearny (Nebraska), el río Platte, Chimney Rock, bordeando Julesburg (Colorado) y pasaba por Fort Laramie (Wyoming). Desde allí seguía el río Sweetwater para atravesar el *South Pass* (en las Rocosas) hacia Fort Bridger. De ahí tocaba pasar a Salt Lake City, la Gran Cuenca, el desierto de Utah-Nevada y traspasar la Sierra Nevada cerca del lago Tahoe antes de llegar a Sacramento. Luego, y ya en un vapor, el correo llegaba a San Francisco por río. Los jinetes eran relevados cada 75 millas (unos 120 km), que era el recorrido que hacían en un día si no surgían inconvenientes. Como decía, el Pony Express fue una gran pero breve aventura, acorde con una sociedad convulsa, dinámica, anárquica y en rápida transformación.

Antes de entrar en los acontecimientos sociales y políticos que llevaron a la guerra civil, quiero citar, pues ya lo he mencionado de pasada, al proyecto del primer telégrafo que unió el este de los Estados Unidos con la próspera California. El enlace se hizo casi en paralelo con la ruta del Pony Express que he expuesto. Los postes de la línea pasaban por Omaha, Nebraska, Carson City (Nevada) y a través también de Salt Lake City. La construcción estuvo a cargo de la empresa Western Union, de los empresarios Hiram Sibley y Ezra Cornell. Este gran proyecto tuvo algo en común con el posterior y más colosal del primer ferrocarril intercontinental, a saber: se partió a la vez, en el tendido de las líneas, del este y del oeste, para llegar a encontrarse en un punto intermedio convenido. La Pacific Telegraph Company (trabajando entre Julesbur, Colorado, y Salt Lake City, Utah, para conectar con las líneas que ya venían del este), y la Overland Telegraph Company (desde California a Salt Lake City). El trabajo se completó en octubre de 1861 y se plantaron 27.500 postes telegráficos a lo largo de 3.200 km. El costo total fue de medio millón de dólares de la época, y fue todo un éxito financiero. Entre los primeros telegramas enviados hay que destacar el que Frank Fuller, gobernador interino del Territorio de Utah, mandó al presidente Lincoln, afirmando que los ciudadanos de dicho territorio eran fieles a la Unión.

Pero en el ámbito de la política el rápido crecimiento de los Estados Unidos (recuérdese el Tratado de Guadalupe-Hidalgo de 1848 y la incorporación de la rica California como estado libre el 9 de septiembre de 1850), supuso un creciente aumento de las tensiones en el Este. Tensiones ideológico-políticas y tensiones, evidentemente, sociales. En el epicentro del debate estaba el tema de la esclavitud, del "derecho" de los plantadores del "profundo Sur" (el polémico Deep South), a tener mano de obra esclava negra para trabajar en sus plantaciones de algodón y tabaco, con la correspondiente, creciente y activa respuesta y protesta antiesclavista de los estados al norte de la línea Mason-Dixon. Pero con la llegada masiva de inmigrantes de Europa y la rápida industrialización del Norte, a la que muchos de esos recién llegados se incorporaban como obreros fabriles, se va configurando una realidad social y moral que contrasta con los valores de la aristocracia sureña. En definitiva son dos formas opuestas, que llegarán a ser violentamente irreconciliables, de concebir los Estados Unidos y su forma de expansión y constitución.

En el Norte había negros que no eran esclavos (y que incluso trabajaban en oficios y de forma no servil), y en los Estados Libres se aceptaba mal la Ley del Esclavo Fugitivo. Muchos blancos antiesclavistas no estaban dispuestos a devolver, según lo establecido por dicha ley, a los esclavos huidos a sus amos. El activismo antiesclavista ya era conocido en 1831 como el «Ferrocarril subterráneo», mediante el que dichos activistas daban cobijo y ayuda a los negros fugados que sobrevivían a sus perseguidores y buscaban llegar al Norte o a Canadá. La pugna entre estados libres y estados esclavistas fue así en aumento. Los airados discursos en el Senado también rivalizaban. Por ejemplo, el moribundo John Calhoun no podía aceptar a una California libre. El hecho de que los estados del Sur reclamasen más independencia para vivir según sus normas y tradiciones (incluida la Ley del Esclavo Fugitivo), generó por el contrario el aumento del número de abolicionistas en el Norte. En esta censura contra la extensión del esclavismo se encontraba el Partido de la Tierra Libre. Además, y en el plano cultural, la novela *La cabaña del tío Tom*, publicada en 1852 por Harriet Beecher Stowe, al describir a un propietario de esclavos como un villano brutal y sádico, conmovió las mentes de muchos antiesclavistas y favoreció la adhesión a su causa. Pero el profundo Sur no estaba dispuesto a renunciar a su «institución peculiar» (la esclavitud de los negros), ya que los orgullosos sureños vivían como una humillación someterse a un proyecto ideológico-político (el de los antiesclavistas y su forma de concebir la expansión de los Estados Unidos), que ellos no compartían. Como ahora se verá, en el estado fronterizo de Misuri y en el territorio de Kansas, los enfrentamientos entre diferentes facciones de proesclavistas y antiesclavistas, previos a la Guerra Civil, fueron tan enconados y cruentos que la reconciliación llegó a ser imposible y la contienda inevitable.

Misuri era estado desde el 10 de agosto de 1821, Arkansas desde el 15 de junio de 1836, pero Kansas no entró en la Unión como estado libre hasta el 21 de enero de 1861, tras aprobar el Senado la Constitución de Wyandotte, es decir ya en vísperas de la Guerra Civil, que se inicia oficialmente el 12 de abril del citado año. Pero las luchas previas dieron lugar a lo que los historiadores llaman el periodo de la «Kansas sangrienta». En ella se forjaron las biografías de guerrilleros de ambos bandos que llegarán a tener fama de muy crueles y sanguinarios durante la guerra y que nutrirán el mito del pistolero que percibimos en tantos wésterns, y que fue llamado inicialmente y de forma más prosaica, «el matador de hombres».

Como cuestión política previa es necesario subrayar lo siguiente: «El 30 de mayo de 1854 el presidente Franklin Pierce firmó el Acta de Kansas-Nebraska inaugurando un territorio de unos 300 kilómetros de largo por 1.100 de ancho... El acta estableció los límites de Kansas en el este del estado de Misuri y en el oeste en las Montañas Rocosas...

El acta le dio también la soberanía, lo que significaba que la propia gente decidiría si el territorio alcanzaría el rango de estado como estado libre o esclavo»[91]. Pero también en 1854 un grupo del partido conservador *whig*, miembros del Partido de la Tierra Libre y demócratas antiesclavistas se reunieron y fundaron el partido Republicano. Así pues el enfrentamiento entre Demócratas y Republicanos estaba servido. Asimismo, el Compromiso de Misuri de 1820 implicaba que los estados eran admitidos en la Unión, sobre la base de que tendría que haber igual número de estados libres que de esclavistas. Por ello no se ponían restricciones a la esclavitud, pero no se permitía excluir a los negros que ya eran libres y a los mulatos. Pero ciertamente la esclavitud se fue prohibiendo en todos los territorios de los Estados Unidos al norte del paralelo 36° 30', el límite sur de Misuri. Si California había entrado como estado libre, al Territorio de Kansas le tocaba en teoría entrar como esclavista, pero como el citado acta permitía el voto libre, el conflicto era inevitable.

Los partidarios de la esclavitud que vivían en Misuri se prepararon para invadir el territorio de Kansas y reclamarlo para la causa del Sur. Expulsadas ya las tribus a Territorio Indio (lo que luego sería Oklahoma), bastantes colonos, con la excusa de que eran tierras de pastos ricas y aptas para la agricultura, entraron y crearon pueblos partidarios de la esclavitud (entre ellos Leavenworth, Kickapoo y Atchison). Otros hicieron lo mismo pero como asentamientos libres, sin esclavos, como la ciudad de Topeka que acabaría siendo la capital del estado. Las elecciones en Kansas de 1855 fueron un fraude, pues votaron proesclavistas de Misuri. Los conocidos como Rufianes de la frontera. Al ganar los que estaban a favor de la esclavitud se hicieron leyes que castigaban severamente cualquier activismo antiesclavista. Pero los antiesclavistas protestaron y elaboraron una constitución que prohibiese la esclavitud (Constitución de Topeka). Así pues en 1856 Kansas era un territorio bicéfalo en lo político y violento ya en lo social. Es bajo este panorama cuando entra en escena el fanático y enloquecido John Brown, con su visión abolicionista de inspiración religiosa. La situación era muy compleja, porque, además, a los dos lados del a frontera Misuri-Kansas había bastantes familias de blancos pobres que no tenían esclavos y que solo aspiraban a sobrevivir o a mejorar su forma de vida fruto de su tra-

---

[91] Rosa, Joseph G. *El legendario Oeste. La época de los pistoleros*. Editorial LIBSA, Madrid, 1994, p. 32.

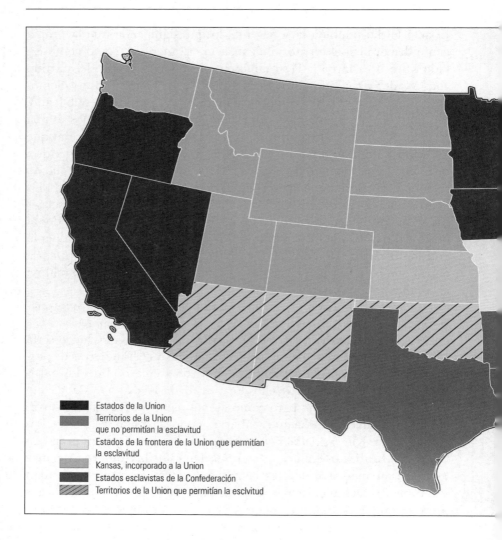

Estados de la Union

Territorios de la Union
que no permitían la esclavitud

Estados de la frontera de la Union que permitían
la esclavitud

Kansas, incorporado a la Union

Estados esclavistas de la Confederación

Territorios de la Union que permitían la esclvitud

bajo sin entrar en polémicas. Hay que recordar que, como en casi todos los conflictos civiles, solo cuando empieza el baño de sangre y este recae sobre un miembro de la propia familia, comienza también la exaltada polarización y la espiral de venganzas igualmente cruentas.

Además de Brown destaca el personaje de James H. Lane, conocido como el «jefe inflexible». Este antiguo congresista de Indiana se fue a Kansas pensando que podría organizar un partido democrático a favor de la esclavitud, pero cuando fue rechazado cambió de bando y se convirtió en uno de los líderes más famosos a favor del estado li-

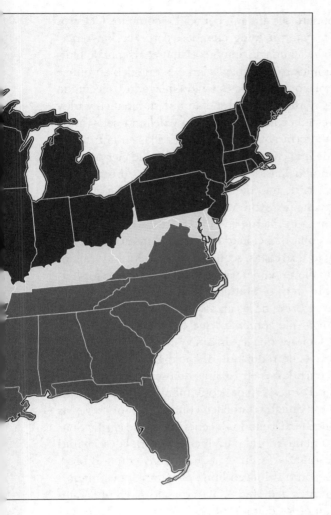

bre. Frente a los Rufianes de la frontera de Misuri, creó su propia partida de guerrilleros, conocida como el Ejército del Estado Libre. El 21 de mayo de 1856 los «rufianes» atacaron Lawrence y John Brown juró vengarse. Atacó a gente de Misuri partidaria de la esclavitud y que estaba acampada en Pottawatomie Creek. Unos días más tarde, ayudado por cuatro de sus hijos, sacó de sus casas y mató en el acto a cinco hombres delante de sus familias. En venganza por este grave suceso, en mayo de 1858 los Rufianes de Misuri también mataron a cinco hombres partidarios del estado libre en Marais des Cygnes[92].

A partir del golpe de Brown tuvieron que intervenir tropas federales adicionales con el fin de frenar la escalada de violencia entre las dos facciones, teniendo que enfrentarse a los de Misuri. En 1858 unos habitantes de Misuri que eran partidarios de la esclavitud secuestraron al doctor John Doy, en-

[92] Rosa, Joseph G. Op. cit, p. 32. Estos mismos hechos se narran en Rosa, Joseph G. *Guns of the American West*. Publicado en 1985 by Arms and Armour Press. Londres. C. 6, pp. 77-84. Véase también en Rosa, Joseph G. *The Gunfighter. Man or Myth?*. University of Oklahoma Press. Norman y Londres, 1969, p. 36. Igualmente en VV. AA. *La historia del Oeste*. Ediciones Picazo. 4 tomos. Badalona, 1979. Tomo cuarto, cap. 73, pp. 137-141.

carcelándolo en St. Joseph, pero sus amigos, conocidos como los Cetreros de cotorras (*Jayhawkers*), lo rescataron, fotografiándose con él en Lawrence. En 1859 John Brown, en su loca audacia, intentó asaltar el arsenal de Harpers Ferry, donde esperaba iniciar una sublevación a la que debían unirse los negros y los blancos abolicionistas. Fue detenido, juzgado y ejecutado en la horca (las autoridades norteñas comprendían que su fanático y muy violento proceder no favorecía la causa de la Unión y del antiesclavismo). Como veremos, durante la guerra abundaron las guerrillas en la frontera de Misuri y Kansas, tanto de uno como de otro signo, pero lo cierto es que operaban como simples bandidos y asesinos (hoy diríamos terroristas), bajo el pretexto de servir a la causa de uno de los dos bandos de la contienda bélica. Por eso y desgraciadamente, expresiones como *Jayhawkers*, *Red Legs* (Piernas rojas) y *Bushwhackers* (guerrilleros que hacían emboscadas de desgaste), se hicieron famosas en la mencionada frontera durante la guerra. De este tipo de guerrilleros (o terroristas, según se mire), saldrán forajidos famosos en la historia y en la leyenda del violento *Far West*, como los hermanos James. De ellos trataré en otro capítulo.

Aunque me ocuparé en breve de las armas que ya en estos años ensangrentaban la frontera, hay que comentar que el fervor antiesclavista de la Connecticut Kansas Colony, que se organizó en Nueva Inglaterra por un grupo de abolicionistas entre los que destacaba el clérigo Henry Ward Beecher, envió a sus partidarios en Kansas una serie de cajas marcadas con la palabra Biblias. Pero estas cajas contenían carabinas Sharps. Por eso a estas armas y en ese difícil y prebélico contexto histórico, se las conoció como Biblias de Beecher. El citado Beecher creía que el rifle Sharps era un verdadero instrumento moral para luchar contra la esclavitud de los negros. Además de mandarse en cajas marcadas como Biblias, también se hicieron envíos como si fueran libros, herramientas, maquinaria o «baúles de inmigrantes alemanes». La cosa no paró ahí, pues junto con las luchas constantes los colonos abolicionistas edificaron una iglesia a la que denominaron Iglesia del rifle y la Biblia de Beecher. Pero también se cree que John Brown compró 200 carabinas Sharps que se le enviaron a Kansas. Hay que adelantar que las matanzas de Pottawatomie y Marais des Cygnes, con ser muy graves, fueron poco importantes si se las compara con las que harán las guerrillas durante la guerra en Misuri, Arkansas y parte de Kansas.

En la segunda mitad de la década de 1850 los revólveres Colt ya estaban bastante extendidos entre la población políticamente definida y radicalizada. Tanto los modelos Pocket (del calibre 31), Navy (del 36), como los más grandes y potentes Dragoon (del 44), estaban muy solicitados. Lo mismo sucedía con las carabinas de retrocarga Sharps del calibre 52 para cartucho de papel que acabo de mencionar. El modelo de 1853 fue el que se envió a Kansas (a John Brown), y dado su novedoso mecanismo de retrocarga, que mejoraba con cada modelo, el gobierno británico en 1853 compró unas 6.000 carabinas Sharps. La guerra de Crimea (1854-1856) sirvió de campo de pruebas de nuevas armas, como el rifle o mosquete rayado Enfield inglés, que disparaba una bala ojival de base hueca (la bala minié de la que ya he hablado). El rifle Enfield, muy potente, preciso y letal a largas distancias, comparado con los antiguos mosquetes de ánima lisa, fue, como veremos, profusamente usado por ambos bandos en la Guerra Civil.

Pero además de Colt, otros industriales y empresarios no se quedaban atrás en la carrera de la invención de armas ligeras. A partir de 1855 y después con la guerra, se sucederán un montón de diseños de armas de fuego, tanto cortas como largas. Algunos modelos serán extravagantes o engorrosos y de escaso uso en el ejército, otros, por el contrario, serán exitosos, dando lugar a revólveres y rifles de marcas de renombre.

Elisha King Root, como superintendente e inventor para Samuel Colt, diseñó el modelo Colt Root 1855. Se trataba de un revólver de avancarga de armazón cerrado pero de pequeño calibre, del 28 o el 31, que estuvo en fabricación entre 1855 y 1870, y del que se hicieron unos 44.000 en total. Bajo este prototipo la Colt fabricó carabinas, rifles y escopetas con el sistema de cilindro giratorio (*First Model of 1855* Sporting Rifle, *Model of 1855* Half Stock Sporting Rifle, Military Rifle, *Model of 1855* Full Stock Sporting Rifle, Revolving Carbine y Revolving Shotgun). Fueron las primeras armas de repetición adoptadas por el ejército de los Estados Unidos (con el antecedente experimental del modelo Paterson en la segunda guerra Seminola), y durante la Guerra Civil algunas unidades de tiradores de élite de la Unión fueron dotados con ellas. Pero aunque podían disparar seis tiros con rapidez, dado lo engorroso de su lenta recarga y el peligro para el propio tirador de una descarga múltiple de varias recámaras, no fueron unos rifles empleados masivamente y se sustituyeron por otro tipo de armas más seguras y sencillas (como veremos en el próximo capítulo).

En el ámbito deportivo a mediados del XIX ya se fabricaban rifles de avancarga específicos para el tiro al blanco por su gran precisión, como los de Wesson, Marshall Tidd (de Nueva York) y Alvan Clark[93]

---

[93]   Pegler, Martin. *Firearms in the American West 1700-1900*. The Crowood Press Ltd. Gran Bretaña, 2002, pp. 39-41.

(de Massachusetts). Disponían de una falsa boca removible que, colocada sobre el cañón al cargar, servía para centrar la bala ojival (*picket bullet*) en el estriado al ser introducida con la baqueta. Algunos de estos diseños, incluso con mira telescópica, se usaron por francotiradores de la Unión durante la guerra, para abatir a los oficiales enemigos a larga distancia. Un grabado de la época de un soldado del ejército del Potomac, disparando emboscado, así lo atestigua.

Desde el punto de vista del material militar pensado para el ejército, la innovación principal, previa a la contienda, fue la fabricación del rifle Springfield modelo 1855. Los altos mandos del ejército de los Estados Unidos estaban al corriente de todos los inventos y mejoras que en Europa se iban sucediendo en el diseño de fusiles para la infantería, y ello desde que se abandonaran definitivamente los viejos mosquetes de chispa empleados durante todo el siglo XVIII y hasta casi 1840. Tras el triunfo de la llave de percusión (o pistón) y los ensayos de los franceses Thouvenin y Delvigne, (los rifles de este llevaban la recámara con un vástago, en España se las llamó «de macho», para que la bala se aplastase a golpes de baqueta y cogiese mejor las estrías), fue el modelo de la bala cilíndrica y ojival de base hueca del también galo Claude-Etienne Minié, el que triunfó en esta carrera inventiva. Y este fue el diseño, ensayado y mejorado en Estados Unidos por James Burton, que se puso en funcionamiento con el mosquete rayado (o simplemente rifle) Springfield 1855. En Estados Unidos este tipo de proyectil, conocido allí también como bala minié (*Minie ball*), hizo en los diferentes rifles que lo dispararon durante la guerra, auténticos estragos. Como pronto expondré este tipo de bala fue la responsable de las grandes matanzas y horribles mutilaciones y heridas de todas las grandes y muy sangrientas batallas de infantería de la guerra.

Como la contienda era inminente se transformaron mosquetes lisos del modelo 1842 a ánima rayada para bala minié calibre 69. Pero las pruebas realizadas en cuanto alcance y precisión (al igual que las que habían hecho los británicos con su Enfield Modelo 1853, que era del .577 —14,6558 mm—), demostraron que el calibre más idóneo era el 58 (14,732 mm). Este calibre será el que se emplee en los diferentes modelos de rifle Springfield que se enfrenten en la guerra. El Springfield model 1855 se fabricó de 1856 a 1860, construyéndose unas 75.000 unidades con pequeñas variantes. Al principio estas armas llevaban el sistema de cebado automático de Maynard (empistonador Maynard acoplado a la pletina de la llave de pistón), pero como daba bastantes fallos pronto se abandonó este implemento y, como en los posteriores modelos Springfield, el pistón de cuatro alas lo colocaba el soldado a mano sobre la chimenea antes de montar totalmente el martillo percutor y disparar. Además en 1855 también se hizo una pistola-carabina para cartucho de papel con bala minié, con culata de quita y pon, pensada para tropas montadas. Se fabricaron unas 4021 entre 1855 y 1857, pero no tuvo apenas vigencia, siendo la última pistola monotiro fabricada para el ejército, ya que los perfeccionados y potentes revólveres militares de seis tiros y calibre 44 hacían que este arma naciese obsoleta.

Para finalizar este apartado he de explicar que la Smith & Wesson y la Remington, empresas también muy importantes además de la Colt en el mercado civil (y que luego suministrarán igualmente al estamento militar), no se quedaron atrás en inventiva armamentística entre 1855 y 1860. Mientras que el colono pobre (granjero, pequeño agricultor), avanzaba penosamente hacia el Oeste con armas baratas (su escopeta de avancarga de dos cañones o su rifle de las llanuras —*Plains Rifle*—, muy parecidos estos a los que inicialmente elaboraban los hermanos Hawken y después otros muchos fabricantes), en el Este los empresarios ambiciosos y con visión de mercado no dejaban de crear nuevos y mejores prototipos (y mejores, en este contexto, quiere decir casi siempre más mortíferos).

Smith & Wesson, ya asociados, compraron en 1855 la patente de Rollin White, un antiguo trabajador de la Colt que como armero había introducido algunas mejoras. Esta patente protegía la fabricación de revólveres con tambores con recámaras perforadas totalmente de extremo a extremo (es decir sin chimeneas, como el diseño original de Colt que hasta 1857 este tenía en exclusiva). La patente de Rollin White, en manos de la Smith & Wesson, abría el camino hacia los modernos revólveres de cartucho metálico de retrocarga (luego ya no de avancarga). Cuando expiró la patente de Colt otras marcas desarrollaron revólveres de avancarga, usándose muchos de ellos durante la guerra y después en la conquista del Oeste. Pero Smith & Wesson iban un paso por delante, pues en 1854 también habían registrado la patente de un tipo de pequeño cartucho metálico inspirado en la invención del francés Flobert. Así pues de 1857 a 1860 fabrican el pequeño revólver S & W N.º 1 (primera variante), de calibre 22 anular. El Smith & Wesson Model 1 fue el primer revólver comercial exitoso de cartucho metálico para percusión anular. Hubo tres variantes entre 1857 y 1882. De la primera versión se hicieron unos 12.000. Este arma y la segunda variante del Model 1 (de la que se hicieron sobre 110.000 entre 1860-1868), fueron muy apreciadas como armas privadas para defensa propia por parte de los oficiales de ambos bandos.

Por otra parte la Remington Arms Company, fundada en 1816 por Eliphalet Remington (como E. Remington and Sons), situada en Illion, Nueva York, es otra gran empresa armera sin la cual no se entiende la historia del violento *Far West*. En un capítulo anterior ya hemos mencionado su fabricación de la carabina Jenks y del rifle Mississippi modelo de 1841. A partir de 1856 la empresa se expande y diversifica, fabricando maquinaria agrícola y más tarde hasta una de las primeras máquinas de escribir. En lo referente a las armas y en el periodo prebélico, y contando con técnicos armeros tan capaces como Elliot, Geiger, Rider y Beals, mejorarán los revólveres de avancarga, compitiendo, ya durante la contienda, con la Colt en lo que a encargos militares se refiere. Como tendré que abordar este tema en el siguiente capítulo, ahora solo diré que en 1857 sacan al mercado el revólver Remington-Beals 1857 Pocket. Es de avancarga y de calibre 31, pero a diferencia de los Colt el armazón es cerrado. Hubo tres variantes (del primer tipo se hacen 4.500 entre 1857-1859, del segundo se fabrican 1.000 de 1858 a 1860 y del tercero 1.500 de 1859 a 1860). A partir de 1860 también comienza a fabricarse el Remington Rider Pocket de avancarga pero de doble acción. Dado el gran protagonismo que tuvieron, será en el siguiente capítulo, al tratar de la Guerra Civil, cuando me ocupe de los excelentes y potentes revólveres (tanto *Army*, del 44, como *Navy*, del 36), Remington Beals 1858, Remington 1861 (*Old Model*) y del famoso *New Model* 1863[94].

Vayamos ahora con el cine de Hollywood y la forma en que ha retratado esta convulsa época prebélica. Son muchos los wésterns que tienen como fondo argumental la Guerra Civil, pero menos los que abordan de forma específica la construcción de las líneas de diligencias, los transportes de mercancías por carretas, el Pony Express y el trazado

---

[94]   Sobre la Smith & Wesson véase Lespart, Michel. *Messieurs Smith & Wesson*. Balland, París, 1973. Sobre las Remington véase la obra de Bianchi, Didier. *Pistolets et revolvers Remington. L'histoire d'une légende*. Édtions Crépin-Leblond, París, 1995. También en Venner, D. *Op. cit.* 1985, C. X, pp. 243-255 y C. VIII, pp. 221-233. Otras obras sobre el tema: Delorme, Roger y Cunnington, George. *Far West. Des hommes, des exploits et des armes authentiques*. Éditions Rouff, 1974. Garavaglia, Louis A. y Worman, G. Charles. *Firearms of the American West 1803-1865*. University Press of Colorado. Estados Unidos, 1998. Pegler, Martin. *Op. cit.* Rosa, Joseph G. *Op. cit.*, 1985. Rosa, Joseph G. *Op. cit.*, 1994. Wilson, R. L. *The Peacemakers. Arms and adventure in the American West*. Publicado en los Estados Unidos por Random House. Nueva York, 1992. Butler, David F. *United States Firearms. The First Century 1776-1875*. Winchester Press, Nueva York, 1975.

de la línea del telégrafo hacia el Oeste. De los que tratan la aventura del tendido de las vías del ferrocarril Intercontinental, ya nos ocuparemos. Los wésterns que proyectan una mirada mítica, indulgente o crítica, sobre los guerrilleros y sus partidas (Quantrill o Bloody Bill Anderson, por ejemplo), lo hacen en el contexto bélico o inmediatamente posterior a la guerra. Pero aun así citaré algunos títulos clásicos.

Sobre el Pony Express o alguno de sus jinetes hay que citar a *Saved by the Pony Express* (Francis Boggs, 1911), *Los jinetes del correo* (James Cruze, 1925), *Pony Express Rider* (Rober J. Horner, 1926), *Pioneers of the West* (Marcel Perez, 1927) *The Girl of the Golden West* (John Francis Dillon, 1930), *El Águila Blanca* (Lambert Hillyer, 1932), *Heroes of the West* (Ray Taylor, 1932), *California Mail* (Noel M. Smith, 1936), *Cavalcade of the West* (Harry L. Fraser, 1936), *The Overland Express* (Drew Eberson, 1938), *New Frontier* (George Sherman, 1939, con John Wayne como protagonista), *Pony Express Days* (cortometraje de B. Reeves Eason, 1940), *Overland Mail* (Ford Beebe–John Rawlins, 1942), *Deadline* (Oliver Drake, 1948), *Riders of the Pony Express* (Michael Salle, 1949), *Ready to Ride* (Will Cowan, 1950), *Cody of the Pony Express* (Spencer Gordon Bennet, 1950), *Silver Canyon* (John English, 1951), *Last of the Pony Riders* (George Archainbaud, 1953), *El triunfo de Buffalo Bill* (Jerry Hopper, 1953, protagonizada por Charlton Heston), *Iron Mountain Trail* (William Witney, 1953), *Blazing the Overland Trail* (Spencer Gordon Bennet, 1956), *The Target* (Franklin Adreon, 1957, que es un episodio de la serie *Calibre 44*, 1957-1962), *Pony Express* (serie de televisión de 1959), *El jinete del Pony Express* (Robert Totten, 1976), *Peter Lundy* (Michael O'Herlihy, 1977), el episodio *Sneak Attack* (Paul Stanley, 1983) de la serie *Viajeros* (de 1982-1983), el episodio *The Pony Riders* (Pierre Magny, 1990) de la serie *Ciudad fronteriza* (1989-1991) y, por supuesto, la serie televisiva *Jóvenes jinetes* (creada por Ed Spielman y que tuvo varios directores a lo largo de su emisión, que fue de 1989 a 1992).

También el corto histórico de televisión, *Pony Express Tour Across the United States* (Virgil E. Hammond III, 1996) y el documental histórico, *History of the Oregon Trail & the Pony Express* (Jim Whitefield, 2009). Evidentemente, en la monumental y en cinerama *La conquista del Oeste* (J. Ford. H. Hathaway y G. Marshall, 1962), aparece brevemente una escena de un jinete del Pony Express a la vez que se tiende la línea del telégrafo. En uno de los capítulos de la serie televisiva *Into the West* (2005) también se recuerda a los jóvenes jinetes. En esta apretada pero densa lista he mencionado tanto cortometrajes y largometrajes (mayormente de serie B), como episodios de series televisivas, miniseries y documentales históricos sobre el tema. Una película que, sin tener nada que ver con el Pony Express, rinde homenaje a los grandes jinetes, sus caballos y sus míticas y arriesgadas cabalgadas, es *Océanos de fuego* (*Hidalgo*), dirigida en 2004 por Joel Johnston, y protagonizada por Vigo Mortensen (como el héroe caballista) y Omar Sharif. Aquí las praderas y las montañas de Estados Unidos son sustituidas por los desiertos de Arabia. Pero se busca en suma mitificar a los caballos mesteños y sus jinetes del *Far West*, principalmente *cowboys*, pero haciendo un guiño multicultural a la cultura árabe.

Sobre el tendido de la línea telegráfica la película más clásica es *Espíritu de conquista* (Fritz Lang, 1941), wéstern protagonizado por Robert Young y Randolph Scott, y que cuenta con actores de carácter tan clásicos como Dean Jagger, John Carradine y Chill Wills.

Sobre John Brown y sus violentas acciones antiesclavistas hay que citar *Camino de Santa Fe* (Michael Curtiz, 1940). Es un filme clásico protagonizado por Errol Flynn, Olivia de Havilland y Ronald Reagan, dando vida al fanático John Brown el actor de carácter Raymond Massey. También hay que citar películas como *Seven Angry Men* (Charles Marquis Warren, 1955), donde de nuevo Raymond Massey interpreta a John Brown, acompañado por actores famosos en el género wéstern como Jeffrey Hunter, Debra Paget y Leo Gordon. En *Los trotamundos* (dirigida en 1971 por Paul Bogart y Gordon Douglas, este sin acreditar), estamos ante un wéstern con tono de comedia. El papel de John Brown lo encarna el gran actor secundario Royal Dano.

Por supuesto que son muchas las películas de todo tipo de géneros (y no solo wésterns), que tratan el tema del racismo para con los negros (afroamericanos). Como dediqué mi tesis doctoral a estudiar la obra de Ford, *El sargento negro* (1960) y abundé en el tema, reproduciendo además mi discurso doctoral en *El Wéstern y la Poética*[95], no voy a entrar aquí en esta materia, pues desborda con mucho el propósito del libro, que, como ya he explicado, es hacer un estudio general de la conquista del Oeste, del mítico *Far West*, incidiendo en el uso de las armas de fuego; es decir en la violencia inherente a dicha conquista y en cómo esta se ha mitificado y estilizado en el cine. Aunque sí expondré algo

---

[95]   Véase mi tesis doctoral titulada *Sergeant Rutledge, de John Ford, como mito filosófico*. También como libro, *Ford y "El sargento negro" como mito. (Tras las huellas de Obama)*. Editorial Eikasía, Oviedo, 2011. Igualmente mi obra *El Wéstern y la Poética*. Editorial Pentalfa, Oviedo, 2016.

referente a la integración de los afroamericanos en el ejército de los Estados Unidos tras la guerra civil. Por otra parte, la muy clásica y famosa *Lo que el viento se llevó* (Victor Fleming y sin acreditar George Cukor y Sam Wood, 1939), es el prototipo de melodrama (basado en la novela homónima de Margaret Mitchell), que representa no solo un romance sobre un trasfondo bélico, sino la autoconciencia de Hollywood sobre la desaparición del Viejo Sur (*The Old South*), barrido por el viento de una guerra devastadora. Pero además este largometraje también muestra a la perfección la vigencia y representación de los estereotipos raciales negros en el cine estadounidense de finales de los años treinta.

Evidentemente también hay unas pocas versiones cinematográficas de *La cabaña del tío Tom* (por ejemplo la de 1927, dirigida por Harry A. Pollard. La de Géza von Radványi, de 1965, y la adaptación más corta, con material filmado de la anterior, de Al Adamson y Géza von Radványi. Asimismo en 1987 se hizo un telefilme dirigido por Stan Lathan). Por otra parte largometrajes actuales como *Django desencadenado* (Quentin Tarantino, 2012) y el excelente *Doce años de esclavitud* (Steve McQueen, 2013), inciden desde apuestas estéticas bien distintas sobre el tema de la esclavitud y el trato a los negros en las plantaciones. Es obvio que Tarantino rubrica una obra muy influenciada por el spaghetti-wéstern, con elementos sensacionalistas de la cultura *pulp fiction* y del gore. Pero McQueen, en su adaptación del libro autobiográfico de Solomon Northup, transita por caminos cinematográficos mucho más clásicos y para mí, narrativamente mejores.

Sobre el mundo de los guerrilleros en la Kansas sangrienta he de mencionar obras como *Mando siniestro* (Raoul Walsh, 1940), protagonizada por John Wayne, Claire Trevor y Walter Pidgeon (como Quantrill). *Los asaltantes de Kansas* (Ray Enright, 1950), con Audie Murphy haciendo de Jesse James, Brian Donlevy de Quantrill y Scott Brady de Bill Anderson o *Solo una bandera* (William Dieterle y sin acreditar John Farrow, 1951), donde de William Quantrill hace John Ireland (acompañado por los protagonistas Alan Ladd, Lizabeth Scott y Arthur Kennedy). También hay que citar *Quantrill's Raiders* (Edward Bernds, 1958), donde es el actor secundario Leo Gordon quien interpreta a Quantrill y *Los rebeldes de Kansas* (que originalmente se titula *The Jayhawkers!*, dirigida por Melvin Frank en 1959), y que está protagonizada por Jeff Chandler y Fess Parker.

Parece que las acciones de los crueles guerrilleros William Quantrill y William T. Anderson (conocido con el apodo de Bloody Bill, el sanguinario Bill Anderson), fueron en general relegadas en el cine a la serie B, presentando su fanatismo y su maldad. Mientras que, como veremos en un próximo capitulo, los forajidos famosos (*outlaws*), como los hermanos Jesse y Frank James, que forjaron sus personalidades durante la guerra con esas bandas de guerrilleros o terroristas y con una posterior carrera delictiva, han recibido el favor del público estadounidense durante la época clásica de Hollywood, pues se hicieron bastantes producciones de primera línea sobre los mismos como protagonistas «ennoblecidos», y siempre interpretados por actores principales y no por secundarios.

Mención aparte merece la excelente obra de Clint Eastwood *El fuera de la ley* (1976). Película de gran realismo en la caracterización y atrezo del personaje principal, el exguerrillero confederado Josey Wales, que interpreta de forma magistral el propio Eastwood. Wales, como era habitual en los verdaderos guerrilleros, lleva todo un arsenal de armas consigo. Por lo menos dos Colt Walker, dos Colt Army 1860 (los cuatro de calibre 44) y un Colt Police 1862 del 36. El largometraje es complejo y muestra lo convulso de aquellos tiempos de guerra y de supervivencia en la posguerra. Cuando se rueda la película estamos ya en unos Estados Unidos que han pasado por la amarga y contradictoria experiencia de Vietnam. Josey Wales es un campesino pobre de Misuri y sin esclavos, que solo intenta labrar su tierra, y de pronto, un grupo de guerrilleros abolicionistas matan a toda su familia y arrasan su pequeña propiedad y hogar. A partir de ahí su destino queda sellado. Se une a las fuerzas confederadas de Bloody Bill Anderson (interpretado por el actor John Russell). Al finalizar la contienda no se entrega, no se rinde, y por eso no es asesinado como sus compañeros traicionados (en esta trama es crucial el personaje del capitán Fletcher al que da vida el actor John Vernon). Además este, ayudado por los «botas rojas» (o piernas rojas) de Kansas, tiene la misión de buscarlo y eliminarlo como si fuese una alimaña. A la cinta no le falta tampoco un mensaje de complicidad a favor de los indios y su causa, pues el endurecido Josey Wales además de dominar el oficio de matar, busca, conciliador, y tras culminar su venganza para quien había eliminado a su mujer e hijo, comenzar en el Oeste una nueva vida.

Por último hay que reconocer que la figura de la diligencia que llega o sale de un pequeño pueblo de la frontera (sea minero o ganadero), o de un fuerte militar, se repite de forma constante en la inmensa mayoría de los wésterns. Los personajes que en ellos viajan son estereotipos

Mando Siniestro *(Raoul Walsh, 1940). Aventuras de un cowboy de Texas que llega a Kansas en los días previos al inicio de la Guerra Civil.*

Camino de Santa Fe *(Michael Curtiz, 1940). Antes de la Guerra Civil el ejército ha de intervenir en Kansas, para frenar la espiral de violencia entre abolicionistas y esclavistas.*

12 años de esclavitud *(Steve McQueen, 2013). Basada en un hecho real narra la historia de Solomon Northup, un negro libre y culto que es raptado y sometido a esclavitud en el profundo Sur.*

que se repiten hasta la saciedad, siendo la obra maestra de John Ford, *La diligencia* (1939), la que marcó la pauta en el género: el dandi tahúr de origen sureño, la prostituta generosa y de buen corazón, el doctor borrachín, el temeroso viajante o representante comercial ambulante, el vaquero fugado de la cárcel que ha de ajustar cuentas, la delicada esposa de un oficial militar que viaja a un puesto remoto en la frontera para reunirse con su marido, el banquero engreído y corrupto, el *sheriff* noble que hace de escopetero, el conductor bonachón y parlanchín, etc., son modelos de conducta, caracteres de una poética (bien dramática o trágica y pocas veces cómica), que da vida a la mitología en la que consiste el wéstern. No hay tratado sobre este género cinematográfico o biografía de John Ford que no trate este tema, estos tópicos. Yo también lo hice en anteriores trabajos ya citados. No voy pues a insistir en la cuestión. Solo recordar que la realidad de la conquista del Oeste fue mucho más prosaica, aunque igualmente dura, violenta y difícil. Sucede que el cine, como fábrica de mitos (al igual que ocurrió por ejemplo en Europa y durante el Renacimiento con los libros de caballerías), eleva un hecho singular y la mayoría de las veces raro y aislado (el asalto a una diligencia por un grupo de bandoleros o de indios renegados fugados de su reserva, etc.), a la categoría moral de acontecimiento general con tintes aventureros y heroicos por su resolución (por ejemplo aparición providencial de la Caballería en el último momento, cuando parecía que ya todo estaba perdido, y que salva a los pasajeros que iban a perecer).

Esta es en general la estructura poética de los grandes wésterns clásicos, la que ya atribuía Aristóteles en su *Poética* a la tragedia, como reconoció en su momento Umberto Eco y que también he investigado[96].

---

[96] Eco, Umberto. *Sobre literatura.* Editorial Debolsillo. Random House Mondadori, Barcelona, 2005. Navarro Crego, M. A. *Op. cit.* 2011. Navarro Crego, M. A. *Op. cit.* 2016.

El coronel Davy Crockett. Obra de John Gadsby Chapman realizada en 1834.

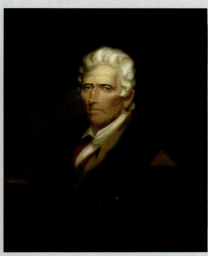

Daniel Boone, pionero y hombre de la frontera. Sus hazañas lo convirtieron en uno de los primeros héroes populares de los Estados Unidos. Obra de Chester Harding realizada en 1820. National Portrait Gallery, Washington.

Pistola de Pennsylvania-Kentucky, de calibre 50 y ánima lisa.

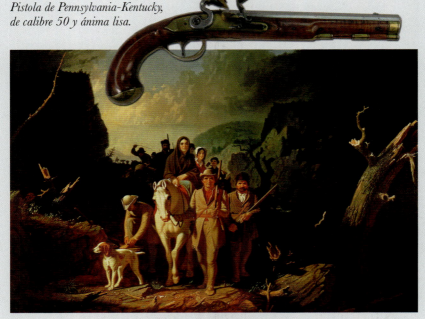

Daniel Boone y su esposa Rebeca escoltan a los colonos a través de Cumberland Gap, hacia el Oeste. Obra de George Caleb Bingham realizada en 1851. Museo de Arte Mildred Lane Kemper, Washington.

George Washington, primer presidente de los Estados Unidos con uniforme de coronel durante la guerra de los Siete Años. Obra de Charles Willson Peale realizada en 1772. Colección Washington-Custis-Lee, Universidad Washington y Lee, Lexington.

Mosquete barato del Noroeste, de chispa, para intercambiar con los indios. Se intercambiaron desde los últimos años del XVII hasta casi finales del XIX.

El scalplock, *protector del cuero cabelludo. Obra de Alfred Jacob Miller realizada hacia 1857.* Museo de Arte de Denver.

Patriotas americanos armados con fusiles de chispa se enfrentan al ejército regular británico en Lexington el 19 de abril de 1775. Obra de William Barnes Wollen realizada en 1910. National Army Museum, Londres.

Mosquete de chispa Brown Bess, contra los insurrectos de las colonias americanas se usaron tanto el modelo Long Land Pattern como el Short Land Pattern.

Oficial del 4.º regimiento de infantería británica. De 1774 a 1777 el regimiento combatió en la guerra de Independencia de los Estados Unidos. Obra de Thomas Gainsborough realizada en 1776. Galería Nacional de Victoria, Melbourne.

Benjamin Franklin. Obra de Joseph-Siffred Duplessis realizada hacia 1778. National Portrait Gallery, Washington.

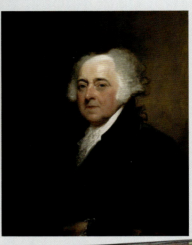

John Adams, segundo presidente de los Estados Unidos de 1797 a 1801. Obra de Gilbert Stuart realizada entre 1800 y 1815. Galería Nacional de Arte, Washington.

Rifle de Pennsylvania con llave de chispa y largo alcance y precisión. Usado por algunas unidades de colonos centroeuropeos germánicos contra los ingleses y también para cazar o combatir a los indios por los primeros pioneros que se internaron hacia el Oeste.

Nuestro campamento. *Cazadores y pioneros camino de las lejanas tierras del Oeste. Obra de Alfred Jacob Miller realizada en 1858.* Walters Art Museum, Baltimore.

Thomas Jefferson, presidente de los Estados Unidos de 1801 a 1809. Obra de Rembrandt Peale realizada en 1801. Colección de la Casa Blanca, Washington.

Pistola Harper's Ferry, de chispa, modelo de 1805.

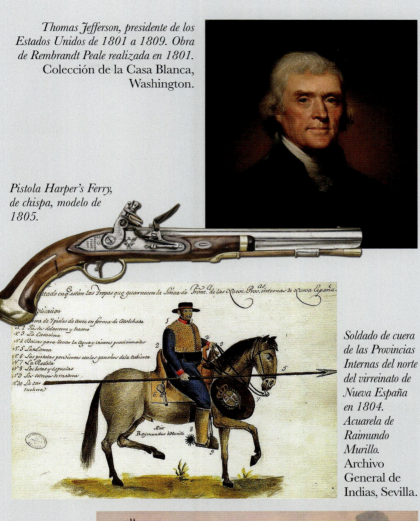

Soldado de cuera de las Provincias Internas del norte del virreinato de Nueva España en 1804. Acuarela de Raimundo Murillo. Archivo General de Indias, Sevilla.

Una lectura vespertina. *Lewis y Clark durante la expedición que dirigieron de 1804 a 1806. Obra de Thomas Lorimer realizada en 1941.* Colección particular.

Zebulon Montgomery Pike, explorador que viajó por gran parte de América del Norte en los años posteriores a la guerra de Independencia. Como general del ejército dirigió dos expediciones a La Luisiana, que había sido española, tras comprarla Estados Unidos en 1803 a la Francia de Napoleón, que faltó al acuerdo de retroventa a España. Pudo llegar así a tierras aún españolas, como Nuevo México. Obra de Charles Willson Peale realizada hacia 1810. National Portrait Gallery, Washington.

Springfield modelo 1795, primer mosquete oficial del ejército de los Estados Unidos. Tiene influencias en su diseño de los mosquetes franceses y españoles de la época.

James Madison, cuarto presidente de los Estados Unidos de 1809 a 1817. Obra de John Vanderlyn realizada en 1816. Colección de la Casa Blanca, Washington.

James Monroe, quinto presidente de los Estados Unidos de 1817 a 1825. Obra de Samuel Finley Breese Morse realizada en 1819. Colección de la Casa Blanca, Washington.

Andrew Jackson, presidente de los Estados Unidos de 1829 a 1837. Obra de Ralph Eleaser Whiteside Earl realizada en 1830. Colección de la Casa Blanca, Washington.

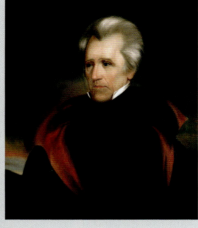

James "Jim" Bridger, trampero y explorador. Bridger fue uno de los primeros en adentrarse en el actual parque natural de Yellowstone. Daguerrotipo realizado en 1857. Missouri Valley Historical Society.

Rifle Hawken del calibre 50 de Jim Bridger. Arma de avancarga y percusión (pistón) potente. Para uso de los tramperos en las Rocosas.

Seth Kinman, cazador y trampero, fotografiado en el estudio de Washington de Matthew Brady en 1864, poco después de que visitara la Casa Blanca, con un rifle largo de las Llanuras y las Rocosas, rodeado de pezuñas de osos grizzly y cabelleras indias. Biblioteca de la Universidad Estatal de Humboldt.

El fabricante de armas Oliver Winchester, que fundó en 1866 la Winchester Repeating Arms Company.

El inventor y empresario Samuel Colt (1814-1862), en una fotografía tomada en 1851 o 1852.

Primer revólver de Colt. Patente de 1836. Se trata del Paterson en calibre 36 y cinco recámaras. Arma corta de los Rangers de Texas usada con gran éxito contra los comanches.

James "Jim" Bowie. «Hombre de la frontera», fue uno de los defensores del Álamo en 1836. El cuchillo que lleva su nombre, rústico, de hoja larga y grandes proporciones se hizo muy popular en el Oeste. Obra de George Peter Alexander Healy realizada en 1834. Capitolio del estado de Texas.

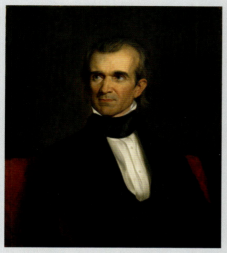

James K. Polk, presidente de los Estados Unidos de 1845 a 1849. Inició la guerra con México en 1846, por la cual esta nación cedió en 1848 a los Estados Unidos los territorios de California, Nevada, Arizona, Utah, y partes de Wyoming, Colorado, y Nuevo México, más del 50 % de sus posesiones en ese momento, por quince millones dólares. Obra de George Peter Alexander Healy realizada en 1846. National Portrait Gallery, Washington.

El general Sam Houston, presidente de la efímera república de Texas de 1836 a 1838 y de 1841 a 1844, fotografiado en 1861 por Mathew Brady.

Mosquete Springfield modelo 1842, de percusión y ánima lisa. Se empleó en la guerra contra México y en la guerra de Secesión (ya rayado).

Soldados de infantería estadounidense en una calle de Saltillo, México. Van armados con el fusil Springfield. Daguerrotipo realizado en 1847. Museum of American Art, Fort Worth, Texas.

Daguerrotipo de Samuel H. Walker, capitán de los Rangers de Texas, realizado en 1847. Inspirador del revólver Colt que lleva su apellido, murió el 9 de octubre de ese mismo año luchando contra los mexicanos en la batalla de Huamantla.

Revólver Colt Walker modelo 1847 de calibre 44. Utilizado por la caballería estadounidense en la guerra contra México. Arma muy potente y pesada diseñada por Colt con las indicaciones de Walker.

John Charles Frémont, explorador, aventurero y político. Con la ayuda de su guía, "Kit" Carson, abrió la ruta de California para los estadounidenses, que se la arrebataron a México. Obra de William Smith Jewett realizada en 1846. National Portrait Gallery, Washington.

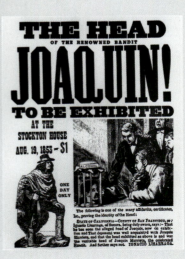

Cartel que anuncia la exhibición de la cabeza del bandido mexicano Joaquín Murrieta, que estuvo activo en la California recién ganada por los estadounidenses.

Christopher Houston Carson, más conocido como "Kit" Carson. Explorador, trampero, soldado, cazador de búfalos y agente indio. Fotografía de Mathew Brady realizada entre 1860 y 1868. Biblioteca del Congreso, Washington.

Rifle Hawken de avancarga del calibre 54 perteneciente a "Kit" Carson. Potente arma de las Llanuras y las Rocosas fabricado en Saint Louis por los hermanos Hawken, para cazar bisontes, alces y osos pardos y para combatir contra la tribu pies negros. Preciso hasta las 200 yardas.

Las aventuras de Jeremiah Johnson western dirigido por Sydney Pollack en 1972 inspirado lejanamente en la vida del trampero John Jeremiah Garrison Johnston (1824-1900), conocido como «comedor de hígados» Johnson.

Bill Drennan, compañero de "Kit" Carson, fotografiado por Noah Hamilton Rose en la década de 1860. Biblioteca del Congreso, Washington.

La legendaria diligencia de John Butterfield and Co. fotografiada hacia 1859. Fue autorizada por el Congreso estadounidense en 1850 para hacer la ruta desde el Misisipi a San Francisco con la intención de mantener comunicaciones periódicas con los emigrantes del Oeste.

Colt Baby Dragoon de avancarga calibre 31. El más vendido y popular. Arma de defensa personal. Muy utilizada durante la fiebre del oro en California.

Minero sueco en California con un rifle de percusión excedente del ejército estadounidense. La fiebre por los campos de oro de California transformó tanto el territorio como a la nación. Entre 1849 y 1855, llegaron a California unas 300.000 personas de todo el mundo. Fotografía tomada en 1852. Nordiska Museet, Estocolmo.

Los dueños del saloon *Trinidad, en Colorado, fotografiados en la segunda mitad del siglo XIX. Establecimientos similares abundaban en los territorios conquistados por Estados Unidos durante la expansión que impulsó el gobierno de Thomas Jefferson.*

Revólver Colt Army 1860 de seis tiros y calibre 44. De avancarga (cap and ball, *para cartucho de papel y pistón), muy famoso entre los soldados de caballería de la Unión entre 1860 y 1872. También utilizado en ese periodo y posteriormente en la frontera del Oeste por sheriffs, guerrilleros y forajidos.*

Kate Rockwell deslumbró a los mineros solitarios de los nuevos territorios con sus espectáculos de canto y baile en las décadas finales del siglo XIX. Vestida de pies a cabeza con gasa roja, Rockwell giraba alrededor del escenario mientras cantaba canciones populares. Actuó por todo el Oeste con el nombre de Klondike Kate, "Flame of the Yukon" (Llama del Yukon).

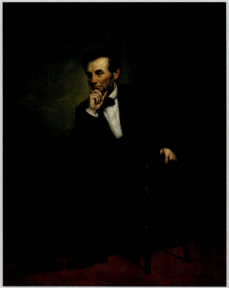

El presidente Abraham Lincoln. Obra de George Peter Alexander Healy realizada en 1887. National Portrait Gallery, Washington.

Soldados de caballería de la Unión con carabinas Sharps y revólveres Colt. Biblioteca del Congreso, Washington.

Rifle Sharps, de retrocarga y cartucho de papel, modelo 1859, usado por los tiradores de élite de la Unión del coronel Hiram Berdan.

El explorador de la frontera y francotirador de la Unión, Moses Embree Milner "California Joe", con su rifle Sharps. Fotografía de George Houghton realizada en 1862. Vermont Historical Society.

Soldado de la Unión con mosquete Springfiled, bayoneta, cartuchera y cartera para las cápsulas de percusión (fulminantes o pistones de cuatro alas). Biblioteca del Congreso, Washington.

Soldado confederado armado con un mosquete de avancarga rayado Enfield y un cuchillo. Biblioteca del Congreso, Washington.

Mosquete rayado Enfield modelo 1853 de fabricación británica y calibre .577. Para cartucho de avancarga y bala tipo Minié. Muy preciso hasta las 400 yardas y en manos muy expertas hasta las 1000.

Un grupo de francotiradores confederados posa con mosquetes rayados Enfield modelo 1853. Lo preferían sobre el Springfield por su precisión en los disparos de largo alcance. El Springfield modelo 1861, de fabricación estadounidense, era preciso hasta las 350 yardas, y en manos muy expertas, hasta las 850.

Una de las más famosas carabinas nordistas de la guerra de Secesión. La Henry de cartucho metálico y repetición por palanca.

Una familia con su carreta durante la gran migración hacia el Lejano Oeste. Fotografía anónima realizada en 1866. Biblioteca del Congreso, Washington.

El teniente Read, del 3.º de infantería, y John O. Auston, jefe de los exploradores, agachados ante el cazador Ralph Morrison cerca de Fort Dodge, Kansas. A Morrison le arrancó el cuero cabelludo un grupo de guerra cheyenne. Fotografía de 1868. Biblioteca pública de Denver.

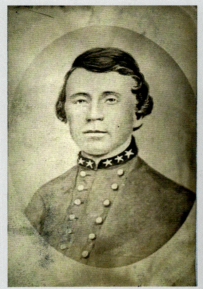

William Clarke Quantrill, famoso y cruel guerrillero de la Confederación, con uniforme de capitán, en una fotografía tomada entre 1861 y 1865. Kansas Historical Society.

Remington New Model Army 1858 (modelo 1863). Revólver casi tan popular como los Colt. Usado en la Guerra Civil y mucho después en el Oeste.

Unos jóvenes Jesse y Frank James, este último a la derecha, fotografiados en 1865, durante la Guerra Civil. Jesse lleva un revólver Colt y Frank un Remington., ambos de avancarga (cap and ball). Biblioteca Pública de Denver, Colorado.

De izquierda a derecha, Arch Clements, Dave Pool y Bill Hendricks, tres forajidos del tipo de los que acompañaban a los hermanos James en las partidas de guerrilleros, con revólveres Colt de avancarga. Red River Historical Museum, Sherman, Texas.

De izquierda a derecha, el jefe del Servicio de Inteligencia de la Unión Allan Pinkerton, el presidente Lincoln y el general de división John A. McClernand fotografiados en el frente el 3 de octubre de 1862, semanas después de la batalla de Antietam. Biblioteca del Congreso, Washington.

Soldados de la Unión muertos en el campo de batalla de Gettysburg, fotografiados el 5 de julio de 1863 por Timothy O'Sullivan. Biblioteca del Congreso, Washington.

Thomas Jonathan "Stonewall" Jackson, uno de los generales confederados más importantes y carismáticos. Obra de William Garl Brown realizada hacia 1865, después de que Jackson muriera el 10 de mayo de 1863 en la batalla de Chancellorsville. Virginia Historical Society.

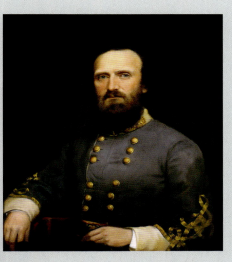

Arriba, William T. Anderson, guerrillero y terrorista confederado conocido como Bloody Bill Anderson, el muy sanguinario Bill Anderson, fotografiado entre junio y septiembre de 1864. Abajo, la fotografía de su cadáver tomada el 27 de octubre de 1864 por John Tackett en Richmond, Misuri. State Historical Society of Missouri.

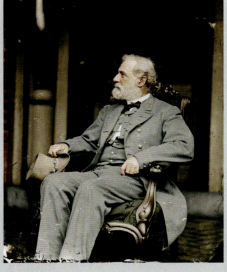

Robert E. Lee, general en jefe de los ejércitos confederados, en 1865. La fotografía, coloreada, está tomada por Mathew Brady en Richmond, poco después de la rendición del Sur. Biblioteca del Congreso, Washington.

James Butler Hickok, muy joven, con sus revólve-res de avancarga, fotografiado en 1860.

John Wilkes Booth, fanático sudista que asesinó del presidente Lincoln, con una pistola Deringer de avancarga. Fotografía de Alexander Gardner tomada hacia 1865. Biblioteca del Congreso, Washington.

Pistola de bolsillo de dos cañones Derringer, fabricada por Remington en gran cantidad y muy popular en el Oeste entre los tahúres para disparos a muy corta distancia.

Ulysses Simpson Grant, decimoctavo presidente de los Estados Unidos de 1869 a 1877. Obra de Thomas Le Clear realizada hacia 1880. Galería Nacional de Retratos, Washington.

Wild Bill Hickok en 1869 vestido con ropa de cuero, al estilo de un explorador o cazador. Con sus dos revólveres Colt Navy modelo 1851 y un cuchillo estilo Bowie al cinto.

Un jovencísimo William F. Cody (Buffalo Bill), con un rifle de avancarga de estilo inglés. Fotografía de Napoleon Sarony realizada hacia 1880 en el estudio de Sarony en Nueva York.

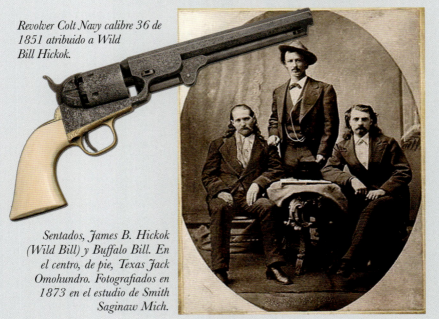

Revolver Colt Navy calibre 36 de 1851 atribuido a Wild Bill Hickok.

Sentados, James B. Hickok (Wild Bill) y Buffalo Bill. En el centro, de pie, Texas Jack Omohundro. Fotografiados en 1873 en el estudio de Smith Saginaw Mich.

El general George Amstrong Custer y el duque ruso Alexei Alexandrovitch Romanov, cuando este fue a los Estados Unidos a cazar y firmar un contrato de compra de revólveres con la Smith & Wesson. La fotografía está tomada el 22 de enero de 1872 en el estudio de David F. Barry, en Topeka, Kansas. Biblioteca del Congreso, Washington.

Bloody Knife, sioux hunkpapa, explorador de Custer en la expedición de Yellowstone, fotografiado en 1873. National Archives at College Park. Maryland.

El jefe de los lakota oglala, Crazy Horse, Caballo Loco, fotografiado en su campamento el 30 de junio de 1868.

Fotografía coloreada del general Custer en 1865. Murió luchando contra los indios en la batalla de Little Bighorn el 25 de junio de 1876.

Campamento del capitán George K. Sanderson en el vado de Little Bighorn, en 1876, poco después del combate con los indios. Sanderson fue el encargado de recoger los huesos de los caídos y erigir el monumento conmemorativo en el campo de batalla. Biblioteca del Congreso, Washington.

Tres notables sheriffs *del condado de Lincoln. De izquierda a derecha, Pat Garrett, John W. Poe, que sustituyó a Garret y James Brent, que poco tiempo después ocupó el puesto de Poe. La fotografía está tomada en 1883 o 1884.*

Bill Tilghman, a la derecha, con Jim Elder, un compañero, hacia 1873, durante su época de cazadores de bisontes. Portan dos rifles Sharps. Oklahoma Historical Society.

Billy the Kid, Billy el Niño. Temible cowboy *y forajido al que la leyenda le atribuye tantas muertes, 21, como años tenía cuando le mato el* sheriff *Pat Garret. Fotografía tomada por George Benjamin Wittick hacia 1880.*

Forajidos, miembros de la banda de los James. No hay ninguna fotografía autentificada de la banda; en esta imagen se suele suponer la presencia de izquierda a derecha de Cole Younger, Jesse James, Bob Younger y Frank James.

Cadáver en su ataúd de Jesse James, tras ser asesinado en 1882 por Bob Ford. El segundo por la izquierda es su hermano Frank.

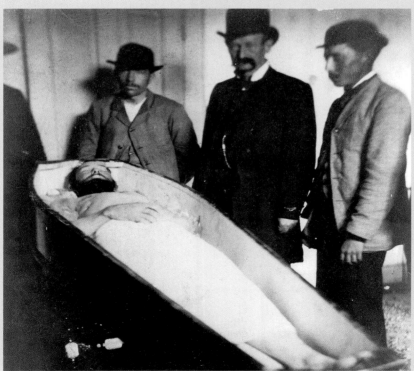

La calle principal de Dodge City, Kansas, fotografiada en la década de 1870. Kansas Historical Society.

La Comisión de Paz de Dodge City posa en el Conkling Photographic Studio el 10 de junio de 1883. De pie, de izquierda a derecha, William H. Harris, Luke Short, William "Bat" Masterson y William F. Petillon. Sentados, de izquierda a derecha, Charlie Bassett, Wyatt Earp, Michael Francis "Frank" McLean y Cornelius "Neil" Brown. Fotografía de Charles A. Conkling.

Calamity Jane, pseudónimo de Martha Jane Cannary, una de las mujeres más famosas de la historia y mitología del Far West, fotografiada en el estudio de C. E. Finn, Livingston, Montana, hacia 1880.

El jugador y pistolero Doc Holliday, amigo de Wyatt Earp. Ambos participaron en el tiroteo en el O.K. Corral de Tombstone el 26 de octubre de 1881.

El hombre de la Ley y pistolero Wyatt Earp fotografiado hacia 1888, cuando tenía alrededor de 40 años.

El general Philip Henry Sheridan fotografiado por Matthew Brady en la década de 1880. Fue uno de los artífices del exterminio sistemático de las tribus indias de las Grandes Praderas. Biblioteca del Congreso, Washington.

Colt S.A.A. modelo 1873 de caballería, en calibre 45. El revólver más mitificado por el Western.

Sitting Bull, Toro Sentado, jefe de los lakota hunkpapa, fotografiado en 1883 por David F. Barry. Colección de fotografías históricas de Daniel Guggisberg.

La primera compañía del 6.º regimiento de caballería de los Estados Unidos, acantonada en Fort Robinson, Nebraska, en 1886, durante una patrulla de reconocimiento por la frontera con las reservas indias.

*Guerrero comanche
fotografiado en Nuevo México por
J. R. Riddle entre 1886 y 1888.*
New Mexico
History Museum,
Santa Fe.

*Rifle Winchester
modelo 1876.*

*El jefe apache Geronimo, primero por la derecha, con algunos de sus guerreros. De izquierda
a derecha, Yanozha (cuñado de Geronimo), Chappo (hijo de la segunda esposa de Geronimo)
y Fun (medio hermano de Yanozha). La fotografía está tomada por Camillus "Buck" Sydney
Fly en 1886.* Biblioteca del Congreso, Washington.

Sitting Bull y Buffalo Bill fotografiados en agosto de 1885 por William Notman en su estudio de Montreal durante la gira por Canadá del Buffalo Bill's Wild West Show, Biblioteca del Congreso, Washington.

Modelo de rifle Springfield, posterior a 1865, para el calibre 50-70. Utilizado por Buffalo Bill para su cacería de bisontes.

Rodeo de ganado cerca de la ciudad de Great Falls, en Montana, hacia 1890.

Un cowboy con su cabalgadura y atuendo típico cerca de Sturgis, territorio Dakota. Fotografía de John C. H. Grabill realizada en 1887. Biblioteca del Congreso, Washington.

Los hermanos Dalton y miembros de su banda muertos en un tiroteo tras la incursión del 5 de octubre de 1892 en Coffeyville, Kansas. De izquierda a derecha: Bill Powers, Bob Dalton, Grat Dalton y Dick Broadwell.

Jóvenes marcando reses en el territorio de Oklahoma hacia 1900.

Sheriff de raza negra en Pocatello, Idaho, hacia 1903. Institución Smithsonian, Washington.

Bill Pickett, vaquero de raza negra, y un compañero, a caballo en 1907. Hay quien estima que hasta un 25 % de los cowboys eran afroamericanos. Sociedad Histórica de Oklahoma.

8

LA MUY CRUENTA GUERRA CIVIL, 1861-1865

De la avancarga a la retrocarga y el cartucho
metálico: armas cortas y largas de
la guerra de Secesión estadounidense

N ESTE CAPÍTULO VOY A ABORDAR LAS CAMPAÑAS MILITARES de la Guerra Civil (1861-1865) y todo el desarrollo en materia de armamento
ligero que luego tendrá gran trascendencia en el último tercio del siglo
XIX. Pues sin el desarrollo tecnológico de las armas de fuego (o del
tendido de diferentes líneas de ferrocarril de costa a costa), no se puede comprender el proceso acelerado a partir de 1865 de la conquista
del Oeste; con el fin de la frontera móvil, el casi total exterminio del
bisonte y la reducción de las pocas tribus indias que aún quedaban, con
una población ya muy mermada, a la vida en unas pequeñas reservas
paupérrimas. En tan solo veinticinco años, los que van de 1865 a 1890
o poco más, la expansión de los colonos (que son el paradigma del
pionero), por todos los territorios de los Estados Unidos y la transformación de la mayoría de ellos en estados de pleno derecho, convertirá
a la que nació, poco más de cien años antes, como trece colonias que
se independizaban del imperio británico, en una de las naciones más
poderosas y ricas de la tierra.

Pero sigamos con la historia. Tras la ejecución de John Brown la
polarizada radicalización fue en aumento incluso entre los intelectuales de la nación. Para muchos antiesclavistas era un mártir y un santo.
Otros mostraban su repulsa y su horror por su fanatismo y violencia.
Entre los primeros estaban Ralph Waldo Emerson y Henry David Tho-
reau, y de alguna manera sus opiniones fueron claves, pues muy pronto los soldados de la Unión, de los estados libres, marcharán al frente
al son de la canción *John Brown's Body*, (también conocida como *John
Brown's Song*), que dice así: «¡El cuerpo de John Brown yace pudriéndose en la tumba!, ¡pero su alma sigue marchando!, ¡Gloria, gloria,

aleluya!». Sobre la música de esta popular canción la escritora Julia Ward Howe redactó en 1861 el *The Battle Hymn of the Republic* (el patriótico *Himno de Batalla de la República*). A principios de 1860 las tensiones entre republicanos y demócratas eran tan grandes, que varios estados esclavistas ya anunciaron que se separarían si Lincoln ganaba las elecciones. Pero el caso es que Abraham Lincoln ganó en los dieciocho estados libres con un total de 180 votos electorales (frente a 123 de toda la oposición sumada)[97]. Él era el claro vencedor y para los estados esclavistas derrotados en las urnas se abría el camino hacia la secesión e inmediatamente hacia la guerra.

Lincoln había ganado el 6 de noviembre de 1860 y a pesar de que aseguraba que la abolición de la esclavitud no implicaba la amalgama de razas, pues era moderado comparado con otros políticos republicanos, la nación se había vuelto ingobernable. Así el 20 de diciembre de ese año Carolina del Sur es el primer estado en proclamar que se separa de la Unión. Ya a primeros de 1861, Misisipi, Florida, Alabama, Georgia, Luisiana y Texas hacen lo mismo, y el 9 de febrero Jefferson Davis es elegido presidente de la Confederación. Pero es el 12 de abril cuando los cañones confederados disparan sobre Fort Sumter en la bahía de Charleston (Carolina del Sur). Tras esta apertura de hostilidades Lincoln pidió a los estados la recluta de un ejército de voluntarios. Acto seguido es Virginia la que se separa (y Richmond será la capital de la Confederación), seguida de Arkansas, Carolina del Norte y Tennessee. Además el estado de Virginia se partirá en dos en 1863 (dando lugar a Virginia Occidental, pues los condados occidentales organizan un gobierno favorable a la Unión)[98].

Quiero mencionar de pasada lo siguiente: pensar que la causa última determinante de la guerra de Secesión de los Estados Unidos, fue en exclusiva la cuestión de la esclavitud, la de su permanencia como institución peculiar o la de su total abolición, es, con ser crucial e importante, simplista. Fueron múltiples las causas y la convergencia de las mismas, pero ciertamente en los campos de batalla se van a enfrentar dos maneras opuestas de entender la democracia estadounidense y su futura expansión hacia el Oeste y consolidación como potencia mundial. Aunque fue una guerra civil, en el conflicto y en el hecho de que se prolongara durante más de cuatro años, hay que tener en cuenta los intereses de las naciones

---

[97] Asimov, I. Los Estados Unidos desde 1816 hasta la Guerra Civil. Alianza Editorial, Madrid, 2ª ed. 1985 (orig. 1975), pp. 214-220.

[98] Huguet, Montserrat. *Breve historia de la guerra civil de los Estados Unidos*. Ediciones Nowtilus, S. L. Madrid, 2015., p. 35.

imperiales europeas (o con pretensiones imperiales, como el caso de Francia y su intervención en México). Intereses no solo comerciales e industriales (las importaciones del algodón de la Confederación por Gran Bretaña y Francia que eran pagadas con suministros de armas), sino también los intereses geopolíticos. Así Rusia, que había salido perdedora de la guerra de Crimea y que aspiraba a vender Alaska a los estadounidenses, se mostró claramente amistosa con la Unión.

En muchos aspectos la Guerra Civil fue ya una guerra moderna, que anunciará estrategias propias de las del siglo XX (como las de la Primera Guerra Mundial): el uso masivo del ferrocarril para transportar tropas y municiones, la comunicación de órdenes por telégrafo, el uso de globos aerostáticos para observar las maniobras del enemigo, la presencia de espías infiltrados en ambos bandos, la guerra de posiciones con trincheras, los golpes de mano y rápidas incursiones a caballo en terreno enemigo con guerrilleros, el uso de unidades de tiradores de élite y de francotiradores emboscados para abatir a los altos mandos enemigos (con rifles de alta precisión para la época), e incluso la invención y uso de la primera ametralladora, la Gatling, a finales de la contienda, etc. Pero en todos estos aspectos sobresale la destrucción masiva del campo, de las ciudades enemigas, de sus fábricas de armas y de todo lo que contribuyera a que no se diesen por vencidos. Esta guerra es pues ya una guerra total, donde la población civil no combatiente: mujeres, ancianos y niños, pagarán un muy alto precio en vidas. Al final, la derrota del Sur será total y muchos estados de la Confederación quedarán totalmente devastados. La lenta reconstrucción de los mismos, llena de tiranteces y actos de represalia (con las consiguientes venganzas), llevará décadas en algunos casos.

Antes de entrar a exponer cuales fueron las principales batallas hay que recordar lo que reconocen todos los historiadores: los estados que formaron la Confederación estaban poco poblados y, exceptuando a los ricos plantadores con aire de aristócratas del Profundo Sur (*Deep South*), sus habitantes eran agricultores blancos pobres sin esclavos. El Norte tenía bastante más población y sus ciudades estaban en plena revolución industrial, con un proletariado urbano asalariado. La riqueza del Sur estaba casi en exclusiva en sus exportaciones de algodón y apenas contaba con hierro y acero para fabricar armamento. Las acerías y demás empresas metalúrgicas para hacer armas y municiones estaban en el Norte. Al inicio de la contienda casi 21 millones de personas vivían en los veintitrés estados del Norte, mientras que los once estados confederados contaban con 9 millones de habitantes, incluidos 3,5 mi-

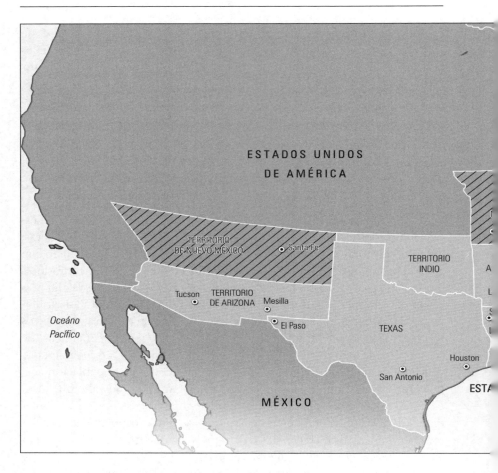

llones de esclavos. No obstante, en el primer año de la guerra el Sur tenía un ejército casi del mismo tamaño que el del Norte. Además las gentes de los estados sureños estaban acostumbradas a la dura vida en el campo y en general tenían buenos caballos y eran unos jinetes excelentes.

Comenzada la guerra el 19 de abril de 1861 los soldados de la Unión son atacados en Baltimore, produciéndose ya las primeras bajas. Rápidamente Lincoln, con su secretario de estado, William Seward, tuvo que maniobrar con rapidez, habilidad y firmeza para controlar a los estados fronterizos (Maryland, Delaware, Misuri y Kentucky), donde las lealtades de muchas familias estaban divididas. En Maryland, Lincoln suspendió el *habeas corpus*, enviando tropas federales que hicieron detenciones. Missouri y Kentucky quedaron internamente divididas, de ahí el surgimiento de guerrillas y de las espirales de violencia

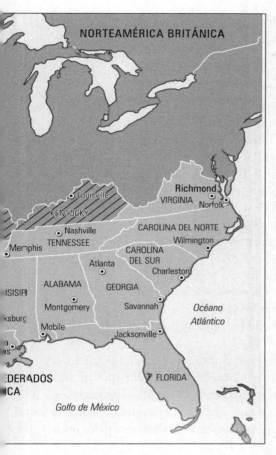

entre clanes familiares, pudiendo hablarse en muchos casos de una guerra de «hermano contra hermano». El apoyo a los oficiales de los estados del Sur por buena parte de la población de todo ese bando tenía que ver más con cuestiones de orgullo nacionalista y localista, que con el hecho de defender la institución esclavista. La mayoría de los sureños lo que querían era mantener su independencia en la toma de decisiones políticas, sin la intromisión del poder Federal y de los intereses de los estados del Norte, preservar y perpetuar su modo de vida cotidiano y defender su territorio[99].

En general esta guerra fue muy cruenta, pues se libraron unas 237 batallas, junto con muchas otras acciones menores y escaramuzas. Pero en el plano político, al renunciar los sureños a sus escaños en el Senado y en el Congreso, los republicanos, con Lincoln a la cabeza, pudieron sacar adelante en esos años una serie de leyes que habían estado bloqueadas por los senadores del Sur: leyes sobre la concesión de tierras, la ley Homestead (ya citada), las leyes necesarias para desarrollar el ferrocarril transcontinental, etc. Ni que decir tiene que todo este paquete de medidas legales permitirán la rápida conquista del Oeste tras el fin de la contienda, dada la gran afluencia de inmigrantes que *ipso facto* se convierten en colonos.

Pero entremos en materia bélica. El primer año ambos bandos movilizaron ya a 100.000 soldados cada uno. Pronto además se unirán a los ejércitos de la Unión los inmigrantes europeos recién llegados, incluidos unos 177.000 de origen alemán y 144.000 nacidos en Irlanda.

---

[99]   Huguet, Montserrat. *Op. cit.*, p. 37

Cuando en 1863 Lincoln dé el decisivo paso de proclamar la emancipación de los esclavos (Proclamación de Emancipación), muchos de los liberados se alistaron en el ejército de la Unión y se sabe que casi 200.000 hombres negros, la mayoría exesclavos, contribuyeron decisivamente a que el Norte ganara la guerra.

Como al principio de la contienda ambos bandos tenían más hombres de los que podían adiestrar y las armas disponibles aún eran escasas, se tuvo que recurrir a material obsoleto de los arsenales, que rápidamente hubo de ser actualizado (transformación de viejos mosquetes de chispa a pistón, rayado de fusiles que en principio eran de ánima lisa, etc.) Las fábricas del Norte empezaron a trabajar día y noche y la Confederación dispuso su diplomacia para hacer con presteza la importación de fusiles y revólveres que necesitaban en gran cantidad. Como veremos más adelante, un montón de pequeños fabricantes del Sur, repartidos por casi todo ese territorio, y en forjas y talleres con pocos medios técnicos y escasez de hierro y acero, harán revólveres y carabinas de forma casi artesanal. En el caso de los revólveres confederados, la mayoría copia de los modelos de Colt, se recurrirá al latón y al bronce, fundiendo las campanas de las iglesias para hacer los armazones de los mismos.

Sabedor Lincoln de la inferioridad industrial y tecnológica del Sur, pronto declara el bloqueo de la Confederación para que no entren en sus costas y puertos barcos mercantes, principalmente ingleses, cargados de armas y municiones, y para que el Sur no pueda sacar el algodón con el que pagar estas importaciones. Así pues ya a principios de 1861 el general Winfield Scott idea el Plan Anaconda, con el que se pretende asfixiar económicamente a la Confederación, para intentar evitar una guerra larga y sangrienta. Pero este plan fue contrarrestado por los del Sur con los Corredores del bloqueo (*Blockade runners*), que fueron una serie de barcos de vapor ligeros y rápidos, mayormente de construcción británica, que empleó la Confederación de forma audaz y a veces bajo el cañoneo enemigo, para burlar el bloqueo y traer y desembarcar en puertos ocultos (o poco vigilados por los del Norte), las armas y suministros que necesitaban para prolongar la guerra[100].

---

[100] A este hecho se hace una breve referencia en la mítica película *Lo que el viento se llevó*, pues en una escena parece que se deja claro que es a lo que se dedica el personaje de Rhett Butler (interpretado por Clark Gable). Es decir, a burlar el bloqueo naval de la Unión, trayendo desde Europa las ropas que las engalanadas damas del Sur lucen en el baile.

Tras el bombardeo de Fort Sumter por el general confederado Beauregard, en el frente del Potomac se libra el 21 de julio de 1861 la primera batalla de Bull Run, conocida también como primera batalla de Manassas, donde, frente a las bisoñas tropas federales de McDowell, Johnston y Beauregard, de la Confederación, salen vencedores. McDowell pronto será sustituido por el general McClellan. En esta batalla ya brilla por su firmeza el general confederado T. J. Jackson, apodado Stonewall Jackson (Muro de piedra). Al oeste del río Misisipi la primera batalla importante fue la de Wilson's Creek y aunque fue contada como una victoria confederada, Misuri quedará bajo control de la Unión (excepto en el suroeste). El 6 de septiembre de 1861 Grant ocupa Paducah (Kentucky) y McClellan, ya como general en jefe de los ejércitos de la Unión, ataca Virginia en la primavera de 1862 y llega a las puertas de su capital, Richmond (Campaña de la Península). Pero en concreto en 1862, cuando la guerra ya es general y tiene unas grandes y serias proporciones, la estrategia de la Unión en el teatro de operaciones del Potomac tiene cuatro ejes: McClellan lidera el avance principal en Virginia hacia Richmond, las fuerzas de Ohio tienen que avanzar hacia Tennessee a través de Kentucky, el Departamento de Misuri ha de presionar hacia el sur a lo largo del río Misisipi y en Kansas tendrán lugar los ataques más al oeste.

En el teatro del Este y en el verano de 1861, la principal fuerza confederada es la del Ejército del Norte de Virginia, a la que se sumará el Ejército del Shenandoah. El 19 de enero de 1862 la Unión derrota a las fuerzas de Crittenden en la batalla de Mill Springs (Kentucky) y el 6 de febrero Grant toma Fort Henry, el 16 de febrero obliga a rendirse a Fort Donelson y el 25 de ese mes toma Nashville (Tennessee). Asimismo en 1862 los combates también se dan en el mar, con proyectos tecnológicos novedosos para la época, pues surgen los barcos acorazados (chapados con planchas de hierro gruesas). Me refiero a la batalla de Hampton Roads, donde se enfrentan el *Monitor* (por la Unión) y el *Merrimack* (por la Confederación). En el seno de la contienda el enfrentamiento naval fue un empate, pero el uso de cañones pesados giratorios en barcos acorazados inauguró una nueva época. A su vez Stonewall Jackson desarrolla una campaña triunfal en el valle del Shenandoah y el 5 de abril de 1862 McClellan sitia Yorktown (Virginia). El 6 y el 7 de abril tiene lugar la batalla de Shiloh, en el suroeste de Tennessee, donde por escaso margen Grant vence a los confederados de A. S. Johnston. Hasta ese momento fue la batalla más sangrienta de la guerra, con más de 23.000 bajas. Más tarde Nueva Orleans y Yorktown caen en manos de la Unión, ocupando las tropas unionistas de Halleck, Corinth (estado de Misisipi). Pero también hay batallas que no tienen un resultado concluyente respecto a quien vence, como la de Fair Oaks.

Es importante destacar que por parte de la Confederación Robert E. Lee toma el mando de los ejércitos de Virginia. Entre el 25 de junio y el 1 de julio de 1862 se libra la batalla de los Siete Días. Lee obliga a McClellan a retirarse de Richmond, pero el ejército de la Unión sufre 16.000 bajas y el de la Confederación en torno a 20.000. Tras estos acontecimientos es Halleck el que es nombrado general en jefe de los ejércitos de la Unión.

La segunda batalla de Bull Run tendrá lugar entre el 28 y el 30 de agosto de 1862. Este enfrentamiento fue de mucha más envergadura que la primera batalla de dicho nombre. Lee derrotó a Pope, pero a pesar de esto las fuerzas de la Unión quedaron en parte intactas. Bajo el mando de Pope estaban los generales Franz Siegel (Primer Cuerpo), Nathaniel P. Banks (Segundo Cuerpo) e Irwin McDowell (Tercer Cuerpo). En el bando confederado y a las órdenes de Lee, estaban James Longstreet (que mandaba el ala derecha) y Stonewall Jackson (que dirigía el ala izquierda). Otros oficiales destacados fueron A. Burnside (por la Unión) y J. E. B. Stuart y su división de caballería (por la Confederación). Hay que subrayar que para muchos historiadores y desde un punto de vista estrictamente militar, los generales más disciplinados y capaces estaban en las filas de la Confederación. En la segunda batalla de Bull Run la Unión tuvo unos 10.000 muertos y heridos de un total de 62.000 combatientes, mientras que cayeron 1.300 confederados y 7.000 resultaron heridos de un total de 50.000 soldados del Sur.

Tras esta victoria la Confederación invade el Norte y el 17 de septiembre de 1862 tiene lugar la batalla de Antietam, considerado el día más sangriento de la historia militar de los Estados Unidos. En ella, cerca de Sharpsburg (Maryland), se enfrentan Lee y McClellan, pues Lincoln había devuelto el mando a este. Lee es obligado a retirarse y en este contexto de euforia muy contenida, Lincoln anuncia la Proclamación de Independencia de los esclavos, que entrará en vigor el 1 de enero del año siguiente. Ya en octubre y en Kentucky (batalla de Perryville), la Unión derrota a Bragg, pero en la batalla de Fredericksburg, el 13 de diciembre de 1862, las fuerzas unionistas mandadas por Ambrose Burnside son derrotadas y tienen 12.000 bajas. Pero el 31 de diciembre las tropas de Rosecrans, en tierras de Tennessee, obligan a retirarse a los sudistas de Bragg.

Ya en 1863 y tras ser sustituido antes Burnside por J. Hooker, este tampoco puede derrotar a Lee y la Unión es humillada en la batalla de Chancellorsville, aunque el general Stonewall Jackson recibió un disparo accidental por fuego amigo en el brazo y acabó muriendo. Con amarga y sentida ironía Lee afirmará que es él el que ha perdido a su «brazo derecho». John Sedgwick derrota a los confederados en la segunda batalla de Fredericksburg, aunque aquellos se baten con éxito en la de la iglesia de Salem. Pero en el teatro occidental Ulysses S. Grant y su ejército de Tennessee cruzan el río Misisipi y el teniente general John C. Pemberton es derrotado en Vicksburg. Como este era el último gran bastión de la Confederación en el Misisipi se completa así la segunda parte del Plan Anaconda de los del Norte.

Próximo ya el conjunto de operaciones que llevará a la batalla de Gettysburg, tiene lugar el combate de Brandy Station, que fue el mayor enfrentamiento de fuerzas de caballería. La de la Unión bajo el mando de Alfred Pleasonton (junto con John Buford y D. M. Gregg), la del Sur comandada por J.E.B. Stuart. Al final del enfrentamiento Stuart alegó que fue una victoria para la Confederación, pero lo cierto es que por primera vez la caballería de la Unión igualó a los jinetes confederados en arrojo y habilidad. A partir de este momento la caballería federal ganará una determinación y confianza indudables.

Sin embargo el combate más decisivo, estudiado por historiadores y mitificado por cineastas, será el de la conocida batalla de Gettysburg en Pensilvania. Tras la segunda invasión del Norte por Lee, el general Hooker fue reemplazado por George Meade y será este el que se enfrente a Lee en la que será al final la batalla más sangrienta de la guerra y la que hace de punto de inflexión de todo el conflicto bélico. Tuvo lugar del 1 al 3 de julio de 1863 y la carga de Pickett (del 3 de julio), fue el punto culminante del sacrificio humano hecho por los confederados. A partir de aquí se marca el colapso de las pretensiones de victoria de la Confederación. Hay que subrayar que las bajas fueron numerosísimas, pues como en casi todas las batallas de la Guerra Civil se combatía con la estrategia de formaciones lineales, propias de los ejércitos del siglo XVIII (cuando las armas eran los imprecisos mosquetes de chispa de ánima lisa y no los fusiles rayados minié, bastante precisos y muy mortíferos a varios cientos de metros). Frente a la metralla de la artillería de campaña y una oficialidad armada con revólveres de seis tiros, las cargas a la bayoneta, en los momentos más cruentos de la lucha, eran casi suicidas (como también sucederá en los combates en las trincheras de la Primera Guerra Mundial frente a las implacables ametralladoras). No obstante hay que subrayar que algunas unidades, como la Brigada Irlandesa, usaron mosquetes de pistón modelo Springfield 1842 de ánima lisa y calibre 69 (17,5 mm), que eran tremendamente letales en distancias cortas, pues estaban cargados con cartuchos de bala y tres postas (*Buck and Ball*). A 50 metros, que es cuando las filas de soldados abrían fuego en la carga final antes del cuerpo a cuerpo a la bayoneta, estos disparos resultaban devastadores.

En la gran batalla de Gettysburg intervienen los siguientes generales: por la Unión (Ejército del Potomac), George Meade, John F. Reynolds, Winfield Scott Hancock, Daniel Sickles, George Sykes, John Sedgwick, Oliver Otis Howard y Alfred Pleasonton. Por la Confederación (Ejército del Norte de Virginia), Robert E. Lee, James Longstreet, Richard S. Ewell, A. P. Hill y J. E. B. Stuart.

No puedo entrar aquí en las estrategias, tanto de los yanquis como de los rebeldes (azules y grises), a lo largo de esos tres días cruciales. Pero hay que recordar también que en esa batalla se produjo el mayor bombardeo artillero de toda la contienda. El número de bajas, entre muertos, heridos y desaparecidos, certifica las magnas proporciones de la batalla de Gettysburg. Los dos ejércitos sufrieron entre 46.000 y 51.000 bajas, casi un tercio del total de todas las tropas que participaron en dicho enfrentamiento (es decir, el 28 % del Ejército del Potomac y el 37 % del Ejército del Norte de Virginia). La Unión tuvo un total de 23.055 bajas (3.155 muertos, 14.531 heridos y 5.369 desaparecidos o hechos prisioneros), mientras que las bajas de la Confederación, más difíciles de calcular, fueron según algunos eruditos de unos 28.000 hombres. Estudios más precisos datan 23.231 (4.708 muertos, 12.693 heridos y 5.830 capturados o desaparecidos). Asimismo es de resaltar que casi un tercio de los oficiales de Lee fueron muertos, heridos o capturados. El total de bajas de ambos bandos en toda esta campaña asciende a 57.225.

Prosiguiendo con el relato de la guerra hay que recordar de nuevo que las batallas de Gettysburg y Vicksburg marcan el punto de inflexión de la contienda a favor de la Unión. Aun así los confederados ganaron la primera batalla de Chickamauga. Rosecrans se retiró a Chattanooga y es auxiliado por Grant, que el 16 de octubre de 1863 tiene ya el mando de todos los ejércitos de la Unión al oeste de los Apalaches. Consciente Lincoln de lo decisivo del momento, pronuncia *in situ* su famoso Discurso de Gettysburg el 19 de noviembre, declarando solemnemente «que estos muertos no han perecido en vano; que esta nación, Dios mediante, vea renacer la libertad y que el gobierno del pueblo, por el pueblo y para el pueblo no desaparezca de la faz de la tierra»[101].

Días más tarde, del 23 al 25 de noviembre, Grant derrota a Bragg en la tercera batalla de Chattanooga (Tennessee). Este fue un hito decisivo, pues ya en 1864 se abre la ruta hacia Atlanta, con la guerra total, que es el corazón de la Confederación.

El 9 de marzo de ese nuevo año Grant es nombrado general en jefe de todos los ejércitos de la Unión, pero al oeste del Misisipi, donde el Sur tenía escasez de destacamentos regulares y de logística de apoyo para enfrentarse al control que ejercía el gobierno federal y las tropas yanquis, son las partidas de guerrilleros que defienden a la Confederación las que tienen aterrorizado Misuri y los territorios próximos con sus incursiones. El 21 de agosto de 1863 se había producido la matanza de Lawrence, ciudad de Kansas, por los guerrilleros de Quantrill. Como vimos en el capítulo anterior los odios y la espiral de venganzas entre esclavistas y abolicionistas ya venían sucediéndose desde antes de la guerra. En la destrucción de Lawrence no solo se destacó Quantrill, sino también el sanguinario Bloody Bill Anderson. Más tarde, entre el grupo de guerrilleros que se unieron a Anderson en Misuri, destacaron los hermanos James (Jesse y Frank), que luego, y tras la guerra, se convertirían en forajidos notorios. Tras otra matanza, esta vez en Centralia, los soldados de la Unión, al mando del teniente coronel Samuel P. Cox, tienen como misión acabar con Anderson y sus guerrilleros. En la escaramuza de Albany (Misuri), Bloody Bill murió en combate el 26 de octubre de 1864.

En la frontera oeste se trataba por ambos bandos de controlar el Territorio Indio, Nuevo México y Texas. La Unión rechazó las incursiones confederadas en Nuevo México en 1862 y en Territorio Indio, donde vivían varias tribus de las expulsadas del Este (y algunas hasta tenían esclavos negros), los indios también se dividieron y unos lucharon en favor de la Confederación y otros (en menor número), lo hicieron por la causa de la Unión. Texas, estado muy grande y escasamente poblado, permaneció durante todo el conflicto en manos confederadas. Pero en 1864 y en el Este la guerra total ya es un hecho. Con este plan en marcha Grant pone al general William Tecumseh Sherman al mando de los ejércitos occidentales. A su vez Meade y Butler se movilizan

---

[101] Citado por Huguet, Montserrat. *Op. cit.*, p. 218.

contra Lee cerca de Richmond y los generales Sigel, primero, y luego Philip Sheridan tienen orden de atacar todo el valle de Shenandoah. En esta gran operación la misión de Sherman era marchar hacia el Atlántico y capturar y arrasar Atlanta. Finalmente los generales Crook y Averell debían cortar la línea de suministros por ferrocarril de Virginia Occidental y el general Banks tomar Mobile (Alabama). Se trataba pues de ir asfixiando poco a poco a la Confederación. Las batallas se suceden y los del Sur, con las fuerzas cada vez más mermadas, tratan de resistir heroicamente. El 19 de junio Grant pone sitio a Petersburg, el 22 de julio Sherman también sitia Atlanta y el 23 de agosto Farragut se adueña de los fuertes de la bahía de Mobile. Tomada Atlanta el 2 de septiembre, Sherman comienza la marcha hacia el mar. Llega a Savannah (Georgia) y luego gira hacia el norte con el grueso de sus fuerzas para presionar aún más a Lee. De igual forma en la tercera batalla de Winchester (Virginia), el 19 de septiembre de 1864, Sheridan derrota al ejército sureño de Jubal Early, aunque se produce una gran cantidad de bajas por ambos bandos.

Ya en 1865 el fin de las fuerzas confederadas se ve próximo. El 17 de febrero Sherman toma Columbia, capital de Carolina del Norte, el 18 de febrero captura Charleston y el 22 entra en Wilmington. El 1 de abril de ese año tiene lugar la batalla de Five Forks (considerada el Waterloo de la Confederación). Tras ella la Unión controló todo el perímetro que rodeaba a Richmond-Petersburg y Lee tiene que evacuar a su ejército. Este gran general pretende reagruparse y presentar batalla cerca del pueblo de Appomattox Court House. Lee lanzó un último ataque, pero estaba totalmente rodeado y comprendiendo la inutilidad de su acción, se rindió ante Grant. Fue el 9 de abril de 1865.

Cumplimentadas las formalidades legales de la rendición y como muestra de respeto hacia este gran general y estratega, Grant permitió que conservara su espada y su querido caballo Traveler. Tras este hecho las rendiciones de los restantes focos de resistencia confederada en el Este fueron sucediéndose. Pero las tensiones, contradicciones y escisiones internas en la nación estadounidense seguirán durante bastantes lustros. En primer lugar Lincoln acababa de ser reelegido por segunda vez y el 14 de abril es asesinado por John Wilkes Booth. Este pronto es atrapado y muerto. El expresidente de la Confederación, Jefferson Davis, es capturado y encarcelado, aunque no es maltratado.

La guerra ha terminado pero ha dejado una nación devastada, igualmente dividida y con unos estados del Sur, que ya eran agrícolas antes de la contienda, totalmente arrasados. Pronto comenzará el difícil período conocido como la Reconstrucción, lleno de odios y resentimientos, pues el asesinato de Lincoln hará que sea el ala más radical del partido republicano el que imponga con mano dura sus políticas en el Sur.

El conflicto tuvo en conjunto al menos 1.030.000 bajas (el 3 % de la población total), superando con creces las previsiones iniciales de los políticos de la época. En esta catástrofe humana sin paliativos hubo 620.000 soldados muertos (más de 350.000 por la Unión y más de 250.000 por la Confederación). También hay que especificar que, además de los muertos en las batallas, muchos de ellos fallecieron por enfermedades, deshidratación, desnutrición, suicidios, ejecuciones o accidentes fortuitos (y bastantes de ellos en los durísimos campos de prisioneros, como Camp Chase y Camp Douglas, de la Unión, o Andersonville y Camp Lawton de la Confederación). También hay que contabilizar la muerte de 50.000 civiles y la gran cantidad de soldados que quedaron mutilados (sin una pierna o un brazo). Asimismo es muy importante resaltar que al final de la contienda aproximadamente 179.000 hombres negros (el 10 % del ejército de la Unión), sirvieron como soldados entre las tropas de los Estados Unidos y hay que contabilizar a otros 19.000 en la Marina. En el transcurso de la guerra casi 40.000 soldados negros perecieron, muchos de ellos también por infecciones o enfermedades. Para esta nación norteamericana la Guerra Civil supuso más muertes que todas las contiendas del siglo XX juntas en las que intervinieron los Estados Unidos.

Después, durante la reconstrucción del Sur y de 1865 a 1877, aparecerán los políticos especuladores del Norte (y con el acicate del resentimiento por el asesinato de Lincoln), para aplicar las políticas republicanas de los vencedores. Los demócratas del Sur, muy empobrecidos, con sus libertades limitadas y los negros liberados viviendo en su mismo entorno, llamarán burlonamente *Carpetbaggers* y *Scalawags* a los republicanos blancos o radicales. Lo de *Carpetbaggers* era porque estos politicastros norteños que emigraban al Sur, llevaban todas sus pertenencias en una maleta hecha con la tela de viejas alfombras. Los *Scalawags* eran los radicales nacidos propiamente en el Sur, que, sin escrúpulos, aprovecharon estas políticas para medrar en lo personal. Frente a toda esta nueva situación social y política los viejos veteranos sureños, que aunque vencidos no renunciaron a su ideología, crearon el primer Ku Kux Klan. Con sus violentas acciones nocturnas buscaban frenar las políticas de *Carpetbaggers* y *Scalawags* y tener atemorizados y sometidos a los negros, para que así no ejercieran ninguna libertad política, entre ellas el derecho al voto[102].

Por otra parte en el ámbito armamentístico y en un trabajo como este, dedicado al estudio de la violencia como componente esencial de la conquista del *Far West*, es decir de la formación de la propia nación estadounidense (con el fin de la frontera móvil), es necesario que en el presente capítulo prestemos una atención principal a las armas de fuego que se utilizaron en ambos bandos. Muchas de ellas, sobre todo revólveres y algunos prototipos novedosos de rifles y carabinas, nada más acabar la contienda pasaron al mercado civil (y no solo militar), y con nuevas mejoras tecnológicas (por ejemplo en el sistema de carga o munición), servirán para exterminar a los bisontes y a los indios de las tribus de las praderas centrales. Todo ello tuvo lugar de forma vertiginosa y premeditadamente sangrienta entre 1865 y 1890. El tema es denso y me apasiona, pero como se trata de hacer un apretado resumen para el lector ilustrado, seguiré un orden preciso. Primero trataré de los fusiles de la infantería o mosquetes rayados de avancarga (mayormente para la bala minié, es decir los *minie rifled muskets*), e incluiré en este apartado a los primeros rifles de retrocarga para cartucho de papel. Algo diré además sobre los cuerpos de tiradores de élite y sobre las armas de los francotiradores. Luego expondré la lista de carabinas usadas por la caballería y por último me centraré en las armas cortas, es decir en la gran gama de revólveres que se emplearon por ambos contendientes en la Guerra Civil. Muchos de estos, vendidos ya como material exceden-

---

[102] Sobre la Guerra Civil estadounidense y desde el punto de vista de la Historia (como ciencia humana teórica con asiento en la historia fenoménica), véanse las siguientes obras: Morison, Commager y Leuchtenburg. *Breve historia de los Estados Unidos*. Fondo de Cultura Económica, México, 1951. (3.ª reimpresión en 1995. Edición original en inglés de 1930. Capítulo XVIII, pp. 366-399. Jones, Maldwyn A. *Historia de Estados Unidos 1607-1992*. Editorial Cátedra, Madrid, 1995 (2.ª edic.), Cap. XII, pp. 203-219. Johnson, Paul. *Estados Unidos. La historia*. Javier Vergara Editor, Barcelona, 2001 (2.ª reimpresión de 2004). 4.ª parte, pp. 397-478. Bosch. Aurora. *Historia de Estados Unidos 1776-1945*. Editorial Crítica, Barcelona, 2005. Capítulo 5, pp. 149-211. Zinn, Howard. *La otra historia de los Estados Unidos (Desde 1492 hasta hoy)*. Ed. Argitaletxe HIRU, S. L. Hondarribia, 2005 (Título original: *A People's History of the United States: 1492 to present*. 3.ª edición). Capítulo X, pp. 199-233. También Asimov, I. *Los Estados Unidos desde 1816 hasta la Guerra Civil*. Alianza Editorial, Madrid, 2.ª ed. 1985 (orig. 1975). VV. AA. *La historia del Oeste*. Ediciones Picazo. 4 tomos. Badalona, 1979. Tomo cuarto, capítulo 80, pp. 199-227.

te por obsoleto (al introducirse poco a poco los revólveres de cartucho metálico y grueso calibre), se revenderán a bajo precio a colonos, pero sobre todo a *sheriffs*, forajidos y *cowboys*.

Sobre este tema lo primero que hay que decir es que nada más empezar la Guerra Civil tanto el Norte como el Sur estaban escasos de armas. En 1861, al iniciarse las hostilidades, la milicia de Virginia marcha sobre el arsenal de Harpers Ferry. Los soldados federales lo incendian y destruyen más de 15.000 armas allí depositadas, pero el 28 de abril el gran general confederado Stonewall Jackson toma su primer mando, precisamente sobre dicho arsenal, y durante las próximas siete semanas sacan toda la maquinaria y herramientas, enviándolas al Sur, a Richmond (Virginia) y Fayetteville (Carolina del Norte), comenzando allí a fabricar fusiles para la Confederación. Al destruirse Harpers Ferry quedó al principio el Springfield Armory (Massachusetts) como único arsenal fabricante de armas para la Unión, hasta que en 1862 se puso en marcha el de Rock Island (en Illinois). En el de Springfield, gracias a la fabricación en serie y por turnos de trabajo sin parar (características propias de la Revolución Industrial), se pasó de hacer 9.601 rifles en 1860 a 276.200 en 1864. Pero ambos bandos compraron armas en Europa a varias naciones y a través de diferentes subcontratistas. El principal suministrador fue Gran Bretaña y su Royal Small Arms Factory (RSAF), más conocido como el arsenal de Enfield. A Inglaterra en principio le interesaba identificarse con la causa del Sur y por eso les vendieron gran cantidad de mosquetes rayados Enfield P-53 a cambio de balas de algodón. Pero también, a través de intermediarios, los británicos suministraron los Enfield al ejército de la Unión. Para abreviar haré un rápido listado.

Fusiles (lisos y rayados) de uso más común por la infantería de ambos bandos:

De origen nacional

- Mosquete de avancarga de ánima lisa modelo Springfield 1816 (de calibre 69 —17,5 mm—). Era inicialmente con llave de chispa (y algunas unidades al principio de la contienda los usaron así), pero la mayoría ya se habían convertido a percusión para cuando comenzó la Guerra Civil. Arma muy común al principio de la contienda.

- Mosquete de avancarga de ánima lisa Springfield modelo de 1840 (de calibre 69). Fue el último mosquete de chispa pero ya pensado para ser convertido a percusión de forma sencilla. Algunas transformaciones al sistema de pistón (percusión) se consideraban poco fiables e incluso peligrosas para el propio soldado usuario.

- Mosquete de avancarga de ánima lisa modelo Springfield 1842 (de calibre 69). Estaba ya totalmente fabricado a máquina y se hicieron en torno a 281.000 entre 1842 y 1855. A algunas armas de este tipo se les puso cañón rayado para bala minié del 69 y se le añadieron miras de rifle. Pero estas conversiones no fueron muy confiables ni dieron buen rendimiento en cuanto a precisión (además del excesivo culatazo para el soldado). Luego estos fueron los mosquetes más usados de los de ánima lisa, que, como las versiones anteriores ya citadas, cargados con cartuchos de bala y tres postas (*Buck and Ball*), resultaban muy mortíferos hasta los 50 metros. Algunas unidades los emplearon durante toda la guerra.

- Rifle de avancarga Mississippi 1841 (arma rayada de calibre 54 para bala esférica subcalibrada envuelta en calepino). Este arma ya se había usado en la Guerra contra México. Fueron muy comunes durante el primer año y medio de la guerra y los confederados siguieron usándolos hasta el final. Muchos de estos rifles poco antes de la contienda ya se habían recalibrado al calibre 58, con estriado para bala minié.

- Rifle de avancarga Springfield modelo 1855 (para bala minié del calibre 58). Es el primer modelo de mosquete rayado diseñado ya inicialmente para la citada bala ojival de base hueca (bala minié mejorada por Burton). El ejército de la Unión estaba equipado con ellos en 1861, existiendo unos 75.000 ya producidos. Los confederados también los usaron, cogiéndolos de acuartelamientos asaltados o de los soldados muertos en los propios campos de batalla. El empistonador Maynard que llevaba este rifle al principio se suprimió por sus fallos; los pistones de cuatro alas los colocaba con los dedos el soldado sobre la chimenea.

- Rifle de avancarga Springfield 1861. Este arma, también de calibre 58 (14,732 mm), usaba un cartucho de papel (que al ser de avancarga tenía que ser mordido con los dientes para abrirlo, como los anteriores modelos y al igual que en la época de la chispa). La bala minié (Burton) era de calibre .577 (14,65 mm), pesaba 500 grains (32,4 gramos) y estaba propulsada por 60 grains (3,88 gramos) de pólvora negra gruesa (de granulación 2 FFg o más bien 1 ½ Fg). Su alcance efectivo con precisión era de unas 200 a 400 yardas (180 a 370 metros), pero un tirador experto podía alcanzar a un hombre hasta 500 yardas (460 metros). En esta época al recluta se le entrenaba severamente para que cargara y disparara su mosquete rayado en nueve pasos o tiempos, de forma que memorizara y automatizara todos los movimientos. Las tropas bien entrenadas y a pesar del estrés del combate, podían hacer de dos a tres disparos por minuto apuntando a la fila enemiga. Fue el arma de infantería principal y más numerosa de toda la guerra. Se llegaron a fabricar 1.000.000 de mosquetes Springfield entre todas las variantes (incluidas las posteriores), y su fabricación se subcontrató a otras empresas armeras privadas como la Colt, que lo hizo con algunas mínimas variaciones.

• Rifle o mosquete de avancarga Springfield 1863. Tiene las mismas características que el anterior pero introduciéndose unas pequeñas mejoras. Se fabricó entre 1863 y 1865. Hubo dos variantes y en la primera se introdujeron las modificaciones que la Colt (el Colt especial) había hecho al modelo 1861. Del Tipo I se hicieron 273.265 en 1863 y del tipo II se hicieron un total de 255.040 entre 1864 y 1865. El modelo 1863 fue el último rifle Springfield de avancarga. Además todas estas armas, como las anteriores, iban dotadas de su correspondiente bayoneta para la lucha cuerpo a cuerpo en el asalto final a las posiciones del enemigo.

Hay que señalar que este tipo de rifles minié fueron los responsables de la gran mortandad de esta guerra. Su bala, diseñada para volar estable a bajas velocidades incluso a varios cientos de metros (para los estándares de la balística de hoy en día), cuando no producían la muerte instantánea generaban un tipo de heridas horribles, con fragmentación y pulverización de huesos y músculos. De ahí también la gran cantidad de soldados de ambos bandos que quedaron mutilados, pues los cirujanos de campaña, en el mejor de los casos, lo único que podían hacer era amputar las extremidades dañadas o medio arrancadas. Muchos heridos no sobrevivían a las amputaciones y morían en la intervención o por las infecciones o la gangrena a los pocos días.

Hay que subrayar también que el Ejército del Potomac ya fue equipado con rifles minié calibre 58 a finales de 1862, pero los ejércitos que combatían más hacia el oeste tardaron en actualizar su armamento. A lo largo de toda la contienda los confederados recogieron en carretas gran cantidad de rifles Springfield de los campos de batalla y los copiaron, fabricando reproducciones de los mismos en Richmond y Fayetteville.

Otros modelos de rifles que tienen su importancia son los prototipos de retrocarga o de repetición, que en general se usaron en pequeñas cantidades. Destacan los siguientes:

• El rifle de retrocarga Ballard, del que se fabricaron unos 3000 entre 1862 y 1865, siendo utilizado por los voluntarios de Kentucky. Este primer modelo de rifle Ballard usaba un cartucho ya metálico de percusión anular de calibre 44.

- Rifles de avancarga, de tambor giratorio y seis disparos de la casa Colt (patente Root de 1855, fabricándose hasta 1863). Eran de seis recámaras en calibre 44 y de 5 en calibre 56. Empleaban, al igual que los revólveres, cartuchos de papel autocombustible, poniendo los pistones en las chimeneas del tambor. El gobierno de los Estados Unidos había comprado 765 carabinas y rifles Colt de estas características antes de la guerra, que estaban almacenados en zonas del Sur y fueron usados por los confederados. Después la Unión adquirió entre 4.400 y 4.800 durante el conflicto. Los empleó con éxito la infantería voluntaria del 21.º de Ohio (batallas de Murfreesboro y de Chickamauga). Estos rifles Colt de tambor, a pesar de su rapidez de fuego, eran delicados en su mantenimiento y lentos y engorrosos de recargar (entrañando cierto peligro para el propio tirador si no los cargaba con cuidado). Por eso una comisión oficial los retiró del servicio activo como armas de guerra.

- Rifle Spencer. Arma que se fabricó tanto en longitud de fusil como de carabina. Se trata del rifle más novedoso en lo tecnológico de la Guerra Civil exceptuando la carabina Henry de la que después trataré. En total se fabricaron unos 200.000 Spencer entre 1860 y 1869. Empleaba munición metálica de percusión anular, siendo en origen de calibre 56-56 (la bala era de 0,52 pulgadas, 13,2 mm, y la carga de pólvora negra era de 45 grains, 2,91 gramos). Posteriormente fue un arma importante en la conquista del Oeste y en las Guerras Indias, y se fabricó en otros calibres como el 56-52, 56-50 y 56-46. Este arma cargaba 7 cartuchos almacenados en un depósito tubular dentro del hueco de la culata y se accionaba por palanca. El complemento del cargador inventado por Erastus Blakeslee (*Blakeslee Cartridge Box*), aumentaba aún más la rapidez de recarga. Dado el alto precio del arma y el miedo al desperdicio de municiones por parte de los soldados inexpertos, el Departamento de Guerra puso en principio impedimentos para dotar al ejército con rifle tan novedoso. Pero tras la batalla de Gettysburg, el propio inventor, Christopher Spencer, hizo una demostración de la valía del rifle ante Lincoln. Este quedó favorablemente impresionado y cursó orden a J. W. Ripley para que lo adoptara. Como este no hizo caso de la orden fue destituido como jefe del Departamento de Artillería ese mismo año. Se cree que durante la guerra, entre rifles y carabinas, se usaron unos 94.196 Spencer. Este arma entró en combate por primera vez en Gettysburg, luego en Chickamauga y para 1864 se había generalizado su uso en los ejércitos de la Unión del teatro occidental. Su rapidez de fuego dio una ventaja clara frente a la Confederación.

- Rifles y carabinas Sharps. Una mención aparte, dentro de las armas de origen estadounidense, merece el rifle Sharps, arma monotiro de retrocarga para cartucho de papel combustible, de calibre 52, y cebado con pistón grande de cuatro alas a colocar por el soldado sobre la chimenea. De los modelos posteriores a 1865, transformados a cartucho metálico, o fabricados inicialmente ya así a partir de 1867 y 1874 no voy a tratar ahora, pues se usaron ampliamente, dados sus gruesos calibres y gran alcance, para exterminar a los búfalos (el bisonte americano), y en algunas escaramuzas y luchas con los indios en el seno de las guerras contra las tribus. Los modelos de Sharps empleados en la Guerra Civil son los prototipos de 1859 y 1863, que ya poseían un bloque de recámara deslizante bastante estanco y seguro, no dando apenas fallos de encendido ni fugas de residuos de la combustión de la pólvora. Se cree que de la versión larga, fusil, se usaron durante la contienda unos 9.141. Carabinas se emplearon muchas más y ya daré las cifras.

El Sharps de esta época usaba un cartucho de papel nitrado (combustible), con una bala ojival en forma de «árbol de Navidad» de 475 grains de peso (30,78 gramos), propulsada por 50 grains de pólvora (3,24 gramos). Tenía gran alcance, precisión y bastante más rapidez de fuego que los rifles Springfield de avancarga. Es importante esto, pues fue el arma principal seleccionada por el coronel Hiram Berdan como rifle de francotirador, para dotar a sus unidades de tiradores de élite. Sus hombres, para ser seleccionados como francotiradores, tenían que pasar unos exámenes para verificar su excelente puntería, acertando repetidas veces a blancos pequeños a una distancia de 200 yardas (unos 182 metros). Para abatir a los oficiales confederados solían disparar con precisión a bastante más distancia. Los hombres de Berdan eran conocidos como *Sharpshooters* (que significa francotiradores o tiradores de precisión, y no precisamente tiradores con rifles Sharps, aunque por su fonética en inglés la expresión se preste a este juego de palabras). Algo más diré sobre las armas de los francotiradores, bien de yanquis o rebeldes, y de las armas de importación para tal propósito.

De forma genérica hay que afirmar que en la guerra de Secesión se usaron todo tipo de armas largas, sobre todo por los confederados que al no tener industria estaban más faltos de armamento específicamente bélico (y más aún en las tierras rurales más al oeste). Otro rifle usado por la Unión fue el Ethan Allen monotiro, con armazón de latón y para cartucho metálico de fuego anular calibre 44 (hecho de 1860 a 1870). Pero se empleó en muy escasa cantidad. En general y exceptuando los fusiles Spencer, las armas de fuego anular eran de poca potencia, dada la pequeña carga de pólvora que pueden llevar los cartuchos que tienen ese tipo de ignición periférica, pues en ellos el martillo percutor golpea sobre el borde de la base del cartucho, que en esta época (de 1860 a 1870), aún se fabricaba de cobre y no de latón.

Durante todo el conflicto aún se llegaron a usar esporádicamente viejos rifles de Kentucky, de la era de los primeros colonos y cazadores, y rifles de las llanuras (como los Hawken o los Dimick). Además anticuados rifles Hall de retrocarga y percusión. También por supuesto, y sobre todo por la caballería confederada y los guerrilleros, escopetas de dos cañones de avancarga, de las usadas para caza menor, pero cargadas con postas. En mucha menor cantidad y a título particular exclusivamente, tal vez alguna escopeta francesa del sistema Lefaucheux para cartuchos de espiga.

Por lo demás no solo Berdan organizó unidades de francotiradores; hubo más, puestas en marcha por otros militares de graduación, y también dentro de las filas confederadas. El primer regimiento de Berdan entró en servicio a finales de noviembre de 1861, destacando en las batallas de Yorktown, Gettysburg, Vicksburg, Chattanooga, Atlanta, Spotsylvania y Petersburg. El segundo regimiento actuó de 1861 a 1863 y sus miembros fueron conocidos como Primera Brigada de Hierro (*First Iron Brigade* o *Iron Brigade of the East*). Ambos regimientos se fusionaron el 31 de diciembre de 1864.

No solo se usaron por parte de la Unión rifle Sharps, sino también pesados rifles deportivos de tiro de precisión (tipo Wesson) con falsa boca, bala cilindro-ojival y con miras telescópicas especiales. Se trataba no solo de matar a los oficiales confederados a largas distancias, para que la tropa, sin órdenes precisas, quedase desorganizada, sino también de volar, por el impacto de una bala, los trenes de artillería y sus carruajes cargados de pólvora y munición. Esta misma estrategia la ponía en práctica el ejército Confederado para luchar contra los del Norte (llamados a veces con desprecio «panzas azules»). Destacan los rifles pesados de precisión (para apoyo sobre mesa de tiro), modelo de Morgan James, G. H. Ferris, D. H. Hilliard, W. Billinghurst, Charles V. Ramsdell, George O. Leonard, el rifle Merril de calibre 54 y retrocarga y los rifles pesados, ya para bala ojival minié, de Horace E. Dimick (que como los Hawken en años pretéritos era experto en fabricar rifles artesanales para la caza en las praderas y las Rocosas). La carabina Henry y el rifle Spencer también se usaron como armas de francotirador, pero para escaramuzas en distancias más cortas.

Mención específica merece el rifle Whitworth, creado por el famoso ingeniero e inventor inglés *sir* Joseph Whitworth, padre entre otros inventos de un patrón de pasos de rosca para los tornillos aún hoy en uso y del primer rifle del mundo diseñado especialmente para francotiradores. Este arma de avancarga, con estriado hexagonal, superaba en alcance y precisión al Enfield calibre 577 para bala minié. Ya en 1857 se demostró que podía alcanzar un objetivo a 2.000 yardas (1.800 metros) de la misma forma que un Enfield lo hacía a 1.400 (1.300 metros). El rifle Whitworth era de calibre 451 (11,4554 mm). A pesar de su alto precio la Confederación hizo todo lo posible por importarlo y sus francotiradores (acoplándole rudimentarias miras telescópicas de cuatro aumentos), hicieron buen uso de él, frente a los tiradores de la Unión.

El disparo más destacado hecho con uno de estos rifles fue el que sirvió para matar al general de la Unión John Sedgwick, en la batalla de Spotsylvania. Los tiradores de élite de la Confederación, escondidos o emboscados, podían hacer blanco a distancias que iban de las 800 a las 1.000 yardas (entre 730 y 910 metros). Este rifle, si es original, alcanza hoy altísimos precios en las subastas, y empresas como Parker-Hale y Euroarms lo han reproducido a finales del siglo xx. En la actualidad lo hace la firma italiana Pedersoli, para los deportistas que practican el tiro al blanco con armas históricas. Este arma, que se cargaba con una dosis de 80 a 90 grains de pólvora (5,2 a 5,8 gramos), y bala larga hexagonal, fue el responsable de la muerte con tiros a muy larga distancia de militares unionistas de alto rango. Además de Sedgwick, el general de la Unión William Lytle fue abatido por un francotirador confederado.

Otros rifles confederados fueron los hechos por Ferdinand W. C. y Francis Cook, siempre copiando más o menos el modelo Enfield inglés. Bajo la marca Cook & Brother hicieron unos 1.000 en Nueva Orleans (entre rifles y carabinas para la artillería). En Athens (Georgia) fabricaron otros 7.000 (incluidas carabinas para la caballería). El CS Richmond Type III Rifle fue la copia confederada del modelo US 1855 que se realizó con las máquinas sacadas del arsenal de Harpers Ferry.

Otro rifle muy famoso y muy apreciado hoy por su precisión y por los tiradores con armas de avancarga, es el Remington Zouave, más conocido simplemente como Zuavo. El nombre viene de los coloridos regimientos de zuavos que hubo en ambos bandos y que se inspiraron en los zuavos franceses destinados en Argelia. Remington fabricó unos 12.000, librando al gobierno federal en un primer contrato unos 10.001 con sus respectivas bayonetas, del 18 de abril de 1863 al 8 de enero de 1864[103]. Se trata de un arma de calibre 58 para bala minié

103   Edwards, William B. *Civil War Guns. The complete story of Federal and Confederate small arms: design, manufacture, identification, procurement, issue, employment, effectiveness, and postwar disposal.* Castle, Estados Unidos. Agosto1982, pp. 190-196.

con cañón de 33 pulgadas de largo, luego más corto y manejable que los Springfield, parecido en su aspecto al Harpers Ferry M1841 y al US 1855. Los primeros se hicieron con cinco estrías y luego con tres. Y en principio iba a estar destinado al Departamento de Artillería. El alza se basa en el diseño de los fusiles militares Whitney. Se trata de un arma de avancarga excelente y muy precisa, con cañón ya de acero fluido, pero muy pocos se usaron (aunque la mayoría de estudiosos afirman con veracidad que nunca entraron en servicio), y fueron saldados, tras el fin de la guerra, al comerciante de armas mayorista Francis Bannerman (que fue el que les dio publicidad bajo el nombre de Zuavos). Muchos de estos rifles acabaron en Lieja y transformados a ánima lisa (como si fueran escopetas del calibre 20), se vendieron a naciones de África o Sudamérica para los indígenas a precios ínfimos. Los originales en perfecto estado son muy buscados por coleccionistas y tiradores, y es una de las armas largas más reproducidas en los últimos cincuenta años por las fábricas italianas.

Fusiles (lisos o rayados) de importación

- Mosquete Postdam modelo 1809. Arma de avancarga de ánima lisa y calibre 70 de origen prusiano. El gobierno federal compró varios miles de estos obsoletos mosquetes (M1809 y M1839) de finales de 1861 a principios de 1862, que, estando ya transformados a percusión, se usaron por los ejércitos del teatro occidental de la guerra. No fue un arma popular, dado su peso, gran retroceso e imprecisión, pues se empleaban con cartuchos de calibre 65, que eran los normales en Estados Unidos para las armas de calibre 69.

- Rifle Lorenz modelo 1854. De origen austriaco. Se trata de un mosquete rayado de calibre 0.5473 pulgadas (13,9 mm) para bala cónica. Fue el tercer rifle más usado durante la guerra. La Unión compro unos 226.924 y la Confederación unos 100.000. Su diseño era parecido al Enfield británico de 1853. Hubo diferentes variantes y su calidad varió a lo largo del conflicto. Los cañones de muchos de estos rifles se transformaron al calibre 58 para poder disparar la munición más habitual.

- Rifle o mosquete rayado Enfield modelo de 1853. Se trata del fusil minié británico por excelencia. Arma de gran calidad de calibre 577. Lo importaron ambos contendientes en grandes cantidades. Se produjo en dos longitudes de cañón (de dos y tres bandas). El más largo fue el más común y comenzó a importarse en el verano de 1861. Se cree que entre los dos bandos se adquirieron más de 900.000 rifles Enfield. Fue la segunda arma larga más usada durante la guerra (solo superada por el Springfield 1861), y se empleó en todas las batallas importantes (Shiloh, asedio de Vicksburg, etc.). Como su calibre era ligeramente inferior al 58 estadounidense (0.0762 mm más pequeño), los Springfield podían municionarse con los cartuchos de los Enfield, pero a la inversa era más difícil, dados los grandes residuos que deja la pólvora negra y la diferencia en el calibre de las balas (en fracción de pulgada: 575 para los Enfield del 577 y 577 para los Springfield del 58). Tenía un alcance con precisión de 400 yardas (365 metros), pero un tirador experto, que supiera manejar bien el arma y su alza, podía alcanzar blancos a 1000 yardas, por eso también lo usaron algunos francotiradores.

Tanto la Unión como la Confederación mandaron agentes a países industrializados de Europa para comprar fusiles, aunque algunos modelos ya estuvieran considerados como obsoletos. Los intermediarios sin escrúpulos vendían a ambos bandos. Inglaterra suministró el 50 % de las importaciones, Bélgica el 25 % , Prusia el 9 %, Austria el 5 %, Francia el 5 %, España el 5 % e Italia el 1 %. A los confederados aún se les vendieron viejos rifles británicos Brunswick e incluso mosquetes de ánima lisa modelo Sea-Service, que es un Brown Bess transformado a percusión. Los belgas vendieron de todo, tanto armas nuevas, copias de las inglesas, como viejas ya excedentes. Los españoles mandaron sus propias versiones del rifle y la carabina Enfield 1853 y 1857. También hay que citar al fusil belga de 1842 y al fusil austriaco de 1853. Como armas propias de los confederados, hechas por ellos en sus improvisados arsenales, ya he citado al mosquete rayado Fayetteville y al Richmond (copia del Springfield nordista modelo 1855).

Carabinas para caballería (tanto de la Unión como de la Confederación)

Expondré ahora de forma rápida cuales fueron las principales carabinas usadas por la caballería de ambos bandos durante la Guerra Civil. Es necesario resaltar previamente que este cuerpo, la caballería, actuaba muchas veces dando cobertura a la infantería en su avance en los campos de batalla (hostigando por los flancos a las líneas enemigas), pero sobre todo su principal función eran las emboscadas, las incursiones en retaguardia para destruir depósitos de suministros y municiones o nudos de comunicaciones, los golpes de mano, las actividades guerrilleras y también operaban bastantes veces como infantería montada, dando apoyo con su nutrido fuego al avance, obviamente más lento, de la infantería. Las carabinas, por su concepción (con un cañón corto de entre 55 y 60 centímetros), eran armas manejables, de uso rápido pero de no mucho alcance (en general no más de 100 yardas, 91 metros).

Aunque los jinetes también iban armados con revólveres (de los que trataré en breve), su principal arma era la carabina, para, en principio, cargar y disparar desde el caballo. La mayoría de las que se usaron en la contienda eran ya de retrocarga y hubo varios sistemas y diseños de lo más ingenioso. Algunos, tras la contienda, no tuvieron ningún éxito por quedar rápidamente obsoletos y dichos modelos se revendieron a precios irrisorios, casi como si fueran chatarra, en el mercado civil. Otros, en cambio, tuvieron un éxito indudable, admitieron mejoras y actualizaciones (conversión al nuevo sistema de cartucho metálico y fuego central), o dieron lugar a nuevas marcas de gran renombre.

Hay que subrayar que fue la caballería de la Unión, dado que el Norte poseía una gran industria, la que más prototipos y armas de este tipo usó. En general la Confederación, aunque tuvo algunos modelos propios, hubo de conformarse con copiar de forma lo más simple posible algunos diseños ya existentes, como las carabinas Sharps para cartucho de papel. Para el Norte hubo una gran cantidad de fábricas privadas, grandes y pequeñas, que fabricaron sin parar para suministrar a las tropas bajo contratos gubernamentales.

Cito en conjunto las siguientes y empezaré por las más usadas:

- Carabina Spencer, de cartucho anular 56-56 y de repetición (patente de 6 de marzo de 1860). Como carabina la hubo con dos longitudes de cañón, de 20 pulgadas (51 cms) y de 22 (56 cms). Cargaba siete cartuchos en la culata y se accionaba por palanca en el guardamonte, el martillo percutor de la llave lateral se monta a mano. Entre 1860 y 1869 se llegaron a fabricar, entre todos los modelos y calibres, unas 200.000. En la guerra se usaron 94.196.

- Carabina Sharps. Arma monotiro de retrocarga para cartucho de papel combustible con empistonado independiente. Era de calibre 52. Las versiones usadas en el conflicto eran las de 1859 y 1863 con bloque de recámara oscilante bastante estanco. Tras la guerra muchas fueron convertidas para cartuchos metálicos de fuego central del calibre 50-70. Fue una carabina muy popular, llegaron a usarse en el conflicto unas 90.000 y algún modelo llevaba acoplado en la culata un molinillo de café. Los confederados la copiaron de forma simplificada.

- Carabina Burnside. Arma monotiro de retrocarga (patente de 25 de marzo de 1856). Para cartucho Burnside recargable del calibre 54. Con pistón independiente. La caballería de la Unión empleó unas 55.567 y tras la carabina Spencer y la Sharps fue la tercera más usada.

- Carabina Smith. Arma de retrocarga para cartucho recargable y empistonado independiente. Era del calibre 52. Se patentó en 1857 y se fabricaron 30.062.

- Carabina Starr. De retrocarga y calibre 54, para cartucho autocombustible de papel o lino y empistonado separado (independiente). El modelo era de 1858 y se usaron 20.601 entre 1861 y 1864.

- Carabina Maynard. De retrocarga y de los calibres 35, 50 y 52. Usaba cartuchos de latón pero con empistonado separado independiente. Se llegaron a construir más de 20.000 y fueron usadas tanto por la Unión como por la Confederación.

- Carabina Joslyn. De retrocarga. Este rifle se fabricó en versión fusil y en carabina para cartuchos del calibre 54 y 58. Luego, como carabina y a partir de 1861, para cartuchos de percusión anular del 56-52 Spencer. En 1862 se hizo un pedido de 20.000 carabinas Joslyn, pero para cuando acabó la guerra solo se habían entregado alrededor de la mitad.

- Carabina Gallager. De retrocarga y calibre de 0.525 pulgadas (13,3 mm), para cartucho recargable y con empistonado separado. Entraron en servicio en 1861 y se vendieron en total 17.782 al ejército de la Unión. No eran carabinas muy populares pues se atascaban con frecuencia y su casquillo era a veces difícil de extraer.

- Carabina Merrill. De retrocarga, para cartucho de papel del 54 con empistonado independiente. Se fabricaron 14.695.

- Carabina Cosmopolitan. De retrocarga. Las primeras eran de calibre 50 y luego del 52, para así poder usar el cartucho de la Sharps. El gobierno nordista adquirió 9.342 antes de finales de 1864, siendo unas 1.140 usadas por el 6.° de caballería de Illinois.

- Pistola-carabina US, modelo 1855. Con culata desmontable. Llegaron a fabricarse unas 8.000. Era un arma de avancarga del calibre 58 y para bala minié, igual que el fusil o mosquete rayado, pero para un cartucho de papel con menos carga de pólvora (unos 45 grains, 2,9 gramos).

- Carabina Triplett & Scott. Arma de repetición para el cartucho anular del Spencer, calibre 56-50. Se accionaba por palanca y se fabricaron unas 5.000 entre 1864 y 1865. Se entregó a las tropas de la Guardia Nacional de Kentucky para proteger las líneas de suministro del ejército de la Unión al mando del general Sherman.

- Carabina Remington "Split Breech". Arma de retrocarga para cartuchos de percusión anular del calibre 40 o 50. Se entregaron unas 5.000.

- Carabina Frank Wesson. Arma monotiro de fuego anular, calibre 44. Se vendieron entre 3.000 y 4.000 carabinas a los militares durante la contienda y unos 2.000 rifles Wesson a las milicias de Kentucky e Illinois.

- Carabina Ballard. Arma monotiro de retrocarga (patente de 5 de noviembre de 1861). Era del calibre 44 o 54 de cartucho anular. Con cañón basculante y extractor. Se fabricaron 1.509.

- Carabina Warner. Arma de retrocarga para cartucho anular del 56-52 y 56-50 Spencer. Solo se entregaron unas 1.500 a finales de la guerra.

- Carabina Gibbs. De retrocarga y monotiro, para cartucho de papel del 52 y empistonado separado, con palanca en el guardamonte que hace avanzar el cañón hacia adelante para poder ser cargado. Se fabricaron 1.052.

- Carabina Ball de retrocarga y repetición. Del calibre 50 de cartucho anular. (Patente del 23 de junio de 1863 y del 15 de marzo de 1864). El cargador, bajo el cañón, podía almacenar siete cartuchos y se operaba con el sistema de palanca en el guardamonte. El gobierno federal hizo un pedido de 1.000 de estas carabinas en 1864, siendo enviadas en mayo de 1865, un mes después de finalizada la guerra.

- Carabina Lindner. Arma de retrocarga de calibre 58 para cartucho de papel y empistonado separado. Se vendieron 892 al ejército.

- Carabina Tarpley. Arma confederada de retrocarga, comparable a la Sharps, para cartucho de papel del calibre 52. Se fabricaron unas 400 entre 1863 y 1864.

- Carabina Henry. La más novedosa y a la larga más trascendente de las carabinas empezadas a usar en la guerra de Secesión. Patentada el 16 de octubre de 1860. Arma de repetición por palanca en el guardamonte, que disparaba el cartucho 44 Henry anular. El depósito tubular bajo el cañón podía llevar 15 cartuchos, empujados por un muelle helicoidal hacia la recámara. Tenía una longitud de 1.360 milímetros, un cañón de 610 mm y un peso de 4.200 gramos. Se fabricó de 1860 a 1866 y el costo inicial por unidad era de unos 40 dólares.
Era un rifle frágil y no muy potente (comparado con el Spencer), pero muy novedoso y de una gran capacidad de fuego rápido. Algunos soldados reenganchados se lo pagaron de su bolsillo. El gobierno compró 1.731, pero contando las compras privadas de los soldados de la Unión, se adquirieron de 6.000 a 7.000. Esta carabina disparaba un cartucho de fuego anular cargado con una bala ojival de 200

a 216 grains de peso (de 12,96 a 13,99 gramos), impulsada por una carga de 26 a 28 grains de pólvora negra (1,68 a 1,81 gramos). Munición no muy potente incluso para revólver, pero muy efectiva hasta los 90 metros. De este rifle, que al final de la guerra tenía ya gran fama, decían los confederados que era «ese maldito rifle yanqui que se carga el domingo y dispara toda la semana». Lo he dejado para el final dada su gran importancia en la posterior historia de la violenta y salvaje conquista del Oeste. Resta decir que su diseño, fabricado por la New Haven Arms Company, fue comprado por Winchester y, a partir de 1866, ya mejorado en su diseño, salió al mercado como Winchester modelo 1866. Pero esa es otra historia que ya narraré. Tan famoso es este arma que hoy en día sigue reproduciéndose por la firma italiana Uberti, pero en calibres de fuego central, como el 44-40 y el 45 Colt, que todavía se fabrican hoy en día.

- Otras carabinas que se usaron fueron la Green, la vieja Hall, la Lee, la Morse, Bilharz, Hall & Co., la Perry, las Le Mat, Read & Watson y J. B. Barrett, las D. C. Hodgkins & Sons, la Chapman, las carabinas Cook & Brother de avancarga, las Davis & Bozeman, Dickson, Nelson & Company, Greenwood and Gray y John P. Murray, las carabinas de Caballería Tallassee y las Tyler. Todas estas armas fueron hechas por la Confederación (incluyendo las copias de las Sharps), con muy pocos medios tecnológicos, en escasas cantidades y muchas aún eran de avancarga[104].

---

[104] Para redactar todas esta parte armamentística, que considero esencial, me baso en las siguientes obras: Butler, David F. *Op. cit.* Edwards, William B. *Op. cit.*, Bilby, Joseph G. *Civil War Firearms. Their Historical Background, Tactical Use and Modern Collecting and Shooting.* Biblioteca del Congreso, catálogo de publicaciones, Estados Unidos, 1996. Garavaglia, Louis A. y Worman, G. *Op. cit.* Venner, D. *Op. cit.* Sobre las carabinas que se usaron en la Guerra Civil, véanse pp. 299-305. Sobre las armas de los sudistas véase, Bianchi, Didier. *Les armes de la guerre de Sécession. Tome I: Le Sud.* Éditions Crépin-Leblond, Francia, 1998. Katcher, Philip. "Les carabines de la cavalerie nordiste 1861-1865". Revista *Gazette des armes*, n.° 110, octubre 1982. Revista publicada por Argout-Editions, París, pp. 36-40. Sobre los rifles y carabinas Sharps, véase: Villery, Jean-Didier. "Les carabines Sharps". Revista *Gazette des armes*, n.° 31, octubre 1975. Publicada por la Société d'Édition de Revue d'Armes. Asnières, pp. 10-23. Sobre los fusiles importados por la Confederación, véase: Gillet, Didier, "Les fusils en service dans l'àrmée confédérée. Armes fournies par l'Europe 1862-1865". *Gazette des armes*, n.° 243, abril 1994. Editada por L.C.V. Services, París, pp. 30-36.

De todas las carabinas citadas solo la Henry, la Sharps y la Spencer tendrán una importante utilización después en el Oeste. La Henry al servir de base para los posteriores diseños de la famosa firma Winchester. La Sharps, porque en sus novedosas versiones de rifles de largo cañón y para cartuchos metálicos de gran calibre, será en buena medida (aunque no en exclusiva), responsable del exterminio de las manadas de bisontes, y la Spencer porque fue empleada por algunas unidades de caballería en sus luchas contra los indios y por bastantes colonos en el periodo posterior a 1865. A esta lista habría que añadir la marca Remington y, por supuesto, los modelos oficiales del arsenal de Springfield.

Pero ahora queda por último y en este apartado, abordar la gran cantidad de marcas y modelos de revólveres que se usaron durante toda la contienda. Muchos de ellos después tendrán un claro protagonismo en las manos de guerrilleros, forajidos o desperados de todo tipo, agentes de la ley y vaqueros. Y eso a pesar de que todas las armas cortas de la Guerra Civil pronto quedarán anticuadas, al introducirse el sistema de retrocarga y la cartuchería metálica de ignición por fuego central (con el pistón incorporado ya al cartucho en la base del mismo: sistemas de empistonado Benet, Berdan o Boxer). Pero muchos de los revólveres que citaré ahora siguieron usándose durante bastante tiempo en la lejana, despoblada y desprovista frontera en su estado original (como armas de avancarga con cartuchos de papel o cargándose con pólvora suelta y bala, bien esférica u ojival, *cap and ball*). También es cierto que muchos de esos revólveres se modernizarán, al ser ya la patente de Rollin White de dominio público, pues se convertirán a cartucho metálico en las propias fábricas por armeros cualificados a partir de 1866-1868.

Durante el conflicto, de 1861 a 1865, la fabricación de revólveres (bien del 36, *Navy*, bien del 44, *Army*), por empresas privadas con contratos del Gobierno (destacando con mucho las fábricas Colt y Remington), llegará a cifras muy altas para la tecnología y producción de la época. También se importaron modelos europeos, sobre todo por parte de la Confederación. Pero lo más peculiar es que los confederados tuvieron que recurrir a la fabricación artesanal en pequeños talleres y fraguas de ciudades y pueblos del Sur. Siempre con escasez de hierro y acero, y reproduciendo de forma preferente los modelos de la casa Colt ya vigentes en la época (sobre todo copias de los Navy 1851). Además los soldados del Sur recogían todos los revólveres que podían de los muertos del otro bando tras las batallas.

Revólveres de fabricación nacional o extranjera de calibre 36 o 44 (pensados para el combate)

Según los estudiosos del tema se estima que en torno a 750.000 revólveres fueron comprados por los diferentes ejércitos y milicias de la Unión entre 1861 y 1865. Pero es difícil dar unas cifras exactas de las adquisiciones hechas de forma oficial por todos los ejércitos del Norte, incluyendo las tropas de voluntarios, las milicias estatales y comarcales y los modelos de bolsillo (*pocket*), que muchos militares de graduación compraban con su propio sueldo como arma complementaria para la defensa personal a corta distancia.

Empezaré por la empresa Colt por ser la que más armas vendió. Sin tener en cuenta los revólveres ya existentes antes de la guerra, como el Colt Paterson, el Walker, los Dragoon (en sus tres modelos), el Pocket o Baby Dragoon, el Navy 1851 y el modelo Root de bolsillo, hay que citar las siguientes armas:

- Revólver Colt Army modelo 1860. Arma de avancarga de seis tiros y calibre 44. Se podía cargar con cartuchos de papel combustible o con pólvora suelta, dosificada desde una polvorera, y con bola esférica o bala ojival, colocando los seis pistones cada uno en su chimenea. Los militares usaban los citados cartuchos de papel combustible. Se fabricaron entre 1860 y 1873 más de 200.000 y durante la guerra el gobierno de la Unión compró y entregó a las tropas no menos de 129.730. Eran de 8 pulgadas de largo de cañón (203 mm), excepto los primeros 3.500 que eran de 7,5 pulgadas. Además los primeros 8.000 tenían el tambor rebajado, aligerado. Como algunos de estos explotaron todos los demás se hicieron con el tambor más ancho, reforzado. Muchos llevaban dos tornillos de apoyo en el armazón para acoplar un culatín y utilizar el revólver a modo de carabina. Después de la contienda fue muy utilizado en el Oeste.

- Revólver Colt Navy (viejo modelo 1851 y nuevo modelo 1861). El nuevo modelo tenía el mismo armazón que el Army 1860 pero para calibre 36 y era de 7,5 pulgadas de largo de cañón, como el Navy de 1851. A pesar de que sale este nuevo modelo, el viejo sigue en producción y durante la guerra aumentan mucho sus ventas. Bastantes generales y altos oficiales de ambos bandos lo tenían como arma de dotación preferida. Del Navy modelo de 1861, del que se fabricaron 38.843 entre 1861 y 1873, durante la guerra se vendieron unos 17.010. Entre los militares notorios el Navy 1851, que también estuvo en producción hasta 1873, fue usado por el general Robert E. Lee,

Nathan B. Forrest, John O'Neill y Ulysses S. Grant, además de por muchos guerrilleros de la partida de Quantrill. Por supuesto también fue un arma preferida por *sheriffs*, como "Wild Bill" Hickok, cazadores y exploradores como Buffalo Bill (William F. Cody), grandes rancheros y ganaderos, como Charles Goodnight, y un montón más de aventureros y forajidos.

De entre los Colt también se vendieron bastantes, sobre todo para los oficiales y como arma de defensa personal, de los modelos Pocket Navy y Police (armas ligeras y pequeñas del 36, cinco disparos y que estuvieron en producción entre 1862 y 1873, haciéndose unos 19.000 y unos 20.000 respectivamente).

Revólveres Remington fue la segunda gran empresa de Estados Unidos suministradora del ejército de la Unión y más aún a partir del incendio de la empresa Colt el 4 de febrero de 1864. Estos revólveres, al igual que el Whitney, eran ya de armazón cerrado, es decir más sólidos y por tanto más precisos que los Colt. Se fabricaron en versión *Army* (del calibre 44) y también Navy (del 36).

Del modelo inicial Remington-Beals Army 1858 (de calibre 44 y ocho pulgadas de cañón), se hicieron unos 1.900 entre 1861-1862. Del Remington Army (versión Old Model Army de 1861), se estima su producción en unos 6.000 (de 1862 a principios de 1863), y del Remington New Model Army 1863, que es el más perfeccionado y que se estuvo fabricando entre 1863 y 1875, se hicieron aproximadamente unos 122.000. De los modelos Navy (del 36) las cifras aproximadas son las siguientes: unos 14.500 Remington Beals Navy Model (de 1861-1862). Navy de 1862, en torno a unos 7.000. Y del Remington New Model Navy (hecho entre 1863-1875) aproximadamente unos 28.000.

Durante la guerra, sumando los modelos Beals, Army (1861 y 1863) y Navy, la Remington suministró al menos 133.000 revólveres a los diferentes ejércitos de la Unión[105]. Samuel Remington ofreció sus

---

[105]   Véase Venner, D. Op. cit, p. 276. También, Bianchi, Didier. *Pistolets er revolvers Remington. L'histoire d'une légende.* Éditions Crépin-Leblond, París, 1995, pp 45-67. También Katcher, Philip. "Les armes de poing des nordistes (1861-1865). Revista *Gazette des armes,* n.º 133, septiembre 1985, Argout-Editions, París, pp. 24-27.Breffort, Jean-Louis. "Les Colt 1860 ou la deuxiéme èpoque des Colt «à cheminée»". Revista *Gazette des armes,* n.º 45, enero 1977. Argout-Editions, París, pp. 34-39. Cadiou, Yves L. "Les revolvers Remington «New Model» a poudre noire". Revista *Gazette des armes,* n° 144, agosto 1985, publicada por L. M. F. /IM3, pp. 26-31. Tanto

revólveres al gobierno de Washington a 15 dólares la unidad, mientras que la Colt cobraba 25 al Departamento de Artillería y Suministro por su modelo Army. Tras la contienda los Remington también fueron muy famosos en el Oeste en manos de todo tipo de pioneros, bien en su versión original o ya convertidos a cartucho metálico (los del 44 al del 46 anular). Poseedor del Remington New Model Army en acabado de lujo fue el general Custer y también lo usó el citado Buffalo Bill (con número de serie 73293). Este afirmó en una nota, cuando se lo regaló al capataz de su rancho en 1906, «nunca me falló».

Uno de los Remington Army famosos fue el que llevaba W. C. Quantrill cuando fue herido y capturado. Su número de serie era el 75396 y Quantrill, pocas semanas antes de morir, dijo que el arma había pertenecido a Bloody Bill Anderson y que había matado a más nordistas que cualquier otro revólver de América. Todo ello según el informe redactado el 12 de mayo de 1865 por quien lo detuvo, el capitán Edward Terrell[106].

---

los revólveres de avancarga Colt como Remington son reproducidos desde hace décadas por fábricas italianas (F.lli. Pietta, Uberti, Pedersoli, etc.) Una de las mejores reproducciones del revólver Remington New Model Army fue la que hizo en España (en los setenta y ochenta del siglo pasado), la Empresa Nacional Santa Bárbara en su fábrica de Oviedo.

Quiero subrayar que, aunque he citado muchas armas (fusiles y revólveres) tanto de la Unión como de la Confederación, aún hubo más prototipos experimentales ya que la Guerra Civil fue un gran campo de pruebas de todo tipo de armas, incluida la primera ametralladora, la Gatling de calibre 58. Funcionaba todavía con cartuchos de papel y pistón incorporado a la base de los mismos. Constaba de seis cañones giratorios que se accionaban por manivela. Al final del conflicto se usó pero de forma muy limitada, pues doce de estas armas fueron compradas por la Unión y se emplearon en las trincheras durante el asedio de Petersburg, Virginia (de junio de 1864 a abril de 1865). Aunque tendían a trabarse, en esta configuración primitiva previa a la cartuchería metálica, se demostró la viabilidad de la ametralladora como arma de fuego. Inicialmente solo podía hacer 200 disparos por minuto.

Respecto a los revólveres de avancarga, durante la guerra se prefirió los cartuchos de papel cargados con bala ojival (bien del 36 o del 44), pues aunque más imprecisos que la bala esférica tenían mayor poder de parada. La carga variaba según el fabricante y en el 36 (Navy) podía ir de 12 a 21 grains de pólvora negra y una bala ojival de 139 a 155 grains. En los modelos del 44 (Army) iba de 17 a 36 grains de pólvora y una bala ojival de 207 a 260 grains de peso.

[106]   Citado por Stammel, H. J. *Les armes à feu des pionniers*. Editions DVA, 1975. (Edición original en alemán en Deutsche Verlags-Anstalt Stuttgart, 1975), p. 68.

Aunque es más mito que realidad en términos de uso real, histórico, una de las peculiaridades de los revólveres Remington era (y es) su facilidad y rapidez para quitar un tambor ya disparado y colocar en el armazón otro de repuesto, listo para hacer fuego; tal y como lo ejecuta en la ficción cinematográfica el actor Clint Eastwood en la película, también por él dirigida, *El jinete pálido* (1985), cuando, interpretando a un «predicador», se enfrenta en el duelo final al comisario corrupto Stockburn y sus seis ayudantes. Por lo general los guerrilleros (o terroristas) de Quantrill y Bloody Bill preferían llevar varios revólveres, hasta cuatro o seis, bien fueran Colt o Remington, repartidos entre el cinturón, la silla del caballo o las alforjas, cuando iban a cometer sus sangrientas matanzas.

El tercer revólver de percusión más usado por la Unión fue el Starr, bien en su versión inicial de doble acción como en la posterior y más fiable de acción sencilla. El Starr D. A. 1858 era de mecánica compleja (doble acción). De este en calibre 36 se hicieron 3.000 (entre 1859 y 1860), en calibre 44 de D. A. 23.000 (entre 1862-1863) y del 44 en acción simple otros 23.000 (de 1863 a 1864). El gobierno nordista compró en total 47.454 (aunque según D. Venner son 47.952). En la actualidad hace una copia del mismo y en ambas versiones (D. A. y S. A.) la firma italiana F. lli Pietta. Aparece como arma icónica en el wéstern *Sin Perdón* (1992), en manos del personaje de William Munny (de nuevo Clint Eastwood en una magnífica interpretación y dirección), y lo usa también el joven Wyatt Earp al que da vida el actor Kevin Costner en *Wyatt Earp* (1994).

Otro revólver fue el Whitney modelo de 1857. Del calibre 36 y también de avancarga como todos los anteriores. Era de armazón cerrado y lo diseñó Fordyce Beals, que posteriormente desarrollaría los Remington ya citados. Se fabricaron unos 33.000 entre 1859 y 1863. La mayoría de estos revólveres se entregaron a los regimientos de New Jersey y a la marina de los Estados Unidos También los confederados los consiguieron en pequeño número.

Otra arma corta de gran calidad, pues sumaba las mejores características del Colt Army y del Remington New Model Army, fue el Roger & Spencer. Arma de avancarga, modelo Army es decir del calibre 44, fabricada en Utica, Nueva York. El 29 de noviembre de 1864 el Gobierno ordenó que se fabricaran unos 5.000, pero llegaron tarde para entrar en el conflicto, así que no se estrenaron quedando almacenados. En 1901 los adquirió a precio de saldo el comerciante de material militar Francis Bannerman. Los originales son muy buscados por los tiradores de precisión con revólveres antiguos y se hacen réplicas para dichas competiciones en Italia y Alemania.

Revólveres también usados por el ejército del Norte fueron:

- Savage Navy. Calibre 36. Se fabricaron en total unos 20.000, de los cuales para los nordistas fueron 11.984.

- Pettingill: modelos del calibre 34, Navy y del 44, Army. De estos últimos se entregaron unos 2.000.

- Joslyn Army Model. Revólver del 44 del que se hicieron en dos variantes un total de 3.000. Al ejército de la Unión se le entregaron unos 1.100.

- Revólver Allen & Wheelock. Arma de avancarga, percusión, del calibre 44. Se estima que se fabricaron muy pocos y el gobierno federal adquirió 536 en 1861.

- Revólver Butterfield Army, de calibre 41 y cinco recámaras. Tenía un diseño anticuado para la época de la Guerra Civil y solo se entregaron 640.

- Revólver Moore S. A.: Arma ya de cartucho metálico del sistema de ignición *teat fire*, o tetina, que eludía la patente de Rollin White. Eran de calibre 32. Durante la guerra fue popular entre soldados y civiles como arma de bolsillo.

Otros revólveres de origen estadounidense y también usados en muy poca cantidad, fueron el Walch de avancarga (en versiones del calibre 31 y 36, de esta se hicieron 200 ejemplares, y tenía cinco recámaras, cada una con dos cargas superpuestas, llevaba dos gatillos y podía hacer diez disparos), y el Pond y el Prescott (ambos de fuego anular). Los primeros Smith & Wesson ya han sido citados como armas de pequeño calibre para defensa personal.

Respecto a los revólveres importados de Europa (o de invención europea), por el gobierno federal para las tropas de la Unión, citaré los siguientes modelos:

- Revólver inglés Adams M 1851: de avancarga y doble acción, tanto del 36 como del 44. Se adquirieron al menos 415. Es difícil precisar si los revólveres Adams se compraron en Inglaterra o ya en los Estados Unidos de la Massachusetts Arms Co., que los fabricó bajo licencia desde 1857 a 1861.

- Revólver Beaumont-Adams: arma de patente inglesa, usado tanto por el Norte como por el Sur. En los Estados Unidos la Massachusetts

Arms Company obtuvo el permiso para fabricar unos 19.000 de calibre 36, comprando la Unión unos 1750.

- Revólver Kerr, también de diseño inglés. En calibres tanto del 36 como del 44. Comprado por la Unión y por la Confederación. El ejército del Norte adquirió unos 1600 en noviembre de 1861 a 18 dólares cada uno.

- Revólveres franceses Lefaucheux 1854 y modelo 1858: armas para cartuchos de espiga, calibre de 12 mm. Según Dominique Venner se vendieron 12.374. Pero él advierte que es muy posible que bajo el nombre de Lefaucheux se adquirieran muchos revólveres para cartuchos de espiga fabricados principalmente en Bélgica, bajo licencia y por subcontratistas, siendo luego vendidos al gobierno americano a través del armero y comerciante francés Georges Raphaël[107]. También se sabe que de Francia se importó el novedoso revólver Perrin, que ya usaba un primitivo cartucho metálico de 11 mm, pero es difícil precisar la cantidad, que en todo caso fue mínima.

Voy ahora a describir de forma rápida los revólveres fabricados por y para la Confederación, bien de origen nacional o de importación. Para los especialistas es un tema que admite matizaciones muy detalladas. Haré un rápido resumen. Además de los de las grandes marcas (Colt y Remington), ya distribuidos antes de iniciarse las hostilidades y de los capturados a los nordistas en los propios campos de batalla, tras las treguas para retirar y enterrar a los cadáveres, hay que subrayar que al inicio de la guerra también en materia de armas cortas el Sur tenía un armamento insuficiente. Por eso tuvieron que improvisar talleres locales de escasa producción, con pocas máquinas-herramienta y faltos de materias primas. Así pues la Confederación envió a agentes e intermediarios a Europa para comprar e introducir revólveres en el Sur, a pesar del bloqueo que el Norte ejercía sobre sus puertos. De Francia se importarán los Lefaucheux para cartuchos de espiga, los Perrin de cartucho de fuego central y los famosos Le Mat de avancarga. De Inglaterra se importaron los Tranter, Adams y Kerr (también de percusión, es decir de avancarga). Se cree que fuera de sus fronteras el Sur adquirió en torno a 250.000 revólveres, mientras que los fabricados en su propio territorio no pasaron de los 20.000 ejemplares[108]. Estos últimos son armas pobres y hechas con pocos medios, a veces con armazones de latón y en general con malos materiales.

---

[107]   Venner, D. *Op. cit.*, 1985, p. 276.
[108]   Venner, D. *Op. cit.*, 1985, pp. 293-297.

Por eso hoy los originales adquieren precios astronómicos en las subastas. Sus réplicas son fabricadas en Italia por diferentes empresas, destacando actualmente la firma F. lli Pietta.

- Revólver Augusta Machine Works: se trata de un arma de avancarga del calibre 36, copia parecida al Colt Navy 1851. Se fabricaron en Georgia y su armazón es de acero.

- Revólver Cofer: de calibre 36, armazón cerrado de latón, bien de percusión o para cartuchos de pezón.

- Revólver Columbus: hecho por la Columbus Firearms Manufacturing Company o la L. Haiman & Brother Manufacturing Company en Columbus, Georgia. Arma del 36, copia del Colt Navy 1851. El armazón es de acero.

- Revólver J. H. Dance & Brothers: fabricado en Columbia y Anderson, Texas, de 1863 a 1864. Se hicieron unos 250 como copias del Colt Dragoon, del 44, pero más simplificados, y otros 200 que son copias del Colt Navy, del 36. Ambos con armazón de acero.

- Revólver Griswold and Gunnison: de Griswoldville, Georgia. Del calibre 36, copia del Colt Navy pero con armazón de latón. Se hicieron unos 3.700 entre 1862 y 1864.

- Revólver W. H. Henley: copia del Colt Dragoon del 44.

- Revólveres Leech & Rigdon y Rigdon & Ansley: son copias del Colt Navy del 36. Tienen el armazón de acero o en hierro forjado. Se produjeron en total alrededor de 2.400.

- Revólver Schneider & Glassick: fabricados en Memphis, Tennessee. Copia del Colt Navy del 36 con armazón de latón.

- Revólver Spiller & Burr: se trata de una copia del Whitney del calibre 36 pero con armazón de latón. Se hicieron unos 1.500 en Atlanta y luego en Macon, Georgia, de 1862 a 1864. En la actualidad hace una réplica la casa Pietta.

- Revólver George Todd: arma copia del Colt Navy pero con cañón redondo. El armazón es de acero. Fabricado en Austin, Texas.

- Revólveres L. E. Tucker & Sons, Tucker, Sherrard & Co.-Taylor, Sherrard & Co. Clark, Sherrard & Co. Fabricados en Marshall y Lancaster, Texas. Los primeros son copias del Colt Dragoon Squareback, segundo modelo, del 44. Se hicieron unos 150. Otros posteriores copiaban el primer modelo o por último el tercer modelo del Colt Dragoon.

- Revólver Shawk & McLanahan: fue fabricado en San Luis, Misuri, entre 1858 y 1859, antes de empezar las hostilidades. Se trataba de un arma inspirada en el Whitney en calibre 36 y se hicieron un centenar de ejemplares.

- Revólver Dimick: hecho en San Luis, Misuri. Es una imitación del Colt Navy. Es posible que fuera fabricado clandestinamente por la Manhattan Firearms, sin marcas, e introducido de contrabando en el Sur con el sello ya de Dimick.

- Revólver Richmond Armory: armas fabricadas durante la guerra en colaboración con la Tregeda Iron Works de Virginia. Copia del Colt Navy 1851 del 36. Se habrían hecho 6.074.

Por otra parte, entre los revólveres extranjeros fabricados para la Confederación, destaca por su diseño y complejidad el modelo LeMat. Su creador fue el médico francés, Jean Alexandre LeMat, que vivía en Nueva Orleans, donde se hicieron unos 300 en 1859. Recibió un encargo de 5.000 armas y por eso su inventor regresó a Francia para fabricarlos entre 1861 y 1862 (en París y Lieja). Se hicieron unos 2.500 que se introdujeron en el Sur burlando el bloqueo. Se trata de un arma de avancarga de gran poder, pues consta de un tambor de nueve recámaras del calibre 42 (también los hubo del 36), que giran en torno a un cañón central que, además de ser el eje, puede disparar metralla, postas, como una escopeta del 20. En total y entre 1856 y 1865 se hicieron unos 2.900. Su fabricación fue respaldada por P.G.T. Beauregard, que llegaría a ser general del ejército confederado. Este revólver, que hoy reproduce la firma Pietta, fue usado por los generales Braxton Bragg, J.E.B. Stuart, Richard H. Anderson y por el capitán Henry Wirz.

Asimismo de los Adams M1851 británicos se cree que a la Confederación se vendieron los que van del número de serie 33.000 al 42.000, es decir unos 9.000 revólveres. De los más perfeccionados Beaumont-Adams M1862 es difícil saber los que los confederados compraron bien a Inglaterra o de los fabricados bajo licencia en los propios Estados Unidos. Del modelo Kerr M1855, revólver de avancarga de cinco disparos de calibres 36 y 44 fabricado por la London Armory Company, el Sur adquirió casi unos 11.000 (aunque según William Edwards serían solo los que van de la serie 3.000 a la 10.000, es decir unos 7.000 ejemplares). Los modelos ingleses Tranter M1856 también fueron distribuidos en el Sur por diferentes compañías importadoras. Además los confederados siguieron usando en algunos casos pistolas monotiro de percusión, como las del modelo 1855 (pistola-carabina copiada en el arsenal de Fayetteville, Carolina del Norte), la J. y F. Garrett and Company, las hechas por la fábrica de armas de Virginia, la Palmetto Armory (en Columbia, Carolina del Sur) y la Samuel Sutherland (en Richmond, Virginia).

Al acabar la guerra, Estados Unidos era una nación repleta de armas y de resentimientos, con dos culturas enfrentadas. No hay más que ver la gran cantidad de canciones de guerra de ambos bandos que siguieron y siguen cantándose hasta nuestros días (*Dixie's land, We'll Fight for Uncle Sam, The Irish Volunteer, The battle Hymn of the Republic, The Battle cry of Freedom, Marching Through Georgia, The Yellow Rose of Texas, Johnny Reb, Stonewall Jackson's Way, The Bonnie Blue Flag*, y un largo etcétera). Además fue la primera guerra, tras la de Crimea, de la que ya hubo una gran cantidad de fotografías tomadas *in situ*, tras las batallas. Este conflicto supone también el nacimiento del fotoperiodismo en lo que este tiene de documento y de propaganda. Destaca aquí la labor incesante de Matthew Brady y su equipo, donde en sus fotos tras las batallas se mezcla lo documental, como testimonio trágico, y lo artístico.

Pero lo importante, para ir dando fin a este largo capítulo, es entender que después de la guerra civil vuelve a renacer la nación estadounidense. Y esta «refundación» se va a producir en el Oeste, en la frontera, siguiendo aquí las clásicas tesis de Frederick Jackson Turner. Los soldados sureños que sobrevivieron y regresaron andrajosos a sus pueblos, con sus armas a cuestas, para contemplar el espectáculo de que ya no les quedaba nada, ni hogar y en muchos casos ni familia, miraron hacia el Oeste para sobrevivir, para empezar de nuevo, superando sus odios o incorporándolos a su personalidad y a su nueva forma de vida. Luego la Conquista del Oeste, del salvaje *Far West* (y lo de «salvaje» nunca mejor dicho), tendrá como protagonistas a todos estos desclasados; hombres y mujeres desesperados que unidos a las nuevas y constantes avalanchas de paupérrimos inmigrantes europeos, harán de los territorios y luego estados del Oeste, su hogar a cualquier precio. Ese precio pasará por exterminar al bisonte (el alimento principal, forma de vida y «animal divino»[109] de las tribus de las praderas), y por aniquilar también a los propios indios, bien en la Gran Cuenca, en el árido Suroeste (por ejemplo, las campañas contra los apaches en Arizona) y en las praderas centrales.

---

[109]   Véase Bueno, G. *El animal divino. Ensayo de una filosofía materialista de la religión*. Pentalfa Ediciones, 2.ª edición (corregida y aumentada). Oviedo, mayo de 1996.

La construcción de la nación, de los Estados Unidos, se fraguará sobre las ruinas del antiguo Imperio español y se hará de forma harto violenta frente a las tribus en el periodo que va de 1865 a 1890. A partir de ahí, aunque incluso bastante antes, empezará a desarrollarse la mitología. Una mitología hecha para ocultar la historia, una mitología hecha para crear y proyectar héroes (algunos de ellos simples criminalesególatras o psicópatas), que den un sentido ideológico de unidad a las diferentes capas sociales y políticas de la sociedad (capa basal, capa conjuntiva y capa cortical)[110]. Ya que se trata de una sociedad muy dinámica y en constante evolución a partir de grandes proyectos de ingeniería, como el tendido de las diferentes líneas de ferrocarril intercontinental.

Pero ahora y también en rápido resumen, recordaré algunas películas que han retratado el periodo de la guerra de Secesión. El tema podría convertirlo en otro libro. Aquí y ahora solo mencionaré unas pocas. En el período del Hollywood clásico (de 1936 a 1962, hasta el inicio del wéstern crepuscular y del spaghetti wéstern), no hay tantos largometrajes como pudiera parecer que aborden directamente la citada guerra. Sin embargo sí hay muchos que tangencialmente presentan situaciones o personajes marcados trágicamente por tan gran conflicto bélico. Voy a citar, insisto, solo algunos, porque varios ya los he mencionado en el capítulo anterior a tenor del clima de enfrentamiento prebélico en la frontera de Misuri-Kansas y de las matanzas de los guerrilleros de ambos bandos.

Es obvio que hay que mencionar obras como *El nacimiento de una nación* (D. W. Griffith, 1915), *El maquinista de la General* (Clyde Bruckman y Buster Keaton, 1926), y la ya comentada y archiconocida *Lo que el viento se llevó* (Victor Fleming, George Cukor y Sam Wood, estos dos directores sin acreditar, 1939). Sin embargo la película de John Huston, *Medalla roja al valor* (*The Red Badge of Courage*), protagonizada por Audie Murphy, que fue el soldado de Estados Unidos más condecorado de la Segunda Guerra Mundial, pone un tono intimista y crítico con las guerras, que muy poco tiene que ver con la triunfalista épica de la mayoría de los largometrajes de Hollywood. John Huston, desde una perspectiva ideológica que podríamos considerar como izquierdista (para la Norteamérica del momento), siempre pensó que esta era su mejor película. Pero tuvo que enfrentarse a los directivos de la MGM, que

---

[110]   Para estos conceptos de Filosofía Política, véase https://www.filosofia.org/filomat/df597.htm (Consultado en internet el 11 de julio de 2022).

recortaron su metraje (quedó en 69 minutos), y la estrenaron como una serie B sin darle excesiva publicidad. Luego esta cinta quedó mutilada y nunca se proyectó en su integridad y con el mensaje completo que este director hubiese querido.

También hay que citar el corto francés *An Occurrence at Owl Creek Bridge*, también titulado *La rivière du hibou* (Robert Enrico, 1961), que emplea la guerra como pretexto para una exploración psicológica. Ya antes William Wyler había puesto a prueba las creencias pacifistas de una familia cuáquera en la magnífica *La gran prueba* (1956), protagonizada por Gary Cooper, Dorothy McGuire y Anthony Perkins. De la infinidad de wésterns que tienen como telón de fondo a la contienda quiero citar *Entre dos juramentos* (Robert Wise, 1950), *El honor del capitán Lex* (André De Toth, 1952), *Fort Bravo* (John Sturges, 1953), *La ley de los fuertes* (Rudolph Maté, 1956), *Mayor Dundee* (San Peckinpah, 1965) y *Álvarez Kelly* (Edward Dmytryk, 1966). Mención aparte merece *Misión de audaces* (John Ford, 1959), donde el genio que había rubricado la trilogía de la Caballería (*Fort Apache*, 1948; *La legión invencible*, 1949 y *Río Grande*, 1950), vuelve por sus fueros. De él es también la obra maestra *Centauros del desierto* (1956). Hay que reconocer que todos estos filmes tienen protagonistas, interpretados principalmente por John Wayne, marcados a fuego por la experiencia de la destructiva «guerra total», que había tenido lugar durante la contienda civil (incluido el episodio fordiano sobre la guerra en *La conquista del Oeste*, 1962). Asimismo el discípulo de Ford, Andrew V. McLaglen, dirige *El valle de la violencia* (1965), donde pretende dar un mensaje pacifista a pesar de que el patriarca de una familia, interpretado por James Stewart, ve como sus hijos se ven involucrados trágicamente en la contienda.

Será con la irrupción de Sergio Leone y el «wéstern a la italiana» (aunque rodados en España), cuando se dé una visión sucia, pícara y muy cínica de la guerra de Secesión. Me refiero a *El bueno, el feo y el malo* (1966). En *El seductor* (1971) Don Siegel desarrolla un melodrama con alta tensión sexual protagonizado por Clint Eastwood, teniendo como núcleo argumental a un internado confederado para señoritas y a un soldado herido de la Unión, que al pretender seducirlas a todas de forma taimada cava su propia fosa en una espiral de celos y odio. Existe un *remake* reciente, de 2017, dirigido por Sofia Coppola. A *El fuera de la ley* (Clint Eastwood, 1976) ya la he citado en el capitulo anterior.

Hay que destacar que más recientemente la guerra civil estadounidense ha sido abordada de forma mucho más directa (épica y crítica

Fort Bravo *(John Sturges, 1951). Este fuerte se ha convertido en un campo de prisioneros de guerra sudistas, situado en el desierto de Arizona.*

Medalla roja al valor *(John Huston, 1951). Un joven que participa en la Guerra Civil (1861-1865) acaba descubriendo que la vida de soldado encierra más horror que diversión.*

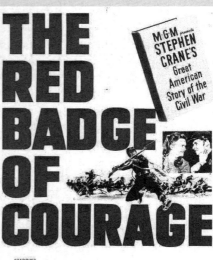

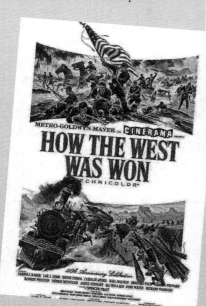

La conquista del Oeste *(Ford, Hathaway y Marshall, 1962). El episodio dedicado a la Guerra Civil, que está rodado por John Ford, es de una gran belleza épica y lírica.*

a la vez). El largometraje *Tiempos de gloria* (Edward Zwick, 1989) es una buena muestra de ello. El hecho de narrar de forma muy realista la historia del 54.° regimiento de Massachusetts, que fue el primero de la Unión formado por soldados negros voluntarios, es un paso adelante en la evolución ideológica y política de Hollywood (y por ende de todos los Estados Unidos), desde la época en que John Ford dirigiese *El sargento negro* (1960). Las interpretaciones a finales de los ochenta del pasado siglo de actores afroamericanos como Denzel Washington y Morgan Freeman, son sencillamente excelentes y sirvieron no solo para consolidar sus respectivas carreras, sino para posicionar en primera línea a la comunidad afroamericana en Hollywood.

Tampoco la televisión perdió el ritmo en su competencia con la gran pantalla en el crucial tema de la Guerra Civil. Series como *Norte y Sur* (1985) así lo atestiguan. Pero es en 1993 y con *Gettysburg* (dirigida por Ron Maxwell), cuando se hace una gran superproducción, con un buen plantel de actores y una duración de cuatro horas y media. La recreación de esta gran batalla está hecha con realismo, gran despliegue de medios, de actores secundarios y extras. En 1996 John Frankenheimer rubrica *Andersonville*, donde se aborda con dramatismo la dura y espinosa cuestión de la supervivencia de los prisioneros norteños en el campo confederado de dicho nombre. Para finalizar también hay que citar *Dioses y generales* (2003), donde de nuevo Ron Maxwell pretende repetir el éxito de *Gettysburg*, pero centrándose en el campo confederado y en la magna figura del general Stonewall Jackson. Sin ser un fracaso como miniserie de gran magnitud ya no tuvo el impacto de la primera. Como películas de grandes directores hay que mencionar *La conspiración* (Robert Redford, 2010) y *Lincoln* (Steven Spielberg, 2012), que es un retrato biográfico y político de dicho presidente en los momentos más duros y críticos de la contienda. La interpretación de Daniel Day-Lewis como Abraham Lincoln solo puede calificarse de magistral. Sin embargo *Cold Mountain* (Anthony Minghella, 2003), con no ser una mala obra, se desliza por los terrenos del melodrama sentimental más tópico y aceptado por el gran público.

9

EL FERROCARRIL DE COSTA A COSTA Y EL EXTERMINIO DEL BISONTE

Los potentes rifles de la gran matanza de bisontes.
El Sharps de cartucho metálico, Remington
"Rolling Block", Springfield modelos 1866 a 1873

En 1865, como ya he señalado, Estados Unidos era una nación con una gran fractura interna: el Sur, destruido y arruinado, quedará sometido a las políticas republicanas de la Reconstrucción durante largos años. El Norte, industrial y en plena ebullición, presentará una infinidad de oportunidades para los que con pocos escrúpulos tuvieran un mínimo de capital y mucha habilidad para hacer negocios. El principal fue el tendido de los ferrocarriles a lo largo de toda la nación, para unirla de costa a costa y hacerla así más fuerte con las rápidas comunicaciones.

Al pobre sureño, al rebelde que había sobrevivido, el Oeste era la promesa de un volver a empezar, bien como pequeño ganadero o simple *cowboy* a sueldo, como granjero ávido de tierras que cultivar o como minero solitario. Otros proyectaron su resentimiento convirtiéndose en jugadores de fortuna o en forajidos (*outlaws*, hombres fuera de la ley), que igual asaltaban diligencias en los desérticos parajes del suroeste o trenes de los nuevos magnates del ferrocarril (a la vez que estos desposeían a los *squatters*), que atracaban pequeños bancos de las recién nacidas ciudades fronterizas. De esta catadura moral también fueron bastantes *sheriffs*. Pero también es cierto que muchos obreros explotados de las ciudades fabriles norteñas y una gran masa de recién llegados (sobre todo irlandeses que huían literalmente de la muerte por hambre en su tierra natal), pusieron sus ojos en el Oeste con el mismo propósito; sobrevivir a cualquier precio y a ser posible prosperar sin reparar en consideraciones morales. Rebeldes y yanquis se fusionaron así y no sin tensiones, refundándose, ya lo anunciábamos, la nación. A esta refundación contribuyó y mucho la convivencia en el ejército de los viejos enemigos, pues también muchos varones, sin importar su pasado como combatientes, se alistaron para así enrolarse en las guerras con las tribus en la frontera. De igual forma bastantes negros tomaron ese mismo camino en la vida, puesto que, aunque liberados, la política real en el Sur era la de seguir tratándolos como antaño, es decir como esclavos o siervos sin ningún derecho. Siendo sistemáticamente manipulados y engañados por los *Carpetbaggers* republicanos norteños, o despreciados y maltratados de forma bestial por los que poco antes habían sido sus amos, hubo afroamericanos que vieron en el ejército una forma de vida con un mínimo de dignidad y de respeto, aunque no exenta de peligros. De ahí la importancia de la institución militar, como parte de la capa cortical de la sociedad estadounidense en formación y desarrollo.

Pero esto tuvo como consecuencia, al ocupar toda esa gente la capa basal de lo que sería el territorio de la nueva sociedad política estadounidense y formarse así una incipiente capa conjuntiva, el exterminio y la reducción a reservas de los pocos indios supervivientes, y ello tras un rosario de enfrentamientos que van de 1865 a 1890 (aunque ya habían empezado mucho antes). Por eso, aunque dedicaré un capítulo específico a las guerras indias, tendré que ir abordándolas poco a poco en todos los que aún quedan de este libro. El trazado de la primera línea de ferrocarril intercontinental traerá aparejado, ya en este sentido, un montón de conflictos con las tribus. El mayor de todos será el del exterminio premeditado, masivo y sistemático del bisonte americano que vivía en las praderas, tanto en las del norte que traspasaban a Canadá, como en las del sur que se adentraban bastante en Texas. Nuevas y «mejores» armas y nuevas y más «refinadas» formas de violencia ocuparán su decisivo lugar en esta historia, que es y de forma muy trágica, como nos recuerda sabiamente Howard Zinn, la de la formación y consolidación de los actuales Estados Unidos.

El proyecto de un ferrocarril que uniera la frontera este con la rica California era un sueño previo a la Guerra Civil, que esta solo logró ralentizar durante unos años. Acabado el esfuerzo bélico, todos los magnates y oportunistas (algunos de ellos antiguos oficiales del ejército de la Unión recién licenciados), pusieron la mirada en la realización de tan magno objetivo, donde iban a rivalizar y a fusionarse, como en toda empresa humana de esta envergadura, ambicionesególatras y sueños de progreso y enriquecimiento. La ya aprobada ley *Homestead Act* de 1862 hacía legalmente viable que todo el vastísimo medio oeste fuese colonizado, por granjeros que se asentasen, levantasen un hogar (a veces una miserable cabaña de tierra y hierba), y cultivasen. Esto era un gran acicate para los hombres que se embarcaron en la empresa de los ferrocarriles, pues podían comprar tierras a precios muy baratos y luego especular con ellas e incluso levantar pequeñas ciudades (algunas fueron campamentos provisionales, sin embargo otras permanecieron y se desarrollaron vertiginosamente). Solo había dos obstáculos: las grandes manadas de bisontes, que se contaban por millones y que pastaban por las grandes llanuras variando sus rutas según las estaciones del año y la calidad de los pastos, y, por supuesto, las tribus indias que vivían repartidas en poblados seminómadas de tipis (*tepee* o *teepee*), que son las tiendas cónicas hechas con las pieles de los propios bisontes a los que seguían en sus cacerías anuales, por ser su principal forma de alimento, vida y cultura material.

La Ley sobre los ferrocarriles, también aprobada bajo el mandato de Lincoln, protegía toda esta monumental empresa. Se trataba pues de poner en marcha la primera línea de ferrocarril transcontinental de América del Norte, que uniese la costa Atlántica con la del Pacífico de forma regular, partiendo en el Este desde la zona más occidental con líneas ya construidas previamente y desde el Oeste saliendo de Sacramento, en California, para encontrarse y unirse en un punto intermedio a convenir. Tras la victoria sobre México (1848) y las exploraciones posteriores de los nuevos territorios, ya en manos estadounidenses, la idea de un ferrocarril y de un telégrafo que unieran el Este con el Oeste ya se había ido acariciando pero sin tomar una forma definitiva. En la década de 1850 Theodore Judah (que luego fue el primer ingeniero de la Central Pacific), había explorado la posibilidad de poner en marcha una línea de tren que saliera de Sacramento y atravesara las sierras en dirección Este. En 1860, él y un minero llamado Daniel Strong, inspeccionaron el mejor camino a seguir. Dadas las grandes dificultades orográficas en el Este también había dudas sobre cuál sería la ruta más factible y finalmente se optó por la central. Esta seguía el río Platte en Nebraska hasta el *South Pass* (Paso del Sur, Wyoming), para atravesar con cierta facilidad las Rocosas. De alguna forma este camino era conocido, pues coincidía con la ya expuesta Ruta de Oregón que atravesaban las caravanas de pioneros con sus carretas desde 1840. El mayor inconveniente era la acumulación de nieve en los meses invernales.

Respecto al punto de partida inicialmente en el Este (y dado además que se estaba en plena guerra civil y que había guerrillas cometiendo tropelías por toda la frontera), también hubo sus dudas. Al final se decidió que la Union Pacific saliera del empalme de Omaha, en Nebraska.

Desde 1863 hasta 1869, cuando se culminó la obra, esta tuvo varios promotores y financieros protagonistas. Por ejemplo y desde tiempo atrás ya Asa Whitney había propuesto un tren que transcurriese por la zona central. Pero los empresarios que en la década de 1860 impulsaron el proyecto, fundando la Central Pacific y que son conocidos como los *Big Four* (los Cuatro Grandes), fueron Leland Stanford (como presidente de la compañía), Collis Potter Huntington (vicepresidente), Mark Hopkins (en calidad de tesorero) y Charles Crocker (supervisor de la construcción). Estos promotores se enriquecieron rápidamente con el dinero de los impuestos y con las concesiones de tierras. Además tuvieron gran capacidad de manipulación e influencia política entre los republicanos, siendo considerados por la opinión pública como los «magnates ladrones». Por parte de la Union Pacific hay que citar al financiero y empresario Thomas Clark Durant, que era nominalmente el vicepresidente de esta compañía fundada en 1862. Como presidente de la misma actuó entre 1863 y 1868 John Adams Dix, que había sido militar con experiencia en la guerra y con posterioridad fue político con cargos importantes.

Todo el proyecto no hubiese sido posible sin el marco legal pertinente, que se aprobó durante la contienda con Lincoln a la cabeza del gobierno de la Unión. Con la secesión de los estados del Sur la Cámara de Representantes aprobó el proyecto de Ley y el presidente firmó la Ley de Ferrocarriles del Pacífico en 1862, autorizando la creación de las ya citadas empresas con el fin de que construyeran la primera vía férrea transcontinental. La financiación federal supuso la emisión de bonos del gobierno a treinta años. La Unión Pacific tuvo problemas para vender sus acciones (hasta el líder mormón Brigham Young fue suscriptor de las mismas), y T. C. Durant protagonizó un escándalo financiero, promoviendo rumores, especulando con las acciones y, en definitiva, estafando. La financiación de la Central Pacific corrió a cargo de los Cuatro Grandes ya mentados, que se hicieron millonarios con sus inversiones y con el control de dicha compañía.

Se puede decir que antes del Crack financiero de 1873 la economía de los Estados Unidos marchaba al ritmo de las locomotoras. Pero el tendido de nuevas líneas transcontinentales hasta finales del siglo XIX (bien al norte o al sur de la inicial), fue uno de los grandes negocios de unos Estados Unidos cada vez más florecientes y en donde en el Este y en California se iba consolidando no solo una clase media muy dinámica, sino una nueva clase social: la de los grandes magnates; especie de aristocracia del capitalismo más competitivo y despiadado, donde un hombre de negocios y gran empresario podía enriquecerse y arruinarse varias veces en la vida. Pero para el *cowboy* (que no dejaba de ser un simple jornalero), para el soldado raso destinado en un lejano fuerte, para el pequeño granjero que practicaba una agricultura de subsistencia y para el obrero que tendía las líneas de los trenes las cosas eran muy distintas.

En este último aspecto hay que subrayar que ambas compañías compitieron entre sí por ver quien de las dos tendía más millas al día de línea férrea. Sobra decir que el trabajo era durísimo y en algunos tramos muy peligroso. La Central Pacific optó por contratar mano de obra china, pues esta comunidad ya estaba asentada en California desde los tiempos de la primera fiebre del oro (1848-1849). La Union Pacific empleó a una gran cantidad de obreros irlandeses, muchos de ellos excombatientes de ambos bandos y algunos con experiencia en montar y desmontar raíles. Los irlandeses eran en general robustos e incansables, pero también bebedores, levantiscos y mujeriegos, por eso muchos mandos intermedios (ingenieros civiles, topógrafos, etc.), eran también hombres de carácter (bastantes antiguos oficiales de la Unión), con capacidad para mandar y hacerse respetar. Por su parte los contratistas de la Central Pacific acudieron a Cantón, en China, para reclutar a jóvenes que también querían huir de la miseria y de las guerras intestinas.

Los chinos, de baja estatura, flacos y de aspecto enclenque en apariencia, resultaron ser unos trabajadores inagotables, de una gran energía, fortaleza y resistencia, además de frugales y austeros. Se trataba, no lo olvidemos, de construir una línea de ferrocarril de 1.911 millas (unos 3.075 km.) El trabajo se desarrolló entre 1863 y el 10 de mayo de 1869, cuando ambas compañías se encontraron en Promontory Summit (Utah). Los chinos de la CPRR cobraban unos 31 dólares al mes (aunque en 1867 se les subió a 35). La UPRR pagaba 30 dólares mensuales a irlandeses y negros (con alojamiento y comida), por tender la línea en las Grandes Llanuras. Hay que recordar que fueron los chinos los que tenían la durísima misión de horadar las montañas a golpes de pico y empleando grandes cantidades de pólvora negra de mina y la inestable y muy peligrosa nitroglicerina. A lo largo de todo el tendido la Central Pacific construyó quince túneles mientras que la Unión Pacific solo cuatro.

Para la construcción de un tramo de vía al día era necesario movilizar y sincronizar a un montón de trabajadores de lo más diverso. En principio se mandaba por delante a un destacamento de obreros, agrimensores e ingenieros encargados de determinar la línea más recta y de menor pendiente, de nivelar el terreno y de construir con madera los puentes necesarios. Todo este contingente iba protegido por una pequeña escolta militar, pero como en las llanuras las distancias eran muy grandes y además se trabajaba de forma dispersa, se hacía necesario que todos los hombres tuviesen sus armas a punto en caso de un súbito ataque de los indios. Por ejemplo los troncos de los árboles había que cortarlos en zonas muy alejadas, bajarlos por los ríos y después llevarlos en carretas hasta el punto donde arrancase el último tramo colocado de la línea.

Cuando el terreno por delante ya estaba preparado entraban en funcionamiento las demás brigadas de obreros, es decir el grueso de los equipos de constructores. Al principio largas caravanas de carretas transportaban los rieles, las traviesas, los pernos y el balasto. Más tarde era ya el propio tren el que aportaba los materiales hasta el final del tramo. Otro tipo de personal era el encargado de acarrear los víveres, el agua potable, las tiendas de campaña, el combustible y todas las herramientas y menaje para ir montando día tras día los campamentos, que, a modo de pequeños pueblos provisionales, surgían y desaparecían en pocos días o semanas en la ruta. En estos campamentos improvisados no faltaba el whisky matarratas, el tahúr dispuesto a desplumar al incauto obrero y las prostitutas que hacían su negocio, acompañando a todo este abigarrado conjunto de trabajadores del mundo del ferrocarril. Hubo campamentos no tan precarios, como el de Benton, que fue una importante etapa en el camino, pues «llegó a tener en un determinado momento tres mil habitantes, con una administración municipal, veintitrés bares constantemente abiertos y brillantemente iluminados, cinco salones de baile, otras tantas salas de billar, una imprenta, dos periódicos diarios y cuatro bancos. No hizo falta más que dos semanas para construir Benton. Seis meses después, en el lugar de su emplazamiento no se encuentran más que algunos montones de paja y desperdicios de latas de conservas: siguiendo el desplazamiento de las obras, la ciudad se ha mudado hacia el Oeste»[111].

Ante todo este caótico panorama (caótico sobre todo en lo moral), y en el que la construcción del ferrocarril es un reflejo y una parte formal misma de la construcción de la nación, no nos ha de extrañar

---

[111] Chastenet, J. *Op. cit.*, p. 158.

que en la mitología del *Far West* y su conquista, a estas ciudades provisionales o campamentos improvisados se les llamase «infierno sobre ruedas» (*Hell on Whells*). Las disputas se ajustaban en peleas a puñetazo limpio (el cine siempre nos ha presentado a los irlandeses como valientes y buenos boxeadores), pero si alguien abusaba del revólver y había un muerto de por medio, es posible que el poste telegráfico o el árbol más próximo fueran una improvisada horca para el matón. A falta de ley las turbas enfurecidas se tomaban la justicia por su mano.

Otra de las peculiaridades de esta crucial y titánica empresa es que los materiales eran mucho más caros para la Central Pacific, pues había que llevar toda la maquinaria y herramientas (incluyendo las locomotoras, los raíles y las plataformas giratorias), desde las fábricas y acerías del Este hasta California. Se hacía en grandes barcos de vapor a través del cabo de Hornos, o descargando y volviendo a cargarlo todo tras atravesar el istmo de Panamá. Para ayudar a la financiación y a que ambas compañías recaudasen un capital adicional, se les concedió un corredor de unos 61 metros para edificar las instalaciones necesarias para el mantenimiento de las vías y los trenes, además de las tierras adyacentes a ambos lados de la línea en un ancho de dieciséis kilómetros. El conjunto total de la superficie dada a ambas compañías era más grande que todo el estado de Texas. El gran negocio estaba en que los ferrocarriles vendiesen aquellas tierras en los tres años posteriores a la finalización del tendido, para que dentro del marco legal de la citada Ley *Homestead*, se asentaran los colonos levantando pueblos y ciudades. El gobierno, dentro de una lógica de expansión capitalista y dado el rápido crecimiento poblacional, quería incentivar que todo tipo de pioneros se mudasen al Oeste y lo civilizasen. Como ya dije y pronto expondré el precio lo pagaron las tribus indias.

La Union Pacific empezó a trabajar más tarde que su competidora, en julio de 1865, pero tender la línea férrea por la amplia llanura entrañaba menos dificultades que por las montañas, con sus cañones y desfiladeros. Explicar con detenimiento cómo se fueron haciendo los trabajos tramo por tramo desborda el objetivo de este libro, pero hay que recordar que la Union Pacific, con su equipo de topógrafos e ingenieros, tuvo que explorar el río North Platte y el South Platte, y se logró dar con una ruta más corta a través de Wyoming, mientras que Cheyenne y Laramie se convertían en ciudades ferroviarias. El hecho de que en las llanuras apenas hubiese árboles como combustible para las locomotoras, se suplió con el carbón de las minas de Wyoming.

A lo largo del camino surgieron nuevos municipios y se conectó con Denver, ya en Colorado. Los últimos tramos a construir por esta compañía y en territorio de Utah, fueron muy duros. Se contrató a trabajadores mormones y se construyeron puentes y los ya referidos cuatro túneles. Al final esta empresa ferroviaria tendió 1.087 millas (1.749 kilómetros).

Por su parte la Central Pacific colocó 690 millas (unos 1.110 km de vía), pero tuvo que atravesar las escarpadas montañas de la Sierra Nevada, cruzando el fatídico Paso Donner y bajando por el abrupto valle del río Truckee, y así adentrarse en Nevada. También aquí se transitaba por un viejo camino ya en parte conocido, el de la Ruta de California, que hicieron los primeros pioneros un par de décadas antes. Era peligrosísimo el trabajo de los chinos, por ejemplo el de los barrenistas, que colgados de las paredes de las montañas perforaban los agujeros en los que colocar las cargas de pólvora de mina. Perforar los túneles con pólvora y a golpe de pico y pala, entibarlo y sacar todos los escombros, que luego se empleaban como relleno para nivelar la ruta y los taludes que en el futuro habría de recorrer el tren, era un trabajo extenuante que se hacía por brigadas de obreros. Sobra decir que hubo bastantes muertos por accidentes en todas estas tareas.

Cuando en Promontory Summit, el 10 de mayo de 1869, se encontraron ambas compañías, la nación estadounidense dio un gran paso. Las dos locomotoras de vapor se juntaron (una Roger N.º 119 y una Júpiter N.º 60) y, previamente, los presidentes de la Union Pacific y de la Central Pacific clavaron con el mazo los cuatro últimos clavos que fijan los raíles a las traviesas: dos eran de oro puro (por el estado de California), otro de plata y otro más de una aleación de hierro, plata y oro. Existe testimonio fotográfico (*The Last Spike*) del encuentro de ambas líneas con sus respectivas locomotoras y del tono festivo del momento. También se encontraba en el acto el presidente de California y al momento se telegrafió la noticia del evento, noticia que corrió por toda la nación dando lugar a que se festejase de variadas formas, por ejemplo en las ciudades volteando las campanas de las iglesias.

Pero esto no había hecho más que empezar. Pronto las compañías se embarcaron en proyectos para mejorar la línea, como usar locomotoras más potentes y máquinas quitanieves para los inviernos. En los años siguientes algunas empresas del ferrocarril se fusionaron y, a pesar de los escándalos económicos, surgieron otras rutas de la mano de nuevos empresarios y financieros. Ferrocarril era sinónimo de progreso. Hasta finales del XIX cabe citar a las cinco grandes compañías al oeste del río Misisipi: la Great Northern (que bordeaba la frontera con Canadá hasta llegar a la costa del Pacífico, en el estado de Washington), la Northern Pacific (línea que transcurre algo más al sur, de Minnesota a Washington, pasando por las Dakotas, Montana y Idaho), la veterana Union Pacific (que sigue la ruta central pero con ramales hacia el noroeste y el sureste), la Atchinson, Topeka & Santa Fe (que corta en diagonal desde Chicago hasta San Diego, pasando por todo el suroeste), y la Southern Pacific (que rodea todo los Estados Unidos desde Nueva Orleans, en paralelo con la frontera con México, hasta llegar a San Diego, Los Ángeles, San Francisco y aún más arriba, bordeando la costa del océano Pacífico)[112]. Como cualquier nuevo invento los viajes de costa a costa, de Nueva York a San Francisco, que poco tiempo después se podían hacer ya en una semana, solo estaban al alcance de los más ricos, de los millonarios, puesto que el colono siguió mirando hacia el Oeste, hacia la «tierra prometida», a pie, en carreta o a caballo.

Pero la expansión de los Estados Unidos, bajo el ideario del Destino Manifiesto, aún fue a más cuando el gobierno de Washington compró a Rusia (que no quería favorecer al imperio del momento que era el británico), todo el territorio de Alaska por 7.200.000 dólares. En las décadas de 1870 y 1880 los ferrocarriles citados se desarrollarán a través de grupos financieros rivales que utilizarán todo tipo de tretas para prosperar. En 1871 Jay Gould, uno de los grandes tiburones de la bolsa neoyorkina, se apodera de la mayoría de las acciones de la Union Pacific. Con la crisis de 1873 unos financieros se hunden y otros especuladores se enriquecen. Aquí hay que citar a hombres como Huntington, Scott, Fisk, Cooke y Vanderbilt. El ritmo de construcción de líneas intercontinentales y de vías secundarias de enlace es tan trepidante que entre 1880 y 1890, cuando en este último año oficialmente se cierra la frontera, el ritmo de construcción alcanza una media de 11.250 kilómetros por año.

Es ahora y precisamente por todo lo ya explicado anteriormente, cuando tenemos que entrar en el mundo de las guerras indias, que son guerras de género uno[113], pues una sociedad estatal civilizada, los Esta-

---

[112]   Véase VV. AA. *La historia del Oeste.* Ediciones Picazo. 4 tomos. Badalona, 1979. Tomo cuarto, cap. 87, pp. 281-300. Chastenet, J. *Op. cit.*, pp. 158-160. Davis, William C. y Rosa, Joseph G. *El Oeste. La turbulenta historia de la colonización en el Oeste americano.* Editorial LIBSA, Madrid, 1995, pp. 80-85.

[113]   Para una clasificación filosófica de los tipos o géneros de guerra véase lo expuesto en la nota 16.

dos Unidos, presiona e invade a unas comunidades tribales preestatales que son cazadoras-recolectoras, siempre con falsas promesas de no avanzar más hacia el Oeste y de no invadir sus territorios de caza, y siempre, también, rompiendo los tratados previos ya firmados con los caudillos tribales. Ya he expuesto la política de «traslado forzoso» de las tribus del Este (las llamadas cinco naciones civilizadas que pasaron por el calvario del Sendero de las lágrimas), a Territorio Indio (luego Oklahoma), que en la década de 1830 Andrew Jackson puso en marcha y que fue continuada por los siguientes presidentes de los Estados Unidos También he citado a caudillos indios como Tecumseh, Osceola y Halcón Negro (que lucharon y murieron con el convencimiento de que había que frenar la avalancha blanca o, como el último, se rindieron), y a las tres guerras seminolas. Recordemos además el fracaso de la misión Whitman en Oregón, pues dadas las epidemias que diezmaban a los cayuses, los Whitman y otros colonos pagaron con su muerte el resentimiento y odio que los indios sentían ante los blancos que empezaban a llegar a sus tierras. La «masacre Whitman» inició la guerra Cayuse. Estos fueron derrotados definitivamente en 1855 y junto a los umatillas y los walla wallas quedaron reducidos en una reserva.

Los yakimas, nez percés y coeur d'alene también fueron sometidos tras escaramuzas y enfrentamientos con los destacamentos militares. Así pues todo el amplio territorio de Oregón (estados posteriores de Oregón y Washington), quedó «pacificado» y bastantes cabecillas indios que se rindieron tras las rebeliones iniciales fueron ejecutados. En 1860 con los paiutes (junto con algunos shoshones y bannocks), se empleó la misma estrategia: derrotarlos sin miramientos tras la rebelión de los indios y los primeros actos de violencia. En California la Fiebre del Oro supuso igualmente el despojo, expulsión y reclusión en reservas de los pocos indios supervivientes a los enfrentamientos con los blancos. Nos referimos a pueblos como los modocs, klamaths, y shasta[114]. Y ello tras la total eliminación por los anglosajones recién llegados de los restos de la civilización católica española, que había coexistido allí pací-

---

[114] Madley, Benjamin. *Op. cit.* Véanse las pp. 303-305 y la tabla C.1 donde se deja constancia de cómo, en California, se pasa de cerca de 150.000 indios en 1845 a una cifra de entre 16.277 a 20.500 en 1880 (variación de este último dato según tres fuentes distintas: el Censo Federal de 1880, la de Collier de 1935 y la de Merriam de 1905). En los apéndices, del 1 al 7, se hace una relación de los informes sobre los indios asesinados en California por los soldados del ejército de los Estados Unidos y sus auxiliares entre 1846 y 1873.

ficamente durante mucho tiempo. Luego la política de reservas ya se había iniciado antes de la Guerra Civil como forma de solución final al problema indio. La chispa que desencadenó muchas veces las primeras luchas entre las diferentes tribus y los blancos fue el descubrimiento de indicios de oro o plata en tierras indias. En todas estas guerras, de las que trataré con más extensión en otro momento, se destacaron como estrategas grandes líderes tribales, como el jefe Joseph de los nez percé.

En la Gran Cuenca, entre la Sierra Nevada y las Rocosas, también hubo luchas previas al año 1865. El jefe de los shoshones occidentales, Washakie, siempre tuvo claro que su pueblo no podría sobrevivir a una guerra abierta con los estadounidenses, que cada vez llegaban en mayor número. Por eso y a pesar de la merma de su pueblo, hizo todo lo posible por mantener la paz[115]. En 1862 la guerra estalló, destacándose jefes belicosos como Cazador de Osos y Pashego (entre los bannocks) y, evidentemente, el ejército aplastó la rebelión ya en el verano de 1863.

Pero lo más importante es insistir en que las diferentes fiebres del oro y luego la Ley *Homestead* (o de asentamiento de colonos), y las leyes sobre los ferrocarriles, precipitarán, nada más acabar la Guerra Civil, un sinfín de guerras indias en diferentes teatros de operaciones.

En esta nueva singladura histórica, la del estudio de las guerras indias, hemos de tener muy en cuenta obras clásicas como la de Dee Brown, *Enterrad mi corazón en Wounded Knee*, de 1970, *Los apaches. Águilas del sudoeste* (publicada por Donald E. Worcester, 2012), y la más reciente y muy bien documentada, *La tierra llora. La amarga historia de las Guerras Indias por la Conquista del Oeste* (de Peter Cozzens, 2016).

Acabo de mencionar que ya antes de la Guerra de Secesión, la costa oeste, de California a Oregón, la meseta y la Gran Cuenca habían sido focos de enfrentamientos con las tribus. Pero lo más grave es que el Tratado de Fuerte Laramie de 1851 (o de Horse Creek), firmado por los Estados Unidos y todas las tribus importantes de las Grandes Llanuras centrales (naciones étnicas[116] cheyenne, sioux, arapaho, crow, assiniboine, mandan, hidatsa y arikara), a partir de 1865 y recién terminada la contienda civil, fue rápidamente violado por los colonos blancos que se

---

[115] Doval, Gregorio. *Breve Historia de los indios norteamericanos*. Ediciones Nowtilus, S. L. 2009 (4.ª Edición, 2015, 2020, 2021), p. 203.

[116] «Nación étnica» es aquí sinónimo de tribu. Evidentemente estos pueblos no son naciones históricas ni políticas. Véase Bueno, Gustavo. *España frente a Europa*. Alba Editorial, Barcelona, 1999.

acogían a esas leyes ya citadas, y que entraban y se asentaban sin permiso de los indios en sus territorios de vida y caza. Para mayor tensión la línea de ferrocarril de la Union Pacific atravesaba de lleno sus tierras y cortaba en dos la gran manada de bisontes que pastaba en dichas llanuras.

Desde un punto de vista histórico todos los diversos y múltiples aspectos que conforman e integran la Conquista del *Far West*, y que transcurren de forma rápida, violenta y abigarrada de 1865 a 1890, se dan de forma casi simultánea. Me refiero a las diferentes fiebres por los metales preciosos de las últimas décadas del siglo XIX con sus respectivas y anárquicas avalanchas humanas ya expuestas, la construcción de los ferrocarriles, el surgimiento de los campamentos a lo largo del tendido de las vías, el exterminio del bisonte, la puesta en marcha de las grandes rutas ganaderas (*trecks*) para introducir el ganado de Texas (los famosos *longhorns*), en Misuri y Kansas y luego más al norte (en Nebraska y Wyoming), el rápido nacimiento por la anterior causa de las ciudades ganaderas (Sedalia, Abilene, Caldwell, Wichita, Newton, Dodge City, Ogallala, etc.), el mundo de los *cowboys* y de los grandes ranchos, de los *sheriffs* y alguaciles (*marshals*) (bastantes operando a ambos lados de la Ley), y el mundo también de los forajidos (ladrones de ganado, salteadores de diligencias y trenes, ladrones de bancos, etc.), y pistoleros a sueldo.

Es en el contexto de todo este confuso panorama, propio de una nación en rápida expansión y consolidación, donde tienen lugar las últimas y más importantes guerras indias. Y para entender estas es previo y necesario explicar el decisivo papel que jugó la casi total aniquilación del bisonte, que vivía mayormente en las vastas praderas, como instrumento esencial para doblegar definitivamente a las tribus, eliminándolas y reduciendo a los pocos supervivientes a reservas dispersas, alejadas y estériles. En este proceso «civilizador», el estamento militar y la difícil vida en los fuertes y acuartelamientos (incluyendo a las tropas afroamericanas), de las diferentes fronteras repartidas por todo el territorio de los Estados Unidos, jugaron un papel decisivo. Además de las citadas tribus, mención aparte por su numantina resistencia merecen los apaches.

Pero la parte final de este capítulo la dedicaré, como ya he anunciado, a las matanzas de bisontes, los mal llamados búfalos. Empezaré diciendo que antes de 1800 se cree que había en total unos 60.000.000 repartidos por toda Norteamérica. En 1830, en torno a 40.000.000. En 1840, 35.650.000. En 1870, 5.500.000. En 1880, 395.000. En 1889 quedaban solo 541 y en 1900 unos 300. En el siglo XX y sobre todo a partir de los años cuarenta, las políticas proteccionistas y ciertos ranchos privados, han hecho todo lo posible por la recuperación del bisonte americano y en el año 2000 ya había unos 360.000.

La eliminación del bisonte entre 1865 y 1885 fue parte de una política premeditada, destinada a desarrollar los ferrocarriles sin que los rebaños invadieran las vías y paralizasen con su lento caminar la marcha de los trenes. Y, sobre todo, era la labor previa y necesaria para doblegar a las tribus mediante el hambre, ya que su principal fuente de alimento era el bisonte, e introducir de paso el ganado doméstico propio de la cultura occidental en las grandes llanuras repletas de pasto, a saber: las vacas y después (y con muchas reticencias y luchas entre vaqueros y ovejeros), las ovejas. Entre 1865 y 1890 decir ganadero era decir dueño de inmensos rebaños de vacas. Pero de las luchas contra los ovejeros ya trataré más adelante. Otro detalle: matar a los bisontes se convirtió en un lucrativo negocio, que además permitía dar de comer carne muy nutritiva de forma barata a los trabajadores que tendían los ferrocarriles.

Lo primero que hay que subrayar es que la caza que practicaban las tribus para su subsistencia (con lanzas, arcos y flechas u obsoletos fusiles de chispa), la que hacían los antiguos ciboleros (de origen español o mexicano, pues el cíbolo es el nombre que en Nuevo México los hispanos habían dado al bisonte), y la que ejercían los primeros tramperos con rifles de avancarga (como los citados Hawken, Dimick, Tryon, Gemmer, etc.), cazándolos a la carrera, no supusieron una merma que pusiera en peligro la supervivencia de esta especie animal. El exterminio va ligado a las citadas políticas y a que también en 1865, recién acabada la guerra, se introducen en el ejército y en el mercado civil los primeros rifles de retrocarga monotiro y de cartucho metálico potentes. Sin este rápido desarrollo armamentístico no se pueden explicar las grandes matanzas y luego el triunfo absoluto sobre los indios.

Ya en 1865 el maestro armero del arsenal de Springfield, Erskine S. Allin, transforma el mosquete rayado minié modelo 1863 a cartucho metálico, para que mediante el sistema de bisagra en la culata conocido como *trapdoor*, que estaba patentado inicialmente por el coronel Hiram Berdan, dispare un cartucho de fuego anular del calibre 58-60-500[117]. Este arma ya

---

[117] Cartucho de calibre 58, con una carga de 60 grains de pólvora negra que impulsan una bala minié de 500 grains de peso. Este cartucho muy pronto quedó obsoleto. El calibre 50-70 es el primer cartucho de fuego central reglamentario del ejército estadounidense: arma y bala del calibre 50 (12,7 mm), carga de 70 grains (4,5 gramos de pólvora negra), bala de unos 450 grains (29,16 gramos).

permitía hacer de ocho a diez disparos por minuto. En 1866 se convierten viejos Springfields al calibre 50-70, un arma de retrocarga que ya dispara un cartucho de fuego central. Este será el modelo de rifle que el famoso William F. Cody (1846-1917, más conocido por el sobrenombre de Buffalo Bill), empleará, trabajando para la Kansas Pacific Railroad, como cazador de bisontes para suministrar carne a los obreros del tendido de la línea férrea. Se cree que Cody mató en dieciocho meses, entre 1867 y 1868, unos 4.282 bisontes[118]. Usaba la técnica de correr entre ellos con su caballo favorito y adiestrado, de nombre Brigham, aproximándose y cabalgando en círculo según les iba disparando con su *Lucretia Borgia* (que es el apodo que le puso a su rifle). En una competición por ver quien mataba más bisontes en ocho horas ganó a otro cazador, Bill Comstock, que usaba una carabina Henry de repetición del 44 (pero de escaso poder letal). Buffalo Bill mató a 68 animales mientras que Comstock solo a 48. En esos meses Cody se ganó bien su mote. Pocos años más tarde y de la mano del publicista Ned Buntline, forjará su leyenda y creará su propio espectáculo circense para los ingenuos espectadores del Este y de Europa, siempre ávidos de héroes y de mitos.

La caza sistemática del bisonte, promovida y pagada por las compañías de ferrocarril, que reclutaron a un montón de cazadores y desolladores (muchos de ellos excombatientes desarraigados de difícil, por no decir patológica, personalidad), hizo que todas las tribus se sintieran traicionadas y amenazadas. Intuían, con trágica sabiduría, que el fin del bisonte, que era asimismo su animal sagrado, era también su propio fin. En el estatus social de la difícil vida en la frontera, según esta iba avanzando hacia el Oeste, el cazador de bisontes ocupaba el estrato más bajo de la sociedad (junto con el soldado raso), y aún más los desolladores (*skinners*). Algunos trabajaban en solitario, otros por parejas, con dos o tres desolladores por cada cazador, junto con un cocinero, un carretero y tal vez un ayudante para recargar los cartuchos vacíos. Su embrutecida vida y su falta total de higiene, al estar en constante contacto con cientos de cadáveres de bisontes que se dejaban pudrir al sol, hacía que cuando visitaban una ciudad hasta las prostitutas más bajas tuvieran reparos en aceptarlos como clientes.

Dodge City antes de 1874 y de convertirse en una ciudad ganadera (*Cattle town*), fue el gran centro de expedición hacia el Este de decenas de miles de pieles de bisonte y de barriles con las lenguas ahuma-

---

[118]   Véase Rosa, J. G. *Guns of the American West*, 1985, C. 13, p. 153.

das en conserva de estos, convertidas en un auténtico manjar para los gourmets del Este y de Europa. El dinero confederado no valía nada y un cazador, por ejemplo un excombatiente confederado arruinado con buena puntería, podía en dos o tres temporadas hacerse con un buen fajo de billetes yanquis. Además de los sioux en el Norte, los kiowas y los comanches reaccionaron rápidamente, enfrentándose a los cazadores y al ejército que los protegía. Los generales Sherman y Sheridan, hombres curtidos por la Guerra Civil, estaban convencidos de que la política de erradicación del bisonte formaba parte del proceso de progreso y civilización de la nación. Si en sus propias palabras «el mejor indio que habían visto era el que estaba muerto», acabar con los bisontes era parte esencial de la estrategia para doblegar a las tribus, matarlas por el hambre y someterlas por último a la política de reservas. Los cazadores eran así más eficaces para «pacificar» las Grandes Llanuras que los dispersos y mal abastecidos fuertes fronterizos.

Las líneas de ferrocarril llegaron a disponer de trenes para que los turistas cazadores, entre ellos algunos nobles adinerados llegados desde Europa, dispararan desde las ventanillas a las manadas de bisontes. Pero la caza organizada tenía un sistematismo que ahora voy a exponer.

Se estima que unos 10.000 hombres estuvieron metidos en este negocio entre 1870 y 1880: el negocio del exterminio del bisonte. Entre ellos personas como "Bill" Tilghman, Jim White, Billy Dixon y los luego famosos Bat Masterson y Wyatt Earp. Se sabe que hubo cazadores profesionales que mataron más de 20.000 y entre 1880 y 1884 las pieles de estos animales se pagaban entre dos y tres dólares cada una. Un cazador podía así sacar un beneficio neto de 2.000 a 3.000 dólares por año, de los que tenía que deducir los gastos para pagar las armas, la munición y a todos sus ayudantes. Además por aquellos años la industria química del curtido del cuero vivió algunos avances que fueron influyentes. En 1870 una empresa inglesa de curtidos contrató el suministro constante de pieles con una compañía de Leavenworth (Kansas). El Departamento de Guerra británico con todo ese cuero de bisonte hacía todo tipo de arneses para su caballería y para los trenes de artillería repartidos por todo su imperio. Las lenguas de bisontes se vendían a 25 centavos cada una en fresco, pero ya empaquetadas y en conserva se vendían por barriles en los lejanos mercados del Este, pagándose 50 centavos por cada una. Esto fue todo un negocio, como lo fue el que diferentes fábricas de rifles sacaran rápidamente modelos para cartuchos muy potentes y de largo alcance, con todas las mejoras disponibles del momento para hacer tiros a larga distancia y acabar así con los bisontes de forma sistemática. Dos firmas destacan aquí: la Sharps y la Remington, pues la Winchester y la Colt que años más tarde hicieron rifles de repetición para cartuchos potentes, pensados para la caza mayor, llegaron tarde a este destructivo negocio.

Recordemos en este contexto lo siguiente: el calibre 50-70 estuvo pocos años en vigor en el ejército de los Estados Unidos y a partir de 1873 fue sustituido, tanto para fusiles como para carabinas de caballería, por el 45-70 gubernamental. Un calibre más potente y con mejor trayectoria balística (más rasante, luego con más alcance)[119].

---

[119]   Rosa, J. G. *Op. cit.*, p. 155. Para todo el desarrollo armamentístico en Estados Unidos, que va de 1866 a 1894, véase la monumental obra de Garavaglia, Louis A. y Worman, G. Charles. *Firearms of the American West 1866-1894.* University of New Mexico Press. Albuquerque. Estados Unidos. 1985. También, Wilson, R. L. *The Peacmakers. Arms and adventure in the American West.* Publicado en Estados Unidos por Random House. Nueva York, 1992. Chapel, Charles Edward. *Guns oh the Old West. An Illustrated Guide.* Dover Publications, Inc., Mineola. Nueva York. 2002. Walter, John. *The Guns that Won the West. Firearms on the American Frontier, 1848-1898.* Greenhill Books, Londres. Stackpole Books, Pensilvania. Estados Unidos, 1999. Markham, George. *Guns of the Wild West. Firearms of the American Frontier, 1849-1917.* Arms & Armour Press, Londres, 1993. Como obra general véase Peterson, H. L. *Op. cit.* 1966, Pegler, Martin. *Op. cit.* 2002 y también Venner, D. *Op. cit.*, 1985. También Boorman, Dean K. *Guns of the Old West. An Illustrated History.* The Lyons Press, Salamader Book, Estados Unidos, 2002.
    Sobre la caza del bisonte he consultado los siguientes libros: Branch, E. Douglas. *The Hunting of the Buffalo.* University of Nebraska Press. Lincoln and London, 1997. (Edición original de 1929). Gilbert, Miles. *Getting A Stand.* Publicado por Pioneer Press, Union City, TN. Estados Unidos. 1993, 2nd. Pioneer Press Printing 2001.
    Además del Springfield con el sistema *trapdoor*, también conocido como *needle gun* (rifle de aguja), dada la larga longitud de la aguja percutora de este sistema de recámara por bisagra o trampilla, otras armas de avancarga fueron transformadas a cartucho metálico. Es el caso de la transformación Snider para los Enfield ingleses (hasta que entró en uso el rifle Martini-Henry en el Imperio británico en 1871). El ejército de los Estados Unidos también probó otros fusiles de retrocarga como el Peabody y el Ward-Burton, este de acción por cerrojo. Más tarde dio excelentes resultados el Remington 1871, sistema *rolling-block*, que fue adoptado como arma reglamentaria de la infantería por bastantes naciones europeas (entre ellas España) y sudamericanas. El Departamento de Artillería y material del ejército de los Estados Unidos empleó la transformación *trapdoor* no por ser el mejor sistema, sino por ser barato y permitir así reconvertir muchas viejas armas de avancarga a retro-

En los primeros años de las grandes matanzas de bisontes, de 1865 a 1869, se usó, como armas largas, un poco de todo: desde carabinas de repetición, originarias de la Guerra Civil, Spencer y Henry (reconvertidas las primeras al nuevo cartucho 56-50 y las segundas del débil 44 Henry anular de muy escasa potencia), hasta los primeros Springfields del calibre 50-70 y viejas carabinas Sharps de cartucho de papel, también excedentes de la pasada contienda, reconvertidas a cartucho metálico del citado 50-70 (30.000 de estas últimas ya modificadas fueron entregadas al Departamento de Guerra). Pronto el arsenal de Springfield sacó modelos deportivos, como el usado por el general Custer, en calibres 50-70 y luego 45-70, pensados para la caza mayor.

Pero, como ya anunciaba, a partir de 1870 y hasta 1883, cuando casi desaparecen todos los bisontes, los Sharps y los Remington Rolling Block (y en bastante menor medida los Springfield, los Ballard, los Remington Hepburn y los Maynard), serán los rifles que destaquen con mucho en el proceso de exterminio de estos animales. La Sharps fabricará armas para los siguientes cartuchos: 50-70 (en 1866), el muy potente 50-90 (o Big Fifty, introducido en 1872), el 40-70, 40-90, 45-70 (calibre gubernamental), y los también muy potentes 44-90 abotellado, 45-90 (en el mercado en 1877), 45-100 y 45-110. Como el lector ya sabe la primera cifra hace referencia al calibre del arma en fracción de pulgada, la segunda a la carga de pólvora negra en grains. El Remington "rolling-block", con un sistema de recámara de lo más robusto, se fabricó para esta caza en calibres como el 44-77 y 44-100.

---

carga. Con este arma en calibre 45-70 se hicieron las guerras indias entre 1873 y 1890, pero es absolutamente falso que los indios estuvieran mejor armados que la Caballería de los Estados Unidos. Lo veremos en el capítulo correspondiente.

Respecto a los calibres y su nomenclatura hay que aclarar lo siguiente: el 45-70 (que aún se sigue fabricando y usando para la caza mayor y en competiciones de tiro con armas históricas), era un cartucho del calibre 45 (11,43 mm), cargado con 70 grains de pólvora negra (4,536 gramos) y una bala cilindrojival de 405 grains (26,24 gramos). Para las carabinas el cartucho se cargaba con menos pólvora (55 grains, es decir 3,564 gramos). Siguiendo este sistema de medición, propio de los Estados Unidos, un rifle tan potente como el Sharps 50-90, especialmente diseñado para la caza del bisonte a largas distancias, era de calibre 50 (12,7 mm de diámetro del ánima), cargando el cartucho 90 grains de pólvora negra (5,832 gramos), y pesando las balas entre 335 y 550 grains (21,7 a 35,64 gramos).

El general Custer también tuvo un modelo Remington especial en calibre 44-100 Creedmoor, que usó en sus cacerías poco antes de ser derrotado y muerto en Little Bighorn (25 a 26 de junio de 1876). Armas como estas se producían por encargo y las vendían en la frontera armeros como Freund & Brother (en Denver, Colorado) o Carlos Gove (también en Denver). Muchas llevaban refinamientos como dobles gatillos «al pelo», alza por pínula o alidada (*diopter*), punto de mira en túnel con anilla, e incluso a alguno de estos rifles se le adoptaron miras telescópicas de la casa A. Vollmer traídas de Jena (Alemania). Estos fusiles costaban caros, entre 100 y 300 dólares con todos los complementos. A partir del modelo Sharps de 1874 estos rifles, ya tan famosos, tenían estampada en el cañón la frase *Old Reliable* (Viejo confiable). Dado su largo alcance, como ahora veremos, los cazadores y los indios decían de él: «*Shoot Today, Kill Tomorrow* (Dispara hoy, mata mañana)».

La técnica de caza por exterminio o «caza radial»[120], consistía en «establecer un alto» (*Getting A Stand*) o una «parada» en la manada e ir eliminando animales de forma lenta pero sistemática, sin que estos se diesen cuenta, ni el olor del cazador o de la sangre de los ejemplares ya muertos espantase al resto de la manada. El tirador, con estas armas tan potentes, que podían pesar de 12 a 16 libras, y apoyando el cañón en una horquilla, disparaba en rangos que iban de los 200 a los 500 metros. Colocándose sin que el viento le delatase y en una colina cercana a la manada, se trataba de acertar en el corazón del bisonte y que este cayese desplomado sin mugir y sin un estertor. Un buen cazador, armado con dos de estos rifles y disparando cada uno alternativamente, para que los cañones no se calentasen en exceso y perdieran su precisión, podía matar cien bisontes de cien disparos seguidos en el espacio de unas dos horas. De esto hay muchos testimonios de la época. Cada

---

[120] Sobre el concepto de «eje radial» del espacio antropológico, véase Bueno, G. https://www.filosofia.org/filomat/df244.htm#:~:text=La%20idea%20de%20un%20espacio,(plantas%2C%20animales%2C%20piedras%2C (Consultado en Internet el 26-7-2022). Sobre el «eje radial del espacio antropológico», véase Bueno, G. https://www.filosofia.org/filomat/df246.htm (Consultado en internet el 26 de julio de 2022). Sobre la idea de «caza radial», véase: Fernández Tresguerres, Alfonso. *Los dioses olvidados. Caza, toros y filosofía de la religión*. Editorial Pentalfa, Oviedo, 1993. (Prólogo de Gustavo Bueno). Véase también mi conferencia *La caza en la tradición armera española*. Disponible en YouTube en https://www.youtube.com/watch?v=0D1wc-vHZD0Q&t=127s (Consultado en Internet el 26 de julio de 2022).

cierto número de tiros se limpiaba el cañón con una baqueta y un trapo humedecido con el agua de una cantimplora. A falta de agua la orina del propio tirador se usaba como sustituto. Los cazadores, en sus carretas, podían llevar 25 kilos de pólvora negra de la mejor calidad (se apreciaba mucho la potente inglesa de la marca Curtis & Harvey, porque quemaba «húmeda» y dejaba menos residuos y más fáciles de limpiar), 320 kilos de plomo en barras, aleado con estaño para endurecerlo (preparado ya para ser fundido y hacer las balas en sus moldes respectivos), 4.500 fulminantes, 600 cartuchos de latón, 4 resmas de papel de trapos para empapelar las balas y que estas, cogiendo bien las estrías del ánima, no emplomasen el cañón estropeándolo, 60 cuchillos de desollar de la marca Wilson, y todos los demás suministros para alimentarse y vivir en las llanuras durante largos y solitarios meses.

Su única misión era matar y desollar cuantos más bisontes mejor. Exceptuando las lenguas, el resto de los cadáveres se pudría y el hedor de la pradera se hacía insoportable, siendo llevado por el viento a muchos kilómetros de distancia.

Se conocen hasta los récords de las matanzas y quienes fueron los cazadores de bisontes protagonistas. Tom Nixon en 35 días del año 1873 mató a 2.173. De septiembre de 1873 a abril de 1874, Bill Tilghman mató más de 3.300. En la temporada de 1877-1878 Vic Smith mató 5.000. En sesenta días de 1876 Brick Bond acabó con la vida de 5.855 bisontes, 300 solo en un día. En toda su carrera y en el periodo de 1872 a 1880, hombres como Jim Cator, Jim White y J. Wright Mooar mataron 16.000, 19.000 y 20.500 bisontes respectivamente[121]. Juzgue el lector si las tribus tenían o no motivos para sublevarse.

Uno de los enfrentamientos iniciales con los indios, ya en 1864, fue la primera batalla de Adobe Walls (Muros de adobe), entre el ejército de los Estados Unidos y las tribus kiowa, comanche y los apaches de las llanuras, a los que se les hacía responsables de atacar a las caravanas que hacían la ruta de Santa Fe. Los indios veían a estos pioneros en marcha como intrusos, pues ya comenzaban a matar a los bisontes y a otras piezas de caza de las que dependía su subsistencia. Se seleccionó al viejo explorador y ahora coronel Kit Carson para dirigir la fuerza expedicionaria, entre la que se encontraban setenta y dos exploradores ute y apaches jicarilla. Los kiowas estaban liderados por el jefe Satanta.

---

[121]   Gilbert, Miles. *Op. cit.*, p. 146.

Carson atacó un poblado kiowa, luego se replegó y repelió los contra-taques indios, empleando con habilidad la artillería de campaña que llevaba. El ejército de los Estados Unidos contabilizó el enfrentamiento como una victoria y se sentaron las bases para que con las nuevas e imparables penetraciones de los blancos en los territorios indios, tuviese lugar una década más tarde la segunda batalla de Adobe Walls. Esta tuvo lugar el 27 de junio de 1874 y en ella se vieron involucrados un grupo de cazadores de bisontes, de entre los que destaca William "Billy" Dixon.

Antes es necesario hacer una aclaración. En este nuevo combate los comanches estaban liderados por el jefe mestizo Quanah Parker, que era hijo de una mujer blanca secuestrada, Cynthia Ann Parker (1827-1871). En un enfrentamiento entre los comanches y los *Rangers* de Texas en 1836, cuando solo tenía nueve años, Cynthia fue raptada y adoptada por dicha tribu. Ella, olvidando todas sus raíces, vivió como una comanche y se casó con el jefe Peta Nocona. Tuvo con él tres hijos, siendo el menor el citado caudillo Quanah Parker. Vivió entre los comanches unos veinticuatro años y aunque, rescatada, volvió con lo que le quedaba de su familia biológica, no se integró bien a su nuevo entorno blanco, muriendo de tristeza según algunas fuentes.

Es ahora cuando explicaré sumariamente esta segunda batalla, que tuvo lugar en la zona del Texas Panhandle (Mango de la sartén de Texas), que es donde estaban situados los famosos muros de adobe (*Adobe Walls*). Además ese terreno, geológicamente hablando, está en lo que se llama el Llano Estacado (*Staked Plains*), región que abarca el este de Nuevo México y noroeste de Texas.

Quanah Parker, jefe de los comanches kwahadis, viendo que se violaba el Tratado de Medecine Lodge de 1867, que los cazadores de bisontes entraban en territorio comanche y que la caballería de Mackenzie protegía a estos, no soportó más la situación y pasó al ataque.

Cuando los comanches atacaron, un grupo de veintiocho cazadores se refugió tras los muros de adobe. Como todos estaban muy bien armados con sus rifles Sharps y tenían municiones y víveres de sobra, fueron rechazando los ataques suicidas de los indios. Se cuenta que a Quanah le mataron dos caballos, saliendo él ileso. Al segundo día de estar sitiados, Billy Dixon hizo su famosa proeza como tirador: apoyó su Sharps del 50-90 sobre una tronera del muro, elevó al máximo el alza de su rifle (pínula), calculando la distancia donde se encontraba el grupo de indios (como a una milla), apuntó con sumo cuidado a uno de ellos y disparó. Unos segundos después un guerrero indio se tambaleó en la silla y cayó muerto de su caballo. Tras el enfrentamiento y retirados los indios frente a tan potente «medicina», los topógrafos del ejército midieron la distancia del disparo y la calcularon en 1.538 yardas (unos 1.406 metros), aunque casi seguro que no pasó de las 1.000 yardas (914 metros). Dixon siempre mantuvo que fue un tiro de suerte y que difícilmente podría volver a repetirlo. Entre los compañeros cazadores que le acompañaban se encontraba Bat Masterson, que con posterioridad a estos hechos se convertiría en un famoso *lawman* (agente de la ley) y pistolero.

Este hecho, convertido luego en leyenda, corrió por toda la frontera y los propios caudillos indios tomaron conciencia de que el avance hacia el Oeste de los blancos, con sus constantes innovaciones tecnológicas (y no solo en materia de armas de fuego), era imparable y que su lucha por mantener sus territorios de caza y su forma de vida nómada, sería necesaria aunque estaba condenada a fracasar.

En otra ocasión, el mismo Dixon, trabajando para el general Nelson A. Miles, junto con Amos Chapman y cuatro soldados de caballería, se refugió con ellos en una depresión del terreno, un revolcadero de bisontes, para rechazar otro ataque indio. La letal puntería de Dixon y Chapman, con sus Sharps de largo alcance, hizo que los indios se retirasen no sin antes dejar un montón de muertos en tierra. Otra cuestión a destacar es el componente religioso que estos combates tenían para las tribus. Para un cazador una piel blanca de bisonte (de un bisonte albino), suponía una suma extra de dinero nada desdeñable, mas para los indios era simplemente asesinar a su «animal divino». Algo que no podían consentir y por lo que luchaban con furor vengativo hasta su propia muerte. Matar a los bisontes era pues matar también su religión. En este caso su «religión primaria»[122] (animismo y totemismo), donde el bisonte era su numen; Tatanka para la cultura lakota.

Finalmente, dentro de este subapartado y antes de entrar en el mundo del cine y en cómo este ha reflejado toda esta dimensión histórica de los Estados Unidos, hay que subrayar que el ejército desarrolló los modelos Springfield trapdoor 1865 (en calibre 58-60 anular), 1866, 1868, 1869, 1870 (todos estos en calibre 50-70 gubernamental, ya de

---

[122] Bueno, Gustavo. El animal divino. Ensayo de una filosofía materialista de la religión. Pentalfa Ediciones, Oviedo, 1985. (2ª edición corregida y aumentada de 1996).

fuego central), Remington Navy (sistema *rolling-block*, pero hecho por el arsenal de Springfield y también del 50-70), Remington 1871 (del mismo arsenal pero con el diseño original de la Remington Arms Company, es decir sistema *rolling-block* y asimismo en 50-70), y Springfield 1873 (con el conocido sistema de trampilla o *trapdoor*, pero para el nuevo cartucho del 45-70 gubernamental).

Todos ellos van incorporando mejoras en modelos posteriores (sobre todo en la uña extractora de los cartuchos y en las miras). El calibre 45-70 estuvo en vigor, en estos rifles monotiro, hasta 1892 y la introducción en el ejército de los Estados Unidos del rifle de repetición por cerrojo sistema Krag-Jørgensen, de calibre 30-40, que era de patente noruega (pero fabricado bajo licencia por el arsenal de Springfield), y con el que los estadounidenses irán a la guerra contra España en Cuba y Filipinas (1898), y que era bastante inferior en prestaciones balísticas y rapidez de fuego al Mauser español modelo 1893. Pero esta es otra historia. En todo caso las tribus indias, con sus arcos y flechas y sus anticuados rifles de avancarga suministrados oficialmente por el Gobierno, tenían su trágico destino sentenciado entre 1865 y 1890. Lo describiré en el próximo capítulo.

Ahora explicaré que dentro del wéstern son muchas las películas que tienen como elemento argumental de la trama al ferrocarril o el asalto a un tren por un grupo de forajidos. Citarlas todas sería una tarea absurda por imposible, pero empezaré mencionando al primer wéstern, que es *Asalto y robo al tren* (Edwin S. Porter, 1903). No olvidemos que en los inicios del cine como espectáculo, incluso antes de asentarse en Hollywood (California), los argumentos se sacaban de las noticias de los periódicos de la época, pues las viejas formas de vida del Oeste, incluyendo los robos de algunos malhechores, pervivieron en la primera década y media del siglo XX. Tampoco hay que olvidar *El caballo de hierro* (John Ford, 1924), *El maquinista de la General* (Buster Keaton, 1926), *Unión Pacífico* (Cecil B. DeMille, 1939), *La venganza de Frank James* (Fritz Lang, 1940), *Los hermanos Marx en el Oeste* (Edward Buzzell, 1940), *Camino de Santa Fe* (Michael Curtiz, 1940), *Smith el silencioso* (Leslie Fenton, 1948), *Canadian Pacific* (Edwin L. Marin, 1949), *El correo de la muerte* (Reginald Le Borg, 1950), *Denver y Río Grande* (Byron Haskin, 1952), *Solo ante el peligro* (Fred Zinnemann, 1952), *Carson City* (André De Toth, 1952), *Apache* (Robert Aldrich, 1954), *La pradera sin ley* (King Vidor, 1955), *Conspiración de silencio* (John Sturges, 1955), *Héroes de hierro* (Francis D. Lyon, 1956), *El tren de las 3:10* (Delmer Daves, 1957), *La última bala* (James

Neilson, 1957), *El último tren de Gun Hill* (John Sturges, 1959), *La conquista del Oeste* (J. Ford, H. Hathaway y G. Marshall, 1962), *El hombre que mató a Liberty Valance* (John Ford, 1962), *La ingenua explosiva* (Elliot Silverstein, 1965), *El bueno, el feo y el malo* (Sergio Leone, 1966), *Hasta que llegó su hora* (Sergio Leone, 1968), *Dos hombres y un destino* (George Roy Hill, 1969), *Grupo salvaje* (Sam Peckinpah, 1969), *Río Lobo* (Howard Hawks, 1970), *Caza implacable* (Don Medford, 1971), *Ladrones de trenes* (Burt Kennedy, 1973), *Mi nombre es ninguno* (Tonino Valerii, 1973), *Nevada Express* (Tom Gries, 1975) y *Geronimo, una leyenda* (Walter Hill, 1993).

He citado solo unas pocas obras en las que el ferrocarril está presente, pero tangencialmente son muchos los wésterns en los que el tren y lo que en él sucede forma parte de la trama. Cito tres excelentes filmes más que me vienen a hora a la memoria: *El hombre del Oeste* (Anthony Mann, 1958), y dos grandes obras de John Ford, *Misión de audaces* (1959) y *El sargento negro* (1960).

En todos estos largometrajes el tren es símbolo, entre otras cosas, de la lucha por el progreso en un empeño imposible (*Hasta que llegó su hora*), de odios enconados entre combatientes de ambos bandos de la Guerra Civil, de intrigas y sabotajes, de robos vengativos, de tensas esperas ante un destino implacable (como en *Solo ante el peligro*), de oscuros pasados que vuelven como trágicas pesadillas a las que hay que enfrentarse (como en *El hombre del Oeste*), de amores que nacen (como en el arranque de *El sargento negro*), o del anhelo de un pasado perdido y falsamente mitificado, como en el melancólico diálogo final en el tren de vuelta al Este, entre el senador Ransom Stoddard y su esposa Hallie, la antigua novia de Tom Doniphon —John Wayne—, al que han ido a enterrar, en *El hombre que mató a Liberty Valance*.

Por otra parte llama poderosamente la atención que no haya apenas películas sobre las matanzas de bisontes. Aquí hay que citar por su singularidad *La última caza* (Richard Brooks, 1956). Robert Taylor encarna al cazador sanguinario y sin escrúpulos, que mata hasta enloquecer y que ultraja a la joven india (Debra Paget). Stewart Granger, a pesar de su oficio de matarife blandiendo su Sharps, se redime por su buen corazón. La película no gustó mucho al puritano público estadounidense, precisamente porque los cazadores de los años cincuenta no querían admitir la crudeza del exterminio de los bisontes y por ende de los indios. También John Ford en *Centauros del desierto* (1956) y a través de un Ethan Edwards en pleno arrebato (John Wayne), nos recuerda en una escena, en la que este jura que no dejará de buscar a su sobrina prisionera de los comanches, que matar bisontes significa hambre y muerte para los indios.

En los años setenta se impondrá la ideología ecologista en Hollywood con elementos propios del relativismo cultural, del mestizaje y del multiculturalismo. Es el caso de *Las aventuras de Jeremiah Johnson* (Sydney Pollack, 1972), que caza con sus Hawken solo para sobrevivir y forma una familia, casándose con una india y adoptando a un huérfano. En la misma línea está *La venganza de un hombre llamado Caballo* (Irvin Kershner, 1976), donde el inglés aristocrático John Morgan (Richard Harris) añora su pasada vida con una tribu en peligro de extinción, vuelve con ellos y participa en la cacería de bisontes según los hábitos de los indios; cazar con rifle de avancarga y con arco y flechas con el fin de subsistir, jamás de exterminar. En *El desafío del búfalo blanco* (J. Lee Thompson, 1977) asistimos a un «wéstern angular»[123] (dentro de las coordenadas de la antropología del Materialismo Filosófico), pues estamos ante una versión wéstern de la clásica *Moby Dick* (John Huston, 1956). Aquí la obsesión por cazar la ballena blanca es sustituida por la obsesión por cazar al bisonte blanco (el «animal divino» de los sioux). Reconciliados al final blanco e indio (los actores Charles Bronson y Will Sampson respectivamente), es el jefe Crazy Horse quien se lleva la piel para honrarla en su tribu. Mención especial merece *Bailando con lobos* (Kevin Kostner, 1990), donde todos estos tópicos ideológicos (éticos y morales), aparecen corregidos y aumentados. La simulada cacería de bisontes por los lakotas (sioux) en la que participa el teniente Dunbar, se rodó con un gran despliegue de cámaras, todo ello para dar una gran verosimilitud a las escenas. En la trama los indios también se quejan por los bisontes muertos por millares a manos de los blancos y luego desperdiciados, tomando los sioux cumplida venganza.

Por último hay que subrayar que el rifle Sharps ha sido mostrado en acción en algunas películas. Estoy pensando en *Los que no perdonan* (John Huston, 1960), donde la familia Zachary defiende su hogar frente a los kiowas con algunos de esos fusiles; *¡Que viene Valdez!* (Edwin Sherin, 1971), donde Valdez (Burt Lancaster) mantiene a raya con tan potente rifle a sus perseguidores; *Billy Dos Sombreros* (Ted Kotcheff, 1974); *Misuri* (Arthur Penn, 1976), que sale en manos del cazador de recompensas, extravagante y sádico, Lee Clayton (Marlon Brando); en la serie *Paloma*

---

[123] Sobre las coordenadas filosóficas que empleo para interpretar las películas véase mi obra, *El Wéstern y la Poética*. Editorial Pentalfa. Oviedo, 2016.

Unión Pacífico *(Cecil B. DeMille, 1939).
Sobre la competencia entre las dos compañías
(la Central Pacific y la Union Pacific), por
construir el primer ferrocorril de costa a costa.*

La última caza *(Richard Brooks,
1956). Historia de cazadores de
búfalos ambientada en las praderas
del noroeste de los Estados Unidos a
comienzos de 1880.*

El hombre que mató a Liberty
Valance *(John Ford, 1962). Un
anciano senador del Congreso de los
Estados Unidos, explica a un periodista
por qué ha viajado con su mujer para
asistir al funeral de un viejo amigo Se le
considera el primer wéstern crepuscular.*

solitaria (Simon Wincer, 1989), donde "Gus" (Robert Duvall) se defiende bien con su carabina Henry parapetado tras el cadáver de su caballo, de un ataque de los indios donde su cabecilla le dispara con un potente Sharps; el biopic *Wyatt Earp* (Lawrence Kasdan, 1994), donde el joven Wyatt (Kevin Costner), se gana la vida una temporada como cazador de bisontes, etc. Pero donde el Sharps tiene un protagonismo indiscutible es en el filme *Un vaquero sin rumbo* (Simon Wincer, 1990), donde un vaquero tejano (Tom Selleck) es contratado en Australia como francotirador por un ranchero para acabar con los aborígenes. Tras mostrar su certera habilidad con el rifle se pone de parte de los indígenas, dada la pérfida maldad del ranchero, y va eliminando a gran distancia a los hombres de Marston (Alan Rickman).

Como cuestión de detalle hay que decir que para esta película la casa estadounidense Shiloh hizo de forma artesanal un Sharps modelo 1874 del calibre 45-110. Hoy tanto los Sharps como los Remington los fabrica en Italia la firma Davide Pedersoli. Y es que la leyenda y la mitología del *Far West* que le da forma, sigue viva en Estados Unidos y en buena parte de Europa occidental.

10

LAS GUERRAS CON LOS INDIOS DE LAS PRADERAS Y LA POLITICA DE RESERVAS. LA VIDA EN EL EJERCITO: LA MITIFICADA CABALLERIA.

Armas reglamentarias de la caballería. El armamento de las tribus indias

ME PROPONGO EN ESTE APARTADO hacer un apretado recorrido por todas las principales guerras indias que, desde 1865 hasta la masacre de Wounded Knee, en la que el ejército de los Estados Unidos mató a trescientas personas de la tribu lakota el 29 de diciembre de 1890 en Dakota del Sur, tuvieron como escenario los diferentes territorios de la nación estadounidense en expansión y formación. Si el exterminio del bisonte obligaba a los indios a luchar a la desesperada, la introducción del ganado vacuno (primero los *longhorns* de Texas y luego otras razas como los Herefords y Angus por todas las grandes llanuras hasta llegar a Wyoming, Montana e Idaho), implicaba convertir toda la pradera, antes repleta de bisontes, en una fuente de recursos inagotables para las industrias cárnicas del Este, que tenían que alimentar a una creciente población obrera y a una clase media mayormente urbana y fabril. Esto presuponía indefectiblemente recluir a los indios en reservas apartadas y estériles. A lo mismo abocaba el hecho de la llegada al Oeste de gran cantidad de familias de granjeros que, con la esperanza de vender sus cosechas (trigo, maíz, etc.), necesitaban esas tierras habitadas por las tribus.

En todo este proceso, en el que se forjará el mito del ranchero cuasi feudal (*cattleman*) y del *cowboy*, y que estudiaremos más tarde, la firma de tratados con los caudillos de las tribus, que serán constantemente violados, las falsas promesas y la permanente intervención del

Ejército para proteger a los colonos a lo largo de diferentes fuertes repartidos por todas las zonas fronterizas, tendrán un protagonismo inexcusable. Hay que destacar como cuestión notoria que en todas estas guerras no existirá entre las tribus un sentimiento panindio que las una frente a un enemigo común[124], y miembros de algunos de estos pueblos actuarán como guías y exploradores del ejército de los Estados Unidos en sus campañas bélicas contra otros indios.

Ya durante el periodo de la Guerra Civil, con Lincoln en la presidencia, en tierras de Minnesota los indios estaban siendo muertos y expulsados. Los sioux santees de los bosques veían sus territorios invadidos por los colonos, el maltrato que recibían por algunos de estos y que las raciones alimenticias prometidas por el Gobierno y que el ejército había de distribuir, no llegaban. Hubo una pequeña rebelión, conocida como la guerra de Little Crow (por el nombre del cabecilla Pequeña Corneja). Un comerciante, Andrew Myrick, declaró sobre los indios con desprecio: «Por lo que a mí respecta, si tienen hambre que coman hierba, o sus propias heces»[125]. Tras los enfrentamientos, de entre los indios hechos prisioneros, se ejecutó, ahorcándolos, a treinta y ocho. Esto lo dispuso el propio Lincoln que se lo comunicó, para que así procediese, al general Sibley. En suma en la guerra Dakota de 1863 y 1864 (batallas de Dead Buffalo Lake, de Stony Lake, de Whitestone Hill y de Killdeer Mountain), los sioux fueron derrotados y los supervivientes tuvieron que marcharse más al oeste.

A partir de 1861 y con la violación del Tratado de Fort Laramie de 1851, las guerras se extenderán por las praderas. Por el anterior tratado se reconocía que cheyennes y arapahoes poseían todo el vasto territorio que va de los ríos North Platte y Arkansas hasta las Montañas Rocosas y el oeste de Kansas. Con las fiebres del oro en el territorio de Colorado llegó la avalancha de blancos y por ende la violación de lo pactado con las tribus. El Tratado de Fort Wise de 1861 fue casi una componenda entre los Estados Unidos y los cheyenne del sur y cuatro de las tribus indias arapahoes, también del sur. Pero muchos cheyennes se opusieron, pues fue una minoría la que firmó sin tener la aprobación

---

[124] Cozzens. Peter. *La tierra llora. La amarga historia de las Guerras Indias por la Conquista del Oeste*. Desperta Ferro Ediciones SLNE, Madrid, 2017, prólogo, p. XXIX.

[125] Citado por Brown, Dee. *Enterrad mi corazón en Wounded Knee*. Editorial Bruguera, Barcelona, 1976. (Original en inglés, 1970), p. 56.

del resto de la tribu. Como consecuencia surgirá una espiral de violencia entre blancos e indios, que se conocerá como la guerra de Colorado de 1864, en la que se incluye la famosa masacre de Sand Creek.

La guerra de Colorado se libró, en 1864 y 1865, entre los cheyenne del sur, arapaho (con la alianza de los sioux o lakotas brulé y oglala), haciendo frente a las milicias de Colorado y a los colonos blancos. El Gobierno participó enviando al 1.º regimiento de caballería de Colorado y los combates se extendieron por las llanuras orientales de Colorado y el este de Kansas y Nebraska. En el contexto de esta guerra es cuando tuvo lugar la genocida masacre de Sand Creek, también conocida como masacre del coronel John Chivington. Este, al mando de 425 soldados del 3.º de caballería de Colorado, ordenó atacar por sorpresa y al amanecer, en noviembre de 1864, a un indefenso poblado del jefe Black Kettle (Caldera Negra) de los cheyenne del sur (en el que además estaba izada la bandera de los Estados Unidos y una bandera blanca), matando y mutilando (arrancando los genitales), al menos a 69 nativos. Chivington informó que se mataron entre 500 y 600 indios, aunque la mayoría de las fuentes fiables cifran en 150 los indios asesinados alevosamente, dos tercios de los cuales eran mujeres y niños. Por esta acción dicho coronel fue condenado por las audiencias militares y por el Congreso dada su genocida brutalidad.

Pero más importante es la guerra de Nube Roja (*Red Cloud's War*), también conocida como la guerra de Bozeman o la *Powder River Expedition* (1865), ya que estos enfrentamientos en las Grandes Llanuras se enlazan unos con otros. En 1865 el ejército de los Estados Unidos preparó una gran operación militar contra los sioux lakota, cheyenne y arapaho en los territorios de Dakota y Montana. Se destruyó una aldea arapaho, se levantó Fort Connor y se pretendía proteger a los mineros que seguían la pista Bozeman. Esta era un sendero transitado por los pioneros que conectaba las tierras del sur de Montana, en plena fiebre del oro, con la Ruta de Oregón a su paso por Wyoming. Por el Tratado de Laramie de 1851 ese sendero solo era una ruta de paso, pero no de asentamiento de colonos. Así lo entendían las tribus que habían firmado dicho tratado. Pero a partir de 1860 la creciente avalancha de pioneros blancos, con sus carretas y sus ganados domésticos, que además disparaban sobre la caza de la zona que alimentaba a los indios, hizo que estos reaccionasen de forma violenta y mataran entre 40 y 50 colonos. Así pues el gobierno de los Estados Unidos ya tenía la excusa perfecta para desplegar su campaña de castigo.

En 1866, tras finalizar la Guerra Civil, aún aumentó más la llegada de colonos y el ejército pretendió reformar el viejo tratado, convocando un consejo en Fort Laramie para renegociar con los lakota que los pioneros pudieran seguir usando cada vez más ese sendero. Asistió el líder indio Nube Roja (*Red Cloud*), que se indignó ante esta política de hechos consumados, cuando descubrió que un regimiento de infantería ya estaba usando la ruta Bozeman sin permiso de la nación étnica lakota. Es en este contexto cuando tiene lugar la masacre de Fetterman, que es una batalla (dentro de la guerra de Nube Roja), que tuvo lugar el 21 de diciembre de 1866. Una confederación de las tribus lakota, cheyenne y arapaho se enfrentaron y derrotaron a un destacamento del ejército que tenía su base en Fort Phil Kearny. La misión de los soldados era proteger a los pioneros que transitaban la pista Bozeman. Los 81 hombres al mando de William J. Fetterman murieron en una emboscada tendida por el caudillo Caballo Loco (*Crazy Horse*).

Los soldados todavía luchaban con sus viejos Springfields de avancarga, lentos de recargar, y los indios sabían perfectamente qué tácticas había que emplear para que una lluvia de flechas acabase con la tropa[126]. Pero pronto llegaron refuerzos y los nuevos rifles Springfields de retrocarga y cartucho metálico (los ya citados del calibre 50-70). Con armas de mayor alcance y potencia de fuego, que podían hacer de ocho a diez disparos por minuto, las guerras indias cambiaron totalmente y, exceptuando la derrota de Custer en Little Bighorn, de la que me ocuparé en su momento explicando sus causas, las tribus fueron sumando derrota tras derrota.

En el contexto de esta guerra, la importancia de los nuevos rifles de retrocarga lo confirma el siguiente hecho, que tuvo como protagonistas a los recién inventados Remington *rolling block*. Uno de los primeros envíos de estas armas hacia el Oeste cayó en manos de Nelson Story. Este, al mando de un grupo de treinta *cowboys*, conducía unas tres mil cabezas de ganado desde Texas hasta Montana en espera de sacar grandes dividendos al abastecer a los colonos y mineros. Al llegar a Fuerte Leavenworth este grupo de vaqueros recibió el aviso de que Nube Roja y toda la tribu sioux estaban en pie de guerra. Evidentemente contaban con recorrer la pista Bozeman que estaba en el núcleo del conflicto. Story no se arredró, compró treinta rifles Remington con

---

[126]   Cozzens. Peter. *Op. cit.*, 2017, pp. 31-33..

su munición para sus hombres y, desoyendo los consejos de los militares, siguió adelante. Pasaron por Fort Laramie y Fort Reno, junto a las Badlands (malas tierras) de Wyoming. Tuvieron una escaramuza con unos doscientos indios, pero lo que estos no sabían era que el grupo de vaqueros iba armado con rifles que ellos no conocían. Los indios estaban acostumbrados a la táctica de acoso, para que una vez que los colonos habían disparado sus armas de avancarga y monotiro, atacar rápidamente antes de que los blancos recargasen, operación tradicionalmente lenta y más bajo la tensión de un combate. Pero esta vez «hablaron» los Remington, que podían hacer hasta diecisiete disparos por minuto, y los indios, con un gran número de bajas, tuvieron que abandonar el ataque.

Cuando Nelson Story llegó al fuerte Kearny, habiendo perdido solo a tres hombres, el coronel Henry Carrington le prohibió ir más lejos, Pero de nuevo Story hizo caso omiso a los militares. Salió durante la noche y siguió, seguro de sí mismo, por la citada ruta. Más tarde, cuando los casi seiscientos guerreros de Caballo Loco rodearon al grupo de vaqueros, estos formaron un círculo con las carretas y los indios siguieron con su vieja táctica en la creencia de que los blancos iban armados con lentos rifles de avancarga. Como los Remington no dejaban de disparar, destrozaron el ataque indio y estos se dispersaron. En posteriores combates sucedió exactamente lo mismo y Story no perdió ningún hombre[127], llegando sanos y salvos a Montana con su ganado. Gracias a esta hazaña comenzó la explotación en Montana de los grandes ranchos de vacas, para su posterior exportación industrial hacia los mataderos del Este.

Hay que destacar, como hace Peter Cozzens, que en el período que va de 1866 a 1876, cuando este tipo de incursiones y ataques indios se recrudecieron (hasta la ya citada derrota del general Custer), el espíritu de cuerpo se fue forjando en el ejército de los Estados Unidos. Sobre todo en la Caballería. Muchas veces los soldados eran reclutados entre la población más indigente, depravada, criminal y borracha de la sociedad procedente de las ciudades; abundando los irlandeses muertos de hambre recién llegados de su nación. También había bastantes alemanes y viejos excombatientes de ambos bandos (a los ex-soldados confederados alistados de nuevo se les llamaba «yanquis gal-

---

[127]   Peterson, H. L. *Las armas de fuego*. Ediciones Punto Fijo, S. A. Barcelona, 1966 (original de 1962 en inglés), pp. 184-185.

vanizados»). Pero no toda la tropa estaba formada por indeseables y analfabetos[128]. También había hombres honrados que estaban pasando una mala racha económica por encontrarse en paro. Pero la paga era exigua (unos 10 dólares al mes en la década de 1870, más tarde ya fue de 12 dólares, aunque los soldados negros siempre cobraban menos y no ganaban más de 10 dólares). Cuando a partir de 1873 se introdujo la carabina Springfield del calibre 45-70 gubernamental y los viejos revólveres de avancarga (*cap and ball*), Colt Army 1860 y Remington New Model Army 1858 (modelo de 1863), fueron sustituidos por el Colt Single Action Army 1873 de cartucho metálico en calibre 45 Colt, cualquier regimiento de caballería, a poco adiestrado que estuviera, si tenía buenos oficiales y no individuos viciosos, pusilánimes o ególatras temerarios, estaba en condiciones de vencer y aniquilar totalmente a las tribus indias. Y de hecho, con la excepción de rigor (la derrota del famoso general Custer), así fue.

Pero la vida en los fuertes era dura, aunque tediosa las más de las veces y muchos soldados sucumbían a las tres principales tentaciones: las borracheras (beber whisky de pésima calidad), el juego y la prostitución, teniendo relaciones con indias promiscuas de tribus amigas próximas o con las lavanderas del fuerte que así sacaban un dinero extra. Muchos médicos de los lejanos fuertes tenían suficiente tarea con controlar a las lavanderas y tratar la gonorrea.

En todas estas guerras y como ya se insinuó líneas arriba, merecen una mención aparte los apaches y sus diferentes tribus, en el muy duro territorio de Arizona y en la frontera con México, pues estos pueblos practicaban una guerra de guerrillas en un terreno muy difícil de controlar y que ellos conocían muy bien, escaso en agua potable y muy mal aprovisionado para las tropas del ejército.

Mas siguiendo con la guerra de Nube Roja, tras la fundación por el coronel Carrington de Fort Phil Kearny y después de Fort C. F. Smith, la penetración del ejército no cesó y algunos caudillos indios cheyenne, como *Dull Knife* y *Two Moons* (Cuchillo sin filo y Dos lunas respectivamente), visitaron a Carrington y manifestaron su deseo de paz. Pero tras la derrota del capitán Fetterman ya comentada, en la que los únicos que salieron bien parados fueron los pocos civiles del destacamento que llevaban rifles de repetición Henry y los pocos jine-

---

[128] Cozzens. Peter. *Op. cit.*, 2017, pp. 49-51.

tes que usaban carabinas Spencer, Carrington fue relevado del mando por el general Cooke, siendo sustituido por el general de brigada Henry W. Wessells. Con la llegada del ferrocarril transcontinental (en este tramo trabajaba la Union Pacific), los ataques indios se recrudecieron y el ejército aún no tenía suficientes efectivos en esos territorios como para dar protección a los trabajadores, que avanzaban con el tendido de la línea férrea. En este marco tuvieron lugar los enfrentamientos de Hayfield y de Wagon Box, en los que los soldados ya se defendieron bien con los nuevos Springfield de retrocarga (del calibre 50-70). Esto desanimó a los indios, que no siguieron haciendo ataques frontales a gran escala, aunque sí continuaron con el hostigamiento a los fuertes y con las pequeñas emboscadas.

Después de esto se firmó el Segundo Tratado de Fuerte Laramie en 1868. Fue un acuerdo al que se llegó entre los Estados Unidos y las tribus oglala, miniconjou y brulé (de los lakota o sioux), yanktonai dakota y arapaho. El jefe Nube Roja se negó a reunirse con los comisionados enviados a Laramie, hasta que los fuertes Powder River, Phil Kearny, C. F. Smith y Reno no fueron abandonados por el ejército. Tras ser quemados estos puestos fronterizos por los indios se cerraba la pista Bozeman y con los diecisiete artículos del tratado se establecía una Gran Reserva sioux. Esta incluía las luego tristemente famosas *Black Hills* (Colinas Negras). El tratado preservaba aún gran parte de los territorios de caza de estos pueblos, donde pastaban las manadas de bisontes, pero Nube Roja se comprometía a no atacar a los colonos en tránsito y a permitir construir cualquier línea férrea que pasase fuera de la reserva. Ahora bien, este tratado tuvo consecuencias colaterales para los crow (indios cuervo) y para la pequeña tribu ponca que, aceptando otros tratados de menor entidad, se asentaron en reservas más pequeñas que los territorios que demarcaba el viejo tratado de Laramie de 1851.

Este tratado, el de Laramie de 1868, estuvo en vigor hasta la Gran Guerra Sioux de 1876. En esos ocho años las tribus volvieron a sus guerras intertribales[129], pues los lakotas de Nube Roja lucharon contra los crows y los ponca, llegando para tal fin a pedir armas de fuego a los Estados Unidos Pero antes de volver a las guerras contra los sioux hay que hacer referencia a los conflictos con las tribus en todo el territorio de Kansas.

---

[129] Guerras de grado cero según la clasificación hecha por el filósofo Gustavo Bueno (1924-2106). Véase la nota 16.

Tras el fin de la Guerra Civil se pretendía que todas las tribus indias al oeste del río Misuri fueran asentadas en reservas y estas controladas por el Departamento del Interior. El presidente Johnson destituyó a Philip Sheridan de su puesto como gobernador militar de Luisiana y Texas, alegando que gobernaba todo ese área con insubordinación y absoluta tiranía. Cuando el general Winfield S. Hancock fue cesado como jefe del Departamento de Misuri fue Sheridan quien lo remplazó, teniendo este como misión pacificar las llanuras del Sur y meter en cintura a los indios de todo ese territorio. Sheridan llamó inmediatamente para esta tarea al general Custer, famoso en su juventud por sus conductas insubordinadas pero osadas y exitosas durante la guerra civil. Este volvió flamante al mando del recién formado 7.º regimiento de caballería, que había adoptado como melodía de marcha la famosa y de origen irlandés, *Garryowen*.

Aunque en 1867 se había firmado un tratado con los comanches, kiowa y cheyenne y arapaho del sur, en los que se les prometía un constante abastecimiento de alimentos, los suministros del gobierno no llegaban, los indios comenzaban a morir de hambre y Sheridan solo tenía a 2.600 hombres para controlar todo ese vasto territorio, de los cuales únicamente 1.200 eran de Caballería. Los fuertes también estaban en pésimo estado y las tropas mal abastecidas. Ante la falta de alimentos los indios comenzaron con sus acciones de acoso y pillaje para sobrevivir. Además en todo ese área ya había comenzado la gran matanza sistemática de bisontes por los blancos. Finalmente Sherman autorizó a Sheridan para que respondiera con violencia a las incursiones de los famélicos indios. Es aquí cuando Custer toma el protagonismo. Me refiero a los hechos conocidos como la batalla o masacre del río Washita.

El 27 de noviembre de 1868 el 7.º de caballería mandado por Custer atacó un campamento de los cheyenne del Sur, el del caudillo Black Kettle, junto al río Washita. Era un campamento de invierno de un grupo de indios que buscaban la paz y que no habían asaltado a los colonos blancos. Custer y sus hombres mataron, además de a los guerreros, a mujeres y niños. Black Kettle y su esposa, Medecine Woman, fueron muertos cuando trataban de huir. Tras esta acción y coger a un determinado número de indios como rehenes, Custer se retiró regresando donde estaba su convoy de suministros. Desde un primer momento lo sucedido en Washita generó polémica en medios periodísticos y los historiadores han debatido sobre si fue una masacre de inocentes o dicha acción puede o no llamársela batalla.

Poco menos de un par de años después y en el territorio de Montana, tuvo lugar el 23 de enero de 1870 la masacre del río Marías, donde fueron muertos por el ejército unos doscientos indios, la mayoría también mujeres y niños, de la tribu piegan blackfeet, pies negros (y todo ello en el contexto de la pugna entre el Departamento del Interior y el Departamento de Guerra, que quería el control sobre la Oficina de Asuntos Indios). El presidente, Ulysses S. Grant, pretendía que clérigos de diferentes órdenes protestantes se hiciesen cargo de los problemas de las tribus como agentes indios, con la esperanza, que resultó vana, de que no estuvieran corrompidos. Ya en estos años «Sheridan no movió un dedo para ganarse la confianza de los indios. Al contrario, hizo todo lo posible para enfrentarse a ellos»[130].

En todas estas guerras no solo se cubrió de «gloria» (entiéndase la ironía), el 7.º de caballería, sino que en las diferentes fronteras y guerras con las tribus había un tipo de soldados que, a pesar de su combativa misión para con las tribus, resultaron ejemplares desde el punto de vista de su disciplina. Me refiero a la tropa afroamericana del 9.º y 10.º de caballería y al 24.º y 25.º regimientos de infantería. Estos soldados no planteaban problemas, no bebían en exceso, tenían un gran espíritu de cuerpo y apenas había desertores entre ellos. Sin embargo la tropa negra, durante mucho tiempo y en lo que respecta a su labor en la Conquista del Oeste, no fue reconocida por los historiadores WASP[131] como sus colegas blancos. A estos soldados se les conoce con el sobrenombre de *Buffalo Soldiers*, ya que los indios pensaban que el oscuro pelo rizado de estos hombres se parecía mucho al pelaje de los búfalos (bisontes)[132].

---

[130]   Cozzens. Peter. Op., cit, 2017, p. 84.
[131]   Acrónimo en ingles de *White, Anglo-Saxon and Protestant* (blanco, anglosajón y protestante). Grupo de estadounidenses de origen puritano que han ostentado durante mucho tiempo el poder político, económico, social y cultural en los Estados Unidos.
Los *Buffalo Soldiers* son citados por Cozzens. Véase Cozzens. Peter. Op., cit, 2017, pp. 56, 57, 90, 108, 139, 141, 178, 410, 422-425. 428, 478..
Dedique un capítulo de mi tesis doctoral a los *Buffalo Soldiers* cuando estudié la película de John Ford, *Sergeant Rutledge* (*El sargento negro*, 1960). Véase mi obra *Ford y "El sargento negro" como mito. (Tras las huellas de Obama)*. Editorial Eikasia, Oviedo, 2011. (Prólogo de Alberto Hidalgo).
[132]   Sobre los *Buffalo Soldiers*, véanse las siguientes obras: Leckie, William H. *The Buffalo Soldiers. A Narrative of the Negro Cavalry in the West*. University of Oklahoma Press, Norman. Estados Unidos, 1967. Cox, Clinton. *The Forgotten Heroes. The Story of the Buffalo Soldiers*. Publicado por Scholastic Inc. Nueva York, 1993.

Por otra parte y prosiguiendo con el relato de las guerras indias, hay que subrayar que el equivalente del Tratado de Laramie de 1868 para con las tribus del norte, fue el Tratado de Medicine Lodge con los pueblos indios de las llanuras del sur. Este se firmó en 1867 y afectaba a los kiowa, comanche, kiowa-apache, arapaho y cheyenne del sur. El presente tratado implicaba la entrega de los tradicionales territorios tribales a los Estados Unidos, a cambio de que los indios se acomodasen a vivir en reservas mucho más pequeñas, bajo la promesa de que el Gobierno les suministraría alimentos, ropas, otros suministros necesarios para su subsistencia, y armas y municiones para la caza. Pero como los agentes indios gubernamentales eran corruptos, pues los víveres no llegaban a los indios o llegaban en escasa cantidad o ya podridos, y las penetraciones de los colonos blancos seguían invadiendo sus ya mermados territorios de caza, las rebeliones y las luchas contra los blancos siguieron sucediéndose. Por ambas partes muchas veces personas inocentes, fueran pioneros blancos o aldeas indias, eran fruto de las iras vengativas de sus oponentes.

Frente a los polémicos comentarios editoriales de los periodistas del Este atrincherados en sus despachos, a Sheridan y Sherman el constante desgaste de estas guerras no les parecía algo divertido. Ante las letales incursiones de los indios, ya que estos o estaban pasando hambre o se sentían burlados y traicionados respecto a lo pactado, Sherman era cada vez más partidario de la guerra total y de separar lo más posible a las tribus belicosas de las que no lo eran. Para este general era hora ya de «obligar a los cheyennes y a los arapahoes a rendirse o a morir de hambre»[133]. Además pensaba lo siguiente: «Cuanto más veo a estos indios, más me convenzo de que hay que matarlos a todos o mantenerlos como indigentes —dijo a su hermano, el senador John Sherman—. Los intentos de civilizarlos son ridículos»[134]. En todo caso si las incursiones de los indios eran crueles, a menudo las venganzas de los blancos eran ciegas e implacables.

Asimismo Peter Cozzens subraya que en todos estos enfrentamientos con las tribus indias de las Grandes Llanuras, bien fueran del Norte o del Sur, el Gobierno estaba tan atareado con las represivas y amargas medidas de la reconstrucción del Sur (al este del Misisipi), tras la guerra civil, que ni el presidente Andrew Johnson, ni en general el

---

[133] Cozzens. Peter. *Op. cit.*, 2017, p. 92.
[134] Cozzens. Peter. *Ibidem.*

Congreso de los Estados Unidos, fueron capaces de elaborar una política india capaz de integrar y pacificar a las tribus. Como afirmó el propio general Sherman, todo se dejó al albur del azar[135].

Es así como llegamos ahora a la Gran Guerra Sioux de 1876-1877 o Guerra de las Black Hills. Tuvo como desencadenante el que se descubriese oro en las citadas colinas, con la consiguiente penetración de los mineros que así violaron el tratado de Laramie de 1868. Como había sucedido en pasadas ocasiones en la historia de la formación de los Estados Unidos, los colonos blancos que se aventuraron en las Black Hills nada querían saber de tratados y pactos del Gobierno con las tribus (siendo esta una constante histórica mil veces repetida). Movidos por la codicia, además de por la necesidad, y con una actitud de supremacismo moral y de desprecio por los indios, consideraban que esas colinas no tenían dueño y que sus moradores eran unos salvajes supersticiosos sin alma. Cuando el Gobierno dejó de desalojar a los intrusos y propuso a los indios comprarles las tierras, el conflicto estaba servido, pues las tribus se sintieron traicionadas y se negaron a vender un territorio que consideraban sagrado (según las características de su religión primaria de corte animista). La altanera actitud de la fuerza gubernamental fue la de tomar esas tierras y darles un plazo de tiempo a los lakota para que volvieran a sus ya mermadas reservas. Dicho plazo expiraba el 31 de enero de 1876.

Ante este panorama los sioux (lakota) y los cheyenne del norte formaron una alianza para enfrentarse a las tropas de los Estados Unidos. Hubo varias batallas y escaramuzas menores, pero para la historiografía estadounidense y más aún para la mitología identitaria de la joven nación, que en el siglo XX se desarrollaría en el cine, en el wéstern, la batalla más importante, la de más renombre, es la de Little Bighorn, conocida también como *Custer's Last Stand*.

Entre los principales antecedentes y detalles que hay que describir, destacan los siguientes:

El 27 de marzo de 1876 la columna del general Crook había entrado en Fort Fetterman y la campaña de invierno solo había servido para avisar a las tribus, que estaban en contra del nuevo tratado, de que corrían un peligro mortal. Atrás quedaba la batalla del río Powder y la lucha por la supervivencia, a temperaturas gélidas, de unas tribus que se reagruparon todo lo que pudieron tras largas y muy duras camina-

---

[135]   Cozzens. Peter. *Op. cit.*, 2017, p. 127.

tas. Los indios que habían quedado sin sus tipis, por ser arrasados, fueron acogidos en el campamento de Caballo Loco. Este, sabiendo lo vulnerables que eran, se aprestó a desmontar el suyo, y los oglalas y cheyennes se reunieron con los hunkpapa y los miniconjou. Ese mismo invierno también la campaña de Sheridan había sido un fracaso total. De momento, y solo de momento, los indios antitratado, los que se oponían rotundamente a vender las Black Hills, habían salido indemnes. Así que la Administración Grant, con generales como Sherman y Sheridan como máximos responsables, tuvo que planificar una campaña de verano, en la que Crook tendría que ir en busca de los guerreros de Caballo Loco. A su vez, Terry ordenó a Gibbon que se dirigiera al este del río Yellowstone, mientras él construía una base de abastecimiento en dicho río para que desde ella pudiese operar el 7.º de caballería. Enterado Sheridan de que los indios estaban saliendo de la reserva en gran número, confiaba en que las columnas de Terry y Crook serían capaces de cuidarse a sí mismas y presentar batalla para castigar a los indios.

El Congreso, enfrascado como estaba en los gastos de la reconstrucción del Sur posterior a la Guerra Civil, descartó levantar nuevos puestos fronterizos. El peso de toda la operación, la de doblegar a los indios frente a la constante penetración de los colonos (que no solo eran mineros codiciosos), recayó sobre los citados generales y los demás oficiales que actuaban bajo sus órdenes. Y entre estos hay que citar a George Armstrong Custer. El pánico financiero de 1873 y la nueva fiebre del oro hizo que el ejército ni supiera ni quisiera frenar toda la nueva riada de colonos. Así que es en el contexto de las medidas que se tomaron en la primavera de 1876 para la campaña estival, con el fin de derrotar y doblegar a los indios, donde Custer alcanza su protagonismo[136].

Para vencer a esta coalición india el ejército se dividió en tres columnas. Como Gregorio Doval resume todo este despliegue muy bien, me veo obligado a citarlo:

> La primera, compuesta por 970 soldados, 80 civiles y 260 exploradores crows y shoshonis y dirigida por el general de brigada Crook, partió el 29 de mayo desde los fuertes Fetterman y Laramie, en Wyoming, en dirección hacia el área del río Powder. La segunda, al mando del coronel John Gibbon, partió el 30 de marzo desde el fuerte Ellis, Montana, en dirección al río Yellowstone, formada por 401 soldados,

---

[136] Cozzens. Peter. Op., cit, 2017, capítulo 13, pp. 249-288.

pertenecientes a cuatro compañías del 2.º regimiento de caballería y seis del 7.º regimiento de infantería, además de una batería Gatling y 25 exploradores indios. La tercera columna, dirigida por el general de brigada Alfred Terry, partió desde Fort Lincoln, Dakota, en dirección también al río Powder, compuesta por dos compañías del 17.º de infantería, una batería Gatling, cuatro compañías y media del 6.º regimiento de infantería y el 7.º regimiento de caballería al completo, con sus 12 escuadrones. Esta fuerza, la mayor de las tres, totalizaba 45 oficiales, 968 suboficiales y soldados, 170 civiles y 40 exploradores arikaras[137].

Con todo este despliegue bélico se iba a cumplir por fin con los deseos más íntimos de E. T. Watkins, el inspector oficial de la Oficina India en 1875, que ese año ya había recomendado enviar tropas contra los indios incivilizados, y cuanto antes mejor, para someterlos a latigazos[138]. Pero ante la profanación de sus sagradas colinas *Sitting Bull* (Toro Sentado), había dicho con enérgica rotundidad: «No queremos a los hombres blancos. Las Black Hills nos pertenecen»[139]. El caso es que a principios del verano de 1876 todo estaba ya preparado para entrar en combate.

Es ahora cuando tengo que explicar que G. A. Custer, hombre ambicioso y vanidoso, había llegado a general a los veintitrés años, en 1865, durante la guerra civil. Mas luego, tras la contienda, quedó rebajado al grado de teniente coronel en Kansas. Su vanidad, el deseo de que se siguiese hablando de él, le llevó a pensar que podría alcanzar nueva fama en las guerras indias fronterizas. Ya he citado el triste episodio en el que dirigió la aniquilación de un campamento cheyenne en el río Washita. Esto le granjeó el odio de los indios, que le llamaban *Pahuska* (Pelo Amarillo). Y en este nuevo hito de la conquista del *Far West* Custer volverá de nuevo a la carga de forma harto temeraria, aunque otros oficiales, como Crook, no eran menos ambiciosos que el propio Custer.

Lo cierto es que ni Crook ni Custer sabían bien a lo que se enfrentaban, aunque las verídicas informaciones que llegaban a Sheridan

---

[137] Doval, Gregorio. *Op. cit.*, 2009 (4.ª Edición, 2015, 2020, 2021), pp. 275-276. Toda esta campaña También la expone Dee Brown. *Op. cit.*, c. 12, pp. 302-343.

[138] Citado por Dee Brown. *Op. cit.*, p. 314.

[139] Citado por Jacquin, Philippe. *El Ocaso de los Pieles Rojas*. Aguilar, S. A. de Ediciones, Madrid, 1990, p. 111.

era que los lakotas de las reservas acudían en masa al campamento liderado por Toro Sentado. De 251 tipis que formaban el poblado el 1 de abril se pasó a 461 a principios de junio. Pero la actitud de este caudillo, como la de Caballo Loco, era en principio defensiva, aconsejando a sus jóvenes guerreros que se dedicasen a cazar bisontes en vez de buscar el enfrentamiento con el ejército. Aunque los jóvenes hicieron caso omiso a sus jefes tribales y Toro Sentado, como líder religioso, se preparó con rezos, meditaciones y ceremonias, para lo que parecía inevitable. Tuvo una visión según la cual aniquilarían a los soldados en una gran batalla e imploró a Wakan Tanka que a su pueblo no le faltase alimento y que las tribus lakotas se mantuviesen unidas[140]. También en un paraje especialmente sagrado para lakotas y cheyennes se celebró la Danza del Sol.

Por parte del ejército de los Estados Unidos hay que seguir explicando que el 7.º de caballería, al mando del teniente coronel Custer, estaba subordinado a las órdenes del general de brigada Terry. La personalidad de Custer aceptó de mala gana esta decisión, lo cual dada su posterior conducta traería las funestas consecuencias que pronto expondré. El regimiento estaba formado por un total de 12 compañías, que contaban con 31 oficiales, 566 soldados (578 según P. Cozzens), 15 civiles y 45 exploradores y guías. Como ya he explicado otras veces, al no existir un sentimiento panindio entre todas las tribus de las Llanuras y en general de toda Norteamérica, bastantes exploradores eran de otras tribus indias y tenían a gala mostrar su rivalidad y odio contra otros pueblos, en este caso contra los lakotas y cheyennes. Desde el punto de vista del material bélico los soldados iban armados con los rifles Springfield modelo 1873 (la Caballería con este mismo arma pero en su versión más corta, es decir la carabina que hemos visto en innumerables wésterns clásicos). También cada jinete disponía de un revólver Colt Single Action Army modelo 1873, de seis tiros y de un largo de cañón de 7,5 pulgadas (19 cms). La dotación de munición era de 100 cartuchos del 45-70 para las carabinas Springfield monotiro (sistema *trapdoor*) y 25 del 45 Colt para los revólveres.

Es aquí cuando tiene lugar el primer error de Custer. Sin tener en cuenta que la mayoría de sus hombres eran reclutas bisoños y con la excusa de avanzar más rápido al encuentro con las tribus (para su mayor gloria pensaba él equivocadamente), se empeñó en prescindir de

---

[140]   Cozzens. Peter. *Op. cit.*, pp. 260-261.

las fuerzas de apoyo que le ofrecieron. Así que dejó atrás a cuatro compañías del 2.º de caballería y a una batería de ametralladoras Gatling. Custer alardeaba de que el Séptimo podría arrasar con todo lo que se encontrara[141]. En este contexto Peter Cozzens hace unas precisiones morales sobre las relaciones entre los oficiales, que de alguna manera también contribuyeron a la actitud de Custer. Sabemos, por ejemplo, que el capitán Benteen odiaba a Custer y que el comandante Reno parecía odiar no solo a Custer, sino también a la vida misma, pues era de talante taciturno y de escasas habilidades sociales. Al parecer el propio Custer sabía de ese odio hacia él por parte de estos oficiales compañeros en esta campaña. Terry y Gibbon, con todos sus hombres bajo su mando, actuaban con la cautela previamente planeada y no estaban por la labor de enfrentarse a un enemigo que les doblaba en número, cuando además no sabían dónde se encontraban las tropas de Crook. Pero Custer, exultante, se sentía por encima de todo esto y caminó con sus hombres hacia la muerte, luego largamente contextualizada, matizada y sobre todo míticamente glorificada.

Como si fuera un expedicionario aventurero en busca de una gloria asegurada, partió Custer con su tropa, un total de 660 hombres, vestido con su chaqueta y pantalones de ante con flecos, al estilo de las de los viejos cazadores y tramperos. Llevaba también su rifle deportivo Remington *rolling block*, un cuchillo de caza y dos novedosos revólveres británicos (posiblemente dos British Webley Royal Irish Constabulary).

Unos días antes de la Batalla del Little Big Horn tuvo lugar el 17 de junio de 1876 la de Rosebud, que a punto estuvo de ser una debacle para el ejército estadounidense, ya que Crook fue salvado por sus aliados crows y shoshonis que rechazaron varios ataques. En días sucesivos la sagacidad estratégica de Caballo Loco fue decisiva, pues decidió no hostigar a los soldados en su retirada para así no alejarse de su base de aprovisionamiento. Los indios solo se trasladaron a la orilla occidental del río Little Big Horn. Las columnas de Terry y Gibbons, tras la casi derrota de Crook, planearon seguir hacia los ríos Big Horn y Little Big Horn, al sudeste de Montana, mientras que se esperaba que Custer avanzara al descubierto río Rosebud arriba, pero solo para tomar posiciones, sin arriesgarse, y dar tiempo así a que se rehiciera la maltrecha columna de Crook. Estos altos mandos estaban confiados en

---

[141]   Cozzens. Peter. *Op. cit.*, p. 282.

que si seguían estos prudentes planes la victoria sobre las tribus aliadas estaba asegurada.

Es aquí cuando Custer comete su segundo error. El 25 de junio no obedece las órdenes y sin esperar al resto de las columnas se prepara para atacar a todo el campamento indio. Ávido de gloria y fama, imprudente y prepotente, se metió en la boca del lobo pues no sabía a cuantos guerreros indios se enfrentaba. Los historiadores y los propios indios ya ancianos que sobrevivieron en las reservas largos años, han dado siempre cifras muy dispares. Me refiero al número de guerreros de las ocho tribus aliadas. Los oglalas, hunkpapas, sans arc, miniconjous, dos-ollas y brulés (de los lakotas o sioux), a los que hay que añadir a los pies negros, cheyennes del norte y un grupo pequeño de arikaras. En total sumaban no menos de 1.200 hombres dispuestos para la lucha, aunque eran muchos más los indios concentrados si contamos las mujeres y los niños que formaban tan gran campamento. Era, en toda la historia de la resistencia tribal india frente a la invasión estadounidense, el mayor ejército concentrado de pueblos o naciones étnicas cazadoras-recolectoras. Entre sus caudillos destacaban Toro Sentado, Caballo Loco, Gall, Caballo Rojo, Lluvia en el Rostro y Siounan. También el jefe Dos Lunas de los cheyennes del norte.

Custer dividió su tropa en cuatro columnas: la de Reno, la del capitán Frederick Benteen y la del capitán McDougal (esta con tan solo 135 soldados con la misión de cuidar de la caravana de provisiones y como refuerzo en caso de necesidad)[142]. Al mando de solo 210 hombres la de Custer sería la columna principal y buscaría el ataque frontal (tercer y grave error cometido). En principio Reno con 95 soldados formó una larga línea de escaramuza a lo largo de la ribera y abrió fuego. De momento, optimistas y de buen humor, esta tropa no sabía lo próxima que estaba la derrota, es decir la tragedia. Cuando Reno se apercibió de que tras la provocación inicial de los arikara había muchos más guerreros que amenazaban con rodear su flanco izquierdo con rapidez, se replegó hacia un bosquecillo. Custer se hallaba a kilómetro y medio y a tal distancia parecía que aprobaba la decisión de Reno. Pero los guerreros hunkpapa del jefe Halcón de Hierro siguieron con su creciente lluvia de flechas y además comenzaron a quemar los matorrales. Reno, ante el creciente número de bajas, comenzó a dar órdenes incoherentes y salió a escape, contagiando su inseguridad y el pánico a sus hombres. Se les había unido la columna mandada por Benteen, pero aquello era

---

[142]   Doval, Gregorio. *Op. cit.*, 2009 (4.ª edición, 2015, 2020, 2021), p. 279

ya una anárquica desbandada. Como recurso desesperado se parapetaron tras los cadáveres de sus caballos, tras matarlos, para así resistir la oleada india. En todo caso a Custer no podrían prestarle ya ningún auxilio y bastante tendrían con disparar mientras pudieran, las recámaras de las carabinas no se atorasen y les quedase munición.

La «carga» de Reno le salió muy cara[143] y Custer lanzó su propio ataque. El poblado indio era enorme, los hombres de tan temerario militar eran superados en una proporción de 15 a 1 y lo que se avecinaba no iba a ser un segundo Washita. Con rapidez Custer mandó un enlace al galope para que se les uniera la columna de Benteen con más municiones e intentar tomar el poblado. A la vez el batallón de Custer bajó por la quebrada Cedar llegando al amplio barranco de Medicine Tall. Para llamar la atención de los guerreros que hostigaban a Reno, envió dos compañías mandadas por el capitán Yates hacia el citado barranco y las tres asignadas al capitán Keogh las situó en una colina con vista a las dos quebradas, para así proteger su retaguardia y servir de guía a los refuerzos de Benteen. Esta maniobra podría haber tenido éxito pero no fue así.

En toda esta batalla la habilidad estratégica de Caballo Loco (Tasunka Witko, en inglés *Crazy Horse*), era la de mantener a las columnas del ejército ocupadas en pequeñas escaramuzas de desgaste, pero divididas entre sí y sin posibilidad de unirse para formar un único y gran contingente. A las cinco de la tarde de aquel fatídico día, el 25 de junio de 1876, Custer, Yates y Keogh estaban ya reunidos pero rodeados en una colina. El jefe indio Gall, un hunkpapa llamado en origen Pizi, había hecho bien su labor de entretenimiento y división para alejar lo más posible a los soldados estadounidenses de los tipis. A su vez el muy inteligente Caballo Loco había tramado una maniobra envolvente y además cortado toda posible retirada a la caballería de Custer.

Los soldados tuvieron que desmontar y luchar a la desesperada, llegándose al final al cuerpo a cuerpo. A Gall y a Caballo Loco no les quedaba más que ir estrechando el cerco, sin prisa pero sin pausa. Sitiados y al descubierto, superados como ya he dicho en un número de 15 a 1, los aproximadamente 100 hombres supervivientes de Custer se prepararon para morir. Los refuerzos no podían llegar y las carabinas, con su frágil cierre de bisagra (*trapdoor*), se encasquillaban, pues el extractor no era capaz de expulsar los casquillos de los cartuchos ya disparados, debido a los residuos de la pólvora acumulados. Los revólveres

---

[143]   Cozzens. Peter. *Op. cit.*, p. 300

Colt, aunque armas excelentes y precisas hasta los cincuenta metros, eran lentos de recargar (con su portezuela lateral tras las recámaras y su extractor individual de varilla). Todo sucedió muy rápido y todos los hombres murieron, contándose siempre que Custer fue de los últimos en caer. Los caballos encabritados se desperdigaron y de los que quedaron en el escenario de la batalla solo sobrevivió *Comanche*, la montura del capitán Keogh. El 7.º de caballería había sido totalmente derrotado y todos los hombres, como contará la mitología, murieron con las botas puestas.

Los indios se ensañaron con algunos cadáveres, pues para ellos y tras largos años de traiciones y engaños gubernamentales, no era día para mostrar misericordia. Además, contaron que de otras columnas, entre los pocos soldados aturdidos supervivientes, algunos llegaron a suicidarse. También la historia narra que los guerreros no sabían que estaban luchando contra Cabello Amarillo y que los propios indios daban por cierto que fue de los últimos en morir (por una bala en el pecho y otra en la sien derecha). Su cuerpo no fue mutilado, lo respetaron, pero le taladraron los oídos para que «en el otro mundo, no pudiera permanecer sordo a las advertencias de los indios»[144].

La *Custer's Last Stand* fue motivo de conmoción en toda la nación. Periodistas y políticos, atrincherados en sus despachos, dejaron correr ríos de tinta en los que manifestaban su vengativo odio hacia todas las tribus, pidiendo su total exterminio y buscando rápidamente chivos expiatorios por lo sucedido a Custer. Poco después vendría la mitificación heroica del personaje, con su aureola de gloria, y habrían de pasar años para que los sesudos e imparciales historiadores vieran con claridad los errores de la política gubernamental para con las tribus y los errores concretos del propio Custer en toda aquella magna campaña contra los indios de las Llanuras. Como ya se ha explicado el exterminio del bisonte, como sabían Sherman y Sheridan, haría mucho más por «solucionar la cuestión india» que las tropas más disciplinadas y mejor equipadas.

Custer, como explico, fue elevado a la categoría de héroe en la derrota, algo muy típicamente estadounidense. Quería una victoria a toda costa e incluso soñaba con utilizarla para promocionar una carrera política hacia la presidencia de la nación. Pero lo cierto es que «para algunos, fue un terco egomaníaco ansioso de gloria a cualquier precio. Para otros, sin embargo, fue un incomprendido, un soldado a carta

---

[144]   Doval, Gregorio. *Op. cit.*, 2009 (4.ª Edición, 2015, 2020, 2021), p 283.

cabal que anteponía el deber a cualquier otra consideración, aunque estuviese en riesgo su vida»[145].

Pero esta victoria india fue como el canto del cisne, ya que perseguidos por las fuerzas del general Terry, diezmados y hambrientos, los guerreros de Toro Sentado, en octubre de ese mismo año, se verán obligados a rendirse y a regresar a sus reservas, cada vez más pequeñas, en Dakota. Este gran caudillo se refugiará de momento en Canadá, para volver más tarde a Estados Unidos con el corazón destrozado pero con gran lucidez, ya que comprende que el fin del modo de vida de las tribus se ha cumplido. Las sabias palabras que le expondrá a Buffalo Bill, del que se hará amigo, son un testimonio claro de esa sagacidad moral[146]. La fuerza de la violencia se impuso sobre las vanas y falsas promesas de los tratados. La «civilización» triunfó sobre lo que los blancos consideraban el «bárbaro salvajismo». Toro Sentado, que morirá de forma violenta en 1890 en la reserva india de Standing Rock (Dakota), aceptó participar en el espectáculo circense ambulante de Buffalo Bill. Me refiero al *Wild-West Show*, donde conoció a la tiradora Annie Oakley.

Respecto a Caballo Loco hay que decir que poco sobrevivió a los acontecimientos ya expuestos. Como sabemos se había unido a Toro Sentado, que era el jefe espiritual de los sioux hunkpapa, para resistir la invasión de los blancos, mientras que él demostró ser un gran estratega, para algunos incluso un genio militar. Ambos jefes tribales habían acabado con Custer, pero el ejército siguió batallando durante el otoño e invierno de 1876-1877, ahora bajo el mando del coronel Miles y su 5.º regimiento de infantería. Caballo Loco intentó contraatacar infructuosamente con 800 guerreros, pero sus provisiones eran pocas, aparecía el fantasma del hambre y poco a poco cada vez se rendían más bandas de indios. Crook le prometió que si se rendía tendría una reserva fértil y con caza junto al río Powder, así que se entregó con sus famélicos guerreros en Fort Robinson el 5 de mayo de 1877. Pero la promesa del general, que años más tarde se enfrentaría al apache Geronimo, era solo eso, una promesa. Que Caballo Loco estuviese confinado en un fuerte generaba gran inquietud entre los colonos. Crook ordenó su arresto con el pretexto de que había salido del fuerte para llevar a su enferma esposa con sus padres. Al resistirse a ser detenido, el 5 de septiembre de 1877, un soldado le clavó su bayoneta varias veces, causándole la muerte.

---

[145] Doval, Gregorio. *Op. cit.*, 2009 (4.ª Edición, 2015, 2020, 2021), p 285.
[146] Chastenet, J. *Op. cit.*, pp. 164-165.

De estos hechos hasta la Danza de los Espíritus, promovida por el chamán y líder espiritual Wovoka, ya a finales de la década de 1880, y hasta la Masacre de Wounded Knee, el 29 de diciembre de 1890, las tribus de las Llanuras, destacando entre ellas los lakotas, fueron eliminadas y los escasos supervivientes totalmente doblegados por el hambre y la miseria, es decir sometidos a vivir de una forma totalmente indigna en alejadas y paupérrimas reservas en las Dakotas. Los pocos indios que se refugiaron en aquellos años en Canadá fueron tolerados, pero no ayudados por el gobierno canadiense, pues la política del Imperio británico miraba por sus intereses depredadores (principalmente y como ya se ha dicho otras veces, el tráfico de pieles). Los indios y sus líderes nunca comprendieron como es que las tierras, con sus bosques, ríos y llanuras, que son algo sagrado, pueden comprarse o venderse por dinero. Menos aún podían aceptar y comprender que el bisonte, que era su fuente de alimento, también sagrada, fuese sistemáticamente exterminado.

Pero la política de combatir a los indios, derrotarlos, casi eliminarlos en su totalidad y confinarlos en reservas estériles que ningún blanco iba a reclamar, en el periodo de 1865 a 1890, tuvo otros muchos escenarios y similares modos de proceder en los diferentes territorios y luego estados, que iban conformando la nación estadounidense. Si había variaciones estratégicas y tácticas era debido a la complejidad del terreno, por ejemplo en todo el área de Arizona, Nuevo México y Texas, y ello por la escasez de agua potable o de suministros militares, y a la capacidad de algunas tribus como las apaches para mimetizarse con el entorno y ser capaces de sobrevivir a uña de caballo o a pie en las muy duras condiciones climáticas de esas tierras, sobre todo en Arizona y la frontera con México. No puedo citar todos esos conflictos, pues por sí solos darían para un libro completo, como lo son las obras de Dee Brown, Peter Cozzens y Donald E. Worcester (este sobre los apaches). Pero todos estos y otros autores subrayan lo mismo: la numantina resistencia india (por decirlo con una expresión enraizada en la historia de España), y la implacable violencia del ejército de los Estados Unidos, que se ejerció en aras de la «civilización» con la excusa de acoger y proteger a las sucesivas avalanchas de inmigrantes europeos, que llegaban a la joven nación para convertirse en colonos y ciudadanos con derechos políticos. Muchos de esos colonos también murieron en la pobreza, huyendo de las consecuencias del capitalismo industrial que en Europa hacía igualmente estragos y bastante antes de que se erigiera el mito del *American way of life*.

He mencionado de pasada a caudillos como Quanah Parker y las guerras contra los comanches y kiowas en Texas, con su jefe Satanta al frente de estos últimos. Pero en la franja del Pacífico y en el lejano Noroeste, desde los primeros tratados a raíz de la puesta en marcha de la Ruta de Oregón, habría que citar a otras guerras no menores en lo destructivo de la comunal vida de las tribus allí asentadas: guerra Cayuse, guerra Yakima, luchas contra los nez percé y los snake, ejecución por ahorcamiento del jefe Leschi de la tribu nisqually en 1858 y que solo fue exonerado por el estado de Washington en 2004 y un largo etcétera. En California hoy también se habla de genocidio de las tribus a partir de que ese territorio, antaño español y mexicano, pasó a manos de los estadounidenses con su *Pax Americana* (ya he citado en las notas la obra de Benjamin Madley *An American Genocide. The United States and the California Indian Catastrophe*). Esto es así pues la «paz» lo es siempre de los que imponen sus condiciones tras la victoria, en este caso frente a un muy débil México (guerras indias en California, expedición de Gila, guerra Mariposa, guerra contra los klamath, contra los indios modoc, etc.).

En la Gran Cuenca tuvieron lugar las guerras contra los utes, los paiutes, los bannocks y en general contra los pueblos shoshones, teniendo que destacar la masacre del río Bear (*Bear River Massacre*). Pero quiero detenerme un poco en las guerras que tuvieron lugar en todo el suroeste, entre las que hay que destacar la guerra contra los navajos, la guerra Yuma, Mohave y todo el conjunto de guerras contra las tribus apaches. Me centraré algo en estas últimas, pues su resistencia y el liderazgo de sus caudillos bien lo merecen. El mejor ejemplo de esto último es que el cine, la mitología del wéstern, las ha representado en múltiples ocasiones.

Las guerras de guerrillas de los apaches fueron una auténtica pesadilla para los estadounidenses, colonos y militares, en una tierra ya inhóspita de por sí como lo es la de Arizona. Destacan aquí nombres (castellanizados) como Mangas Coloradas, Cochise, Victorio y Geronimo (es decir Goyaalé, en idioma chiricahua), entre otros de menor entidad, entre los que habría que cita a Delshay, Nana y Eskiminzin[147].

Afirma D. E. Worcester que «dura era la tierra llamada Apachería, hogar de los indios apaches, donde cada insecto tenía su aguijón, cada arbusto sus espinas y cada serpiente sus colmillos. La vida era

---

[147]   Véase Brown, Dee. *Op. cit.*, cap. 9 y 17, pp. 220-247 y 420-442.
Cozzens, Pete. *Op. cit.*, cap. 19., pp. 417-448.

una batalla diaria llena de depredadores salvajes, tanto animales como humanos»[148]. Resume este autor las relaciones de los apaches con los españoles, los nombres que recibieron las diferentes tribus en español y la causa originaria de dichas denominaciones. Estos pueblos vivían en campamentos de forma errante con una vida propia de cazadores y recolectores. Algunas bandas eran poco numerosas, como los jicarilla, que eran diestros en la elaboración de recipientes de cestería (de ahí su nombre). Los mescaleros, así llamados porque hacían el mezcal, se movían por el centro y sudeste de lo que hoy es Nuevo México y el oeste de Texas, Los que a partir de 1630 se establecieron en las proximidades de la cabecera del río Gila se les conoció como gileños, destacando entre este grupo los mimbreños (por vivir en las montañas Mimbres —Sauces—). También hay que citar a los bedonkohes, que recibieron de España el nombre de apaches mogollón por morar en las montañas homónimas. En lo que es Arizona estaban los chiricahuas. En toda esa zona del suroeste, como provincia del Imperio español, los habitantes españoles llegaron a conocer muy bien a las diferentes tribus y subgrupos apaches: sus costumbres, sus modos de vida y sus creencias, su mansedumbre o propensión a la hostilidad belicosa, etc. Algunos de estos pueblos conocieron la agricultura, al modo neolítico, (principalmente el cultivo del maíz), y fueron los primeros indígenas norteamericanos que dominaron el arte ecuestre, al tomar los caballos de los españoles con los que se toparon por primera vez en 1599.

Destaca Worcester que «los gobernadores españoles, empezando por Oñate, conocedores de la constante demanda de mano de obra que había en los campos mineros del sur, empezaron a secuestrar apaches para venderlos como esclavos. En ocasiones llegaron a vender apaches pacíficos que habían aceptado la conversión, así como otros que se habían acercado amistosamente a comerciar. No es sorprendente que, mientras continuase la venta de cautivos, los apaches desarrollaran un odio imperecedero hacia los españoles. Las familias apaches estaban muy unidas, ligadas por poderosos vínculos de afecto, y la pérdida de cualquier pariente cercano era causa de un auténtico dolor, La captura de esclavos y la posterior práctica de mandar los prisioneros a Ciudad de México para que allí se dispusiera de ellos intensificaron de tal manera el odio de los apaches hacia los españoles y los mexicanos, que este

---

[148]   Worcester, Donald E. *Los apaches. Águilas del sudoeste*. Ediciones Península, Barcelona, 2013, p. 19.

no remitió nunca jamás»[149]. Mas este mismo autor destaca la importante labor de los misioneros jesuitas, encabezados por el padre Kino, que penetraron en la Pimería Alta en la década de 1680. Los pimas y ópatas les dieron la bienvenida y pronto aceptaron el cristianismo, e incluso los sobaípuris solicitaron más misioneros, no habiéndolos disponibles hasta el siglo XVIII. Además los guerreros ópatas y pimas protegieron a los jesuitas, con sus misiones y rebaños, de las incursiones de rapiña apache. A pesar de esto los oficiales españoles tenían motivos para desconfiar de los pimas de la Pimería Alta y aunque el padre Kino y otros jesuitas se mostraban optimistas (en hacerlos cristianos, sedentarios y pacíficos), sufrieron muchas decepciones, sobre todo cuando a los pimas les daba por abandonar las misiones y volver a su vida errante.

Lo cierto es que la tribu que mejor adoptó el modo de vida español fue la ópata[150]. Pero con otros pueblos no se cumplieron las expectativas de pacificación que tenían los virreyes españoles a lo largo del siglo XVIII y hubo enfrentamientos y expediciones para neutralizar las hostiles incursiones indias, siendo la más ambiciosa la de 1742. Aunque los problemas siguieron, pues era prácticamente imposible proteger a los que trabajaban en los campos, siendo las guerras apaches tan conflictivas que en 1776 se creó para tratar dicho asunto la Comandancia General de las Provincias del Interior.

Asimismo Worcester, con tintes negrolegendarios, no duda en hablar de una guerra de exterminio de los apaches por parte de los españoles, viendo que todas las medidas previas por hacerlos pacíficos y agricultores habían fracasado. El que los apaches cautivos fueran esclavizados era, para el citado historiador, un hecho aceptado e incuestionable en esta parte de la frontera norte del Imperio español. Pero con la llegada de Bernardo de Gálvez al gobierno de dichas provincias norteñas se introdujeron cambios y en 1786 una banda de chiricahuas pidió la paz en Sonora y aceptó establecerse. El nuevo virrey, Manuel Antonio Flores y las tropas al mando del coronel Jacobo Ugarte y Loyola, auxiliados por algunos comanches, establecieron una nueva expedición de castigo. Eran muy vastos e inhóspitos los territorios a recorrer, pocas las tropas y muy limitada en frutos la tarea de pacificación de los apaches. Por eso ya años antes, Bernardo de Gálvez en su *Informe…* había propuesto comerciar con los apaches para que se acostumbraran

---

149   Worcester, D. E. *Op. cit.*, p. 27.
150   Worcester, D. E. *Op. cit.*, p. 32.

a usar armas de fuego (mosquetes de baja calidad), que eran menos letales que los arcos y las flechas. Esta era además la política que habían seguido desde el siglo XVII holandeses, franceses y británicos con otras tribus al este del Misisipi.

Con el conde de Revillagigedo como virrey los apaches capturados en combate eran deportados a Ciudad de México y a La Habana. En 1796 el coronel Antonio Cordero analizó los errores cometidos en las guerras apaches, reconociendo también los excesos y la avaricia de los colonos. Se cambió de política con la intención de no destruir las rancherías apaches y de no esclavizar a los cautivos belicosos. Cordero llegó a conocer bien a los diferentes subgrupos de apaches y sabía con certeza quienes eran los más combativos y quienes estaban más cerca de la mansedumbre y de acomodarse a una vida de agricultura y pastoreo más civilizada.

Toda esta problemática, la de la relación de los españoles con los apaches y comanches, la desarrolla minuciosamente Mariano Alonso Baquer en su excelente tesis doctoral. Las normativas para pacificar e integrar a los apaches las expone en el capítulo VI de su trabajo, el que dedica al último decenio del siglo XVIII. Es en la primera etapa de Pedro de Nava, que toma posesión como comandante general de las Provincias de Poniente en 1790, donde se trata de aplicar toda esa normativa. Entre los treinta y siete puntos de la *Instrucción* puede leerse:

> Dada la situación de los apaches, que habiendo perdido sus principales zonas de caza han de cubrir sus necesidades en el robo de bestias en nuestros establecimientos, se hace indispensable atraer a todas sus rancherías a las inmediaciones de nuestros puestos para que se vayan civilizando, aprendan a trabajar y cultivar la tierra para vivir y se hallen en condiciones de abrazar nuestra religión, pues en caso contrario la exposición a sus ataques y robos será constante. Para atraerlos se utilizará suavidad y persuasión y la concesión de terrenos fértiles donde se iniciarán las mujeres y los muchachos, pues será muy difícil que los gandules o guerreros se adapten, hechos a una vida de caza y ociosidad[151].

Finalmente, entre 1800 y 1810, es decir, poco antes de que tengan lugar las luchas por la independencia y surja México como nación, España había conseguido explorar y conocer bastante bien todo ese

---

[151] Alonso Baquer, Mariano. *Españoles, apaches y comanches*. Edita Ministerio de Defensa. Imprenta Centro Geográfico del Ejército. Noviembre de 2016, p. 274.

árido territorio y a sus indígenas habitantes, internándose algo más al norte. Gracias a las medidas introducidas años antes por Bernardo de Gálvez había ya muchos asentamientos de apaches pacíficos y laboriosos. Con México independiente los nuevos gobernadores siguieron teniendo problemas con algunas de esas tribus. Con la llegada de los angloamericanos, que penetraron en Arizona desde Taos y Santa Fe, en el contexto histórico de la época de los tramperos (la fiebre por las pieles de castor), los apaches siguieron mostrándose igual de combativos. Según Dee Brown: «los chiricahuas transfirieron a los americanos —se refiere a los de origen anglosajón— el odio que habían sentido siempre por los españoles. A lo largo de un cuarto de siglo la nación apache entera iba a sostener una inexorable guerra de guerrillas, la más costosa en vidas humanas y en bienes de todas las guerras indias»[152].

Dee Brown, sin menoscabo de su labor investigadora, está igualmente imbuido de una visión negra de la historia del Imperio español en América, pues proyecta también sobre España lo que fue el exterminio de los indios a manos de los anglosajones protestantes.

Cuando a partir de 1860 empiecen a llegar al territorio de Nuevo México y luego a Arizona, los buscadores de oro norteamericanos (y más tarde los granjeros y ganaderos), estas guerras indias se recrudecerán. Peter Cozzens constata que cuando el jefe chihene Mangas Coloradas (de los apaches chiricahuas orientales), intentó negociar un acuerdo pacífico con los buscadores de oro, estos lo fustigaron a latigazos, tras lo cual declaró una guerra sin cuartel a los estadounidenses que pisasen aquellas tierras[153]. Los ineptos militares de West Point recién llegados, llenos de prejuicios, maltrataron además a Cochise, jefe de los chokonen (chiricahuas centrales). Este capturó algunos blancos para usarlos como rehenes en conversaciones que resultaron infructuosas. Así que Cochise mató a los prisioneros y Bascon, el oficial de turno al mando, ahorcó a varios chiricahuas, entre ellos el hermano de Cochise. No es de extrañar que Arizona estallase en una espiral de violencia que, como un incendio devastador, tardó muchos años en apagarse.

Es aquí cuando quiero apelar a la autoridad intelectual de la profesora María Elvira Roca Barea. Esta afirma lo siguiente, frente a la mítica imagen que Ford da de los apaches en La diligencia (1939) como jinetes indómitos que sin cesar hostigan al hombre blanco:

---

152   Brown, Dee. Op. cit., p. 223.
153   Cozzens, Pete. Op. cit., 14.

Los chiricahuas eran un pueblo apache cuya denominación procede del náhuatl. La palabra significa «pocos» o «los que son pocos». Es el nombre que los tlacaltecas les dieron cuando en alianza con los españoles comenzaron a desplazarse hacia las zonas del suroeste de Nuevo México, sureste de Arizona (hoy territorio de Estados Unidos) y hacia el norte de Sonora y Chihuahua (México). El nombre «apache» con el que genéricamente se conoce a estos pueblos procede de las lenguas atabascanas y, en concreto, de los zuñis, y significa «los enemigos», porque los apaches los expulsaron de sus territorios como hicieron con otras tribus sedentarias, como los jumanos y los sumas, según explica Haley. Como se ve, el paraíso indígena previo a la llegada del hombre blanco no ha existido jamás y no es más que una creación cultural, arrogante y racista, de la intelectualidad europea, para la que todo lo que no es europeo constituye una suerte de magma uniforme solo porque no puede penetrar en las diferencias. Como no las ve, no existen[154].

Por mi parte tengo que señalar dos tesis complementarias a lo clarificado por Roca Barea, que ya he expuesto y defendido en otras partes de esta obra: las «guerras de género cero», las que se dan entre comunidades tribales preestatales según G. Bueno, ya existían mucho antes de que Colón descubriera América para la Europa de finales del medievo. Sin sentimiento y unidad panindia entre las tribus de toda Norteamérica, estas guerras duraron casi hasta 1890, cuando son los estadounidenses los que ponen fin a la frontera y confinan a los indios supervivientes que contra ellos han combatido en reservas miserables en las que había una «policía india», es decir que indios de unas tribus vigilaban y reprimían si llegaba el caso a otros indios que allí malvivían. Además ya he dicho que muchas guerras de los blancos contra los indios eran «guerras mixtas».

Otra tesis que también he defendido es que el «mito del comunismo inicial y del buen salvaje» (de Rousseau a Engels hasta llegar a Lévy-Strauss y la posmoderna ideología indigenista), no es más que eso, un mito oscurantista y confusionario[155].

Abundando aún más en el tema, Roca Barea, que matiza y corrige a los ya citados historiadores, reconoce que eran muchos los pueblos

---

[154] Roca Barea, María Elvira. "El silencio tiene un precio: el wéstern y la leyenda negra". En *Revista de Occidente*, septiembre 2018, n.º 448. Edita la Fundación José Ortega y Gasset-Gregorio Marañón, Madrid, 2018, pp. 35-54, p. 43.

[155] Véase Navarro Crego. Miguel Ángel. *F. Engels y el mito del comunismo*. Pentalfa Ediciones, Oviedo, 2019. (Prólogo de Atilana Guerrero).

que tenían que coexistir en el siglo XVIII en la franja que está al norte del Río Grande, aceptando las leyes y normas del Imperio español. Los apaches acababan de llegar a aquellos amplios territorios y los comanches, como expone en su obra Pekka Hämäläinen, están incursionando en la zona en ese momento. Huyendo de la presión comanche los indios pueblo y bastantes grupos apaches se refugian en Nuevo México. Así, ya en 1720, llega a Taos una embajada apache solicitando protección a cambio de convertirse al cristianismo. «Las autoridades españolas aceptan la oferta y comienza un periodo complejísimo de negociaciones. Señala Malcolm Ebright que hubo una especie de acomodo y adaptación entre las narrativas dominante e indígena; tiempos en los que la ayuda mutua tuvo defensores por ambos lados y en la que hispanos, genízaros y nativos americanos pudieron convivir en relativa paz»[156]. Subraya Roca Barea que «genízaro» es el vocablo que emplea Ebright para referirse a los «indios nómadas ya hispanizados». Este autor, denuncia nuestra historiadora, al hablar por otra parte de *Native Americans* (nativos americanos), borra la línea de continuidad entre unos y otros (los indios que fueron exterminados en Estados Unidos y los que hablaban español). Y así, desde la ideología WASP, no se percibe o no se quiere ver que muchas de estas tribus indias estaban bastante integradas en las estructuras virreinales españolas y solo después (con México ya independiente y con la avalancha anglosajona y estadounidense), se produjo el desarraigo, la marginación, o, como ya he denunciado muchas veces, la total desaparición (el exterminio).

«El hecho es que los apaches son incorporados al Imperio español con bastante éxito. El gobernador Tomás Vélez Cachopin fue uno de los más hábiles en pilotar aquel complicado proceso de integración»[157] y como insinúa Ebright de mediación entre ambas partes, pues tenía cierto control sobre el sistema de concesión de las tierras que administraba, decidiendo que terrenos se adjudicaban y poniendo paz en las disputas por cuestiones de límites e invasión de tierras.

Como precisión filosófica muy importante, he de decir que los historiadores anglosajones, en general, proyectan su propia concepción

---

[156]   Roca Barea, M. E. *Op. cit.*, p. 44. La cita que ella hace de Malcolm Ebright es literal en inglés y me he tomado la libertad de traducirla. Expuesta en origen en Ebright, Malcolm. *Advocates for the Oppressed. Hispanos, Indians, Genizaros and their Land in New México*. Nuevo México. University of New México Press, 2015, p. XV., 232.

[157]   Roca Barea, M. E. *Op. cit.*, p. 45.

de la idea de imperio (tomando como si fuera un modelo único el Imperio británico y luego el estadounidense), sobre la historia de España y del propio Imperio español. Al hacerlo así blanquean su propia historia (no distinguen entre imperios generadores e imperios depredadores como hace G. Bueno), o, desde el relativismo cultural, afirman, al modo posmoderno, que todo imperio, por el mero hecho de serlo, es nocivo y destructor. Esta posición ideológica permitió también desarrollar durante décadas toda una mitología heroica cuasi exculpatoria, que se desarrolló principalmente en el cine, es decir en el wéstern.

Mas como estamos tratando del violento *Far West*, voy a resumir ahora rápidamente las guerras de guerrillas de los apaches Mangas Coloradas, Cochise y Geronimo. A los estadounidenses les costó mucho acabar con ellos y doblegarlos, y el comandante Wirt Davis afirmó de los apaches que, «son los animales más astutos y mañosos del mundo porque cuentan con la inteligencia de los seres humanos»[158]. Esta expresión no puede ser más racista y confirma la tesis de toda la colonización y conquista del Oeste hecha desde criterios protestantes: los indios pueden tener inteligencia casi humana, pero no son verdaderamente humanos pues no tienen alma. Pero la actitud del católico México, tras quedar sin vigor las leyes españolas virreinales, fue igual de despiadada. Por ejemplo, en 1837 los apaches fueron invitados a una fiesta en la población mexicana de Santa Rita del Cobre, por el aventurero estadounidense James Johnson. Se trataba de una trampa. Lo que buscaba era matarlos para cobrar la recompensa que el gobierno mexicano pagaba por cada cabellera apache. Las autoridades de México daban 250 pesos por cada cabellera[159]. Mangas Coloradas fue de los pocos supervivientes.

A partir de 1851, engañado de nuevo y azotado, Mangas Coloradas se cobró la vida de la cuarta parte de los mineros que pisaban su territorio y fue así aliando a las diferentes tribus apaches, a excepción de los chiricahuas de su yerno Cochise. Al principio este y sus hombres quisieron mantenerse pacíficos, pero tras una falsa acusación Cochise y su suegro se aliaron y toda la región se convirtió en un infierno, pues atacaban los campamentos mineros y los ranchos, bien fueran mexicanos o estadouniden-

---

[158]   Doval, Gregorio. *Op. cit.*, 2009 (4ª Edición, 2015, 2020, 2021), p 236.
[159]   Doval, Gregorio. *Op. cit.*, 2009 (4ª Edición, 2015, 2020, 2021), p 237 y Roca Barea, M. E. *Op. cit.*, p. 46. Roca Barea cita la obra de Manuel Rojas. *Apaches. Fantasmas de la Sierra Madre*. México: Instituto Chihuahuense de la Cultura, 2008, p. 21.

ses. En esta época los militares estadounidenses protagonistas son hombres como el general James Henry Carleton y el capitán Edmond Shirland. En un encuentro para parlamentar, en enero de 1863, Mangas Coloradas se presentó solo ante el citado capitán, que lo apresó a traición y lo mandó a Fort McLean, donde fue encarcelado y torturado por los centinelas. Luego lo decapitaron, cocieron su cabeza y su calavera fue enviada al frenólogo Orson Squire Fowler, de Nueva York, que estudió el cráneo del caudillo apache con detenimiento.

En todo este periodo las tropas mexicanas también seguían con sus campañas de exterminio. Fallecido el anterior líder del clan guerrero de los apaches chokonen, Miguel Narbona, Cochise es el nuevo caudillo. Acostumbrados al robo de ganado, pues sus territorios de caza eran invadidos cada vez por más estadounidenses, a los apaches también se les acusaba del robo de niños blancos. Aunque esto no era cierto, los militares, como el inexperto teniente George N. Bascom, querían colgarse medallas con rápidos éxitos, es decir matando apaches y a poder ser a sus jefes. La espiral de violencia continuó durante diez años más tras la muerte de Mangas Coloradas, pues los seminómadas apaches no aceptaban la invasión de sus tierras y no estaban dispuestos a cambiar su forma de vida errante. Otros líderes como Victorio se unieron a la lucha, pero también hubo intentos de acuerdo con el gobierno de los Estados Unidos (en los que participó el anciano jefe Nana, cuñado de Geronimo y antiguo lugarteniente de Mangas Coloradas).

Las reservas que el gobierno ofrecía a los apaches (como la de Bosque Redondo), eran inaceptables para los caudillos indios. Así que los enfrentamientos (guerra de guerrillas con saqueos, torturas y asesinatos), continuaron. En 1880 murió Victorio y, aunque cada vez más rodeados y acosados, los apaches continuaron dejando su sangriento rastro de sangre en granjas aisladas y pequeños puestos de abastecimiento militar. Cochise, valiente y muy astuto, siempre desconcertó a los bisoños soldados con sus mortíferos ataques y emboscadas, y murió por causas naturales en 1874, no sin antes, en 1872, llegar a una tregua temporal con el general Oliver O. Howard y el agente indio, antiguo amigo, Tom Jeffords. Tras la muerte de Cochise le sucedió su hijo Taza, quien no pudo mantener la unidad de su pueblo, pues los que se negaron en 1875 a ir a la reserva de White Mountain, dadas las protestas de los colonos ante el gobierno, huyeron por el momento a México bajo el mando de un nuevo líder, Goyathlay (1829-1909), más conocido como Geronimo.

Años antes, en 1871, el caudillo de los aravaipa, Skiminzin (Esquiminzin), aceptó con su grupo establecerse en una reserva próxima a Camp Grant (cerca de Tucson, Arizona). Además el general George Crook, mucho más hábil que los anteriores militares que se encargaron de combatir a los apaches, creó en 1872 la reserva de San Carlos para los chiricahua, que tendría que ser administrada por la Iglesia Reformada Holandesa, bajo la política general de que fueran las diferentes iglesias protestantes las que se encargaran de responsabilizarse y educar a las tribus ya en las reservas. El grupo de Skiminzin tuvo una suerte pésima, pues como otros apaches dispersos seguían con sus asaltos, robos de caballos y ganado, dicho grupo pagó con creces las culpas. Los residentes en Tucson (entre ellos mexicanos), organizaron una expedición y mataron a 144 aravaipas, de los que solo ocho eran hombres. Los pocos supervivientes fueron vendidos como esclavos en México. El caso se juzgó y los protagonistas de la matanza fueron absueltos bajo el pretexto de que se trataba de un «homicidio justificado». Fue por esto (escándalo político y presión periodística de por medio), por lo que el presidente Grant mandó al citado general Crook para hacerse cargo del problema apache.

Este militar ya tenía experiencia, pues había combatido a los indios en la Gran Guerra Sioux, y sabía que para luchar contra las tribus y derrotarlas era preciso y previo conocerlas muy bien y dar con sus puntos débiles. La condición física y la resistencia al calor tórrido, al hambre y la sed, era muy superior en los apaches en comparación con la de los inexpertos reclutas. Incluso había excelentes mujeres guerreras entre los apaches, como es el caso de Lozen, una chiricahua hermana del jefe Victorio, capaz de rivalizar en audacia y destreza en la lucha con cualquier varón. Crook pronto comprendió que la guerra sería de desgaste, lenta pero eficaz, y, lo más importante, que solo un apache podría rastrear y capturar a otro apache en un territorio tan inhóspito.

Por todo lo anterior, y bajo la estrategia del «divide y vencerás», este inteligente general logró tener grupos de exploradores y rastreadores apaches a su cargo de entre los ya pacificados en la reserva, para así poder ir estrechando el cerco frente a los aún belicosos. Además de la policía india existente en San Carlos, los rastreadores ayudaron a dar con los escondrijos recónditos de los que no se rendían o se fugaban. Cuando los rodeaban no solo el ejército disparaba, sino que los apaches colaboracionistas eran los primeros en abrir fuego y en rematar a los heridos a golpes de maza y tomahawk. Es por eso por lo que hablo de «guerras mixtas», mezcla sutil y compleja de guerras de «género uno» con componentes de guerras de «género cero».

Como es sabido por toda la cultura popular occidental, Geronimo fue el último gran caudillo apache de los chiricahuas bedonkohes. El que esto escribe ha visto varias fechas (según las fuentes citadas), respecto al año de su nacimiento. Gregorio Doval menciona la de 1823, Roca Barea, citando a Manuel Rojas (véase la anterior nota a pie de página), expone que Geronimo fue cristianado (bautizado) en Arizpe el 1 de junio de 1821 y que era hijo de Hermenegildo Moteso y Catalina Chagori. Matiza esta historiadora que Arizpe fue fundada por el jesuita Jerónimo del Canal y por eso el nombre era frecuente en la región. Añade además que la «investigación de Rojas pone de manifiesto muchas verdades incómodas. La más evidente de todas es que Geronimo, nacido en las Montañas Azules de la Sierra Madre, no ha sido reconocido como parte de la historia de México»[160]. Los historiadores estadounidenses dan como fecha de su nacimiento el 16 de junio de 1829.

Mas siguiendo con las guerras contra los apaches, Rojas explica que «en el siglo XIX, de las siete matanzas más grandes, solo dos fueron perpetradas por los anglosajones. Las otras cinco, para vergüenza nuestra, fueron encabezadas por mexicanos»[161]. Pero no es menos cierto que los antepasados de Geronimo llevaban ya varias generaciones cristianizados y sedentarizados, siendo protegidos por las Leyes de Indias españolas. Cuando estas dejaron de tener vigencia, ya bajo México como nación independiente, los apaches fueron castigados y exterminados al rebelarse contra el gobierno mexicano, que se apropió de sus tierras y las vendió al mejor postor. Asimismo y como ya he expuesto en los primeros capítulos de este libro, tras el Tratado de Guadalupe Hidalgo, la aún pequeña nación estadounidense se expande rápidamente por territorios que antaño eran España, pues formaban parte del imperio generador español. La América hispana, ya mexicana, aportó a partir de 1848 más de 2 millones de kilómetros cuadrados, como explican Aguirre y Montes[162]. A los veinte años de su independencia México fue incapaz de defender su integridad territorial y la nación estadounidense comienza a

---

[160]   Roca Barea, M. E. *Op. cit.*, p. 45.
[161]   Citado por Roca Barea, M. E. *Op. cit.*, p. 46.
[162]   Citado por Roca Barea, M. E. *Op. cit.*, pp. 46-47. Roca Barea se refiere a la siguiente obra: Aguirre, Mariano y Montes, Ana. *De Bolívar al Frente Sandinista*, Madrid: Ediciones de la Torre, 1979, p. 34.

conformarse con vocación imperial. Entre otros muchos pueblos indígenas, los grandes perdedores, además de México como estado-nación, fueron en este caso los apaches. Nombres en español como Irigoyen, Posito
Moraga, Trigueño, Delgadito, Ponce, etc., son ejemplos de la hispanidad
integradora en la que vivieron muchos apaches, pero hay que decir con
claridad que los levantamientos de estas tribus comenzaron contra los
Estados Unidos de México bastante antes que contra los Estados Unidos
de América, es decir la de origen anglosajón.

Continuando con las guerrillas encabezadas por Geronimo hay
que resumir que ya en 1872 estaba llamado a destacar, pues había combatido junto a los caudillos que he citado en este capítulo, a los que hay
que sumar también el nombre de Ulzana. A partir de 1876 sus golpes
de mano, para robar ganado y aprovisionarse de alimentos, armas y
municiones, se hicieron famosos en toda esta parte de la frontera. Aunque el agente indio John Clum logró apresarlo y trasladar a sus chiricahuas a la reserva de White Mountain, Geronimo y sus hombres se
fugaron temiendo las represalias de las tropas que allí fueron enviadas.
La prensa sensacionalista presentaba a este jefe apache como un asesino sanguinario, lo cual estaba muy lejos de ser verdad. Luego, en 1881,
volvió a la reserva con la intención de levantar en armas a todos los
chiricahuas que allí vivían. De momento lo consiguió, aunque fueron
aniquilados por el ejército mexicano, incluyendo la matanza de mujeres y niños. Geronimo, siempre inteligente, audaz y hábil en recursos,
logró escapar vivo. Su táctica era la de atacar y replegarse rápidamente
a México en busca de refugio y seguridad. Crook siempre estaba tras su
pista, pero Geronimo lograba burlar la estrategia del general. La fama
de este líder apache crecía y su exigencia de preservar para su pueblo
su vida nómada se mantenía inquebrantable.

En toda esta guerra india el general Crook fue consciente de la
corrupción de los agentes indios gubernamentales y de la justificada
desconfianza de los apaches. Se trató de buscar soluciones, como expulsar a los mineros del territorio, dejar que fueran los propios indios
los que se gobernasen (de ahí la policía india), y que ellos escogieran el
lugar de asentamiento (siempre dentro de la reserva). Mientras tanto la
opinión pública, agitada por la prensa, pedía la ejecución de Geronimo. Bajo tan tenso clima moral el caudillo volvió a escapar, ya con escaso número de guerreros. Finalmente Crook, ayudado por los nativos
Chato y Alchise, salió en su persecución con la intención de que Geronimo se rindiera definitivamente. Crook y Geronimo acordaron que

este sería deportado a Florida por tan solo dos años, pero que luego él y los suyos volverían a Arizona. Como el gobierno no aceptó el acuerdo, Geronimo volvió a fugarse con su hijo Naiche y treinta seguidores. Tras esto Crook renunció al cargo y Sheridan lo sustituyó por el general Nelson A. Miles, que movilizó un gran ejército, con cantidad de exploradores apaches y de voluntarios. Finalmente el teniente Charles B. Gatewood y los rastreadores chiricahuas Martine y Kayitah, encontraron al acosado y agotado Geronimo en la Sierra Madre, rindiéndose este ante el general Miles el 4 de septiembre de 1886 en Skeleton Canyon, Arizona. El informe oficial de este hecho lo redactó el capitán Henry Lawton que mandaba la tropa B del 4.º de caballería.

Para los historiadores ha quedado el tema de si su rendición fue o no incondicional y si Geronimo fue considerado como un criminal sin ningún derecho. Como prisionero de guerra, él y otros apaches (entre los que hay que incluir a los exploradores que ayudaron al ejército a localizarlo), fueron trasladados primero a Fort Houston, en Texas, y luego a Fort Pickens (en Pensacola, Florida). En 1888 los chiricahuas supervivientes fueron reubicados en Mt. Vernon Barracks (Alabama). Un cuarto de esta población murió de tuberculosis y fueron trasladados una vez más, ahora a Fort Sill (Oklahoma). Geronimo, ya envejecido, estuvo presente en el espectáculo circense de Pawnee Bill sobre el Lejano Oeste, donde los indios eran presentados como monstruos feroces y sanguinarios. Finalmente murió de neumonía en febrero de 1909 en Fort Sill, bajo la categoría de prisionero de guerra de los Estados Unidos.

Por otra parte hay que señalar que los sioux, que ya estaban en las reservas de Dakota, malvivían sin apenas alimentos, dada la constante situación de corrupción de los agentes indios y demás intermediarios gubernamentales. El hambre era tal que el líder espiritual Wovoka (1856-1932), con fama de chamán poderoso, había empezado a predicar que los buenos tiempos volverían (los rebaños de bisontes y la expulsión de los hombres blancos). Inició la Danza de los Espíritus y su misticismo, en este contexto en el que los lakotas supervivientes estaban desesperados, se extendió entre los indios jóvenes. Además Toro Sentado de nuevo fue percibido como el caudillo liberador. El jefe Pie Grande hizo creer que si las viudas bailaban sus maridos resucitarían para luchar contra los blancos. Aunque el responsable de la Oficina de Asuntos Indios, Valentine Trant McGillycuddy, recomendó permitir las danzas para evitar males mayores, el ejército se alarmó y las tropas del general Miles se aprestaron a sofocar toda posible revuelta. Se rodeó el poblado en el que vivía Toro Sentado y se dispuso la detención de este. Pero otros sioux no estaban de acuerdo con esta medida y en la reyerta, uno de los policías indígenas, Tomahawk Rojo, disparó y mató a Toro Sentado.

A raíz de esto la ira corrió por las reservas de Standing Rock y Pine Ridge. Las tropas, inexpertas y nerviosas, aunque muy bien pertrechadas, pues llevaban hasta una batería de cuatro cañones ligeros de montaña Hotchkiss, la mañana del 29 de diciembre de 1890 y en el riachuelo de Wounded Knee, dispararon sobre los indefensos y ateridos indios, que se negaban a entregar sus pocas armas. En la matanza, conocida como *Wounded Knee Massacre,* murieron muchos sioux, incluido el jefe Pie Grande. Cincuenta más quedaron heridos y «el ejército informó de que en la fosa común se depositaron 146 lakotas (82 hombres y 64 mujeres y niños). Sin duda, en el Lugar de las Grandes Matanzas hubo más muertos que, o bien se habían llevado los lakotas, o bien estaban ocultos bajo la nieve y no estaban a la vista. De los cincuenta y un heridos indios cobijados en la capilla episcopal murieron siete. Otros treinta y tres heridos estaban en el campamento lakota de White Clay Creek. Aunque es imposible establecer un número exacto de bajas, es evidente que muy pocos hombres del grupo de Pie Grande salieron ilesos de Wounded Knee»[163]. Entre los soldados murieron 25 y hubo 39 heridos, la mayoría por fuego cruzado amigo. Esta matanza puso fin a la Conquista del Oeste y a más de 250 años de resistencia india, es decir desde los tiempos de la llegada de los primeros Padres Peregrinos desde Inglaterra.

Aunque el general Miles acusó al responsable directo (Forsyth) de estupidez y criminal indiferencia, los informes oficiales del Departamento de Guerra presentaron tal acción, tal masacre, desde un punto de vista heroico. Se frenó toda ulterior investigación y los soldados del 7.º de caballería, que en privado se jactaban de haber vengado así la muerte de Custer y sus hombres, fueron condecorados. Así se escribió en principio la historia. Luego vendría la mitología (el wéstern) y solo en las últimas décadas los historiadores serios restaurarían la verdad. Fue una vergonzosa matanza totalmente innecesaria, de casi los últimos desesperados, derrotados, famélicos y casi congelados sioux o lakotas.

Entro ahora rápidamente en el subapartado en el que paso revista a la evolución de las armas ligeras del ejército de los Estados Unidos,

---

[163] Cozzens, Peter. *Op. cit.*, p. 537. Para un resumen global véase Doval, Gregorio. *Op. cit.*, 2009 (4.ª edición, 2015, 2020, 2021), pp. 304-312. Sobre Wounded Knee, también en Brown, Dee. *Op. cit.*, c. 18 y 19, pp. 443-475.

que combatió y derrotó a las tribus indias. Hay aquí dos protagonistas indiscutibles: el rifle de infantería y la carabina para la caballería Springfield *trapdoor*, ambas armas monotiro y del calibre 45-70 introducido en 1873, y el revólver Colt Single Action Army, también comenzado a fabricar en 1873, en calibre 45 Colt. De este último tendré que tratar en los últimos capítulos de esta obra, pues fue el arma corta de cartucho metálico preferida por muchos *sheriffs* y forajidos.

Del Springfield hay que decir que, a pesar de su buen calibre, era un arma con una recámara más frágil que otras armas monotiro de su época, como el también estadounidense Remington Rolling Block, adoptado en diferentes calibres por bastantes naciones, o el Martini-Henry británico que participó en varias contiendas, entre ellas la guerra en África contra los zulúes. El Springfield conoció pequeñas variaciones y mejoras, sobre todo en su recámara, su sistema de extracción, en las miras y en la fijación de la bayoneta en los sucesivos modelos (el de 1875 modelo deportivo de lujo para caza, 1877, 1880, 1882, 1884, 1886 y 1888). Buscando cualquier excusa, a las carabinas Springfield se las quiso culpar de la derrota de Custer, por la debilidad de su extractor y por ser aún las vainas de cobre, que con los residuos de la explosión del cartucho son más propensas a encasquillarse que las posteriores, ya de latón. También se afirmó que si los soldados hubiesen llevado el recién inventado revólver Smith Wesson Schofield (de 1875), habrían tenido más posibilidad de sobrevivir. El Schofield, también del calibre 45, al ser como todos los Smith & Wesson de la época de acción basculante, tenía un extractor simultáneo de los cartuchos ya disparados y era por lo tanto mucho más rápido de recargar que el Colt. Todas ellas son excusas vanas, pues como ya se expuso el número de indios era quince veces superior a las tropas de Custer. Además, los errores tácticos que este cometió fueron garrafales y los únicos responsables de su derrota y muerte. En la mitología se fijó en cambio la imagen del pobre soldado muriendo en el intento de extraer de la recámara el cartucho, disparado por su carabina Springfield, con su navaja de campaña.

Hasta 1892 el ejército de los Estados Unidos no adoptó oficialmente ningún rifle de repetición de forma masiva, siendo el primero el Krag-Jørgensen de patente noruega, en calibre 30-40. Esto no significa que a título privado oficiales y exploradores blancos no llevasen rifles de repetición Winchester o de otras marcas, como la Marlin o la Colt, pero estas no eran las armas de las tropas que hicieron las guerras indias entre 1865 y 1890. Los modelos de repetición y de cerrojo

Winchester Hotchkiss y Remington-Keene, diseñados en 1876 y 1878 respectivamente, ambos del calibre 45-70 gubernamental, tuvieron un uso experimental y solo la Marina compró unos ejemplares de prueba. Luego, cuando vemos en alguna película a los soldados disparando con rifles Winchester de palanca, estamos viendo una total mentira histórica. Si vemos que son los indios los que usan los Winchester, la mentira es aún mayor. Ciertamente en la Gran Guerra Sioux y en las luchas que Geronimo capitaneó entre los apaches a lo largo de toda su vida como guerrillero, los indios usaron armas de fuego, aunque la mayoría seguían con sus tradicionales arcos y flechas, lanzas, cuchillos, tomahawks y mazas, y todas estas armas blancas se fabricaban según su cultura material tribal.

Las armas de fuego más comunes entre los indios que podían acceder a ellas, bien por intercambio por pieles o bien a través de los contratos gubernamentales gestionados por los agentes indios, eran armas de avancarga monotiro ya muy obsoletas a partir de 1870. El gobierno de los Estados Unidos tenía contratos con fábricas como la Leman o la Tryon, principalmente de Pensilvania, que fabricaban este tipo de mosquetes de intercambio (hasta 1870 aún se les vendían a los indios los de chispa y ánima lisa, luego ya de pistón), y de rifles largos. Estos, pobres y baratas copias de los que llevaban los primeros tramperos.

En las citadas guerras los indios también usaron algunos viejos revólveres de avancarga (Colt o Remington). Pero eran una minoría. Como eran una minoría los que podían acceder a agentes corruptos que les vendiesen carabinas Springfield monotiro, o Sharps y Spencers excedentes de la Guerra Civil. Es cierto que en la campaña contra los lakotas de 1876, en la que murió Custer, algunos guerreros llevaban el primer modelo de Winchester, el 1866, pero en muy escaso número. De Geronimo, ya en las posteriores guerras apaches, hay fotos con un rifle Springfield monotiro del 50-70, y cuando fue capturado por última vez llevaba un Winchester de repetición por palanca modelo 1876, número 109450, un revólver Colt Single Action Army niquelado y con cachas de marfil, número 89524, y un cuchillo tipo Bowie de la casa Sheffield.

Los agentes indios corruptos y otros comerciantes despiadados que vendían el Winchester 1866 a algunos caudillos renombrados lo hacían con mucha malicia, pues era para tener engañados a los indios, contrariamente a lo que se podría pensar, pues solían cambiarlos por caballos o por plata y oro. Este modelo es aún de cartucho de fuego anular, es decir del 44 Flat Henry, de muy poca potencia incluso como munición de revólver, y que al no ser la vaina de fuego central una vez disparada no se puede recargar. Con lo cual tenían a los indios dependientes de ellos para que cada poco les comprasen la munición en parajes convenidos y ocultos, aprovechando además, de forma también perversa, para venderles el pésimo alcohol que los enloquecía. Menos jefes indios pudieron acceder al muy nuevo Winchester 1873, este del calibre 44-40, ya de fuego central. Quien, como el que esto escribe, haya leído toda la bibliografía original estadounidense sobre este asunto, podrá corroborar lo que aquí expongo.

Los libros específicos sobre el tema están llenos de fotografías de viejas[164] y obsoletas armas de fuego pertenecientes a los indios, llenas de reparaciones con cosidos de cuero crudo e hilo de cobre, adornadas con tachuelas de latón. Las poquísimas armas de repetición Winchester usadas por estos pueblos primitivos, sin tecnología para mantenerlas en buen uso o repararlas en cuanto se estropeaban, dada su compleja maquinaria y el duro trato al que las sometían los pocos indios que las tenían, quedaban pronto totalmente inservibles o podían reventarles en la cara.

Por todo lo expuesto ya, hay que subrayar que además de los silenciosos arcos y flechas, los indios preferían las sencillas armas de fuego de avancarga, porque era mucho más fácil conseguir para ellos, en una vida nómada y en los lejanos puestos comerciales de algunos fuertes, pólvora negra a granel, plomo, moldes, piedras de chispa y en los últimos años pistones fulminantes, que cartuchos hechos en fábrica mucho más caros y difíciles de comprar hasta para los colonos blancos. Sucede, como en tantos otros temas de la Conquista del Oeste, que la mitología del *Far West* ha elevado a categoría mitológica general lo que era precisamente una muy rara excepción, a saber: que los indios tuvieran armas de fuego y que además estas fueran de los últimos modelos (de cartucho y de repetición), que los propios colonos no podían pagar dada su carestía. Así, presentando a los indios como mejor armados que el ejército, algo totalmente falso, se blanquea la negra historia de la formación de los Estados Unidos y se construye una leyenda casi rosa, para consumo de inmigrantes recién llegados a la nación y que han de ser asimilados rápidamente. De ahí la importancia del wéstern

---

[164] Además de todos los libros ya citados sobre el tema armamentístico en la conquista del *Far West*, véase sobre las armas de los indios: Gale, Ryan; Ness, Larry; Mikelson, Gary. *Rifles of the American Indians*. Track of the Wolf, Inc. Estados Unidos, 2016.

como vehículo ideológico de una mitología falsa (oscurantista), tanto en las novelas de diez centavos (*Dime Novels*) y después en el cine hasta los años cincuenta y sesenta, cuando empieza a surgir un espíritu crítico que culmina con el wéstern crepuscular. Clint Eastwood, en *Sin perdón* (1992), ridiculiza de forma excelente la incipiente mitología falsa de los novelistas baratos, expertos en exageraciones, tergiversaciones varias y mentiras flagrantes.

Otro ejemplo: hasta el católico y antirracista John Ford nos presenta en *Río Grande* (1950) a los apaches, refugiados en México, disparando a las tropas estadounidenses mandadas por el teniente coronel Kirby Yorke (John Wayne), en su incursión de rescate de unos niños, con Winchesters modelo 1892 (cuando la acción fílmica se sitúa poco después de acabada la Guerra Civil). Falsedad y anacronismo se dan aquí la mano, pues las armas que salen en la película son las que los indios navajos que trabajaban en el cine para Ford, usaban para la caza precisamente en la época en la que se rodó la película (1950) y no setenta u ochenta años antes.

En el cine las guerras indias han sido reconstruidas y mitificadas hasta la saciedad y es imposible aquí tratar todo este subgénero dentro del propio wéstern. La mayoría de las que son obras de los grandes estudios y con presupuestos de serie A, con actores y actrices protagonistas de reconocido prestigio en Hollywood, son elaboraciones míticas para mayor gloria de la Caballería. Las de serie B, con presupuestos más modestos y argumentos más ceñidos a una acción o trama concreta y con menos despliegue de actores y atrezo, suelen caer en el tópico de presentar al indio como un animal sanguinario y a la esforzada Caballería en su intento por darle caza y sobrevivir en el empeño. Ahora bien hubo directores, como John Ford y el propio Raoul Walsh (al final de su carrera), que siempre tuvieron una mirada crítica sobre la Conquista del Oeste. Sabían que estaban fabricando verdaderos mitos, pero sabían también que estos mitos no eran verdaderos.

Pongamos como paradigma la famosa trilogía de la Caballería de Ford (*Fort Apache*, 1948, *La legión invencible*, 1949, y *Río Grande*, rodada en el verano de 1950). Si en *La diligencia* (1939) Ford aún presenta a Geronimo y sus apaches de la forma mitológicamente convencional, es decir como guerreros violentos y sanguinarios que son una parte más del paisaje, sin alma, que hay que civilizar, y a la Caballería como el agente salvador *in extremis*, en la trilogía de la Caballería matiza mucho sus posiciones, volviéndose críticas, pues presenta a los «héroes» desde una clara visión desmitologízadora. En *Fort Apache*, el estirado, formalista, racista y rígido coronel Thursday, magistralmente interpretado por Henry Fonda, es un trasunto en la ficción del general Custer. Thursday lleva a la muerte a sus hombres (como Custer en la verdad histórica), pues desprecia a los apaches y la digna actitud de su caudillo Cochise. Después de su muerte será el capitán Kirby York (John Wayne) quien se encargue de reforzar ante los periodistas una falsa visión heroica del difunto Thursday, ensalzando los valores de una tropa mal pagada y pertrechada: su sacrificio, su lealtad y compañerismo. Ford nos muestra claramente cómo se construye la mitología, es decir cómo se sustituye la verdad histórica por la falsedad que interesa en aras de la consolidación de una nación. Además este genial director presenta algo cierto: la corrupción de los agentes indios, que venden comida podrida a las tribus, los habitúan al alcoholismo y les venden armas de fuego del último modelo (Winchesters de repetición). Siendo en esto último en lo único que Ford, en su mirada hipercrítica, yerra por exagerado anacronismo.

En España Eduardo Torres-Dulce[165] hace una lectura literaria de estas tres grandes películas de Ford. Modestamente, y como ya he presentado en anteriores obras, pretendo que mi visión sea filosófica, es decir de análisis de la historia y de los mitos que con ella contrastan. En *La legión invencible* la mirada fordiana (su visión, su idea en un genuino sentido platónico), es mucho más intimista y melancólica por momentos (estudio ético y moral del personaje del capitán Nathan Cutting Brittles y el entorno más próximo, casi familiar, de su puesto fronterizo, teniendo como telón de fondo la amarga derrota de Custer de la que acaban de tener noticia). En *Río Grande* la lucha contra los apaches es el pretexto para explorar los vínculos familiares rotos por la guerra total e incendiaria de la pasada, pero muy reciente, contienda civil: el triángulo formado por el teniente coronel Kirby Yorke, John Wayne, su esposa Kathleen Yorke, Maureen O'Hara, y el hijo de ambos, el soldado Jefferson "Jeff" Yorke, interpretado por el joven actor Claude Jarman Jr. Por otra parte Robert Wise, sin llegar a la altura épica de Ford, también rueda en 1950 *Entre dos juramentos*, donde unionistas y confederados se unen en frágil alianza para combatir contra los indios que tienen rodeado el fuerte.

En *Centauros del desierto* (1956), una tragedia psicológica según el propio Ford, los indios, en este caso los comanches, vuelven a ser las

---

[165]   Torres-Dulce, E. *Jinetes en el cielo*. Nickel Odeon S. A. y Notorius Ediciones, S. L. Madrid, 2011.

diabólicas fuerzas del mal, pero no por eso desaparece la mirada crítica del director. Ford hace un estudio sobre los sentimientos racistas del tío Ethan (de nuevo John Wayne), que junto con el mestizo Martin Pawley (Jeffrey Hunter) busca sin cesar a su sobrina Debbie Edwards (Natalie Wood). Lo que atormenta a Ethan no es solo que haya perdido al amor de su vida; su cuñada Martha (Dorothy Jordan), forzada y horriblemente asesinada por la partida del comanche Scar (Henry Brandon), sino que su sobrina, ya crecida, cohabite sexualmente con dicho caudillo, pues es una de sus esposas. En *El sargento negro* (1960), como he demostrado, Ford reivindica la brillante participación del 9.º regimiento de caballería, formado por afroamericanos, en la Conquista del Oeste. Pero hace mucho más: enfrenta a la racista sociedad estadounidense, llena de prejuicios raciales de origen sexual, con el heroico sacrificio y abnegación del sargento de primera Rutledge, que es acusado falsamente sin prueba alguna evidente, por el mero hecho de ser un negro, de la violación y muerte de una jovencita y del asesinato del oficial en jefe del fuerte. En este caso la mitología es más verdadera que la Historia escrita (a la altura de 1960, que es cuando se estrenó tan escandaloso filme)[166].

Raoul Walsh en 1941 crea el mito arquetípico del indisciplinado, audaz, impulsivo y heroico general Custer y Errol Flynn era quien mejor podía interpretarlo, dada su propia trayectoria vital delante y detrás de las cámaras. Me refiero, evidentemente, a *Murieron con las botas puestas*. Con excepción de la obra fordiana, ya mencionada, nunca la verdad mitológica, su verosimilitud, estuvo tan bien contada en su falsedad histórica. Custer y su 7.º de caballería quedan como héroes sacrificados en Little Big Horn. Aunque en la cinta no faltan las críticas a los politicastros de despacho y a los especuladores de tierras. Pero hay que subrayar que el propio Walsh cierra su larga carrera cinematográfica con *Una trompeta lejana* (1964), donde su mirada, la idea que elabora, es mucho más sosegada y matizada. El general Alexander Upton Quaint (James Gregory), es casi un filósofo desencantado y sagaz, que sabe que hay que tratar a los indios con cierta dignidad y que hay que parlamentar con ellos.

---

[166] Para todo esto véanse mis obras *Ford y "El sargento negro" como mito. (Tras las huellas de Obama)*. Editorial Eikasia, Oviedo, 2011. (Prólogo de Alberto Hidalgo) y *El Western y la Poética. A propósito de El Renacido y otros ensayos*. Editorial Pentalfa, Oviedo, 2016.

A esta evolución ideológica, ya en clara clave proindia, se habían ido sumando otros directores. Pienso en Delmer Daves y su wéstern *Flecha rota* (1951), donde los personajes de Tom Jeffords (James Stewart) y Cochise (interpretado por Jeff Chandler), ponen toda su buena voluntad para llegar a un acuerdo de paz. También existe este nuevo aliento en *Lanza rota* (1954), de Edward Dmytryk, pero de forma abiertamente clara (proindia) en *Apache* (1954) de Robert Aldrich, donde es Burt Lancaster quien da vida a Massai. En otras películas como *Pluma blanca* (1955, Robert D. Webb) y *Pacto de honor* (1955, André de Toth), el acercamiento a las difíciles relaciones entre el constante avance del ejército de los Estados Unidos y de los colonos, se hace por la mediación del sentimiento universal, el amor. Que un pionero se enamore de una india siempre es fuente de tensiones y rivalidades sangrientas, como lo es la de los que traicionan los tratados de paz y solo ambicionan oro y plata, engañando y matando a traición a los ingenuos indios.

Igualmente tengo que citar filmes como *Hondo* (John Farrow, 1953), *Tambores de guerra* (1954) y *La ley del talión* (1956), estos últimos de Delmer Daves. Por su parte John Huston y también como el Ford de *Centauros del desierto* sobre la base de un relato de Alan Le May, explora el tema racial y la aceptación de una hermana de sangre kiowa (Audrey Hepburn) por la familia Zachary, frente al recelo y odio de la familia Rawlins; en un mano a mano entre dos patriarcas, interpretados por Burt Lancaster y Charles Bickford respectivamente. Sabida la verdad, Ben Zachary (el propio Lancaster), acepta enamorado casarse con la que creía que era su hermana, que solo lo es adoptiva, pues su sangre es kiowa.

Otro habitual del género es John Sturges, que firma obras como *Fort Bravo* (1953), *Desafío en la ciudad muerta* (1958) y, en clave claramente humorística, *La batalla de las colinas del whisky* (1965). Y me refiero solo aquí a sus wésterns en los que los indios tienen cierto protagonismo. También Anthony Mann en la excelente *El hombre de Laramie* (1955), explora la maldad del hijo de un ranchero que, por resentimiento frente a su padre, comercia con los indios vendiéndoles Winchesters de repetición (con un duelo interpretativo entre James Stewart y el malvado personaje que encarna Arthur Kennedy). *En desierto salvaje* (1955) este mismo director vuelve sobre el tema de las guerras con los indios, los oficiales, los soldados inexpertos y la tosca e indisciplinada pericia de un trampero indómito caracterizado por Victor Mature.

Igualmente ya he mencionado en un anterior capítulo la singularidad de Richard Brooks y su mirada crítica sobre el exterminio de los bisontes y el maltrato a los indios. Me refiero a *La última caza* (1956). Además hay que señalar que las visiones más simplistas y estereotipadas (dicho de forma muy vulgar: los indios son los malos y los colonos y la Caballería son los buenos), quedó poco a poco relegada a las obras de serie B, que se empleaban en todo Estados Unidos como relleno en las baratas sesiones dobles para las tardes de los fines de semana. Era en suma cine para adolescentes y jóvenes en una incipiente sociedad de consumo. Y ello era así porque además el cine tenía ya una feroz competencia en la televisión y sus wésterns en series para la pequeña pantalla, que se fueron haciendo aún más famosas en los años sesenta del pasado siglo.

Dentro del wéstern y sus subgéneros (de forajidos, esforzados *sheriffs*, *cowboys* en sus rutas ganaderas, etc.), hubo auténticos actores especialistas, de los que tal vez algo diga en los últimos capítulos de esta obra. Me refiero a nombres, protagonistas a destajo, como Randolph Scott, Joel McCrea, Audie Murphy (el soldado y héroe de la Segunda Guerra mundial más condecorado de los Estados Unidos), entre otros actores de menos renombre. Hasta el citado Audie Murphy como protagonista en una obra menor como *La tierra del orgullo* (Jesse Hibbs, 1956), contribuye a dar una visión más digna de los apaches en su reserva, apareciendo personajes como Geronimo, Eskiminzin, Chato y Alchise. Este mismo actor es de nuevo el protagonista en *40 rifles en el Paso Apache* (William Witney, 1967).

A partir de los años sesenta otros directores, entre los que habría que citar a Gordon Douglas (con obras como *Emboscada*, *Río Conchos* y *Chuka*), Budd Boetticher (que revoluciona la serie B con pequeñas joyas del género, destacando en el tema indio *Estación comanche*, 1960), y Sam Peckinpah, hacen grandes aportaciones al género. Sobre todo este último con *Mayor Dundee* (1965) si nos referimos, como se hace en este capítulo, a la cuestión india y a la Caballería.

El viejo Ford rinde homenaje al sufrimiento que supuso el éxodo de los cheyennes en su magistral *El gran combate* (1964) y previamente, en *Dos cabalgan juntos* (1961), vuelve al tema del odio racial a los indios, esta vez con referencias a los secuestros de niños blancos por el caudillo comanche Quanah Parker. Digamos de pasada que Ford consideraba que esta película era la peor mierda que había rodado en mucho tiempo. Pero remito al lector a mis obras para más detalles estrictamente cinematográficos.

Ya en el contexto de la guerra de Vietnam y en las heridas y fracturas que este conflicto va a dejar en la sociedad estadounidense, hay que citar wésterns claramente proindios como *Pequeño gran hombre* (Arthur Penn, 1970), donde un muy anciano Jack Crabb (Dustin Hoffman), un pionero que ha sido criado por los nativos americanos y que luchó con el general Custer, va recordando su atribulada vida y cómo las matanzas de indios no tuvieron nada de heroico. Custer queda como un alocado megalómano. Como así es visto en la obra de Robert Siodmak, *La última aventura del general Custer* (1966), largometraje que fue rodado en España y que está lleno de pifias. En 1968 Robert Mulligan rubricó *La noche de los gigantes*, un western elaborado desde la perspectiva del «eje angular» del espacio antropológico[167], pues el apache que va en busca de su hijo (de madre blanca), es apenas perceptible, como si se tratase de una demónica o divina fuerza de la naturaleza, que sobrecoge y aterroriza al modo casi de los personajes del cine fantástico o de ciencia ficción.

La cuestión india y racial y la actitud de la caballería ya había sido tratada por partida doble en *Duelo en diablo* (Ralph Nelson, 1966). En territorio apache un explorador blanco (el actor James Garner) busca al asesino que ha matado a su esposa india y una mujer blanca, a la que da vida la sueca Bibi Andersson, abandona a su esposo para unirse a un caudillo apache con el que tiene un bebé. Para mayor complejidad argumental, el encargado de domar los caballos para la bisoña tropa de caballería es un dandi negro interpretado por Sidney Poitier. En 1967 Martin Ritt también abordó de forma crítica el problema del racismo en *Un hombre*, donde el protagonista, interpretado por Paul Newman, que es un blanco criado por los apaches, se sacrifica por los blancos que lo desprecian cuando son atacados por una banda de forajidos.

Junto con *Pequeño gran hombre* e igualmente de 1970, resalta el largometraje, también de Ralph Nelson, *Soldado azul*, donde la crueldad de la Caballería, con sus asesinatos de indios inocentes en sus poblados y sus violaciones y mutilaciones genitales de las indias, se hacen evidentes a modo de un recordatorio en la ficción de lo que fue la histórica matanza de Chivington y de lo que en el presente histórico los esta-

---

[167] Véase, Bueno, Gustavo. *El animal divino. Ensayo de una filosofía materialista de la religión.* Pentalfa Ediciones, Oviedo, 1985. (2.ª edición corregida y aumentada de 1996). También en "Espacio antropológico". Disponible en internet en https://www.filosofia.org/filomat/df244.htm#:~:text=La%20idea%20de%20un%20espacio,(plantas%2C%20animales%2C%20piedras%2C (Consultado el 30-8-2022).

Fort Apache (*John Ford, 1948*). *Un general, tras ser degradado, es enviado a Fort Apache en calidad de coronel para hacerse cargo del mando. Acertada reflexión de Ford a partir de la derrota de Custer en Little Bighorn.*

Rio Grande (*John Ford, 1950*). *El coronel Yorke combate a los apaches desde su fuerte cercano a la frontera con México. Su hijo, que ha fracasado en West Point, se alista a su regimiento.*

La venganza de Ulzana (*Robert Aldrich, 1972*). *Un grupo de indios apaches, liderados por un antiguo jefe, Ulzana, escapan de la reserva. El ejército los persigue con una pequeña compañía de soldados. Basada en un suceso real ocurrido en 1885.*

dounidenses estaban haciendo en Vietnam. Por último Robert Aldrich vuelve de nuevo al tema con la excelente *La venganza de Ulzana* (1972), con el rastreador McIntosh (de nuevo Burt Lancaster) y el apache Ulzana (Joaquín Martínez) como protagonistas. Película sangrienta, dura, sin concesiones, donde queda clara la inexperiencia de la Caballería y la idiosincrasia y motivaciones de los apaches para su vida errante y sus sangrientas incursiones. Ulzana y McIntosh son enemigos mortales pero se respetan.

Quiero matizar que no cito los wésterns proindios, con tinte etnológico y ecologista, pues ya los he mencionado en capítulos previos, sobre todo cuando abordé el mundo de los pioneros de la primera mitad del siglo XIX, es decir la época de los cazadores y tramperos que vivían del tráfico de las pieles de castor. También he comentado ya lo que supuso para Hollywood y para todo Estados Unidos la obra del joven Kevin Costner, *Bailando con lobos* (1990). En ella se rinde tributo al mestizaje cultural, a la fidelidad etnográfica (los actores son indios lakotas y hablan en su idioma tribal), y a un cierto robinsonismo ingenuo y desencantado, muy propio de la posmodernidad (el que encarna el personaje del teniente John Dunbar, interpretado por el propio Kevin Costner). Es así como ha ido evolucionando Estados Unidos en los últimos treinta años, pues aunque se rueden pocos wésterns, el género por antonomasia de dicha nación, cuando un director se aventura a filmar uno, procura dejar su huella ideológica en él. No tenemos más que comparar el *Geronimo* de 1962, dirigido por Arnold Laven e interpretado por Chuck Connors, con el *Geronimo, una leyenda* (Walter Hill, 1993) y que está protagonizado por Wes Studi, como el caudillo indio del título, Jason Patric, Matt Damon, Robert Duvall y Gene Hackman, que encarna al general George Crook.

La fidelidad histórica y la penetración en los entresijos morales de los personajes han ido creciendo y perfeccionándose en la industria de Hollywood cuando se trata de abordar el problema indio. Y no por ello olvidamos que el cine es una industria de la mitología, en la que se busca hacer grandes ganancias económicas y conformar mentalidades..., las mismas mentalidades que después tal vez derriben las estatuas de Colón o de Fray Junípero Serra presentes en dicha nación norteamericana, al tomarlos, erróneamente pero desde la ideología ya preformada, como iniciadores o modelos de lo que fue el exterminio de los indios y de su cultura tribal a lo largo de cinco siglos. Lo cierto es que películas posteriores, hasta llegar a nuestro más reciente presente en marcha, no son más que variaciones sobre el tema, contando, eso sí, con un atrezo en vestuario, armas y demás ambientación, de apariencia cada vez más realista y con tramas donde el wéstern se marida con otros géneros, como el histórico, el melodrama, el cine fantástico (o religioso), o el de ciencia ficción. Daré algunos ejemplos, pero solo de aquellas obras en las que hay algún aspecto del tema indio en el argumento, aunque hay varias y para todos los gustos: *Desapariciones* (Ron Howard, 2003). *Appaloosa* (Ed Harris, 2008), *Bone Tomahawk* (S. Craig Zahler, 2015), la ya por mí estudiada *El renacido* (Alejandro G. Iñárritu, 2015) y *Hostiles* (Scott Cooper, 2017), etc.

11
EL IMPERIO GANADERO.
EL MUNDO DEL *COWBOY*

La saga Winchester y otros rifles de repetición

En este capítulo me propongo abordar el mundo de lo que los historiadores llaman el imperio ganadero. Es decir aquella parte de la intrahistoria y de la historia de la formación de los Estados Unidos, en su avance hacia el Oeste y conquista de su actual territorio nacional, que hace referencia a la constitución de las rutas ganaderas. Estas salían principalmente desde Texas hacia los estados más al norte y del medio oeste, recorriendo los rebaños de vacas durante muy duros meses dichas rutas. Sus conductores, los míticos *cowboys*, se movían constantemente a caballo, a modo de centauros del siglo XIX si hemos de creer a la mitología más laudatoria. Llegados a las ciudades ganaderas (*Cattle towns*) donde estaban las terminales del ferrocarril, esos rebaños de vacas, (en principio los *longhorns* tejanos que en última instancia eran de origen español, por evolución de la vaca de raza retinta de las marismas del Guadalquivir llevada por los primeros conquistadores españoles en el siglo XVI), eran transportados en trenes a los mataderos del Este, que suministraban la carne de vacuno a las grandes ciudades fabriles que estaban en rápido crecimiento, con la llegada de avalanchas de inmigrantes tras la finalización de la Guerra Civil.

Tres expresiones he destacado aquí de forma especial: imperio ganadero, rutas ganaderas (Long drives) y *cowboys*. A estas hemos de sumar la de los barones ganaderos (*Cattleman* o *Cattle baron*), o grandes rancheros, que dueños y señores de extensos espacios abiertos (tras el Tratado de Guadalupe Hidalgo y antes de la invención del alambre de espino), recorrían dichas rutas como si fueran auténticos señores feudales; pues en una sociedad en formación en la que todavía no hay leyes o los jueces que las pueden imponer están a cientos o miles de kilómetros al Este, la única «ley» es la del más fuerte, o la del más rico que pueda comprar al pistolero o matón sin escrúpulos para que trabaje (intimide o mate) bajo sus férreas órdenes. Es aquí donde surge la figura del *cowboy*, que frente al pequeño granjero o al obrero o funcionario del Este, crea su propio mundo, su propia moral: con sus códigos no escritos, fraternidades, lealtades inquebrantables y traiciones que se pagan de forma expeditiva.

Desde un principio y entre 1865 y 1890, a la vez que se exterminan los bisontes en las praderas y los indios son derrotados, casi aniquilados o reducidos a reservas estériles por el ejército, se va conformando ese mundo del *cowboy*, donde ya desde un principio realidad y mito se van maridando de forma que es difícil distinguir donde finalizan los hechos y donde comienza la leyenda en exceso exagerada y elogiosa. Para ceñirnos más al tema que vamos a tratar hay que recordar que, aunque hubo conducción de ganado ya años antes de la Guerra Civil, será a partir de 1860 pero sobre todo desde 1865 (ya que debido al conflicto quedaron millones de vacas en Texas en estado semisalvaje al no ser atendidas), cuando comiencen las grandes rutas. Coincide este hecho con la llegada de las primeras líneas de ferrocarril al medio oeste y luego a la costa de California. Todo esto permite que el negocio del ganado vacuno sea completo y enriquecedor para los más audaces, fuertes y valientes de entre los ganaderos. Sin embargo serán los *cowboys* a sueldo, en el fondo unos simples peones asalariados, los que generen la leyenda, alimenten el imaginario colectivo y nutran la cultura material y moral de los Estados Unidos de forma harto emblemática.

Durante mucho tiempo el *cowboy* fue el prototipo del estadounidense. No hay más que ver la publicidad televisiva para vender tabaco que se hizo durante décadas en los Estados Unidos

Las guerras entre ganaderos poderosos por ampliar de forma ambiciosa sus pastos, por derechos de paso y por hacerse con los mejores manantiales y riachuelos para que sus vacas abreven abundarán en la frontera. El odio a los rebaños de ovejas y a los ovejeros, considerados por los *cowboys* como individuos despreciables que no merecen vivir, también dará lugar a conflictos sangrientos. Como antagonismos constantes los habrá con los pequeños granjeros que ven atropelladas sus parcelas por los rebaños de vacas y que tendrán en las cercas de alambre su mejor aliado. Como el mítico relato bíblico de la muerte de Abel por Caín será esta una lucha a veces despiadada, como la mitología, el wéstern de nuevo, nos ha narrado en infinidad de largometrajes, algunos de ellos de gran altura épica y estética.

Como es regla habitual en esta obra, al cine y a cómo este ha reflejado y recreado el mundo de los *cowboys*, dedicaré las últimas páginas de este capítulo, mencionando algunas de las películas más emblemáticas, no sin antes ocuparme brevemente de la evolución de las armas largas de fuego, que ya en el último tercio del siglo XIX alcanzan, fruto de la gran industria metalúrgica, un desarrollo tecnológico muy rápido e impresionante. Este trabajo, como el lector ya sabe, es un ensayo sobre la idea de violencia en la Conquista del Oeste, en la formación de la nación estadounidense a través del legendario *Far West*, de ahí que de la importancia que se merece al tema de las armas de fuego y a los hombres que las empuñaron. Salvo excepciones notorias, los vaqueros, a veces taciturnos a veces bullangueros, no fueron ni los más violentos ni los más diestros en el uso de las armas, aunque llevasen un revólver al cinto y en la cadera o una carabina en la silla de montar. Cosa muy distinta sucederá con los *sheriffs* y forajidos de toda condición (incluidos los pistoleros o «matadores de hombres»), de los que me ocuparé en el postrer capítulo de este libro, es decir, antes del epílogo, donde sacaré las conclusiones teóricas que de alguna forma ya anuncié en la introducción.

Como es comprensible, dada la amplitud temática, histórica, de este trabajo, me dejaré bastantes detalles en el tintero, pues cada uno de los apartados (el mundo de los *cowboys*, las armas largas más famosas del Oeste y los wésterns sobre los vaqueros, sus rutas, quehaceres y pendencias), daría por sí solo para un libro completo. Soy consciente de ello y por eso me centraré en lo más sustancial.

Resumiré en principio los antecedentes españoles y mexicanos de la figura del *cowboy*.

Ya en 1521 Gregorio de Villalobos desembarcó siete vacas y un toro andaluces en el continente americano, y el también español Francisco Vázquez de Coronado, en busca de las míticas siete ciudades de Cíbola, dirigió en su expedición un gran rebaño de bueyes, corderos y cerdos[168]. Después otros conquistadores con voluntad colonizadora, como Álvar Núñez Cabeza de Vaca y Juan de Oñate, llevaron sus rebaños por tierras de lo que ahora es Texas y Nuevo México. Décadas más tarde y a pesar de las sublevaciones de los indios pueblo, los españoles se fueron reinstalando en Texas (como es el caso de Alonso de León

---

[168]   Véase, Stammel, H. J. *La gran aventura de los cowboys*. Editorial Noguer. Barcelona, 1975. (Edición original: *Das Waren noch Männer*, por Econ Verlag GmbH, Dusseldorf y Viena, 1970). También citado por Doval, Gregorio. *Breve Historia de los cowboys*. Ediciones Nowtilus, S. L. Madrid, 2009.

en 1689), y al ser atacados sus rebaños por los indios caddos parte de su ganado se dispersó, de tal suerte que el origen de las vacas y toros salvajes que darán lugar a los cornilargos (*longhorns*) y a los caballos asilvestrados o mesteños (mustangs) es una historia que corre casi paralela.

Mucho más tarde en la evolución del Imperio español, en 1770, la misión del Espíritu Santo poseía unas 40.000 reses vacunas que se criaban en libertad. Fruto del mestizaje, biológico y cultural, surge la figura de los primeros vaqueros indígenas y de los mestizos del virreinato de Nueva España que se dedican a la caza del bisonte, necesitando para esta tarea ser grandes domadores de caballos semisalvajes y jinetes expertos. Me refiero a la figura del cibolero ya mentada. Sus armas eran la lanza, el arco y el cuchillo. Sobra decir que pronto los comanches, por mimetismo cultural, aprenderán a cabalgar y a cazar así.

Es obvio que el antecedente histórico más próximo en el tiempo al *cowboy* tejano es el vaquero mexicano, del que aprenderá todo su oficio. También su vestimenta y arreos (con su evolución propia), e incluso parte del vocabulario, adaptándolo muchas veces del español al inglés. Como en anteriores capítulos ya he tratado el tema de la independencia de México respecto de España y de la sublevación y emancipación de Texas respecto de México, no voy a volver sobre el asunto. Recordar, eso sí, que el naciente México dio muchas facilidades a los inmigrantes estadounidenses venidos del Este (por ejemplo de Kentucky, Tennessee o Luisiana), vendiéndoles tierras en el norte de la nación, es decir en la despoblada Texas, a precios muy baratos, con la condición de que se hiciesen católicos, no tuviesen esclavos negros, practicasen la agricultura y la ganadería y contribuyesen, luchando, a frenar las incursiones de los temidos comanches. Como ya se dijo, muchos de esos anglonorteamericanos eran aventureros de dudoso pasado que huían de los Estados Unidos para no tener que vérselas con la Justicia. Como también se explicó, acabaron sublevándose y arrebataron Texas a México. Desde 1836 Texas fue una república independiente, pero en 1845 se unió a los Estados Unidos. Tras la guerra con Estados Unidos, México perdió mucho más territorio (todo el suroeste), y es en este contexto cuando se consolida la raza vacuna cornilarga tejana[169].

---

[169] La expresión «texano» y «tejano» son sinónimas, y aunque en España se emplea mayoritariamente «tejano», ambas son válidas. Uso ambas expresiones, pero respeto y reproduzco entrecomillada la que se emplee en una cita concreta.

Entre 1848 y 1865 tres millones y medio de *longhorns* pastaban libremente por las llanuras y praderas de Texas. Es en este periodo cuando comenzará a forjarse la figura del *cowboy*, que alcanzará su apogeo en las décadas posteriores a la guerra civil estadounidense. De 1865 a 1890 el *cowboy* fragua como tipo humano de origen principalmente anglosajón (aunque haya en Estados Unidos muchos vaqueros de origen mexicano y afroamericanos, negros y mulatos), pero la génesis de su cultura moral y material es mexicana y en última instancia de raíz española, como nos recuerda Borja Cardelús[170].

El cornilargo y el caballo mustang (mesteño) tendrán características temidas y a la vez apreciadas por el vaquero mexicano y el posterior *cowboy* tejano. El temperamento indómito de ambos animales formará parte también de la personalidad independiente, rebelde y orgullosa de los *cowboys*. Esto les caracterizará y marcará la diferencia esencial con otro tipo de estadounidenses (el granjero, el minero, el soldado, el político o funcionario atildado, etc.) En estado semisalvaje, el cornilargo es un animal fiero, estilizado, veloz e inteligente para saber defenderse y encontrar pastos y agua para abrevar. Sus largas patas y su cornamenta también muy larga y astifina serán sus principales defensas frente a las manadas de lobos y coyotes, además de los pumas y osos. Pronto los tejanos comenzaron a marcar este ganado al modo español, es decir con el hierro candente identificativo de su dueño en la parte superior del lomo, pero la verdad es que en los primeros tiempos no se ocupaban mucho de este ganado casi asilvestrado, excepto en el rodeo de primavera con el fin de identificar a los terneros nacidos y adjudicarlos al dueño al que perteneciese su madre, la vaca recién parida.

Como aún no se habían inventado las cercas de alambre espinoso todas las inmensas praderas tejanas, incluyendo las de los estados limítrofes, eran consideradas «campo abierto» (*open range*) y los animales vagaban casi a su antojo. La industria ganadera se irá así formando lentamente. Antes de la Guerra Civil ya se usaba la Vieja Senda Shawnee y «se cree que el primer rebaño fue llevado a Misuri en 1842; pero este acontecimiento no pudo comprobarse hasta 1846: en ese año, Edward Piper condujo mil animales a Ohio. La avalancha de 1849 en pos del oro californiano, abrió un nuevo mercado»[171]. Cuando se seculariza-

---

[170]   Cardelús, Borja. *Op. cit.*
[171]   Stammel, H. J. *Op. cit.* (Edición original de 1970 y edición española de 1975), p. 27.

ron las antiguas misiones españolas y descendió mucho el número de ganado vacuno, antaño a cargo de los misioneros y sus indígenas cristianizados en la fe católica, la falta de carne, ante la avalancha de tanto minero que necesitaba ser alimentado, hizo que en 1850 W. H. Snyder emprendiese su primera expedición con ganado tejano hacia California. Según el veterano W. A. Perril, el *trek* (viaje en carreta de bueyes arreando vacas) de Snyder fue todo un récord de audacia y duración, dado el amplio y difícil territorio que recorrieron.

Por otra parte la indeseable consecuencia de la piroplasmosis o fiebre de Texas, también conocida como fiebre española, que el ganado tejano transmitía a los animales domésticos de los pequeños rancheros en su larga marcha hacia el norte y el estallido de la Guerra Civil, retrasaron el despegue de la gran industria ganadera, con sus barones y *cowboys*, y sus diferentes y largas rutas hacia las ciudades de Misuri y Kansas de las que pronto hablaré. Una de las primeras proezas en materia de conducción de ganado fue la que protagonizó un grupo de *cowboys* adolescentes, que dirigidos por W. D. H. Saunders, un joven de diecisiete años, llevaron 800 reses desde Goliad (Texas) hasta Woodville (Mississippi) en 1862.

Al finalizar la guerra la nación estaba arruinada y en Texas, al igual que en la frontera de Misuri y Kansas, proliferaban los quintacolumnistas yanquis, los desertores y fugitivos de ambos ejércitos, los antiguos guerrilleros (*jayhawkers*, cetreros de cotorras, y «botas rojas» de Kansas)[172], reconvertidos ya en forajidos tan despiadados como lo habían sido antes, además de los bandidos mexicanos. Por supuesto, los soldados confederados que regresaban a sus hogares lo hacían en condiciones de total pobreza. Texas era, pues, un territorio fronterizo sin ley y solo existían manadas enteras de cornilargos totalmente asilvestrados. Casi la única posibilidad de sobrevivir era la de reunir a esos millones de animales vacunos y conducirlos hacia el Norte, dando así lugar a la cultura e industria ganadera en la que era necesario, como en el caso de otros pioneros en la conquista del Oeste, ser fuerte, valiente y audaz hasta la temeridad.

---

[172]   Para estas expresiones referidas a las bandas organizadas de rufianes de la frontera, véase el capítulo Conflictos en la frontera. La sangrienta Kansas. Preludios de Guerra Civil. Después de la guerra estos grupos de antiguos guerrilleros siguieron dedicándose a una vida de robo y bandidaje. Extorsionar a los ganaderos y disparar a los cowboys en sus largas marchas, con los rebaños de vacas hacia los pueblos con terminales del ferrocarril, fue una de sus muchas actividades delictivas.

De esta guisa, ya en 1866 se estima que 260.000 cabezas de ganado fueron llevadas hacia Kansas y Misuri, aunque muchas de esas vacas, al igual que los *cowboys*, perecieran por el camino. Pero la pobreza y la desesperación motivaban a los hombres más arrojados y temerarios. De ahí surgirá la casta de los grandes barones ganaderos al igual que la de los intrépidos vaqueros. En 1867 más de 250.000 *longhorns* fueron llevados a Abilene, que hasta entonces no era más que un villorrio en el que había un apeadero del ferrocarril Kansas-Pacífico. Años más tarde, cuando los magnates del Este se den cuenta del gran negocio que supone la industria cárnica, los banqueros, los aristócratas británicos (sobre todo escoceses), y otros inversores y especuladores intentarán controlar la industria ganadera, que durante décadas corrió paralela a la del ferrocarril.

Ya antes de la guerra, vacas de Texas habían llegado hasta Pensilvania camino de Nueva York y otros rebaños habían sido conducidos a la frontera de Kansas con Misuri, hasta Baxter Springs saliendo de San Antonio, a través de una peligrosa ruta que atravesaba el río Rojo y el Territorio Indio, donde vivían las cinco tribus civilizadas que cobraban su peaje en carne (cediéndoles unas reses). Por último, los *cowboys* tenían que enfrentarse a las bandas de forajidos que pululaban por la citada frontera. No es de extrañar que ante panorama tan peligroso la forma de vida de los primeros grandes ganaderos fuera como la de los señores feudales: su palabra y su fuerza para imponerla eran su ley; la única que había, y la lealtad y fidelidad de sus *cowboys* se parecía a la de los caballeros medievales que juraban vasallaje. En las rutas, tan llenas de riesgos y dificultades, como vadear los caudalosos ríos o frenar una estampida en plena noche, la vida de un hombre, de un *cowboy*, dependía de la destreza y saber hacer de la de sus compañeros. Los primeros barones ganaderos, que bregaban codo con codo con sus vaqueros, eran una mezcla especial de aventureros y arriesgados hombres de negocios.

No voy a narrar aquí de nuevo la hazaña de Nelson Story, que llevó en 1866 un rebaño hasta las ciudades mineras de Montana en plena guerra contra los sioux, pues ya la he expuesto, pero entre los grandes ganaderos pioneros de las largas rutas hay que citar a Charles Goodnight (1836-1929) y Oliver Loving (1812-1867), que ya en 1858 había abierto la Ruta de Sedalia. A estos nombres hay que añadir el de Jesse Chisholm (muerto en 1868 y que dio nombre a su propia ruta).

Otro gran barón ganadero fue Richard King (1824-1885), prototipo, como muchos otros que no hay espacio para citar aquí, del hombre duro, inteligente y emprendedor hecho a sí mismo desde su adolescencia, pues inicialmente había sido armador y dueño de veintidós barcos fluviales. En 1853 compró por 300 dólares 6.275 hectáreas de buenos pastos en Texas y en 1861 su cabaña ya era de 20.000 vacas y 2.000 caballos. Sin embargo es John Chisum (1824-1884), ganadero adinerado que fue uno de los protagonistas de la guerra por el ganado del condado de Lincoln, en Nuevo México (y en la que participó el notorio forajido conocido como Billy el Niño), quien en la mitología del wéstern mejor encarna la figura del barón por excelencia.

A estos nombres habría que añadir los de John Jacob Myers, Joseph McCoy, Abel Head "Shangai" Pierce (1834-1900), John Henry Tunstall (1853-1878), Milton Faver (1822-1889), Christopher Columbus Slaughter (1837-1919, que fue el primer barón ganadero tejano de pura cepa, Andrew Drumm (1828-1919), John W. Ilif (1831-1878), Peter "Pete" Kitchen (1822-1895) y Prentice "Print" Olive (1840-1886, barón atípico por sus actos violentos), etc. Exceptuando el caso de este último, la mayoría de los barones del ganado preferían ir desarmados para evitar todo ataque según el código no escrito del Oeste y viajar en diligencia o en su propio cabriolé.

Respecto a las rutas que salían de Texas hacia los pueblos ganaderos de Misuri y Kansas (en rápido crecimiento por tener terminales del ferrocarril y dada la llegada de grandes rebaños de vacas), y otros territorios más al norte, hay que citar a las siguientes:

- Ruta o camino de Chisholm, que saliendo de Brownsville y pasando por San Antonio, con ramales que procedían de Victoria, Austin y Houston confluyendo en Waco, pasaba por Fort Worth hasta llegar a Cadwell y Wichita.

- Ruta de Abilene o extensión de McCoy, que alargaba la primera ruta citada hasta enlazar Wichita con el pueblo de Abilene. La de Abilene-Waterville era una prolongación que llegaba hasta esta última ciudad, existiendo también un ramal que unía Cadwell o Wichita con Ellsworth.

- Ruta Occidental. Este camino con salidas desde San Antonio, Austin, Houston y San Angelo, que confluían en Fort Griffin, pasaba por Dean's Store, donde los *cowboys* se avituallaban, y llegaba hasta Dodge City y más al norte hasta Ogallala, ya en Nebraska.

- Ruta de Goodnight-Loving, que salía de San Angelo y, bordeando el río Pecos, subía hasta Fort Sumner (en el territorio de Nuevo México), hasta llegar a Pueblo y Denver (en Colorado) y finalizaba en Cheyenne, ya en tierras de Wyoming.

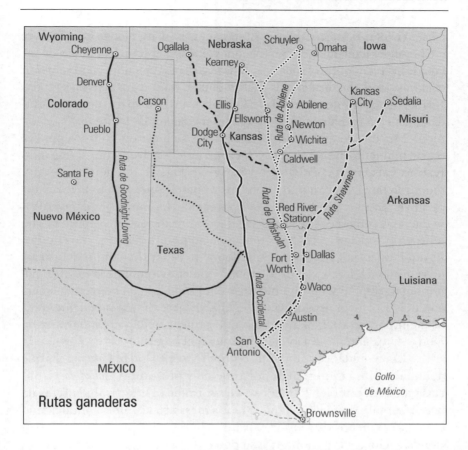

Rutas ganaderas

- Vieja ruta Shawnee. Salía de Brownsville y pasaba por Austin, Waco, Dallas, Denison, Fort Gibson, en Territorio Indio u Oklahoma, Baxter Springs, hasta ramificarse para llegar a Kansas City o a Sedalia y, más al norte, a Quincy o St. Louis[173].

En torno a las ciudades ganaderas (más bien pueblos), en vertiginoso y muchas veces fugaz crecimiento, en los años de máximo apogeo del negocio del transporte de ganado por ferrocarril, hay que destacar a las siguientes *Cattle towns*: San Antonio, Sedalia, Cadwell, Kansas

---

[173] Véanse estas rutas en Rosa, Joseph G. *El legendario Oeste. La época de los pistoleros*. Editorial LIBSA, Madrid, 1994, pp. 100-101. Davis, William C. y Rosa, Joseph G. *El Oeste. La turbulenta historia de la colonización en el Oeste americano*. Editorial LIBSA, Madrid, 1995, p. 87. También de forma más esquemática en Chastenet, J. *Op. cit.*, p. 171.

City, Wichita, Newton, Abilene, Ellsworth, Hays City, Dodge City, Denver y Cheyenne. Exceptuando San Antonio, que era el principal punto de salida de los rebaños de cornilargos, todas las demás ciudades citadas fueron enclaves donde finalizaban las rutas y donde, tras ser metidas en grandes corrales, las vacas eran cargadas en vagones de trenes para ser transportadas al Este, principalmente a los grandes mataderos de Chicago.

Muchos de estos pueblos ganaderos se hicieron famosos por ser en su momento la «Sodoma y Gomorra» de la frontera, destacando Kansas City, Wichita y Dodge City como lugares donde la maldad y todo tipo de vicios campaban por sus respetos, pues no había ley ni esperanza para los débiles o los empobrecidos. La mitología del wéstern se encargó con creces de elevar a categoría de arquetipo general lo que no fueron muchas veces más que situaciones puntuales y transitorias. Es aquí, pues, por magnificación, donde se generará el mito del *cowboy* juerguista y violento, del pistolero más violento aún y de los *sheriffs* que imponían respeto y un mínimo de orden, frenando en seco la violencia con más violencia expeditiva si llegaba el caso. En esa incipiente mitificación por vía oral, alguien dijo que si fuera dueño del infierno y de Dodge City, alquilaría Dodge y viviría en el infierno.

Es en ciudades como estas, sobre todo en Dodge City, en las que abundaban los tahúres, matones a sueldo y prostitutas (*Soiled doves*, Sucias palomas, también llamadas a veces, irónicamente, trabajadoras de la horizontal), donde los vaqueros, tras meses en las rutas conduciendo el ganado y llenos de tensión por los peligros y las privaciones, daban rienda suelta a sus pasiones y a su deseo de juerga ruidosa y constante. Esto atemorizaba a los puritanos yanquis allí asentados y que vivían ajenos al mundo del ganado, pues veían en la afluencia veraniega de los *cowboys* tejanos, con sus grandes rebaños, la llegada también de unos días o semanas de total anarquía en su población. Una vez que el barón ganadero vendía sus vacas y sus hombres cobraban, estos, los vaqueros, solo pensaban en gastarse la paga lo más rápidamente posible en el barrio de la ciudad dedicado al vicio. Lo cual suponía, además de darse un baño, hacerse con ropa limpia y darse un capricho (como un revólver nuevo o mejor), beber hasta emborracharse, disparar al aire durante la noche, jugar al póker en los *saloons* (u otros juegos de azar hábilmente trucados), y tener relaciones sexuales con las chicas de vida alegre.

Pero lo cierto es que las prostitutas tenían una vida nada alegre. Bastantes padecían enfermedades venéreas o tuberculosis, muriendo jóvenes, y eran explotadas por los proxenetas (los dueños de los *saloons* o a veces los propios *sheriffs* de la ciudad).

Los incautos *cowboys* eran desplumados por los tahúres y las borracheras (de whisky matarratas), sacaban a los vaqueros de su sano juicio. Es en este contexto donde se forma el mito de las violentas ciudades ganaderas (como sucedía también con las mineras), y de los policías o *sheriffs* que, igualmente de forma violenta por lo general, imponían un mínimo de paz y seguridad, dado el temor que inspiraban a los pistoleros de oficio. Estas situaciones existieron, pero mucho menos de lo que el cine, el wéstern, nos ha hecho creer. Como en otras circunstancias y hechos históricos concretos, se eleva a categoría de paradigma moral o histórico lo excepcional. Los vaqueros, gastado casi todo su dinero y recuperada su habitual cordura, solían volver a sus ranchos de origen, muchas veces por ferrocarril, para seguir con su mismo estilo de vida, azaroso e independiente.

La prosperidad de muchas de esas *Cattle towns* fue rápida pero fugaz.

Entre 1870 y 1880, el censo ganadero de Kansas pasó de 374.000 a 1.534.000 cabezas; el de Nebraska, de 80.000 a 1.174.000; el de Colorado, de 70.000 a 790.000; el de Montana, de 37.000 a 428.000; el de Wyoming, de 11.000 a 521.000, y el de las dos Dakotas, de 12.000 a 140.000. Hasta entonces, solo había ranchos en la orilla sur del río North Platte, y siempre amenazados por las continuas incursiones de los indios. Al ser neutralizados estos, la actividad ganadera vivió un considerable auge. La industria ganadera, aún en sus inicios, prometía unos beneficios que dejarían pequeños los obtenidos en todas las sucesivas fiebres del oro[174].

Todo esto sucedió cuando, rebasadas las primeras ciudades ganaderas de Misuri y Kansas, el negocio del ganado y de los grandes ranchos y rebaños de vacas, tras el exterminio de los bisontes y la reclusión de los indios supervivientes en las reservas, se expandió por los territorios del norte de los Estados Unidos, llegando no solo a Nuevo México y Colorado, sino también a Nebraska, Wyoming, Montana y parte de las dos Dakotas. Mientras se mantuvo el sistema de campo abierto (*open range*), es decir sin cercas de alambre de espinos que estableciesen delimitaciones en las grandes praderas centrales y del norte, la industria cárnica conoció tan alto grado de crecimiento que no solo abastecía a la nación estadounidense,

---

[174]   Doval, Gregorio. *Op. cit.*, 143.

sino que con el desarrollo de las fábricas de conservas (carne enlatada) y la invención del vagón frigorífico, se exportaba a Europa, principalmente a Gran Bretaña. Así en 1881 dicha exportación alcanzó la cifra de 100 millones de libras de carne de vacuno.

En los territorios norteños sobresalía la llamada Senda Occidental, que alcanzó su máximo desarrollo en la conducción de grandes rebaños de vacas entre 1880 y 1884. Chicago, como ya se insinuó, era, con sus mataderos industriales, el principal centro de distribución de la carne. Pero a diferencia de los primeros ganaderos que operaban en Texas, auténticos pioneros en este sector productivo, el negocio en las praderas del Norte ya estaba organizado al modo capitalista. Bastantes de estos nuevos barones eran inversores extranjeros o vivían con todo lujo de comodidades en el Este, delegando en sus capataces la dirección y organización de sus ranchos. Por eso, y a pesar de los barones ganaderos ya citados, como hombres fuertes, audaces, muy trabajadores y emprendedores, la mitología ha elevado al peón, al asalariado *cowboy*, a la categoría de paradigma moral.

Como nos recuerda H. J. Stammel, el mundo del *cowboy* tenía sus propias reglas, que luego se generalizarán y se elevarán a categoría de modelo, de arquetipo moral. No sucederá lo mismo con el soldado (a pesar de la gran obra cinematográfica de John Ford, entre otros notorios directores de cine, dedicada en muchas de sus películas a la mitificación de la Caballería), ni con la figura del trampero, hasta que los vientos del relativismo cultural y del ecologismo (en el contexto del desastre de la guerra del Vietnam), den como fruto el excelente film ya citado *Las aventuras de Jeremiah Johnson*. No hay más que recordar que en España a los wésterns, cuando éramos niños (y ya como colonia cultural de los Estados Unidos desde mediados de los años cincuenta del siglo XX), los llamábamos «películas de indios y vaqueros». En la mente infantil de los niños de la Europa occidental el maniqueísmo ya estaba implantado: los indios eran los malos de la película y los vaqueros los buenos.

El *cowboy*, al principio casi exclusivamente tejano, es un producto de la época posterior a la Guerra Civil, con la derrota confederada y de los ideales aristocráticos sureños, que eran incompatibles con los capitalistas e industriales que defendía y acabó imponiendo el Norte. Derrotados, los sureños y sus adolescentes hijos, tenían muy pocas salidas laborales en una nación empobrecida y que seguía moralmente dividida con las políticas republicanas radicales de la llamada Reconstrucción. Fuera un veterano de guerra, ya entrado en años, o un jovencito imberbe, a un tejano le quedaban pocas opciones para vivir de forma honrosa. De no convertirse en un desperado (corrupción de la palabra española, desesperado), o forajido (de los que trataré en el siguiente capítulo), ser vaquero, y en general peón de un rancho a cargo de un ganadero que arriesgaba el todo por el todo, era una opción pobre y peligrosa pero honrada. Y el *cowboy* será, entre otras cosas, el modelo de persona individualista, fiel y leal con su patrón (el ranchero) si le daba su palabra, solidario con sus compañeros creando lazos de fraternidad insobornables por la codicia, y, sobre todo, muy orgulloso de su quehacer cotidiano y de su indómita y peligrosa forma de trabajo y vida.

Pero el *cowboy* no se concibe sin el caballo, pues a pie con sus piernas arqueadas de tanto cabalgar desde muchacho y sus botas de tacones altos diseñadas para sostenerse largas jornadas sobre los estribos de su montura, es casi una figura grotesca. A caballo, en cambio, es la quintaesencia de un moderno centauro, de un ser prodigioso llamado a ser mitificado[175].

Por lo general, los vaqueros eran hombres curtidos y veraces ya desde su más temprana juventud, acostumbrados a bregar con manadas de vacas semisalvajes, caballos a medio domar, estampidas, gélidas ventiscas, desiertos en los que marchaban cubiertos de polvo con una sed abrasadora, crecidas de los ríos que había que vadear con los rebaños procurando perder el menor número de cabezas de ganado y un sinfín de peligros más (como las venenosas mordeduras de las serpientes de cascabel, ser pateados por un toro o un caballo encabritado, o atacados por las bandas de forajidos fronterizos). Así pues estos hombres, como antes otros pioneros, tenían muy poco temor de Dios y ninguno del diablo. Su carácter era recio y duro, pero careciendo de habilidades sociales, su único temor era el de tratar, fuera de su ambiente, con mujeres decentes. Como su trabajo era estacional (el paro invernal hacía que malvivieran de prestado en algún rancho o se dedicaran a tareas auxiliares, como cazar lobos o mantener las cercas en buen estado), y su sueldo en la temporada de trabajo no pasaba de 30 dólares al mes (incluyendo la manutención), la mayoría de los *cowboys* no podían casarse, pues no podrían mantener a una familia. No es pues de extrañar que su

---

[175] Un ejemplo de esta mitificación lo tenemos en la canción *Ghost Riders in the Sky*, grabada e interpretada en origen en 1949 por el actor Burl Ives. Véase en YouTube en https://www.youtube.com/watch?v=j2klh2cTa_Q (Consultado en Internet el 2 de noviembre de 2022).

trato fuera con prostitutas, a las que solían agasajar tras cobrar su paga, no consintiendo, por lo general, que se las maltratase.

Las duras condiciones de vida de los *cowboys* generaron unos vínculos fraternales entre ellos (propios de comunidades de hombres solteros), en los que no cabía el egoísmo, el clasismo, ni el racismo. De esta forma hay que decir que muchos afroamericanos encontraron en el mundo del *cowboy* una forma de integración. También hubo muchos vaqueros de origen mexicano y algunos mestizos. Entre los *cowboys* de raza negra se hizo famoso Nat Love (1854-1921), cuya autobiografía, publicada en 1907, se convirtió en un *best seller* del momento. Otra característica general del mundo de los vaqueros era el desprecio que estos tenían por el dinero y la avaricia. Lo gastaban y lo compartían según iban viviendo y cuando un *cowboy* estaba en paro, o enfermo y sin blanca, se esperaba que sus compañeros más afortunados lo ayudasen, compartiesen con él la comida y le diesen un techo para cobijarse. Del ganadero o barón que previamente le había dado trabajo, se esperaba lo mismo hasta que el *cowboy* pasase la mala racha. Bastantes anhelaban tener su propio rancho, aunque fuera pequeño, y casarse. No fueron pocos los que ya en su vejez (y si habían sido previsores y tenían algunos ahorros), cuando apenas podían desenvolver su trabajo, por las heridas, el reuma y los huesos rotos, unían su vida a la de alguna prostituta ya retirada de la que habían estado enamorados. Algunos acababan casándose con ellas.

En su trabajo y su mundo habitual el atuendo del *cowboy* era inconfundible. Imprimía carácter, era su principal seña de identidad y su tarjeta de presentación. Cada prenda de su indumentaria tenía su objeto y servía para varias funciones. Pongamos algunos ejemplos: el sombrero Stetson, por su forma o ala ancha (también conocido como «sombrero de diez galones»), no solo le protegía del sol, sino también de la lluvia y con él tenía que coger agua de un riachuelo para beber o dar de beber a su caballo. La camisa del vaquero solía ser a cuadros. Los pantalones, de lana, sujetos con tirantes y embutidos en las botas de caña alta; y esto antes de que Levi Strauss y Jacob Davis patentaran en 1873 los *blue jeans*, como pantalones de trabajo hechos de lona de algodón (los conocidos como pantalones vaqueros azules, cosidos con hilo amarillo y con refuerzos o remaches de cobre en los bordes de las costuras). La ropa interior, muchas veces de color rojo, era la pieza enteriza conocida como *long john*. A estas prendas hay que sumar el largo impermeable de lona engrasada; el chaleco holgado, flexible y abierto por delante; el pañuelo o bandana, que solía ser de color rojo y que servía para varios propósitos: como máscara frente al polvo del camino o la nieve invernal, para hacer un torniquete, para, humedecido, proteger la nuca del sol, etc.; las perneras de cuero o chaparreras (*chaps*, que no dejaban de ser una evolución de los zahones españoles y mexicanos), y las botas de cuero repujado, caña alta y tacón, que permitían a los vaqueros mantenerse bien sujetos en la silla sobre los estribos para todo tipo de trabajos con las vacas.

Toda esta indumentaria, aparentemente incómoda, estaba pensada para que el vaquero realizara con holgura, rapidez y habilidad los trabajosos movimientos de su oficio: el manejo del ganado. Conducir los rebaños, separar a los terneros de sus madres, marcarlos, reunir a las vacas descarriadas, domar a los caballos broncos, etc. Asimismo entre las herramientas del *cowboy* destacan el lazo, reata, o *lariat* (hecho de cáñamo o cuero sin curtir, *rawhide*, y que normalmente él mismo se fabricaba y reparaba), la fusta, las bridas y el bocado del caballo; además de su revólver y carabina, armas de las que trataré en las siguientes páginas. Mención especial merece la silla de montar, que fue evolucionando a partir de la mexicana como esta lo había hecho de la española. Solía pesar de 15 a 18 kilos y los *cowboys* ridiculizaban a la aristocrática y ligera silla inglesa, a la que llamaban «sello de correos». De la silla vaquera lo más característico era su pomo, hecho de acero y recubierto de cuero, y el llevar una segunda cincha y unos estribos pesados con tapaderas de cuero o faldones. Todo ello permitía sujetar firmemente a una vaca o buey enlazado. Estas sillas inicialmente tejanas, conocieron algunas pequeñas variantes (la Denver, la californiana), y los guarnicioneros que las elaboraban, como Hope, S. D. Myers, W. T. Wroe e hijos, etc., las fabricaban en gran cantidad. La silla, a fuerza de ser usada, cogía la forma del jinete y un verdadero *cowboy*, que podía jugarse hasta la camisa en una partida de cartas, siempre consideraría deshonroso vender o empeñar su silla, de la que nunca se separaba.

Como ya se ha dicho, el trabajo de los *cowboys* era estacional, sobre todo en las primeras décadas de los ranchos en campo abierto. Cuando un vaquero juraba fidelidad a un barón del ganado, dejando su saco de dormir en el carretón del cocinero, se esperaba de él que supiese bien su oficio y no se le preguntaba por su pasado (algo muy mal visto en toda la cultura de la conquista del Oeste y de funestas consecuencias para quien, indiscreto, lo hacía). Si el *cowboy* era experto en su profesión pronto lo demostraba y no necesitaba recibir muchas órdenes del capataz y al ser responsable de todas sus tareas se consideraba un hombre libre y, dado su orgullo, su propio jefe. A los más jóvenes se les hacía pasar por novatadas para que se fuesen curtiendo y crear así lazos de fraternidad. La labor de los *cowboys* comenzaba con el rodeo primaveral, en el que había que reunir a las vacas dispersas durante el invierno, reconocer a los terneros, proceder a marcarlos y castrar a los machos. La dura jornada comenzaba a las tres de la mañana y la escasa vida social entre los propios vaqueros giraba en torno al carromato del cocinero o *chuckwagon*. Con el cocinero, las más de las veces un viejo *cowboy* ya no apto para las más duras tareas, convenía llevarse bien, pues, aunque fuera un viejo cascarrabias, la burda pero nutritiva alimentación del vaquero dependía de él, además de tener, entre otras muchas funciones, las de curarles las heridas, remendarles y lavarles la ropa, hacer de sacamuelas o cortarles el pelo.

Tras el rodeo se procedía al marcado de las reses (*branding*), en el que intervenían y se sincronizaban varios *cowboys* con diferentes labores. Tras enlazar al becerro, otro hombre intervenía para tumbarlo (*flanker*), y el *iron man* o marcador le aplicaba el hierro al rojo con la marca del rancho, de forma que la carne del animal no se quemase pero que tampoco la marca desapareciese con el tiempo, dando lugar a los fraudes a los que tan acostumbrados estaban los cuatreros. El capador (*knife-man*) se encargaba de castrar a los machos. Los terneros que abandonaban a su madre por cualquier razón y que quedaban sin identificar y sin marcar se les llamaba *mavericks*. Esto dio lugar a que al principio muchos pequeños ranchos se fueran formando con ganado sin marcar. Ahora bien, años más tarde, en un condado y rancho bien establecido, si un cuatrero era sorprendido robando novillos, los mismos vaqueros le aplicaban la expeditiva justicia de colgarlo hasta morir del árbol más próximo.

Desbravar y domar caballos mesteños (procedentes de manadas salvajes que tenían su lejano origen en los que habían llevado los primeros conquistadores y habitantes españoles), era también un duro trabajo que los *cowboys* tenían que realizar de forma cotidiana. El mustang, que después se fue cruzando con otras razas para tareas más específicas, era el caballo más apto por su resistencia para las duras labores del vaquero.

Después de finalizada la ruta, que llevaba los rebaños de vacas a los citados pueblos con terminales ferroviarias para el embarque del ganado, venía el temido paro invernal. Muchos *cowboys* esperaban seguir siendo contratados durante el invierno por los rancheros para realizar tareas auxiliares, ya comentadas, aunque estar en paro no era para ellos una deshonra, pues primaba en la personalidad de muchos el no querer ataduras y conocer nuevas tierras y otros ranchos. Para impedir los despidos finalizado el trabajo hubo hasta una huelga de *cowboys*, que se terminó el 31 de marzo de 1883. Aunque los ganaderos no cedieron, algunos de ellos, en las praderas del norte donde la supervivencia era muy dura en los meses más fríos, subieron los salarios de los vaqueros y despidieron a menos personal durante el invierno.

Por otra parte hay que señalar que la vida en los ranchos era dura pero monótona. La jornada comenzaba muy pronto, a las dos o las tres de la mañana, y tras un copioso desayuno, pues el vaquero no podía volver a comer caliente hasta el final de la tarde, sus tareas como pastor a caballo iban sucediéndose una tras otra. Pero además de todo lo relacionado con el ganado se dedicaba a un sinfín de labores de mantenimiento, desde partir leña, traer agua, cazar y pescar, reparar cercas y aperos, y un largo etcétera. Los *cowboys* itinerantes o los viajeros que llegaban de paso con noticias eran bien recibidos por lo general, ya que rompían el aislamiento y mantenían entretenidos con sus historias a los moradores de tan grandes y alejados ranchos. Los *cowboys* solteros, que vivían en barracones, apreciaban mucho a los que sabían contar buenas leyendas o historias, tocar un instrumento y aún más a los que sabían cantar con buena voz. Estos eran más apreciados que los que eran buenos tiradores con el revólver.

La tarea más decisiva para un barón del ganado era la conducción de su rebaño anual de reses hasta las cabeceras ferroviarias. Dependiendo del punto de partida y de llegada podían recorrerse hasta 1.500 kilómetros e incluso bastantes más. El recorrido de las rutas podía durar entre dos y seis meses, y al principio de la gran aventura tejana los propios ganaderos acompañaban a sus vaqueros. Años más tarde ya no fue así y se confiaba tan duro trabajo a un capataz o jefe de expedición y a un equipo de *cowboys* especializados. Como el ganado era identificable, porque ya estaba bien marcado, a veces se agrupaban los rebaños de pequeños rancheros para hacer juntos tan difícil viaje. En el transcurso de la ruta había que lograr que los bueyes y novillos perdiesen el menor peso posible. Los primeros días se marchaba deprisa para alejar al ganado de los parajes de su querencia en el rancho de origen, luego, ya más calmados, la media a hacer cada jornada era de 24 kilómetros al día. Pero el trayecto estaba lleno de imprevistos, inconvenientes y peligros.

Por lo general las manadas estaban formadas por 2.500 cabezas de ganado y se necesitaba un equipo de al menos diez vaqueros para arrearlas, contando cada *cowboy* al menos con tres caballos o más de refresco (la famosa remuda). Los rebaños de más de 3.000 animales no eran rentables, ya que aumentaban mucho las dificultades para poder conducirlos en orden y más aún si se producía una estampida, un ataque de los indios o de los bandidos de la frontera de Misuri-Kansas. Abrevar debidamente a estas manadas en tránsito también era un problema, como lo era atravesar los vados si los ríos venían muy crecidos. Detrás del rebaño de reses iba el de caballos de la remuda, conducido por los vaqueros que se iniciaban en el oficio y que eran conocidos como *horse wranglers*.

Como ya se ha dicho el carromato del cocinero (una adaptación de una carreta de tipo militar a las necesidades de la conducción de ganado en las largas rutas), era el punto de reunión de los vaqueros. El *chuckwagon*, con su cocina móvil, era el lugar de trabajo del cocinero, que también tenía que hacer de matarife y carnicero, además de todas las tareas ya citadas. Llena de cajones, en esta carreta los *cowboys* guardaban sus sacos de dormir y el cocinero todo tipo de menaje, aperos, repuestos y municiones para las armas de los hombres en ruta. Después del capataz el cocinero era el individuo mejor pagado y más respetado, pues era un auténtico *factótum*. Además, de sus cocidos de alubias (los frijoles de los mexicanos), de sus guisos y estofados y de sus bollos y bizcochos, dependía la alimentación y el buen humor de los *cowboys* en su fatigoso trabajo.

Entre las tareas de la ruta estaba no solo la de conducir el ganado por todo tipo de terrenos y bajo las inclemencias del tiempo, sino evitar que se extraviasen y matar de un tiro a los terneros recién nacidos (si se daba el caso de que alguna vaca preñada paría durante el camino), pues estos no podían seguir el acelerado ritmo de la marcha. Era esta una tarea desagradable para muchos vaqueros, que los más sensibles procuraban evitar. A veces, cuando se pasaba por zonas pobladas, estos terneros se regalaban a los granjeros.

Los *cowboys* se repartían el trabajo a lo largo de la columna que formaba el rebaño en movimiento. Los había que iban delante (*swings*), manteniendo a la manada en la dirección correcta, otros marchaban a los flancos (*flankers*) y detrás iban los que más polvo tragaban y, además de arrear a los animales rezagados, tenían las tareas más ingratas (los *drags*). Algunos de estos puestos iban rotando de día en día. En el sudoeste de Texas los grandes rebaños salían en marzo o abril y en el noroeste de los Estados Unidos las grandes rutas no acababan de hacerse en el verano, sino que se prolongaban hasta el mes de octubre. Según iban pasando los días y las semanas, el agotador trabajo y las pocas horas de sueño iban haciendo mella en los vaqueros. La cosa se complicaba si había tormentas con grandes rayos y truenos. Era aquí cuando los bueyes-guía, animales que lideraban la manada, demostraban lo que valían, pues junto a los monótonos canticos tranquilizadores de los vaqueros (los *lullabies* o «nanas de Texas»), ayudaban a mantener tranquilo y en orden al gran rebaño.

Todo esto tenía como fin el evitar la tan temida estampida nocturna. Los bueyes guía eran constantemente vigilados a la hora de la acampada por las tardes, justo antes del anochecer, para que el resto de animales se detuviese y pasasen una noche lo más tranquila posible. Pero a veces el más mínimo ruido, como el del cascabel de una serpiente, o un resplandor en la lejanía, podía provocar una estampida y eso sin contar con un ataque por sorpresa de los indios o de los bandidos. Cuando se atravesaba el Territorio Indio (lo que luego fue Oklahoma), lo preferible era negociar y pagar un peaje, regalándoles a los indios los bueyes y vacas más lisiados.

Otro gran peligro en las rutas era atravesar los caudalosos ríos, como el Rojo o el Arkansas. Había que buscar el punto de menos profundidad para vadearlos, procurando que se ahogase el menor número de animales. El *cowboy* nunca desmontaba y se fiaba del instinto de su montura, que nadaba cuando no hacía pie. La simbiosis y entendimiento entre los jinetes y sus caballos tenía que ser perfecta para poder sobrevivir, por eso en las guardias nocturnas los vaqueros escogían al caballo más digno de confianza de los de su remuda, porque en caso de estampida había que confiar en el instinto del caballo para no perecer en el intento de frenar la desbandada. Si se producía una estampida, además de perderse cierto número de cabezas de ganado, era muy posible que algún vaquero arrollado muriese o quedase gravemente herido. Además se necesitaban varios días de trabajo agotador para encontrar y volver a reagrupar a las vacas dispersas por bastantes kilómetros a la redonda.

No es de extrañar que, tras largos meses de trabajo tan duro y arriesgado, los vaqueros quisiesen desquitarse de tantas privaciones y tensiones en las ciudades ganaderas, cuestión de la que ya hemos tratado.

Pero el mundo del *cowboy* fue cambiando con los años. En primer lugar se patentó el alambre de espino para cercar las grandes dehesas o ranchos (patentes de I. L. Ellwood de 1874, de J. F. Glidden y de J. Haish, siendo reconocido en 1876 Glidden como el legítimo inventor del alambre de espino). Con las cercas los días del campo libre (*open range*) estaban contados y los del *cowboy* al viejo estilo también. En la década de 1880, cuando vayan desapareciendo los vastos espacios libres y todos los grandes ranchos estén cercados incluso en el norte (en Wyoming, Montana y en parte de las Dakotas), tendrán lugar las llamadas «guerras ganaderas». Estas serán por derechos de paso, por ampliar de forma ambiciosa los ranchos, asfixiando así la economía de los pequeños ganaderos y agricultores, y por el derecho a acceder a los mejores y más abundantes abrevaderos. La competencia será feroz. Los grandes ganaderos acusarán de cuatreros a los pequeños e impondrán su «justicia», comprando a pistoleros que impongan su «ley», que es la del más fuerte, la del más violento. Muchos *cowboys* en paro acabarán siendo cuatreros y bastantes de ellos finalizarán sus días con una soga al cuello o con una bala en las tripas. Otros vaqueros, también pistola en mano, se reconvertirán en pistoleros a sueldo de sus patronos, los grandes barones ganaderos. Cada facción se tomará la justicia por su mano y ello sin contar con la corrupción judicial.

Por otra parte el rápido desarrollo del ferrocarril, que extiende sus estaciones y apeaderos por toda la nación, irá haciendo ya innecesarias las largas marchas con el ganado, las que antaño duraban meses. Asimismo ganaderos avispados traerán otras razas vacunas de Gran Bretaña para, cruzándolas con los cornilargos, mejorar la cabaña. Me refiero a los toros Hereford, Angus y Galloway[176]. Así en 1885 el viejo *longhorn* tejano era ya casi una raza vacuna en vías de extinción.

Si me extiendo un poco más en las llamadas pomposamente «guerras ganaderas» (terminología impropia, pues, aunque muy sangrientas, eran conflictos civiles entre facciones de ganaderos), es para subrayar que en territorios como Wyoming, y en 1884, se prohibió a los *cowboys* crear sus propias marcas y pequeños ranchos. Luego los vaqueros estaban condenados a cambiar de oficio, a obedecer ciegamente a un gran magnate del ganado que los empleaba para lo que le convenía a él de forma egoísta, o a convertirse en cuatreros, es decir en unos delincuentes a ojos de los grandes rancheros que ya tenían todas sus praderas bien cercadas. Así pues, con la industrialización de este rico sector productivo en Estados Unidos, llegó el fin de la ganadería itinerante.

En 1884 tuvo lugar en Saint Louis (San Luis) la Primera Convención Nacional de Ganaderos. Se dio la batalla legal para crear una Sen-

---

[176]   Chastenet, J. *Op. cit.*, p. 171.

da Nacional que permitiese a los barones de Texas seguir en el negocio, pues de no abrirse tal senda hasta Canadá amenazaban con abrirse paso a tiros a través de las praderas ya cercadas con alambradas. Para colmo de males el invierno de 1886-1887, que fue especialmente gélido, arruinó a muchos grandes ganaderos, que al perder todo su rebaño por congelación acabaron en bancarrota.

Los conflictos entre ganaderos, según iba creciendo la población de la nación estadounidense y los pastos libres mermaban, fueron entonces muy virulentos. Es este otro episodio de la historia de los Estados Unidos que justifica el título de esta obra, pues el Oeste se volvió violento de veras y en muchos condados, desde Texas a Wyoming, pasando por Nuevo México, las espirales de asesinatos y venganzas entre facciones de familias ganaderas, fueron terribles y se mantuvieron durante años, pasando casi de generación en generación. Los más poderosos contrataron a pistoleros profesionales. Otros ganaderos, siguiendo el viejo código del *Far West* por el cual uno tiene que arreglar sus propios asuntos sin acudir a alejados despachos de leguleyos, empuñaron las armas por su cuenta. Como en tantas otras ocasiones se imponía la ley del más fuerte a la hora de dirimir derechos de paso del ganado o áreas para pastar o abrevar.

Ya he comentado lo difícil que fue la vida en muchos territorios y estados después de la Guerra Civil (y no solo en Texas), donde el dilema moral de muchos hombres era matar o ser matado. La necesidad de sobrevivir a toda costa y la ausencia de leyes era el caldo de cultivo de lo que se ha mitificado como el legendario *Far West*, la «gloriosa» Conquista del Oeste. Pongamos un ejemplo: los ganaderos y sus vaqueros sintieron una especial aversión y desprecio por el mundo de los ovejeros y sus rebaños. Se creía, erróneamente, que las ovejas arruinaban los pastos para las vacas y que los pastores eran seres indeseables que tenían relaciones sexuales con las ovejas. El olor a sebo de carnero provocaba en cualquier pueblo ganadero (es decir, dedicado a las vacas), un asco tal, que el pastor salía bien librado si solo recibía una tremenda paliza. Lo normal era pegarle un tiro sin ningún miramiento y que los vaqueros quemaran, volaran con dinamita o despeñaran todo el rebaño de ovejas sin dejar ni una viva. Esto no les producía ningún remordimiento de conciencia.

Para el *cowboy* el pastor era el paria de la pradera, pues además iba a pie y no a caballo. Matarlo era casi una obligación y que alguien pidiese carne de cordero en un restaurante era una provocación de la que no se salía bien parado. Entre 1880 y 1890 en Texas, Arizona, Nuevo México, Colorado, California y Oregón, el pobre pastor, que para más desprecio por los anglosajones solía ser mexicano, fue víctima de todo tipo de desmanes en los que siempre salía perdiendo. Esta situación solo cambió cuando algunos grandes ganaderos de vacas, viendo las ganancias que les podía reportar tener rebaños de ovejas, hicieron compatible los dos tipos de explotaciones: la vacuna y la ovina.

Pero las luchas más sangrientas fueron las que se libraron entre los grandes ganaderos y, sobre todo, y dado el rápido crecimiento de la nación estadounidense y la constante fundación de nuevos pueblos de agricultores o granjeros en el Oeste, las que tuvieron lugar entre los barones del ganado y los pequeños rancheros o grupos de granjeros, que siempre eran acusados de cuatreros, cuando amparados en la Ley de Asentamientos de 1862, creaban pueblos y defendían sus pequeñas parcelas y hogares, frente a la casi omnipotente avaricia de terrenos de los grandes magnates del ganado vacuno. Destacan aquí «guerras» como la de los clanes Taylor-Sutton (siendo este un conflicto de índole familiar), también la que tuvo lugar en el condado Mason o guerra Hoodoo (que enfrentó a inmigrantes de origen alemán con los tejanos nativos cuando muchas vacas aparecieron muertas o simplemente desaparecieron), la guerra Horrell-Higgins (en la que ambas familias se acusaban mutuamente de robo de ganado), la que tuvo lugar en el valle Pleasant (Arizona), que enfrentó de forma muy cruenta a los ganaderos vacunos de la familia Graham contra la de los ovejeros Tewksbury, etc.

En este marco hay dos grandes conflictos que han recibido una atención especial, tanto por historiadores como por los creadores de mitos: novelistas, guionistas y directores de cine. Me refiero a la guerra del condado de Lincoln (en Nuevo México) y a la del condado de Johnson (Wyoming). No puedo describirlas con detalle, pues excedería el propósito general de este libro, así que solo subrayaré lo siguiente:

La guerra del condado de Lincoln enfrentó a la facción de Dolan y Murphy (creadores de la Murphy & Dolan Mercantile and Banking Operation, además de ser dueños de varios ranchos ganaderos, y que estaban apoyados por un deshonesto grupo de empresarios y políticos conocidos como el Círculo de Santa Fe), con la que formaban el joven inmigrante inglés Henry Tunstall y su socio, el abogado Alexander McSween, que a su vez estaban respaldados por el famoso barón del ganado John Chisum. Tunstall y Chisum abrieron su propio banco y almacén para competir con «La Casa» (*The House*), propiedad de Dolan y Murphy. Las tensiones por derechos de riego y las acusaciones por malversación hicieron que saltase la chispa de la violencia, en la que los presuntos *cowboys* de ambas facciones no dejaban de ser pistoleros a sueldo, aunque como en otras guerras se llamasen a sí mismos «vigilantes» o «reguladores».

Si este conflicto ha sido muy mitificado es porque en él participó el joven forajido conocido por el mote de Billy el Niño, quien ante el asesinato de su jefe, Tunstall (que en su azarosa y corta vida le había tratado con respeto), juró vengarse. En el conflicto estuvieron implicados varios *sheriffs*, nada imparciales, y hasta un juez, Lewis Wallace (famoso por su célebre novela, *Ben Hur*). Como la historia ha contado, y la mitología del wéstern tantas veces ha recreado, Billy el Niño, que se había fugado al estar sentenciado a morir en la horca, fue seguido y muerto de un alevoso disparo por su antiguo amigo, el ahora *sheriff* Pat Garrett[177].

Asimismo la guerra del condado de Johnson, Wyoming, tuvo como foco la aversión entre ganaderos y pequeños colonos. Sus intereses eran tan opuestos que las fricciones, en continuo aumento, fueron inevitables (siempre en un marco de ausencia de ley o con leyes muy laxas y ambiguas, que se interpretaban por jueces corruptos que dictaban sentencias según quien les sobornase). Los barones del ganado con su forma de proceder semifeudal, pues compraban la fidelidad de sus capataces, *cowboys* y pistoleros, no estaban dispuestos a ceder ante los pequeños rancheros y colonos, y más tras el desastre ganadero del invierno de 1886-1887. Querían cuantas más dehesas de pasto mejor y paso libre a los abrevaderos. Sus pequeños ejércitos de pistoleros estaban bien pagados y cobraban un plus de hasta 250 dólares por cada granjero, que siempre bajo la acusación de cuatrero (y que fuese cierta o no, nada importaba), fuese juzgado y condenado. Si en vez de esto el pequeño agricultor «aparecía muerto», estos «detectives-pistoleros» también recibían una sustanciosa prima. En las filas de estos «reguladores» había asesinos profesionales que recibían 50 dólares suplementarios por cada cuatrero eliminado. Durante bastante tiempo, como las autoridades políticas del más alto rango en la zona estaban compradas,

---

[177] Para un estudio de la guerra en el condado de Lincoln (Nuevo México) y para un análisis de la biografía de Billy el Niño, véanse las siguientes obras: Utley, Robert M. *High Noon in Lincoln. Violence on the Western Frontier*. University of New Mexico Press. 1987. Utley, Robert M. *Billy the Kid. A Short and Violent Life*, University of Nebraska Press, 1989. (Hay edición española, *Billy el Niño: Una vida breve y violenta*, Paidós, Barcelona, 1991).

el ejército tenía orden de no intervenir para frenar la espiral de violencia entre ambas facciones. Solo a partir de 1892, cuando los colonos granjeros y los pequeños ganaderos de forma solidaria presentaron un partido a las elecciones de ese año, y tuvieron éxito, las cosas comenzaron a cambiar y pudieron establecer sus derechos.

El fin de la era de los grandes barones ganaderos que imponían su ley a punta de revólver había llegado a su fin.

En el mundo moderno y a caballo entre los siglos XIX y XX, el *cowboy* quedó reducido, ahora sí, a ser un simple peón asalariado recluido en su rancho y que hacía conducciones de ganado solo en cortas distancias, pues el ferrocarril y sus estaciones y terminales para el embarque de los rebaños de vacas, ya abundaban por todo el país. Los vaqueros, que seguían despreciando la ruidosa vida urbana, los nuevos inventos, las máquinas, vehículos y rascacielos (es decir todo lo que sonase a progreso), pronto entraron en la mitología; al principio de esta nueva época, a partir de las novelas baratas de Ned Buntline y de los espectáculos circenses que recreaban el salvaje Oeste, como el de Buffalo Bill. Pronto, con la invención del cinematógrafo, llegarían las primeras filmaciones y, a su modo, el mundo del *cowboy* seguirá perviviendo en los rodeos a modo de espectáculos deportivos. De igual forma el crecimiento demográfico de los Estados Unidos fue tan grande y tan rápido[178] que la fusión cultural fue inevitable.

En las tierras del oeste y en las primeras décadas del siglo XX casarse con un fornido y curtido vaquero de un rancho próximo, era el sueño de muchas jovencitas hijas de pequeños agricultores. El cine, con sus héroes (y algunos de ellos habían sido previamente, como Gary Cooper, auténticos *cowboys*), fue haciendo su labor mitificadora. Pero los propios viejos vaqueros que aún quedaban de los primeros tiempos fueron también los críticos más incipientes con la imagen que de ellos se daba en el cine, aunque esto poco le importase a Hollywood y a su recién creada industria si a esta le daba pingües beneficios. Como ya se dijo en otro momento la verdadera mitología del *Far West* no es una mitología verdadera, siendo muchos de sus mitos y leyendas de factura am-

---

[178] «Téngase en cuenta que si las dos Dakotas solo contaban hacia 1870 con 14.000 habitantes, ya eran 719.000 en 1890. Durante ese mismo periodo, la población de Nebraska pasaría de 122.000 a 1.058.000 personas; la de Kansas de 364.000 a 1.427.000 y la de Texas de 818.000 a 2.235.000. Por tanto, de la noche a la mañana, por así decir, el *cowboy* dejó de poder ignorar al colono y demás forasteros». Citado por Doval, Gregorio. *Op. cit.* p. 336.

bigua o claramente oscurantista. Y esto es así aunque dichos mitos hayan contribuido y mucho a consolidar la Eutaxia[179], el buen orden político, de la nación estadounidense, forjando su identidad y su proyección imperial en el mundo occidental tras la Segunda Guerra Mundial.

Mas, ahora que voy a tratar el tema de la evolución de las armas largas de 1865 a 1890 en el ámbito civil, no está de más recordar las quejas de un viejo y auténtico *cowboy*, Andrew C. Downs, quien en sus memorias, publicadas en 1919, afirmaba indignado:

> Los wésterns que se proyectan en Nueva York y Los Ángeles son un hatajo de disparates. En primer lugar los revólveres disparan sin cesar. Y luego todos los hombres manejan el Colt Single Action Army modelo de 1873, que yo vi por primera vez en el Oeste en 1875. La mayor parte de los *cowboys* no pudieron hacerse con uno hasta 1880, es decir, en una época en la que la gran aventura estaba a punto de terminar. Nosotros utilizábamos entonces Colts de percusión (llamados *cap and ball*, pistón y bala), que eran de avancarga, en los que cada recámara del tambor se cargaba con pólvora negra (que se vertía de una polvorera), taco de fieltro y balas que fundíamos nosotros mismos. Después de esto, colocábamos sobre las chimeneas los pistones, que solían fallar con la humedad a la menor llovizna, lo cual era un auténtico fastidio. Yo me pregunto por qué los productores de las películas ignoran la evolución de todo este tipo de armas, desde el modelo Paterson 1837, hasta el Navy 1861, pasando por el Whitneyville Walker de 1847, el Dragoon de 1848, Navy 1851 y el Army de 1860. He conocido personalmente a John Wesley Hardin, "Wild Bill" Hickok, Bill Longley y a muchos otros. Todos tenían revólveres de percusión que llevaban por encima de la cadera, en el cinto del pantalón, o en una funda bajo el brazo para que la chaqueta los protegiese de la humedad[180].

---

[179] Véase este concepto en Bueno, Gustavo. Primer ensayo sobre las categorías de las «ciencias políticas». Presentación y apéndices de Pedro Santana, Cultural Rioja (Biblioteca Riojana 1), Logroño 1991 (junio). También en https://www.filosofia.org/filomat/df563.htm (consultado en internet el 11 de septiembre de 2022).

[180] Citado por Stammel, H. J. *Op. cit.*, pp. 208-209. También en Venner, D. *Op. cit.*, 1985, pp. 145-146. He mejorado la traducción en lo posible con el fin de hacerla inteligible para el moderno lector y tirador aficionado, como el que esto escribe, a las armas de avancarga y a las competiciones deportivas con las mismas.

Los mitos siempre operan por simplificación y magnificación de las características que interesa resaltar. Las de las armas que portaban los *cowboys* es una de ellas. Ciertamente durante muchos años los vaqueros emplearon revólveres de avancarga, ya relativamente baratos por ser de segunda mano, es decir excedentes casi obsoletos de la Guerra Civil, durante la cual, como ya vimos, se habían fabricado decenas de miles de diferentes marcas y muchos excombatientes volvían con ellos para casa. Con sus bajos sueldos es lo que podían permitirse la mayoría de los vaqueros hasta la década de 1880. Cosa bien distinta, como veremos, serán los *sheriffs*, los «matadores de hombres», pistoleros de oficio, asesinos a sueldo y forajidos que vivían del robo de diligencias y asaltos de bancos y trenes.

También es falso que disparasen por cualquier nimiedad y constantemente al aire en las ciudades ganaderas por muchas ganas de juerga que tuvieran, salvo las excepciones que luego se han magnificado por la leyenda. La munición no era barata y en general los *cowboys* no eran unos excelentes tiradores. Empleaban el revólver como último recurso para rematar a un caballo herido, para acabar con la vida de un ternero recién nacido que no podía seguir a la manada, para matar a un coyote amenazante, o para frenar en seco a un toro enloquecido que embestía en una estampida. Tal vez disparasen también a una serpiente de cascabel, a la que se podía matar o apartar con un simple palo largo, si estaba alejada y la detonación no iba a asustar al ganado.

Los *cowboys* solían dirimir sus diferencias con los puños o a golpes de lazo y arrastrar a un rival por la espinosa ruta con el lazo no era cosa de gracia. Pocos llevaban carabina, y estas solían ser también de las excedentes de la Guerra Civil (como las Sharps, Spencer, etc.). Cuando los vaqueros en las rutas llevaban carabinas Winchester de los modelos 1866 o 1873, estas solían pertenecer al patrón o ganadero que los contrataba. La munición metálica era también cara y era pagada por el ranchero, así que hasta la década de 1880 muchos vaqueros pobres no pudieron comprar armas que, para ese momento, eran lo más avanzado tecnológicamente, y por ende, caras.

En conclusión: la imagen del *cowboy* con su flamante Colt 1873 (modelo *Frontier*, introducido por la casa Colt en 1877 al ser del calibre 44-40), y de la carabina Winchester 1873 del mismo calibre (lo cual simplificaba el municionamiento pues ambas armas usaban el mismo cartucho), no deja de ser un cliché falso, creado por Hollywood. Falso por ser excesivamente generalizador (como veremos hubo otras marcas de revólveres), y falso por anacrónico las más de las veces. En muchísimas películas en las que la acción dramática se sitúa antes de 1873 o 1877 (para ser más exactos si nos referimos al revólver en el calibre citado), vemos a los personajes que hacen de *cowboys* manejando dichas armas con excesiva violencia, algo nada realista si nos referimos a los vaqueros, que, como ya he dicho, no dejaban de ser unos pobres peones asalariados.

Paradójicamente fue con los spaghetti wésterns de Sergio Leone cuando se introdujo algo de sucio realismo en el atrezo en lo referido a las armas, a pesar de que su manera de entender este género cinematográfico fuese hiperviolenta y en exceso barroca o manierista. Después, ya en Hollywood, quien mejor ha sabido sacar un sabio provecho realista en el wéstern, ya plenamente crepuscular, ha sido Clint Eastwood, hoy todo un venerado maestro, que a su vez fue discípulo de Leone y Don Siegel.

Paso con celeridad a abordar el tema de la evolución de las armas largas civiles del *Far West* en el periodo que va de 1865 a 1890. De las monotiro usadas para exterminar a los bisontes (y en general para la caza mayor), y de los modelos militares, ya he tratado (aunque a los rifles Sharps y a los Remington les salieron competidores, como los Peabody, Ballard, Marlin-Ballard, Maynard, Whitney y Winchester Low Wall y High Wall de 1885, sin contar que la propia Sharps patentó en 1878 un rifle sin martillo percutor exterior, *hammerless*, conocido como el Sharps Borchardt). Y, por supuesto, no descarto que algunos de esos modelos, ya citados en anteriores capítulos, fueran usados por determinados rancheros y *cowboys*. Ahora voy a referirme a las armas de repetición y cartucho metálico de la firma Winchester, muy modernas en el momento de su invención y salida al mercado, y a las que les hará la competencia, sin mucho éxito de ventas, la firma Colt y la Marlin (entre otras de menor entidad), pues en esta carrera comercial por la venta de armas de acción por palanca bajo el guardamonte (aunque hubo otros diseños), la Winchester saldrá claramente vencedora. Así, por ejemplo, del rifle Evans, que podía almacenar hasta 28 cartuchos, solo se hicieron 15.000 armas entre 1873 y 1879, no pudiendo competir con los grandes fabricantes industriales como lo era la Winchester. De igual forma, algunos hombres como John Jeremiah G. Johnston, el famoso «comedor de hígados» Jeremiah Johnson (1824-1900), siguieron usando durante años las carabinas Spencer de la Guerra Civil, llegando a ponerles cañones de la firma Hawken, y ya por el armero Gemmer de St. Louis, que adquirió el taller de los Hawken, para usarlas para la caza con calibres más potentes.

Adelanto que los viejos tramperos empobrecidos y los colonos granjeros que tenían en la caza un complemento para su exigua economía familiar, siguieron usando sus armas de avancarga (fueran escopetas de dos cañones, rifles largos y *plains rifles* o rifles de las llanuras), durante mucho tiempo. Se sabe de viejos tramperos y de aldeanos de los Apalaches que siguieron usando armas de avancarga hasta el siglo XX, como lo atestigua la biografía de Alvin C. York (llevada a la pantalla por Howard Hawks en 1941, donde el personaje protagonista, joven de gran puntería y en principio pacifista, es interpretado por Gary Cooper, que con su rifle largo de avancarga, *Tennessee longrifle*, gana un concurso de tiro al pavo). El largometraje al que me refiero, *El sargento York*, es una excelente película, con ser un producto de propaganda en plena Segunda Guerra Mundial, pues entronca con la primitiva tradición de la frontera para animar a que los jóvenes se alisten, al igual que lo había hecho el propio York en la Primera Guerra Mundial, donde su proverbial puntería le convirtió en un héroe combatiendo contra los alemanes en las trincheras europeas.

Como mucha gente sabe, el antecedente del primer modelo Winchester es el Henry de 1860, que no dejaba de ser una mejora de la inicial patente del rifle Volcanic. Las virtudes del Henry ya se habían demostrado, a pesar de los pocos ejemplares fabricados durante la Guerra Civil. Entre 1860 y 1866 se hicieron unos 14.000 Henrys y, aunque era de un calibre de poca potencia (el 44 Henry de percusión anular, que usaba un cartucho con una carga de 26 a 28 grains de pólvora y una bala ojival de 200 a 216 grains), el poder disparar rápidamente hasta quince tiros era toda una novedad para la época, cuando todavía se empleaban los fusiles rayados minié de avancarga, que como mucho (y en un soldado muy entrenado y sereno), podían hacer de dos a tres disparos por minuto. Es normal que tras la finalización del conflicto el Henry se convirtiera en un rifle para escoltas o para *sheriffs* muy bien pagados, aunque unos pocos cayeran en manos de forajidos y de algún excombatiente reconvertido en *cowboy*.

Hay que recordar que tras las patentes de Hunt y Jennings y de los prototipos de Horace Smith y Daniel Wesson, el industrial Oliver F. Winchester (1810-1880), un antiguo fabricante de camisas, contrata al ingeniero Tyler Henry tras fundar la New Haven Arms Company (1857), que más tarde se reorganizará como la Winchester Repeating Arms Company. En 1866, y contando ya con las mejoras introducidas en el Henry por el diseñador Nelson King (como la portezuela lateral para introducir los cartuchos), se pone en fabricación el Winchester 1866, conocido como *Yellow Boy* (chico amarillo) por tener el armazón de la caja de mecanismos de aleación de latón y bronce. En origen se hizo para el mismo cartucho que el Henry, y además de ser un éxito de ventas en el extranjero (es decir en su versión larga como fusil de infantería), el modelo corto, la carabina, tuvo también mucho éxito en la frontera Oeste de los Estados Unidos, entre los *sheriffs*, forajidos y los *cowboys* que se lo podían pagar (pocos en los primeros años de la aventura ganadera). Estuvo en fabricación hasta 1898, por ser menos caro que otros modelos Winchester que ya tenían el armazón de acero y disparaban cartuchos de fuego central más potentes.

Pero el modelo más exitoso por sus ventas y más revolucionario para su época fue el Winchester 1873. Este, mejorando el diseño anterior, ya tenía el armazón de acero y disparaba el cartucho 44-40 de fuego central, lo cual permitía, con los útiles precisos, recargar los casquillos vacíos de los cartuchos una vez disparados. Más potente que el 1866, cargaba 40 grains de pólvora negra (2,6 gramos) y una bala de 200 grains (13 gramos), y aunque este rifle se recamaró para otros calibres, el 44-40 fue con mucho el más popular. Tal es así que la casa Colt, especializada en principio en la fabricación de revólveres, sacó en 1877 el modelo S. A. Army de 1873 en este calibre (y no solo en el original 45 Colt), lo cual, como ya se ha dicho, permitía usar el mismo cartucho en las dos armas: la corta, el revólver Colt, y la larga, el rifle Winchester. Los modelos con cañones especialmente precisos y acabado de lujo se estampaban con la marca *One of One Thousand* (Uno entre mil) y costaban unos 100 dólares de la época; más de tres veces el sueldo mensual de un vaquero veterano y bien pagado.

Recordemos de paso que Anthony Mann dirigió una película en 1950, *Winchester 73*, que de alguna manera homenajea un arma que todos los hombres, buenos y malos, querían poseer en su época. De este rifle se ha dicho hasta la saciedad que mató a más gente de toda condición y más caza, en las últimas décadas de la conquista del Oeste, que cualquier otro modelo. Expuesto así resulta excesivo. Además las «proezas» que se ven en bastantes wésterns, entre el que se encuentra el citado, como agujerear de un disparo monedas tiradas al aire o matar a un malhechor a más de 300 metros, no son más que bobadas o exageraciones propias de la elogiosa mitificación generada por Hollywood.

Entre 1873 y 1923 se fabricaron unos 720.000 ejemplares del Winchester 1873. Esto da idea de su popularidad (bien con el cañón redondo u octogonal, y sobre todo en su versión carabina, para llevar en la silla de montar), a pesar de que diseños posteriores de la misma marca lo superasen técnicamente. En la actualidad sigue siendo un arma larga popular y las copias que hace la firma Uberti, en Italia, se venden muy bien tanto en Europa como, principalmente, en los Estados Unidos[181].

El Winchester 1876, con marco y cajón de mecanismos más pesado que los anteriores, pretendió ser la respuesta de esta compañía a las necesidades de los cazadores que tenían que enfrentarse a los osos pardos y a los alces. Se trataba de sacar al mercado un arma que pudiera competir con los Sharps y Remington monotiro de gran calibre, especialmente concebidos para la caza (exterminio) de los bisontes. Además el propio Winchester pensaba que con un arma de repetición por palanca de gran calibre, el 45-75, obtendría pedidos militares. No fue así en lo que se refiere al ejército de los Estados Unidos, pero sí compró este modelo el recién creado cuerpo de la Policía Montada del Canadá (adquirieron unas 750 carabinas en 1883). El Winchester 1876 en 45-75 (calibre 45, 11, 43 mm, 75 grains de pólvora negra, 4,9 gramos, y una bala de 350 grains, 22,68 gramos), pretendía replicar las prestaciones balísticas del 45-70 de los rifles militares monotiro Springfield, aunque la Winchester también sacó versiones en calibres como el 40-60, el 45-60 y el más potente 50-95 Express. Pronto superado por el aún más perfeccionado y potente modelo 1886, fue bien valorado por hombres como Theodore Roosevelt, gran cazador y futuro presidente de la nación. Este arma se fabricó hasta 1897 y se hicieron unos 63.871 ejemplares. Aunque llegó tarde para las grandes matanzas de bisontes, algunos cazadores sí lo utilizaron. Puede verse este arma en la película *El oso* (J.-J. Annaud, 1988).

El modelo Winchester 1886 fue un diseño para esta firma del famoso armero John Moses Browning, que cambió toda la acción del

---

[181] De la carabina Winchester 1873 se hizo una copia en España, en versión tercerola con la caja de madera corrida hasta la boca del cañón. Entre 1891 y 1892 y en la fábrica de armas de Oviedo, se hicieron unas 2.500 unidades. Se dispuso legalmente que se entregasen a la sección montada del Colegio de Guardias Jóvenes de Valdemoro. Todo ello según lo ordenado el 27 de noviembre de 1893. Por las RR. OO. del 2 y 25 de diciembre de 1893 se establecía su precio en 79,28 pesetas y su duración en uso de 25 años. La RR. OO. de 8 de noviembre de 1894 resolvió que fuese de dotación para los pelotones de mar del cuerpo de Carabineros de Algeciras, Estepona, Málaga, Granada y Alhucemas. Citado por Barceló Rubí, B. *El armamento portátil español (1764-1939), una labor artillera.* Librería Editorial San Martín, Madrid, 1976, pp. 203-204.

cajón de mecanismos por otra mucho más robusta, destinada a operar con cartuchos potentes sin debilitar el arma con el uso intensivo. Este rifle manejaba cartuchos como el 45-70 (que era el oficial en el ejército), el más potente 45-90 y el enorme 50-110. Estuvo en fabricación entre 1886 y 1935, haciéndose unos 159.994. Mejorado cada vez con cartuchos más potentes, este rifle fue usado por algunos de los primeros cazadores deportivos que se aventuraban en África.

El modelo 1892 (que anacrónicamente es el que se ve en la mayoría de los wésterns, pues es un Winchester que aún se usaba bastante cuando se rodaban en la era dorada de Hollywood), es una mejora que aprovecha los mecanismos introducidos por Browning en el anterior, superando al viejo modelo de 1873, pues el de 1892 ya está diseñado con aceros modernos que pueden disparar la munición metálica de pólvora sin humo (mucho más potente y con presiones más altas que la vieja pólvora negra). Se hizo en muchos calibres pequeños, pero el 44-40 siguió siendo, también en este modelo, el más popular. Entre 1892 y 1941 se fabricaron un total de 1.004.067 Winchester 1892. Entre sus ventajas, además de la citada, está que era más ligero y mucho más robusto que el modelo de 1873, aunque costaba lo mismo[182].

El modelo 1894, también diseñado por J. M. Browning, es el famoso 30-30 (ya para pólvora moderna o sin humo), que muchos vaqueros y sobre todo cazadores estadounidenses han empleado para la caza del ciervo, pero ya en el siglo XX. Sigue en fabricación aún hoy en día como arma de caza para animales medianos (como el ciervo de cola blanca de los Estados Unidos), y también se ha usado bastante en Europa para ciervos y jabalís no muy grandes y a distancias cortas y medias (no más de unos 90 metros). En 1975, tras más de ochenta años de fabricación, se había llegado a una producción de tres millones de Winchesters 1894.

---

[182]   En España, la fábrica Gárate, Anitua y Cía, de Eibar, hizo una excelente copia del Winchester 1892, con el nombre de *Tigre*, en calibre 44-40 (conocido en España como el 44 largo). Se fabricaron, entre 1915 y 1938, 1.034.687 unidades. Este arma fue usada durante años por muchos cazadores en distancias cortas, pero sobre todo estuvo en dotación para guardabosques, policías de prisiones y guardias de seguridad privada, que necesitaban un arma compacta y ligera. Sin ser un arma militar en la Guerra Civil española (1936-1939) fue usada por milicianos. Muchos *Tigres* fueron exportados a Hispanoamérica y por eso hay quien cree, fuera de España, que se fabricó en México.

El Winchester 1895 aunque, ya como los dos anteriores, llegó al mercado tras el cierre definitivo de la frontera móvil, es decir después de finalizada la epopeya de la conquista del Oeste, fue empleado por algunos *rangers* de Texas, aunque es más conocido como arma militar, debido, por ejemplo, a los fusiles que adquirió el gobierno imperial del zar de Rusia en 1915-1916. Puede verse este arma en la excelente película *Dersu Uzala* (*El cazador*, Akira Kurosawa, 1975).

Ahora bien, la empresa Winchester no tuvo la exclusiva en la fabricación de rifles de repetición de acción por palanca en el guardamonte. Hubo otras firmas que entraron en competencia. La Colt en 1883 sacó el rifle Colt-Burgess en 44-40. Su diseño era muy parecido al Winchester 1873, pero más robusto. Solo se fabricaron unos 6403 entre 1883 y 1885, pues la Winchester amenazó a la Colt (según cuenta la leyenda), con hacerle la competencia en el mercado de los revólveres, fabricando sus propios diseños mejorados, como el revólver Borchardt-Winchester 1876 del 44-40. Finalmente ambas fábricas llegaron a un «acuerdo entre caballeros» para no entrometerse en sus respectivos mercados. Colt fabricaría solo armas cortas, revólveres, y Winchester solo armas largas, rifles. Años más tarde, entre 1884 y 1909, la casa Colt fabricaría los rifles de acción por corredera o trombón conocidos como Colt Lightning (Colt Relámpago), con cajón de mecanismos mediano, para calibres pequeños y medianos, y grande, para cartuchos potentes para la caza mayor. Además del siempre popular 44-40, se fabricaron rifles con este mecanismo para los calibres 38-56-255 y 50-95 Express. Aunque fue una carabina empleada por el departamento de Policía de San Francisco, nunca fue tan popular como los rifles de palanca. Sin embargo, la acción por corredera sí tendrá mucho éxito en las armas largas de ánima lisa, es decir en las escopetas de repetición.

Otras casas que compitieron en este mercado fueron la Robinson, la Whitney-Kennedy y la Marlin (que en 1881 y viniendo de fabricar los diseños monotiro Ballard desde 1875, introduce su propio modelo de repetición y acción por palanca en calibres habituales en la época como el 45-70, 32-40, 38-55, 40-60 y 45-85). La Savage Repeating Arms Company en 1894 presenta su modelo 303, ya para cartucho de pólvora sin humo, y para rivalizar con el Winchester 30-30. Todo ello sin tener en cuenta los incipientes prototipos de armas de cerrojo, como los ya citados Remington-Keene y Winchester-Hotchkiss, al que habría que añadir el Remington-Lee, los tres probados por el ejército y algunos de los primeros adquiridos para la policía india de las reservas en 1884.

Luego en el Oeste y entre 1865 y 1895, se usaron todo tipo de armas largas, desde las más anticuadas pero efectivas hasta los diseños más modernos recién salidos de las fábricas del Este. Como se ve, la frase según la cual «el Winchester 1873 fue el arma larga que conquistó el Oeste», es a todas luces exagerada. Exageración laudatoria que es propia, como ya se indicó, de todos los procesos de mitificación; en este caso al servicio de la creación de la identidad estadounidense como nación fuerte, audaz, violenta y con vocación imperial.

Mención aparte pero importante merecen las escopetas de dos cañones de cartucho y fuego central (pues las de sistema Lefaucheux para cartucho de espiga tuvieron poca difusión en Norteamérica), que tras la industrialización posterior a la Guerra Civil y bajo la influencia de los diseños británicos en constante evolución y mejora, fue un tipo de arma muy usada en el *Far West*. Era, sin duda y en su versión con los cañones recortados, el arma preferida por los asaltantes de diligencias y trenes, por los *sheriffs* para «limpiar» o intimidar en una ciudad ganadera a una pandilla de malhechores o simples alborotadores, por los escopeteros o guardias de las diligencias, por los vigilantes de las cajas fuertes en los trenes y por los agentes de la Wells & Fargo. Y ello sin tener en cuenta a los cazadores y granjeros que, con los cañones largos, las usaban para todo. Muchas se importaban directamente de Inglaterra o de Bélgica o se acababan por armeros de la frontera, pero las grandes fábricas de los Estados Unidos desarrollaron sus propios diseños con maquinaria industrial y sin acabado artesanal como las británicas, para que se pudieran vender a precios competitivos y llegar a un creciente número de compradores.

Las más baratas eran las monotiro y las hubo con el sistema de cerrojo Springfield, Sharps, Remington, Snyder (Zulu shotgun), etc., y en calibres 20, 16, 12 y 10. Los soldados las usaban como arma de caza menor para mejorar la pobre dieta de los fuertes. Como eran muy baratas los agricultores pobres se fueron también haciendo con ellas. Pero las de dos cañones, con cartuchos cargados con postas, fueron las auténticas protagonistas del violento *Far West*, pues muchos hombres (dentro o fuera de la Ley), las preferían a los rifles y a los revólveres para los enfrentamientos en las cortas distancias (hasta los 20 o 25 metros).

Destacan, de las hechas en los Estados Unidos, marcas como Whitney, Stevens, Fox, Parker Brothers, Baker, Ithaca, L. C. Smith, Lefever, Remington, Colt y Winchester. Inspiradas en los modelos ingleses de Westley Richards, Greener o Purdey, estas armas a finales de la década de 1870 eran de martillos exteriores (conocidas en España popularmente como «escopetas de perrillos»). Destacan aquí por su calidad las Colt de 1878, la Remington Whitmore de ese mismo año y la de 1882 y la Winchester de 1879. En la década de 1880 ya se introducirán los más seguros modelos sin martillos (hammerless, es decir con percutores internos), como la escopeta Colt modelo de 1883 (copia del sistema Anson & Deeley británico, conocido en España como de «media pletina»). Por último se inventarán las escopetas de repetición, como la Winchester de palanca, modelos de 1887 y 1901, y las de corredera, que pronto tendrán un gran éxito de ventas. De estas hay que mencionar a la Winchester 1897 y ya en los primeros años del siglo xx a los modelos de la casa Remington[183].

Paso ahora a realizar un rápido repaso a la presencia de la figura del *cowboy* en el wéstern. Es esta una tarea que da por sí sola para un libro entero, como lo atestiguan algunos de los que citamos en la bibliografía. En Estados Unidos esta temática ha sido muy analizada (algo también en Francia en las obras escritas sobre este género cinematográ-

---

[183]   Para redactar este apartado he consultado las siguientes obras: Garavaglia, Louis A. y Worman, G. Charles. *Firearms of the American West 1866-1894*. University of New Mexico Press. Albuquerque. Estados Unidos, 1985. Rosa, Joseph G. *Guns of the American West*. Publicado en 1985 por Arms and Armour Press. Londres. Rosa, Joseph G. *El legendario Oeste. La época de los pistoleros*. Editorial LIBSA, Madrid, 1994. Davis, William C. y Rosa, Joseph G. *El Oeste. La turbulenta historia de la colonización en el Oeste americano.* Editorial LIBSA, Madrid, 1995. Wilson, R. L. *The Peacmakers. Arms and adventure in the American West*. Publicado en Estados Unidos por Random House. Nueva York, 1992. Markham, George. *Guns of the Wild West. Firearms of the American Frontier, 1849-1917*. Arms & Armour Press, Londres, 1993. Boorman, Dean K. *Guns of the Old West. An Illustrated History*. The Lyons Press, A Salamader Book, Estados Unidos, 2002. Pegler, Martin. *Firearms in the American West 1700-1900*. The Crowood Press Ltd. Gran Bretaña, 2002. Chapel, Charles Edward. *Guns oh the Old West. An Illustrated Guide*. Dover Publications, Inc., Mineola. Nueva York. 2002. Walter, John. *The Guns that Won the West. Firearms on the American Frontier, 1848-1898*. Greenhill Books, Londres. Stackpole Books, Pennsylvania. Estados Unidos, 1999. Venner, Dominique. *Les armes americaines*. Jacques Grancher, Éditeur. París, 1985. Stammel, H. J. *Les armes à feu des pionniers*. Deutsche Verlags-Astalt Stuttgart. (DVA para la edición francesa), 1975. Venner, Dominique. *Monsieur Colt*. Balland, París, 1972. Cadiou, Yves L. *Monsieur Winchester*. Balland, París, 1972. Lespart, Michel. *Messieurs Smith & Wesson*. Balland, París, 1973. Lespart, Michel. *Les armes de la conquête de l'Ouest*. Jean Dullis éditeur. París, 1975. Delorme, Roger y Cunnington, George. *Far West. Des hommes, des exploits et des armes authentiques*. Éditions Rouff, 1974. Jacob, Alain. *Les Armes á feu americaines*. L'ABC du Collectionneur. CPIP éditeur, París, 1977.

fico), y hemos tenido en cuenta estos estudios en nuestros libros ya citados. Prácticamente no hay director de la época dorada de Hollywood que no haya dirigido algún wéstern y entre estos la figura del barón o ranchero, y aún más la del vaquero y su ganado, cobran un protagonismo especial. Tanto en películas de serie A, como en las de serie B y luego en los seriales televisivos, el argumento básico sigue los clásicos cánones que ya Aristóteles en su *Poética* atribuyó a la tragedia, como muy bien supo ver Umberto Eco y apliqué, modestamente, en la tesis doctoral sobre *El sargento negro* de John Ford, pero desde las coordenadas teóricas del materialismo filosófico de Gustavo Bueno.

Al igual que en las sagas homéricas, la *Ilíada* y la *Odisea*, la fábula o *mŷthos*, que es como Aristóteles llama al argumento, es fácil de establecer en la mayoría de los wésterns clásicos. Si el rapto de Helena por el príncipe troyano Paris es el punto de arranque de la *Ilíada* y el periplo de vuelta a Ítaca por Ulises y sus compañeros, tras la guerra de Troya, es el núcleo argumental de la *Odisea*, en muchos wésterns las aventuras y peripecias de los vaqueros en sus ranchos, sus rutas conduciendo los rebaños de vacas, los conflictos entre ganaderos, las luchas con los cuatreros, las venganzas personales o entre clanes enfrentados, etc., son la trama de la historia, en este caso del mito a narrar. Las más de las veces estos temas se cruzan con el del romántico enamoramiento del *cowboy* protagonista y la recatada o resuelta (según los casos) chica, hija del ranchero o del médico del pueblo o de cualquiera de los personajes secundarios, pero esenciales para dar sentido de unidad a la trama, a la fábula.

Especial interés tienen muchas veces esos personajes, a veces protagonistas pero las más secundarios, que hacen de villanos. Me refiero a los interpretados por actores como Jack Palance, Lee Marvin, Eli Wallace, Richard Boone, Lee Van Cleef, Dan Duryea, Robert J. Wilke, Stephen McNally, Jack Elam, Leo Gordon y un largo etcétera. Jack Elam, por su larga carrera, posiblemente fue el que más se especializó en interpretar villanos. Pero hay que hacer notar que grandes actores, primeras estrellas de reparto, interpretaron a lo largo de su carrera la seductora y difícil figura del villano en al menos un wéstern. La lista sería demasiado larga para traerla a estas páginas.

Como más largo es aún el inventario de los actores que protagonizaron wésterns clásicos e interpretaron la figura del ranchero, del vaquero, cuatrero, *sheriff* o forajido. Desde los iniciales filmes de dos rollos de Tom Mix hasta la obra madura de Clint Eastwood, la lista es interminable, destacando junto a John Wayne y Gary Cooper, además de los ya mencionados por su especialidad como «villanos», nombres como los de Clark Gable, James Stewart, Henry Fonda, Gregory Peck, Burt Lancaster, Kirk Douglas, Anthony Quinn, Spencer Tracy, Glenn Ford, Charlton Heston, Van Heflin, Tyrone Power, Alan Ladd, Robert Ryan, Sterling Hayden, Robert Taylor, Errol Flynn, Richard Widmark, Marlon Brando, Fred MacMurray, Dana Andrews, Karl Malden, Arthur Kennedy, Victor Mature, Rory Calhoun, Scott Brady, Paul Newman, Rock Hudson, Charles Bronson, James Coburn, Steve McQueen, Yul Brynner, Jeffrey Hunter, Jason Robards, Robert Redford, Robert Duvall, Kevin Costner y muchos otros. Entre los secundarios de lujo, actores de carácter, yo mencionaría a Walter Brennan, John McIntire, Ben Johnson, Chill Wills, Ward Bond, Charles Bickford, John Dierkes, Dean Jagger, Royal Dano y L. Q. Jones, aunque también en este caso hay muchos más. Los dos grandes actores de la serie B, con algunas incursiones en filmes de más presupuesto, fueron, como ya se dijo, Randolph Scott y Joel McCrea.

En el caso de los personajes femeninos, que ejercen el rol del ranchero de fuerte y difícil personalidad o que son mujeres que se ven involucradas en la vida de los *cowboys*, *sheriffs* y bandidos, destaca por su interpretación la actriz Barbara Stanwick, seguida por otras como Maureen O'Hara, Rhonda Fleming, Claire Trevor, Ruth Roman, Susan Hayward, Marlene Dietrich, Jean Arthur, Julie Adams, Julie London, Felicia Farr, Dianne Foster, Alexis Smith, Valerie French, Gail Russell, Vera Miles, Linda Darnel, Jennifer Jones, Anne Baxter, Eleanor Parker, Constance Towers, Jeanne Crain, Karen Steele, Carroll Baker, Debbie Reynolds, Lee Remick, Anne Bancroft, Ann-Margret y algunas más que apenas participaron en este género. Mitos eróticos como Marilyn Monroe, Jane Russell, Jane Mansfield, Anita Ekberg y Raquel Welch también tuvieron su lugar al sol en el wéstern. Tampoco hay que olvidar a pioneras del cine como Lillian Gish y Mae Marsh, y a secundarias muy sólidas como Olive Carey, Jeanette Nolan y Thelma Ritter.

Si menciono ahora a estos actores y actrices es para no tener que hacerlo en el siguiente capítulo, donde abordaré la figura, histórica y legendaria (mítica pues), del *sheriff*, del forajido y del pistolero. Con dicho apartado cerraré esta obra en su dimensión temática, pues el último lo reservaré, como epílogo, para subrayar las tesis principales que conforman la génesis de los Estados Unidos como una nación violenta, con una mitología propia, el wéstern, que muestra sus luces y sombras, pero que frente a una historia negra se constituyó durante años como una leyenda rosa. ·

Volviendo a la figura del *cowboy* y como es imposible citar todos los wésterns referidos al tema, pues entonces este libro se convertiría en una especie de voluminosa guía de teléfonos, citaré solo unos pocos, de la serie A, que me parecen emblemáticos en ese proceso de mitificación y siempre refiriéndome principalmente a la época del Hollywood clásico (desde 1939 hasta 1970). Como la tragedia es imitación de la vida y no de los caracteres, como sabiamente afirmó Aristóteles, y los argumentos de los filmes mezclan muchas subtramas, hay películas que bien pueden aparecer en este capítulo o en el siguiente, pues en la realidad histórica y en la biográfica de muchos individuos, el oficio de vaquero se mezcló de forma confusa y poco heroica, con el de cuatrero y el de pistolero a sueldo.

Hay un largo recorrido mitológico y por ende ideológico, desde *La diligencia* (John Ford, 1939, donde Ringo Kid sueña con tener su propio rancho tras cumplir su venganza y unir su vida a la prostituta de buen corazón; estereotipo idealizado interpretado por Claire Trevor), hasta el amor homosexual entre dos jóvenes vaqueros del filme *Brokeback Mountain* (Ang Lee, 2005). Por el medio hay todo un proceso evolutivo en la mitología que toca casi todos los temas que nosotros hemos expuesto, desde la verdad histórica, en las páginas anteriores de este capítulo. La esencia de todos esos temas tiene su núcleo, su curso y su cuerpo mitológico, y ello partiendo de guiones elaborados sobre lo narrado en novelas o en relatos breves, cuando no, y en la época del cine mudo, tomando como referencia noticias de prensa, pues el mundo del violento Oeste todavía estaba próximo en el tiempo,

Además de *La diligencia* (1939), en ese mismo año asistimos al estreno de *Dodge, ciudad sin ley* (Michael Curtiz), donde al igual que en *La calle de los conflictos* (Edwin L. Marin, 1946), *Wichita: ciudad infernal* (Jacques Tourneur, 1955) o en parte de la biografía de Wyatt Earp, de la película homónima de Lawrence Kasdan de 1994, vemos a los *sheriffs* poniendo orden con las armas en las ciudades ganaderas, frente al caos generalizado, la constante juerga de los vaqueros y el imperio de los violentos. En largometrajes como *El forastero* (William Wyler, 1940), *La senda de los héroes* (Allan Dwan, 1940), *Incidente en Ox-Bow* (William A. Wellman, 1942), *El caballero del Oeste* (Stuart Heisler, 1945), *San Antonio* (David Butler, 1945), *La mujer de fuego* (André De Toth, 1947) y *Sangre en la luna* (Robert Wise, 1948), ya tenemos un gran abanico de temas tratados y mitificados: luchas entre barones ganaderos, conflictos entre rancheros y pequeños colonos, jueces que aplican su propia ley sin orden y concierto, las inmorales consecuencias de tomarse la justicia por su mano cuando se cuelga a un inocente por equivocación, asesinos a sueldo, desprecio por los ovejeros y mujeres dominantes que utilizan a los pistoleros con sus propias armas femeninas, etc.

Pero pienso que en esta década hay que destacar dos grandes obras: *Duelo al sol* (King Vidor, 1946) y *Río Rojo* (Howard Hawks, 1948)[184]. En *Duelo al sol* se mezclan las ambiciones de un viejo barón ganadero que no reconoce más que su ley, con la dualidad moral de sus dos hijos, uno bueno y el otro malo, y la pasión sexual desenfrenada del último por una mestiza a la que desprecia. En *Río Rojo* un ganadero apuesta el esfuerzo de muchos años en una arriesgada conducción de ganado (con estampida incluida), pero lo hace de forma tan tiránica que su hijo adoptivo se enfrenta a él. Al final se logra llevar el ganado hasta el ferrocarril y padre e hijo se reconcilian.

En la década de los cincuenta el desarrollo mítico del wéstern llegará a cotas clásicas, por la complejidad psicológica y moral de los personajes y la densidad de los argumentos a narrar. No se trata de superwésterns, como piensa André Bazin, sino de la consolidación de la esencia del wéstern en su «curso» evolutivo, dando lugar a su «cuerpo»[185] más maduro como mitología, antes de entrar en los sesenta en el wéstern crepuscular. Me remito a obras como *Montana* (Ray Enright y Raoul Walsh, 1950), donde el romance se entremezcla con la necesidad de un ovejero por hacerse respetar frente al inicial odio de los rancheros locales, *Hombres errantes* (Nicholas Ray, 1952) y *Bronco Buster* (Budd Boetticher, 1952), wésterns contemporáneos que abordan el errático y peligroso mundo de los *cowboys* de rodeo y *Horizontes lejanos* (Anthony Mann, 1952), donde un rudo vaquero de turbio pasado ayuda a unos colonos en el territorio de Oregón para que sus suministros les lleguen. La lista

---

[184] De *Río Rojo* hay una versión en telefilme, un remake, de 1988, protagonizado por James Arness, actor clásico del wéstern en seriales televisivos. Las conducciones de ganado son también protagonistas, además de en bastantes series de los Estados Unidos, en un episodio de *Centennial* (1978) y sobre todo en la miniserie *Lonesome Dove* (Paloma solitaria, 1989).

[185] Para las nociones de «núcleo», «curso» y «cuerpo» de la idea de esencia procesual (de raigambre neoplatónica y hegeliana), que utilizo para estudiar la evolución del Wéstern como género cinematográfico, y ello desde las coordenadas del Materialismo Filosófico, véase, Bueno, Gustavo. *El animal divino. Ensayo de una filosofía materialista de la religión*. Pentalfa Ediciones, Oviedo, 1985. (2.ª edición corregida y aumentada de 1996). Bueno, Gustavo. *Primer ensayo sobre las categorías de las «ciencias políticas»*. Presentación y apéndices de Pedro Santana, Cultural Rioja (Biblioteca Riojana 1), Logroño, junio 1991.

es casi interminable: *La reina de Montana* (Allan Dwan, 1954), *Lanza rota* (Edward Dmytryk, 1954), *El rastro de la pantera* (William A. Wellman, 1954), *Johnny Guitar* (Nicholas Ray, 1954), *Los implacables* (Raoul Walsh, 1955), *La pradera sin ley* (King Vidor, 1955), *Hombres violentos* (Rudolph Maté, 1955), *La ley de los fuertes* (Rudolph Maté, 1956), *Jubal* (Delmer Daves, 1956), *La ley de la horca* (Robert Wyse, 1956), *El tren de las 3:10* (Delmer Daves, 1957), *Cuarenta pistolas* (Samuel Fuller, 1957), *Furia en el valle* (George Marshall, 1958), *Cowboy* (1958), *Más rápido que el viento* (Robert Parrish y John Sturges, 1958), *Río Bravo* (Howard Hawks, 1959), *Duelo en el barro* (Richard Fleischer, 1959) y un largo etcétera.

En todas ellas los argumentos son serios y muestran las complejidades y ambigüedades morales de la existencia humana. Citaré sucintamente algunos: la ranchera indómita que domina sexualmente y compra a sus pistoleros; el ganadero que impone su ley, incluso enfrentándose a sus hijos y a su resignada y amorosa esposa india; el joven que supera su complejo de Edipo frente a su amargada madre y da caza a la fantasmagórica pantera que mata a sus novillos (todo un símbolo psicoanalítico); la conducción de ganado donde el capataz se impone al barón ganadero traidor y enamora a la chica tras superar mil dificultades; el indómito vaquero que odia las alambradas, vaga errante en busca de pastos libres y no se deja comprar por la seductora y dominante ganadera; el odio entre rancheros mediatizado por la dominación femenina, con adulterio incluido; el ranchero tejano despreciado por los yanquis que hacen la Reconstrucción y que se entera ya casado del pasado de su esposa como prostituta de cuartel; los celos de un ranchero y la adúltera maldad de su esposa que motivan una tragedia; el implacable y ciego rencor de un ganadero que aplica la ley de la horca de forma despiadada a los cuatreros; el pequeño y arruinado ranchero que se presta a hacer de vigilante de un forajido por unos dólares, descubriendo al final que este no es tan pérfido; el ovejero que, frente a la violenta oposición de sus convecinos, se empeña y logra hacer pasar y criar su rebaño; el inexperto joven de ciudad, reconvertido en *cowboy*, que soporta todo tipo de novatadas y se da cuenta de que la vida del vaquero no es la que él creía; el *sheriff* que con sus limitados ayudantes (un alcohólico y un viejo gruñón), se enfrenta a un poderoso ganadero al tener al hermano de este encarcelado por asesinato, etc., etc. Como decía todos son argumentos con gran densidad moral.

Obras maduras, que no son wésterns para adolescentes, aunque, fieles al estereotipo, los *cowboys* empuñen el Colt S. A. A. 1873, disparen sin apuntar sacando de la funda con rapidez o manejen el Winchester 1892, cuando la acción dramática se sitúa bastantes años antes de su invención.

De forma especial hay que citar obras maestras, iconos del género, como *Raíces profundas* (George Stevens, 1953) y *Horizontes de grandeza* (William Wyler, 1958) y ello sin contar a *Solo ante el peligro* (Fred Zinnemann, 1952) y *Centauros del desierto* (John Ford, 1956), pues en estas últimas el tema del mundo del *cowboy* o no está presente o es tangencial al mensaje principal del argumento. En *Raíces profundas* el enfrentamiento entre los granjeros pobres y el gran ganadero ambicioso y cruel (con matón a sueldo incluido), es resuelto de forma providencial por el pistolero que, aunque es de noble corazón (Shane, interpretado por Alan Ladd), está condenado a ser un marginado sin hogar, vagando sin raíces tras cumplir su labor justiciera, precisamente porque neutraliza la violencia con la violencia de sus nervios de acero y de su rapidez con el revólver. Es el prototipo del héroe como *outsider*, como también lo es el Ethan de *Centauros del desierto* (que al cerrarse la puerta en la escena final queda excluido de la vida familiar).

Pero es en *Horizontes de grandeza* donde las disputas a muerte entre dos grandes ganaderos para que sus rebaños abreven, casi como señores feudales, queda mejor retratada. La dualidad irreconciliable entre los Terrill y los Hannassey se supera cuando ambos se matan en el duelo final, Winchester en mano, y porque alguien que no pertenece al mundo de los rancheros, el antiguo marino James Mckay (Gregory Peck), es ejemplar, heroico y generoso. Todas estas películas nos muestran la compleja y con aristas cara del héroe en el wéstern.

Entre los elementos estereotipados y falsos de muchos wésterns hay que destacar que los héroes protagonistas salen siempre limpios y bien peinados, incluso con tupé y reluciente gomina al estilo de los años cincuenta, las chicas que alegran los *saloons* están muy lejos de ser rameras de la peor estofa, y las novias y esposas de los personajes masculinos son bonitas, educadas, pacientes y casi maternales; que era lo preconizado por la ideología de los años cincuenta en Estados Unidos proyectada deliberadamente en los guiones de las películas.

En los años sesenta los argumentos siguen complicándose hasta llegar al wéstern crepuscular, que ya no ofrece una imagen tan heroica, tan de una pieza, sobre la figura del vaquero y otras similares. Aquí hay que citar filmes como *Los que no perdonan* (John Huston, 1960), *Cimarrón* (Anthony Mann, 1960), *Estrella de fuego* (Don Siegel, 1960), *El último atardecer* (Robert Aldrich, 1961), *Hud, el más salvaje entre mil* (Martin Ritt, 1963), *El gran McLintock* (Andrew V. McLaglen, 1963), *Una dama entre vaqueros* (Andrew V. McLaglen, 1966), *El Dorado* (Howard Hawks, 1966), *El más valiente entre mil* (Tom Gries, 1967), *Cometieron dos errores* (Ted Post, 1968), *Cowboy de medianoche* (John Schlesinger, 1969), etc. Como es evidente, también hay muchos otros, pero exceptuando a Andrew V. McLaglen (hijo del actor fordiano y también secundario de lujo en bastantes wésterns, Victor McLaglen), que pretendió seguir la huella de su maestro Ford, con wésterns que ya en parte eran anacrónicos para el Hollywood del momento, los directores que siguen rodándolos lo hacen desde perspectivas críticas. El caso más notable es el de Sam Peckinpah.

Porque lo cierto es que el propio John Ford inaugura el western crepuscular con *El hombre que mató a Liberty Valance* (1962), donde la leyenda del Oeste y en concreto del *cowboy* queda desmitificada (el vaquero Tom Doniphon, John Wayne, enfrentándose al matón a sueldo de los grandes barones ganaderos, un Liberty Valance interpretado a la perfección por Lee Marvin), pues todo el mundo cree que es el abogado Ransom Stoddard quien ha matado a Valance. Sobre esta mentira convertida en leyenda cimenta su vida política Stoddard, que bastantes años más tarde regresa al entierro de su amigo, el viejo y olvidado *cowboy* que le salvó la vida, y se construye la mitología, porque en el Oeste cuando las leyendas se convierten en realidad, se imprime la leyenda.

A la vez que surge el spaghetti-western de Leone, bajo la influencia argumental y estética del director japonés Kurosawa, desmitificadoras resultan también obras como *El más valiente entre mil*, donde un curtido *cowboy*, al que da vida Charlton Heston, es incapaz de decidirse a fundar una familia con la mujer que lo ama y a la que ha salvado de unos violentos y sádicos forajidos. En *Cowboy de medianoche*, un western contemporáneo no exento de melancolía, la figura del vaquero se ve reducida a la de un ingenuo gigoló (Jon Voight haciendo de Joe Buck), que malvive en Nueva York con un marginado y enfermo sin hogar que acaba convirtiéndose en su amigo (con un magistral Dustin Hoffman en el papel de Ratso). A su vez, *Easy Rider* (Dennis Hopper) es el western hippie contemporáneo por excelencia.

En los años setenta los mejores wésterns (y me refiero en exclusiva a aquellos en los que la figura del *cowboy* aún está presente aunque sea de forma muy desvaída), son los que se elaboran como abiertamente críticos o testimoniales del fin de una época, incluso con la propia sociedad de consumo estadounidense. Además de obras como Los *cowboys* (Mark Rydell, 1972), que solo tiene sentido ya por estar al servicio de un John Wayne enfermo de cáncer y convertido en mito viviente del Hollywood clásico, destacan largometrajes como *Hombre sin fronteras* (Peter Fonda, 1971), *Junior Bonner* (también titulada en español *El rey del rodeo*, Sam Peckinpah, 1972), *Muerde la bala* (Richard Brooks, 1975), *Missouri* (Arthur Penn, 1976), *Llega un jinete libre y salvaje* (Alan J. Pakula, 1978) y *El jinete eléctrico* (Sydney Pollack, 1979), etc. La presen-

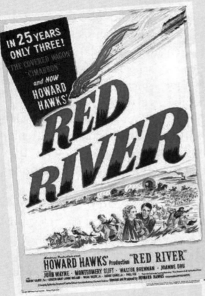

Río Rojo *(Howard Hawks, 1948). Tras la Guerra Civil, el ganadero Tom Dunson y su hijo adoptivo Matthew Garth proyectan trasladar diez mil vacas desde Texas hasta Misuri.*

Horizontes de grandeza *(William Wyler, 1958). Wéstern épico sobre los violentos enfrentamientos, en Texas, entre dos clanes ganaderos, los Terrill y los Hannassey.*

Los implacables *(Raoul Walsh, 1955). Dos hombres deciden conducir ganado desde Texas hasta Montana, difícil tarea que supone enfrentarse a forajidos, indios y a la propia Naturaleza.*

cia de la mujer en tareas propias de los vaqueros y rancheros, o como portavoz de los valores pisoteados de los *cowboys* ya urbanizados, cobra especial protagonismo con actrices como Jane Fonda y Candice Bergen. Sin embargo el mundo de las prostitutas y los burdeles en el Oeste es aún retratado de forma cómica en *El club social de Cheyenne* (Gene Kelly, 1970). En *Muerde la bala* Richard Brooks da una versión totalmente negrolegendaria de España a través de un diálogo del personaje que encarna Gene Hackman.

En los ochenta la figura del vaquero se desvanece con títulos como *Cowboy de ciudad* (James Bridges, 1980) o *Bronco Billy* (Clint Eastwood, 1980). Los *cowboys* urbanos y los viejos héroes del rodeo y del circo apenas sobreviven en un mundo cuyos valores ya no son los suyos. Michael Cimino hizo una gran apuesta con *La puerta del cielo* (1980), pretendiendo recrear con fidelidad la guerra ganadera del condado de Johnson (Wyoming). Acusado el director de que su crítica tenía tintes marxistas, el filme fue un fracaso de taquilla. El público estadounidense, aunque ya no estuviera por la labor de ver wésterns, prefería mil veces la tosca y ruda ideología de un John Wayne (que se definía a sí mismo como un tipo feo, fuerte y formal), que la de Carlos Marx.

Después pocos directores, entre los que hay que citar al maestro Clint Eastwood y a Kevin Costner, se han vuelto a atrever a resucitar la figura del auténtico *cowboy*. Aunque este aparezca por momentos en obras como *Silverado* (Lawrence Kasdan 1985) y las biografías a ritmo ultraviolento y para adolescentes del mítico Billy el Niño.

Más recientemente, en obras como *Open Range* (Kevin Costner, 2003), *Océanos de fuego* (2004) y *Brokeback Mountain* (Ang Lee, 2005) vemos una rehabilitación del mundo del *cowboy*. Bien mostrando con sucio y muy violento realismo las luchas entre ganaderos, bien exaltando al vaquero como jinete que gana una carrera incluso en los desiertos de Arabia, o atreviéndose a explorar una faceta siempre ocultada por el cine clásico: la de las relaciones homosexuales entre los *cowboys* (que en el caso al que me refiero se conocen haciendo de ovejeros en la montaña que da título al filme). No obstante, es Clint Eastwood en *Sin perdón* (1992) quien mejor retrata la figura del forajido que abordaré en el siguiente capítulo y tangencialmente la del vaquero, y no precisamente para idealizarlo (un *cowboy* marca a cuchilladas a una prostituta). Pero además, el mundo de los burdeles y de las mujeres explotadas que en ellos trabajan queda plasmado en toda su miserable suciedad. Por eso *Sin Perdón* es una obra maestra del wéstern crepuscular. Volveré a comentarla en las próximas páginas, pues es una película emblemática del violento *Far West* como seña de identidad aún hoy en día de la nación e Imperio estadounidense.

12

FORAJIDOS, *SHERIFFS* Y PISTOLEROS EN LAS CIUDADES FRONTERIZAS: REALIDAD Y MITO

Los revólveres de cartucho metálico.
Los grandes nombres: El Colt *Pacemaker*,
el *Frontier*, Smith & Wesson, Remington y otros

E N UN ENSAYO DEDICADO AL VIOLENTO *FAR WEST* Y SUS ARMAS, y a estudiar y desentrañar qué hay de realidad histórica contrastada y qué de mito elaborado por el cine, por el wéstern, es obligado dedicar un capítulo a la figura del forajido, del fuera de la ley (del proscrito o *outlaw*), del desperado y del grupo organizado de bandidos (bandas de forajidos bastantes veces unidos por lazos familiares). También, por supuesto, hemos de ocuparnos de la del servidor de la ley, por precaria, ambigua o corrupta que esta fuera. Me refiero a los comisarios, y a los *sheriffs* y alguaciles que operaban en las ciudades según estas se iban levantando. Al final de este capítulo daré cuenta de los modelos de revólveres más famosos de este periodo (1865-1890) y de aquellos wésterns clásicos que creo más importantes, y donde el personaje del bandolero o forajido y del *sheriff* o servidor de la ley quedan plasmados como parte de una mitología.

En la convulsa formación de los Estados Unidos tras la Guerra Civil, con sus caóticas avalanchas de inmigrantes y sus también anárquicos campamentos, pueblos o ciudades mineras, ganaderas y del trazado de las líneas del ferrocarril, ambas figuras, el forajido y el *sheriff*, se mezclan de forma confusa, dándose el caso algunas veces de que una persona tenía una doble vida, muchas veces conocida por sus contemporáneos y convecinos, a ambos lados de una ley de límites muy difusos. Estos dos tipos humanos, el fuera de la ley y el servidor de la misma (lo que en ciertos casos era solo una apariencia o un salvoconducto para matar «legalmente»), tenían algo en común: su habilidad en el manejo del revólver y otras armas de fácil ocultación, bien fueran las pistolas Derringer (en las mesas de juego de un *saloon* o en la habitación de un burdel), bien en los enfrentamientos en las calles de las poblaciones, la escopeta de cañones recortados. Es aquí donde aparece la sombra del «matador de hombres», del pistolero, las más de las veces sin placa, es decir como forajido, pero también amparado en ella, como comisario, *sheriff*, un alguacil adjunto (*Deputy Marshal*) o el miembro de una pandilla (en inglés *posse*) o grupo de hombres reunidos por un oficial local para que lo ayudasen a perseguir y capturar a un criminal.

Hay que advertir que en los Estados Unidos, que sigue la tradición jurídica inglesa, un *sheriff* es el responsable de las funciones policiales en un condado, siendo estos las subdivisiones administrativas o políticas de un estado, de tal suerte que cada condado consta de una región geográfica con límites específicos. A diferencia de otras fuerzas de seguridad o policiales, los *sheriffs*, en los precarios pueblos y ciudades del *Far West* y según iba avanzando la frontera hacia el Oeste, eran elegidos por los ciudadanos de dichos pueblos mediante un proceso electoral y por un periodo de tiempo limitado (no más de cuatro años), lo cual no garantizaba una total limpieza en dichas elecciones, pues los intereses del ferrocarril, de los grandes barones ganaderos, etc., podían ejercer presión para que saliese elegido un *sheriff* favorable a sus ambiciosos deseos, o fácilmente amenazable o corrompible. Otras veces, cuando una ciudad ganadera o minera entraba en caos y reinaba la violencia en las calles de forma anárquica, los ciudadanos honrados no dudaban en llamar (tras ser designado por el alcalde y confirmado por los concejales), elegir y pagar bien a un comisario que, aunque tuviese un pasado como *outlaw* (en un estado más al Este y ya civilizado), o una clara fama de pistolero de gatillo fácil, pusiera orden y coto a los desmanes constantes que se habían enseñoreado de la ciudad.

Tampoco hay que olvidar que en territorios aún menos organizados operaban los «comités de vigilantes o reguladores», como sucedió en California o Montana durante sus respectivas fiebres del oro. Estos comités de individuos armados que se autoorganizaban para defenderse de las bandas de forajidos, y ello sin apenas entidad jurídica que les diera un respaldo legal, aplicaban la ley de la horca, del linchamiento, con rapidez y las más de las veces bajo un sentimiento de pura venganza. Esto hacía que dichos «vigilantes» o «reguladores» fuesen tan peligrosos y arbitrarios a veces como los propios forajidos que perseguían. La moralidad de alguno de sus miembros no era mucho mejor que la del sujeto al que iban a colgar.

Mención aparte merece el cuerpo de *Rangers* de Texas, que pronto se hizo famoso por su combatividad frente a todo tipo de forajidos y grupos de bandoleros. En 1874, con el gobernador Richard Coke este cuerpo volvió a reorganizarse. Con el mayor John B. Jones a la cabeza se constituyó el batallón de la Frontera (*Frontier Bataillon*), que tenía como misión mantener el orden en Territorio Indio y solventar las disputas entre los hombres blancos. A su vez, la fuerza especial de los *Rangers* de Texas (*Special Force of Rangers*), bajo el mando del capitán L. H. McNelly, un veterano de la Guerra Civil con prestigio, tenía como función combatir a los ladrones de ganado y a los bandidos de la frontera con México. Ambos cuerpos de los *rangers* tenían tanto trabajo que no daban abasto[186].

La violencia se neutralizaba así con la violencia y con una justicia expeditiva en la que, muchas veces, al forajido que no caía en un tiroteo y era apresado, le esperaba en breve el nudo corredizo de la horca. En lo que se refiere a las autoridades de mayor rango hay que citar a los *marshals* (que tenían una competencia mucho mayor, bien fuera estatal o nacional, esta era el caso de los *marshals* federales que eran nombrados por los presidentes de los Estados Unidos o sus representantes), y a los jueces. Entre estos también hubo de todo, desde los excéntricos (pues bastantes jueces apenas conocían las leyes y solo aplicaban el más elemental sentido común o lo que ellos tenían por tal según su leal saber y entender), pero otros eran cultos, serios, severos e implacables, aplicando la pena de muerte a muchos forajidos y bandidos de todo tipo.

Ahora bien, como nos recuerda Joseph G. Rosa, para la mitología que pronto empezó a formarse (en las noticias periodísticas de la época, ya dadas a tendenciosas exageraciones, en las novelas baratas —*Beadle's Dime Novels*— y sobre todo en el wéstern y ya en el siglo XX), la figura del pistolero fue el equivalente en Estados Unidos a los caballeros andantes medievales y al Robin Hood de la Europa anglosajona. Su espada fue el Colt 45 y su armadura la habilidad para apuntar y disparar con rapidez y precisión al rival. Durante generaciones, el pistolero representó la imagen heroica de la joven nación estadounidense, que combatía el mal para que la ley acabase prevaleciendo, siendo un modelo de virtud

---

[186]   Rosa, J. G. *Op. cit.* (1969), p. 56.

lejos de toda crítica[187]. Las preguntas que tenemos que hacernos son las siguientes: ¿qué hay de cierto y qué de ficción mitológica en la figura del forajido, del *sheriff* y en general del pistolero?, ¿quedan estos tipos humanos bien reconstruidos en los wésterns o estos no son más que falsarias idealizaciones?, ¿el pistolero que aparece en el wéstern, sea al lado de la ley que sea, es un mito oscurantista?. ¿Cómo mito, al servicio de que ideología está?

Para empezar a desarrollar esta temática es necesario hacer una precisión terminológica importante, porque tiene una trascendencia ideológica nada despreciable para nuestra temática, la del estudio de la violenta intrahistoria de los Estados Unidos en el periodo concreto posterior a su Guerra Civil. En el español actual, expresiones como bandido, bandolero, forajido, malhechor y salteador de caminos son sinónimas, o casi, asimilándose como concepto más técnico a lo que hoy conocemos como un subtipo de delincuente, es decir alguien que comete delitos y, en el caso de los conceptos previos recién citados, estos tienen como acepción en común el referirse a quien vive y roba en zonas despobladas. Por otra parte, la expresión «asesino» quiere decir matar a alguien con alevosía, ensañamiento o por una recompensa. En el inglés de los Estados Unidos los conceptos equivalentes tienen connotaciones bien distintas y ello en el contexto histórico de la Reconstrucción de los estados del Sur al Este del Misisipi, o de la rápida conquista del Oeste, con sus poblados mineros, sus *cowboys*, sus efímeras ciudades ganaderas y sus campamentos ferroviarios donde vivían sobre la marcha los que tendían las vías.

Pongamos un ejemplo: tras el fin de la Guerra Civil, para los sudistas resentidos con las asfixiantes políticas republicanas de los yanquis vencedores (la ya tan mencionada Reconstrucción), unos hombres como Jesse y Frank James, aunque legalmente fueran unos «fuera de la ley» (*outlaws*, unos forajidos proscritos), no eran tenidos al principio por unos delincuentes, no eran mala gente para sus convecinos, aunque asaltasen bancos y en la refriega causasen muertos, porque sus conciudadanos sureños entendían que lo hacían en defensa propia y lo que es más importante, en defensa de la «Causa Perdida»: los derrotados ideales del Sur.

En todo caso, al hombre que vivía de matar o tenía que hacerlo en el cumplimiento de su profesión legal, fuera un *outlaw* o un agente de la ley, se le denominaba un «matador de hombres», un *gunman*, si es

---

[187] Rosa. J. G. *Op. cit.* (1969), *Introduction*, p.v.

que desarrollaba una especial destreza o había liquidado a muchos individuos. Al que además era especialista en tiroteos con revólver a corta distancia, mediando o no un desafío de por medio, un *gunfighter*. Como veremos, ni el *gunman* ni el *gunfighter* tienen nada que ver con un duelista, pues un duelo es un enfrentamiento formal previamente convenido y que sigue un protocolo y unas reglas muy estrictas; como sucedía entre la aristocracia inglesa del siglo XVIII y principios del XIX, mediante pistolas de chispa de la más alta calidad. La palabra en español que mejor puede traducir al *gunman* y al *gunfighter* del *Far West*, de los que hubo algunos muy notorios operando con o sin placa, con la ley de su parte o contra ella, es la de pistolero.

Con esta precisión terminológica ya nos damos cuenta de que lo que en las películas se llaman «duelos», no son tales. Los duelos de los wésterns con revólver Colt, el famoso «seis tiros», *six-shooter*, son idealizaciones falsas, que no tienen nada que ver con la forma en la que tenían lugar los verdaderos tiroteos en los pueblos fronterizos.

En nuestro idioma a los pistoleros que cobraban como asalariados (por ejemplo de los barones ganaderos y en el seno de sus conflictos), para asesinar a un determinado oponente o rival, podríamos también considerarlos con precisión, sicarios[188]. Entre los historiadores anglosajones ha sido el citado J. G. Rosa quien mejor ha definido, delimitado y desmitificado la figura del pistolero de la conquista del Oeste. Esta desmitificación pasa por confrontar la realidad histórica del *gunman* y del *gunfighter*, del pistolero en esta doble componente, con lo que los guiones de las películas y sus personajes representan en la pantalla. Por ejemplo, históricamente algunos vaqueros se acabaron convirtiendo en pistoleros, pero fue una minoría nada representativa, pues la inmensa mayoría de los *cowboys* que trabajaban en las rutas y en los ranchos entre 1865 y 1890, ni tenían los mejores revólveres de la época, ni muchos disparaban bien. Solo usaban su arma como herramienta de trabajo (ya se citó para qué), y como último recurso.

Igualmente en la terminología inglesa existe la expresión de origen español ya citada desperado y también la de *good bad boy*. Para mu-

---

[188] En la película *Muerte al atardecer* (*Red Sundown*, Jack Arnold, 1956), el personaje de Bud Purvis, interpretado por James Millican, reconoce ante el de Alec Longmire, al que da vida Rory Calhoun, que ha alquilado su pistola para matar muchas veces a lo largo de su vida. En la versión española dice de sí mismo, y poco antes de morir y salvar al también pistolero Alec, que ha sido un sicario.

cha gente de aquella época el desperado era quien se había visto obligado, fruto de las circunstancias, a vivir en constante peligro y cometer crímenes (por ejemplo por quedar condenado a la pobreza extrema fruto de una expropiación forzosa por la vencedora política de los Estados Unidos frente a México, por vengar el asesinato de sus padres, por quedar sin hogar y sin bienes debido a la Reconstrucción del Sur, etc.) Muchos bandidos dedicados al robo de ganado o al asalto de diligencias, que transportaban oro o plata a través del cofre de la Wells & Fargo, eran considerados desperados. La figura del desperado (y de ahí el uso de ese término), abundó en el suroeste, es decir en los antiguos territorios que México perdió tras su guerra con los Estados Unidos y la firma del Tratado de Guadalupe Hidalgo en 1848.

El despojo de los mexicanos fue total y el desprecio que se tenía por ellos entre los tejanos de origen anglosajón era más que evidente. Así, a los mexicanos se les llamaba, traducido al español, «sebosos» o «grasientos», expresiones que son claramente despectivas. Estos insultos no se aplicaban nunca al criollo, a la persona de origen español, sino al mexicano en cuanto que mestizo, es decir por tener sangre india. El supremacismo racial o el abierto racismo son inherentes a los componentes WASP presentes en el origen de la nación estadounidense, aunque en el mundo del *cowboy*, donde convivían vaqueros anglos, mexicanos y negros, estaba muy mitigado, pues el compartir vivencias en duras circunstancias de supervivencia hacía que el racismo quedase casi anulado por los lazos de amistad que se creaban.

Good bad boy ya es una expresión que tiene buena parte de idealización meliorativa, pues suele hacer referencia al vaquero de buen corazón y buenos principios morales que se ve obligado a ser un «duro» que hace malas acciones, estando estas justificadas. En Hollywood, ya desde la incipiente época del cine mudo, se sacó mucho provecho argumental y mitológico de esta figura; la del buen chico malo (por supuesto de origen anglosajón). Sin embargo y en términos históricos, el *bad man* (el hombre malo), era, dentro de los *outlaws* o forajidos, el típico asesino sin escrúpulos, es decir la peor especie de pistoleros que poblaron el Oeste. O lo que es lo mismo y en terminología inglesa, el *bad man* era moralmente el peor tipo de *gunman* y de *gunfighter*. El «hombre malo», el asesino por antonomasia que no daba ninguna oportunidad a su rival y que mataba de la forma más artera posible (nada de «duelos en plena calle y al sol» como falsamente se ve en los wésterns), sin sentir ningún tipo de escrúpulo o remordimiento. Este tipo de individuos, que también formaron parte del paisanaje que fue habitando el Oeste, entrarían en la categoría de lo que hoy llamaríamos psicópatas, aunque su afición a matar a alguien bajo cualquier nimio pretexto se ocultase bajo la profesión, por decirlo irónicamente, de hábil tahúr que nunca perdía en una partida de póker o de proxeneta que vivía de chulear y explotar a las prostitutas de un burdel, haciendo pasar este por un simple bar o *saloon*.

Algunos agentes de la ley, que fueron buenos tiradores y habían matado en el cumplimiento de su oficio, y que no querían que se les confundiese con el *gunfighter* o vulgar pistolero, preferían decir de sí mismos en su vejez y en sus memorias que habían sido un *good shootist* o un *good marksman*; buenos tiradores, dando a estas expresiones casi un sentido deportivo.

En la práctica, las características del *outlaw*, bien como *gunfighter*, *bad man*, o desperado, se podían dar y de hecho se dieron mezcladas en la personalidad y biografía de algunos personajes del *Far West*. Lo único que estos compartían con el defensor de la ley (fuera un *marshal*, un *sheriff* o un simple policía o comisario adjunto, *deputy marshal*, en un lejano poblado fronterizo), era su habilidad para manejar las armas, principalmente las cortas, es decir los revólveres. No es de extrañar que Dominique Venner afirme que a estos últimos hombres les hacía falta algo más que ser simplemente honestos. Esta cualidad, aunque se presuponía, era raramente exigida cuando se les contrataba para poner orden en una ciudad ganadera. Los *sheriffs* y los alguaciles de estos pueblos debían de ser hombres fuertes, capaces de manejar el revólver con frialdad. Y siempre se recuerda a aquellos que tenían un aire fiero, con gran aplomo, fuerza física y sobre todo una destreza en el disparo que inspiraba temor en los forajidos y confianza en los buenos ciudadanos. Su pasado importaba poco. Podían ser antiguos ladrones de caballos como Wyatt Earp, jugadores tramposos profesionales como Bill Hickok, desperados como Henry Brown, un crupier como Ben Thompson, un cazador de bisontes como Bat Masterson, un soldado de fortuna como Chris Madsen o incluso un aristócrata como Bill Tilghman[189].

Los resultados podían ser imprevisibles dada la fragilidad de la ley. Un antiguo «chico malo» podía convertirse en un policía eficaz, aunque no fuese un sujeto íntegro u honesto, como el caso de Frank M. Canton que fue el *sheriff* del condado de Johnson. Contratando a este tipo de personas los ciudadanos se llevaban a veces bastantes decepciones, aunque los fracasos no se tuvieran en cuenta en una nación

---

[189]   Venner, D. *Op. cit.* (1985), pp. 173-174.

en formación. Cuando Colorado aún era un territorio y todavía no un estado de la Unión, se detuvo al primer *marshal* federal por malversación de fondos públicos. El segundo de estos funcionarios, un antiguo juez, no dejó ningún recuerdo entre los habitantes de la zona por su fugaz tiempo en el cargo. El tercero, sospechoso de haber robado y de falsificar moneda, tuvo que dimitir. Respecto del cuarto, sus estafas lo enviaron durante dos años al penal de Leavenworth. Esto no quiere decir que todos los comisarios fueran corruptos en potencia, pues la mayoría cumplían con su deber. Pero la organización del sistema legal en aquellos tiempos era muy frágil, lo cual era aún más preocupante que la falta de homogeneidad entre una población dispersa y siempre traumatizada por la aún reciente guerra civil y por el desarraigo.

Dado lo anteriormente expuesto se comprende que cada persona quisiese tener a mano la forma de hacer respetar sus derechos. Por eso en estos convulsos años se desarrolló en el Oeste una filosofía de la vida no desprovista de sabiduría (según D. Venner), a pesar de su dureza y de su simplismo moral. Podría resumirse en el siguiente principio: si en las manos de un criminal el arma es una amenaza peligrosa, en las de un ciudadano responsable permite conjurar esta amenaza. El arma, principalmente el revólver, protege contra los abusos con las armas. Muchos varones entendían que era un instrumento de justicia y de equilibrio[190], por eso el individuo que quería proteger su vida de cualquier amenaza armada, salía a las calles desarmado y así lo hacía saber a sus conciudadanos.

Venner, citando a J. G. Rosa, afirma que la eficacia de este código tan elemental era incuestionable. Entre 1865 y 1900, durante los 35 años en los que la ley escrita apenas existía, no se cuentan más de 600 asesinatos en todo el Oeste, mientras que solo en la ciudad de Nueva York y en el periodo de un año, 1866, se computaron 799. Desde 1870 a 1885, en los años más convulsos del imperio ganadero, las ciudades «calientes» de Abilene, Dodge City, Ellsworth, Wichita y Cadwell, solo registraron 55 muertos por arma de fuego[191]. Ya en aquellos tiempos, cuando historia y leyenda surgen al alimón, se utilizaban expresiones como «El juez Colt y su jurado de seis» y «Dios creó a los hombres y

---

[190]   Venner, D. *Op. cit.* (1985), p. 175. La traducción del francés es mía.
[191]   Joseph G. Rosa afirma que los muertos de forma violenta abatidos por los *marshals* de las ciudades mencionadas, entre 1870 y 1885, fueron cuarenta y cinco hombres, siendo la mayoría jugadores y vaqueros. Véase Rosa, J. G. *Op. cit.* (1969), p. 64.

Samuel Colt los hizo iguales». Al Colt 45 se le llamaba de muchas formas, pero una de ellas era la de *Pacemaker* (el Pacificador).

Para estos autores la sangrienta violencia del Oeste es una invención de los periodistas de la época y de los cineastas del siglo XX. El Oeste, con sus hombres armados, era más pacífico que las ciudades del Este ya industrializadas y donde había hacinamiento. Afirma Venner que el respeto y la protección de los débiles, mujeres, niños y ancianos era absoluta. No comparto esta tesis, aunque sí comparto que quien violase la regla anterior se exponía a la muerte de forma inmediata.

El número de *sheriffs* y *marshals* era en el Oeste significativamente bajo. Exceptuando alguna oveja negra entre ellos, este tipo de hombres ponían al servicio de la ley una firmeza y perseverancia propia de los cazadores de antaño. Su principal cualidad era la de no abandonar jamás. Hombres como Bud Ledbetter, Chris Madsen, Heck Thomas o Bill Tilghman no eran más rápidos con el revólver que los forajidos a los que perseguían, ni necesariamente más inteligentes, solo eran más perseverantes y tenaces. Nunca se desviaban de su objetivo, pues su suprema pasión era cazar al malhechor. «Eso es lo que los hace tan inquietantes, tan irreales, decía uno de los bandidos de la banda de Doolin. Esto es lo que paraliza a los hombres como nosotros. Ese aspecto inmutable e ineluctable es lo que te abate»[192].

La verdadera historia de un *sheriff* de Arizona, y poco importa su nombre, pues su cualidad esencial era común a la mayoría de estos agentes, supera con mucho a lo que se puede ver en cualquier wéstern clásico de serie B de los años cincuenta del pasado siglo. La persona a la que me refiero perseguía a dos forajidos a través de un desierto de lo más ardiente y tormentoso que pueda haber en el Oeste. Mordido por una serpiente de cascabel hace sangrar la herida con su cuchillo y la cauteriza con la llama de su mechero, continuando tras el rastro de los dos fugitivos a los que sorprende mientras dormían. Les encadena las manos y tira la llave de las esposas por un barranco. Luego indica a los cautivos que la única oportunidad de no morir de sed con las manos trabadas, consiste en que marchen a pie para ir a buscar ayuda. Después este *sheriff*, paralizado por el veneno, se acuesta y espera.

Muchos hombres de la ley (*lawmen*) contaban historias parecidas cuando echaban atrás su memoria. Algunas incluso divertidas, como

---

[192] Venner, D. *Op. cit.* (1985), p. 177. La traducción y adaptación del francés es mía.

la que relataba el *marshal* Bud Ledbetter, que recorrió las tierras de Oklahoma y Arkansas desde 1880 a 1896 sin separarse jamás de su revólver de la marca Merwin & Hulbert: «Me dispararon hace seis años mientras estaba sentado en el retrete. Las balas silbaban a través de los delgados tablones. Puse mi revólver a la altura del pecho y apreté una sola vez el gatillo, y el sujeto que asomó la cabeza detrás del tronco de un árbol, a unas veinte yardas de distancia, cayó con un agujero entre los ojos»[193]. Es evidente que estos recuerdos podemos creérnoslos o no.

Otra historieta es aquella en la que el revólver sirvió para una peculiar manera de hacer justicia. Se trata de la siguiente: un ranchero de Cimarron River, Clay Allison, abordó un día en Canadian a un periodista famoso por su mordaz ironía, diciéndole que el que utiliza sus dones para burlarse y difamar a los otros es un bastardo. «Tú tienes el arte de las palabras y usas esta superioridad para dañar a las personas. Yo tengo habilidad con las armas de fuego y vas a bailar hasta que te cuelgue la lengua». Dicho esto comenzó a dispararle entre las piernas haciendo bailar al periodista hasta que este se derrumbó. «Ahora, mi pequeño amigo, le dijo entonces Allison, que también sabía ser elocuente, sabrás lo que es no poder defenderse».

Después de esta visión general, y como es imposible abordar los hechos más notables de todos los *outlaws*, *sheriffs*, comisarios (u otros agentes de la justicia legal como los verdugos y los jueces), que forman parte de la nómina de los más afamados, citaré los más conocidos y estudiados, para finalmente ir respondiendo a los interrogantes que nos hemos hecho sobre la realidad y el mito del pistolero.

Entre los «hombres duros» de la Conquista del Oeste que empuñaron las armas, muchos de ellos para cometer delitos, hay que citar nombres como los siguientes: Joaquín Murrieta, Luke L. Short, Bryant Charles, George Newcomb, Robert Clay Allison, William Preston Longley, John Wesley Hardin, Weightman o Waightman George, William F. Raidler (conocido como "Little Bill" Raidler), William Blake, Daniel Clifton, Roy Daugherty[194], Billy "The Kid" (Billy el Niño), Charles E. Boles (más conocido como Black Bart), Milton Sharp, William "Billy"

---

[193]   Citado por Venner, D. *Op. cit.* (1985), p. 177.
[194]   Bianchi, Didier. *Les Hors-La-Loi de l'Ouest Américain*. Éditions Crépin-Leblond, París, 1995. Véase también Cunningham. Eugene. *Triggernometry. A Gallery of Gunfighters*. Caldwell. Idaho. 1941. Prefacio de Eugene Manlove Rhodes. Introducción de Joseph G. Rosa. University of Oklahoma Press, Norman y Londres. Primera edición,1996.

Brooks, Tom Ketchum (conocido como Black Jack), Tom Horn y algunos más. Entre estos había tipos de toda condición, desde desperados, refinados tahúres, ladrones, *cowboys* a tiempo parcial que acababan siendo pistoleros e incluso quien había sido agente policial durante un tiempo de su azarosa vida.

No obstante, fueron las bandas organizadas las que dieron los golpes más sonados y las que aterrorizaron ciertos territorios y estados durante años, atreviéndose no solo a robar ganado o atracar diligencias (que llevaban metales preciosos de las minas o las nóminas de los obreros), sino, sobre todo, trenes y bancos en ciudades más que medianas. Esto producía tiroteos con fuego cruzado y la agencia de detectives privados Pinkerton, fundada por el escocés Allan Pinkerton a partir de 1850, tuvo bastante trabajo por encargos de bancos y ferrocarriles para perseguir y acabar con dichas bandas de forajidos, muchos de ellos muy peligrosos y hábiles pistoleros sin escrúpulos.

Entre estas bandas de *outlaws* hay que citar a las siguientes: la del forajido James Copeland (conocida como *Wages and Copeland Clan*), la de los hermanos Reno (*Reno Brothers Gang* y *The Jackson Thieves*), la de L. H. Musgrove, la de Henry Plummer, la banda de los James (Jesse James y su hermano mayor Frank James, incluyendo a Bob Ford que fue quien asesinó a traición a Jesse James en su propia casa), y los Younger (James, John, Robert y Coleman), la de Sam Bass, la banda de los Clanton (que también incluía a Tom McLaury, Frank McLaury y Billy Claiborne, y que era conocida como *The Cowboys*), la de los hermanos Dalton (en la que hay que mencionar también a Bill Powers y a Richard "Dick" Broadwell), Bill Doolin y su banda, el Grupo Salvaje (*The Wild Bunch*, también conocido por el *Doolin-Dalton Gang* o los *Oklahombres*, grupo refundado con miembros supervivientes de las dos anteriores), y El Grupo Salvaje de "Butch Cassidy" y "Sundance Kid" (cuyos verdaderos nombres eran respectivamente Robert LeRoy Parker y Harry Alonzo Longabaugh, al que hay que sumar la novia de este, Etta Place)[195].

Además de a los iniciales grupos de vigilantes de California y Montana y de los detectives de la agencia Pinkerton y otras similares, entre los hombres que defendieron la ley y el orden en algún periodo de su biografía, aunque algunos tuviesen un pasado turbio, o los más

---

[195]   Véase también Stammel, H. J. *Sherifs, Hors-la-loi et Bandits*. Editions DVA para la edición francesa, 1975. Original de ese mismo año en alemán.

conocidos fama de pistoleros, o de estar a favor de las leyes para su propia conveniencia, pues algunos como los hermanos Earp estaban metidos en negocios no muy limpios, hay que citar a los siguientes: Edward W. Bonney, John Johnson (el famoso «comedor de hígados» John Jeremiah Garrison Johnston, que fue más conocido como trampero), el capitán James Williams y John X. Beidler (pilares fundamentales de los vigilantes de Montana, siendo el último el verdugo), Thomas James Smith (también llamado Tom "Bear River" Smith), Chauncey B. Whitney, James Butler Hickok (conocido como "Wild Bill" Hickok), Richard M. Brewer, Henry Newton Brown, Dallas Stoudenmire, "Big Jim" Courtright, Ben Thompson, Mysterious Dave Mather, Bartholemew William Barclay "Bat" Masterson (y sus hermanos Ed y James Masterson), los hermanos Earp (Virgil, Wyatt y Morgan), David J. Cook, el comodoro Perry Owens, James B. Hume, Pat Garrett, Bill Tilghman, Heck Thomas, John Henry Thompson, Elfego Baca, Frank Eaton, etc.

Entre los jueces hay que citar a Isaac Charles Parker (el famoso Juez de la horca), al tabernero y juez de paz en el condado de Val Verde (Texas), Roy Bean, que se hacía proclamar como «La única ley al oeste del Pecos», y a Temple Huston. Por intentar resolver la guerra del condado de Lincoln (Nuevo México) también hay que mencionar al ya citado autor de *Ben Hur*, el gobernador Lew Wallace.

Entre los últimos citados los más conocidos y mitificados por el wéstern como defensores de la ley con fama de pistoleros, son "Wild Bill" Hickok y Wyatt Earp. John Henry Holliday, el célebre "Doc" Holliday, dentista tuberculoso amigo de Wyatt Earp y que participó también en el afamado tiroteo en el O. K. Corral de Tombstone al lado de los Earp, es el prototipo de jugador y pistolero, como lo es Billy Thompson (el hermano del *lawman* Ben Thompson ya mencionado). Luego, incluirlos como hace Didier Bianchi, dentro de los *sheriffs*, es una exagerada equivocación[196], por mucho que "Doc" Holliday ayudara a los Earp en el citado tiroteo. Evidentemente hubo muchos otros *gunfighters* y *gunslingers* (otra forma de denominar a los pistoleros), como John Bull, este de origen inglés, pero no son tan conocidos y estudiados.

---

[196] Véase, Bianchi, D. *Les sheriffs de L'Ouest Américain. Leur vie, leurs exploits, leurs armes*. Éditions Crépin Leblond, París, 1994, pp. 131-137 y 165-173. Para los hombres de la ley más notables y sus proezas en el manejo de los revólveres véase la obra clásica de Cunningham, Eugene. *Op. cit.*

Para trazar mejor algunas de las características históricas de los pistoleros de la conquista del Oeste, fueran *outlaws* o servidores de la ley, voy a comentar algunos datos biográficos y sociológicos de algunos de ellos. Es importante, pues Dominique Venner saca de contexto algunas de las tesis de Joseph G. Rosa, ya que este desmonta totalmente el mito del pistolero y su prestigiosa aureola, presentándonos la verdad histórica que tiene muy poco de épica y que contrasta totalmente con las iniciales mitificaciones de la prensa de la época, de las novelas baratas (*Beadle's Dime Novels*), del espectáculo circense del Salvaje Oeste de Buffalo Bill (con la influencia previa del publicista Ned Buntline), y de los primeros wésterns mudos de Hollywood protagonizados por Tom Mix, William S. Hart y Harry Carey.

Una de las cuestiones que deja bien claras J. G. Rosa, frente a la tergiversación de D. Venner, es que el «código de honor del Oeste» jamás existió realmente. Los pistoleros, fueran de la condición que fueran, mataban de la forma más rápida, eficaz y expeditiva que sabían[197], aprovechando la circunstancia más favorable posible y sin dar ninguna ventaja a su futura víctima. No había ningún honor en ello y máxime, como señalo, si se mataba en un callejón a oscuras y por la espalda, es decir de la forma más traicionera posible. A Jesse James, que tenía puesto precio a su cabeza, le disparó por la espalda su amigo Bob Ford, con un revólver que aquel le había regalado, y cuando Jesse estaba subido en una silla para quitar el polvo y enderezar un cuadro de la pared. Ben Thompson cayó en una trampa en un teatro y le disparó su amigo King Fisher. Pat Garrett mató a Billy the Kid (Billy el Niño) cuando este entraba en una habitación a oscuras. Y el precavido "Wild Bill" Hickok fue asesinado por Jack McCall de un disparo en la cabeza y por la espalda, mientras jugaba al póker el 2 de agosto de 1876 en el Nuttal & Mann's Saloon N.º 10 de Deadwood, en el Territorio de Dakota. Presumiblemente tenía dos ases negros y dos ochos negros. A partir de ese momento y debido a la mitificación, a esa jugada se la conoce como «La mano del hombre muerto».

J. G. Rosa desmonta totalmente la presunta nobleza de la vida en el Oeste, con la que D. Venner justifica el mensaje de películas de los años setenta que parecen inspirarse en el supuesto y ya citado «noble código del viejo *Far West*». Me refiero a filmes como *El justiciero de la ciudad* (Michael Winner, 1974)[198] o *Yo soy la justicia* (del mismo director y ya de

---

197   Rosa, J. G. *Op. cit.* (1969), p. 162.
198   Venner, D. *Op. cit.* (1985), pp. 182-183.

1982). Estaban protagonizados por Charles Bronson y fueron largometrajes muy polémicos, pues su ideología fue tachada como neofascista por
muchos críticos (aunque otros, los menos, los valorasen positivamente),
ya que el protagonista se toma la justicia por su mano como en el violento
Oeste, pues cuando su mujer es asesinada y su hija queda enloquecida
por un asalto y violación de los actuales delincuentes urbanos, cosa habitual en las grandes ciudades estadounidenses de finales del siglo XX, el
personaje de Paul Kersey, ante la ineptitud de una policía que a su vez le
rinde admiración en privado, se dedica a ir matando malhechores por las
noches en los callejones de la gran urbe, tras viajar a Texas por razones
de trabajo y aprender allí a desprenderse de sus ideales humanistas y
pacifistas, que D. Venner define como prejuicios.

En este mismo sentido fueron interpretadas las películas que protagonizó Clint Eastwood en los setenta, en las que encarna al inspector
de policía Harry Calahan, con obras como *Harry el Sucio* (Don Siegel,
1971) y todas las demás secuelas de la serie (*Harry el Fuerte*, 1973; *Harry
el Ejecutor*, 1976; *Impacto súbito*, 1983 y *La lista negra*, 1988). Pues Calahan
es un policía nada convencional, que no duda en usar un revólver Smith
and Wesson Modelo 29, diseñado a partir de 1955 y del monstruoso
calibre 44 magnum, para acabar con los delincuentes asesinos y degene-
rados. De alguna forma, aunque ya muy depurada, ciertos críticos siguen
viendo ahí la figura del solitario *gunfighter* del *Far West*, aunque aquí como
justiciero que desdeña el papeleo y el formalismo legal de sus superiores.
La leyenda del *gunman outsider* (del agente de la ley marginado e inso-
bornable), sigue viva. Mas, a pesar de las críticas, Clint Eastwood como
actor en esos años supo hacer dinero para financiar con su productora (la
Malpaso Company), dirigir y protagonizar obras mucho más personales,
inteligentes y refinadas, donde la figura del pistolero y del *cowboy* es ya
cuestionada de forma problemática, como en *Infierno de cobardes* (1973), *El
fuera de la ley* (1976), *Bronco Billy* (1980), *El jinete pálido* (1985) y, sobre todo,
en su obra maestra en el género, *Sin perdón* (1992).

Pero he de volver a la figura del pistolero histórico posterior a
1865 y tendré que poner algunos ejemplos notorios tanto de algún forajido como de algún defensor de la ley, aunque como ya he resaltado, la
línea que separa ambos mundos en ese periodo de los Estados Unidos
es muy tenue y las personalidades subyacentes a algunos personajes
tienen bastantes cosas en común. Lo importante, como ya he dicho, es
analizar la figura del pistolero, no el conjunto de sus biografías, lo cual
daría para otro tipo de libro.

Ya antes de la Guerra Civil los bandidos mexicanos que actuaban como cuatreros en la frontera, frente a la arrogante victoria de los estadounidenses sobre México (que iba condenando a muchos mexicanos a la miseria), y el tráfico comanchero, daba mucho trabajo a los *Rangers* de Texas. Acabada la guerra comenzó la época de los grandes atracos a diligencias, trenes y bancos como parte de una espiral de violencia que llegó hasta finales del siglo XIX y principios del XX. Hay quien afirma que llegó a haber 20.000 personas muertas por arma de fuego entre 1866 y 1900[199].

Aunque la guerra civil había acabado oficialmente, muchos excombatientes, sobre todo confederados, no entregaron sus armas ni se dieron por derrotados. No teniendo en que ocuparse y acostumbrados a ver morir y a matar como cosa habitual, algunos iniciaron una carrera delictiva. Igualmente muchos hombres del Norte por una ambición desmedida espoleada por una victoria que los hacía altaneros y despreciativos. Los del Sur, que eran la mayoría, porque no aceptaban las condiciones de la derrota y la nueva «paz», que los condenaba a ser unos marginados además de quedar en la más absoluta pobreza, ya que sus posesiones previas habían sido destruidas o incautadas como botín de guerra. Para mayor desgracia para los excombatientes de la Confederación los intereses corruptos de los politicastros y sus traidores aliados (*Carpetbaggers* y *Scalawags*), convergían con los intereses industriales de las empresas del ferrocarril que estaban en plena expansión. La política de expropiaciones de tierras por las que iban a pasar las vías férreas, hizo el resto. Así surgieron los primeros asaltos a trenes en movimiento.

El primer robo a un tren en marcha se produjo el 6 de octubre de 1866, en la línea Ohio-Mississippi, cerca de Seymour, en el condado de Jackson, Indiana. El atraco se atribuyó a miembros de la banda de los hermanos Reno (Frank, John, Simeon, Clinton y William). El botín ascendió a unos 13.000 dólares[200]. No obstante, la banda de atracado-

---

[199] Doval, Gregorio. *Breve Historia del Salvaje Oeste. Pistoleros y Forajidos*. Ediciones Nowtilus, S. L. Madrid, 2009, p. 53. No hay que olvidar que fueron los tejanos de origen anglosajón los que se quedaron con los rebaños de vacas y toros cornilargos de origen mexicano y que previamente a la independencia de México formaban parte del virreinato de Nueva España, o lo que es lo mismo pertenecían al Imperio español. O, como queda reflejado en la Constitución de Cádiz de 1812, eran parte de la España de ambos hemisferios.

[200] Doval, G. *Op. cit.*, pp. 79-80.

res más importante en la inmediata posguerra y luego mitificada por el cine, fue la de los hermanos James y Younger.

Jesse James (1847-1882) y su hermano Frank James (1843-1915), se criaron en Misuri en una familia de fuertes simpatías sureñas. Cuando la guerra de guerrillas se apoderó de esa zona fronteriza en plena contienda civil (con enfrentamientos muy sangrientos, venganzas y represalias entre milicias proesclavistas y abolicionistas —*bushwhackers* frente a *jayhawkers*—), la familia James fue muy maltratada[201] por las tropas federales, y los dos jóvenes hermanos, como reacción llena de odio y cólera, se enrolaron en la banda de William Bloody Bill Anderson, que acababa de separarse de la de Quantrill. También se unieron a los Younger y comenzaron sus actividades guerrilleras en un contexto bélico, donde los golpes de mano en retaguardia y las venganzas de lo más sangriento eran el pan nuestro de cada día. Cuando llegó el fin de la guerra, se decretó la amnistía, pero esta no se aplicó a quienes habían actuado como forajidos y no como soldado regulares. Los James y los Younger fueron declarados proscritos (*outlaws*) y ahí comenzó su verdadera carrera como delincuentes al margen de la ley.

En años sucesivos atracaron tiendas, diligencias, bancos y trenes desde Iowa a Texas y desde Tennessee a California. Parte de la prensa (el *Kansas City Times*, periódico dirigido por John Newman Edwards), que aún comprendía los ideales del vencido Sur, en principio pareció simpatizar con ellos y luego la mitología presentó sin ningún fundamento real, histórico, a Jesse James, el auténtico jefe del grupo, como un Robin Hood en versión estadounidense y sureña. Lo cierto es que no hay ninguna constancia de que lo que robaba la banda lo repartiese entre los más pobres.

Bancos y ferrocarriles, hartos de tantos violentos atracos, recurrieron a la agencia Pinkerton, que tuvo la mala idea de poner una bomba en la casa familiar de los James. La explosión mató a un hermanastro y la madre de los forajidos, Zerelda James, quedó mutilada perdiendo un brazo. A su vez, la reacción de sus hijos ante este hecho fue de una violencia indiscriminada y Jesse llegó a viajar al Este para, en venganza, matar a la madre de Allan Pinkerton, cosa que no pudo llevar a cabo.

El declive de la banda comenzó el 7 de septiembre de 1876, con el fallido asalto al First National Bank de Northfield, ciudad de Minnesota. Jesse mató al indefenso cajero, que se resistía a abrir la caja fuerte, y el pueblo, compuesto mayormente por inmigrantes nórdicos recién

---

[201] Rosa, J. G. *Op. cit.* (1969), p. 44.

llegados a esas nuevas tierras, que ya estaban advertidos y sospechaban algo ante la presencia de forasteros y que nada querían saber de bandas de forajidos y de resentimientos postbélicos, respondió con las armas en las calles de su ciudad. La banda fracasó y murieron en el tiroteo dos forajidos, además del cajero y de un indefenso ciudadano sueco que cayó en el fuego cruzado[202].

En años sucesivos, algunos de estos delincuentes fueron muertos o capturados por el cerco policial, pero como Jesse y Frank James seguían vivos, ocultándose bajo nombres falsos y cambiando cada poco de residencia, su persecución no daba fin. Entre 1879 y 1881 los robos y asesinatos protagonizados por Jesse James siguieron, y el gobernador de Misuri, Thomas T. Crittenden, puso precio a la cabeza de ambos hermanos (10.000 dólares, 5.000 por cada uno, más otros 5.000 por la condena de cualquiera de ellos). Esta suma era atractiva para quien planease traicionarlos, ya que la doble vida de los James y el protegerse viviendo en el anonimato, en regiones ideológicamente amistosas, y donde pasaban desapercibidos y como personas normales y acomodadas, ponía las cosas muy difíciles a los agentes policiales. La pandilla casi estaba aniquilada y aunque como nos expone J. G. Rosa, Jesse tenía una personalidad paranoica, aún confiaba en los hermanos Charley y Robert "Bob" Ford. Será este último quien consume la traición y el asesinato, matando a un Jesse James desarmado y por la espalda, de la forma ya citada y que explica el referido historiador.

Jesse había dejado sobre un sofá su funda sobaquera con su revólver Smith & Wesson modelo Schofield del calibre 45[203]. Un arma muy novedosa y buena para la época. Frank James, que se rindió en Jefferson City, Misuri, fue finalmente absuelto sin cargos. Su vida posterior entra en la normalidad, pues desempeñó diferentes trabajos y murió con 72 años en 1915. En su periodo de forajido al lado de su hermano menor manejó un revólver Remington modelo 1875 del calibre 44-40. Él había elegido este arma porque usaba la misma munición que el rifle Winchester 1873 y porque, cómo él mismo había confesado, «cuando entro en acción quiero resultados».

Comento lo anterior, aunque sea de pasada, porque a diferencia de los vaqueros y de los granjeros pobres, los que vivían de las armas

---

[202]   Stammel, H. J. Op. cit (1975), pp. 33-40. Stammel hace una lista detallada de los asaltos a bancos y trenes realizados por esta banda y de los botines conseguidos. También cita a los muertos y heridos en el intento de atraco al banco de Northfield.

[203]   Rosa, J. G. *Op. cit.* (1969), p. 206.

(fueran *sheriffs* o *outlaws*, o cualquier otro tipo de los ya clasificados como pistoleros), estaban al día en todo lo que se refiere a los adelantos tecnológicos en materia de armas de fuego. Los pistoleros, con el dinero que ganaban o robaban, procuraban comprar las mejores y más actuales armas. Muchos tenían varias para diferentes posibles escenarios en caso de refriega, pues no es lo mismo disparar con una pistola Derringer oculta por encima de una mesa de póker en un *saloon*, y a dos o tres metros como mucho, cuando uno acaba de ser descubierto haciendo trampas o ha advertido que otro jugador las ha hecho, que un tiroteo en plena calle donde una pistolita como esa no sirve para nada. En esta última situación se necesita un revólver de buen calibre.

En el caso de los hermanos James, cuando de muy jóvenes empezaron como guerrilleros, estaban acostumbrados a manejar revólveres de avancarga (*cap and ball*), tanto Colt como Remington. Más tarde, como acabo de describir, adquirieron pistolas último modelo de calibres potentes para cartuchos metálicos. Sin embargo, la transición entre los viejos y nuevos revólveres no fue inmediata, así por ejemplo, en el atraco al banco de Northfield en 1876, Jesse James aún llevaba un Colt Navy 1851, aunque su arma preferida en esos años ya era el mentado Smith & Wesson Schofield[204]. Por cierto, que Bob Ford, que junto con su hermano también acabó sus días de forma violenta, usó igualmente un Smith & Wesson N.º 3 del calibre 44 para matar a Jesse James.

Un caso peculiar, como *deputy marshal* y como pistolero experto en tiroteos con revólveres de avancarga (y al que me referiré más adelante), es el de "Wild Bill" Hickok.

---

[204] Hernández Menéndez, Carlos. *Historia de las armas cortas.* Editorial Nebrija, León, 1980, pp. 31-32. Véase Walter, John. *The Guns that Won the West. Firearms on the American Frontier, 1848-1898.* Greenhill Books. Londres, Stackpole Books, Pennsylvania, 1999. Según Walter el Colt Navy que llevaba Jesse James en el asalto al banco de Northfield ya estaba convertido para cartuchos metálicos del calibre 38 de fuego anular (y tenía el cañón recortado a 3,5 pulgadas). El S&W Schofield de Jesse tenía el número 366 y de los dos Remington de Frank (M. 1875 del calibre 44-40), uno de ellos llevaba el número de serie 15116. Cole Younger tenía un Smith & Wesson Modelo N.º 2, del 32 anular. Mas tarde uso un Colt Single Action Army y posiblemente un Colt Navy modelo 1851, que tal vez le quitó a un vagabundo, con N.º 109168. El Smith & Wesson N.º 3, First Model Russian que Cole Younger tenía cuando se rindió, tras el fallido asalto al citado banco, tiene el N.º 28009. (Vid. Walter, pp. 162 y 167).

Siguiendo con la figura del *outlaw*, en cuanto que asesino fuera de la ley, hay que subrayar que el Sur, como ya se ha indicado, generó muchos forajidos tras la derrota y en el periodo de la Reconstrucción. Fue en este ambiente en el que destacaron dos de los más notorios pistoleros (dentro del subtipo de los *bad men*): William P. Longley y John Wesley Hardin. Estos comenzaron su carrera criminal matando a negros que ellos consideraban como beligerantes y arrogantes. Despreciaban a los negros y a los mexicanos, y matarlos con o sin pretexto fue una práctica común en los años de la inmediata posguerra. Estos tipos afirmaban que los negros eran los verdaderos agresores, pero si hemos de decir la verdad, sus carreras delictivas nos muestran que no sentían ningún respeto por sus semejantes, fueran blancos o negros[205].

John Wesley Hardin (1853-1895) era hijo de una buena familia sureña. Su padre era pastor metodista y educó a su hijo con rigor moral y fanatismo religioso, pero Hardin pronto se mostró como un joven propenso a las reacciones violentas. Con quince años y con un viejo Colt Navy 1851 mató a su primera víctima: un soldado negro, antiguo esclavo de un tío suyo, que había tocado las bridas de su caballo, comportamiento que el joven consideró imperdonable (aunque según otras fuentes el soldado, de nombre Maje, le gritó blandiendo un palo y Hardin usó un Colt Army 1860 para matarlo). Corría el año 1868 y lo sucedido no era más que un incidente sin gran importancia para la moral esclavista de los tejanos, pero para el ejército de ocupación norteño y el tribunal que podría juzgarlo, era un delito a condenar legalmente. Ante la justicia yanqui que él no reconocía y ayudado por su padre, huyó. Desde ese mismo momento su carrera como fugitivo y asesino fue en aumento.

Con una recompensa de 1.000 dólares por su captura, los incidentes en los que J. W. Hardin se enfrentaba a los soldados que lo buscaban o mataba a alguien bajo la sospecha de que lo había reconocido y podía delatarle, crecieron. En 1871 se va hacia al Norte como un vaquero más de una conducción de ganado, tiempo en el que liquidó a dos indios y cinco mexicanos con su viejo Colt Army, tal y como él mismo lo narra en sus memorias[206].

---

[205] Rosa, J. G. *Op. cit.* (1969), p. 43.

[206] Citado por Stammel, H. J. *Les armes à feu des pionniers*. Deutsche Verlags-Astalt Stuttgart. (DVA para la edición francesa), 1975, p 55. Véase también Stammel, H. J. *Sherifs, Hors-la-loi et Bandits*. Editions DVA para la edición francesa, 1975 (original de ese año en alemán), pp. 60-64. Doval, G. *Op. cit.*, pp. 30-37. Bianchi, D. *Op. cit.*, pp. 127-155. Rosa, J. G. *Op. cit.* (1969), pp. 43, 56-58, 90, 93, 117, 157-158.

Su fama fue en aumento cuando en Abilene coincidió con "Wild Bill" Hickok, que hacía las funciones de *marshal*, con el que no tuvo ningún enfrentamiento y le permitió permanecer en la ciudad con sus propios revólveres. Esto fue así forzado por las circunstancias, pues se violaban las normas municipales, que por aquellos convulsos años establecían en todas las ciudades ganaderas que los forasteros recién llegados dejaran sus armas en la oficina del *sheriff*. De paso, hay que decir que dichas normas generaron muchos conflictos con los vaqueros tejanos, camorristas muchos de ellos, tras su bulliciosa llegada al finalizar una larga y penosa conducción de ganado. Si además estaban borrachos, la posibilidad de un tiroteo era muy alta, y por eso se necesitaban comisarios y alguaciles de sangre fría, carácter fuerte, puños de acero y rápidos y precisos con el revólver.

J. G. Rosa, junto con otros historiadores, pone como muy dudosa la versión de la autobiografía de J. W. Hardin, según la cual él hizo un truco con sus revólveres (el típico *spin* o giro en el aire con el dedo en el disparador), apuntando a Hickok cuando este le pidió que se los entregara con la culata por delante. Pero como se acaba de decir no se los dio. También Rosa nos describe, y referido a años posteriores y a revólveres más modernos de cartucho metálico, qué tipo de fundas usaba Hardin, cosidas al chaleco para poder sacar con rapidez por debajo del sobaco. El caso es que en aquella ocasión en Abilene mató a un hombre de la habitación contigua simplemente porque roncaba y esto no le dejaba dormir. Huyó al instante para no tener que vérselas con Hickok.

J. W. Hardin, como otro tipo de forajidos, era visto por unos como un desperado (noble, educado y gallardo), obligado por el infortunio (la política yanqui en el Sur), a llevar ese tipo de vida. Para otras personas era un psicópata que desenfundaba ante su oponente para matarlo sin piedad con el menor pretexto.

Continuando con sus andanzas hay que señalar que sus asesinatos continuaron en una vida con constantes sobresaltos y encuentros desafortunados en los *saloons*. Aun así se casó y fue de los pocos pistoleros que, con vidas tan azarosas y tan llenas de miedos y precauciones, formó una familia, aunque no tuviese tiempo para dedicarlo a la vida hogareña. Hay que matizar que la mayoría de los pistoleros vivían «a salto de mata», sin familia, uniéndose temporalmente a amantes circunstanciales, bastantes de ellas prostitutas a tiempo parcial, a las que no dudaban en abandonar a la menor ocasión o si cambiaban de territorio siempre en el marco de sus actividades delictivas (aunque así también vivieron algunos afamados agentes de la ley).

Igualmente hay que señalar, como hace J. G. Rosa, que la mayoría de los tiroteos en las ciudades calientes ya referidas y entre pistoleros (exceptuando a los vaqueros juerguistas y borrachos en sus visitas estacionales), eran por deudas de juego no pagadas (o por hacer trampas, pues bastantes eran tahúres), por venganzas personales o familiares y por competir por los favores de alguna dama hermosa (entre las coristas o prostitutas de alto copete), es decir, por celos.

Hardin, por continuar con su biografía, volvió a Texas, pero siguió metiéndose en líos en los que con su rapidez con las armas siempre salía vencedor. Cuando herido se le apresó y se le encarceló en la prisión de Gonzales no tuvo problema alguno para escaparse después de reponerse de sus heridas. Además también tuvo tiempo para participar en las guerras ganaderas de la época (el clan de los Sutton contra el de los Taylor, perteneciendo Hardin a este). En 1874 ya era el hombre más buscado del medio Oeste, pues no eran pocos los que querían cobrar la recompensa por su captura o muerte. Aunque el *sheriff* Charles Webb le disparó hiriéndole levemente, J. W. Hardin no falló y le dio muerte. Con todo Texas en estado de alarma, este forajido, y con un precio por su vida que ya ascendía a los 4.000 dólares, acabó refugiándose primero en Alabama, donde encabezó una banda de ladrones de trenes, y luego en Pensacola (Florida). Fue aquí donde el ranger John B. Armstrong, con su *Pacemaker* de 7,5 pulgadas de cañón, logró detenerlo tras un forcejeo (la pistola de Hardin se le enganchó en los tirantes), junto a otros tres miembros de la banda[207]. Cuando se le juzgó, Hardin reconoció haber liquidado a 42 hombres, aunque los periódicos de la época le atribuían 27 muertes.

Ya en la cárcel, en la que estuvo dieciséis años (pues aunque la condena por matar al *sheriff* Webb era de veinticuatro fue reducida por buena conducta), estudió leyes y teología y colaboró con el alcaide. Escribió su autobiografía y salió, presuntamente ya regenerado, para ejercer como abogado en El Paso. Pero como le gustaba la vida de bares y timbas fue en ese mundillo donde encontró la muerte. Hardin

---

[207] Rosa, J. G. *Op. cit.* (1969), pp. 56-58. Sobre John Wesley Hardin véase también: Cunningham, Eugene. *Op. cit.*, pp. 38-65. Sobre el saque rápido, las formas de llevar un revólver y sus fundas véase en especial el capítulo XVII (titulado precisamente *Triggernometry*) de la obra de Cunningham, pp. 414-439.

fue asesinado el 19 de agosto de1895 en el *saloon* Acme de un tiro a traición y en la nuca, disparado por el alguacil John Selman Sr., que además era un notorio pistolero, después de que J. W. Hardin y John Selman Jr., también policía como su padre, riñeran. Como la maldición solía perseguir a los asesinos en el violento *Far West*, el propio Selman padre murió al año siguiente al ser tiroteado por el *U. S. Marshal* George Scarborough, vaquero y después famoso hombre de la ley (*lawman*). Hay que destacar que, al igual que el siguiente forajido, Billy the Kid (Billy el Niño), Hardin fue un usuario muy hábil de los muy modernos para la época revólveres Colt Lightning (Relámpago) y Colt Thunderer (Trueno). Eran armas introducidas en 1877 y de los calibres 38 long Colt y 41 long Colt respectivamente, ambas de doble acción, aunque de mecanismos propensos a averiarse[208].

De Billy the Kid (a partir de ahora Billy el Niño), ya he dicho lo esencial en el capítulo dedicado al mundo de los *cowboys*, donde citaba las mal llamadas guerras ganaderas y en concreto la del condado de Lincoln en Nuevo México. También me remití a él en las notas a las obras del historiador Robert M. Utley sobre el tema, en concreto a la excelente biografía sobre este joven forajido al que se le atribuyeron veintiún muertes, tantas como años tenía al ser igualmente eliminado por el *sheriff* Pat Garrett. Aquí sí que la mitología supera a la ficción, entre otras cosas porque se han hecho gran cantidad de películas sobre este personaje desde los inicios del cine sonoro, dándole cada una de ellas, y según iban transcurriendo las décadas del siglo XX, el sesgo ideológico más pertinente según los intereses de la industria de Hollywood.

Lo cierto es que Billy el Niño (1859-1881), supuestamente nació en Nueva York con el nombre de Henry McCarty. Se sabe el nombre de sus padres y que al enviudar su madre esta conoció a William H. H. Antrim en Indianápolis, donde se había mudado previamente, y con el que acabaría casándose en Santa Fe, tras pasar por Wichita. Cuando su madre murió de tuberculosis en 1874, el padrastro abandonó a los niños y estos tuvieron que sobrevivir como pudieron. Es así como el joven

---

[208] John Wesley Hardin usó a lo largo de su vida muchos revólveres. Comenzó su carrera con un Colt Navy y tuvo también un Smith & Wesson del 44 Russian (Old Old Model), N.º 25274, que fue el que usó para matar al *sheriff* Charley Webb. En 1872 ya tenía un S & W de doble acción del 44, N.º 352, y compró un Colt Lightning del 38, N.º 84304. También poseía un Colt Thunderer del 41, N.º 73728 y un Colt Single Action Army N.º 126680. (Walter, J. *Op. cit.*, p. 209).

Billy, con solo quince años, comenzó a buscarse la vida y a cometer sus primeros actos delictivos. No procede entrar en ellos en una obra como esta. En sus primeros trabajos, probablemente como vaquero o pastor de ovejas, y dada su juventud y su aspecto aniñado, fue cuando recibió el apodo de "Kid" (el Niño) o Kid Antrim. En el territorio de Arizona trabajó y se enfrentó a un herrero que le había insultado. En la pelea el Niño disparó y el herrero, Frank P. Cahill, murió al día siguiente a causa del balazo. Billy fue encarcelado pero escapó.

Aunque la vida de Billy el Niño ha sido escrita y mitificada muchas veces, lo esencial de su corta biografía va ligado a la citada guerra ganadera de Lincoln County. En Nuevo México los ambiciosos ganaderos anglosajones, muchos recién llegados, pugnaban por controlar el negocio del ganado (vacas y caballos), con robos en la frontera del viejo México, nación siempre perdedora y expoliada, y con cruces de acusaciones (la principal era la de ser cuatreros y la de pretender monopolizar los cuantiosos beneficios que daban las ganaderías). Ya he dicho en el capítulo anterior a qué facción perteneció Billy el Niño, al que también se le conocía por el pseudónimo de William H. Bonney. El asesinato de Tunstall, ganadero de origen inglés que le había dado trabajo como vaquero tratándolo con respeto, enconó más a las partes en lucha e hizo que Billy fuera aún más osado y matara sin contemplaciones.

Se convirtió así en uno de los pistoleros más buscados del Oeste, aunque con certeza se sabe que «solo» mató a seis personas, no las que cuenta la mitología. No era tan analfabeto como pudiera parecer, pues cuando estuvo encarcelado y antes de escaparse a sangre y fuego, escribió cartas a las autoridades razonando las explicaciones relacionadas con alguno de los enfrentamientos de las guerras por el control del negocio del ganado. Con su cabeza puesta a precio, pues el asesinato por él del *sheriff* Brady no admitía amnistía ya que era un delito federal, Pat Garrett[209], nombrado *marshal*, al que Billy conocía y con el que había tenido cierta amistad, no tuvo reparos en liquidarlo de la forma

---

[209] Rosa, J. G. *Op. cit.* (1969), pp. 45-47. También Stammel, H. J. Sherifs, *Hors-la-loi et Bandits*. Editions DVA para la edición francesa, 1975 (original de 1975 en alemán), pp. 64-71. Doval, G.. *Op. cit.*, pp. 91-100, sobre Pat Garrett ver en pp. 140-147. Para un estudio mucho más detallado véase Utley, Robert M. *Billy the Kid. A Short and Violent Life*, University of Nebraska Press, 1989. (Hay edición española, *Billy el Niño: Una vida breve y violenta*, Paidós, Barcelona 1991). También Utley, Robert M. *High Noon in Lincoln. Violence on the Western Frontier*. University of New Mexico Press, 1987.

ya citada[210]. Como en la vida de tantos forajidos y cazarrecompensas, amparados por la ley o no, nada había de heroico en el oficio de matón o cazador de hombres. Como vamos viendo hay una gran diferencia entre la realidad del pistolero y el mito que se forjaba casi a la vez que se les daba sepultura. Fue el propio Garrett quien escribió la primera biografía del Niño, solo tres semanas después de que lo matara (*La auténtica vida de Billy el Niño*), y en el imaginario colectivo se fijó su imagen del bandido adolescente y del rebelde juvenil. Pero lo dicho…, una cosa es la realidad y otra el mito.

Por otra parte ya he citado a las principales bandas de forajidos que a finales del siglo XIX e incluso a principios del XX, asaltaron bancos con operaciones de cierta envergadura táctica y que dieron lugar a tiroteos muy sangrientos. Pero si los viajes en ferrocarril permitían que dichas bandas recorrieran grandes distancias y repartieran sus golpes por diferentes y muy alejados puntos de Estados Unidos, dispersándose después al galope de sus caballos, no es menos cierto que el cerco policial y la actividad secreta de las agencias de detectives, los ya citados Pinkerton con el auxilio también de los ferrocarriles y sus vigilantes, los comunicados por telégrafo e incluso el incipiente uso del teléfono, cercaban cada vez más y de forma estratégica a los grupos de delincuentes organizados, a los que les esperaba, tarde o temprano, la horca o largas estancias en inhóspitas prisiones cada vez más reforzadas y seguras. Muchos de estos delincuentes murieron en los tiroteos, pues los agentes y la población civil ya los estaban esperando cuando iban a asaltar un banco importante de una ciudad.

De entre estas bandas fue famosa la de los hermanos Dalton. Su codicia los llevó de asaltar trenes, un operación relativamente fácil

---

[210] Billy el Niño tenía una carabina Winchester 1873 del calibre 44-40, N.º 20181, un revólver nuevo de doble acción modelo de 1878 y un Colt Single Action Army del 44-40, cuando se rindió al grupo de persecución (*posse*) capitaneado por Garrett en diciembre de 1880. La escopeta que usó para matar a Ollinger, el ayudante del *sheriff*, era una Whitney del calibre 10, N.º 903, y que Billy tuvo con él hasta que Garrett lo mató. Este usó un Colt Single Action Army del 44-40, N.º 55093, para matar a Billy. Los amigos que Garrett tenía en El Paso le regalaron, agradecidos y en 1903, un Colt de doble acción del calibre 41, N.º 138671, niquelado en color plateado y grabado en oro. A lo largo de su vida Garrett fue obsequiado con varios revólveres. Un Merwin & Hulbert del 38 (N.º 16648), un Forehand & Wadsworth N.º 4318 y un Hopkins & Allen del 32 modelo XL , N.º 3164. (Walter, J. *Op. cit.*, p. 152 y 204).

cuando estos eran lentos y recorrían estados o territorios muy despoblados, a atracar bancos. En octubre de 1892 intentaron robar a la vez en dos de ellos: el C. M. Condon & Company's Bank y el First National Bank, ambos en la ciudad de Coffeyville, Kansas. Fueron reconocidos y al salir se armó un gran tiroteo. Murieron tres ciudadanos (más otro herido) y el *marshal* Charles Connelly. Por parte de la banda solo sobrevivió Emmett Dalton con veintitrés heridas, que fue capturado, y una fotografía de la época retrata los cadáveres de los forajidos Bill Powers, Bob Dalton, Grat Dalton y Dick Broadwell. Los miembros supervivientes por no participar en este asalto entraron a formar parte de otra banda organizada, la de William M. Bill Doolin (1858-1896)[211].

Bill Doolin no era en principio un asesino, sino el prototipo de vaquero taciturno y duro, pero educado y cortés, aunque rápido con la pistola. Tras participar en un tiroteo contra unos agentes inició una carrera delictiva que le llevó a entrar en contacto con los Dalton. Tras el fracaso de estos en Coffeyville, se casó y rehízo la banda, protagonizando muchos atracos en Oklahoma (que aún estaba a medio colonizar y civilizar por los anglosajones, pues había sido el Territorio Indio donde habían ido a parar las tribus supervivientes de las sucesivas expulsiones del Este y otras tierras de los Estados Unidos). Por eso este grupo era conocido como los *Oklahombres* de Doolin. Tras asaltos a diligencias, trenes y bancos entre 1893 y 1895, dejando tras de sí un rosario de muertos en tiroteos, el cerco de los *marshals* se fue estrechando. Más aún cuando robaron 40.000 dólares del East Texas Bank. Tras su pista salieron los tres agentes más famosos de la época: Chris Madsen, Bill Tilghman y Heck Thomas. Todavía en fecha tan tardía como mayo de 1895, la banda de Doolin atracó otro banco en Southwest City, Misuri.

Finalmente Doolin cayó en una emboscada policial el 25 de agosto de 1896. La fotografía de su cadáver, de la cabeza y sus ojos aún abiertos, y con su torso acribillado por treinta balas, es más que elocuente. Como anécdota curiosa hay que relatar que a la banda de Doolin pertenecían dos chicas adolescentes: Cattle Annie (Annie McDougal) y Little Breeches (Jennie Stevens). Tras ser arrestadas por los

---

[211]   Stammel, H. J. *Op. cit.* (1975), pp. 109-112. Edición original en alemán. Manejo la edición francesa también de 1975. Doval, G.. *Op. cit.*, pp. 104-106. Stammel relata el listado de atracos de estas bandas con las fechas en los que tuvieron lugar. Sobre la figura de William Marion Dalton y sobre la banda de Doolin véase, Bianchi, D. *Op. cit.*, pp. 73-76 y 157-181 respectivamente.

marshals Burke y Tilghman en 1894-1895, fueron internadas en una institución correccional en Massachusetts.

No obstante, la banda más famosa desde el punto de vista de la mitología creada por el wéstern, fue la conocida como *Butch Cassidy's Wild Bunch* (El grupo salvaje de Butch Cassidy), aunque propiamente *Wild Bunch* era también uno de los nombres que se aplicaba a la banda de los Doolin-Dalton ya comentada.

A este grupo de forajidos también se les conoció como la Banda del agujero en la pared, pues era así, en un lugar remoto cerca de Kaycee, Wyoming, donde escondían sus botines. Lo cierto es que Buch Cassidy (1866-1908) y Sundance Kid (1867-1908), son los motes, cuyos verdaderos nombres ya he dado más arriba, de dos *outlaws* que pronto se hicieron célebres por sus fechorías en la prensa de la época. Butch tuvo fama de ser poco dado a la violencia, pero los atracos a ferrocarriles y los muertos que iban dejando atrás en las refriegas, hicieron que los Pinkerton pusieran su empeño en capturarlos. Muchos miembros de este grupo de bandidos eran vaqueros que habían perdido su trabajo, según nos cuenta H. J. Stammel[212]. La sociedad estadounidense estaba cambiando rápidamente y la Conquista del *Far West* era una empresa casi terminada. La época de las conducciones de ganado ya era cosa del pasado y la de volar las cajas fuertes de los trenes con dinamita también. Como había sucedido con otras bandas, si en un tiroteo se mataba a un *sheriff* o a un *marshal* federal no había vuelta atrás, pues la amnistía o una pequeña condena se convertían en imposibles.

En 1899 asaltaron un tren en Wilcox, Wyoming. En 1900 otro de la Unión Pacific también en Wyoming. En septiembre atracaron el First National Bank de Winnemucca, Nevada, llevándose un botín de 32.640 dólares. Otros 60.000 dólares consiguieron asaltando otro tren en Wagner, Montana. Su fama iba creciendo y su persecución también. Tras un dilatado historial de tiroteos y asesinatos, estando la banda ya mermada y sus jefes con los detectives de Pinkerton pisándoles los talones, en 1901 Butch, Sundance Kid y su novia, Etta Place, se embarcaron en Nueva York rumbo a la Patagonia, en Argentina. Mientras los demás miembros de la banda iban cayendo muertos por los agentes en Estados Unidos, los Pinkerton estaban tras la pista de los cabecillas en Sudamérica.

En 1905 dos bandidos anglófonos atracaron el banco de la localidad de Río Gallegos. Se embarcaron hacia Chile para luego volver a

---

[212]   Stammel, H. J. *Op. cit.* (1975), p. 112-120 (p. 112).

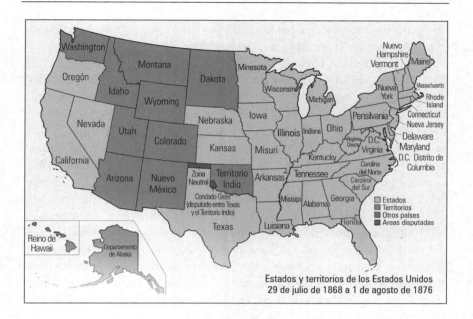

Estados y territorios de los Estados Unidos
29 de julio de 1868 a 1 de agosto de 1876

Argentina y dar un golpe en el Banco de la Nación de Villa Mercedes, a 650 kilómetros al oeste de Buenos Aires. En 1906 Etta Place, cansada de este tipo de vida de bandidaje, regresó a los Estados Unidos en barco. Finalmente ambos forajidos, Cassidy y Sundance, murieron en un tiroteo con el ejército boliviano el 7 de noviembre de 1908, pues días antes habían robado la nómina de la compañía minera Aramayo Franke. Como en el caso de otros bandoleros, las circunstancias concretas de su muerte se desconocen y la leyenda de que seguían vivos permaneció mucho tiempo, llegando a formar parte de la mitología que se creó en torno a este tipo de personajes[213].

El primer wéstern, *Asalto y robo al tren* (*The Great Train Robbery*, 1903, Edwin S. Porter) que fue rodado en Nueva Jersey y tenía un guion que parte de un relato de Scott Marble, con el propio Porter como coguionista, se inspiró en las noticias de prensa sobre los atracos de este *Wild Bunch*. Como vemos, de nuevo historia y mitología marcharon de la mano.

Ahora me centraré en las biografías de los dos más famosos hombres de la ley del *Far West*: "Wild Bill" Hickok y Wyatt Earp, y no por singularizarlos frente a otros casi tan célebres y arriesgados, que además llevaron vidas moralmente más decentes e intachables que estos,

---

[213]   Doval, G.. *Op. cit.*, pp. 112-120.

sino para mejor delimitar los hechos y los mitos que giran en torno a la figura del *gunman* y del *gunfighter*, del pistolero.

James Butler Hickok (1837-1876), más conocido como "Wild Bill" Hickok, es el prototipo de pistolero famoso por su habilidad y rapidez con los revólveres, pero sobre todo también por su puntería. Utilizó casi siempre pistolas de avancarga (*cap and ball* —pistón y bala— como el Colt Dragoon N.°2, el Colt Army 1860 y principalmente una pareja de Navys, modelo 1851, con su acabado plateado y sus empuñaduras de marfil), aunque está documentado que en sus últimos años también poseía un Smith & Wesson N.°2, de seis pulgadas de cañón y del calibre 32 anular. El «Salvaje» Hickok encarna mejor que nadie lo que era el oficio de *deputy marshal* en las convulsas ciudades ganaderas en la inmediata posguerra. Su biografía, perfectamente estudiada hasta el último detalle por Joseph G. Rosa, permite acercarnos de forma realista al hecho y al mito del *gunman* y del *gunfighter*, al que se contrataba para que pusiera un mínimo de orden ante el caos de los nuevos pueblos que surgían en medio de las llanuras en pocos meses. Ya en 1879, solo tres años después de ser asesinado, un periódico de Cheyenne describía la destreza de Hickok con sus Colts de avancarga. El conocido como «El príncipe de los pistoleros» generó una leyenda, fijada en la mente popular, como un hombre de puntería proverbial.

Este personaje se convirtió muy pronto en un héroe público estadounidense pues en su vida, no muy larga, desempeñó muchas ocupaciones desde su adolescencia: guerrillero «Botas Rojas» de Kansas durante la guerra, explorador para el ejército, tahúr (según algunas fuentes no muy hábil pero astuto frente a los fulleros), actor en un teatro donde se representaba a sí mismo en el espectáculo sobre «El salvaje Oeste» de su amigo Buffalo Bill (William F. Cody, 1846-1917), etc. Diré de pasada que fue Buffalo Bill el primero que creó a partir de 1872 (junto con Texas Jack Omohundro y producidos por Ned Buntline), el mito del indómito y salvaje Oeste y diré también que a Hickok, lo de las representaciones teatrales y circenses para entretener a pacíficos e ingenuos inmigrantes llegados al Este, le pareció una farsa total y así se lo dijo a la cara a su amigo.

Pero si Hickok ya fue famoso en vida y por eso lo contrató por breve tiempo Buffalo Bill, se debió a su actividad como policía en las «ciudades calientes» (las citadas *cowtowns*) en las que fue contratado. Según crecía su prestigio como *gunman* crecía también su salario, aunque entre las tareas rutinarias de un agente en un pueblo ganadero o minero en aquellos tiempos, estaban las poco lucidas de tener que recoger la basura, disparar y matar a los perros extraviados o rabiosos, hacerse cargo de los borrachos vagabundos, inspeccionar las improvisadas aceras de tablones para que la gente no se cayera en el barro, comprobar el tiro de las chimeneas de las sencillas casas para evitar incendios y hasta barrer el suelo de los *saloons*. No había oficios especializados para esto y el dinero del municipio era escaso para pagar a buenos hombres.

En la doble moral del Oeste las calles del vicio donde se agolpaban los bares bien surtidos de cerveza o de un alcohol que se hacía pasar por whisky (un auténtico brebaje), las salas de juego para tahúres tan fulleros como peligrosos, o de baile con chicas de alterne y los burdeles más descarados, eran el principal motivo de escándalo para los habitantes puritanos habituales. Escándalo que se centuplicaba cuando, durante la temporada en la que llegaban los rebaños de vacas y los grupos de *cowboys* tejanos, la anarquía más violenta se adueñaba del pueblo en medio de la llanura. Es aquí, en este contexto, donde un hombre como "Wild Bill", muy valiente pero precavido, con nervios de acero y reflejos propios de un felino, demostraba lo que valía, y más cuando desenfundaba rápidamente sus revólveres en caso de necesidad.

En las poblaciones estaba prohibido llevar armas tanto a la vista como ocultas, norma que las autoridades (el equivalente al alcalde y los concejales), dejaban bien clara para quien supiera leer en un cartel a la entrada del poblado. Los *cowboys*, al llegar, muy fatigados pero con muchas ganas de cobrar la paga y de jarana (de bebida, juego y sexo), se mofaban de dicha regla y no dudaban en agujerear el anuncio con sus disparos. Era ahí cuando el hombre de la ley (*lawman*) entraba en acción. Tenía que conseguir, a ser posible por las buenas, que depositasen sus armas en la oficina del *sheriff* mientras estuviesen en la ciudad y que no reinase el vicio.

Pero como había una doble moral, los policías y sus ayudantes tenían sus «arreglos» con los dueños de los *saloons*, burdeles y otros locales de parecido jaez. Cobrándoles de tapadillo una pequeña suma, y a veces no tan pequeña, hacían la vista gorda y sacaban un sobresueldo aceptable, pues el legal de la municipalidad era siempre escaso. Además los propios *deputy marshals* eran visitantes asiduos de bares y burdeles, teniendo también sus «acuerdos», sexuales y económicos, con alguna chica de su preferencia. Hickok tuvo varias amantes y en todo lo anterior no fue una excepción. Con las multas que se imponían a los *cowboys* que llevaban armas por el pueblo o a las personas transeúntes que vagabundeaban sin trabajo, el municipio sacaba para otros gastos más perentorios, así que la citada doble moral existía en todos los estamentos de ese pequeño microcosmos que eran las ciudades ganaderas, por mucho que las esposas decentes y más puritanas protestaran y se manifestaran con sus ligas antivicio.

Siguiendo con la vida de Hickok hay que empezar diciendo que ya en 1858 fue uno de los cuatro alguaciles del municipio de Monticello, uniéndose en 1859 a la compañía de transporte Russell, Majors & Waddell que dio lugar al ya estudiado Pony Express. En 1860, y según la leyenda, fue herido por un oso cuando trabajaba en una ruta como transportista para la citada empresa. El 12 de julio de 1861 mató a David McCanles, tal vez su primera víctima, en el seno de una disputa de este por motivos económicos con el gerente de la estación de Rock Creek, Horace Wellman, y con el propio Hickok. J. G. Rosa comenta que tal vez también mediaban los celos respecto a la amante de McCanles. Asimismo, según este historiador, Buffalo Bill habría encontrado a Hickok disfrazado de oficial confederado en Misuri en 1864, lo cual hace sospechar que actuase como espía para la Unión.

Ya en 1865 tiene lugar su primer tiroteo famoso, que es lo más parecido a un duelo y que después la mitología ha tomado como estereotipo para repetirlo de forma falseada en infinidad de wésterns. Me refiero a su enfrentamiento con Davis Tutt el 21 de julio de ese año y en torno a las seis de la tarde, en Springfield, Misuri. En una partida de cartas Hickok perdió más de lo que podía pagar al contado y Tutt cogió de la mesa de juego el dorado reloj de bolsillo del pistolero, en prenda hasta que le pagara lo que según él aún le debía. Este no estaba dispuesto a soportar la humillación y le pidió que no sacara su apreciado reloj a la calle y en público. Tutt no se retractó de su fanfarronería y apareció ostentando dicho reloj. El día del tiroteo ambos se vieron las caras a cierta distancia y Hickok le recordó imperativamente que no saliese con ese reloj. Ambos hombres sacaron sus revólveres estando a una distancia de 75 yardas (unos 68,5 metros). Hickok apoyó su revólver en el antebrazo opuesto y los dos disparos sonaron a la vez (el del Colt Army de Tutt y el del Navy de Hickok). El de Tutt fue un tiro alto, pero el de nuestro pistolero le acertó en el lado izquierdo del torso, entre la quinta y séptima costilla, cayendo y muriendo Tutt casi al instante.

Este hecho, que sí es histórico, es el que tergiversado, por repetición exagerada y glorificada, se representa en muchos wésterns, en los que la escena principal es la del «duelo al mediodía a pleno sol».

Hickok fue arrestado y juzgado, pero el cargo se redujo a homicidio invo-
luntario, considerando finalmente el jurado que fue un «enfrentamiento
justo» y salió absuelto. Según J. G. Rosa en este tiroteo, además del asunto
del reloj por la deuda de juego, habría una motivación sentimental, pues
ambos hombres competían por los favores de una mujer (una tal Susannah
Moore, misteriosa chica originaria de las Ozarks).

Este desafío a revólver (nada parecido en el fondo a lo que se llamaba en Europa un duelo formal entre caballeros, que además ya llevaban
años prohibidos en el Viejo Mundo), corrió como un reguero de pólvora
por las ciudades de la agitada frontera. Hickok comenzó a ser famoso y de-
mandado para el difícil oficio de alguacil adjunto de los pueblos ganaderos.
Se iba definiendo así la identidad del pistolero. Debía tener una excelente
puntería, pero era mucho más importante tener unos nervios de acero y
ser muy tranquilo y reflexivo para no precipitarse jamás. Muchos pistoleros
murieron en el *Far West* por falta de calma, por disparar los primeros, pero
de forma nerviosa, atolondrada y sin apuntar bien. Quien mantenía la calma hasta el último momento en medio de una refriega, aunque estuviera
herido leve, tenía siempre posibilidades de salir con vida y acabar matando
a su adversario en el momento oportuno y final. Y Hickok era a la vez frío,
rápido y preciso.

En Kansas actuó como *deputy federal marshal* en Fort Riley (alguacil
adjunto) y como explorador para el 7.º de caballería de Custer. Los periodistas, como el famoso Henry M. Stanley del *Weekly Misuri Democrat*, se
interesaban por él y por sus luchas contra los indios en esos años, con hazañas varias y más muertos a sus espaldas. En 1867 pasa a ejercer las mismas
funciones policiales pero en Hays City y luego fue explorador del 10.º de
caballería. En 1869 es elegido *marshal* de la citada ciudad de Hays y *sheriff*
del condado de Ellis. Ya desde el principio y en este cargo mató a varios
individuos, utilizando trucos y su habitual destreza con el revólver. En el
caso de Bill Mulvey y cuando este ebrio le tenía encañonado, le hizo creer
que sus ayudantes estaban detrás e iban a dispararle por ser un borracho
alborotador que tiraba a todo lo que se movía. Este miró hacia atrás y
"Wild Bill" sacó rápidamente su revólver y lo liquidó.

Otros pistoleros, dentro de la estirpe de los forajidos, estando de
espaldas miraban hacia el gran espejo que había en todo *saloon* que se
preciase, y al ver entrar a su oponente le disparaban a corta distancia
por debajo del brazo o por encima del hombro sin tener que girar-
se. También cayeron bajo las balas de Hickok sujetos como Samuel
Strawhun y dos soldados del 7.º de caballería que lo atacaron en un *sa-*

loon; uno quedó herido y el otro fue muerto por el cada vez más famoso *gunman*. Tanta violencia le supuso no ser reelegido, aunque moralmente era relajado y no muy exigente con los bulliciosos vaqueros si estos entregaban sus armas y no se metían en problemas.

A partir de 1871 la ciudad de Abilene, en plena vorágine ganadera, pidió y contrató los servicios del «Salvaje» Bill Hickok, pues su anterior alguacil, Tom "Bear River" Smith, que solo usaba sus puños de boxeador para reducir a los revoltosos y pendencieros, había sido asesinado de un tiro traicionero. La conmocionada *cowtown* empleó sus servicios policiales durante ocho meses, dada su reputación como pistolero. Esto último le generó tanto elogios como críticas. Al contrario que su antecesor en el cargo, Hickok sí pensaba en usar sus armas para poner orden. Aquel año llegaron 600.000 *longhorns* tejanos conducidos por 4.500 *cowboys* y más de 300 rebaños fueron embarcados en los vagones de los trenes, así que "Wild Bill" tuvo que emplearse a fondo para que los fogosos y rebeldes tejanos entregaran sus armas según iban llegando, pues él estaba dispuesto a hacer respetar las normas de la ciudad ganadera. En Abilene el alcalde Joseph G. McCoy llegó al acuerdo de pagar 150 dólares mensuales a Hickok para que este «limpiara» de indeseables la ciudad. Sueldo excelente que salía de las tasas que se ponían a los locales del vicio, más el 25 % que el pistolero sacaba por las multas que se imponían en los juicios.

"Wild Bill" tenía un aspecto imponente e intimidante para la época: era ambidiestro al disparar (aunque era más preciso con la mano derecha), llevaba una elegante levita estilo Príncipe Alberto con amplias aperturas laterales que le permitían desenfundar rápido y con comodidad, mostrando con claridad y seguridad sus dos Colt Navy ante los fanfarrones, que no osaban mirarlo con descaro y desobedecerle cuando les pedía sus armas o que dejasen de alborotar. Elegantemente vestido, tocado con un sombrero de ala ancha y con sus dos Navys cruzados en un fajín rojo de seda o en un ancho cinturón con pistoleras de cuero abiertas y con sus culatas hacia adelante, para un saque rápido con revólveres de cañón largo como eran en general los de avancarga, su imagen quedó fijada en varias fotografías de la época. Hickok dominaba el *Cavalry-Twist Draw*, el saque rápido con giro de la palma de la mano, necesario cuando las culatas de los revólveres miran hacia adelante y no hacia la parte trasera de la cadera, como en los modelos posteriores y más modernos de cartucho metálico y cañones más cortos.

Según aumentaba su reputación también crecía su miedo a que un cazador de gloria lo asesinase, por eso evitaba ponerse debajo de lugares con mucha iluminación nocturna, esquivaba los oscuros callejones, caminaba por el centro de las calles mirando de reojo hacia los lados y cuando entraba en un local siempre lo hacía apoyando su espalda en la pared para dirigirse a la muchedumbre juerguista o borracha. Llegó a dormir debajo de su cama o colocando papeles de periódico en la habitación para despertarse y reaccionar al más mínimo ruido por si alguien se le acercaba. Practicaba diariamente con sus revólveres, los limpiaba con esmero y él mismo se fundía las balas de plomo, cargándolos con cuidado con la mejor pólvora negra y pistones de la época (Curtis y Eley respectivamente, dos marcas británicas). El orificio de las chimeneas de cada recámara del tambor lo limpiaba con una aguja para que no hubiese problemas de encendido en el arma al abrir fuego. Si llovía y había humedad en el ambiente, protegía sus armas, los dos Colt Navy 1851 calibre 36 de avancarga, bajo los largos faldones de su chaqueta para evitar fallos en la ignición.

Cuando los periodistas le entrevistaban sobre su técnica de disparo insistía en la importancia de ser reflexivo y muy tranquilo. No utilizaba la expresión «matar», sino «acertar» o «tocar» al adversario. Afirmaba que lo importante era colocar la bala a la altura del ombligo del oponente, pues así tal vez no muriese pero quedaría tan neutralizado por el shock que no podría volver a disparar. También llevaba consigo un cuchillo Bowie, en el que una vez en que había bebido y jugaba al póker con un tal McDonald e iba perdiendo, lo sacó rugiendo malhumorado y lo clavó sobe la mesa de juego de forma amenazadora, para llevarse el dinero y hasta el bote.

Pero siguiendo con el relato biográfico de Bill Hickok hay que señalar que aquellos meses en Abilene fueron muy difíciles, pues los tejanos, ya de por sí pendencieros, estaban enfrentados con los granjeros agricultores norteños que querían asentarse como colonos y levantar sus hogares en los terrenos que eran rutas de paso para los rebaños. Los tejanos los llamaban burlonamente *nesters* (anidadores). En este tenso contexto va a tener lugar el tiroteo entre Hickok y Phil Coe, donde este resultará muerto. Coe junto con Ben Thompson, otro famoso jugador, pistolero y a veces agente de la ley del Viejo Oeste, eran socios en los negocios del juego. Hickok ya se había enfrentado a estas personas por un cartel obsceno que colgaba a la entrada de su local y aprovechando que John Wesley Hardin estaba en la ciudad, aunque de incógnito y con nombre falso, Thompson quiso convencerlo para que matara a Hickok. Este rehusó, y en medio de un tumulto protagonizado por los tejanos, en el exterior del *saloon* el Alamo, a los que Coe ya había predispuesto en contra de "Wild" Bill, Coe, también tejano, le disparó a Hickok dos veces, fallando pero agujereándole su chaqueta. Hickok no falló y Coe recibió también dos balas en el estómago y murió uno o dos días más tarde.

Lo más grave para el famoso pistolero es que bajo la tensión del momento, uno de sus amigos y ayudantes, Mike Williams, corrió hacia la línea de fuego con intención de ayudarle, pero Hickok, sorprendido, y que tal vez ya empezase a tener los primeros síntomas de un glaucoma precoz, le disparó y lo mató sin querer. Este accidente dejó visiblemente conmocionado al «Salvaje» Hickok por haber matado a su amigo.

Ante estos hechos el periódico local defendió cómo había manejado la situación el *deputy marshal*, pero su odio entre los tejanos aumentó, en el propio Abilene fue muy injuriado por algunos y relatos posteriores como el del *Oxford Times*, de Kansas, lo presentaban como un jugador y desperado que había disparado por la espalda. "Wild Bill" era para estas falsas versiones un desgraciado sediento de sangre que no merecía más que la horca o la prisión, vaticinando que los amigos de Coe no tardarían en vengar su muerte. J. G. Rosa, como historiador y biógrafo de este personaje, también subraya que Coe y Hickok habían reñido por una prostituta. Lo que sí es cierto es que este burló a los tejanos vengadores de Coe, cuando cogió un tren de Abilene a Topeka, saliendo del trance sin derramamiento de sangre. En todo caso su fama iba aumentando.

Nuestro pistolero fue obligado a dimitir de su cargo, pero un reloj descubierto tardíamente en el siglo XX y dedicado como regalo a J. B. Hickok demuestra, según J. G. Rosa, que aquél también había dejado amigos en Abilene que respaldaban sus acciones y reconocían con agradecimiento sus méritos en sus funciones policiales.

Después de todo lo anterior y ya en 1873 fue cuando Buffalo Bill Cody y Texas Jack Omohundro lo invitaron a participar en su espectáculo, lo que a Hickok, que gastaba su dinero según lo iba ganando, le permitió vivir una temporada con cierta holgura económica. Pronto abandonó el Este y ese tipo de actuaciones que le parecían una farsa, además de molestarle mucho a los ojos el resplandor de las luces del escenario. Asimismo, y dado este último hecho, poco después fue diagnosticado en Kansas City, Misuri, de glaucoma y oftalmía. En 1876 y una temporada antes de ser asesinado, su salud y su puntería se habían resentido y con poco dinero había sido arrestado por vagabundear. El 5 de marzo de 1876 se casó con una vieja amiga, Agnes Thatcher Lake, viuda propietaria de un circo en Cheyenne (territorio de Wyoming), que tenía casi 50 años (once más que nuestro pistolero). Pero la sosegada vida matrimonial no era para nuestro hombre y pronto se encaminó hacia los campos de oro de Dakota del Sur en busca de fortuna. Así que llegó a Deadwood en julio de 1876. Allí se encontró con otro personaje famoso en el violento *Far West*, la mujer de la frontera que desempeñó multitud de trabajos, conocida como Calamity Jane (de nombre Martha Jane Cannary, 1852-1903). En español siempre se la ha llamado Juanita Calamidad.

Tanto Calamity Jane como "Wild Bill" Hickok eran contadores de historias, que con sus mentiras y exageraciones contribuyeron a crear su propia fama y la de la intrahistoria del *Far West*. Calamity llegó a comentar que había estado casada con "Wild Bill" y que había tenido una hija con él. Cuando los periodistas preguntaban a Hickok y le atribuían cien muertos, él no lo negaba y dejaba que su leyenda siguiese aumentando.

El 2 de agosto de 1876 en Deadwood, población minera de las Black Hills (Colinas Negras) de Dakota del Sur, "Wild Bill" encontró la muerte. El 1 de agosto un joven, John "Jack" McCall, que jugaba una partida de póker en la que también participaba Hickok, había perdido su dinero y este le prestó algo para que pudiese desayunar. McCall al parecer se sintió insultado por este favor. Al día siguiente Hickok, que todavía no había comenzado con sus prospecciones mineras, volvió a jugar no estando de espaldas a la pared y sí, aunque de mala gana, situado de espaldas a la puerta. McCall entró borracho y le descerrajó un tiro en la nuca con un revólver Colt del 45 S. A. Army al «Salvaje» Bill Hickok, que murió en el acto y entró de esta trágica forma en la nómina de los hombres más famosos de la Conquista del Oeste.

El violento *Far West* tenía ahora un héroe más para sus novelas de diez centavos y ya he contado qué cartas tenía en su mano cuando desde su silla cayó desplomado sobre la mesa de juego. Esto, la llamada «mano del hombre muerto», forma parte de la leyenda, del mito, pero no el hecho cierto de que cuando lo mataron Hickok ya portaba un revólver Smith & Wesson modelo N.º 2 de cinco tiros y del calibre 32 anular. También era poseedor de un par de pistolitas Williamson tipo derringer para cartuchos del calibre 41 anular.

"Wild" Bill fue enterrado al día siguiente, asistiendo casi toda la ciudad, en el cementerio de Ingelside, que era el original de Deadwood.

Sus revólveres se subastaron para pagar el sepelio. Por su parte McCall fue detenido, y en el primer juicio celebrado afirmó que le disparó en venganza por la muerte de su hermano a manos de Hickok, cuando este estaba en Abilene. Salió absuelto y alardeó de haberlo matado en duelo justo. Pero las autoridades de Wyoming no reconocieron el primer veredicto (Deadwood estaba en pleno territorio indio y no tenía sistema judicial legalmente organizado), así que fue juzgado en segunda instancia en Yankton D. T., fue declarado culpable y ahorcado el 1 de marzo de 1877. Luego se comprobó que el tal McCall no había tenido ningún hermano.

Frente a la leyenda, Joseph G. Rosa (1932-2015), el historiador inglés que dedicó toda su vida a estudiar la biografía y la época en la que Hickok vivió (sin caer en la adaptación novelesca o en la mitificación), tiene por verdad constatada hechos como los siguientes:

- Durante toda su vida Hickok fue conocido tanto como explorador de la frontera como pistolero.

- Las leyendas afirman que mató a más de cien hombres. El recuento de muertes verificadas es en torno a diez.

- Hickok ayudó a crear su propia leyenda cuando algún periodista lo entrevistaba, pero más tarde odió su reputación como matador de hombres.

- Hickok y Calamity Jane no fueron amantes, nunca se casaron y no tuvieron una hija juntos, aunque él tuvo varias amantes a lo largo de su vida y hay testimonios, algunos verídicos y otros no, de las que dijeron ser sus compañeras de cama.

- No hay evidencia constatable hoy en día de forma irrefutable de que Hickok tuviera en la mano ases y ochos, la mítica «mano del hombre muerto», cuando fue asesinado en Deadwood, territorio de Dakota, el 2 de agosto de 1876.

- Nuestro hombre nunca resultó gravemente herido en una pelea cuerpo a cuerpo con un oso en 1859 o 1860. Son los narradores de novelas baratas los que se inventaron esta historia en sus relatos.

- Después de su muerte se contaba que Hickok se llevó a la tumba un cuerpo con numerosas heridas de postas y balas. Es falso. Excepto el tiro mortal de McCall, Hickok nunca resultó herido por causa de un tiroteo.

- Sí llegó a enfermar de la vista, pero no hay evidencia irrefutable de que la enfermedad fuera glaucoma, pero sí tal vez tracoma ocular, enfermedad altamente infecciosa pero tratable.

- A Hickok le encantaba apostar, pero incluso sus amigos decían que era un mal jugador de cartas y por ello el blanco de comentarios burlones.

- Hickok frecuentemente llevaba dos pistolas (los ya citados Colt Navy de avancarga modelo 1851 del calibre 36), pero rara vez usaba la mano izquierda para disparar. El segundo revólver era para ser usado en caso de necesidad, por si la humedad hacía fallar al primero al mojarse la pólvora o por si ya había disparado las seis balas de su primer arma.

- Hickok fue considerado como uno de los mejores pistoleros de todos los tiempos en el mundo del violento Oeste, pero lo cierto es que incluso durante su vida la gente que le conoció cuestionó su precisión y velocidad, y los relatos de la época respaldan ese escepticismo sobre sus habilidades como pistolero[214].

Antes de hacer algunos comentarios más concluyentes sobre la realidad del pistolero en su contraste con el mito, tengo que repasar la biografía de Wyatt Earp (1848-1929) en relación con la de sus hermanos Newton Earp (1837-1928) —medio hermano de los demás—; James Earp (1841-1926); Virgil Earp (1843-1905); Morgan Earp (1851-1882) y Warren Earp (1855-1900). Y ello en conexión sobre todo con los que con él participaron en el archiconocido tiroteo en el O. K. Corral de Tombstone, Arizona, el 26 de octubre de 1881 alrededor de las tres de la tarde. Un tiroteo que no duró más de treinta segundos pero que se convirtió en el más famoso y mitificado de la violenta conquista del *Far West*. En dicho enfrentamiento murieron tres forajidos del condado de Cochise, miembros conocidos de la banda de los *Cowboys*.

---

[214]   Hay una amplia bibliografía especializada sobre James Butler Hickok, Cunningham, Eugene. *Op. cit.*, pp. 249-273. Rosa, J. G. *They Called Wild Bill. The Life and Adventures of James Butler Hickok.* University of Oklahoma Press, Norman 1964 (2.ª edición, 1974). Rosa, J. G. *The Gunfighter. Man or Myth?* University of Oklahoma Press, Norman, 1969. Rosa, J. G. *The West of the Wild Bill Hickok.* University of Oklahoma Press, Norman, 1982. Rosa, J. G. *Guns of the American West.* Publicado en 1985 por Arms and Armour Press. Londres, 1985. Rosa, J. G. *El legendario Oeste. La época de los pistoleros.* Editorial LIBSA, Madrid, 1994. Rosa, J. G. *Wild Bill Hickok. The Man and His Myth.* University Press of Kansas, 1996. Stammel, H. J. *Sherifs, Hors-la-loi et Bandits.* Editions DVA para la edición francesa, 1975 (original publicado ese año en alemán), pp. 42- 44. Bianchi, Didier. *Les sheriffs de L'Ouest Américain. Leur vie, leurs exploits, leurs armes.* Éditions Crépin Leblond, París, 1994, pp. 65-95. Doval, Gregorio. *Breve Historia del Salvaje Oeste. Pistoleros y Forajidos.* Ediciones Nowtilus, S. L. Madrid, 2009, pp. 148-159.

Con el fin de deslindar en lo posible lo que hay de cierto y de mitificación en este personaje, empezaremos por el final, pues, a diferencia de otros famosos pistoleros de la conquista del Oeste, Wyatt Earp era poco conocido hasta que Stuart N. Lake publicó en 1931, dos años después de la muerte de Wyatt, la primera biografía de este, *Wyatt Earp: Frontier Marshal*. Años antes Lake había hablado con él unas ocho veces y Wyatt le había contado los hechos más sustanciosos de su vida, pidiéndole leer lo escrito antes de que se publicara, aunque esto no fue posible al fallecer, pero lo cierto es que la biografía de Lake tiene muy poca base documental verídica y lo presenta, mitificándolo, como un superhéroe del Viejo Oeste, adornado con todas las virtudes que se supone que tenían este tipo de personas que habían domado el *Far West* con sus armas. El libro fue un éxito, pues fijó la imagen que tanto necesitaban los guionistas de Hollywood, donde se ponía a nuestro hombre como el eje central del tiroteo en el O. K. Corral y, por supuesto, como un intrépido, honesto y arriesgado representante de la ley. Hoy se sabe que nada de lo que describe el libro es cierto, tratándose de un engaño, de una ficción acomodada a las necesidades míticas e ideológicas de la época, envuelta en un mínimo de hechos históricos verdaderos, para darle así una credibilidad que en el fondo no tiene.

La familia Earp, los padres y hermanos de Wyatt, estuvo marcada por la anexión de California por los Estados Unidos y su futura colonización anglosajona, y más tarde por la Guerra Civil y sus trágicas consecuencias. El padre de Wyatt y sus hermanos mayores lucharon al lado de la Unión. James resultó gravemente herido y Newton y Virgil, al finalizar la contienda, siguieron al resto de la familia para asentarse en la granja que el cabeza de familia tenía en California. En esta tierra de promisión encontraron trabajo y el joven Wyatt comenzó como conductor de carretas, en la ruta que iba hasta Salt Lake City, territorio de Utah, y en la época en que eran necesarios todo tipo de suministros para construir el primer ferrocarril transcontinental. Se sabe que además adquirió por esos años cierta reputación arbitrando combates de boxeo. Pero en 1868 la familia Earp regresó a Lamar, Misuri, donde su padre, Nicholas Porter Earp, se convirtió por un tiempo en agente policial, siendo luego juez de paz. Es aquí cuando Wyatt es nombrado también agente. En un viaje con su hermano Virgil a Monmouth, Illinois, para visitar a la familia, tuvo lugar el primer tiroteo en el que intervino Wyatt, cuando un guardafrenos del ferrocarril le llamó «el chico de California» (un eufemismo que significaba cobarde, por no participar en la Guerra Civil). Hubo un intercambio de disparos y Wyatt dejó herido al guardafrenos, un tipo llamado Tom Piner.

En 1870 el joven Wyatt se casó con una chica a la que había cortejado, Urilla Sutherland, que muy pronto murió de fiebre tifoidea a punto de dar a luz. Wyatt ganó a su medio hermano Newton para el cargo electo de alguacil, pero moralmente decayó tras la muerte de su esposa y tuvo algunos problemas legales relacionados con su trabajo, que incluían la recaudación de impuestos de Lamar. Además él y otros dos sujetos fueron acusados de robar dos caballos (grave delito en la época). Fue encarcelado y se fugó, dirigiéndose hacia Peoria, Illinois. Allí, junto con su hermano Morgan, vivió en un burdel y fue arrestado y multado, considerándolos el juez proxenetas y no meros clientes. A partir de esta época Wyatt vivió con concubinas y algunas habían ejercido o ejercían la prostitución (con Sally Heckell de 1872 a 1874, con Celia Ann "Mattie" Blaylock de 1878-1881), y con Josephine Sarah Marcus de 1888 a 1929.

En 1874 se traslada con Sally a Wichita, una de las ciudades ganaderas «calientes» que ya he citado, donde su hermano James dirigía un burdel. Es a partir de esta época cuando la biografía de Wyatt entrará en el paradigma de lo que se entiende por un pistolero (*gunman* y *gunfighter*), tanto por las actividades con las que se gana la vida como por las personas con las que se relaciona, sean simples conocidos, amigos personales o enemigos peligrosos. Para algunos, Wyatt «trabajó» como proxeneta, para otros, como el historiador Gary L. Roberts, era más bien un portero o el vigilante guardaespaldas del local. Como Wichita estaba buena parte del año llena de vaqueros armados, pendencieros y borrachos, y tras ayudar a un oficial de policía a recuperar un carro que le habían robado a un hombre (según el *Wichita City Eagle* del 29 de octubre de 1874), Wyatt se unió a las fuerzas policiales de la *cowtown*, siendo nombrado ayudante del *marshal*. Con la elección de Mike Meagher como *marshal* de la ciudad (jefe de policía), puesto que mantuvo durante cinco años, la ley y el orden comenzaron a cumplirse en Wichita poco a poco, pues anteriormente reinaba la anarquía y los tiroteos eran diarios.

Según J. G. Rosa, cuando Wyatt estuvo en el oficio de ayudante en 1875 y 1876, Wichita ya empezaba a declinar como ciudad ganadera. El negocio de la compraventa de ganado tejano se había trasladado a otra nueva ciudad, Dodge City, la nueva *cowtown* del pecado en la frontera, que se fundaría en julio de 1872[215].

---

[215] Rosa, J. G. *The Gunfighter: Man or Myth?*. University of Oklahoma Press. Norman y Londres, 1969, p. 106.

Wyatt Earp en Wichita también estaba en el negocio del juego, en concreto repartiendo cartas del Faro, en el Long Branch Saloon. Además se divirtió, emborrachándose, y tras ser juzgado por ello pagó la multa que el juez le impuso. Para el diario *Wichita Beacon* la integridad de la policía de la ciudad nunca había sido cuestionada. Wyatt finalizó en su cargo de ayudante el 2 de abril de 1876, tras ser acusado de utilizarlo para intentar colocar («enchufar») a sus hermanos como agentes de la ley. Meagher ganó las elecciones y fue reelegido *marshal*, pero la ciudad estuvo en contra de que se volviese a contratar a Earp. Después pasó a Dodge City, en 1875, y él y Morgan salieron hacia Deadwood, territorio de Dakota, el 9 de septiembre de 1876 y llegaron pocos meses después de que "Wild Bill" Hickok fuese asesinado.

En Dodge, en plena efervescencia ganadera como terminal de embarque de las vacas en ferrocarril hacia el Este, trabajó de nuevo como ayudante del *marshal*. Fue allí donde conoció a "Mattie", una prostituta con la que convivió hasta 1881. El invierno de 1876 a 1877 lo pasó en Deadwood que estaba en plena fiebre del oro. Con todas las concesiones mineras ya ocupadas Morgan regresó a Dodge, pero Wyatt se quedó unos meses trabajando en el transporte de leña al campamento minero con su tiro de caballos. Ganó unos 5.000 dólares, pero ante el hecho de no poder hacerse con ninguna mina de oro, volvió a Dodge City en la primavera de 1877, para reincorporarse a sus funciones como ayudante de la policía gracias al alcalde James H. Kelley.

Cuando el forajido Dave Rudabaugh robó en un campamento del ferrocarril de Santa Fe, que estaba en construcción, a Wyatt se le dio un permiso temporal como alguacil adjunto, *deputy U. S. marshal*, para que abandonase Dodge en persecución de dicho *outlaw*. Recorrió 400 millas (unos 640 km), pasando por Fort Clark, Texas, hasta llegar a Fort Griffin. En la ciudad fronteriza de Clear Fork da con quien le puede informar sobre el paradero de Rudabaugh. Se trata de un dentista y jugador sureño (y luego famoso como Wyatt), conocido como "Doc" Holliday. Este le informó que el buscado forajido se encontraba ya de vuelta hacia Kansas. Wyatt Earp regresó a Dodge City y en mayo de 1878 fue nombrado ayudante del *marshal* por un sueldo de 75 dólares al mes, sirviendo bajo las órdenes de Charlie Bassett. También en ese año llegó a esa ciudad ganadera el propio Holliday, acompañado de su concubina y prostituta a tiempo parcial "Big Nose" Kate (de mote Nariz Grande). Al entrar dos docenas de vaqueros en el Long Branch Saloon, tras galopar y disparar por el centro de Dodge City, haciendo destrozos en el local y acosando a los parroquianos, Holliday estaba jugando a las cartas y se puso de parte de Wyatt, encañonando al cabecilla del grupo de alborotadores, Ed Morrison, y obligando a este y a sus hombres a desarmarse. Desde ese momento Wyatt Earp y "Doc" Holliday fueron amigos, pues aquel le quedó agradecido ya que le salvó la vida.

En Dodge, ciudad del vicio en aquellos años, también conoció a hombres como los hermanos James y Bat Masterson, este último antiguo cazador de búfalos, jugador profesional, agente de la ley y hábil pistolero, y a Luke Short, también jugador profesional y experto *gunfighter* en peleas de *saloon*. A las tres de la madrugada del 26 de julio de 1878 hubo un tiroteo iniciado por George Hoyt y otros vaqueros borrachos en el *Comique Theater* (Teatro Cómico). Wyatt, como ayudante del *marshal*, y Bat Masterson como policía, repelieron la agresión abriendo fuego con sus revólveres contra los jinetes que huían. Hoyt cayó de su caballo herido en una pierna. Frente a la heroica versión que cuenta Stuart N. Lake en la falsa biografía de Wyatt Earp, se sabe por la prensa de la época que Hoyt murió de gangrena después de que le amputaran la pierna.

A partir de 1879 Virgil Earp se estableció como alguacil de la ciudad de Prescott (en el territorio de Arizona), y le escribió a Wyatt para que se fuese con él, dadas las oportunidades de prosperar en Tombstone, ciudad dedicada a las explotaciones de minas de plata. Al igual que en los pueblos ganaderos, en los mineros, es decir allí donde corría el dinero, había mucha población flotante que se ganaba la vida como podía, con muchos hombres solitarios y pocas mujeres. Ello constituía el caldo de cultivo ideal para todo tipo de negocios dedicados al vicio: alcohol, juego y prostitución. Este era el ambiente donde individuos con pocos escrúpulos podían enriquecerse, bien operando como agentes de la ley, como forajidos o, bastantes veces, a ambos lados de la tenue legalidad. Digámoslo con claridad: era este el mundo en el que vivían y morían los pistoleros y donde un tipo frío, con nervios templados, calculador y rápido con el revólver se imponía sobre los demás.

El caso es que tras pasar por Las Vegas, territorio de Nuevo México, Wyatt y su hermano James se instalan en Tombstone, cuando ya Virgil había sido nombrado *deputy U. S. Marshal* de dicha ciudad. Al principio Wyatt pensaba montar una línea de diligencias, pero como allí ya las había establecidas se ganó la vida como jugador profesional. Los tres Earps entraron en el negocio de las minas comprando algunas participaciones, pero mientras tanto vivieron de diferentes trabajos: Wyatt como escopetero en las diligencias de la Wells & Fargo cuando estas llevaban cajas fuertes con plata y Jim como camarero. Los otros dos hermanos menores, Morgan y Warren, también llegaron a Tombstone, además de "Doc" Holliday y su querida. Este, después de dejar sin blanca a los de Prescott, pues traía consigo unos 40.000 dólares ganados sobre las mesas de juego.

Es aquí donde tendrá lugar el primer enfrentamiento con la banda de los *Cowboys*, que luego dará lugar al tiroteo en el O. K. Corral y a la sucesivas venganzas posteriores. Ya se ha dicho que es por estos hechos, o con más precisión por cómo de forma falseada fueron narrados por Stuart N. Lake, por lo que Wyatt Earp entró en la leyenda del mítico *Far West* como valiente *gunman* defensor de la ley. Cuando a petición del ejército Virgil tuvo que rastrear el robo de seis mulas, solicitó la ayuda de sus hermanos Wyatt y Morgan. Encontraron las mulas de propiedad militar en el rancho de los McLaury. Como señala J. G. Rosa, las ambiciones políticas, peleas personales y un posible enredo en asuntos de robo de diligencias, llevaron a Wyatt, Morgan y Virgil Earp (y a su amigo "Doc" Holliday) a un enfrentamiento armado que se ha convertido en todo un clásico del folklore estadounidense. El ya citado *Gunfight at the O. K. Corral* el 26 de octubre de 1881 en Tombstone, Arizona[216].

Prosigamos con los hechos. Robar mulas del ejército era un delito federal, pues eran propiedad del gobierno y los *Cowboys* habían cambiado la marca en los animales de US por D8. Al capitán Hurst estos les hicieron creer que devolverían las mulas, pero no fue así y se rieron de él y de los Earps. Los McLaury (escrito también en los relatos de la época como McLowery o McLowry), amenazaron a Wyatt. En esto Virgil fue nombrado *sheriff* adjunto de Pima County y designó a Wyatt ayudante suyo. Este demostró su valía (su temple) cuando ayudó al *marshal* Fred White a desarmar a unos juerguistas borrachos que de noche disparaban a la luna. Entre estos, Curly Bill Brocius, en el forcejeo con White, le disparó en la ingle. Wyatt golpeó a Brocius con su pistola para desarmarlo y aunque este salió absuelto en el juicio posterior, pues su disparo había sido accidental, se convirtió en enemigo de Wyatt.

Con la manipulación electoral de los *Cowboys* (un auténtico «pucherazo») salió reelegido Charles Shibell, del partido Demócrata, como *sheriff* del condado. Hubo denuncia del fraude y apelación posterior. Al final, su rival, el republicano Robert H. Paul, fue declarado ganador, siendo el *sheriff* del condado de Pima, pero esto no le daba la posibilidad

---

[216]   Rosa, J. G. *Op. cit.*, (1969), pp. 133 y ss.

legal de reemplazar a Behan por Earp como jefe policial de Tombstone, ya que del condado de Pima se había escindido otro nuevo, el de Cochise. En este nuevo condado había rivalidad entre Behan y Wyatt por el puesto de *sheriff* (muy bien remunerado con unos 40.000 dólares anuales), pero Johnny Behan tenía mucha más experiencia política, movió sus contactos con habilidad y fue elegido. Este le había prometido a Wyatt que le nombraría ayudante suyo si retiraba su candidatura. Pero es que además Wyatt Earp tenía otros intereses que incluían su parte en la mina Vizina, propuestas para controlar los derechos sobre el agua y la cuarta parte de las participaciones que poseía del Hotel Oriental.

En el condado de Cochise, con el gobernador John C. Frémont al frente, se confirmó el puesto de Behan, pero este no cumplió su trato con Wyatt y no lo nombró su ayudante. Asimismo Virgil Earp perdió las elecciones en Tombstone para seguir como *Deputy U. S. Marshal*. A partir de la primavera de 1880, como deja constancia la prensa de la época, hubo bastantes tiroteos en el condado de Cochise entre agentes de la ley y forajidos que se dedicaban al robo de ganado y al asalto de diligencias. Por ejemplo el 15 de marzo de 1881 una diligencia de la Kinnear and Company fue atacada cuando llevaba supuestamente 8.000 dólares en oro. La persona que iba sentada en el pescante, en el sitio del escopetero con el que había cambiado su asiento, Bud Philpot, resultó asesinada y los caballos se desbocaron. Cuando la noticia llegó a Tombstone se formaron dos grupos de persecución de los forajidos, uno formado por el *sheriff* Behan y su ayudante, y otro por los Earps, Bat Masterson y "Buckskin" Frank Leslie. Luther King, un malhechor local, fue apresado por el grupo de Behan y confesó que él guardaba los caballos de los que dieron el golpe a la diligencia. El tal Luther escapó de la cárcel y se quiso inculpar a "Doc" Holliday en el intento de robo, cosa que no se pudo probar y que además enfureció a sus amigos los Earps.

Wyatt buscaba ganar reputación e intentó sobornar a Ike Clanton, un pequeño cuatrero, para que delatase a los que habían perpetrado el asalto. Para Wyatt sería la fama y la recompensa para Clanton, pero los tres asaltantes aparecieron muertos, tiroteados por otros intentos de asalto, antes de que se les pudiese capturar y saber quién lo había planeado todo. Lo que se sabe es que en ese territorio muchos ganaderos rurales y vaqueros que vivían del robo de ganado en México, odiaban la influencia que los recién llegados, al calor de las minas de plata, tenían sobre la política de esos condados y de Tombstone en particular. Hasta el momento los ganaderos habían mantenido el control sobre sus actividades en el condado de Cochise, fuera de la ciudad, y con la «ayuda» del *sheriff* Behan que favorecía sus actividades, pues hacía la vista gorda en lo que se refería al tráfico de ganado procedente de México. Como ésa era una nación pobre y vencida, todo lo que se robase en México y no perjudicase a los intereses comarcales estadounidenses no estaba mal visto.

Esto molestaba mucho a los Earps que constantemente se quejaban a Behan de los robos de caballos y vacas que perpetraban los McLaury y los Clanton, pero, evidentemente, no lo hacían ni por bondad ni por justicia. Todo el mundo sabía que los Earps manipulaban la ley a su favor siempre que podían en lo relativo al juego profesional y al control de *saloons* y burdeles en Tombstone, ya que sus concubinas (pues no eran esposas legales) estaban en este último negocio. Ya tenemos pues dos bandos claramente enfrentados: los Earps frente a los *Cowboys*, forajidos a los que pertenecían miembros de los citados clanes familiares.

El tiroteo fue fruto de unas tensiones que se fueron cociendo a fuego lento. Como ya dije, duró treinta segundos y se hicieron unos treinta disparos a muy corta distancia en el O. K. Corral. Por un lado estaban los hermanos Ike y Billy Clanton y Tom y Frank McLaury, además del vaquero Billy Claiborne. Por el otro, el *marshal* de la ciudad Virgil Earp y como ayudantes policiales sus hermanos pequeños, Wyatt y Morgan, además de "Doc" Holliday al que se nombró policía temporal para este enfrentamiento. El 25 de octubre, un día antes del tiroteo, "Doc" había llamado «hijo de puta de un vaquero» a Ike Clanton, acusándolo de amenazar a los Earps, cosa que Ike negó, pidiéndole "Doc" por segunda vez que cogiese su revólver y que peleara con él. Morgan Earp vio la discusión, con una pistola en la mano bajo su chaqueta. Con él sobre la acera se reunieron sus hermanos, mientras con tono de burla comentaban que Clanton se había «portado bien». Por la tarde de ese día, Ike Clanton, impávido, jugó una partida de póker con Virgil, Tom McLaury, el *sheriff* Behan y un individuo más del que se desconoce su nombre.

Al día siguiente, el del tiroteo mortal, siguieron las tensiones. Ike le dijo a Virgil por la mañana que si él era miembro de un grupo de los que amenazaban su vida, estaba dispuesto a luchar. Más tarde Morgan y Virgil, después del mediodía, se encararon con Ike y Virgil dio un golpe a este con la empuñadura de su revólver. Aturdido lo llevaron ante el juez Wallace, que le impuso una multa de veinticinco dólares por llevar armas ocultas. En la sala del juicio apareció Tom McLaury y Wyatt fue a darle la mano, pero sacó su revólver y se lo restregó por la cara para humillarle y dejarlo por mentiroso. Además los Earps y Holliday ya habían sido amenazados aquella misma mañana. Cuando les informaron de que los hermanos McLaury, los Clanton y Claiborne estaban en el O. K. Corral, Wyatt y Morgan marcharon hacia la *Frémont Street* (calle Frémont), preparados para el *showdown* (el enfrentamiento armado). Por el camino se les unió Holliday. El *sheriff*, que estaba afeitándose, salió rápidamente a la calle. Vio a Virgil que le dijo que había hombres en la ciudad buscando pelea, pero no les dio los nombres y el *sheriff* le aconsejó que había que desarmarlos. Virgil hizo caso omiso y afirmó que les daría una oportunidad para que lucharan.

Behan corrió con intención de desarmar a los muchachos, a la vez que veía que Morgan y Holliday se reunían con Virgil que llevaba un revólver en la mano. El *sheriff* Behan llegó primero donde estaba Frank McLaury con su caballo y dijo que venía a desarmarlos y que desarmaría a todos los que en la ciudad llevaran revólveres. Frank afirmó que no quería disgustos, pero se negó a entregar sus armas. Llegaron hasta la galería fotográfica de Fly. Allí afuera estaban los demás: los Clanton, Tom McLaury y Billy Claiborne. Este no formaba parte del grupo y Billy Clanton se preparaba para salir de la ciudad. Ike le dijo a Behan que no llevaba armas encima y este los persuadía para llevárselos a todos a su oficina, pero todo se precipitó, pues los hermanos Earp y Holliday ya se aproximaban por la calle. Al llegar, Virgil afirmó que él era el responsable del grupo y ello después de pasar delante de los Clanton e ignorarlos. Wyatt estaba preparado para la acción, pues pasó el revólver de su chaqueta a un abrigo nuevo hecho a medida, que llevaba un forro de lona con un bolsillo interior para llevar un arma y sacarla con rapidez. Luego, según lo que Behan testificó en el juicio, supuso que fue Wyatt quien les habría dicho a los McLaurys: «Vosotros, hijos de puta, habéis estado buscando pelea y ahora la vais a tener»[217].

A la vez, Virgil afirmó que había venido a desarmarlos, pero comenzó el tiroteo. Se intercambiaron a muy corta distancia unos treinta disparos y Billy Clanton y los dos hermanos McLaury murieron, y Virgil, Morgan y Holliday resultaron heridos de diferente consideración. Solo Wyatt Earp quedó ileso. Tras los hechos y en el juicio posterior las

---

[217] Rosa, J. G. *Op. cit.*, (1969), p. 137.

versiones fueron contradictorias. Para los Earps fue un tiroteo en defensa propia ya que los *Cowboys* habían violado una ordenanza local (la de no llevar armas en la ciudad). Para estos, ellos levantaron sus manos, no habían opuesto resistencia y los Earps les habían disparado a sangre fría; luego eran unos claros asesinos

La prensa de la época se hizo gran eco de este famoso tiroteo y la opinión pública estaba dividida. Los Earps y Holliday fueron en principio arrestados. Hubo un juicio formal, con testigos de la acusación y con defensa. Se sabe por el testimonio de una señora, Martha J. King, que Holliday, cuando caminaban hacia el estudio fotográfico Fly, llevaba oculta bajo su levita no una pistola, sino una escopeta de cañones recortados. El *sheriff* Johnny Behan fue el testigo más importante de la acusación, afirmando que fue Holliday el primero en disparar (llevaba un revólver niquelado) y que oyó claramente gritar a Billy Clanton: «No me disparen. No quiero luchar». Ike Clanton, superviviente de la sangrienta pelea, también testificó y respaldó el testimonio del *sheriff*. Subrayó las amenazas que los Earps les habían hecho, los acusó de estar involucrados en el asalto a la diligencia (ya mencionado) y que había sido Holliday quien había matado al conductor. Billy Claiborne también apoyó el testimonio del anterior.

Los alegatos de la defensa y las declaraciones de otros testigos oculares fueron importantes. Tom Fitch, el abogado defensor, era un jurista experimentado y además Morgan y Virgil, que estaban postrados en cama reponiéndose de sus heridas, dieron igualmente sus testimonios. También Holliday fue defendido, y se ha venido discutiendo por los historiadores si utilizó un arma (su revólver) o dos (revólver y escopeta). La versión de Wyatt sobre los antecedentes del conflicto y sobre el tiroteo fue aún más decisiva.

Finalmente el juez Wells Spicer se convenció de que, a pesar de tan lamentables hechos en un territorio aún sin civilizar, no había evidencias suficientes para considerar que los Earps y Holliday hubiesen cometido asesinato. Pero las demandas continuaron y las amenazas a los Earps también. Más tarde a Virgil se le tendió una emboscada y recibió dos disparos de escopeta cargados con postas. Estuvo muy grave pero sobrevivió. No tuvo tanta suerte su hermano Morgan, que el 18 de marzo de 1883 murió de dos disparos mientras jugaba una partida al billar. Su cadáver fue llevado a Colton, California, para ser enterrado, mientras que Virgil y su compañera fueron custodiados hasta Tucson por Wyatt Earp y demás miembros del grupo. En Tucson estaba Frank

Stilwell esperándoles, pero Wyatt, que ya se temía otra emboscada, lo sorprendió y lo mató[218].

Los Earps continuaron con sus venganzas y otros fueron cayendo bajo las balas en una época cuajada de violencia. Johnny Ringo, forajido y antiguo enemigo de Holliday, fue encontrado muerto con un tiro en la sien derecha el 14 de julio de 1882 (en West Turkey Creek Valley, territorio de Arizona). Billy Claiborne fue asesinado en un altercado frente al Oriental Saloon de Tombstone el 14 de noviembre de 1882. Años más tarde, el 1 de junio de 1887, Ike Clanton fue sorprendido robando ganado y murió tiroteado por el *lawman* Jonas B. Brighton cuando se resistía a ser detenido. La última víctima de Holliday fue William J. "Billy" Allen, al que mató en Leadville en 1884 (Colorado). El 8 de noviembre de 1887 el propio "Doc" Holliday, hombre impulsivo y violento, murió de tuberculosis en Glenwood Springs, también en Colorado, donde intentaba curarse en un balneario. Después de todo esto, Wyatt Earp, tras abandonar a Mattie que volvió a la prostitución y se suicidó por sobredosis de láudano y alcohol en 1888, y unido ya sentimentalmente a Josephine Marcus, siguió viviendo en el Oeste, pasando de una ciudad próspera a otra, dedicándose al juego profesional y a labores relacionadas con la minería. Ya entrado en años se estableció en California y fue el último en morir de los que participaron en el famoso tiroteo. Falleció de cistitis crónica a la edad de ochenta años el 13 de enero de 1929.

Sobre todo lo acontecido en Tombstone pronto se levantó una leyenda, de la que el propio Stuart N. Lake participa, pues su obra sobre la vida de Wyatt Earp no tiene rigor alguno como ya se explicó, pero sí alimentó la mitificación de un personaje y de una época: la del violento *Far West*. Un ejemplo de esa mitificación lo tenemos en el siguiente hecho: al cementerio de Tombstone, donde se sepultaron los cuerpos de Billy Clanton, Frank McLaury y Tom McLaury, se le denominó *Boot Hill* (La colina de las botas). Esta denominación pasó a ser un sinónimo por todo el Oeste y en las últimas dos décadas del siglo XIX e incluso a principios del XX, de cementerio donde están enterrados pistoleros que murieron con las botas puestas, es decir, de forma violenta.

---

[218] Sobre Wyatt Earp, sus hermanos y "Doc" Holliday ,véase Stammel, H. J. *Op. cit.* (1975), pp. 84-89. Bianchi, D. *Op. cit.* (1994), pp.139-193. Doval G. *Op. cit.* (2009), pp. 54-64. Pero con prioridad documental, véase Rosa, J. G. *Op. cit.* (1969), pp. 78, 106, 108, 116-117, 126, 133, 134-136, (sobre el tiroteo en el O. K. Corral, pp. 137-139), 156, 182, 189, 199.

En términos estrictamente históricos, por parte del clan de los Earp, fue Virgil el que más autoridad legal ostentaba cuando se produjo el tiroteo en el O. K. Corral y era el que más experiencia tenía con las armas, pues había participado en la Guerra Civil. Tras dicho enfrentamiento quedó mutilado, pero sobrevivió hasta 1905, y aunque fue conocido por la falsa biografía de su hermano Wyatt (la ya tan mencionada de Stuart N. Lake de 1931), quien más famoso se hizo como pistolero para la posteridad fue su hermano menor. Y es que una vez más, cuando los hechos, aunque sean falsos, se convierten en leyenda, es esta la que prevalece y nutre la imaginación, la mentalidad y la ideología de los estadounidenses; en este caso la que da buena parte de identidad de lo que han sido y son los Estados Unidos de Norteamérica.

Sobre los revólveres usados en el referido tiroteo resumiré los siguiente: se sabe que Wyatt llevaba un Smith & Wesson N.º 3, del calibre 44 American. Dos de las víctimas, Frank McLaury y Billy Clanton, portaban Colts Single Action Army del 44-40 (números 46338 y 52196 respectivamente. Virgil Earp empuñaba un Smith & Wesson New Model N.º 3 niquelado de 6,5 pulgadas de largo de cañón (165,1 mm), con N.º de serie 14289. Las cachas eran de marfil. Con posterioridad a estos hechos Wyatt compro un Colt Single Action Army (N.º 69562), de 7,5 pulgadas (190 mm) que recortó a 5 (127 mm). La escopeta que usó para liquidar a "Curly Bill" Brocius en 1882 era una Stevens de dos cañones del calibre 10. "Doc" Holliday llevaba, camino del O. K. Corral, una escopeta de cañones recortados a 12 pulgadas (304 mm) de fabricación belga, marca Meteor. También un revólver Colt Single Action Army N.º 102077. Se sabe que era poseedor de revólveres pequeños y de pistolitas Derringers de cartucho[219], estas últimas muy comunes para los tiroteos a quemarropa entre tahúres.

Como conclusiones generales sobre la realidad del pistolero podemos sumar algunas precisiones más a lo ya expuesto. En el Oeste real era habitual disparar primero y preguntar después. El pistolero, fuera un *lawman* o un *outlaw*, era aceptado como parte inevitable de una sociedad en formación y en rápida expansión (tras el exterminio de los indios). No había nada de épico y heroico en ello, al contrario de lo que se ve en muchos wésterns clásicos, pues además bastantes individuos eran unos inadaptados incapaces de vivir sin matar después de

---

[219]   Walter, J. *Op. cit.*, pp. 153, 164.

pasar por la experiencia de la Guerra Civil. *Gunmen* habituales, como el propio Bat Masterson (y más tras el asesinato de su hermano Ed), solían tener varios revólveres (y Derringers), con diferentes largos de cañón, pensados para distintos tipos de tiroteos y pedidos por encargo, por ejemplo a la casa Colt, con las medidas requeridas y perfectamente afinados de gatillo. También encargaban a los sastres bolsos interiores en sus chalecos y chaquetas para una ocultación discreta y un saque rápido que pillase al oponente por sorpresa.

El saque rápido desde una pistolera en la cadera, el famoso *fast draw* y el *fanning* (mover rápidamente el martillo percutor con la palma de la mano opuesta y con el disparador apretado), no era algo habitual en el Oeste. Así se rompen fácilmente los muelles del arma. Este tipo de acrobacias con un revólver son invenciones circenses muy posteriores que después pasaron al mundo del cine, de los wésterns. En el *Far West* nadie desperdiciaba el tiempo disparando a sombreros, latas, botellas vacías o monedas tiradas al aire, pues la cartuchería metálica era bastante cara y todo eso no son más que tonterías propias del cine. En los wésterns todo lo que se ve es una pura falsedad, pues además las pistoleras de la época eran sencillas (como las Slim Jim) y no llevaban un armazón de metal recubierto de cuero, ni iban abiertas por abajo para sacar rápido y hacer piruetas con un revólver.

Asimismo, y como ya se ha dicho, no había duelos al sol, cara a cara y al mediodía. Lo esencial eran los nervios de acero, la voluntad de matar sin escrúpulos y el elemento sorpresa. Matar a traición y por la espalda no era una excepción, sino lo habitual entre los *badmen*. Las piruetas con un revólver se consideraban un absurdo y en la práctica, a la hora de matar, no servían absolutamente para nada. No había Código del Honor ni nada que se le pareciese. No pocos hombres de la ley, tenidos aparentemente por honestos, vivían también del juego, de las multas y de parte de las ganancias de las prostitutas. El revólver se sacaba antes de entrar en una situación conflictiva. Es totalmente falso que la única marca de revólveres usada en el *Far West* fuera la Colt, aunque sí llegó a ser la de más ventas y la más famosa. La funda tipo «buscadero», diseñada por Sam Myres siguiendo las sugerencias del capitán de los *Rangers* John R. Hughes, en El Paso, Texas, es de finales del XIX. Las fundas adornadas, repujadas, con rígidos armazones de acero forrado, para portar un Colt de 5,5 pulgadas de cañón con la empuñadura hacia la parte trasera de la cadera y así sacar rápido, son algo habitual en el mundo de Hollywood y de las actuales competiciones de *fast draw*; en el verdadero Oeste jamás existieron y ningún pistolero de la época las conoció ni las utilizó[220].

La vida en el verdadero *Far West* era muy difícil y para la mayoría de la gente, los auténticos pioneros y colonos, muchas veces más que pobre, miserable. Las mujeres, tantas veces silenciadas, llevaban la peor parte y hasta recientemente se ha escrito poco sobre sus vidas y sobre cómo se las arreglaban para sobrevivir. En las últimas décadas y gracias a la influencia del movimiento feminista, se ha estudiado bastante el papel de la mujer en la conquista del violento *Far West*. Frente a la mitificación falsaria de personajes como Calamity Jane o Myra Belle Shirley (1848-1889), famosa *outlaw* apodada Belle Starr, se sabe de mujeres de gran valentía, coraje, entereza y dignidad, que en solitario o con sus maridos (y en una época dominada por la doble moral victoriana: o esposa dócil y decente o prostituta caída en el arroyo y sin redención posible), trabajaron muy duro para sacar sus ranchos y granjas adelante. Personas de fuerte personalidad, pero también generosas y compasivas con los más débiles. En el fondo son legión, pero se les ha hurtado hasta hace poco su lugar en la historia de los Estados Unidos. Me refiero a mujeres como Sarah Jane Newman (1817-¿?), Luzena Stanley Wilson (1819-1902), Clara Brown (1803?-1885), Allison Bowers (1826-1903), Charley Parkhurst (1812-1879), que se hacía pasar por varón. También "Stagecoach" Mary Fields (1832-1914), Ellen Nellie Cashman (1845-1925), conocida como el Ángel de Tombstone por su coraje, determinación y caridad a la hora de ayudar a los paupérrimos mineros[221].

Seguro que hay muchas más, anónimas, y que no entraron en la mitología del Salvaje Oeste como Annie Oakley (1860-1926), esta por su certera puntería en el espectáculo circense de Buffalo Bill. O como Lucille Mulhaud (1885-1940), por ser una famosa vaquera de rodeo a finales del XIX y principios del XX.

He citado a las mujeres en último lugar, pero como se dice en inglés, traducido, lo último no significa lo de menor importancia.

Está claro que no todas las mujeres eran decentes esposas y madres con biografías monótonas, resignadas y ensombrecidas por las vidas de sus maridos, ni «sucias palomas», «trabajadoras de la horizontal»

---

[220] Rosa, J. G. *Op. cit.* (1969), pp. 111, 117-118, 121, 123-125., 147, 189, 191, 207-208.

[221] Doval, G. *Op. cit.* (2009), pp. 271-312.

(prostitutas callejeras o de burdel), que vivían con tahúres y pistoleros de la peor condición (*badman*). Tampoco madames explotadoras o cortesanas respetuosas que regentaban locales para los barones ganaderos y políticos adinerados. Hasta muy recientemente el cine las ha tratado de forma tan estereotipada como a los afroamericanos. Sobre la importancia de estos me remito a lo expuesto en mi tesis doctoral[222].

Soy consciente de que habría mucho más que decir, pero tengo que ir poniendo fin a este capítulo y a este libro. Ahora, de forma breve, voy a revisar la evolución de las armas cortas, de los revólveres, entre 1865 y 1890, pues ellos, en buenas o malas manos, fueron también los protagonistas de la historia que estoy explicando y que es la que le da título a esta obra. En lo referente a la figura del pistolero queda claro que la ficción es superada por la realidad histórica, pero la elaboración de los mitos, como el del «heroico» *gunman* y *gunfighter*, obedece a los propósitos ideológicos de los Estados Unidos como nación imperial, que necesita crear verdaderos mitos aunque por su contenido sean mitos totalmente falsos y oscurantistas. La exposición de las razones morales y políticas de este hecho, de este proceso mitificador tan trascendental para el devenir histórico de dicha nación en el siglo XX (y en su proyección sobre la Europa Occidental posterior a la Segunda Guerra Mundial), la dejaré para el epílogo, donde sacaré las conclusiones teóricas de esta investigación tras haber estudiado la intrahistoria de los Estados Unidos entre 1790 y 1890.

Recién acabada la Guerra Civil los revólveres de avancarga (*cap and ball*) del calibre 36 y del 44 seguían siendo los más potentes. Los modelos Navy y Army, tanto de la firma Colt como de la Remington, y sin contar las demás marcas, habían dado un buen servicio durante la contienda. También los modelos Police de cinco recámaras, del 36 y de tamaño más pequeño, pensados para uso policial en entornos urbanos como la ciudad de Nueva York. Lo mismo puede decirse de los Pocket del 31 como armas de bolsillo para defensa a muy corta distancia. Pero sucedió lo siguiente: tras la guerra y a pesar de que el acero de los Colt era mejor que el de los Remington (algunos tambores de estos habían explotado), el sistema de armazón cerrado de los últimos los hacía armas más robustas, precisas y mucho menos propensas a interrupciones por los fragmentos de los pistones en las chimeneas

---

[222]   Navarro Crego, Miguel Ángel. *Ford y "El sargento negro" como mito. (Tras las huellas de Obama)*. Editorial Eikasia, Oviedo, 2011. (Prólogo de Alberto Hidalgo).

tras los disparos. Los oficiales que se quedaron en el ejército después de la contienda pidieron más revólveres Remington New Model Army (patente 1858, modelo 1863), que Colts Army 1860.

Un revólver de avancarga del 44-45 con sus veinte centímetros de cañón (8 pulgadas), con cargas de 30 a 35 grains de pólvora negra (1,9 a 2,26 gramos) y empleando bala ojival o esférica de 11,4 a 11,6 milímetros (de 216 grains, 14 gramos, o 143 grains, 9,28 gramos, respectivamente), era un arma para la caballería. Podía tumbar a un jinete o a su caballo a más de cincuenta metros. Casi lo mismo puede decirse de los revólveres del 36, a los que tan fiel fue "Wild Bill" Hickok, en enfrentamientos contra la infantería y civiles a la misma distancia. Pero el desarrollo tecnológico hizo que esas armas de reciente fabricación quedasen obsoletas casi de la noche a la mañana al desarrollarse la cartuchería metálica.

Cuando la patente de Rollin White de 3 de abril de 1855, que cubría el diseño de recámaras perforadas de extremo a extremo y para cartuchos de metal, y de la que era dueña la Smith & Wesson, venció en su exclusividad y ya fue de dominio público, todas las empresas se lanzaron a una carrera por fabricar los nuevos revólveres para cartuchos metálicos. En 1868 la Remington pagó unas tasas a la S&W para convertir sus modelos New Model Army al cartucho de calibre 46 anular (carga de 26 grains de pólvora y bala ojival de 230 grains), con tambor de solo cinco recámaras . La Colt no se quedó atrás. En 1868 salió la conversión de A. Thuer, que no funcionaba muy bien, después vino la conversión Richards, más perfeccionada, y por último la Richards-Mason.

Entre 1868 y 1871 se convirtieron unos 5.000 revólveres Colt de diferentes modelos al sistema Thuer, que requería una munición especial. Entre 1873 y 1878 cerca de 9.000 Colts Army 1860 se convirtieron al sistema Richards para el calibre 44 Colt de percusión central y de 1877 a 1878 cerca de 2.100 del modelo Army 1860 fueron transformados a la Richards-Mason, tanto para cartuchos de fuego anular como el 44 de la carabina Henry, como de fuego central. Además en 1872 sale de la Colt el modelo original Open Top, que ya no es una transformación de circunstancias hecha por los ingenieros que dan nombre a las conversiones citadas. Se hicieron sobre unos 7.000 para el 44 Henry, que, como ya se afirmó, es un cartucho anular de escasa potencia que se diseñó inicialmente para el rifle Henry y para el Winchester 1866 (el *Yellow Boy*).

Pero en 1873 la firma Colt saca el arma más famosa hasta nuestros días, el Colt Single Action Army modelo 1873, pronto conocido como el *Pacemaker* (el Pacificador). Sigue fabricándose en la actualidad y se han construido más de 457.000 ejemplares. Además es copiado desde mediados de los años sesenta del siglo XX, coincidiendo con la irrupción de los spaghetti-wésterns de Leone y sus muchos imitadores, por fábricas italianas como Uberti y Pietta. Se ha hecho por lo menos en veintinueve calibres diferentes, siendo los más numerosos con mucho los modelos del 45 Colt (hasta 1940 se habían fabricado 150.683 en este calibre), y del 44-40 (desde 1877 hasta 1940 se hicieron 64.489, conociéndose en este calibre como modelo *Frontier*). Esta munición se consideró en los últimos veinte años de la Conquista del Oeste la más versátil, pues era la que había introducido en el mercado la casa Winchester para su rifle modelo de 1873. No es de extrañar pues que todo ranchero o incluso un *cowboy* con dinero, quisiesen tener a partir de 1877 un Colt 1873 y un Winchester 1873 con el mismo cartucho, el 44-40, para dos armas emblemáticas. El ejército tuvo en servicio este revólver en 45 Colt hasta 1892 (veintinueve años) en su versión para caballería (con un largo de cañón de 7,5 pulgadas, 19 centímetros). Los modelos Artillería y Civil tenían 5,5 pulgadas de largo (14 cms.) y 4 ¾ (12 cms.) respectivamente. Se vendía a 17,50 dólares y con funda y algo de munición su precio era de 20 dólares.

Este es el arma que se mitificó hasta la saciedad en los wésterns y de la que se dijo que domó y pacificó el Oeste. Ni siquiera dando por supuesto que la violencia civilice a una sociedad en formación, podemos dar por válida dicha tesis. Hubo otras marcas y modelos de revólveres, aunque este fuese el más famoso y ello sin contar que en los territorios fronterizos más lejanos, donde era muy difícil que los almacenes que surtían a los colonos en sus compras más básicas tuvieran munición metálica, los de avancarga siguieron en uso hasta entrada la década de 1880.

Además en términos de innovación tecnológica la empresa que iba por delante era la Smith & Wesson. Si el Colt 1873 se hizo pronto famoso fue por su solidez, simplicidad, resistencia a las averías y rapidez en el manejo, pero tenía el defecto de que era lento de recargar en comparación con los S&W, y más aún para un jinete a caballo. Los Smith & Wesson tenían una gran ventaja: eran basculantes y poseían un extractor en forma de estrella que, al abrirlo, expulsaba automáticamente los cartuchos disparados. Pero dado su diseño eran más frágiles y no permitían municiones tan potentes para la época, como la del 45 Colt o la 44-40. El primer revólver potente diseñado enteramente para cartucho metálico no fue un Colt, fue el S&W N.º 3 American S. A. en calibre 44 American. Salió al mercado en 1870, se usó hasta 1915 y fue una novedad total y revolucionaria (también se hicieron ejemplares para el 44 Henry anular). Fue tal su impacto que el ejército imperial ruso se fijó en él y solicitó unas mejoras en su cartucho para adquirirlo. Así surgirá el S&W N.º 3 Russian First Model (Old, Old Model). Una de las primeras personas que tuvo y usó un Smith & Wesson N.º 3 fue "Buffalo Bill" Cody, que lo empleó para el tiro al blanco en su espectáculo[223]. También era el arma favorita de "Texas Jack" Omohundro.

Alexander Gorloff, agregado militar ruso en Washington D. C., hizo las gestiones de la compra y en 1872 el gran duque Alexei Alexandrovich visitó los Estados Unidos y la fábrica de la Smith & Wesson. Igualmente fue obsequiado con una cacería de bisontes, acompañado por el general Custer y Buffalo Bill, este en calidad de explorador. Se sabe que dado su entusiasmo el gran duque ruso mató por error a su propio caballo, antes de acertar en un bisonte con uno de los revólveres objeto del contrato militar. Se vendieron más de 131.000 de estos revólveres y el calibre 44 Russian se convirtió en el más preciso de todo ese periodo histórico, en el que todos los cartuchos iban propulsados por pólvora negra. Además de estas cuantiosas ventas a Rusia (que contienen a modelos posteriores con ligeras modificaciones, como el Second Model y Third Model, que llevan las iniciales del inspector ruso K. O., Kasavery Ordinetz), también se vendieron en los propios Estados Unidos (sin hacerle sombra a la Colt), además de a otras naciones[224].

Asimismo el mayor estadounidense George W. Schofield introdujo unas mejoras para reforzar el sistema de cierre de los S&W N.º 3, con vistas a recibir un encargo militar. El ejército ya había elegido en 1873 al Colt S. A. A. del 45 (el *Pacemaker*), pero aun así hizo un pedido

---

[223] Rosa. J. G. *Op. cit.* (1969), pp. 174-175

[224] En España el revólver Smith & Wesson en calibre 44 Russian (conocido aquí como 44 corto para diferenciarlo del 44-40 o 44 largo), fue oficial entre 1884 y 1924 para la Guardia Civil. Las copias del modelo 3 las hizo en Eibar la fábrica Orbea Hermanos. Véase Barceló Rubí, B. *El armamento portátil español (1764-1939), una labor artillera.* Librería Editorial San Martín. Madrid, 1976, p. 229.

de 8.285 revólveres Schofield que se compraron entre 1875 y 1877 (sumando el S&W N.º 3 First Model Schofield y el S&W N.º 3 Second Model Schofield). Para este arma se desarrolló un cartucho de calibre 45 pero menos potente que el 45 Colt. Se trata del 45 Schofield, que tiene un casquillo más corto y una menor carga de pólvora. De esta forma la munición del 45 Schofield podía ser disparada en un Colt 45, pero la del 45 Colt no podía ser disparada en un revólver Schofield. El precio de estas armas para el ejército se fijó en 13,50 dólares la unidad para los primeros 3.000 ejemplares que se contrataron en 1875. La gran ventaja de este era su rápida recarga, pues si un Colt tardaba en cargarse un minuto, en un Schofield podía hacerse en treinta segundos. Este subtipo de revólver de la Smith & Wesson fue también conocido y empleado en el *Far West* (por ejemplo por los vigilantes de la Wells & Fargo) y se supone que Custer lo utilizó en su última batalla, la de Little Bighorn. Sucedió además que el ya ascendido teniente coronel G. W. Schofield, tras la muerte de su esposa, empleó una de sus armas para suicidarse en 1882, quizá a causa de una depresión.

La Remington Arms, que siguió haciendo sus excelentes modelos de avancarga hasta 1875, sacó ese año en producción el modelo 1875 Single Action Army. Se fabricó hasta 1889. Se hizo inicialmente para un cartucho raro, como lo es el 44 Remington de percusión central, pero muy pronto se produjo ya en 44-40 y en calibre 45 Colt. Era un arma tan buena y robusta como el Colt de 1873, pero al estar introducido este se vendieron muchos menos en el mercado civil. Se sabe que era el arma usada por Frank James. El gobierno de los Estados Unidos compró unos 650 para armar a la policía india de las reservas y la Remington obtuvo un contrato del ejército egipcio para adquirir 10.000 ejemplares. Se fabricaron en una longitud de 7,5 pulgadas de cañón (19 cms) y más raramente en 5,5 pulgadas (14 cms) Hoy en día los reproduce la firma italiana Uberti. El modelo 1888 de la empresa Remington es solo para el cartucho 44-40 y aún se parece más al Colt. Arma también muy robusta de la que solo se fabricaron entre 1888 y 1889 unas 1.000 unidades. En 1890 sale al mercado el último modelo de estos revólveres de acción simple también para el 44-40. Se trata de un buen arma pero ya de diseño obsoleto en comparación con los nuevos modelos de la Colt, que ha empezado a fabricar revólveres de doble acción y con los Smith & Wesson basculantes, tanto de simple como de doble acción. Del Remington 1890 solo se hicieron 2.020 unidades.

Otra marca que hay que citar es Merwin & Hulbert[225]. Estos revólveres estaban hechos por la fábrica Hopkins & Allen. El modelo *Frontier* se empezó a fabricar a partir de 1876 y hubo cuatro variantes. Las primeras con armazón abierto y las últimas con armazón cerrado por encima del tambor. Era un arma muy bien mecanizada y con el giro del cañón se producía la liberación del tambor y la expulsión de las vainas disparadas. Se trataba de un revólver con un gran trabajo de mecanizado y ajuste. Se fabricó en 44 Russian y en 44-40 hasta 1896, existiendo variantes con cañones cortos, de bolsillo, y también con mecanismo de doble acción, lo que permite que el martillo accione con solo apretar el disparador; armas de buena calidad que se usaron casi al final de la conquista del Oeste, pero que no gozaron de la inmensa cantidad de ventas y de la fama de la Colt. Entre 1876 y 1880 se produjeron unos 15.000 de estos revólveres.

A partir de 1877 la fábrica Colt entra en el mercado de los revólveres de doble acción, no muy apreciados por los rústicos vaqueros que preferían armas más sencillas, robustas y de mecánica menos compleja. Lo contrario sucedía con los pistoleros de oficio, que deseaban armas de accionamiento rápido para matar mejor. Destacan aquí los modelos Rainmaker (del 32 Long Colt) que es el de calibre más pequeño, Lightning (del 38 Long Colt) y Thunderer (del 41 Long Colt). Estuvieron en fabricación hasta 1909 y cuando pistoleros como John Wesley Hardin, Billy el Niño y "Doc" Holliday los empezaron a usar, eran armas muy novedosas. En 1878 se comienza a producir (y hasta 1907) el *Frontier* de doble acción (*Double Action Army*), en calibres como el 45 Colt y el 44-40 entre otros. A partir de 1902 y tras introducir algunas mejoras, se le conoció de forma inapropiada (y traducido al español) como modelo Alaska-Filipinas.

Por último y referido a la firma Colt, esta introdujo como revólver especialmente preciso y para el tiro al blanco, el modelo Bisley (Colt Bisley) en 1894, arma de simple acción que lleva el nombre del famoso campo de tiro de Inglaterra. Como era muy precisa, dado el diseño de su empuñadura y de sus miras, en Estados Unidos no se usó para competir sino para defensa personal, llevándola algunos comisa-

---

[225] El Merwin & Hulbert también se fabricó en España. Lo establecía la Real Orden de 2 de abril de 1888 que recomendaba este revólver. Lo hizo en exclusiva la casa Anitua y Charola de Eibar en calibre 44 Russian. Así Orbea Hermanos (que hacía el Smith & Wesson) y Anitua y Charola compitieron entre sí. Véase Barceló Rubí, B. *Op. cit.*, p. 229.

rios. Finalmente hay que decir que Stuart N. Lake popularizó el mito de que, por encargo de Ned Buntline, la Colt hizo revólveres modelo 1873 (*Pacemaker*) de cañón muy largo (de 12 pulgadas, 30 cms) y culata de chapa metálica desmontable, para famosos «hombres de la ley» como Wyatt Earp, Bat Masterson, Bill Tilghman, Charlie Bassett y Neal Brown.

Otro revólver muy poco conocido fue el de la empresa Forehand & Wadsworth. En 1873 se empezaron a fabricar en 44 Russian (menos de mil unidades) y a partir de 1878 y ligeramente mejorado, se introdujo en el calibre 44-40. También se especializaron después en revólveres de pequeño calibre y baja calidad, como los Suicide Special, y en versiones baratas de los británicos British Bull Dog, que solían llevar los obreros del ferrocarril, los vagabundos y los mozalbetes.

A partir de 1880 también la Smith & Wesson fabricó revólveres de doble acción del calibre 38 S&W, con diferentes longitudes de cañón y variantes en diseño. Pero por otra parte las empresas menores que hicieron revólveres de tamaños pequeños de todos los tipos y calidades abundaron en cantidad. La expresión *Suicide Special* o *Saturday night Special,* se aplicó a armas de bajísima calidad (pura chatarra). Revólveres muy pequeños, nada fiables e imprecisos, sobre los que se originó la leyenda de que, dado su pésimo material, eran más peligrosos para quien los portaba que para el que estaba enfrente y que los usaban los desesperados y arruinados para suicidarse los sábados por la noche tras una gran borrachera.

Otra arma muy usada en el *Far West* por los pistoleros de *saloon* y sobre todo por tahúres y prostitutas para defenderse, fueron las Derringers. Este era ya el nombre genérico de un tipo de pistolita de uno o dos tiros muy pequeña y de fácil ocultación en la camisa, el chaleco o la ropa interior (y no solo el de la vieja marca Deringer de avancarga con la que se había matado al presidente Lincoln). En el wéstern se la ve siempre en manos de fulleros y asesinos traicioneros. La más vendida, famosa y por lo tanto mitificada en las películas, fue la de dos cañones superpuestos de la Remington Arms. Del modelo 95 Double Derringer se fabricaron, entre 1866 y 1935, más de 150.000 ejemplares para cartuchos del calibre 41 de percusión anular. Muchas otras marcas hicieron modelos parecidos con el mismo propósito: ser armas de muy fácil ocultación para disparar de 1 a 5 metros como mucho. Dado su poco alcance y escaso poder letal se usaban para tiros a traición o como defensa en muy cortas distancias. También se fabricaron en calibres como el 22 y 32 anular. En el *Far West* además se usaron la Sharps de cuatro cañones, la Remington Rider, la Colt Derringer N.º 1, N.º 2 y N.º 3, la Williamson Single Shot Derringer, la Remington Elliot Derringer de cuatro cañones y algunos modelos más[226].

---

[226] Además de la bibliografía citada en pasadas notas, véase especialmente: Venner, Dominique. *Monsieur Colt.* Balland, París, 1972. Venner, Dominique. *El mundo de los revólveres americanos.* Ultramar Editores, S. A. Barcelona, 1997. (Edición original francesa de 1996). Lespart, Michel. *Messieurs Smith & Wesson.* Balland, París, 1973. Cadiou, Yves L. *Monsieur Winchester.* Balland, París, 1972. Cadiou, Yves L. *Les Colt. Revolvers à percussion et conversions.* Volumen 1. Éditions du Portail, Le Hussard, Francia, 1993. Cadiou, Yves, L. *Les Colt. Revolvers à cartouches metalliques.* Volumen 2. Éditions du Portail, Le Hussard, Francia, 1994. Bianchi, Didier. *Pistolets et revolvers Remington. L'histoire d'une légende.* Édtions Crépin-Leblond, París, 1995.

La obra más documenta en cuanto a calibres de armas cortas y largas del *Far West* es la de John Walter ya citada. También la de Joseph G. Rosa, *The Gunfighter. Man or Myth?* University of Oklahoma Press, Norman, 1969. Este autor subraya en la página 184 las pruebas hechas en 1924, en los Estados Unidos y con el Colt Navy del 36 y el Remington del 44, para determinar la precisión de los viejos revólveres de avancarga a 50 yardas. Se concluyó que la precisión eran mayor con las balas esféricas que con las ojivales. En el año 2022, en la competición Colt (que es con revólver de avancarga original) y Mariette (con revólver de avancarga replica actual) y según las normas deportivas de la MLAIC, el récord mundial estaba en 97 y 100 puntos respectivamente. Esto supone meter diez balas a 25 metros, haciendo trece disparos en media hora, en un diámetro de 5 a 10 centímetros. Este tipo de puntuaciones se consigue con revólveres Remington New Model Army (patente 1858, modelo 1863) o Rogers & Spencer, ambos de calibre 44. Los modelos Colt, dado su armazón abierto y sus primitivas miras, no tienen ni de lejos esa precisión. Disparando a 50 metros el récord mundial está en 79 puntos (revólver original) y 86 puntos (replica de fabricación actual).

Por otra parte, y en términos históricos, cuando el ejército de los Estados Unidos hizo pruebas entre 1872 y 1876 para elegir un revólver apto para el uso militar, comprobaron que el Colt S. A. A. (el *Pacemaker* con 7,5 pulgadas de cañón, 19 cms), tenía una caída de la bala, la del calibre 45 Colt, de 3,11 pulgadas (79 mm) a 50 yardas (45,7 metros), en comparación con las 4,39 pulgadas del modelo Smith & Wesson. Aunque, al igual que los modelos anteriores de avancarga, tenía más alcance, se producía una gran caída de la bala. Luego era un arma pensada para la caballería y para combates en distancias cortas, es decir para tiros a no más de 50 yardas, aunque se comprobó su gran desviación (caída de la bala) entre 100 y 300 yardas. Los modelos de 5,5 y 4 ¾ de largo de cañón tenían menos alcance y precisión, pues en los cañones más cortos no se quema totalmente la pólvora del cartucho y la velocidad de salida de la bala es menor.

Características de los cartuchos de revólver del calibre 44-45 más usados en la conquista del Oeste entre 1865 y 1890 (además de los de avancarga ya existentes)

- 44 Henry de percusión anular: Peso de la bala 200 grains (12,96 gramos), peso de la carga de pólvora 28 grains (1,81 gramos). Se usó por la carabina Henry, el Winchester 66 y por algunos de los primeros revólveres del 44 ya citados (incluídas las conversiones).

- 44 Smith & Wesson *American*: Peso de la bala 218 grains (14,12 gramos), peso de la carga de pólvora 25 grains (1,62 gramos).

- 44 Smith & Wesson *Russian*: Peso de la bala 246 grains (15,9 gramos), peso de la carga de pólvora 23 grains (1,49 gramos). Para muchos especialistas en tiro al blanco, este es el calibre mas preciso de los revólveres para cartuchos de pólvora negra.

- 44-40 (para rifles Winchester 73 y similares, revólveres Colt y de otras marcas, modelo Frontier): Peso de la bala 200 grains (12,96 gramos), peso de la carga de pólvora 40 grains (2,59 gramos).

- 45 Colt (munición para el *Pacemaker*, tanto en versión militar con civil): Peso de la bala 250 grains (16,2 gramos), peso de la carga de pólvora 30 grains (1,944 gramos).

- 45 Schofield: Peso de la bala 229 grains (14,83 gramos), peso de la carga de pólvora 28 grains (1,81 gramos).

Sobra decir que para la época y exceptuando el 44 Henry que era de percusión anular, todos los demás cartuchos (tanto con empistonado Boxer como Berdan) tenían suficiente poder de parada como para matar a un hombre. Y casi hasta los 45 metros en revólveres de 7,5 pulgadas si se trataba de los calibres 44-40 o del 45 Colt. Los pistoleros solían preferir los modelos más cortos de cañón, pues, además de ser más ligeros y manejables, sus tiros eran a corta distancia, raramente a más de 20 metros, y en los *saloons* a mucha menos. Por todo lo anterior los disparos «certeros» que se ven en muchos wésterns, con Colts de 5,5 pulgadas de cañón y a gran distancia, no son más que tonterías y falsarias mitificaciones.

Por otra parte y como ya se expuso al tratar de las armas largas, las escopetas también fueron muy importantes en el violento Oeste. No solo para cazar los pacíficos granjeros con sus largos cañones de origen (de 28 a 32 pulgadas —71 a 81 cms—), pues tanto *outlaws* como *lawmen* se sirvieron de ellas. Del calibre 12 o 10 y con los cañones recortados a no más de 55 centímetros, eran, además del revólver, las armas de los guardas o escopeteros de las diligencias que custodiaban la caja fuerte de la Wells & Fargo. En un tiroteo en las calles y con cartuchos cargados con nueve postas, eran mucho más letales que un revólver en distancias hasta los 20 metros. Apenas requerían saber apuntar y su disparo resultaba devastador hasta la citada distancia. Tanto "Doc" Holliday como Wyatt Earp hicieron uso de ellas en el *Gunfight* en el O. K. Corral y en las *vendettas* posteriores. A partir de 1865-1870 la escopeta con los cañones recortados, para cartuchos de cartón, con culote de latón y de fuego central, y tanto en manos de policías como de delincuentes, fue también en Estados Unidos y más aún en las luchas callejeras de ciudades ganaderas o mineras, la sucesora del viejo trabuco de chispa del bandolero europeo del siglo XVIII y del primer tercio del XIX.

Ya entrado el siglo XX las armas, como instrumentos tecnológicos, cambiarán mucho en Estados Unidos. Cuando el pistolero del Oeste rural deje paso al gánster mafioso de las grandes ciudades en sus actividades delictivas (tráfico de bebidas alcohólicas durante la Prohibición, trata de blancas, extorsiones a empresarios o a sindicatos, control del juego ilegal, venta de estupefacientes, etc.), y el *lawman* a caballo se transforme en el policía motorizado y el detective en su rápido vehículo, el revólver competirá con la pistola automática (como la Colt M1911 del 45 A.C.P.) y la escopeta (aunque sea la de corredera y de cinco a siete cartuchos en el cargador), será sustituida o complementada por la metralleta Thompson. Estados Unidos será aún más violento y el *Far West* permanecerá vivo, pero idealizado, mitificado y añorado por los espectadores en las salas de cine como los «viejos y buenos tiempos». El amable lector que haya llegado hasta aquí en esta obra ya sabe que jamás hubo tales tiempos y que la realidad histórica fue la de una nación violenta desde sus orígenes.

Para finalizar ya este largo capítulo y antes de entrar en el epílogo, que por fuerza ha de ser más teórico y filosófico, he de revisar de forma muy somera cómo el wéstern ha tratado a esas figuras históricas, a la vez tan atrayentes y repulsivas, como lo son los pistoleros (*lawmen* y *outlaws*, hombres de la ley y forajidos). El tema da para todo un libro y de hecho ya existen muchos estudios, como los de John G. Cawelti,

Michael Coyne, Michael F. Blake, John H. Lenihan, Kent Ladd Steckmesser, Will Wright, etc. El lector encontrará sus obras citadas en la bibliografía, y yo ya las manejé para redactar mi tesis doctoral.

Entre películas mudas y sonoras, telefilmes, episodios de series televisivas, cortos y documentales hay más de cien que abordan la figura de Billy el Niño. Si aplicamos el mismo criterio al personaje histórico de James Butler Hickok ("Wild" Bill Hickok) tenemos casi treinta. Y si lo hacemos con Wyatt Earp o los hermanos James también hay un montón de productos audiovisuales, la inmensa mayoría de esa multinacional de la diversión, de la mitología y sobre todo de la proyección ideológica, que es Hollywood.

En 1930 ya King Vidor dirigió *El terror de la pradera*, donde Billy the Kid es interpretado por Johnny Mack Brown, haciendo de Pat Garrett, Wallace Beery. El cine acababa de comenzar su andadura en el sonoro y aún resonaban las influencias estereotipadas e ingenuas de actores silentes como William S. Hart. Pero King Vidor se acabaría convirtiendo en un gran director con muy buenos wésterns en su carrera.

Otro wéstern posterior a citar, y sin relevancia alguna, es *Billy the Kid Returns* (de 1938), con Roy Rogers interpretándose a sí mismo. En *Billy el Niño* (1941, de David Miller y Frank Borzage) es un joven Robert Taylor quien da vida al personaje del Niño. En *El forajido* (1943, Howard Hughes y Howard Hawks), se mezclan de forma inverosímil a Billy the Kid, Pat Garrett y "Doc" Holliday. Pero el filme tiene el interés de servir de plataforma de lanzamiento de la joven y sensual actriz Jane Russell, por parte del obsesivo Hughes, con unas escenas con contenido erótico censurables para la moral del Hollywood de la época. Por eso tardó en estrenarse y tuvo problemas de distribución.

Obras posteriores no dejan de ser productos de la serie B, con el único fin de entretener, hasta que Arthur Penn dirige *El zurdo* (1958), donde Paul Newman, interpretando al famoso bandido, da ya profundidad psicológica y moral al personaje. Los años cincuenta son los de la irrupción de la problemática juvenil, en la capitalista y ya consumista sociedad urbana de los Estados Unidos, en el trabajo de los guionistas y directores. Se va fijando así la imagen de un Billy the Kid como joven rebelde. El cine, como tantas otras veces, no sirve para interpretar el pasado, al que se mitifica de forma falsaria, sino para representar o pensar el presente.

Pero será el iconoclasta Sam Peckinpah en 1973 y con *Pat Garrett y Billy el Niño*, quien ponga un excelente tono crepuscular al relato sobre el *sheriff* y el *outlaw*, buscado este por quien fuera su amigo y ahora es un cazarrecompensas que no tiene escrúpulos para liquidarlo a traición. El tono es melancólico, violento sin concesiones y la leyenda se presenta como una desmitificación de una época de traidores, arribistas, oportunistas y mexicanos empobrecidos. Billy vive de la añoranza y hace pagar caras las traiciones hasta que él mismo sea el traicionado. El reparto es de lo mejor, con Kris Kristofferson y James Coburn en un mano a mano, y la música y letra de Bob Dylan, que también actúa como parte del grupo de Billy, subrayan aún más el tono oscuro y desencantado del largometraje, que no deja de ser una gran película acorde con los nuevos y difíciles tiempos (guerra de Vietnam) por los que está pasando la nación estadounidense.

Sin embargo, cintas como *Arma joven* (1988, Christopher Cain), *Intrépidos forajidos* (1990, Geoff Murphy) y la de 2022, *Young Guns 3: Alias Billy the Kid* (dirigida por Emilio Estevez, que fuera protagonista de las dos anteriores), son subproductos sin importancia ni calidad. Es como si se tratase de lo siguiente: un grupo de jóvenes actores, hijos de estrellas de Hollywood consagradas, se juntan para hacer una gamberrada; la de hacer pasar el mito de Billy el Niño por el filtro de la moda psicodélica, relativista cultural con toques de falso indigenismo y de la ultraviolencia rayana en la psicopatía. Pésimas películas solo aptas para adolescentes que se quieran alimentar de mitos trasnochados a través de los efectos especiales.

La figura de Jesse James también ha sido objeto de elaboración mítica. En 1939 Henry King e Irving Cummings ya presentan al público *Tierra de audaces*, que es un wéstern clásico, con un buen guion y con unos jóvenes Tyrone Power y Henry Fonda dando vida a Jesse y Frank James. Al año siguiente tiene su continuación con *La venganza de Frank James*, donde el director austriaco Fritz Lang se adapta a los cánones narrativos del género. Ambas obras cuentan con grandes actores de carácter en los papeles secundarios, cuando el wéstern entra en su edad dorada y el mito del *good bad boy*, del forajido de buen corazón, toma cuerpo (incluso las armas de atrezo de estos largometrajes están bien elegidas y se corresponden de forma aceptable con las de la historia real). En *Balas vengadoras* (Samuel Fuller, 1949) la fábula se centra más en la figura de Bob Ford, el asesino de Jesse James, y en lo que les sucede a los que se hacen pagar para ser traidores. Cuando Nicholas Ray rueda *La verdadera historia de Jesse James* (1957), con Robert Wagner y Jeffrey Hunter en los papeles estelares, de nuevo las tensiones juveniles ante la injusticia social son las que enmarcan el relato. Y de nuevo la ficción sobre el pasado de los Estados Unidos sirve para buscar señas de identidad que expliquen los problemas del presente de la nación. Así sucede también con *Sin ley ni esperanza* (Philip Kaufman, 1972), donde es el actor Robert Duvall, que ya tiene cierto prestigio en la profesión, quien interpreta a Jesse James.

Además de las citadas, obras de primera línea, serie A, los productos de serie B para consumo juvenil también existen, exprimiendo el estereotipo de Jesse James como «rebelde con causa». Aunque también, cuando el protagonista es Bob Hope, dándole un claro toque cómico a la cinta. Hasta 2007 no hay mucho más que destaque por su impronta mitológica. En ese año se estrena *El asesinato de Jesse James por el cobarde Bob Ford* (Andrew Dominik), donde las modernas caras de moda, Brad Pitt y Sam Shepard, dan lugar a una larga película sobre idolatrías personales y resentimientos patológicos. El héroe como mito ha desaparecido en esta enfermiza sociedad posmoderna, donde la primacía del emotivismo patologizado sobre cualquier forma de racionalidad argumental, es más que evidente.

Sobre la figura del «Salvaje» Bill Hickok hay un montón de filmes de serie B en los que aparece como un personaje secundario o hay personajes que se inspiran en las supuestas características que encarnaba el verdadero "Wild" Bill: defensor a ultranza de la justicia, valiente, arrogante, rápido y certero disparando en un duelo callejero, etc. Ya en el cine mudo tenemos *Wild Bill Hickok* (Clifford Smith, 1923), donde tan singular personaje es interpretado por el pionero del western William S. Hart. En este mediometraje, pues la película solo dura 70 minutos, se dan cita en la ficción casi todos los personajes iconográficos de la época, además del propio Hickok como protagonista: Wyatt Earp, Bat Masterson y Calamity Jane. No obstante será en 1936 con *The Plainsman* (titulada en España *Buffalo Bill*), donde el ultraconservador Cecil B. DeMille, que llegará a ser un gran director de superproducciones, retrate al personaje de "Wild" Bill con más precisión que al de Buffalo Bill Cody. Hickok está interpretado por Gary Cooper, convertido casi ya en una estrella en alza, y Calamity Jane está encarnada por Jean Arthur. El general Custer y Jack McCall también se representan, en un largometraje en el que, siguiendo los cánones maniqueos de la época, los indios son malos malísimos y Cody y Hickok son arriesgados exploradores que luchan contra ellos y se enfrentan a los traficantes que arman a las tribus. El núcleo de la esencia del mito del héroe en el western (ya sonoro y más tarde en color y formato Cinemascope), tiene en obras como esta su arranque, como lo tiene en el Ringo Kid interpretado por John Wayne en *La diligencia* (John Ford, 1939).

Pero será en 1995 con Walter Hill como director, y pretendiendo rentabilizar el tirón comercial que supuso el éxito de *Sin perdón* (Clint Eastwood, 1992), cuando la figura de "Wild" Bill Hickok se aborde de una forma más directa y pretendidamente realista. Este realizador, que había conocido el éxito con *Forajidos de leyenda* (1980), obtendrá ahora un claro fracaso en taquilla. En su obra de 1980 los James y los Younger, interpretados además por actores hermanos en la vida real (los Carradine, los Keach y los Quaid), vuelven a ser recreados en su fracasado asalto al banco de Northfield en Minnesota. La crítica y la taquilla respondieron bien a este sangriento wéstern. Con *Wild Bill* (1995) no sucedió lo mismo. Tal vez Clint Eastwood había dejado su desmitificador y crepuscular listón tan alto, en un filme a la vez de factura por momentos tan clásica y de lo mejor, que ya no calaba en las audiencias las poco verosímiles extravagancias de un "Salvaje" Hickok en Deadwood y en los días previos a ser asesinado.

También John Wesley Hardin tuvo su lugar al sol en la mitología, pues el maestro Raoul Walsh le dedicó *Historia de un condenado* (1952). Versión edulcorada del sociópata asesino, interpretado por un joven Rock Hudson que rememora su vida delictiva en la ficción después de salir de la cárcel, tras escribir sus memorias y antes de que lo maten.

Con el personaje de Wyatt Earp, sus hermanos, y su inseparable amigo (y más en la ficción) "Doc" Holliday, sucede algo parecido, pues la evolución en el género de este personaje corre paralela a la constitución del curso que nutre y consolida el cuerpo del mito del héroe en el wéstern; y ello tras pasar por obras menores de serie B y recibir el impacto insoslayable del cine de Leone a partir de los sesenta.

Es evidente que es John Ford, en *Pasión de los fuertes* (1946), quien mejor aúna épica y lírica, acción dramática y aliento poético. La dirección de actores es magistral y la actuación de Henry Fonda como Wyatt Earp brilla con luz propia. Hasta Victor Mature, que nunca fue un gran intérprete, tiene momentos shakesperianos. Lo narrado nada tiene que ver con lo que hoy sabemos sobre el Wyatt Earp real y sobre lo que sucedió en verdad en Tombstone y su tiroteo, pues el guion, de Engel, Miller y Hellman, se basa en el libro de Stuart N. Lake. Pero como el propio Ford afirmaba (y que había conocido en California a Wyatt Earp ya en su vejez), el cine no está para dar lecciones de historia. Sabía que estaba fabricando un verdadero mito del héroe, aunque también supiera que este héroe, al que da aliento vital la interpretación soberbia de Henry Fonda, nada tenía de verdad histórica. La versión de John Sturges, *Duelo de titanes* (1957), con dos excelentes Burt Lancaster y Kirk Douglas, como Wyatt y Holliday respectivamente, música de Dimitry Tiomkin y canción interpretada por Frankie Laine, es también todo un wéstern clásico. Tiene todos los ingredientes propios de la poética de este género, que alcanza su madurez clásica en los años cincuenta. Una poética, evidentemente en sentido aristotélico y como muy bien supo ver Umberto Eco, que está al servicio de la consolidación del mito del héroe (caracterizado aquí por Burt Lancaster) y en la que pone una nota trágica un Kirk Douglas, como "Doc" Holliday, no exento del histrionismo que siempre ha caracterizado después al fílmico dentista tuberculoso, fullero y pistolero al mismo tiempo.

En *La hora de las pistolas* (1967) John Sturges pretende repetir el éxito de la anterior y ajustarse más a los hechos reales. James Garner y Jason Robards son los nuevos Wyatt Earp y "Doc" Holliday. No es una mala película y la banda sonora de Jerry Goldsmith cobra también protagonismo. Pero pronto llegarán a Hollywood las influencias del pseudohéroe que protagonizarán los personajes de los wésterns almerienses de Leone, la famosa «trilogía del dólar».

Además hemos de recordar, entre la multitud de obras menores donde Wyatt es el protagonista o algún personaje se parece a la falsaria visión que de él fijó por mucho tiempo Stuart N. Lake, una película como *Wichita: ciudad infernal* (Jacques Tourneur, 1955). Tourneur era en Hollywood el prototipo de lo que en España y entre los cinéfilos y críticos se llama un artesano. Artesano, como sinónimo de director eficaz y versátil sin ser un genio artístico, no tiene aquí ningún sentido desdeñoso, pues Tourneur dirigió obras maestras en varios géneros (recuérdese la fantástica *La mujer pantera* de 1942). Junto con *Tierra generosa* (1946), *Una pistola al amanecer* (1956) y el citado wéstern, dejó una corta impronta pero de un gran saber hacer en este género. En *Wichita* es Joel McCrea, el gran especialista de la serie B junto con Randolph Scott, quien da vida a Wyatt Earp. Este, en el filme, posee todas las virtudes que la mitología hasta el momento ya había recopilado y pone orden, revólver en mano, en la indómita *cowtown* del título.

Igualmente el tono de comedia se impuso también en algunos wésterns de finales de los años sesenta, aprovechando el prestigio y la popularidad de estrellas como Paul Newman y Robert Redford. Me refiero a una obra como *Dos hombres y un destino* (George Roy Hill, 1969), donde el Wild Bunch o por mejor decir las vidas de los bandidos Butch Cassidy y The Sundance Kid, se retratan con ritmo sino plenamente cómico al menos no dramático y menos aún trágico a pesar de su fatídico y violento final en Bolivia. El mito sigue configurándose, pero ya no de una forma heroica que los nuevos tiempos que viven los Estados Unidos no haría creíble, aunque estos antihéroes sigan siendo simpáticos para el gran público.

Sin embargo, y de nuevo bajo el impacto que supuso la referida obra de Clint Eastwood, George P. Cosmatos y Lawrence Kasdan se ponen mano a la obra para volver a contarnos la vida de Wyatt Earp, supuestamente con mucho más realismo, pues los guionistas (Kevin Jarre, y Dan Gordon y el propio Lawrence Kasdan respectivamente), se supone que parten de las bases documentales que los historiadores de profesión han verificado a lo lardo de todo el siglo XX. *Tombstone: La leyenda de Wyatt Earp* (G. P. Cosmatos, 1993) se centra en exclusiva en el contexto en el que se produce el tiroteo en el O. K. Corral, mientras que *Wyatt Earp* (L. Kasdan, 1994), pretende ser un biopic de mayor envergadura, pues este largometraje dura una hora más que el primero. *Tombstone* (1993) cuenta con actores como Kurt Russell, Val Kilmer y Sam Elliott. *Wyatt Earp* (1994) con Kevin Costner como el *lawman* biografiado, Gene Hackman y Dennis Quaid.

En la última, sin dejar de ser un wéstern con formato clásico en lo sustancial de la trama, pretenden fundirse los aspectos más melodramáticos de la vida del joven Wyatt hasta culminar con el famoso tiroteo en Tombstone. Como mandan los actuales cánones, los personajes femeninos tienen mucho más peso que en las versiones anteriores ya citadas, al tratar la forma de vida de los hermanos Earp y del impulsivo y agresivo Holliday (con su Kate Nariz Grande muy bien interpretada por Isabella Rossellini). La condición de prostituta y adicta al láudano de Mattie Blaylock no se oculta. Que Wyatt tiene unas relaciones sexuales con ella sin estar enamorado, tampoco. Pero incluso así hay una idealización del personaje, ya que no se puede hacer pasar una película de ficción como si fuese un documental o un melodrama sentimental (apasionado enamoramiento de Josie Marcus incluido). También es evidente que en materia de atrezo la recreación del tiroteo en el O. K. Corral es más realista, pero también el exceso de violencia y eso en ambos filmes. Pues siempre se da la impresión por la escenografía y el montaje de que se disparan muchos más de treinta tiros, que es lo que hoy históricamente sabemos sobre aquellos hechos.

Pat Garrett y Billy el Niño *(Sam Peckinpah, 1973). Visión nostálgica y desencantada de los últimos días de Billy el Niño en relación con su viejo amigo Pat Garrett, que será quien lo mate.*

Wyatt Earp *(Lawrence Kasdan, 1994). Wéstern con pretensiones biográficas de uno de los pistoleros y agentes de la ley más famosos y mitificados de la conquista del Oeste.*

Sin perdón *(Clint Eastwood, 1992). Obra maestra en el género de este genial director que reflexiona con realismo y crudeza sobre la violencia en el Far West y su impacto mitológico.*

Los *Peacemakers* disparan sin parar y así la mitificación sigue por vía del espectáculo; la parte menos importante según las que Aristóteles ya estableciera para la tragedia, si es que la trama es floja, es decir cuando el argumento no logra que los demás ingredientes contribuyan armónicamente a la catarsis. Y es que, como ya he insinuado, superar a Clint Eastwood es muy difícil, aunque en el siglo XXI siguen rodándose algunos wésterns, donde este género, el clásico y más importante en la mitificación de los Estados Unidos y su pasado violento, se hermana ya sin rebozo con el cine fantástico, el de terror (*Bone Tomahawk*, 2015) o deja sentir las influencias más genuinas y tal vez ya degeneradas, del cine *Blaxplotation* y del spaghetti-wéstern de la mano de Quentin Tarantino (*Django desencadenado*, 2012, *Los odiosos ocho*, 2015).

Y ello sin contar con remakes de películas clásicas, como la última versión de *El tren de las 3:10* (James Mangold, 2007), un wéstern muy violento que aprovecha el excelente guion de la original de Delmer Daves de 1957, para volver a retorcer el alma del pistolero despiadado, quintaesencia de la maldad, y su mitificación dado el inesperado final del filme. En nuestro presente, y una vez más, la banda sonora y el perfecto atrezo que sirve para hacer propaganda de todos los tipos de revólveres de la época, hacen que el largometraje sea espectacular. La película no se salva por lo que tiene de espectáculo, sino por las buenas interpretaciones de Russell Crowe, como el forajido Ben Wade, y Christian Bale como el honrado y empobrecido Dan Evans que empeña su palabra para cumplir su misión.

El mito del pistolero del *Far West* ha tenido un periplo tan azaroso como el de los propios acontecimientos históricos de los Estados Unidos en los últimos ochenta y cinco años. Aunque se siguen pasando como relleno por televisión (por ejemplo en la TPA, el canal autonómico de Asturias), y en cuanto televisión material[227], los wésterns de serie B de los años cincuenta no dejan ya de parecernos ingenuos. Sobre los que son de serie A y B hay libros clásicos, que se parecen a las viejas guías telefónicas por su tamaño y exhaustividad, ya que recogen casi todas las películas rodadas[228]. Esto da una idea de lo importante que

---

[227] Para la distinción entre «televisión formal» y «televisión material» véase, Bueno, G. *Televisión: Apariencia y Verdad*, Editorial Gedisa, Barcelona, 2000, pp. 177-189.

[228] Véanse, Hardy, Phil. *The Encyclopedia of Western Movies*. Woodbury Press. Minnesota, 1984. Buscombe, Edward (editor). *The BFI Companion to the Western*. British Film Institute, Londres, 1988, Publicado por Da Capo Press. Nueva York, 1991. Coma, Javier. *Diccionario del western clásico*. Plaza & Janés Editores. Barcelona, 1992.

llegó a ser «el mito del pistolero» para Estados Unidos y todo su área de difusión imperial (Europa Occidental principalmente). A mí, personalmente, me agrada que algunas cadenas televisivas todavía guarden un espacio para los wésterns clásicos en sus programaciones.

Hace unos días todavía pude ver un clásico de la serie B. Me refiero a *Muerte al atardecer* (Red Sundown, Jack Arnold, 1956). Esta pequeña obra cumple con todos los ingredientes estereotipados y mitificadores que J. G. Rosa atribuye a este tipo de producciones seriadas, que se rodaban en poco más de un mes de forma eficiente y rentable en aquellos años. El pistolero de buen corazón, *good bad boy* al que da vida Rory Calhoun, después de cumplir con su fatídico y violento cometido, le promete a la bonita y enamorada chica que volverá a por ella, mientras que la letra de la canción repite que lo espere con su vestido de novia un día de rojo atardecer. Aunque el mito del *gunman* y del *gunfighter* nunca fue un mito inocente o simplista, salvo en las peores producciones, pues ya en 1950 Henry King rueda *El pistolero*, donde un Gregory Peck en el personaje de Jimmy Ringo, un forajido arrepentido, siente el rechazo y la soledad de quien sabe que más pronto que tarde será asesinado por alguien que busca, como él en su juventud, hacerse famoso por haber liquidado a un *outlaw*.

Pero no puedo cerrar este capítulo y de alguna manera este libro sin hacer referencia al mito del pistolero en *Sin perdón* (Clint Eastwood, 1992), pues he estado aludiendo a esta magistral película constantemente. El director, que además es el protagonista, pues se desdobla interpretando al asesino William Munny, de Misuri, reflexiona sobre la génesis de la violencia en la contemporánea sociedad estadounidense, con esta tragedia envuelta en la casi imperceptible piel de una triste y sentimental balada. El viudo Munny lucha para olvidar su terrible pasado de asesino y jefe de una banda de forajidos. Pero su pasado y su infortunio (granjero que malvive con sus dos pequeños hijos), vienen de nuevo a buscarle en los umbrales de una vejez que ya se hace patente, pues apenas recuerda cómo se monta su caballo, un appaloosa.

Y el motivo no es solo su pobreza, ni que el sobrino de uno de sus viejos compinches de asaltos y asesinatos le haga una visita inoportuna, participando ya, inexperto y presuntuoso, del mito del joven pistolero que quiere forjarse una reputación matando por una sustanciosa recompensa, ni tampoco que a él y a su amigo Ned Logan (Morgan Freeman) les parezca una canallada imperdonable que unos lejanos y desconocidos vaqueros de un rancho de Wyoming, hayan marcado con su Bowie a una prostituta cuando uno de ellos se acostaba con ella en el olvidado pueblo de Big Whiskey.

El motivo, el núcleo argumental de este wéstern, a la vez crepuscular y clásico, poético y trágico al unísono, es repensar cómo la violencia engendra violencia y cómo las consecuencias morales de la espiral que se genera siempre reservan fatídicas, letales e inesperadas consecuencias. Las prostitutas son presentadas como tales. Como un montón de carne de alquiler, que un sórdido dueño de un oscuro *saloon* compra, pagándoles el viaje desde el Este para después explotarlas sin piedad. La solidaridad entre las rameras es su única forma de defenderse y de mantener una mínima dignidad. Atrapadas, no pueden renunciar al destino de ejercer su sórdido oficio, pero se rebelan frente a quien además de montarlas como si fueran yeguas, las vejan y maltratan de forma tan cruenta. La humillación reclama su venganza y son capaces de prostituirse aún más para juntar una suma tentadora para los que viven de ser sicarios. Frente a la torpe maldad, la falta de escrúpulos de ellas llama a la puerta de la falta de escrúpulos de los que han de perpetrar la venganza.

En este hilo argumental, realista y más propio de las *vendettas* del siglo XX que de las del siglo XIX (aunque también), la realidad y el mito del pistolero se dibujan a través de tres personajes que bien pudieran ser uno solo: el del *badman*. Porque el *sheriff* Little Bill Daggett, English Bob (Bob, el inglés) y el exforajido Bill Munny son tres pistoleros, tres hombres curtidos y expertos bien en peleas y crímenes de *saloon* regados con alcohol, en asesinatos de sicario bien pagado por el ferrocarril (para que elimine a los extrabajadores chinos ya en paro y que reclaman derechos), o bien habiendo sido el prototipo de *outlaw*, de forajido de Misuri, que en sus mejores tiempos como asaltante de trenes no dudó un segundo en matar a un *Marshal federal*.

Estos son respectivamente Little Bill, English Bob y William Munny. Los tres actores en tres interpretaciones magistrales por su verosimilitud (Gene Hackman, Richard Harris y el propio Eastwood), nos están diciendo a gritos que en el verdadero *Far West* no había ni misericordia ni perdón como subraya el título del filme. En la sociedad estadounidense actual tampoco hay piedad y redención, y a veces los que parecen ser los más canallas, por su pasado o por su marginada y paupérrima extracción social, tienen sus «razones», aunque esto de poco les vaya a servir frente al inexorable *fatum* que se desencadena.

Ciertamente este maduro filme reflexiona sobre el presente y lo hace a través de la figura del *gunman*, del individuo rápido y letal con el revólver, que la mitología falsaria de los Estados Unidos surgida en el Este elevó a categoría de héroe nacional. No es casual que en el excelente guion de David Webb Peoples, que Eastwood compró y que guardó con celo hasta que su experiencia como cineasta y su rostro arrugado le permitieran interpretar al complejo Munny, aparezca el personaje de W. W. Beauchamp; escritor de novelas baratas (las ya citadas *Beadle's Dime Novels*) que acompaña servil, acobardado y sobre todo estupefacto al sicario English Bob, del que es su biógrafo.

Este, presuntuoso y con aires de monárquico aristócrata inglés se burla en el tren que le lleva a Big Whiskey, de que hayan tiroteado al presidente J. A. Garfield (que tras el disparo que recibió el 2 de julio de 1881 a manos de Ch. J. Guiteau murió por la infección de la herida el 19 de septiembre). Bob es pues un atildado *badman*, un refinado sicario sin escrúpulos que gusta de provocar a todo el mundo, sabedor de que su reputación de pistolero asesino le protege. Pero además de querer para sí la recompensa que las prostitutas ofrecen por liquidar a los dos *cowboys* del Barra T, se encuentra en el pueblo con quien es la horma de su zapato: el no menos pistolero (aunque amparado por la ley) Little Bill Daggett, que no duda en desarmarlo, darle una buena paliza por burlarse del herido presidente y más en el día de la fiesta nacional: el 4 julio.

El guion no puede estar mejor trabado, pues el contexto histórico apela constantemente a que lo verosimil de la trama se enmarque en la verdad de la historia estadounidense. Es Little Bill quien deja asombrado al biógrafo, tras el juego de palabras entre *duke* (duque) y *duck* (pato), pues en la novelita Bob es representado como «el duque de la muerte». Little Bill, que ha conocido a lo largo de su vida a toda esa clase de tipos pululando por las *cowtowns*, los considera tipejos sin carácter… sin ni siquiera mal carácter. Porque él sabe bien que Bob el Inglés es un pistolero sin escrúpulos. Por eso, tras la paliza que le propina, no duda en encarcelarlo y es él, con sus también falsarias exageraciones, quien pasa a ser al instante el nuevo héroe del ingenuo novelista, el tal Beauchamp.

Clint Eastwood como director está subrayando, tras la lección aprendida por la esencial enseñanza que supuso *El hombre que mató a Liberty Valance* (John Ford, 1962), que en el verdadero *Far West* reputación y leyenda iban de la mano y que, por muy falsa que fuera la historia, esta nada importaba, porque lo que se imprimía era la leyenda en cuanto que generadora de nuevos hechos. Pero Eastwood tiene que superar a Ford, cosa muy difícil, y sin embargo lo consigue, proverbialmente treinta años después de que este inaugurara el wéstern crepuscular; el desmitificador.

Como actor Eastwood está también soberbio, pues su W. Munny nos muestra el rostro poliédrico de quien habiendo sido un asesino templado como el acero y frío como el hielo, añora a su esposa muerta, la que lo reformó moralmente, y a la que sigue siendo fiel. Cuando enferma ve febril los fantasmas de su pasado como asesino que no dejan de atormentarle, no cree nada de lo que le cuenta el niñato The Schofield Kid y se muestra generoso con su viejo amigo, el afroamericano Ned; lo que es una forma de subrayar que en las bandas de forajidos no había tiempo para prejuicios raciales contra los negros.

Llegada la hora de matar, los viejos forajidos demuestran que ya no son lo que eran. Ned ya no puede disparar con su veterana carabina Spencer a un vaquero que no conoce y que a él nada le ha hecho. Munny dispara y tras fallar su blanco acierta de un tercer disparo, pero tiene un punto de compasión con el moribundo vaquero pues permite que sus compañeros le den algo de agua antes de expirar. Él, al prepararse para esta misión de asesinos por recompensa, ya había dejado claro que no era capaz de hacer puntería con su también viejo Starr de avancarga y de doble acción, recuerdo de los pasados tiempos de la Guerra Civil, teniendo que recurrir a la socorrida escopeta de cañones recortados para acertar a una lata y dejar así estupefactos a sus hijos, que nada saben del muy oscuro pasado de su padre. Más trágicamente burlona resulta la muerte del segundo *cowboy*, pues el miope The Schofield Kid lo liquida cuando está defecando en el retrete. Subraya aquí el Eastwood director la simbiosis entre lo grotesco y lo gratuito: un niñato con un modernísimo y flamante revólver, un Smith & Wesson Schofield del 45, para una acción tan torpe y miserable.

Desatada la espiral de violencia y organizada la *posse* por el *sheriff* Little Bill, este se mostrará tan cruel como los otros pistoleros. Su placa le ampara, pero eso no cambia la naturaleza de la violencia, porque lo que el filme subraya es eso: el *Far West* era por naturaleza violento y no había compasión para con los débiles, como falsamente argumentaba Dominique Venner y con él la derecha conservadora francesa en los ochenta del siglo XX, ni perdón para los capturados, fueran culpables o inocentes, si eran cogidos estos en el lugar y en el momento inadecuado.

William Munny que había sido reconocido por Little Bill Daggett cuando aún estaba empapado y con fiebre, había recibido una paliza de quien moralmente en el fondo no era mejor de lo que él había sido. Al igual que lo era él, pero con placa, sabía que tipos como Munny abundaban por todos los pueblos del Oeste. Lo que no esperaba es que, quien se arrastraba fuera del *saloon* casi moribundo, era también la horma de su zapato. Ya no se trataba de cobrar una recompensa pagada por unas prostitutas, ni de que el joven The Schofield Kid quedase sobrecogido y aterrado por el hecho por él perpetrado y que su conciencia juvenil, llena de fantásticas leyendas orales, no pudiese asumir lo que ya no tiene reparación aunque renunciase a su parte en la recompensa.

Se trata de que hasta los asesinos tienen conciencia de la amistad y de la lealtad. Ned era para Munny alguien al que respetar, y no por el pasado de ambos como forajidos. Luego la espiral de venganzas cobra ahora un cariz mucho más dramático. William Munny, en un ejercicio de anamnesis recrea su pasado de forajido, cuando él ya creía que no alentaba en el fondo de su alma racional, porque su alma irascible se ve perturbada, enloquecida casi, cuando el cadáver de su amigo Ned, al que a fuerza de torturarlo Little Big ha matado, es expuesto para escarnio público a la entrada del *saloon*-burdel que regenta Skinny. Y William Munny regresa, como un fantasmagórico cuarto jinete del Apocalipsis para sembrar la muerte, para liquidar con total frialdad al barman y proxeneta, a Little Bill y a todo el que se le enfrente.

Como concesión al mito del pistolero, su también vieja escopeta está averiada y la llave izquierda no percute el segundo cañón, pero el «seis tiros», el Schofield que el horrorizado chico le había dado, hace el resto en quien no ha olvidado su viejo oficio: el oficio de matar. Beauchamp sale de la escena, pues está inerme y ya no tiene nada que escribir. La realidad supera siempre a la ficción. Pues la violencia de los relatos nada tiene que ver con la violencia real. De nuevo, siguiendo los pasos de John Ford, más incluso que los de Don Siegel y Leone a los que está dedicada la película, un mito luminoso sirve para triturar y denunciar a un mito oscurantista. Munny mata con el Spencer de su finado amigo al *sheriff*. Toda una parábola: en esta vida lo que se tiene, lo que se consigue, nada tiene que ver con lo que uno cree que merece.

El verdadero y muy violento *Far West* nada tiene que ver con lo narrado en los wésterns. Sin embargo, y he ahí la esclarecedora paradoja, *Sin perdón* es una película, en la que dándole la vuelta de forma dialéctica al mensaje fordiano, no se pretende imprimir la leyenda, se pretende, y a fe mía que se consigue, imprimir los hechos por los cuales, y hoy en día tanto como a lo largo del siglo XX, que no estudio en esta obra, Estados Unidos como imperio sigue siendo una nación violenta.

EPÍLOGO

El fin de la «frontera» y la emergencia del mito. ¿Qué podemos aprender?

La guerra de todos es padre, de todos rey; a los unos los designa como dioses, a los otros, como hombres; a los unos los hace esclavos, a los otros, libres[229].

Heráclito de Éfeso (544-484 a.C.)

Nos hemos equivocado al transformar en héroes a bandoleros como Billy el Niño, que era increíblemente feroz y brutal, aunque es cierto que la ley y el orden fueron impuestos por delincuentes resabiados a los que se les había confiado el cargo de sheriff[230]...

John Ford

Creo que el wéstern es muy importante para Estados Unidos. Los ingleses tienen a Shakespeare, los franceses a Molière, los rusos a Chéjov, nosotros tenemos las grandes praderas y el wéstern es nuestro, es nuestra cultura[231].

Robert Duvall

Al Oeste, al Oeste... al país de la libertad donde el lento Misuri baja hacia el mar, donde un hombre es un hombre y hay fortuna para todos[232]...

Canción popular

EN 1890, QUE ES CUANDO FINALIZA la centuria que hemos estudiado de la intrahistoria de los Estados Unidos, la Oficina del Censo da por cerrada la Frontera. Esta nación tiene ya 62.979.766 habitantes y en 1900 estos llegarán a 76.094.000. Dakota del Norte, Dakota del Sur, Montana y Washington se admiten como estados de pleno derecho, dejan pues de ser territorios, en noviembre de 1889. Idaho y Wyoming lo son en 1890, Utah en 1896, Oklahoma en 1907 y en 1912 entran

---

229   *De Tales a Demócrito. Fragmentos Presocráticos*. Alianza Editorial, Madrid, 1988, p. 136. Fragmento de Heráclito 29 (53).

230   Lucci, Gabriele y Meyer, Bettina (coordinadores). VV. AA. *Western*. Electa (Grupo Editorial Random House Mondadori, S. L.). Barcelona, 2005, p. 26.

231   Lucci, Gabriele y Meyer, Bettina (coordinadores). VV. AA. *Op. cit.*, p. 13.

232   Lucci, Gabriele y Meyer, Bettina (coordinadores). VV. AA. *Op. cit.*, p. 10.

como estados de la Unión, Nuevo México y Arizona. Mucho más tarde, en 1959, lo harán Alaska y Hawaii. A fecha de 1 de enero de 2022 el censo de población es de 332.403.650 habitantes. Ante estos datos y fechas, y por todo lo expuesto en los capítulos que forman el cuerpo de esta obra, nadie puede negar que los Estados Unidos de Norteamérica son una nación que se consolidó como imperio en expansión y además con un constante crecimiento de su población durante muchas décadas alimentada por la constante llegada de inmigrantes; principalmente europeos anglosajones de religión protestante en todo lo que fue el siglo XIX.

Cuando Frederick Jackson Turner hace poco más de cien años introduce la idea de Frontera en sus ensayos, para vertebrar la comprensión de cómo se han ido formando los Estados Unidos a partir de unas frágiles colonias, desgajadas del todopoderoso Imperio británico, aún resuenan los ecos de los tiroteos y el humo de los disparos salidos de las armas de todo tipo de pioneros en las ciudades y pueblos fronterizos o en las praderas, bosques y montañas. Entre estos pioneros están los pistoleros que acabamos de estudiar. Sin embargo estos, como otro tipo de colonizadores con sus vidas particulares, apenas ocupan unas escuetas páginas en los sesudos libros de Historia que se pueden leer en lengua española, que sí se detienen en los cambios geopolíticos, en los avatares económicos, en las guerras contra otras naciones políticas y en la propia Guerra Civil, o incluso en las vidas de los presidentes de la nación o senadores, congresistas y magnates de la gran industria.

Esto es así porque una cosa es la Historia, escrita con mayúsculas, y otra muy distinta la intrahistoria, o si se quiere la historia con minúsculas de la vida cotidiana de personas corrientes y molientes, que presumiblemente no tiene ninguna trascendencia en las determinaciones objetivas (por ejemplo, económicas, ideológicas, políticas, etc.), que conforman la Historia y más si ésta se entiende desde las categorías del Materialismo Histórico. Y, sin embargo, sin tener en cuenta la intrahistoria hasta en sus más mínimos detalles, no se comprenden nociones como la de Frontera móvil, Pionero y Colono. Las escribo así, con la primer letra con mayúscula, porque las tomo como ideas y no sólo como conceptos categoriales (de la etnología, de la crítica literaria, de la historia fenoménica, etc.) Las ideas surgen del choque de conceptos, que en este caso emergen de los campos categoriales de las ciencias humanas citadas y conforman el ámbito con el que opera la Filosofía y en concreto la crítica filosófica. Sin esas ideas, y he pretendido dejarlo claro en ejercicio a lo largo de los pasados capítulos, no se puede comprender el violento parto del que surgen los iniciales, pequeños y débiles Estados Unidos.

Esas ideas en cuanto que conformadoras de mentalidades e ideologías, también están presentes, en ejercicio y en representación, en los *Rough Riders* de Theodore Roosevelt que vencieron a los españoles en las Lomas de San Juan en la Cuba de 1898.

Esos «toscos o salvajes jinetes», reclutados por Roosevelt entre los vaqueros de dura vida de Arizona, Nuevo México y Oklahoma, intuían o pensaban que estaban liberando a los cubanos del yugo de una nación oscura, atrasada y tiránica a fuer de católica. Un imperio acababa de dar sus últimas boqueadas, con el veneno de la leyenda negra antiespañola en el inconsciente subjetivo de esos *Rough Riders*: el Imperio español. Otro imperio estaba naciendo de cara a la escena internacional: los Estados Unidos.

Como si se tratase de una broma macabra, así nos pagaba la nación recién consolidada en su frontera interior la decisiva ayuda que le habíamos prestado, unos ciento veinte años antes, para independizarse, y esta vez sí, de las cadenas británicas. La prensa amarilla y la manipulación mediática, algo que siempre ha acompañado a la nación estadounidense, jugaron un papel importante. Las opiniones de los *Rough Riders* que se alistaron para ir a «liberar» Cuba estaban condicionadas por dicha prensa, donde la leyenda negra antiespañola operó de forma intencionada como inconsciente objetivo, y la opinión, es decir aquello que no puede ser contrastado científicamente como verdadero, fue lentamente formando una mitología que llegó a tener ya en el siglo XX y con las tecnologías presentes en el cine y en la televisión, unas proporciones realmente enormes. Me refiero, evidentemente, al Western y a lo que este supone: en principio la génesis y desarrollo de la leyenda rosa estadounidense donde destaca de forma rutilante el mito del héroe, cuya esencia tiene un núcleo, un curso y un cuerpo bien definidos que ya estudié en mis obras previas a este trabajo.

El parto del que surgieron los iniciales Estados Unidos fue violento. Su desarrollo y consolidación a lo largo de todo el siglo XIX, también. Así lo he mostrado en este ensayo histórico, o por mejor decir, de análisis de su intrahistoria.

A la vez que los ríos se quedaban sin castores y surgían los primeros magnates del imperio de las pieles, las esclavistas plantaciones de algodón y tabaco sureñas daban grandes beneficios para sus aristocráticos dueños, las minas de California revolucionaban medio mundo

pero beneficiaban a los capitalistas más ricos estadounidenses, el ganado tejano ocupaba todas las grandes praderas haciendo millonarios a
los barones ganaderos y los dueños de los ferrocarriles y de las fábricas
de armas hacían su agosto, otras naciones decaían en su extensión u
otros pueblos eran exterminados o reducidos y humillados los pocos
supervivientes, teniendo que malvivir en reservas miserables. Estos y
otros datos no menos verdaderos forman parte de la intrahistoria y de
la historia fenoménica, con sus reliquias y relatos, de los Estados Unidos
en el periodo que va de 1790 a 1890.

Si Gran Bretaña había derrotado a las pretensiones imperiales de
Francia, haciéndola desaparecer del escenario norteamericano tras la
guerra de los Siete Años (y más en concreto y desde un punto de vista
emic la llamada guerra Franco-India), no es menos cierto que Francia
(Napoleón I) vendió lo que no era suyo a los Estados Unidos (compra
de La Luisiana en 1803 por unos recién llegados al teatro de la historia). Pero los Estados Unidos además contuvieron a Gran Bretaña en el
Norte (consolidación de Canadá) y arrebataron a la naciente república
mexicana todo lo que pudieron. Por todo esto hay que afirmar que
el Imperio estadounidense florece sobre las cenizas de lo que había
sido buena parte del Imperio español. Y todo esto no sucedió por casualidad. Las luchas dinásticas en Europa, las guerras, las victorias y
derrotas y las condiciones impuestas por la paz del vencedor, son las
grandes parteras de todos estos acontecimientos que actúan como telón
de fondo de los hechos intrahistóricos que he expuesto.

Y es que como sabía Ortega y Gasset, citando a Hegel, el Espíritu
Objetivo es desalmado. O por decirlo con terminología menos idealista, la
consolidación de Estados Unidos como nación en la era de la Revolución
Industrial, y en esta nación se funden la primera fase con la segunda de dicha revolución de forma muy acelerada, fue totalmente despiadada con los
más débiles, incluyendo entre estos a los considerados inferiores por razones de prejuicios racistas o religiosos: los indios, los negros, los mexicanos,
los mestizos, los católicos irlandeses y por supuesto las mujeres; relegadas
éstas a esquemas morales muy rígidos y opresivos.

Como naciones étnicas, no históricas ni políticas[233], las grandes
perdedoras fueron las tribus indias, pues casi todas resultaron extermi-

---

[233] Las llamadas Cinco Naciones civilizadas (cherokee, chickasaw, choctaw,
creek y seminola), sí asimilaron elementos de la cultura blanca estadounidense, sobre todo los cherokees. Pero a estos de poco les sirvió su civilización al modo anglosajón, incluida su organización sociopolítica, pues fueron

nadas o quedaron reducidos los pocos indios supervivientes a vivir en reservas estériles. Como nación política la gran perdedora fue México, cuyo territorio se extendía en el Norte y Noroeste por lo que había sido buena parte del virreinato de Nueva España, es decir lo que pronto sería el Sur y Suroeste de los Estados Unidos. La historia tiene sus propias leyes, sus propios contextos determinantes que desbordan los de la ética y los de la moral de las personas, sin por ello anularlos totalmente. Es por eso por lo que de forma muy concreta y tras la Guerra Civil, con una nación a la vez dividida, totalmente destruida y empobrecida en el Sur, y en rápido y rico crecimiento industrial en el Norte, surge la figura del forajido, del tahúr buscavidas, del ladrón de trenes y asaltante de bancos o del sicario que vive de su revólver. También la del granjero, la del barón ganadero, la del vaquero, la del magnate de la gran industria y la del especulador bancario. Y todo ello en unas tierras (primero como territorios y paulatinamente luego como estados de la Unión), que actúan como válvula de escape: las tierras del Oeste.

Pero toda esta compleja realidad está mediada siempre, como ya hemos indicado varias veces y también en la introducción a esta obra, por ideas. Y las ideas son también realidades materiales, es decir pluralidades composibles que no se pueden separar de las cosas, los hechos y los fenómenos, pues están entretejidas con ellos.

Desde el punto de vista ideológico y nematológico (como idearios reguladores ligados a procesos institucionales), he citado dos que son esenciales en la historia de esta nación: la Doctrina Monroe y el Destino Manifiesto. Pero también acabo de mencionar otras dos ideas conformadoras de la vida intrahistórica de los Estados Unidos en el siglo XIX: la de Pionero y la de Colono. Mi tesis es que la idea que vertebra la relación entre intrahistoria e historia, entre pionero (o colono) y las citadas doctrinas (la de Monroe y la de Destino Manifiesto) es la de «Frontera Móvil». Y la frontera no se gana, no se conquista ni se civiliza solo por la acción providencial y bonachona de los agricultores, mineros solitarios y vaqueros desprovistos de todo egoísmo. La fronte-

---

igualmente deportados a Territorio Indio (luego llamado Oklahoma), por la política de expulsión y traslado forzoso introducida por el presidente Andrew Jackson y que el Congreso de Estados Unidos aprobó en 1830. Fueron unos 17. 000 los cherokees obligados a dejar sus hogares ancestrales en el norte de Georgia y marchar a pie unos 1.600 kilómetros. Se calcula que unos 4.000 murieron por el camino antes de llegar a su nuevo destino. Por eso a esta operación se la denominó el Sendero cherokee de las lágrimas.

ra, las sucesivas fronteras, se fueron conquistando con las armas, o lo que es lo mismo, de forma violenta.

Y, sin embargo, ha sido esta violencia la que se ha elevado a los altares de la leyenda y de la mitología. Pero esto no ha de extrañarnos. Por un lado la leyenda negra antiespañola fue elaborada y ya desde mediados del siglo XVI, como arma ideológica para desprestigiar y minar los logros civilizatorios e integradores de la América española, de Hispanoamérica, por holandeses, franceses, británicos y por último por los estadounidenses. Por otro lado, Estados Unidos, desde casi sus orígenes, elevó a la categoría de héroes populares a ensalzar e imitar, a sus tramperos, cazadores, expedicionarios (por ejemplo, Lewis y Clark), militares, *cowboys* e incluso a sus pistoleros, que viviendo estos en una sociedad fronteriza (ciudades y pueblos ganaderos y mineros), imponían la ley del más fuerte allí donde apenas había ley escrita o dónde ésta no tenía valedores.

Desde los primeros almanaques y novelas populares, como las de Fenimore Cooper, personajes como Daniel Boone, Davy Crockett, Kit Carson, Jim Bridger, William F. Cody (Buffalo Bill), el general Custer, "Wild Bill" Hickok o Wyatt Earp se acabaron convirtiendo en el prototipo de héroes legendarios que alimentarían una leyenda rosa, que hábilmente generada por periodistas urbanos del Este y que apenas nada conocían de la verdadera vida en el Oeste rural, serviría para blanquear una realidad intrahistórica e histórica repleta de racismo, xenofobia y violencia. El caso más notorio como inicial propagandista es el de Ned Buntline (1821-1886). Era un experto creador de leyendas y mitos. Después vendrían los espectáculos teatrales y circenses itinerantes de Buffalo Bill y de Gordon William Lillie (1860-1942), más conocido como Pawnee Bill. Personajes como estos, que acabarían uniendo sus espectáculos en 1908, son los que primero forjarían de forma masiva la imagen estereotipada del Salvaje Oeste, con un maniqueísmo simplón presto para ser consumido por los inmigrantes del Este recién llegados a los Estados Unidos. Previamente, Buffalo Bill, entre 1887-1892 y de 1902 a 1906, ya había hecho giras por las ciudades más importantes de Europa, para promocionar y fijar en gran parte de la población de la época una imagen de la Conquista del Oeste acorde a los intereses de la nación estadounidense.

En estos espectáculos ya se estableció en la mentalidad de muchas personas la imagen publicitaria, en este caso como apariencias falaces (como mitos oscurantistas), de los indios como seres infrahumanos y salvajes, siempre prestos para arrancar el cuero cabelludo a los inocentes y laboriosos blancos anglosajones. También la de los valientes, nobles, caballerescos, orgullosos y hábiles *cowboys*, rápidos con el revólver y dispuestos siempre a defender a los más débiles y a las damas en apuros. Las masas populares nada sabían de que el hábito de arrancar los *scalps* (escalpar) fue introducida por los europeos, franceses e ingleses, entres sus respectivas tribus aliadas, hurones e iroqueses, como demostración ante los jefes militares de que habían cumplido con su alianza matando a muchos enemigos, fueran indios o europeos. Aunque las cabelleras indias ya se pagaban en las colonias británicas desde mucho antes. Tampoco esas muchedumbres sabían que los vaqueros eran unos simples peones asalariados, bastantes de ellos afroamericanos o mexicanos, con vidas duras, rudas y monótonas.

Con la llegada del cine como tecnología[234] al servicio de la transmisión ideológica, principalmente de esquemas morales muy básicos, convertida en Hollywood en industria capitalista y en espectáculo al mismo tiempo, el proceso de mitificación y de manipulación de las masas tuvo un muy rápido crecimiento. Actores como Tom Mix, William S. Hart, Harry Carey y luego Gary Cooper y John Wayne son solo unos hitos claves en la génesis de este proceso. Tras el inicial magisterio fílmico de D. W. Griffith, personajes como Cecil B. DeMille, Raoul Walsh y John Ford son directores esenciales que ya contribuyeron decisivamente y también desde sus orígenes, a ese desarrollo del mito del héroe genuinamente estadounidense. El Colt S. A. A. y el Winchester 1873 se convirtieron en las películas en fetiches objeto casi de veneración.

---

[234] Una verdadera Filosofía del cine, tanto en sus aspectos ontológicos, gnoseológicos como noetológicos, puede verse en Pozo Fajarnés, José Luis. *Filosofía del cine*. Pentalfa Ediciones, Oviedo, 2022. Este autor, al igual que yo mismo, defiende la tesis de que el cine no es una ciencia. Tampoco se puede decir que sea un lenguaje, aunque obviamente presuponga los idiomas nacionales, ni que sea el Séptimo Arte. Afirma Fajarnés, con el que estoy totalmente de acuerdo, lo siguiente en la página 163: «Y no son pocas las cintas en que las apariencias cinematográficas están imbuidas tanto de ideas políticas como de relatos históricos, teniendo tanto las unas como los otros un papel muy relevante. Dado que las primeras —las ideas políticas— las encontramos recurrentemente, podemos afirmar que las apariencias que muestran las películas están cargadas de ideología. Esta ideología que los agentes ponen en su obra, y que después será vista y oída por el público receptor puede tener matices muy perniciosos, si es que en ellas encontramos mitologías oscurantistas, pero también puede mostrar todo lo contrario, si presenta ante el público que va a la sala de cine —o se sienta ante la pantalla de su televisor a ver el filme que sea— otras ideas muy diferentes a la de los mitos mencionados».

Pero mucho antes de que esto sucediese, de que se blanquease la intrahistoria y la historia de unos jóvenes Estados Unidos en pleno desarrollo, la imagen negrolegendaria de España ya se había establecido indeleble en la conciencia de los primeros presidentes de Estados Unidos, los llamados padres de la Nación, y en la de sus intelectuales más señeros. Nos lo recuerda de forma muy precisa Marcelo Gullo en sus recientes obras *Madre patria* y *Nada por lo que pedir perdón*. En ellas desmonta sillar a sillar y de forma precisa e irrefutable la leyenda negra antiespañola. Para hacerlo nos presenta, en alguno de los capítulos de sus libros, el retrato negrolegendario de España en su versión estadounidense. También nos recuerda de forma precisa aquellos hechos más execrables de la Conquista del Oeste por parte de los puritanos y protestantes anglosajones, que no se ruborizaron por sus acciones y que, sin embargo, culpabilizaron de todos los males pasados y presentes de América a la herencia española, es decir a la Hispanidad y a su seña de identidad más relevante: el mestizaje.

Poca gente sabe o quiere recordar, tanto en Estados Unidos como en Europa, que los fervorosos calvinistas que llegaron a las costas de Massachusetts, los *Pilgrim Fathers*, ya antes de que llevaran veinte años en tierras norteamericanas se enfrentaron a los indios que inicialmente los habían acogido y los ayudaron a sobrevivir. Como entre 1620 y 1640 ya habían llegado unos 20.000 puritanos, que, evidentemente, iban internándose tierra adentro alejándose de la costa y sin pedir permiso a las tribus, los pequots atacaron la aldea de Wethersfield donde mataron a seis hombres y tres mujeres. La respuesta no se hizo esperar y un grupo de 70 puritanos de Connecticut, apoyados por 270 nativos, se enfrentaron a los pequots, incendiando su poblado y matando en una noche a 500 de ellos.

Puedo decir con claridad que desde 1637 hasta la masacre de Wounded Knee el 29 de diciembre de 1890, la política, tanto de británicos como luego de estadounidenses, fue en esencia la de la limpieza étnica[235]: deportación, combates para exterminar a las tribus y, por último, reducción de los pocos indios supervivientes a reservas tan pobres que nada había en ellas que un blanco anglosajón pudiera codiciar. Desde fecha tan temprana como 1703[236], el gobierno de Massachusetts

---

[235] Gullo Omodeo, Marcelo. *Nada por lo que pedir perdón. La importancia del legado español frente a las atrocidades cometidas por los enemigos de España*. Prólogo de Carmen Iglesias. Editorial Planeta, Barcelona, 2022, p. 241.

[236] Citado por Gullo Omodeo, Marcelo. *Madre patria. Desmontando la leyenda negra desde Bartolomé de las Casas hasta el separatismo catalán*. Prólogo de Alfonso Guerra. Editorial Planeta, Barcelona, 2021, pp. 80-81.

ya pagaba doce libras esterlinas por cada cuero cabelludo de un indio y se les daba caza a caballo y con jaurías de perros. En la práctica, la política de que el mejor indio es el indio muerto fue la que se impuso. En el capítulo correspondiente ya he citado cómo los ingleses, en la guerra contra Pontiac y la alianza que este había formado entre las tribus del Noreste, introdujeron la guerra bacteriológica, repartiendo entre los indios mantas infectadas con viruela.

Si el libelo o «novela»[237] (así lo considera Marcelo Gullo), de Bartolomé de las Casas, *Lágrimas de los indios: relación verídica e histórica de las crueles matanzas y asesinatos cometidos en veinte millones de gentes inocentes por los españoles*, sirvió para que la casa de Orange, Francia, Gran Bretaña, como luego Estados Unidos, dañaran el poder y prestigio del Imperio español de forma extraordinaria y casi irreversible, no es menos cierto que en 1550 Carlos V mandó detener la conquista y se creó una comisión encargada de debatir asunto de importancia tan trascendental, compuesta por varios miembros del Consejo de Indias y cuatro teólogos. «Se invitó alternativamente al padre Juan Ginés de Sepúlveda, y a fray Bartolomé de las Casas para que defendieran sus respectivos puntos de vista. Importa resaltar la valiente decisión del emperador al pedir la opinión de los intelectuales más reconocidos de su tiempo, a sabiendas de que sus puntos de vista podían ser absolutamente críticos con la política llevada a cabo por la Corona»[238].

Nada parecido a lo anterior sucedió en el puritano mundo anglosajón que, siguiendo las doctrinas de Calvino, se fueron a conquistar Norteamérica sintiéndose el pueblo elegido por Dios para fundar una Nueva Jerusalén. La práctica de su fe, basada en lo moral más en el Antiguo Testamento que en el Nuevo, abominaba de los católicos, pero además veía en los indios a la encarnación del diablo en la tierra. Sin embargo hombres como Hernán Cortés y Pizarro, y a pesar de que todo dominio inicial es violento, fueron percibidos como sujetos liberadores por las tribus que los secundaban, y ello para en común enfrentarse respectivamente al imperio caníbal azteca o a la tiranía de los incas. Por otra parte y siguiendo lo dispuesto en el testamento de Isabel la Católica, el mestizaje fue una constante o invariante del Imperio español.

En la América española las órdenes religiosas, entre las que destacan los jesuitas, velaron por la educación de indios y mestizos, y el

---

[237] Gullo Omodeo, Marcelo. *Op. cit.*, p. 24, 67.
[238] Gullo Omodeo, Marcelo. *Op. cit.*, p. 34.

espíritu y la letra de las enseñanzas de la Escuela de Salamanca impregnaron la organización social y política del Imperio español. Bajo este mismo marco civilizador cristiano y católico, en el sentido etimológico de universal y con raíces filosóficas tomistas, convivieron en pie de igualdad legal criollos, mestizos e indios. Evidentemente, argumenta Gullo, sí había desigualdades, pero eran por razón de clase social pero no por motivos racistas.

En la América del Norte anglosajona y protestante el mestizaje no existió, excepto entre los francocanadienses y precisamente porque los franceses eran católicos. Con la expulsión de los franceses de Norteamérica la figura del mestizo pasó a ser la de un individuo maldito, un paria rechazado por la población blanca tanto inglesa como luego estadounidense. Respecto a los esclavos y sirvientes negros sucede algo parecido. George Washington, James Madison y Thomas Jefferson tuvieron esclavos. Washington prohibió que los afroamericanos formaran parte del ejército revolucionario, «pues no eran "dignos" de lucir el uniforme de los combatientes por la libertad»[239] (de ahí la falsedad de la película *El patriota*). Jefferson, además de llegar a ser propietario de 600 esclavos, trató a los hijos tenidos con su amante negra como simples siervos, sin liberarlos de la esclavitud. Esto no impide que en la historia oficial de los Estados Unidos sea tenido como uno de los padres de la patria estadounidense, como un libertador, ya que fue autor de la Declaración de Independencia de 1776 y fundó la Universidad de Virginia.

Frente a esto hay que recordar que «fue precisamente la cultura católica española la que hizo que la explotación humana y la esclavitud fuese mucho menor en nuestra América que en la América del Norte calvinista… —y añade Gullo— me parece oportuno decir aquí que el "sanguinario y autoritario" Hernán Cortés hizo que su hijo mestizo se convirtiera en caballero de la Orden de Santiago. O que el rudo Garcilaso de la Vega se encargó de que su hijo, el Inca Garcilaso —considerado el padre de la literatura hispanoamericana—, recibiera una buena educación: llegó a dominar tres lenguas (español, latín y quechua), estudió Historia, escribió poemas exquisitos y actuó como soldado de la monarquía española»[240].

No procede aquí, pues no ha sido objeto de esta investigación, recordar la gran proyección cultural, social e incluso sanitaria que tuvo

---

[239]   Gullo Omodeo, Marcelo. *Nada por lo que pedir perdón…*, p. 260.
[240]   Gullo Omodeo, Marcelo. *Op. cit.*, pp. 259, 261.

la América española entre los siglos XVI y principios del XIX. Baste recordar las 32 universidades creadas entre 1538 y 1812, la gran cantidad de hospitales (59 sólo en el Perú entre 1533 y 1799, veinte de ellos en Lima), algunos gratuitos y disponibles para todas las personas sin distinción de raza, y la gran cantidad de personajes notorios entre los mestizos y mulatos que destacaron en la política virreinal o en el oficio de las armas. Algunos, entre ellos mujeres de renombre, también en el de las letras. Asimismo no está de más rememorar que hubo indios, bien varones o mujeres, que recibieron títulos nobiliarios y que se enriquecieron, y que en la época más floreciente del imperio español una ciudad como Lima era más grande y estaba mejor gobernada y organizada desde el punto de vista médico que París, Londres o Berlín.

Frente a estos hechos es imprescindible tener también en cuenta, comparativamente, que la razón teológica del protestantismo puritano entendía que la crueldad para con los indios no era tal, pues se estaba cumpliendo la voluntad de Dios. Por eso George Washington definía a los pieles rojas como «bestias salvajes de los bosques» y Thomas Jefferson afirmaba que debían de ser perseguidos y exterminados, «o bien desplazarlos hacia nuevos asentamientos fuera de nuestro alcance»[241]. En el plano histórico la revolución norteamericana que daría lugar a los Estados Unidos sería una rebelión debida a la aplastante política fiscal británica, pues en lo moral y en el sustrato religioso habría una continuidad, dada la supremacista cosmovisión protestante, calvinista, subyacente en la nueva nación. Es esa cosmovisión protestante, junto con el liberalismo de un Locke y de un Adam Smith, la que nutre a las doctrinas de Monroe y del Destino Manifiesto, que a su vez permean la moral de los pioneros y colonos que perciben a los indios como salvajes sin alma. Igualmente en esta dimensión moral hay que tener en cuenta que los estadounidenses asimilaron la leyenda negra antiespañola a partir de la herencia británica.

Las consideraciones de John Quincy Adams sobre el carácter español, como después las de Alexander Scott sobre los venezolanos o las de Beaufort Watts sobre los colombianos no pueden ser más despectivas e insultantes[242]. Estas mismas apreciaciones recaen sobre México y los mexicanos. Siendo así Estados Unidos tiene el convencimiento de que su obligación moral es arrebatárselo todo a los españoles e hispanoamericanos,

---

[241] Citado por Gullo Omodeo, Marcelo. *Op. cit.*, p. 246.
[242] Gullo Omodeo, Marcelo. *Op. cit.*, pp. 267-268.

pues los estadounidenses son el pueblo elegido por Dios para llevar a cabo misión tan sagrada en aras de la puritana limpieza étnica. El diplomático y político Joel Roberts Poinsett fue uno de los defensores acérrimos de la leyenda negra antiespañola y quien más contribuyó, con la política del «divide y vencerás», a inocular esta leyenda entre las élites criollas mexicanas, para así mejor debilitar a México. De cómo Gran Bretaña se infiltró entre los líderes de la independencia de las repúblicas hispanoamericanas, para así mejor fragmentarlas, dividirlas, enfrentarlas entre sí y ponerlas en definitiva al servicio colonialista del Imperio británico, da Gullo ejemplos documentados y más que notables en sus obras. En esta tarea disolvente de la unidad y fortaleza de la Hispanidad no es desdeñable la labor de la masonería británica entre las élites, mientras que el pueblo llano, indígenas y mestizos, preferían no romper los lazos con España.

Frente al mestizaje racial y cultural de la América española como política de Estado, hay que resaltar que Estados Unidos no legalizó los matrimonios interraciales hasta 1967, que los indios no fueron considerados ciudadanos hasta 1924 (aunque de segunda clase), que el derecho al voto no les fue concedido en todos los estados de la Unión hasta 1948 y que hasta 1993 no se les reconoció la libertad de culto[243].

Otro gran mito a desmontar es el de que Abraham Lincoln fue el gran libertador de los esclavos por motivos estrictamente morales y humanitarios. No fue así. Se trató de una estrategia bélica. Los liberó para preservar la Unión y para con los afroamericanos como soldados poder derrotar a la Confederación. No era un abolicionista radical. Si hubiese podido salvar a la Unión sin tener que liberar a ningún esclavo lo hubiese hecho así. Su intención, cuando todos los esclavos fuesen liberados, era la de mandarlos de regreso a África, en concreto a Liberia, o a Centroamérica[244]. Por otra parte, Lincoln, que de joven había participado en la guerra de Halcón Negro y aunque en el discurso de Gettysburg, del 19 de noviembre de 1863, afirmó la esencial importancia para los Estados Unidos de un gobierno del pueblo, por el pueblo y para el pueblo, no dudó un año antes en autorizar al general Sibley, en la guerra contra los sioux santees, para que ejecutase, ahorcándolos, a treinta y ocho indios prisioneros. Esto sucedió el 26 de diciembre de 1862 en Minnesota. Se trató de la ejecución de indios, legalmente autorizada y rubricada, más numerosa de la historia de los Estados Unidos.

---

[243] Gullo Omodeo, Marcelo. *Op. cit.*, pp. 253.
[244] Citado y argumentado por Gullo Omodeo. *Op. cit.*, pp. 263-264.

Por otra parte he descrito con detalle cómo el exterminio de los millones de bisontes, cuyas manadas pastaban por las extensas praderas entre las Rocosas y el río Misuri, formó parte de una política intencionada, fomentada tanto por el gobierno de los Estados Unidos como por las compañías de ferrocarriles autorizadas, para ir doblegando a las tribus, matándolas por hambre (o debilitándolas al alcoholizarlas), y así ir con rapidez derrotándolas. A la vez que se tendían las vías para los trenes llegaban los rebaños de cornilargos de Texas y los granjeros amparados por la *Homestead Act* de 1862 (Ley de Asentamientos Rurales). Sherman y Sheridan lo habían confesado sin rubor: el mejor indio es el indio muerto. Pero todo el violento *Far West* conquistado entre 1865 y 1890 fue elevado poco después a los altares de la mitología con sus héroes y antihéroes, contribuyendo tanto unos como otros a dar cohesión e identidad a la nación, mediante un proceso de blanqueado de su intrahistoria que hasta finales de los años sesenta del pasado siglo se constituyó en el Wéstern como casi una leyenda rosa.

No es de extrañar que historiadores como Roca Barea y el propio Marcelo Gullo distingan entre acción imperial frente a imperialismo o colonialismo. Este último autor lo expone con claridad: «La acción imperial produce mestizaje de sangre y de cultura; la acción imperialista segregación y/o exterminio»[245]. España rápidamente funda ciudades en el interior, mezcla su sangre y su cultura con la de los indígenas, los convierte y educa en la fe católica, aprendiendo los misioneros las lenguas nativas para también preservarlas, de forma y manera que la obra de España en el Nuevo Mundo no puede ser considerada como un campo de explotación colonialista[246]. Ya Ricardo Levene afirmó, en su libro de 1951, que las Indias españolas no eran colonias. Los virreinatos eran provincias del Imperio español. Frente a esto las naciones protestantes, como Holanda y Gran Bretaña, tuvieron una política colonialista o imperialista en los siglos XVII y XVIII, pues su interés en América era el de fundar factorías, sin internarse mucho tierra adentro, y el de comerciar con los indios para cambiarles las cotizadas pieles de castor por baratijas sin apenas valor. No hubo mestizaje y los indios o los mestizos francocanadienses hacían el trabajo duro en los bosques y gélidos ríos, para que los propietarios de las compañías peleteras con asiento legal en Ámsterdam o Londres se enriquecieran.

---

[245] Gullo Omodeo, Marcelo. *Madre patria...*pp. 78-79.
[246] Gullo Omodeo, Marcelo. *Op. cit.*, p. 196.

Junto a todo lo dicho y con ser muy importante, y nos referimos a la distinción entre Imperio e Imperialismo (o Colonialismo), las tesis más profundas en este sentido son las que el filósofo Gustavo Bueno expuso en su obra de 1999 *España frente a Europa*. En este tratado de filosofía política, Bueno distingue entre imperios generadores e imperios depredadores. Las características que definen a los mismos ya las he expuesto en la introducción, así que aquí no voy a repetirlas. También, citando dicha obra, recojo la tesis según la cual el Imperio español, que toma como modelo al Imperio romano, fue un imperio generador, pues las sociedades colonizadas en su desenvolvimiento económico, moral, social, cultural y político se transformaron en sociedades políticas de pleno derecho para criollos, indios y mestizos. Sin embargo Holanda e Inglaterra, que rehuían todo mestizaje, fueron imperios depredadores, pues sus relaciones de explotación y aprovechamiento de los recursos económicos o sociales (por ejemplo el tráfico de pieles en los siglos XVII y XVIII en Norteamérica), estaban organizadas políticamente desde las metrópolis europeas para mantener a las sociedades colonizadas, a las tribus indias, en estado de salvajismo o de barbarie inferior (según las categorías evolucionistas de Tylor y Morgan), sin posibilidad de integrarse y siendo en el límite destruidas.

La distinción elaborada por Bueno no es ni ingenua ni dicotómica, no niega que haya actos de violencia en los procesos iniciales de toda conquista (además de la mortandad de los indígenas por las epidemias debida a las enfermedades llevadas por los europeos), y admite claroscuros; pero entiendo que por otro lado resulta muy clarificadora. Mas en lo sustancial, desde un punto de vista histórico, las tesis de Bueno, Roca Barea y Gullo coinciden a la hora de valorar en su conjunto al Imperio español, a la América española, frente al imperialismo holandés y británico en Norteamérica. Asimismo, y frente a las delirantes y destructivas pretensiones imperiales de los nazis, Bueno considera que Estados Unidos se comportó a partir de 1945 como un imperio generador para Europa Occidental, con el desarrollo del Plan Marshall y de las sociedades del bienestar como freno también al imperialismo comunista soviético.

No obstante, pienso que la consolidación de los Estados Unidos a lo largo de todo el siglo XIX fue claramente depredadora para con las tribus indias y también para con los restos del Imperio español y con México. Igualmente son muchos los historiadores, economistas y politólogos que siempre han subrayado como toda Sudamérica se convirtió en el siglo xx, en el patio trasero de los intereses oligarcas en materia económica de las grandes compañías industriales y multinacionales de Estados Unidos

Mientras la leyenda negra antiespañola (y antihispanidad) era seguida por ciertas élites gobernantes de las naciones sudamericanas, con su anglofilia o dejándose comprar para ponerse al servicio de los intereses económicos yanquis, no es menos cierto que el Wéstern era el mejor agente propagandístico de dicha cultura estadounidense. En Europa Occidental sucedió lo mismo, pues el cine de Hollywood es una gran maquinaria de difusión y mentalización ideológica. Desde hace muchas décadas la Coca Cola, la Pepsi Cola, las hamburgueserías McDonalds, etc, están presentes en casi todas las ciudades españolas. Que yo sepa la tortilla de patata, la fabada, el cocido madrileño o la paella no cuentan con grandes cadenas de restaurantes en la nación estadounidense y no podemos decir que Hollywood haya mitificado, presentándolos como héroes populares, a los bandoleros típicamente españoles: Jaime el Barbudo; el Tempranillo; Curro Jiménez, el barquero de Cantillana; Luis Candelas; el Pernales, etc. Tampoco a los grandes cazadores de osos asturianos (Xuanón de Cabañaquinta, Toribión de Llanos., que los cazaba a cuchillo, o Ignacio Rodríguez que mató 99), y que, digámoslo bien claro, no tenían nada que envidiar a hombres como Daniel Boone, Davy Crockett o Jim Bridger en materia de aventuras cinegéticas.

Luego, por todo lo dicho y mucho más que podríamos aducir, un imperio que vence y domina impone sus mitos y leyendas, sus héroes y antihéroes, y las creencias y los usos morales de estos se proyectan en la simbiosis que forma la relación que existe entre mitología e ideología.

Se me podrá alegar que Hollywood fue la primera en hacer wésterns proindios y en denunciar el racismo presente en las sociedad estadounidense todavía a mediados del siglo xx. Cierto. Pero si esto fue así es porque ese racismo estaba muy vivo en la época en la que los afroamericanos comenzaron a luchar por sus derechos civiles. También otros colectivos, como los empobrecidos indios de las reservas y los católicos irlandeses. No hace falta recordar lo opresiva que resultó la obsesiva Caza de Brujas anticomunista del senador McCarthy, tampoco hay que recordar cómo acabaron sus vidas hombres como el presidente J. F. Kennedy y Martin Luther King Jr.

Si en un largometraje prototípico de la serie A como *Gigante* (George Stevens, 1956), que es una especie de wéstern contemporáneo con tintes de melodrama social, se denuncia la pobreza de los mexicanos y el racismo de los anglosajones para con los mismos, es porque además de ser real dicho racismo en la sociedad estadounidense se apoya la «política de buena vecindad», puesta en marcha por el presidente Franklin D. Roosevelt. Así vemos al héroe, al barón ganadero todopoderoso encarnado por Rock Hudson, peleándose con el camarero de un restaurante de carretera por negarse éste a servir a la nuera de aquél ya que no es blanca. Se denuncia así que los mexicanos son considerados una clase inferior y que no tienen los mismos derechos que los anglosajones.

Sin embargo los wésterns de serie B seguían con sus personajes estereotipados y fue la llegada del wéstern crepuscular (con el último John Ford y con Sam Peckinpah), y el impacto en la opinión pública de la guerra de Vietnam, los que iniciaron el canto del cisne de dicho género. Luego y aún en plena Guerra Fría, el cine fantástico y de superhéroes surgidos del cómic (Batman, Spiderman, Superman), además de todas las sagas sobre la *Guerra de las Galaxias*, los imperios que contraatacan y la amenaza extraterrestre, convenían más para ideologizar a las masas de consumidores cuando los Estados Unidos estaban embarcados en plena carrera espacial en competencia con los soviéticos. La amenaza extraterrestre no dejaba de ser un trasunto en la ficción de la amenaza del comunismo internacional. Pero la creciente violencia en las grandes ciudades (Nueva York, Los Ángeles, San Francisco), eran un constante recordatorio en las últimas décadas del siglo xx y hasta hoy, de que la herencia de la Frontera aún estaba y está viva.

Organizaciones, auténticos *lobbies* como la Asociación Nacional del Rifle (NRA), siguen presionando en las últimas décadas para que se mantenga viva en el espíritu y en la letra la Segunda Enmienda, la que consagra que el pueblo estadounidense es libre para portar y usar armas para su autodefensa. El culto a las armas[247] sigue vivo en buena parte de Estados Unidos (lo que se llama a veces la América profunda). Lo cual quiere decir que el legado del violento *Far West* aún colea y mucho en la sociedad estadounidense. No hay más que echar un vistazo a los videos subidos a YouTube para ver la gran cantidad de jóvenes y no tan jóvenes, que coleccionan y disparan con sus réplicas de armas del Salvaje Oeste, mayormente de fabricación italiana y española.

---

[247]   He tratado este tema en el siguiente artículo: "Estados Unidos y el «culto» a las armas". Revista digital *El Catoblepas*, número 9, noviembre de 2002, página 19. Véase en Internet en https://www.nodulo.org/ec/2002/n009p19. htm (Consultado el 16 de noviembre de 2022). También recopilado en mi obra *El Western y la Poética*. Editorial Pentalfa, Oviedo, 2016, cap. 2.

Para desmitificar lo que el mundo del cine nos ha presentado, para recordar cuán violenta y despiadada fue la Conquista del Oeste de los Estados Unidos por parte de los anglosajones, he escrito este libro que ahora voy finalizando. Tarea que considero muy necesaria cuando en nuestro infecto presente son las estatuas de Colón y de fray Junípero Serra las que son derribadas (no las del coronel Chivington ni las del general Custer), y cuando a España, que, como nos recuerda Marcelo Gullo, es precisamente la que no tiene nada por lo que pedir perdón, se le impone desde Estados Unidos un ecologismo y un indigenismo a través de unos partidos de Izquierda Indefinida que, al igual que algunos líderes de naciones sudamericanas, sirven sin saberlo (o a lo peor sabiéndolo) a los intereses globalistas de las élites norteamericanas, que siguen usando la leyenda negra antiespañola para minar España desde dentro, como la minan con ese relato falsario los partidos secesionistas.

Asimismo, que el tema de la identidad estadounidense está muy vivo y candente en nuestros días lo muestra que, a vuelapluma, he de citar dos obras bien distintas: *El no tan salvaje Oeste* (de Terry Lee Anderson y Peter Jensen Hill. Editorial Innisfree) y el excelente libro de Carrie Gibson, *El Norte. La epopeya olvidada de la Norteamérica hispana* (EDAF, 2022).

En la primera obra citada, Anderson y Hill, como economistas seguidores de las doctrinas de F. Hayeck (1899-1992), achacan casi todos los males de la Conquista del Oeste al intervencionismo estatal, que diseñaba leyes gubernamentales, federales, en los despachos del Este, al margen de la dura realidad de los pioneros, que por principio tendían a colaborar entre sí. Pasan repaso a la epopeya del Oeste: era de los tramperos y del comercio de pieles, los viajes en carretas hacia Oregón y California a partir de 1840, las reclamaciones sobre los yacimientos mineros, los derechos por los pastos y el acceso a los abrevaderos en el mundo de los *cowboys*, el desarrollo de la agricultura en el árido medio oeste, etc. Su argumentario lo desarrollan a partir de conceptos como el de «emprendedor institucional», «derechos de propiedad», «cooperación entre colonos con instituciones pactadas por ellos de manera informal pero sincera y eficaz», sobre su penosa vida con sus errores, logros y conquistas, etc. Evidentemente estos autores niegan las tesis de Turner sobre una violenta Frontera y subrayan todo lo que de acuerdo, colaboración y solidaridad hubo entre unos pioneros, que preferían llegar a acuerdos entre ellos (respetándolos las más de las veces de forma rigurosa) que tener que llegar a la violencia. Sin compartir los presupuestos teóricos de estos economistas, no niego que todo proceso de conquista y de formación de una nación, implica una dialéctica de conceptos conjugados entre colaboración y agresión, entre paz y violencia, entre acuerdos pacíficos e imposiciones por extorsión o amedrantamiento. En parte es cierto que el Oeste no fue tan violento, y sí estoy de acuerdo en que Hollywood se constituyó para crear una leyenda, que viniendo de atrás, era y aún es esencialmente falsificadora: la leyenda del violento *Far West*. Directoras como Kelly Reichardt a través de filmes como *Meek's Cutoff* (2010) y *First Cow* (2019), son parte de esa nueva mirada sosegada y pacífica sobre la vida en el Oeste a pesar de la dureza de las condiciones de vida de los pioneros; sobre todo de las mujeres, como puede percibirse también en *Deuda de honor* (*The Homesman*, Tommy Lee Jones, 2014).

Pero mucho más importante para los propósitos de este trabajo me parece el excelente libro de Carrie Gibson. Aunque comete dos errores: el negrolegendario de creer que las Indias (así se llamó por mucho tiempo a los virreinatos de la América española) eran también colonias (p. 22) y el pensar que en 1492 España aún no tenía una identidad definida (p. 25), esta audaz autora pone el dedo en la llaga de lo que fue la constante extorsión de las posesiones españolas en Norteamérica por parte de potencias extranjeras (por ejemplo, los ingleses y franceses) y después el expolio de las naciones ya independizadas de España, las nuevas repúblicas, por los actuales Estados Unidos. A lo largo de diferentes episodios históricos y con precisión de cirujano, esta investigadora analiza lo que supuso en manos de España los asentamientos civilizatorios en La Florida, México y todo el sudoeste de los Estados Unidos (incluyendo California), además de Cuba y Puerto Rico. Por las páginas de su obra transitan los grandes conquistadores españoles y sus hazañas, pero también se hace eco de las Ordenanzas de Felipe II para que la conquista y civilización se hiciesen desde los cánones cristiano-católicos (lo cual implicaba dar buen trato a los indios, cristianizarlos, enseñarles un oficio y mezclar sus sangre con ellos: el mestizaje; que tan odiado fue por los anglosajones y que fue tomado por estos como signo inequívoco de la inferioridad racial de todo lo hispano).

Subraya Carrie Gibson todo lo que de español permanece soterrado en la historia de los Estados Unidos y de parte del Caribe, a pesar de que muchos territorios, como La Luisiana, cambiasen varias veces de manos (España, Francia, Estados Unidos) y la presencia española por apropiación fuera mínima en vastas extensiones de terreno. Entre otras muchas cosas parece que se nos está diciendo que el Imperio español se derrumbó por la escasez demográfica que hacía

incontrolable tantas tierras, o lo que casi es lo mismo por la nula posibilidad de defensa desde la capa cortical de la sociedad (muy pocas
y muy separadas guarniciones armadas). Lo mismo sucedió después
con México y su lejano y asolado norte, que le llevó a perder Texas en
1836 y que menos de diez años después pasó a ser parte de Estados
Unidos. De igual forma tratados como el de la compra de La Luisiana
a Napoleón (1803), el de Adams-Onís (1819-1821) y el de Guadalupe
Hidalgo (1848), muestran que en geopolítica el oportunismo y la paz
impuesta por la victoria (en este caso por la nueva y cada vez menos vacilante nación estadounidense), generan un barrido cultural de
grandes proporciones. Más a pesar de la tragedia de tantos pueblos indígenas exterminados, reducidos a reservas, y del racismo y xenofobia
(herencia calvinista WASP) que rechaza o clasifica como inferior todo
lo que proceda de la herencia hispana (que también recayó sobre Cuba
y Puerto Rico), Estados Unidos hoy en día no puede entenderse sin esa
herencia, cada vez más viva gracias a la inmigración (con o sin muro
de Trump de por medio).

Por eso Carrie Gibson finaliza su valiente estudio con las siguientes palabras que no dudo en citar:

> La larga y compleja historia de los españoles e hispanos está
> inevitablemente entrelazada con la de los Estados Unidos; no es una
> historia separada de forasteros e intrusos, sino que forma parte esencial
> de cómo se ha desarrollado el país y de cómo seguirá evolucionando.
> Estados Unidos es parte de las «Américas» y, del mismo modo, los habi-
> tantes de las Américas son parte de los Estados Unidos (p. 461).

He de finalizar, y lo hago con unos textos clásicos del francés
Alexis de Tocqueville (1805-1859), que fue el autor que mejor comprendió la organización social y política de los jóvenes Estados Unidos
y que fue también testigo de excepción, en su viaje de 1831, de la política de deportación forzosa de tribus que se habían civilizado al modo
estadounidense, como los creeks y los cherokees. De la gira por esa
nación surge su obra clásica *La democracia en América*. Impregnado, como
todos los intelectuales influyentes de su época, por la leyenda negra
antiespañola (sólo revisada y superada inicialmente en Estados Unidos por hombres como Charles F. Lummis, 1859-1928, y James Brown
Scott, 1866-1943, —Carrie Gibson cita también a H. H. Bancroft por
su interés por el pasado español de California—), Tocqueville hace las
siguientes y muy significativas consideraciones:

Dijo Washington en uno de los mensajes al Congreso: «Somos más ilustrados y más poderosos que los pueblos indios; es para nosotros cuestión de honor tratarlos con bondad e incluso con generosidad». Esta noble y virtuosa política no ha sido seguida.

A la avidez de los colonos se suma de ordinario la tiranía del gobierno...

Los españoles lanzan a sus perros contra los indios como si se tratara de bestias feroces; saquean el Nuevo Mundo como una ciudad tomada por asalto, sin discernimiento y sin piedad; pero todo no se puede destruir y el furor tiene un término; el resto de las poblaciones indias que escapara a las matanzas acaba por mezclarse con sus vencedores y por adoptar su religión y sus costumbres.

La conducta de los americanos de los Estados Unidos hacia los indígenas respira, por el contrario, el más puro amor por las formas y la legalidad. Mientras los indios permanecen en estado salvaje, los americanos no se mezclan en sus asuntos y los tratan como a pueblos independientes. No se permite la ocupación de sus tierras sin haberlas adquirido previa y debidamente mediante un contrato; y si por casualidad un pueblo indio no puede seguir viviendo en su territorio, lo cogen fraternalmente de la mano y lo conducen ellos mismos a morir lejos del país de sus padres.

Los españoles, pese a las monstruosidades sin igual que les cubrieron de imborrable vergüenza, no han llegado a exterminar a la raza india, ni pudieron impedirle siquiera que compartiera sus derechos. Los americanos de los Estados Unidos han obtenido este doble resultado con maravillosa facilidad, tranquilamente, legalmente, filantrópicamente, sin derramar sangre, sin violar uno solo de los grandes principios de la moral a los ojos del mundo. No es posible destruir a los hombres respetando mejor las leyes de la humanidad[248].

Sólo cabe decir que Tocqueville no puede mostrar más odio y desconocimiento de lo que fue realmente el Imperio español, por aquellas fechas ya desgajado, y no se puede ser más clarividente pero a la vez más parcialmente falso respecto a cómo los estadounidenses estaban acabando con las tribus indias. El texto es aproximadamente de

---

[248]   Tocqueville, Alexis de. *La democracia en América*. (Dos volúmenes). Alianza Editorial, Madrid, primera edición en El libro de bolsillo 1980. Volumen primero, pp. 479, 484-486.

1835. Como he mostrado en este libro, la Conquista del Oeste fue muy violenta y estuvo constantemente teñida de sangre desde sus inicios y mucho más a partir de 1865 (esto último sí lo reconocen, aunque con desgana, los economistas citados, Anderson y Hill, según ellos por el aumento de la intervención gubernamental). Por ser cierto esto y por las repercusiones que hoy en día tiene esta herencia estadounidense en la política europea y en concreto en la compleja política española, conviene recordarlo. Como conviene que los españoles conozcamos bien nuestra historia sin falaces triunfalismos, pero con la sincera dignidad de no tener que avergonzarse de ella ni pedir perdón por la misma.

En La Felguera, Langreo, Asturias.

FUENTES Y BIBLIOGRAFÍA

ABELLA, Rafael: *La conquista del Oeste*. Ed. Planeta. Barcelona, 1990.

ALONSO BAQUER, Mariano: *Españoles, apaches y comanches*. Ministerio de Defensa. Imprenta Centro Geográfico del Ejército. Madrid, 2016.

ANDERSON, Terry y HILL, Peter: *El no tan salvaje Oeste. Los derechos de propiedad en la frontera*. Editorial Innisfree. (Título original: *The Not So Wild, Wild West: Property Rights on the Frontier*. Stanford Economics & Finance). Mayo de 2004.

ARIAS, David (Mons): *Las raíces hispanas de los Estados Unidos*. León, 2006.

ARISTÓTELES: *Poética*. Editorial Bosch, edición bilingüe. Barcelona, 1996. (Texto, Noticia Preliminar, Traducción y Notas de José Alsina Clota).

ASIMOV, I.: *La formación de Inglaterra*. Historia universal Asimov, Alianza Editorial. Madrid 1982 (4.ª reimpresión, original de 1969).

—*Los Estados Unidos desde 1816 hasta la Guerra Civil*. Alianza Editorial. Madrid, 2.ª ed. 1985 (original de 1975).

—*El nacimiento de los Estados Unidos, 1763-1816*. Alianza Editorial. Madrid 1990 (original de 1974).

ASTRE, Georges-Albert y HOARAU, Albert-Patrick: *El universo del western*. Editorial Fundamentos, 2.ª edición. Madrid, 1986. (Edición original: *Univers du Western*. Editions Seghers).

BAILEY, D. W.: *Percussion Guns & Rifles. And illustrated reference guide*. Arms and Armour Press. Gran Bretaña, 1972.

BAIRD, John D.: *Hawken Rifles. The Mountain Man's Choice*. The Buckskin Press. Reimpresión publicada por The Gun Room Press, 2.ª edición 1971, 9.ª edición 1996.

—*Fifteen Years in the Hawken Lode*. The Buckskin Press. Reimpresión publicada por The Gun Room Press, 1.ª edición 1971, 4.ª edición 1994.

BAKER, David J.: *Heyday of the Shotgun. The art of the gunmaker at the turn fo the last century*. Swan Hill Press. Inglaterra, 2000.

BALLANTINE, R. M.: *Los mercaderes de pieles*. Espasa-Calpe. Colección Austral. Buenos Aires, 1945.

BALLÓ, Jordi y PÉREZ, Xavier: *La semilla inmortal. Los argumentos inmortales en el cine*. Editorial Anagrama. Barcelona, 1997, (original de 1995 en catalán).

Barceló Rubí, B.: *El armamento portátil español (1764-1939), una labor artillera.* Librería Editorial San Martín. Madrid, 1976.

Baron, Bernard: *Tir, repliques et poudre noire.* Éditions du Portail. Francia, 1980, 1989.

Bazin, André: *¿Qué es el cine?* Ediciones Rialp, S. A. Madrid, 1966. (Original: *Qu'est-ce que le Cinéma?* Éditions du Cerf. París, 1958-1963).

Bianchi, Didier: *Le tir aux armes de poing à poudre noire.* Jacques Grancher Éditeur. París, 1993.

—*Les sheriffs de L'Ouest Américain. Leur vie, leurs exploits, leurs armes.* Éditions Crépin Leblond. París, 1994.

—*Pistolets et revolvers Remington. L'histoire d'une légende.* Éditions Crépin-Leblond. París, 1995.

—*Les Hors-La-Loi de l'Ouest Américain.* Éditions Crépin-Leblond. París, 1995.

—*Les armes de la guerre de Sécession. Tome I: Le Sud.* Éditions Crépin-Leblond. Francia, 1998.

Bilby, Joseph G.: *Civil War Firearms. Their Historical Background, Tactical Use and Modern Collecting and Shooting.* Library of Congress Cataloging-in-Publication Data. Estados Unidos, 1996.

Blackmore, Howard L.: *Guns and Rifles of the World.* A Studio Book. The Wiking Press. Nueva York, 1965.

Blair, Claude (Editor): *Pollard's History of Firearms.* Publicado por Country Life Books. Inglaterra, 1983.

Blake, Michael F.: *Code of Honor. The making of three great American Westerns. High Noon, Shane, and The Searchers.* Taylor Trade Publishing (Rowman & Littlefield Publishing Group). Lanhan, Maryland, 2003.

Blevins, Winfred: *Dictionary of the American West.* Wordsworth Editions Ltd. Dinamarca, 1995.

Boorman, Dean K.: *Guns of the Old West. An Illustrated History.* The Lyons Press, A Salamader Book. Estados Unidos, 2002.

Borja Pérez, José: "El rifle de las montañas y de las praderas". *Revista Historia y Vida,* N.º 210, (Editor Historia y Vida, S. A.). Barcelona, Año XVIII, septiembre de 1985, pp. 106-115.

Bosch, Aurora: *Historia de Estados Unidos 1776-1945.* Editorial Crítica. Barcelona, 2005.

Branch, E.: Douglas. *The Hunting of the Buffalo.* University of Nebraska Press. Lincoln y Londres, 1997. (Edición original de 1929).

BRIDGES, Toby: *Advanced Muzzleloader's Guide*. Stoeger Publishing Company. Nueva Jersey, 1985.

BRINCKERHOFF, Sidney B. y CHAMBERLAIN, Pierce A.: *Spanish Military Weapons in Colonial America 1700-1821*. Stackpole Books. Harrisburg, Pensilvania, 1972.

BRISSON, Luc: *Platón, las palabras y los mitos. ¿Cómo y por qué Platón dio nombre al mito?* Abada Editores, S. L. Madrid, 2005. (Edición original: *Platon, les mots et les choses. Comment et pourquoi Platon nomma le mythe?* Librairie François Maspero, París, 1982, Éditions La Découverte. París, 1994).

BROWN, Dee: *Enterrad mi corazón en Wounded Knee*. Editorial Bruguera. Barcelona, 1976. (Original en inglés, 1970).

BROWN, M. L.: *Firearms in Colonial America. The Impact on History and Technology, 1492-1792*. Smithsonian Institution Press. Ciudad de Washington, 1980.

BUENO, Gustavo: *El individuo en la Historia. Comentario a un texto de Aristóteles*, Poética 1451b, Universidad de Oviedo (Discurso inaugural del Curso 1980-81). Oviedo, 1980.

—*El animal divino. Ensayo de una filosofía materialista de la religión*. Pentalfa Ediciones. Oviedo, 1985. (2ª edición corregida y aumentada de 1996).

—*Primer ensayo sobre las categorías de las «ciencias políticas»*. Presentación y apéndices de Pedro Santana. Cultural Rioja (Biblioteca Riojana 1). Logroño, 1991.

—*España frente a Europa*. Alba Editorial. Barcelona, 1999.

—*Televisión: Apariencia y Verdad*. Editorial Gedisa. Barcelona, 2000.

—*El mito de la Izquierda. Las izquierdas y la derecha*. Ediciones B. Barcelona, (2ª edición), 2003.

—*La vuelta a la caverna. Terrorismo, Guerra y Globalización*. Ediciones B. Barcelona, 2004.

—*España no es un mito. Claves para su defensa razonada*. Temas de Hoy. Madrid, 2005.

BUFFALO BILL (CODY, William): *Mi vida en las praderas. Memorias del explorador más célebre del Lejano Oeste*. Colección Herperus, José J. de Olañeta, editor. Barcelona, 1995.

BUSCOMBE, Edward (editor): *The BFI Companion to the Western*. British Film Institute, Londres 1988, Da Capo Press. Nueva York, 1991.

—*The Searchers*. British Film Institute (BFI). Londres, 2000.

—*Unforgiven*. British Film Institute (BFI). Londres, 2004.

BUSCOMBE, Edward y PEARSON, Roberta E. (editores): *Back in the Saddle Again. News Essays on the Western*. British Film Institute (BFI). Londres, 1998.

Butler, David F.: *United States Firearms. The First Century 1776-1875*. Winchester Press. Nueva York, 1975.

Byam, Michèle: *Armas y armaduras*. Biblioteca Visual Altea. Edición en castellano en Taurus, Alfaguara. Madrid, 1990.

Cadiou, Yves L.: *Monsieur Winchester*. Balland. París, 1972.

—*Les Colt. Revolvers a percussion et conversions*. Volumen 1. Editions du Portail, Le Hussard. Francia, 1993.

—*Les Colt. Revolvers a cartouches metalliques*. Volumen 2. Editions du Portail, Le Hussard. Francia, 1994.

—*Les Colt. Fusils, carabines et mitrailleuses Colt*. Volumen 4. Editions du Portail, Le Hussard. Francia, 1999.

Cardelús, Borja: *La huella de España y de la cultura hispana en los Estados Unidos*. Centro de Cultura Iberoamericana (CCI). Madrid, 2007.

Carlson, Bob: *Sharpshooter Weapons in the American Civil War*. Disponible en internet en file:///C:/Users/USUARIO/Desktop/2013-B107-Sharpshooter-Weapons-in-the-American-Civ.pdf (Consultado el 31 de mayo de 2022).

Casariego, J. E.: *Tratado histórico de las Armas*. Editorial Labor. Barcelona, 1982.

Casas, Quim: *El western. El género americano*. Ediciones Paidós Ibérica. Barcelona, 1994.

Cawelti, John. G.: *The Six-Gun Mystique Sequel*. Bowling Green State University Popular Press. Bowling Green, OH, 1999.

Cline, Walter M.: *The Muzzle-Loading Rifle. Then and Now*. Standard Printing and Publishing Company. Huntington, West Virginia, 1942.

Cohen, Clélia: *El western. El cine americano por excelencia. La conquista del Oeste, el nacimiento de un género. Artistas y modelos: Ford, Wayne, Mann, Stewart…* Ediciones Paidós Ibérica, S. A. Barcelona, 2006.

Coma, Javier: *Diccionario del western clásico*. Plaza & Janés Editores. Barcelona, 1992.

—*Historia del cine americano II (1930-1960). El esplendor y el éxtasis*. Editorial Laertes. Barcelona, 1993.

—*Centauros del desierto. Cantando bajo la lluvia*. Ediciones Dirigido por, S. L. (Libros Dirigido. Colección: Programa doble). Barcelona, 1994.

—*La gran caravana del western. Las 100 mejores películas del Oeste*. Alianza Editorial. Madrid, 1996.

—*Solo ante el peligro. El hombre tranquilo*. Ediciones Dirigido por, S. L. (Libros Dirigido. Colección: Programa doble). Barcelona, 1997.

COOKE, Alistair: *The Wordsworth Dictionary of the American West. A panorama of Wild West fact and fiction*. Wordsworth Editions Ltd. 1995.

COOPER, Jeff: *Guns of the Old West*. Trend Books. Paladin editions. Estados Unidos, 2008.

COWIE, Peter: *John Ford and the American West*. Harry N. Abrams, Inc., Publishers. Nueva York, 2004.

COX, Clinton: *The Forgotten Heroes. The Story of the Buffalo Soldiers*. Scholastic Inc. Nueva York, 1993.

COYNE, Michael: *The Crowded Prairie: American National Identity in the Hollywood Western*. I. B. Tauris & Co Ltd. Londres, 1997.

COZZENS, Peter: *La tierra llora. La amarga historia de las guerras indias por la conquista del Oeste*. Desperta Ferro Ediciones SLNE. Madrid, 2017.

—*Tecumseh y el Profeta. Los hermanos shawnees que desafiaron a Estados Unidos*. Desperta Ferro Ediciones SLNE. Madrid, 2021.

CRESPO-FRANCÉS, José Antonio: *Españoles olvidados de Norteamérica*. Editorial Actas. Madrid, 2016.

CRIPPS, Thomas: *Making Movies Black. The Hollywood Message Movie from World War II to the Civil Rights Era*. Oxford University Press. Nueva York, 1993.

CUNNINGHAM, Eugene: *Triggernometry. A Gallery of Gunfighters*. Caldwell. Idaho. 1941. Prólogo de Eugene Manlove Rhodes. Introducción de Joseph G. Rosa. University of Oklahoma Press. Norman y Londres. 1996.

CHAPEL, Charles Edward: *Guns oh the Old West. An Illustrated Guide*. Dover Publications, Inc., Mineola. Nueva York. 2002.

CHASTENET, Jacques: *La conquista del Oeste. La fundación de los Estados Unidos*. Colección Crucero. Madrid, 1967.

CHERTA Puig, Rafael: *Guía para ver: Centauros del desierto. John Ford (1956)*. Editorial Octaedro. Barcelona, 1999.

DAVIS, Ronald L.: *John Ford. Hollywood's Old Master*. University of Oklahoma Press, Norman. Publishing Division of the University. Estados Unidos, 1995.

DAVIS, William C.: *La conquista del Oeste. Pioneros, colonos y vaqueros 1800-1899*. Editorial LIBSA. Madrid, 1993.

DAVIS, William C. y ROSA, Joseph G.: *El Oeste. La turbulenta historia de la colonización en el Oeste americano*. Editorial LIBSA. Madrid, 1995.

DELORME, Roger y CUNNINGTON, George: *Far West. Des hommes, des exploits et des armes authentiques*. Éditions Rouff, 1974.

Del Rey, Miguel y Canales, Carlos: *Los años de España en México. De Cortés a Prim.* Edaf. Madrid, 2011.

—*Bernardo de Gálvez. De la Apachería a la épica intervención en la independencia de los Estados Unidos.* Edaf. Madrid, 2015.

DeVoto, Bernard: *Across the Wide Missouri. Hougthon Mifflin Company, Boston, 1947.* Reedición de 1975. Edición española: *Más allá del ancho Misuri.* Editorial Valdemar/Frontera. Madrid, 2017.

—*The Journals of Lewis and Clark.* The American Heritage Library. Houghton Mifflin Company. Boston. 1953. Copyright renovado en 1981 por Avis DeVoto.

De Zavala, Ángel: *Buffalo Bill y su época.* Editorial Bruguera. Barcelona, 1963.

Dillin, John G. W.: *The Kentucky Rifle.* Editado por Kendrick Scofield. George Shumway, Publisher. York, Pensilvania, 5.ª edición, 1967.

Dolin, Eric Jay: *Fur, Fortune and Empire. The Epic History of the Fur Trade in America.* W. W. Norton & Company. Nueva York, 2010.

Doval, Gregorio: *Breve Historia de la conquista del Oeste.* Ediciones Nowtilus, S. L. Madrid, 2009.

—*Breve Historia del Salvaje Oeste. Pistoleros y forajidos.* Ediciones Nowtilus, S. L. Madrid, 2009.

—*Breve Historia de los cowboys.* Ediciones Nowtilus, S. L. Madrid, 2009.

—*Breve Historia de los Indios norteamericanos.* Ediciones Nowtilus, S. L. 2009 (4.ª edición, 2015, 2020, 2021).

Eckstein, Arthur M. y Lehman Peter (editores): *The Searchers. Essays and Reflections on John Ford's classic western.* Wayne State University Press. Detroit, 2004.

Eco, Umberto: *Sobre literatura.* Editorial Debolsillo. Random House Mondadori. Barcelona, 2005.

Edwards, William B.: *Civil War Guns. The complete story of Federal and Confederate small arms: design, manufacture, identification, procurement, issue, employment, effectiveness, and postwar disposal.* Castle. Estados Unidos, agosto 1982.

Everson, William K.: *The Hollywood Western.* Carol Publishing Group, 1969 y 1992. (Edición española en Ediciones Paidós Ibérica, S. A. Barcelona, 1994).

Eyman, Scott: *Print the Legend. La vida y época de John Ford.* T&B Editores, Madrid, 2001. (Edición original *Print the Legend: The Life and Times of John Ford.* Simon & Schuster. Nueva York, 1999).

EYMAN, Scott y DUNCAN, Paul (Ed.): John Ford. *Filmografía completa. Las dos caras de un pionero 1894-1973*. Editorial Taschen, Barcelona, 2004. (Original: *John Ford: The Complete Films*. Taschen Loc Team. Italia, 2004).

FADALA, Sam: *The Gun Digest Black Powder Loading Manual*. Editor Robert S. L. Anderson. Northfield, 1982.

—*Lyman Black Powder Handbook & Loading Manual* (2.ª edición). Lyman Publications, CT, 2015.

FERNÁNDEZ-SANTOS, Ángel: *Más allá del Oeste*. Ediciones El País. Madrid, 1988.

FERNÁNDEZ TRESGUERRES, Alfonso: *Los dioses olvidados. Caza, toros y filosofía de la religión*. Editorial Pentalfa. Oviedo, 1993. (Prólogo de Gustavo Bueno).

FILMOTECA ESPAÑOLA (editora): *John Ford*. Instituto de la Cinematografía y de las Artes Audiovisuales. Ministerio de Cultura. 1.ª edición 1988, 2.ª edición 1991. Madrid.

FISCONI, Cesar y GUSERIO Jordam: *Espingarda Perfeyta (or The Perfect Gun)*. Editado y traducido por Rainer Daehnhardt. W. Keith Neal. Lisboa. Impreso por Antonio Pedrozo Galram, 1718. Publicado por Sotheby Parke Bernet Publications Limited. Londres, 1974.

FISHER, Vardis: *El trampero*. Editorial Valdemar/Frontera. Madrid, 2019

FORD, Charles: *Histoire du Western*. Éditions Albin Michel. París, 1976.

FORD, Dan. *Pappy: The Life of John Ford*. Da Capo Press edition, 1998. (Edición original en Englewood Cliffs, N. J.: Prentice Hall, 1979).

GALE, Ryan; NESS, Larry; MIKELSON, Gary: *Rifles of the American Indians*. Track of the Wolf, Inc. Estados Unidos, 2016.

GALLAGHER, Tag: *John Ford. The Man and his Films*. University of California Press, Berkeley y Los Angeles. California, 1986.

GARAVAGLIA, Louis A. y WORMAN, G. Charles: *Firearms of the American West 1803-1865*. University Press of Colorado. Estados Unidos, 1998.

—*Firearms of the American West 1866-1894*. University of New Mexico Press. Albuquerque. Estados Unidos,1985.

GARCI, J. L. (editor): *Nickel Odeon. Revista trimestral de cine*. Número extra. "My Name's John Ford. I Make Westerns". Nickel Odeon Dos, S. A. Primavera 2002, Número 26. Madrid.

GARCÍA, Eva (edición y coordinación): *George Washington y España. El legado del Ejército español en los Estados Unidos de América. The Spanish Army Legacy*. Ministerio de Defensa, 2019.

GIBSON, Carrie: *El Norte. La epopeya olvidada de la Norteamérica hispana.* Editorial EDAF. Madrid. 3.ª edición, octubre de 2022. (Edición original de 2019, *El Norte. The Epic and forgotten Story of hispanic North America*).

GIBSON, K. S.: *El verdadero Far West.* Editorial Maucci, S. L. Barcelona, 1962.

GILBERT, Miles: *Getting A Stand.* Pioneer Press, Union City, TN. Estados Unidos. 1993, 2.ª edición, Pioneer Press, 2001.

GIRGUS, Sam B.: *Hollywood Renaissance. The Cinema of Democracy in the Era of Ford, Capra, and Kazan.* Cambridge University Press. Estados Unidos, 1998.

GOLDEN AGE ARMS COMPANY y JOHNSTON, James R.: *Kentucky rifles & Pistols 1750-1850.* The Kentucky Rifle Association, Ohio. Estados Unidos, 1976.

GONZÁLEZ ESCUDERO, Santiago: "Platón y el cine" (Conferencia pronunciada en el Club de Prensa de La Nueva España de Oviedo). En el *Boletín N.º 3 de la Sociedad Asturiana de Filosofía (S. A. F.).* S.A.F. Oviedo, noviembre de 2004, pp. 75-83.

GONZÁLEZ SÁNCHEZ, José Félix: *El héroe del wéstern crepuscular. Dinosaurios de Sam Peckinpah.* Editorial Fundamentos. Madrid, 2007.

GRINSLADE, Tom: *Flintlock Fowlers. The First Guns Made in America. American Fowling Pieces From 1700-1820.* Editor, Linda A Scurlock. Crazy Crow Trading Post, LLC. Pottsboro, Texas, 2005, 2013.

GUARNER, José Luis: *Historia del cine americano III (1961-1992). Muerte y transfiguración.* Editorial Laertes. Barcelona, 1993.

GUBERN, Román: *Historia del cine.* Editorial Lumen, 4.ª edición. Barcelona, 2003.

GULLO OMODEO, Marcelo: *Madre patria. Desmontando la leyenda negra desde Bartolomé de las Casas hasta el separatismo catalán.* Prólogo de Alfonso Guerra. Editorial Planeta. Barcelona, 2021.

—*Nada por lo que pedir perdón. La importancia del legado español frente a las atrocidades cometidas por los enemigos de España.* Prólogo de Carmen Iglesias. Editorial Planeta. Barcelona, 2022.

GUTHRIE Jr., A. B.: *Bajo cielos inmensos.* Editorial Valdemar/Frontera. Madrid, 2017.

HÄMÄLÄINEN, Pekka: *El imperio comanche.* Editorial Península. Barcelona, 2011 (2013). Edición original de 2008 en inglés.

HAMILTON, T. M.: *Colonial Frontier Guns.* Pioneer Press. Union City, Tennessee, 1987 (Original de The Fur Press. Chadron, Nebraska, 1980.

HAMILTON, William Thomas: *My Sixty Years on the Plains. Trapping, Trading, and Indian Fighting*. Forest and Stream Publishing Co, 1905. Reimpreso por Time-Life Books, Inc, 1982.

HANSON Jr., Charles E.: *The Northwest Gun*. Nebraska State Historical Society. Lincoln. Nebraska, 1955.

—*The Plains Rifle*. The Gun Room Press. Nueva Jersey, 1960.

—*The Hawken rifle: Its place in History*. The Fur Press. Nebraska, 1979. 3.ª edición, 1994.

HANSON, James A.: *When Skins were Money: A History of the Fur Trade*. Museum of the Fur Trade. Chadron, Nebraska, 2005.

HARDY, Phil: *The Encyclopedia of Western Movies*. Woodbury Press. Minnesota, 1984.

HELD, Robert (asistido por Nancy Held): *The Age of Firearms. A pictorial history* (Nueva edición revisada). The Gun Digest Company. Northfield, Illinois, 1970.

—*Arms and Armor Annual*. Volumen 1. Digest Books, Inc. Northfield, Illinois, 1973:

HERNÁNDEZ MENÉNDEZ, Carlos: *Historia de las armas cortas*. Editorial Nebrija. León, 1980.

HERNÁNDEZ MERINO, A.: *Todo sobre avancarga (I). Pensado y escrito para los que se aficionan a este deporte del tiro con armas antiguas de avancarga*. Gráficas Carceller S. A. Santander y Valencia, 1980.

—*El tiro con armas de avancarga hoy*. Editorial Everest, S. A. León, 1983.

HUGUET, Montserrat: *Breve Historia de la guerra civil de los Estados Unidos*. Ediciones Nowtilus, S. L. Madrid, 2015.

—*Breve Historia de la guerra de la Independencia de los Estados Unidos*. Ediciones Nowtilus, S. L. Madrid, 2017.

INSUA, Pedro: Hermes católico. *Ante los bicentenarios de las naciones hispanoamericanas*. Ed. Pentalfa. Oviedo, 2013.

—*1492. España contra sus fantasmas* (Prólogo de M. E. Roca Barea). Ed. Ariel (Grupo Planeta). Barcelona, 2018.

—*El orbe a sus pies. Magallanes y Elcano: cuando la cosmografía española midió el mundo*. (Prólogo de Atilana Guerrero). Editorial Ariel (Grupo Planeta). Barcelona, 2019.

IRVING, Washington: *La frontera salvaje*. Errata naturae editores. Madrid, 2018.

JACOB, Alain: *Armes à feu américaines*. L'ABC du collectionneur. C.P.I.P. éditeur. París, 1977.

JACOBS, Wilburn R.: *El expolio del indio norteamericano. Indios y blancos en la frontera colonial*. Alianza Editorial, El Libro de Bolsillo. Madrid, 1973.

JACQUIN, Philippe: *El ocaso de los Pieles Rojas.* Aguilar, S. A. de Ediciones. Madrid, 1990.

JACQUIN, Philippe y ROYOT, Daniel (directores): *Le mythe de l'Ouest. L'Ouest américain et les «valeurs» de la Frontière.* Éditions Autrement. París, 1993.

—*Go West! Histoire de l'Ouest américain d'hier à aujourd'hui.* Nueva edición puesta al día, 2004. Flammarion. París, 2002.

JENKINS, Charlie: *Hawken Rifles and Colt Revolvers.* A Novel. Vintage Press. Nueva York, 1996.

JOHNSON, Dorothy M.: *Un hombre llamado Caballo, El hombre que mató a Liberty Valance y otras historias del Far West.* Editorial Valdemar/Frontera. Madrid, 2011.

JOHNSON, Paul: *Estados Unidos. La historia.* Javier Vergara editor. Barcelona, 2001. (2.ª reimpresión de 2004).

JONES, Maldwyn A.: *Historia de Estados Unidos 1607-1992.* Editorial Cátedra. Madrid, 1995 (2.ª edición).

KAUFFMAN, Henry J.: *The Pennsylvania-Kentucky Rifle.* Bonanza Books. Nueva York (1.ªedición Stackpole Books, 1960).

KEITH GRANT, Barry (editor): *John Ford's Stagecoach.* Cambridge University Press. Reino Unido, 2003.

KEPHART, Horace: *Sporting Firearms.* Palladium Press, Alabama. Estados Unidos, 2004. (Edición preparada a partir de una original de 1912).

KINDIG, Jr., Joe: *Thoughts on the Kentucky Rifle in its Golden Age.* (Longrifle Series). Bonanza Books. Nueva York, 1960.

KIRKLAND, K. D.: *America's Premier Gunmakers.* Bison Books. Londres, 1988.

KITSES, Jim: *Horizons West. Directing the Western from John Ford to Clint Eastwood.* British Film Institute. Londres, 2004.

LACROSSE, Jr., RICHARD B.: *The Frontier Rifleman. His Arms, Clothing and Equipment During the Era of the American Revolution, 1760-1800.* Pionner Press, Union City, Tennessee, 3.ª edición, 1997.

LAGAYETTE, Pierre: *L'Ouest américain.* Ellises/éditions marketing, S.A. París, 1997.

LAYCOCK, George: *The Mountain Men. The Dramatic History and Lore of the First Frontiersmen.* The Globe Pequot Press, 1996.

LE BRIS, Michel: *La fiebre del oro.* Aguilar, S. A. de Ediciones. Madrid, 1989.

LECKIE, William H.: *The Buffalo Soldiers. A Narrative of the Negro Cavalry in the West.* University of Oklahoma Press, Norman. Estados Unidos, 1967.

LEGUÈBE, Eric: *Histoire mondiale des westerns.* Éditions du Rocher. Monaco, 2003.

LENIHAN, John H.: *Showdown. Confronting Modern America in the Western Film*. University of Illinois Press, Illini Books edition. Urbana y Chicago, 1985.

LENK, Trosten: *The Flintlock. Its Origin, Development, and Use*. Skyhorse Publishing, Inc. 2007. (Edición original sueca de 1939).

LESPART, Michel: *Messieurs Smith & Wesson*. Balland. París, 1973.

—*Les armes de la conquête de l'Ouest*. Jean Dullis éditeur. París, 1975.

LEUTRAT, Jean-Louis: *Le western: Quand la légende deviant réalité*. Colección Découvertes Gallimard, N.º 258, Editorial Gallimard, Evreux. Francia, 1995.

LEWIS, Jack (editor): *Black Powder Gun Digest*. Publisher Sheldon Factor. Northfield, 1982.

LINDSAY Merrill: *Histoire des Armes à feu. Du XVe au XXe siècle*. (Prólogo de Jean Puraye, conservador del Musée d'Armes de Liège). Office du Livre. Fribourg, Suiza, 1972 (original de 1967, Walker & Co. Nueva York).

LUCCI, Gabriele y MEYER, Bettina (coordinadores). VV. AA.: *Western*. Electa (Grupo Editorial Random House Mondadori, S. L.). Barcelona, 2005.

LUMMIS, Charles F.: *Exploradores españoles del siglo XVI. Vindicación de la acción colonizadora española en América*. Edaf. Madrid, 2017.

LYONS, Robert (editor): *My Darling Clementine. John Ford, director*. Rutgers University Press. New Brunswick, Nueva Jersey. Estados Unidos 1984.

MADLEY, Benjamin: *An American Genocide. The United States and the California Indian Catastrophe*. (The Lamar Series in Western History). Yale University Press. New Haven y Londres, 2016.

MARKHAM, George: *Guns of the Wild West. Firearms of the American Frontier, 1849-1917*. Arms & Armour Press. Londres, 1993.

MARTÍNEZ DE ESPINAR, Alonso: *Arte de ballestería y montería*. (Introducción de Eduardo Trigo de Yarto). Ediciones Velázquez. Madrid, 1976. (Edición original de 1644).

MARTÍNEZ LAÍNEZ, F. y CANALES, Carlos: *Banderas lejanas. La exploración, conquista y defensa por España del territorio de los actuales Estados Unidos*. Edaf. Madrid, 2009 (octava edición, 2011).

MCBRIDE, Joseph y WILMINGTON, Michael: *John Ford*. Ediciones JC. Madrid. 1984. (Edición original en Martin Secker and Warburg Limited Edition, 1974).

MCBRIDE, Joseph: *Tras la pista de John Ford*. T&B Editores. Madrid, 2004. (Título original: *Searching for John Ford: A Life*. Edición de St Martin's Press. 2001).

MENA, José Luis: *Los 100 mejores wésterns de la historia del cine*. Cacitel, S. L., Ediciones J. C. 1994.

MENA, José Luis y CUESTA, Javier: *Diccionario del cine*. Edimat Libros, S.A. (Editorial Wezen S. L.). Madrid, 2004.

MESSNER, Julian: *The book of the American West*. Nueva York (Estados Unidos), 1963 (1.ª edición).

MICHENER, James A.: *Centennial*. Edición española: *Centenario*. Ediciones Grijalbo, Barcelona, 1976. (También en Mundo Actual de Ediciones, S. A., para Discolibro. Barcelona, 1980).

MORIN, Marco: *Guía de armas antiguas*. Ed. Grijalbo. Barcelona, 1984.

MORISON, Commager y Leuchtenburg: *Breve historia de los Estados Unidos*. Fondo de Cultura Económica. México, 1951. (Tercera reimpresión en 1995. Edición original en inglés de 1930.

MURDOCH, David H.: *Cowboys*. Biblioteca Visual Altea. Edición en castellano en editorial Santillana. Madrid, 1994.

MYERS, John: *The Saga of Hugh Glass. Pirate, Pawnee and Mountain Man*. University of Nebraska Press. Lincoln y Londres, First Bison Book, 1976.

NAVARRO CREGO, Miguel Ángel: *Ford y "El sargento negro como mito". (Tras las huellas de Obama)*. Editorial Eikasia. Oviedo, 2011. (Prólogo de Alberto Hidalgo).

—*El Wéstern y la Poética. A propósito de El Renacido y otros ensayos*. Editorial Pentalfa. Oviedo, 2016.

—*F. Engels y el mito del comunismo*. Pentalfa Ediciones. Oviedo, 2019. (Prólogo de Atilana Guerrero).

OGLESBY, Richard Edward: *Manuel Lisa and the Opening of the Missouri Fur Trade*. University of Oklahoma Press. Norman y Londres, 1963 (segunda impresión, 1984).

PARKMAN, Francis: *The Oregon Trail*. Amazon, Gran Bretaña. Edición francesa, *La piste de l'Oregon. À travers la Prairie et les Rocheuses (1846-1847)*. Éditions Payot & Rivages. París, 1993.

PAYÁN, Miguel Juan: *Los mitos del Oeste en el cine*. Edita Cacitel, S. L. 2004.

PAYNE, Stanley G.: *En defensa de España*. Espasa Libros. Barcelona, 2017.

PEGLER, Martin: *Firearms in the American West 1700-1900*. The Crowood Press Ltd. Gran Bretaña, 2002.

PETERSON, Harold L.: *Arms and Armor in Colonial America 1526-1783*. Dover Publications, INC. Mineola, Nueva York, 2000. (Publicación original por Stackpole Company, Harrisburg. Pensilvania, 1956).

—*Las armas de fuego*. Ediciones Punto Fijo, S. A. Barcelona, 1966 (original de 1962 en inglés).

PETERSON, Harold L., y ELMAN, Robert: *The Great Guns*. Grosset & Dunlap, Inc., y The Ridge Press, Inc. Mondadori Editore. Verona, Italia, 1971.

PLACE, J. A.: *The western films of John Ford*. Citadel Press. Nueva York, 1974.

POZO FAJARNÉS, José Luis: *Filosofía del cine*. Pentalfa Ediciones (Grupo Helicón, S. A.). Oviedo, 2022.

REID, William: *Historia de las armas*. Editorial Raíces. Madrid, 1987.

RICKETTS, Howard: *Armas de fuego*. Plaza & Janés, S. A. Editores. Barcelona, 1964.

RIEUPEYROUT, Jean-Luis: *La grande aventure du western. Du Far West à Hollywood (1894-1963)*. Éditions du Cerf. París, 1964.

—*Historia del Far-West*. 2 volúmenes. Luis de Caralt editor. Barcelona, 1972. (Título original: *Histoire du Far-West*. Editor Claude Tchou. París, 1967).

—*La grande aventure du Far West*. (Textos recogidos y presentados por Jean-Louis Rieupeyrout.). Tchou Éditeur. París, 1969.

ROBERTS, Ned H.: *The Muzzle-Loading Cap Lock Rifle*. Wolfe Publishing Company, Prescott. Arizona, Estados Unidos, 1991 (edición original de 1940).

ROCA BAREA, María Elvira: *Imperiofobia y leyenda negra. Roma, Rusia, Estados Unidos y el Imperio español*. Ed. Siruela. Madrid, 7.ª edición, 2017. (Prólogo de Arcadi Espada).

—*Fracasología. España y sus élites: de los afrancesados a nuestros días*. Ed. Planeta. Madrid, 2019.

—"El silencio tiene un precio: el wéstern y la leyenda negra". En *Revista de Occidente*, septiembre 2018, N.º 448. Edita la Fundación José Ortega y Gasset-Gregorio Marañón. Madrid, 2018, pp. 35-54.

RODRÍGUEZ, Hilario J.: *Los mejores wésterns. Cabalgando en solitario*. Ediciones JC. Madrid, 2001.

ROJO PINILLA, Jesús Á.: *Los invencibles de América*. El Gran Capitán Ediciones. Madrid, 2016.

ROSA, Joseph G.: *The Gunfighter. Man or Myth?* University of Oklahoma Press. Norman, 1969.

—*They Called Wild Bill. The Life and Adventures of James Butler Hickok*. University of Oklahoma Press. Norman 1964 (2.ª edición, 1974).

—*The west of the Wild Bill Hickok*. University of Oklahoma Press. Norman, 1982.

—*Guns of the American West*. Arms and Armour Press. Londres, 1985.

—*El legendario Oeste. La época de los pistoleros*. Editorial LIBSA. Madrid, 1994.

—*Wild Bill Hickok. The Man and His Myth*. University Press of Kansas, 1996.

RUSSELL, Carl P.: *Guns on the Early Frontiers. A history of firearms from colonial times through the years of the Western Fur Trade*. Bonanza Books. Nueva York, 1957.

—*Firearms, Traps, & Tools of the Mountain Men*. University of New Mexico Press. Albuquerque, 1967. 11.ª reimpresión en 2001.

RUSSELL, Osborne. *Journal of a Trapper*. MJF Books, Nueva York. Original de Oregon Historical Society, 1955.

RUXTON, George Frederick: *Life in the Far West, (A western clasic)*. Estados Unidos, marzo 2020. (Edición original de 1848).

SADOUX, Jean-Jacques: *Racism in the western*. The Revisionist Press-Publishers. Nueva York, 1981.

SALAS, Alberto Mario: *Las armas de la Conquista*. EMECÉ editores. Buenos Aires, 1950.

SALLMANN. Jean-Michel: *Indios y conquistadores españoles en América del Norte. Hacia otro El Dorado*. Alianza Editorial. Madrid, 2018.

SALOMON, Julian Harris: *Arte, vida y costumbres de los indios de Norteamérica (guía práctica)*. Miraguano Ediciones. Madrid, 1992.

SÁNCHEZ GALERA, J. y SÁNCHEZ GALERA, J. M.: *Vamos a contar mentiras. Un repaso por nuestros complejos históricos*. Edaf. Madrid, 2012.

SARRIS, Andrew: "Action", volumen 6, número 5, septiembre-octubre 1971, reproducido en la compilación Estudio. *John Ford: Cine-estudio*. Casa de la juventud. Oviedo, Noviembre-diciembre, 1979, pp. 12-15.

—*The John Ford Movie Mystery*. Indiana University Press. Bloomington y Londres, 1975.

SAWYER, Charles W.: *Our Rifles*. Williams Book Store. Booksellers and Publishers. Boston, Massachusetts, 1944.

SIMMON, Scott: *The Invention of the Western Film. A Cultural History of the Genre's First Half-Century*. Cambridge University Press. Reino Unido, 2003.

SMITH, Randy: *The Black Powder Plainsman. A Beginner's Guide to Muzzleloading and Reenactment on the Great Plains*. Horizon Publishers & Distributors, INC. Estados Unidos. 1992.

STAMMEL, H. J.: *La gran aventura de los cowboys*. Editorial Noguer. Barcelona, 1975. (Edición original: *Das Waren noch Männer*. Econ Verlag GmbH. Dusseldorf y Viena, 1970).

—*Les armes à feu des pionniers*. Deutsche Verlags-Astalt Stuttgart. (DVA para la edición francesa), 1975.

—*Sherifs, Hors-la-loi et Bandits.* Editions DVA, 1975. (Original de 1975 en alemán).

—*Les Chercheurs d'Or.* Editions DVA, 1975 (original de 1975 en alemán).

STECKMESSER, Kent Ladd: *The Western Hero in History and Legend.* University of Oklahoma Press. Norman y Londres, 1965 (reimpresión de 1997).

TAYLOR, Colin F. (editor): *Los nativos americanos. El pueblo indígena de Norteamérica.* Editorial LIBSA. Madrid, 1992.

TOCQUEVILLE, Alexis de: *La democracia en América.* (Dos volúmenes). Alianza Editorial. Madrid. Primera edición en El libro de bolsillo 1980.

TORRENTE, Juan Pablo: *Osos y otras fieras en el pasado de Asturias (1700-1860).* Fundación Oso de Asturias. Oviedo, 1999.

TORRES-DULCE, Eduardo: *Armas, mujeres y relojes suizos.* Nickel Odeon Dos. (Prólogo de Guillermo Cabrera Infante). Madrid. (2.ª edición), 2001.

—*Jinetes en el cielo.* Nickel Odeon S. A. y Notorius Ediciones, S. L. Madrid, 2011.

—*El asesinato de Liberty Valance.* Hatari! Books. Madrid, 2020.

TURNER, Frederick Jackson: *La Frontera en la Historia Americana.* Ediciones Castilla, S. A. Madrid, 1960.

URKIJO. Francisco Javier: *John Ford.* Ediciones Cátedra. Madrid, 1996.

UTLEY, Robert M.: *High Noon in Lincoln. Violence on the Western Frontier.* University of New Mexico Press. 1987.

—Billy the Kid. A Short and Violent Life. University of Nebraska Press, 1989. (Edición española, *Billy el Niño: Una vida breve y violenta.* Paidós. Barcelona 1991).

VÉLEZ, Iván: *Sobre la leyenda negra.* (Prólogo de Pedro Insua). Ediciones Encuentro. Madrid, 2014.

—*El mito de Cortés. De héroe universal a icono de la leyenda negra.* Ediciones Encuentro. Madrid, 2016.

—*La conquista de México. Una nueva España.* La Esfera de los Libros, S. L. Madrid, 2019.

—*Nuebas mentirosas. Cortés, el Nuevo Mundo y otros episodios de nuestra historia.* Ediciones Encuentro. Madrid, 2020.

—*Reconquista. La construcción de España.* La Esfera de los Libros. Madrid, 2022.

VENNER, Dominique: *Monsieur Colt.* Balland. París, 1972.

—*Carabines et fusils de chasse.* Jacques Grancher, Éditeur. París, 1973.

—*Les armes americaines.* Jacques Grancher, Éditeur. París, 1985.

—*El mundo de los revólveres americanos.* Ultramar Editores, S. A. Barcelona, 1997. (Edición original francesa de 1996).

Vicente Boisseau, Esteban: *Hollywood contra España. Cien años perpetuando la leyenda negra.* Editorial Planeta. Barcelona, 2022.

Victoria, Pablo: *España contraataca. De la deuda de Estados Unidos con Bernardo de Gálvez.* Edaf. Madrid, 2017.

VV. AA.: *Al Oeste.* (2 volúmenes). Centro Cultural Campoamor. Fundación Municipal de Cultura. Oviedo, 1990.

—*Estudio. John Ford: Cine-estudio.* Casa de la Juventud. Oviedo. Noviembre-diciembre, 1979.

—*De Tales a Demócrito. Fragmentos Presocráticos.* Alianza Editorial. Madrid, 1988.

—*La historia del Oeste.* Ediciones Picazo. 4 tomos. Badalona, 1979.

—*El western.* Nickel Odeon, Notorius Ediciones, S. L. (2.ª edición). Madrid, octubre 2016.

—*The Military Arms of Canada.* The Upper Canada Historical Society. Museum Restoration Service. West Hill, Ontario, 1963.

Walker, Janet (editora). *Westerns. Films trough history.* Routledge (Taylor & Francis Group). Gran Bretaña, 2001.

Walter, John: *The Guns that Won the West. Firearms on the American Frontier, 1848-1898.* Greenhill Books. Londres. Stackpole Books. Pensilvania, 1999.

Weber. David J.: *La frontera norte de México, 1821-1846. El sudoeste norteamericano en su época mexicana.* Editorial MAPFRE. Madrid, 1992.

—*La frontera española en América del Norte.* Fondo de Cultura Económica. México, 2000 (primera edición en inglés de 1992).

—*Bárbaros. Los españoles y sus salvajes en la era de la Ilustración.* Editorial Crítica. Barcelona, 2007 (segunda reimpresión, 2013).

—*The Spanish Frontier in North America.* Yale University Press. New Haven y Londres, 2009.

Wieland, Terry: *Classic Sporting Rifles.* Gun Digest Books, F+W Media, Inc. WI. Estados Unidos, 2012.

Wilkinson, Frederick: *The World's Great Guns.* The Hamlyn Publishing Group Limited, 1977. Reimpreso en Hong Kong, 1978.

—*Arms and Armour.* Hamlyn Publishing Group Limited. Barcelona, 1978.

WILSON, R. L.: *The Pacemakers. Arms and adventure in the American West*. Random House. Nueva York, 1992.

WOODFILL, Bob: *The Hawken Rifle. Its Evolution from 1822-1870*. NMLRA, Friendship, IN 47021. 2020.

WORCESTER, Donald E.: *Los apaches. Águilas del sudoeste*. Ediciones Península. Barcelona, 2013.

WRIGHT, Will: *Six Guns and Society: A Structural Study of the Western*. University of California Press. Berkeley y Los Angeles. California, 1975.

—*The Wild West: The Mythical Cowboy and Social Theory*. SAGE Publications. Londres, 2001.

ZINN, Howard: *La otra historia de los Estados Unidos (Desde 1492 hasta hoy)*. Ed. Argitaletxe HIRU, S. L. Hondarribia, 2005 (Título original: *A People's History of the United States: 1492 to present*. 3.ª edición).

Revistas y catálogos

Antique Guns. Por Hank Wieand Bowman. Editado por Lucian Cary. 1959.

Antique Guns from the Stagecoach Collection. Por Hank Wieand Bowman. 1964.

Catálogo *Ardesa. Muzzle Loading Firearms and Accessories*. Fábrica de armas de avancarga y accesorios. (Mediados de los ochenta del siglo XX). Zamudio, Bilbao.

Catálogo *Dikar*. Fábrica de pistolas, rifles y cañones de avancarga. Muzzleloading Firearms. Eibar, España (finales de los años setenta y principios de los ochenta del siglo XX).

Catálogo, *Muzzle Loading Gun Parts & Supplies for Gunmakers & Shooters. Track of the Wolf, Inc.* 18303 Joplin Street N. W. Elk River, Minnesota 55330-1773. 15 ediciones, 2002-2003.

Famous Guns from the Harold Club Collection. Por Hank Wieand Bowman. 1962.

Famous Guns from the Smithsonian Collection. Por Hank Wieand Bowman. 1966.

Revista *Armas*

Revista *Armas y municiones*

Revista francesa *La gazette des armes*

Revista francesa *Action guns*

Revista francesa *Cibles*